Juan A. Jorge García–Reyes

Escatología

New Jersey
U.S.A. – 2018

Escatología by Juan A. Jorge García–Reyes. Copyright © 2018 by Shoreless Lake Press. American edition published with permission. All rights reserved. No part of this book may be reproduced, stored in retrieval system, or transmitted, in any form or by any means, electronic, mechanical, photocopying, recording or otherwise, without written permission of the Society of Jesus Christ the Priest, P.O. Box 157, Stewartsville, New Jersey 08886.

CATALOGING DATA

Author: Jorge García–Reyes, Juan Andrés 1957–
Title: Escatología
Library of Congress Control Number: 2018938705

ISBN–978-0-9972194-8-7

Published by
Shoreless Lake Press
P.O. Box 157
Stewartsville, New Jersey 08886

"Y, de este modo, lograr conocerle a él y la fuerza de su resurrección, y participar así de sus padecimientos, asemejándome a él en su muerte, con la esperanza de alcanzar la resurrección de entre los muertos".

Flp 3: 10–11.

"Por eso el bien que propia y principalmente debemos esperar de Dios es un bien infinito proporcionado al poder de Dios que ayuda, ya que es propio del poder infinito llevar al bien infinito, y este bien es la vida eterna, que consiste en la fruición del mismo Dios. En efecto, de Dios no se puede esperar un bien menor que Él, ya que la bondad por la que comunica bienes a sus criaturas no es menor que su esencia. Por eso el objeto propio y principal de la esperanza es la bienaventuranza eterna".

Santo Tomás: *Summ. Theol.*, II^a–II^{ae}, q. 17, a. 2, co.

"La Muerte supone un hito fundamental en la existencia del cristiano. Pues hasta llegado ese momento su identificación con Cristo, a la cual había sido llamado desde su bautismo, *no se ha consumado en plenitud*. Aun cuando la vida de Cristo hubiera llegado ya a un grado elevado de identificación con la de un cristiano, todavía le faltaría compartir la Muerte de su Maestro. Si el amor supone reciprocidad e iguala en todo a los que se aman, si semejantes en la vida, semejantes en la Muerte. Así es como la Muerte colma una vida repleta de añoranzas y de ansiedades, o las mismas que han hecho permanecer el alma en actitud de anhelante espera ante el instante más dichoso de su existencia, el cual no es otro que el de la unión y la identificación con Jesucristo: Aquél que había sido por tanto tiempo buscado, por tanto tiempo aguardado y por tanto tiempo soñado.

De esa manera la Muerte se ha convertido a partir de ahora en *la mayor prueba posible de amor*, tal como lo había asegurado el mismo Jesucristo: *Nadie demuestra más amor que aquél que da la vida por sus amigos* (Jn 15:13)".

A. Gálvez *Sermones para un Mundo en Ocaso*, **New Jersey, Shoreless Lake Press, 2016, págs. 183–184.**

Parte I

LA ESCATOLOGÍA EN EL MOMENTO ACTUAL

Capítulo 1

La escatología como ciencia

1.1 La escatología, un problema universal

Hay una serie de hechos universalmente experimentables, que sorprenden al ser humano y requieren respuesta:[1]

1. Uno de esos hechos, es la realidad y el miedo ante la muerte, que tiene los siguientes rasgos:

    - Afecta a todos por igual, con independencia de condición, edad, riqueza, etc.
    - No se puede evitar por medio alguno, por más que el hombre lo ha intentado y lo sigue intentando de múltiples modos, incluso acudiendo a los mitos o a la falsa ciencia.[2]

---

[1]Cfr. J. A. Sayés: *Más Allá...*, cit., págs. 11–20.

[2]Cfr. por ejemplo, los mitos de la fuente de la eterna juventud, o la leyenda del Santo Grial, la historia del "Retrato de Dorian Gray" de Oscar Wilde, o la del "Fausto" de Goethe, etc.

- No es una solución, el intentar no pensar en esa realidad, como aconsejaba Epicuro, por ejemplo.[3]
- El hecho de la muerte se adelanta de algún modo en la experiencia de la enfermedad, el fracaso, el dolor...
- La muerte es un hecho absolutamente personal y dramático. Como se suele decir: "estamos solos ante la muerte".

2. Otro de los hechos que sorprenden, es la existencia de la injusticia y el mal en el mundo, así como las ansias de que se realice la justicia debida de algún modo en algún momento y lugar. En efecto:

- Existe el llamado "mal que clama al Cielo", esto es el mal brutal e inexplicable del que es capaz el ser humano causando el sufrimiento de seres verdaderamente inocentes.
- Existe un deseo universal de justicia y una esperanza de que, en alguna forma, se pueda llegar a conseguirla. No satisfacen las promesas, incumplidas y de consecuencias catastróficas, de las ideologías materialistas, que se han resuelto en la amargura de los "archipiélagos Gulags",[4] de los holocaustos, etc.[5]

---

[3]Según decía, "la muerte no es nada con respecto a nosotros. Cuando existimos nosotros, la muerte todavía no existe; cuando la muerte existe, ya no existimos nosotros" (Diogeneis Laertii: *Vitæ Philosophorum*, X, 125).

[4]Según el famoso título de la novela de Alexander Solzhenitsyn que narra la existencia y la vida en la red de campos de concentración creados por la antigua U.R.S.S. Cfr. también AA.VV.: *El Libro Negro del Comunismo*, Barcelona, S. A. Ediciones B, 2010.

[5]Cfr. las atrocidades ocurridas en el S. XX, por ejemplo, en Paul Johnson: *Tiempos Modernos: La Historia del Siglo XX desde 1917 hasta Nuestros Días*, Buenos Aires, Javier Vergara, 2000.

1.1. LA ESCATOLOGÍA, UN PROBLEMA UNIVERSAL 5

3. Finalmente, es otro hecho constatable en todos los pueblos y en toda la historia de la humanidad, la creencia universal en la vida en el más allá de la muerte; la cual se manifesta en los relatos de las diferentes religiones, mitos de los pueblos, culto a los muertos, pensamiento reencarnacionista, etc.[6]

*   *   *

La modernidad ha intentado de varias maneras superar el problema de la muerte y del más allá, rebelándose contra los mismos, pero resultando en un gran fracaso. Estos intentos podrían ser clasificados en tres grupos:

1. La promesa de un paraíso terrenal colectivo materialista y solo para este mundo (no existe el celestial ni el personal), que disfrutarían los demás aún a costa de la felicidad personal del individuo. Es la propuesta del materialismo ateo de tipo marxista o colectivista.

    Estos intentos llevaron a la creación de verdaderos "infiernos" en la tierra, y al sacrificio de millones de seres humanos.

2. La apuesta por un hedonismo temporal (no existe la *beatitudo* celestial ni la alegría cristiana) e individualista (no existe la fraternidad cristiana) que intenta anestesiar al ser humano frente a la realidad de la muerte. Es el materialismo de la sociedad opulenta, que intenta banalizar la muerte,[7] o trata de olvidarla,

---

[6] Las tesis ateas y materialistas que se van extendiendo hoy en día por las llamadas "naciones desarrolladas", son recientes, y están llevando a la angustia y a la desesperación de muchas gentes.

[7] Cfr. por ejemplo, acostumbrándonos a ella por la extrema violencia en todas sus expresiones de las películas modernas, o de la misma cultura moderna.

camuflándola. Manifestaciones de estas tendencias, pueden ser los nuevos "tanatorios" con servicios funerarios que convierten la muerte en un tema técnico; o los nuevos cementerios–parque; o el hecho de que a los niños se les eduque en la sexualidad de todos los modos y maneras posibles, pero se evite hablarles del tema de la muerte; o que en las letanías ya no se pida a Dios que nos libre de una muerte súbita (para poder prepararla bien), etc.

Pascal decía que "no habiendo podido los hombres curar la muerte, la miseria y la ignorancia, han imaginado, para volverse dichosos, no pensar en ello".[8] Y, en el mismo sentido, buena parte de la filosofía contemporánea prefiere centrarse en otros objetos (el lenguaje, hechos culturales del momento, etc.) olvidando enfrentar el hecho de la muerte. Pero banalizar la muerte, es banalizar la vida, puesto que nada tiene sentido en sí, ni duradero, ni sagrado, ni trascendente. La vida se convierte en activismo y vaciedad.

Por eso, estos intentos han llevado también a la vivencia de un auténtico "infierno" existencial en el mundo, y al nacimiento de una cultura de la soledad y de la muerte.[9]

3. Finalmente, otros apuestan por el "estoicismo" y la "nausea" existencialista, donde se acepta lo innegable de la muerte, al tiempo se declara lo absurdo de la misma. Frente a la cual solo cabe la rebelión quijotesca o la desesperanza totales. Es en buena parte, la situación de la cultura y sociedad post–moderna. C. Pozo ha

---

[8]Pascal: *Pensamientos*, n. 213.

[9]Es así como se extiende a nivel mundial la cultura tanática de la anticoncepción, el aborto o la eutanasia; o la práctica alarmante del suicidio. Al mismo tiempo, las personas viven cada vez más solas, cayendo en estados depresivos y enfermedades mentales, etc.

1.1. LA ESCATOLOGÍA, UN PROBLEMA UNIVERSAL

hecho una descripción muy certera sobre las tesis de Heidegger (la verdadera existencia sería el aceptar estoicamente la muerte), Sartre (quien propugna la rebelión contra lo inexplicable, que produce la "nausea") y Unamuno (con su principio de rebelarse quijotescamente contra la muerte, aunque sea una lucha inútil).[10]

*   *   *

Sin embargo, es un hecho incontestable la realidad del fracaso de todos esos intentos de rebelión humana prometeica contra la muerte y el más allá (recuérdese, por ejemplo, el desafío que lanza Nietzsche en boca de Zaratustra: "Yo os conjuro, hermanos míos, permaneced fieles a la tierra y no creáis a quienes os hablan de esperanzas supra–terrenales").[11]

Este fracaso de los humanismos ateos fue estudiado por H. de Lubac, en su obra famosa "El Drama del Humanismo Ateo",[12] donde señalaba con acierto el desenlace histórico de todos esos intentos:

- Las ideas de Nietsche, acabaron en el sistema nazi con sus horrores.

- El pensamiento de Marx, cristalizó en los sistemas comunistas, con los efectos conocidos.

- Las tesis de Freud, alimentan los modos de vida hedonista, vacía y pansexualista de las sociedades post–modernas.

- A. Compte, acaba imponiendo el anti–humanismo de la ciencia moderna, con el peligro del daño e incluso auto–extinción de la propia raza humana.

---

[10]C. Pozo: *Teología...*, cit., págs. 32–41.
[11]F. Nietzsche: *Así habló Zaratustra*, Madrid, Alianza, 1978, pág. 34
[12]H. de Lubac: *El Drama del Humanismo Ateo*, Madrid, Encuentro, 1990.

- Sartre y su "angustia" alimenta la sociedad del vacío y del espíritu "tanático" contemporáneos.

- Etc.

Y es que un mundo que prescinde de Dios, del mundo de lo sobrenatural y del más allá, acaba destruyendo al propio hombre. Como decía Santo Tomás, "desesperar es descender al Infierno":

"Virtutibus autem theologicis opponuntur infidelitas, desperatio et odium Dei. Inter quæ odium et infidelitas, si desperationi comparentur, invenientur secundum se quidem, idest secundum rationem propriæ speciei, graviora. Infidelitas enim provenit ex hoc quod homo ipsam Dei veritatem non credit; odium vero Dei provenit ex hoc quod voluntas hominis ipsi divinæ bonitati contrariatur; desperatio autem ex hoc quod homo non sperat se bonitatem Dei participare. Ex quo patet quod infidelitas et odium Dei sunt contra Deum secundum quod in se est; desperatio autem secundum quod eius bonum participatur a nobis. Unde maius peccatum est, secundum se loquendo, non credere Dei veritatem, vel odire Deum, quam non

"Ahora bien, a las virtudes teologales se oponen la infidelidad, la desesperación y el odio a Dios. Y entre ellos, si se comparan el odio y la infidelidad con la desesperación, aquéllos se manifiestan más graves en sí mismos, es decir, por su propia especie. La infidelidad, ciertamente, proviene de que el hombre no cree la verdad misma de Dios; el odio, en cambio, de contrariar a la misma bondad divina; la desesperación, de no esperar la participación de la bondad infinita. De ahí que, considerados en sí mismos, es mayor pecado no creer la verdad de Dios u odiarle, que no esperar de Él su gloria. Pero considerada desde nosotros, y comparada con los otros dos pecados, entraña mayor peligro la desesperación.

1.1. LA ESCATOLOGÍA, UN PROBLEMA UNIVERSAL

sperare consequi gloriam ab ipso. Sed si comparetur desperatio ad alia duo peccata ex parte nostra, sic desperatio est periculosior, quia per spem revocamur a malis et introducimur in bona prosequenda; et ideo, sublata spe, irrefrenate homines labuntur in vitia, et a bonis laboribus retrahuntur. Unde super illud Proverb. XXIV, si desperaveris lapsus in die angustiæ, minuetur fortitudo tua, dicit Glossa, nihil est execrabilius desperatione, quam qui habet et in generalibus huius vitæ laboribus, et, quod peius est, in fidei certamine constantiam perdit. Et Isidorus dicit, in *libro de summo bono*, perpetrare flagitium aliquod mors animæ est, sed desperare est descendere in Infernum".[13]

Efectivamente, la esperanza nos aparta del mal y nos introduce en la senda del bien. Por eso mismo, perdida la esperanza, los hombres se lanzan sin freno en el vicio y abandonan todas las buenas obras. Por eso, exponiendo la Glosa las palabras de Prov 24:10, 'si, caído, desesperas en el día de la angustia, se amenguará tu fortaleza', escribe: No hay cosa más execrable que la desesperación; quien la padece pierde la constancia no sólo en los trabajos corrientes de esta vida, sino también, mucho peor, en el certamen de la fe. Y San Isidoro, por su parte en el libro *De Summo Bono*, escribe: Perpetrar pecado es muerte para el alma; mas desesperar es descender al Infierno".

Así pues, la clave del sentido de la vida está en el famoso adagio de los clásicos: "respice in finem!"[14]

---

[13] Santo Tomás de Aquino: *Summ. Theol.*, II^a–II^{æ}, q. 20, a. 3, co. San Isidoro de Sevilla: *De Summo Bono*, Sent. 2 c. 14 (*P. L.*, 83, 617).

[14] En el libro *Gesta Romanorum* compilado por un clérigo inglés en los inicios del siglo XIV, en su capítulo 103, se lee el verso: "Quidquid agas, prudenter agas, et respice finem"; frase que aparece antes en el llamado *Anonymus Neveleti*, del siglo XII.

Es notable el discurso de Céfalo en La República de Platón, sobre la importancia que tiene la creencia en el más allá sobre la actuación del hombre sobre la tierra:

> "Cuando un hombre comienza a pensar que va a morir, le entra miedo y preocupación las cosas por las que antes no le entraban, y las fábulas que cuentan acerca del Hades, de que el que ha delinquido aquí tiene que pagar allí la pena, y las fábulas hasta entonces tomadas a risa, le trastornan el alma con miedo de que sean verdaderas; y ya por la debilidad de la vejez, ya en razón de estar más cerca del mundo de allá, empieza a verlas con mayor luz, y se llena con ello de recelo y temor y repasa y examina si ha ofendido a alguien en algo. Y el que halla que ha pecado largamente en su vida, se despierta frecuentemente del sueño lleno de pavor, como los niños, y vive en una desgraciada expectación. Pero al que no tiene conciencia de ninguna injusticia, le asiste constantemente una grata y perpetua esperanza, bienhechora 'nodriza de la vejez' según frase de Píndaro: donosamente, en efecto, dijo aquél, ¡Oh Socrates! que al que pasa la vida en justicia y piedad:
>
> > *Le acompaña una dulce esperanza*
> > *animadora del corazón, nodriza de la vejez,*
> > *que rige, soberana*
> > *la mente tornadiza de los mortales.*"[15]

* * *

Con todo, el gran problema que presenta el más allá para el ser humano abandonado a sus propias fuerzas y con la única ayuda de

---

[15]Platón: *La República*, I, n. 330, e. y d.

1.1. LA ESCATOLOGÍA, UN PROBLEMA UNIVERSAL

su sola razón, es que nadie ha vuelto de la muerte para iluminar el misterio. De ahí que las "explicaciones" puramente humanas sobre la vida del más allá que se han aventurado en a lo largo de la historia son:

- Inseguras, pues nadie puede acreditar su veracidad.

- Variadas y contradictorias entre ellas, porque son solo elucubraciones de la mente humana.

- Llenas de insuficiencias y errores, por la misma razón.

- Y, en conclusión, absurdas, con bastante frecuencia.

Sin embargo, no es verdad que nadie haya vuelto del más allá. De hecho, Dios mismo quiso aclarar el misterio. Y es en Cristo donde se encuentra la verdadera explicación a esos interrogantes, ya que Él vivió más allá de la muerte, como Dios, y regresó del más allá de la muerte en su naturaleza humana tras su Resurrección. Por eso, su revelación sobre los sucesos escatológicos, individuales y colectivos, es segura. Y por eso, un criterio necesario para la consideración de esos eventos será la experiencia de la vida de Jesucristo: su Muerte, Resurrección, Ascensión y Parusía.

Así lo entendieron los primeros cristianos, según aparece en la propia predicación de los Apóstoles, como por ejemplo:

- Ro 8:29, "Porque a los que de antemano conoció, a ésos los predestinó a ser conformes con la imagen de su Hijo, para que éste sea el primogénito entre muchos hermanos".

- 1 Cor 15: 19–20, "Si sólo mirando a esta vida tenemos la esperanza puesta en Cristo, somos los más miserables de todos los hombres. Pero no, Cristo ha resucitado de entre los muertos, primicias de los que reposan".

- Col 1:18, "Él es la cabeza del cuerpo, que es la Iglesia; Él es el principio, el primogénito de los muertos, para que tenga la primacía en todas las cosas".

- Ro 6:5, "Porque, si han sido hechos una misma cosa con Él por la semejanza de su muerte, también lo seremos por la de su Resurrección".

Por eso, el cristianismo primitivo supo dar sentido a la experiencia y a la cultura de la muerte de los paganos, y acabó transformándolas. Así se manifiesta, por ejemplo, en el hecho de que al lugar del enterramiento de los difuntos se le acabó llamando "cementerio" (literalmente "dormitorio") en lugar de "necrópolis" ("ciudad de los muertos"); o en la extensión de la práctica de la inhumación de los cadáveres en lugar de su cremación; o en el modo como se enfrentaban a la muerte los mártires cristianos,[16] que tanto sorprendió a los paganos.[17]

En conclusión, con Cristo, sí hay respuesta al misterio de la muerte y del más allá. Por lo que:

- Podemos "dar razón de nuestra esperanza" (1 Pe 3:15).

- Tenemos fe en la gran esperanza cristiana que anunciaba San Pablo: "Ni ojo vio, ni oído oyó... lo que Dios ha preparado para los que le aman" (1 Cor 2:9); una esperanza que es para cada ser humano (escatología individual) y para el mundo (escatología colectiva).

---

[16]Recuérdese el impresionante testimonio de San Ignacio de Antioquía "Para mí es mejor morir para Jesucristo que reinar sobre los confines de la tierra. Busco a Aquel que murió por mí. Quiero a Aquél que resucitó por mí" (*Ad Rom*, 6.).

[17]Cfr. J. A. Sayés: *Escatología*, cit., pág. 23.

- Podemos acertar en la decisión más importante, decisiva e irreparable del ser humano.[18] En efecto:

  – Como se dice en el Eclesiastés: "caiga el árbol al norte o al sur, donde cae el árbol ahí se queda" (Ecc 11:3).

  – Y, por lo mismo, el Señor, apelaba a nuestro sentido común y sobrenatural a la hora de planificar el verdadero "negocio" de la vida:

    * Lc 10:42, "...una única cosa es necesaria".
    * Mt 16:26, "¿qué aprovecha al hombre ganar todo el mundo si pierde el alma? ¿O qué podrá dar el hombre a cambio de su alma?"

1.2 Denominación e historia del tratado

El tratado de escatología es la rama de la teología que estudia las realidades últimas posteriores a la vida terrena, tanto del hombre (escatología intermedia, entre la muerte personal del individuo y la llegada de la Parusía) como de la humanidad (escatología final).

Este tratado se ha denominado de diferentes maneras a lo largo de la historia de la teología. De alguna manera, esos títulos reflejan tanto la naturaleza del presente estudio, como el modo como se ordenan los temas a tratar.[19] Los nombres principales que ha recibido el tratado que nos ocupan han sido:

1. *"Prognosticon Futuri Sæculi"*. Es el título de la que se considera primera obra de escatología, cuyo autor fue San Julián de

---

[18] J. Ibáñez y F. Mendoza: *Dios Consumador...*, cit., pág. 15.

[19] Cfr. C. Pozo: *Teología...*, cit., págs. 3–32; A. Fernández: *Teología...*, cit., vol. II, págs. 662–668.

Toledo (s. VII).[20] Recoge el diálogo con Idalio, Obispo de Barcelona, con ocasión del XV Concilio de Toledo, originado por las cuestiones que suscita la escatología intermedia (entre la muerte del individuo y la Parusía final). Contiene tres libros: el libro I, sobre la muerte; el libro II, sobre la escatología intermedia; y el III, sobre la final.[21]

Sugiere la idea de un conocimiento previo (*prognosticon*) a partir de los datos de la revelación, del siglo futuro (*futuri sæculi*), de la vida futura que esperamos después del presente eón.

Tiene una base bíblica, ya que en el Nuevo Testamento se contrapone la idea de "este siglo" o el "siglo presente" (historia presente hasta la Parusía), a la del "siglo futuro" o "aquel siglo" o "siglo venidero" (situación posterior a la Parusía), como se puede apreciar en Lc 20: 34–35, "Jesús les dijo: Los hijos de este mundo (τοῦ αἰῶνος τούτου, *sæculi huius*), ellas y ellos, se casan; sin embargo, los que son dignos de alcanzar el otro mundo (τοῦ αἰῶνος ἐκείνου, *sæculo illo*) y la resurrección de los muertos, no se casan, ni ellas ni ellos" (cfr. Mt 12:32; Ef 1:21; Mc 10: 29ss; Lc 18: 29ss).

La expresión *teología del más allá*, más moderna, se inspira en este sentido e indica el estudio de las cosas finales, que se oponen a las del presente eón.

---

[20]*P. L.*, 96, 453–524.

[21]Cfr. C. Pozo: *La Doctrina Escatológica del 'Prognosticon Futuri Sæculi' de San Julián de Toledo*, en "Estudios Eclesiásticos" 45 (1970) 173–201; N. Hillgarth: *El 'Prognosticon Futuri Sæculi' de San Julián de Toledo*, en "Analecta Sacra Tarraconensia" 30 (1957) 5–61; J. Orlandis: *La Escatología intermedia en el 'Prognosticon Futuri Sæculi' de San Julián de Toledo*, en C. Izquierdo: "Escatología y Vida Cristiana", Pamplona, Eunsa, 2002, págs. 419–424.

1.2. DENOMINACIÓN E HISTORIA DEL TRATADO

2. *"De Deo Consummatore"*. Es el final de la obra de Dios, el final de la Historia de Salvación. Es un modo de presentar el conjunto de la teología, con el esquema llamado de "salida y retorno" (desde Dios para acabar en Dios), que sigue el siguiente orden de estudio: Dios, la creación, el pecado, la Encarnación, la Redención, los sacramentos y la Iglesia, y la consumación final de todo con la vuelta a Dios.

Es un esquema muy frecuente desde el s. XVI, con Suárez, aunque se podría encontrar un precedente en las síntesis medievales, tanto en las que utilizan como criterio de sistematización el criterio histórico–bíblico, donde la consideración de los temas propios de la escatología ocupaban el último lugar de toda la síntesis (lógica consecuencia de que, temporalmente, es lo último que ocurre)[22]; como en las síntesis que siguen un criterio de ordenación ideológico (puesto que sería lo lógicamente último a tratar, después de todos los tratados teológicos que explican la realidad del más allá).[23]

Tiene su base bíblica también. Por ejemplo en Heb. 12:2, "fijos los ojos en Jesús, iniciador y consumador de la fe, que, despreciando la ignominia, soportó la cruz en lugar del gozo que se le proponía, y está sentado a la diestra del trono de Dios".

3. *"De Novissimis"*. La palabra *novísimos*, procede del latín *novissima*, que indica las cosas últimas, las que esperamos como final de toda la Historia y de las realidades que son propias del

---

[22] Un buen ejemplo sería Hugo de San Victor, en sus "De Sacramentis Christianæ Fidei".

[23] Dos buenos ejemplos serían, Pedro Abelardo en sus "Summa Sententiarum" y Pedro Lombardo en sus "Sentencias". Cfr. H. Cloes: *La systématisation Théologique Pendant la Première Moité du XII Siecle*, en "Ephemerides Theologicæ Lovanienses" 34 (1958) 277–329.

ser humano a partir de su muerte. Tradicionalmente el tratado se dividía en cuatro partes : muerte, juicio, Infierno y gloria; con dos grandes secciones: "de novissimis hominis" y el "de novissimis mundi". Ciertamente ponía el acento en la escatología individual.[24]

Esta presentación fue criticada desde la llamada "escatología existencial" como una perspectiva que incurría en la "cosificación" del más allá (Infierno y Cielo serían lugares) y en la "despersonalización". Lo que es exagerado e injusto, como veremos.

A. Fernández señala que el título es sugestivo en el sentido de que supone un balance y un contraste con nuestro tiempo, volcado apasionadamente sobre "lo nuevo" (lo del momento), con el consiguiente imperio de lo efímero. Frente a ello, el tratado actual evoca "lo último", lo "más nuevo que todavía no se ha experimentado", y lo que es definitivo.[25] Es desde ahí, desde donde se puede juzgar el valor relativo de las cosas de este mundo.

El fundamento biblico de este nombre estaría en Eco 7:36 en la traducción de la Vulgata (donde es v. 40): "In omnibus operibus tuis memorare novissima tua, et in æternum non peccabis".

4. *"Las Postrimerías"*. Es otro término clásico para el tratado. Este título tiene el valor de evocar la existencia de realidades misteriosas y últimas que esperan al hombre después de esta vida. Con ello, se evita considerar como definitivo lo que es solo del mundo

---

[24]M. Schmaus (*Teología Dogmática. vol. VII, Los Novísimos*, Barcelona, Rialp, 1961) invirtió el orden, sobre la base de la importancia neotestamentaria de la realidad de la Parusía y de la resurrección de los muertos.

[25]A. Fernández: *Teología...*, cit., pág. 665.

1.2. DENOMINACIÓN E HISTORIA DEL TRATADO 17

y del eón presente. Como dice A. Férnández: "Las 'postrimerías' es un jaquemate al 'carpe diem' pagano".[26]

5. *"Las Verdades Eternas"*. Es otro de los títulos clásicos para nuestro tratado, y evoca un tiempo en el que el hombre valoraba el conocimiento de la Verdad, y no se conformaba con las verdades parciales. Aspiraba a alcanzar las verdades definitivas que permanecen para siempre, en la eternidad. Este título enfrentaría la tendencia actual post–moderna inmersa en lo que se ha denominado "el pensamiento débil".[27]

6. *"Escatología"*. Es un término reciente, con el fin de simplificar el título largo de "tratado sobre los novívimos". Se le atribuye a A. Calov, en el siglo XVII,[28] y se extendió en el mundo teológico a partir del XIX.[29]

El término *escatología*, etimológicamente significa la ciencia de las cosas últimas. Es decir, de lo que ocurre al final de la vida terrena del individuo y al final de la historia del mundo. En efecto, el término viene del griego ἔσχατα (cosas últimas) y λόγος (ciencia).

Este término encierra el significado de ponderar bien las realidades últimas y absolutas, que ayudan a valorar en su justa medida las realidades más inmediatas y pasajeras, que, con frecuencia, nos deslumbran o preocupan más. Por lo mismo, nos recuerda la relación que existe entre el mundo presente y el futuro.

---

[26] A. Fernández: *Teología...*, cit., vol. II, pág. 666.
[27] A. Fernández: *Teología...*, cit., vol. II, pág. 665.
[28] J. A. Sayés: *Escatología*, cit., pág. 7.
[29] Detalles, en C. Pozo: *Teología...*, cit., págs. 21–23, y en J. Carmignac: *Les Dangers de l'Escatologie*, en "New Testament Studies", 17 (1970–1971) 365–390.

Aunque, al principio, este tratado de "Escatología" se ocupaba de los mismos contenidos y con el mismo punto de vista que el que se denominaba más tradicionalmente como "De Novissimis", sin embargo hoy en día, tiene un cariz subjetivista, debido al uso del término por la llamada "escatología existencial", que rechaza el tratar de "realidades" últimas (lo que ocurrirá de hecho en el futuro, y que consideran que no pueden ser estudiadas ni en este tratado ni en ningún otro), para potenciar la exposición de la actitud existencial del hombre en la tierra ante esas realidades futuras desconocidas para él.

1.3 El lugar de la escatología en la teología

Si consideramos la escatología como culminación de toda la *Historia Salutis*, entonces —desde esta perspectiva— orienta las otras partes del conjunto teológico, ya que, como recordamos en filosofía, un movimiento se define por el término al que se dirige (causa final). De este modo, la escatología estará de algún modo presente en todos los otros tratados teológicos. En efecto:

1. El tema del Cielo y la visión beatífica está relacionado con el *tratado de Dios Uno y Trino*: el modo del conocimiento de Dios por el bienaventurado en el Cielo. También como onmipotente en su creación; y como bondad infinita y destino final de todo lo que no es Dios.

2. El destino final del mundo, la historia y el hombre, está dando luz al *tratado de creación y elevación*. La creación entera "será liberada de la esclavitud de la corrupción para participar de la libertad gloriosa de los hijos de Dios. Pues sabemos que la creación entera gime y sufre con dolores de parto hasta el momento

1.3. EL LUGAR DE LA ESCATOLOGÍA EN LA TEOLOGÍA

presente" (Ro 8: 21–22). Esperamos unos "cielos nuevos y una tierra nueva" (2 Pe 3:13).

3. Para el *tratado de antropología teológica*, la consumación final del destino del hombre y su unión con Dios en la vida eterna, supone la máxima realización de su ser "imagen y semejanza" de Dios.

4. *La teología moral*, que enseña el camino que nos lleva a Dios, está iluminada por la consideración del destino final. La relación entre el hombre "viator" y "comprehensor" es esencial. La moral está, en este sentido, en espera escatológica.

5. *La Biblia*, que narra toda la "Historia Salutis", desarrolla el tema del final de los tiempos y el mundo futuro, como clave de esa misma historia.

6. *El tratado de gracia* encuentra una de sus claves en al tensión entre el "ya" y el "todavía no" de la patria definitiva, donde se da la máxima elevación de la naturaleza humana por obra de la gracia divina.

7. *La cristología* también está relacionada con la escatología de múltiples maneras:

    - Cristo es la imagen del hombre nuevo.
    - Importancia de la Resurrección de Jesús como causa y paradigma de la nuestra.
    - Esencialidad de la Parusía de Cristo, para ambos tratados.
    - La visión beatífica y la relación de amor con la Humanidad de Cristo.
    - La soteriología y su relación con la salvación o condenación de los hombres.

- Etc.

8. *La teología sacramental* explica los sacramentos como signos preanunciadores de la gloria divina. De un modo particular, la Eucaristía es anticipación del banquete final del Reino.

9. *La eclesiología* tratará de la Iglesia triunfante, y su relación con la purgante y la militante. La escatología es el final de la eclesiología.

10. *La mariología.* La Virgen María ha realizado ya el destino final que aguardan los elegidos (asunta al Cielo en cuerpo y alma; Reina del Cielo).

Como recuerda von Balthasar, la escatología ocupa una posición en cierto modo central y última de toda la teología:

> "Dios es la 'postrimería' de la creación. Él es como Cielo, ganado; como Infierno, perdido; como juez, que juzga; como Purgatorio, purificador... Pero Dios es todo eso en la manera como se dirige al mundo, a saber, en su Hijo Jesucristo, que es la revelación de Dios y por consiguiente el resumen de las 'postrimerías'. La escatología es así, en su totalidad, acaso más que ningún otro *locus theologicus*, la doctrina de la verdad de la salvación".[30]

1.4 Principales problemas de la escatología actual

El tratado de escatología ha sufrido las consecuencias de la crisis de fe que se ha extendido por el mundo desarrollado contemporáneo y, en

---

[30] H. U. von Balthasar: *Ensayos Teológicos. Verbum Caro, I,* Madrid, Cristiandad, 1964, págs. 332–333. Cit. por A. Fernández: *Teología...*, cit., pág. 669.

1.4. PROBLEMAS ACTUALES

particular, del movimiento de ideas de la teología neomodernista. En efecto, se ha producido lo que, con justicia, se podría denominar una auténtica revolución en el estudio del más allá, donde se han multiplicado las ideas erróneas y heréticas, los silencios de algunas verdades reveladas, por considerarse "políticamente incorrectas" hoy en día o incompatibles con las ideas del hombre moderno, y las presentaciones sesgadas según prejuicios ideológicos incompatibles con la auténtica fe.

Muchos de esos errores fueron originarios del protestantismo liberal, pero se introdujeron dentro de la enseñanza de las escuelas católicas, sin que haya habido una reacción firme por parte de los encargados de guardar la fe en la Iglesia.

*   *   *

Un factor determinante es la infiltración y triunfo de las tesis de la herejía modernista y neomodernista.[31]

<small>Esta herejía no es en absoluto cosa del pasado. En efecto, tras la aparente desaparición del modernismo con las condenas de los Papas de finales del siglo XIX y principios del XX, sobre todo de S. Pío X, el modo de pensar modernista se conservó de un modo disimulado entre círculos de la *intelligentsia* católica, quienes se apoyaban en sus ideas de variados modos. En los años cercanos al Concilio Vaticano II, y en el post–Concilio, muchas de las principales ideas modernistas surgen abiertamente en</small>

---

[31]La bibliografía sobre el modernismo es inmensa. Para una visión global del mismo, cfr. R. García de Haro: *Historia Teológica del Modernismo*, Pamplona 1972; Id. *Modernismo Teológico*, en GER, cit., t. XVI, págs. 139–147 ; C. Izquierdo: *Cómo se ha entendido el "modernismo teológico." Discusión historiográfica*, en "Anales de Historia de la Iglesia", 16 (2007) 35–75; C. Fabro: *La Aventura de la Teología Progresista*, Pamplona, Eunsa, 1974; S. Ramírez: *Teología Nueva y Teología*, Ateneo, Madrid, 1958.

22 CAPÍTULO 1. LA ESCATOLOGÍA COMO CIENCIA

la teología y en diferentes instancias eclesiales, en la forma que se ha dado en llamar *neomodernismo*.[32]

No conviene subestimar la influencia que K. Rahner ha tenido en la difusión del neo–modernismo.[33] A. Gálvez ha descrito la raíz de la teología rahneriana,[34] así como su gran influencia:

> "Karl Rahner fue el personaje más influyente en las deliberaciones y desarrollo del Concilio Vaticano II. Sus intrigas doctrinales, antes del Cónclave y durante él, son imposibles de ocultar en cuanto que existe documentación histórica. Karl Rahner fue el profeta de la duda. Si hubiera que redactar un brevísimo resumen de su obra habría que decir que consistió sobre todo en cuestionar todos los principales dogmas del Catolicismo. Incluso hoy día, muchos años después de acabado el Concilio, Karl Rahner, además de ser el Gran Patriarca y Definidor de toda la Teología Católica, es también, precisamente por eso, el principal responsable de la difusión del neomodernismo en la Iglesia actual".[35]

---

[32] Una descripción del *modus operandi* de lo podríamos llamar "cripto–modernismo," tras las condenas papales, se puede ver con todo lujo de detalles, por ejemplo, en A. Malachi Martin: *The Jesuits*, Touchstone, New York, 1988, págs. 259–335; o en R. de la Cierva: *Las Puertas del Infierno. Historia de la Iglesia Jamás Contada*, Fenix, Toledo, 1995, págs. 220–230, 477–532.

[33] Una buena síntesis de la posición teológica de Rahner, en C. Fabro: *La Aventura...*, cit.; *La Svolta Antropologica di Karl Rahner*, Rusconi, Milán 1974 (*El Viraje Antropológico de Karl Rahner*, Ediciones CIAFIC, Buenos Aires 1981); J. A. Sayés: *La Esencia del Cristianismo. Diálogo con Karl Rahner y H. U. von Balthasar*, Ed. Cristiandad, Madrid, 2005; J. F. X Kanassas: *Esse as the Target of Judgement in Rahner and Aquinas*, en "The Thomist," 51 (1987) págs. 222–245; P. de Rosa: *Rahner's Concept of 'Vorgriff': an Examination of its Philosophical Background and Development*, (tesis doctoral), Oxford University, 1988; y en D. Bourmaud: *Cien Años de Modernismo*, Buenos Aires, 2006, págs. 275–301. Su influencia en el Concilio Vaticano II, en R. Wiltgen: *El Rin Desemboca en el Tiber. Historia del Concilio Vaticano II*, trad. esp. Criterio Libros, Madrid, 1999, 344 págs.

[34] A. Gálvez: *Esperando a Don Quijote*, New Jersey, Shoreless Lake Press, 2007, pág. 437. Id: *El Amigo Inoportuno*, New Jersey, Shoreless Lake Press, 1995, pág. 73; Id: *Siete Cartas a Siete Obispos*, New Jersey, Shoreless Lake Press, 2009, págs. 169.316–317.

[35] A. Gálvez: *Esperando...*, cit., pág. 437.

1.4. PROBLEMAS ACTUALES 23

La presencia de esta herejía modernista en el mundo y en la teología actuales, es inmensa. No es de este lugar el tratamiento detallado de la misma. Con todo sí hay que señalar que A. Gálvez ha denunciado con frecuencia el peligro de esta herejía, describiendo sus manifestaciones más señeras:

1.– Este modo de pensar hace un uso inteligente y artero de los términos teológicos clásicos, pero los vacía de contenido, para darles un sentido completamente diferente del tradicional, engañando a no pocos:

> "El lenguaje ambivalente, ambiguo y equívoco, es un arma eficaz utilizada hoy por el neomodernismo dentro de la Iglesia, tanto en la Dogmática como en la Pastoral. Suele emplear términos tradicionales, aunque con la posibilidad de ser interpretados en el sentido en que lo entienden las doctrinas modernistas. De este modo se convierten en conceptos *blindados*, inmunes a las posibles reacciones de la sana doctrina. Después corresponde a la praxis, inteligentemente manejada, orientarlos en la dirección modernista. Así pueden ser empleados como armas ofensivas y defensivas a la vez. Lo cual significa que se difunde su sentido modernista entre la mayoría, al mismo tiempo que se mantiene en reserva el tradicional ante la posibilidad de que aparezca algún tipo de contestación. El procedimiento emplea muchas variantes, todas bien estudiadas y utilizadas oportunamente, y cuya descripción pormenorizada requeriría un manual. Se emplea con toda normalidad en la Pastoral diaria, aunque su mayor influencia se ejerce a través de multitud de Documentos emitidos por variadas fuentes a partir del Concilio Vaticano II. Parece innecesario añadir que ha logrado su propósito de confundir a una gran multitud de fieles.
>
> Son pocos los que se dan cuenta de que la manipulación del lenguaje —realizada mediante una inteligente operación de disfraz y camuflaje— llevada a cabo tanto por los Poderes políticos como por la Teología *progre*, además de medio eficaz para destruir la Fe del Pueblo cristiano, supone un ataque directo a los métodos didácticos del Evangelio".[36]

> "Sucede que podría elaborarse una larga lista de conceptos, extraídos todos ellos de lo más medular del Cristianismo (todos los auténticos valores, naturales o sobrenaturales, se fundamentan en Cristo), pero que han sido rebajados a categorías puramente humanas, una vez despojados de su proyección y alcance sobrenaturales. En realidad habría

---

[36] A. Gálvez: *Siete...*, cit., pág. 383–384.

que asegurar que han sido vaciados de contenido, mejor que contentarse con decir que han sido falsificados o remedados. Es lo que ocurre con ideas tan elevadas como la justicia, la naturaleza humana, los derechos humanos, la paz, la caridad (ahora solidaridad), la generosidad con el prójimo (ahora compromiso social), la libertad (ahora exoneración de toda ley humana y sobre todo divina), etc. Ya puede comprenderse que nadie va a acusar a la moderna Pastoral de descreimiento. Aunque por el hecho de ir a la zaga, más o menos conscientemente, de una teología impregnada de modernismo, se sitúa con frecuencia en posiciones ambiguas que podrían resultar peligrosas. Es así como viene a desembocar en lugares en los que, como avanzada y motor del Cristianismo que se supone que es, no puede pretender para los fieles sino lo que es conforme a un mundo mejor, a saber: una mayor madurez humana, según suele decirse. Con lo que se coloca a un paso de manejar únicamente aquellos conceptos que pueden resultar más afines al Cristianismo: como la justicia, por ejemplo; la paz, o tal vez la solidaridad..., aunque entendidos casi siempre de un modo tan ambiguo —o en clave *progre*— como para dar ocasión al peligro de malentendidos. Con la consiguiente posibilidad de que algunos cristianos se queden, con respecto a tales conceptos, a ras de tierra".[37]

2.- Se propone y defiende en realidad una religión horizontalista y sólo para este mundo:

"La herejía modernista, o neomodernismo, que parece haber hecho mella en el catolicismo actual, conduce a lo mismo [a la ausencia de la Alegría consecuencia del Amor]. Al fin y al cabo, como decía San Pío X, el modernismo es el *compendio de todas las herejías*. Está demostrado que todos los principales postulados de los que ha hecho bandera la *revolución* teológica, litúrgica y pastoral, posterior al Concilio Vaticano II, son reproducción exacta, casi uno por uno, de los principios condenados en el Decreto *Lamentabili* y en la Encíclica *Pascendi*. El

---

[37] *Ibidem*, págs. 11–12. También ocurre con la exégesis: "Es frecuente en la exégesis moderna el empeño en hacer que ciertos textos de la Escritura sean más accesibles a espíritus proclives al escándalo. O al menos eso es lo que parece. Aunque no en todos los casos, viene a ser una manifestación más, entre tantas, de la ola de racionalismo–modernismo que actualmente permeabiliza la teología católica" (A. Gálvez: *Esperando...*, cit., pág. 181).

1.4. PROBLEMAS ACTUALES

problema está minuciosamente detallado, y ampliamente demostrado, en el breve pero importante libro de Rudolf Graber (consagrado como Obispo de Ratisbona por el Papa Juan XXIII en 1962).[38]

En una religión puramente horizontalista y para este mundo en la que el culto a Dios ha sido sustituido por el culto al hombre; en la que se ha intentado reabrir el Paraíso del Edén, aunque esta vez para siempre, después de haber creído descubrir que no es posible esperar otro, más allá del terreno; en la que la razón humana ha decidido que no existe nada que la pueda transcender; en la que se ha hecho desaparecer la noción de un Dios ofendido por el pecado..., y consiguientemente, por lo tanto, la idea de la misericordia y de la redención han sido desterradas para siempre; en la que ha sido eliminada toda posibilidad de una relación de intimidad y amor divino–humana; en la que las ideas del sacrificio y de la muerte, como suprema demostración de amor, han sido borradas e impedida cualquier posibilidad de su reaparición en el horizonte del pensamiento humano...

En ambiente semejante, toda la Alegría que llevaba consigo una religión de *Amor* y de *Salvación* para el hombre, ha desaparecido".[39]

3.– Sus efectos prácticos son incontables:

"En la actualidad todo parece indicar que la Iglesia se encuentra inmersa en una situación de inconsciencia colectiva, aunque en tal grado de gravedad como jamás había ocurrido antes en su Historia. Impregnada de neomodernismo, cuando parecía que la herejía modernista había sido definitivamente desterrada, y aquejada de una grave crisis en todos sus ámbitos (desprestigio y puesta en cuestión del Magisterio; deserciones en masa de la vida consagrada y ausencia casi total de vocaciones; descrédito y desdoro del sacerdocio; confusión general en el laicado con respecto a su papel en la Iglesia; crisis general de fe en cuanto a los dogmas y abandono de la práctica de los sacramentos; legitimación *de facto* del divorcio y de las prácticas anticonceptivas; desconcierto y confusión sobre conceptos fundamentales de la Ley Natural, con admisión de aberraciones como la de la homosexualidad; ecumenismo radical, animado por un *entreguismo* no menos total y que ha conducido a

---

[38] Existe una traducción inglesa del libro: *Athanasius and the Church of our Time*, Van Duren Contract Publications, Inglaterra, 1974.

[39] A. Gálvez: *Siete...*, cit., págs. 122–123.

los católicos a la creencia de que todas las religiones son igualmente valederas; anarquía y desacralización de la Liturgia; etc., etc.), contempla, sin embargo, un ambiente general en el que los fieles respiran con satisfacción el conocido triunfalismo de la llamada *Primavera de la Iglesia*".[40]

4.- En el fondo nos encontramos con la negación o perversión de dos de las realidades fundamentales de la esencia del cristianismo: el sentido verdadero del Amor, y la propia realidad de Dios:

- "De donde se infiere que dar de lado a la Fe, como hace el neomodernismo, es un atentado directo contra el Amor. En definitiva contra Dios mismo".[41]

- A. Gálvez insiste en que el final ideológico del modernismo es el ateísmo[42] o el agnosticismo:

    "Pero el modernismo rechaza la Fe o prescinde de ella. Su esfuerzo se centra en introducir en el mundo una religión *razonable*, en modo alguno necesitada de acudir al recurso de la transcendencia ni de lo sobrenatural y capaz, por lo tanto, de ser aceptada por el hombre de la *New Age*. En la que el culto a Dios sea sustituido por el culto al hombre. Estación término de un itinerario intelectual en el que, o bien Dios no existe (ateísmo), o bien es imposible conocerlo en el caso de que existiera (agnosticismo)[43]".[44]

---

[40]*Ibidem*, págs. 20–21.

[41]*Ibidem*: pág. 435.

[42]Ya la Encíclica *Pascendi* señalaba tal término final de la herejía: "...por cuántos caminos el modernismo conduce al ateísmo, y a suprimir toda religión. El primer paso lo dio el protestantismo; el segundo corresponde al modernismo; muy pronto hará su aparición el ateísmo" (Enc. *Pascendi*, A.A.S. 40, 1907, p. 634).

[43]Obsérvese que el agnosticismo es una doctrina aún más irracional que el ateísmo. El Dios de los agnósticos, incapaz de darse a conocer a sus criaturas y de solicitar su adhesión en el caso de que existiera, sería un Dios perfectamente inútil. Lo cual equivaldría a proclamar la *imposibilidad* de que Dios exista. Y de donde se desprende que, si para el ateísmo Dios *no existe*, para el agnosticismo en cambio Dios *no puede existir*.

[44]A. Gálvez: *Siete...*, cit., págs. 424–425.

1.4. PROBLEMAS ACTUALES

En conclusión, esta herejía "compendio de todas,"[45] como se acaba de afirmar, ha creado una situación que podría ser comparada a la que ocurrió en la Iglesia con la crisis arriana:

> "Pero la Iglesia, siendo el Cuerpo de Cristo y poseyendo como Alma al Espíritu Santo, está formada por hombres capaces de hacer mejor o peor uso de su libertad; y de ahí la multitud de variadas vicisitudes por las que ha pasado a lo largo de su historia. Hubo un tiempo, por ejemplo, en el que estuvo a punto de hacerse enteramente arriana; y ahora mismo, en los momentos actuales, se encuentra bastante impregnada de modernismo."[46]

Una manifestación del neomodernismo serán los escritos de algunos teólogos de la llamada *teología holandesa de los años 70*, quienes presentaron unas disquisiciones y reinterpretaciones sobre los dogmas que eran inaceptables. Así se vio también en el famoso, por aquellos años, *Catecismo Holandés* (*Nuevo Catecismo*, en su título original).[47]

Tal situación no es de extrañar, si se tiene en cuenta que este *Catecismo* fue elaborado sobre todo con la asesoría de Schillebeeckx, quien defendía todo un programa de reinterpretación de los dogmas que fue criticado.[48]

La tímida respuesta a las excentricidades y errores de este *Catecismo*, vendría de un *Informe* encargado por una Comisión de cardenales a la Comisión Teológica, que prácticamente no tuvo efecto alguno, pues no se aceptaron la mayoría de sus

---

[45] El Papa S. Pío X la llamó en la Encíclica Pascendi: *Compendio de todas las herejías*. Cfr. A. Amado Fernández: *A los Cien años de la Encíclica Pascendi*, en Humanitas, 47 (2007).

[46] *Ibidem*, pág. 120.

[47] Cfr. C. Pozo: *El Credo del Pueblo de Dios*, BAC, Madrid, 1968, pág. 64; E. Dhanis, J. Visser y H. J. Fortmann: *Las Correcciones al Catecismo Holandés*, BAC, Madrid, 1969; C. J. de Vogel: *A los Católicos de Holanda, a Todos*, Eunsa, Navarra, 1975.

[48] E. Schillebeeckx: *Glaubensinterpretation. Beiträge zu Einer Hermeneutischen und Kristischen Theologie*, Mainz, 1971; P. Schoonenberg: *Die Interpretation des Dogmas*, Düsseldorf, 1969; cfr. E. Schillebeeckx: *La Historia de un Viviente*, Cristiandad, Madrid, 1981. Sus tesis ampliamente criticadas en G. Puzzo: *Magisterio e Teologia in H. Küng e P. Schoonenberg. Problemi e Reflessioni*, Roma, 1983.

propuestas.[49] Posteriormente, Pablo VI promulgó el *Credo del Pueblo de Dios*, contra los errores que se estaban propagando, pero afirmando la doctrina católica, más que condenando los abusos.[50]

* * *

En 1990, la Comisión Teológica Internacional ya se hacía eco de la situación de confusión, compleja y difícil del tratado de escatología.[51] En ese documento se hacía mención a varias causas que podrían ser sintetizadas en tres grupos:

1. Causa extra–eclesial: la cultura que podríamos llamar *post–moderna*, que invade el modo de pensar y de sentir principalmente de las sociedades "desarrolladas" contemporáneas, y que se manifiesta de varias maneras. Estas ideas afectan a la crisis escatológica contemporánea. Entre ellas se mencionan:

    - El secularismo de la sociedad actual que niega la dimensión de misterio y sobrenatural del ser humano:

        "Pues el mundo actual está fuertemente afectado por el secularismo 'el cual consiste en una

---

[49]Cfr. también, Congregación para la Doctrina de la Fe: *Mysterium Ecclesiæ*, em AAS (1973) 402–404; Comisión Teológica Internacional: *De Interpretatione Dogmatum*, en "Gregorianum" 72 (1991) 5–37.

[50]Este documento recoge la doctrina que la Iglesia siempre había impartido. Como dice A. Gálvez: "Una Encíclica, por ejemplo, si bien no es un Documento de por sí infalible, puede muy bien contener doctrinas infalibles; en la medida en que sus enseñanzas son contestes con las que siempre ha impartido la Iglesia y en todo momento ha hecho suyas. Es justamente el caso de la Encíclica *Humanæ Vitæ*, del Papa Pablo VI, tan denostada y tan desobedecida por tantos Pastores y teólogos progres. Y lo mismo puede decirse del *Credo del Pueblo de Dios*, también de Pablo VI" (*Siete...*, cit., pág. 30).

[51]Texto oficial latino en Commissio Theologica Internationalis: *De quibusdam quæstionibus actualibus circa eschatologiam*, en "Gregorianum" 73 (1992) 395–435.

1.4. PROBLEMAS ACTUALES

visión autonomista del hombre y del mundo, que prescinde de la dimensión del misterio, la descuida e incluso la niega. Este inmanentismo es una reducción de la visión integral del hombre'.[52] El secularismo constituye como la atmósfera en que viven muchísimos cristianos de nuestro tiempo. Sólo con dificultad pueden librarse de su influjo. Por ello, no es extraño que también entre algunos cristianos surjan perplejidades acerca de la esperanza escatológica. Frecuentemente miran con ansiedad la muerte futura; los atormenta no sólo 'el dolor y la progresiva disolución de su cuerpo, sino también, y mucho más, el temor de una perpetua desaparición'.[53] Los cristianos en todos los tiempos de la historia han estado expuestos a tentaciones de duda. Pero, en nuestros días, las ansiedades de muchos cristianos parecen indicar una debilidad de la esperanza".[54]

- Las ideas erróneas sobre la naturaleza del hombre, que para unos es puramente material, y para otros profundamente corrompida y egoísta:

    "Con el fenómeno del secularismo está inmediatamente unida la persuasión ampliamente difundida, y por cierto no sin la ayuda de los medios de comunicación, de que el hombre, como las demás cosas que están en el espacio y el tiempo, sería completamente material y con la muerte se desha-

---

[52]Sínodo extraordinario (1985), *Relación final* II, A, 1 (E. Civitate Vaticana 1985).
[53]Concilio Vaticano II, Const. pastoral *Gaudium et spes*, 18 : AAS 58 (1966) 1038.
[54]CTI: *De quibusdam...*, cit., 1.

ría totalmente. Además, la cultura actual que se desarrolla en este contexto histórico, procura por todos los medios dejar en el olvido a la muerte y los interrogantes que están inevitablemente unidos a ella. Por otra parte, la esperanza se ve sacudida por el pesimismo acerca de la bondad misma de la naturaleza humana, el cual nace del aumento de angustias y aflicciones. Después de la crueldad inmensa que los hombres de nuestro siglo mostraron en la segunda guerra mundial, se esperaba bastante generalmente que los hombres enseñados por la acerba experiencia instaurarían un orden mejor de libertad y justicia. Sin embargo, en un breve espacio de tiempo, siguió una amarga decepción: 'Pues hoy crecen por todas partes el hambre, la opresión, la injusticia y la guerra, las torturas y el terrorismo y otras formas de violencia de cualquier clase.[55] En las naciones ricas, muchísimos se ven atraídos 'a la idolatría de la comodidad material (al llamado consumismo)'[56], y se despreocupan de todos los prójimos. Es fácil pensar que el hombre actual, esclavo, en tal grado, de los instintos y concupiscencias y sediento exclusivamente de los bienes terrenos, no está destinado a un fin superior".[57]

- Difusión de falsas ideas re–encarnacionistas, por influjo de la apuesta por antiguas religiones o del mundo oriental:

---

[55]Sínodo extraordinario (1985), *Relación final* II, D, 1, 17.
[56]Sínodo extraordinario (1985), *Relación final* I, 4, 4.
[57]CTI: *De quibusdam...*, cit., 1.

1.4. PROBLEMAS ACTUALES

> "De este modo, muchos hombres dudan si la muerte conduce a la nada o a una nueva vida. Entre los que piensan que hay una vida después de la muerte, muchos la imaginan de nuevo en la tierra por la reencarnación, de modo que el curso de nuestra vida terrestre no sería único".[58]

- El indiferentismo religioso:

> "El indiferentismo religioso duda del fundamento de la esperanza de una vida eterna, es decir, si se apoya en la promesa de Dios por Jesucristo o hay que ponerlo en otro salvador que hay que esperar. La 'penumbra teológica' favorece ulteriormente este indiferentismo, al suscitar dudas sobre la verdadera imagen de Cristo, las cuales hacen difícil a muchos cristianos esperar en él".[59]

2. Causa intra–eclesial: la llamada "penumbra teológica" donde muchas de las verdades cristianas son olvidadas, o silenciadas, reinterpretación de muchos dogmas y negación de otros; con el agravante del miedo o el silencio de buena parte de la jerarquía ante los abusos,[60] por lo que el pueblo fiel va sintiéndose cada vez más confuso:

> " Hay que reconocer que, en nuestros días, la fe de los cristianos se ve sacudida no sólo por influjos que

---

[58] CTI: *De quibusdam...*, cit., 1.

[59] CTI: *De quibusdam...*, cit., 1.

[60] A. Gálvez habla del "misterioso silencio de los Pastores" (Cfr. entre otros, *Sermones para...*, cit., págs. 157–178, "Sordomudos de Nacimiento y Sordomudos de Conveniencia", págs. 205-247, "El Buen Pastor"); J. A. Sayés, de "una especie de pacto de no agresión...Los obispos, en muchas ocasiones, prefieren no intervenir ante determinadas teorías que diluyen la fe" (*Escatología*, cit., pág. 10).

deban ser considerados externos a la Iglesia. Hoy puede descubrirse la existencia de una cierta 'penumbra teológica'. No faltan algunas nuevas interpretaciones de los dogmas que los fieles perciben como si en ellas se pusieran en duda la misma divinidad de Cristo o la realidad de su Resurrección. Los fieles no reciben de ellas apoyo alguno para la fe, sino más bien ocasión para dudar de otras muchas verdades de la fe. La imagen de Cristo que deducen de tales reinterpretaciones, no puede proteger su esperanza. En el campo directamente escatológico deben recordarse 'las controversias teológicas largamente difundidas en la opinión pública, y de las que la mayor parte de los fieles no está en condiciones de discernir ni el objeto ni el alcance. Se oye discutir sobre la existencia del alma, sobre el significado de la supervivencia; asimismo, se pregunta qué relación hay entre la muerte del cristiano y la resurrección universal. Todo ello desorienta al pueblo cristiano, al no reconocer ya su vocabulario y sus nociones familiares'.[61] Tales dudas teológicas ejercen frecuentemente un influjo no pequeño en la catequesis y en la predicación; pues cuando se imparte la doctrina, o se manifiestan de nuevo o llevan al silencio acerca de las verdades escatológicas".[62]

A esta penumbra habría que añadir el fideísmo de buena parte de la teología contemporánea, según la cual no tenemos certeza alguna de la existencia del más allá. Solo podemos apelar a una

---

[61]Congregación para la Doctrina de la Fe, Carta *Recentiores episcoporum Synodi*, Introducción: AAS 71 (1979) 940.

[62]CTI: *De quibusdam...*, cit., 1.

1.4. PROBLEMAS ACTUALES

fe ciega. No habría certeza ni de la inmortalidad del alma ni de la Resurrección histórica de Cristo que pudiera apoyar nuestra fe escatológica. Creemos porque creemos, en pocas palabras.[63]

3. Causa intra y extra–eclesial: la apuesta por una salvación intra-mundana basada en la construcción de un paraíso puramente terrenal, con olvido de la escatología sobrenatural. Son las teologías de solo para este mundo, las de la liberación, secularización, políticas, etc. Se trata del:

> "renacimiento de la tendencia a establecer una escatología intramundana. Se trata de una tendencia bien conocida en la historia de la teología y que desde la Edad Media constituye lo que se suele llamar 'la posteridad espiritual de Joaquín de Fiore'.[64]
>
> Esta tendencia se da en ciertos teólogos de la liberación que insisten de tal manera en la importancia de construir el reino de Dios ya dentro de nuestra historia, que la salvación que transciende la historia, parece pasar a un segundo plano de atención. Ciertamente tales teólogos, de ninguna manera, niegan la verdad de las realidades posteriores a la vida humana y a la historia. Pero cuando se coloca el reino de Dios en una sociedad sin clases, la 'tercera edad' en la que estarían vigentes el 'evangelio eterno' (Ap 14: 6–7) y el reino del Espíritu, se introduce en una forma nueva a través de una versión secularizada de ella.[65] De este

---

[63]Cfr. entre muchos, G. Colzani: *La Vita Eterna*, Milano, 2001, pág. 8; H. Küng: *¿Vida Eterna?*, Madrid, 1993, págs. 368–375.

[64]Sobre ella cf. H. de Lubac: *La postérité spirituelle de Joachim de Flore*, 2 vols. (París 1978 y 1981).

[65]Para la relación en Marx y Hegel cf. *ibid.*, t.2, 256-360.

modo, se traslada un cierto *éschaton* dentro del tiempo histórico. Ese *eschaton* no se presenta como último absoluta, sino relativamente. Sin embargo, la praxis cristiana se dirige con tal exclusividad a establecerlo, que surge una lectura reductiva del evangelio en la que lo que pertenece a las realidades absolutamente últimas, se silencia en gran parte. En este sentido, en tal sistema teológico, el hombre 'se sitúa en la perspectiva de un mesianismo temporal, el cual es una de las expresiones más radicales de la secularización del Reino de Dios y de su absorción en la inmanencia de la historia humana'.[66]

La esperanza teologal pierde su plena fuerza siempre que se la sustituye por un dinamismo político. Esto sucede, cuando de la dimensión política se hace 'la dimensión principal y exclusiva, que conduce a una lectura reductora de la Escritura'.[67] Es necesario advertir que un modo de proponer la escatología que introduzca una lectura reductiva del evangelio, no se puede admitir, aunque no se asumieran elementos algunos del sistema marxista que difícilmente fueran conciliables con el cristianismo.

Es conocido que el marxismo clásico consideró a la religión como el 'opio' del pueblo; pues la religión 'orientando la esperanza del hombre hacia una vida futura ilusoria, lo apartaría de la construcción de la

---

[66] Congregación para la Doctrina de la Fe: Instrucción *Libertatis nuntius*, 10, 6: AAS 76 (1984) 901.

[67] Congregación para la Doctrina de la Fe, Instrucción Libertatis nuntius, 10, 5: AAS 76 (1984) 90.

1.4. PROBLEMAS ACTUALES

ciudad terrestre'.[68] Tal acusación carece de fundamento objetivo. Es más bien el materialismo el que priva al hombre, de verdaderos motivos para edificar el mundo. ¿Por qué habría que luchar, si no hay nada que nos espere después de la vida terrena? 'Comamos y bebamos, que mañana moriremos' (Is 22:13). Por el contrario, es cierto 'que la importancia de los deberes terrenos no se disminuye por la esperanza del más allá, sino que más bien su cumplimiento se apoya en nuevos motivos[69]'.[70]

* * *

Aunque a lo largo de la exposición de cada uno de los misterios del más allá, se hará un estudio pormenorizado de las herejías que los niegan o tergiversan, es conveniente tener una idea general de las principales desviaciones que se han producido en nuestro tiempo.

---

[68] Concilio Vaticano II, Const. pastoral *Gaudium et spes*, 20: AAS 58 (1966) 1040.

[69] Concilio Vaticano II, Const. pastoral *Gaudium et spes*, 20: AAS 58 (1966) 1041.

[70] CTI: *De quibusdam...*, cit., 2. Es importante conocer los miembros que redactaron la Declaración: "Este documento de la Comisión Teológica Internacional ha sido preparado por una subcomisión, presidida por el R. P. Cándido Pozo, S. I., que estaba compuesta por los profesores J. Ambaum, J. Gnilka, J. M. Ibáñez Langlois, M. Ledwith, St. Nagy, C. Peter (†), y por los excelentísimos Mons. B. Kloppenburg, J. Medina Estévez y Ch. Schönborn. Después de haber sido discutido en la sesión plenaria del mes de diciembre de 1990, ha sido aprobado in forma specifica con una amplia mayoría por sufragio escrito. Según los estatutos de la Comisión Teológica Internacional, se publicó con el permiso del eminentísimo cardenal Joseph Ratzinger, presidente de la Comisión"

CAPÍTULO 1. LA ESCATOLOGÍA COMO CIENCIA

1. Negación de la escatología intermedia.[71]

2. Negación de la Resurrección real de Jesucristo y de su divinidad, con el efecto lógico sobre la negación de la nuestra.[72]

3. Negación de la existencia del Purgatorio.[73]

4. Negación de la existencia del Infierno, o de la realidad de que haya algún condenado allí. Recuérdense las tesis de von Balthasar, quien basándose en sentencias post–pascuales del Nuevo Testamento sostenía la idea del Infierno vacío, y que todos podemos esperar que nos vamos a salvar.[74]

5. Negación de que el Infierno y el Cielo sea algo material, sino solo un simple estado. Explicación "espiritualizante" de la resurrección de la carne.

6. Afirmación de la resurrección "corporal" en el momento de la muerte.

7. Afirmación de la existencia en el Cielo como un mero recuerdo de la persona en la mente de Dios.

---

[71]Es el caso, por ejemplo, de Ruiz de la Peña: *La Pascua de la Creación*, Madrid, 1996. Parece que en la tercera edición de esta obra póstuma, sí que admite la escatología intermedia. G. Colzani: *La Vita...*, cit., págs. 92ss. En su momento veremos otros muchos autores que van por la misma línea.

[72]Cfr. para todo este tema, Juan A. Jorge: *Cristología*, Santiago de Chile, Shoreless Lake Press, 2016, 3 vols., vol. III, págs. 146–187.

[73]Cfr. el capítulo correspondiente, más adelante.

[74]H. U. von Balthasar: *¿Qué Podemos Esperar?* en "Tratado sobre el Infierno", Valencia, Edicep, 1999; cfr. crítica en J. A. Sayés: *¿Cómo hablar hoy sobre el Infierno? Diálogo con H. U. von Balthasar*, en "Revista Agustiniana" 43 (2002) 141–171.

1.5. EXIGENCIAS DE UNA ESCATOLOGÍA RENOVADA

8. Afirmación de la salvación universal objetiva y subjetiva. Los cristianos anónimos.[75]

9. Difusión del pensamiento reencarnacionista.

10. Dudas sobre la existencia del alma y de su pervivencia.

11. Etc.

1.5 Exigencias de una escatología renovada

Han de tenerse en cuenta como principios y perspectivas generales durante toda la exposición de la escatología,[76] los siguientes:

1. Estudio *objetivo* de las *realidades* últimas, más que la simple inferencia existencial de esas realidades en la experiencia de vida y de fe del hombre o del creyente. La única manera de sostener una verdadera esperanza es la fe en la realidad de las cosas que se esperan. C. Pozo insiste en la necesidad de evitar los extremos de lo que se ha denominado "el presentismo" de Bultmann, y el "el futurismo" de Moltmann.[77]

2. Estudio de las realidades últimas que, insistiendo en su naturaleza sobre todo como estados de relación con Dios, sin embargo no caiga en el extremo de una espiritualización exagerada, que no dé respuesta ni a los textos de la Revelación, ni a la resurrección verdadera de los cuerpos humanos. En efecto, buena parte de la teología contemporánea apuesta por una actitud calificada

---

[75]Cfr. la crítica a esta posición en Fr. J. Dörmann: *Pope John Paul II Theological Journey*, 3 vols, Kansas City, USA, 2007.

[76]Los tres primeros son sostenidos por C. Pozo (*Teología...*, cit., págs. 78–89); las tres últimos, son alcances que propongo yo.

[77]C. Pozo: *Teología...*, cit., pág. 80.

como "descosmologización" o "descosificación" del más allá.[78] Sin embargo, esta insistencia puede llevar a una espiritualización tal de la existencia supraterrena, que se parezca más al estado del "nirvana" de las religiones hinduistas, que a la bienaventuranza o condenación eternas de la religión cristiana, que es personal (la importancia esencial de la relación personal con Dios en el más allá) y del hombre completo (cuerpo y alma), donde el mundo futuro para el ser humano, tiene que tener las condiciones que permitan la realización verdadera de la resurrección corporal tras la Parusía; y en la escatología intermedia, la existencia de los cuerpos gloriosos de Jesucristo y de la Virgen María.

Teniendo esto en cuenta, son ciertos los alcances de:

- San Agustín: "Sea el mismo (Dios), después de esta vida, nuestro sitio".[79]

- San Julián de Toledo ya recordaba que el Infierno antes de la resurrección de los muertos, es una realidad espiritual, y la concepción del Infierno como lugar debajo de la tierra, es una metáfora. Lo mismo ocurre con la interpretación no literalista del Santo sobre "el valle de Josafat", sino etimológico, como juicio del Señor, etc.[80]

- H. Urs von Balthasar: "Dios es la realidad última de la creatura. Como alcanzado, es Cielo; como perdido, Infierno; como examinante, juicio; como purificante, Purgatorio".[81]

- C. Pozo, cuando insiste en el pensamiento de von Balthasar, pero aplicándolo directamente a Cristo más que a

---

[78] Cfr. C. Pozo: *Teología...*, cit., págs. 81–86.
[79] San Agustín: *Enarr. in Ps.*, 30, Sermo 3, 8 (*P. L.*, 36, 256).
[80] Cfr. San Julián de Toledo: *Prognosticon*, 2, 5. 20; 3, 2.6.
[81] H. U. von Balthasar: *Eschatologie*, en J. Feiner y J. Trütsch y F. Böckle: "Fragen der Theologie Heute", Einsieldeln, 1957, p. 407.

1.5. EXIGENCIAS DE UNA ESCATOLOGÍA RENOVADA

Dios, con el fin de dar al tratado una orientación cristológica: "Cristo es la realidad última de la creatura. Como alcanzado, es Cielo; como perdido, Infierno; como examinante, juicio; como purificante, Purgatorio".[82]

3. Se ha de hacer una reflexión sobre el mensaje de Dios a los hombres en relación a su destino eterno, lo que no es una mera curiosidad sobre el futuro, sino una necesidad esencial del ser humano, que siente en su alma una vocación de eternidad a la que busca dar respuestas ciertas. Esta búsqueda la hace ya el ser humano desde la filosofía; pero su respuesta definitiva solo puede venir de Dios, el único que puede revelarnos los misterios del más allá de la muerte. Por eso, solo la teología es la respuesta satisfactoria a las mencionadas necesidades del espíritu humano.

4. Por lo mismo, es necesaria una actitud de humilde fe por parte del hombre y del teólogo, que le lleve a una recepción obediente, amorosa y plena de la Revelación divina y de su interpretación verdadera por el auténtico Magisterio de la Iglesia. El teólogo debe buscar integrar y explicar, hasta donde sea posible, todos los datos de la fe, sin dejarse llevar por sus prejuicios, o la influencia de las ideologías o modas de pensamiento imperantes en la cultura donde vive. Su labor es ayudar a los creyentes en el crecimiento del entendimiento de los contenidos de la fe recibida, y no hacerse "famoso" o "vedette".

5. Conviene insistir en la perspectiva cristológica de la escatología, como un alcance que ha propuesto el Magisterio para la explicación de toda la teología, y que debe de tener su eco en nuestro tratado. Es, además, la perspectiva de la revelación bíblica: la escatología cristiana es cristológica, pues es Cristo el que nos

---

[82]C. Pozo: *Teología...*, cit., pág. 86.

revela definitivamente los misterios del más allá, el que los hace posible para nosotros, y el que constituye el eje de la vida del más allá, como tendremos ocasión de comprobar.[83]

6. Finalmente conviene recordar la relación ya mencionada de este tratado con el resto de los tratados teológicos. Las propuestas que se hagan para acercarnos a los misterios escatológicos, han de estar bien coordinadas con el resto de los dogmas cristianos.

1.6 Estructura del tratado

Además del capítulo actual introductorio, el presente tratado se estructura en tres partes.

La primera está dedicada al desarrollo de alguno de los presupuestos teológicos del tratado que justifican sus principales verdades y ayudan a su explicación. En otras palabras: estos presupuestos muestran la armonía teológica de las dogmas escatológicos. La escatología cristiana depende del entendimiento y la coordinación de cuatro categorías teológicas, que la determinan radicalmente, a saber:

1. La concepción de la Resurrección de Jesucristo. La escatología es muy diferente si se acepta que tal acontecimiento fue real, histórico y corporal o bien se dice que solo ocurrió en la fe de la comunidad primitiva.

2. La concepción de la naturaleza humana como compuesto de alma y cuerpo, la relación existente entre ambos, así como sus características. La escatología es muy diferente si se afirma una antropología monista, dualista o de dualidad.

---

[83]Cfr. infra la polémica sobre la Humanidad de Cristo en la posesión de Dios, y su relación con la contemplación cara a cara de Dios "sine medio posito" de la *Benedictus Deus*.

1.6. ESTRUCTURA DEL TRATADO

3. El concepto de la persona humana y su subsistencia o no después de la muerte corporal, también determina las características de la escatología.

4. La idea del Reino de Dios, si es de una fase o de doble fase, tiene una definitiva repercusión en la escatología. Con la concepción del Reino está vinculada la de la virtud de la esperanza, si es teologal o simplemente natural, si esperamos en la plenitud de una vida y un mundo futuro o si solo podemos tener esperanzas intraterrenas, etc.

La segunda parte del tratado está dedicada al estudio de los temas propios de la llamada escatología individual: muerte, juicio, Cielo, Purgatorio, Limbo de los niños muertos sin bautizar e Infierno. Se centra en la primera fase de la escatología cristiana, la que ocurre con cada ser humano tras su muerte, y antes de los acontecimientos de la Parusía final.

La tercera parte del presente estudio, investiga la escatología final, o colectiva. Es la segunda fase de la escatología, con los temas clásicos de la Parusía, la resurrección de los muertos, el Juicio Final final y la llegada de los cielos y la tierra nueva.

Parte II

PRESUPUESTOS TEOLÓGICOS PARA EL TRATADO

Capítulo 2

La Resurrección de Jesucristo

2.1 Introducción

El entendimiento de este misterio central de nuestra fe, es clave para el modo de comprender las distintas verdades de la escatología cristiana. En efecto, nuestra vida inmortal depende de la Resurrección de Cristo (que es causa y modelo de la nuestra).

El hecho de que fuera una realidad no inventada por la fe de la de la comunidad primitiva, nos anuncia que nuestra resurrección tendrá que ser una realidad también, que no puede ser entendida, como hacen algunos teólogos modernos, como una "resurrección" inmediata después de la muerte de un cierto elemento de "corporalidad", en la que el cadaver se pierde para siempre y no tiene relación alguna con la futura resurrección corporal, por lo que no se distingue verdaderamente entre la pervivencia del alma separada del cuerpo después de la muerte y la resurrección corporal escatológica.

El hecho de que el cuerpo del Señor estuviera separado de su alma durante los tres días de su permanencia en el sepulcro, nos indica que también para nosotros habrá ese estado de separación en espera de la resurrección corporal al final de los tiempos.

El hecho de que Cristo ascendiera a los Cielos en cuerpo y alma después de haberse dejado ver de sus discípulos durante cuarenta días, es anticipo y arras de que nuestro cuerpo también participará de la gloria de la resurrección y de la vida eterna.

O el hecho de su promesa de la Parusía al final de los tiempos, nos indica que no toda la escatología está ya realizada, sino que esperamos la fase final de la misma, con la Segunda venida del Señor.

En conclusión, las realidades que se dieron en la resurrección de Cristo, son determinantes para concebir y entender, nuestra propia vida en el más allá: esencialmente, la pervivencia del alma después de la muerte aún sin resurrección del cuerpo, y las cualidades y sentido de la resurrección del cuerpo en el final de los tiempos. En este sentido, se puede afirmar con rotundidad que nuestra escatología es de doble fase (intermedia y final) no solo porque así está revelado, sino que su explicación última está ligada a la unión de destino del cristiano con Jesucristo, Cabeza del Cuerpo Místico del que él es uno de sus miembros.

Como explica C. Pozo:

> "El hecho de la resurrección de Jesús no es un acontecimiento cerrado en sí mismo. En efecto, Jesús no solo ha resucitado, sino que es 'la resurrección y la vida' (Jn 11:25). 'Cristo ha resucitado de entre los muertos, como *primicia* de los que duermen' (1 Cor 15:20). La palabra ἀπαρχή sugiere un proceso que se abre con la resurrección de Él para extenderse, un día, a la nuestra".[1]

---

[1]C. Pozo: *La Venida...*, cit., págs. 31–32.

2.1. INTRODUCCIÓN

Por eso, en los Credos de la Iglesia, aparecen las dos declaraciones de "resucitó al tercer día según las escrituras" y "esperamos la resurrección de los muertos", como indicando su vinculación. La Sagrada Escritura revela que la Resurrección de Cristo y la nuestra están relacionadas desde diferentes puntos de vista: aquélla es causa de nuestra resurrección futura (1 Cor 15:21); nuestra resurrección será imagen de la de Cristo (1 Cor 15:49); nuestra resurrección futura es la extensión de la misma Resurrección del Señor a los hombres.[2] Esta relación se justifica y explica por San Pablo en el hecho de que en el bautismo el neófito resucita sacramentalmente con Cristo (Ro 6: 3–11; Jn 3:5), en una incorporación vital a Cristo resucitado: la resurrección final consistirá en llevar a plenitud la resurrección que había tenido comienzo en el bautismo. Como a través del bautismo formamos parte del Cuerpo Místico de Jesucristo, la resurrección final también será para todos los hombres (1 Te 4:17).[3]

Así pues, nuestra resurrección y toda nuestra vida futura dependen de la de Cristo. Por eso, con toda contundencia, decía San Pablo que:

> "Y si Cristo no ha resucitado, inútil es nuestra predicación, inútil es también vuestra fe. Resultamos ser además falsos testigos de Dios, porque, en contra de Dios, testimoniamos que resucitó a Cristo, a quien no resucitó, si de verdad los muertos no resucitan. Pues si los muertos no resucitan, tampoco Cristo ha resucitado; pero si Cristo no ha resucitado, vana es vuestra fe, todavía estáis en vuestros pecados. E incluso los que han muerto en Cris-

---

[2]Sagrada Congregación para la Doctrina de la Fe: *Carta Recentiores Episcoporum Sinodi*, 2, en A. A. S. 71 (1979) 941.

[3]Cfr. C. Pozo: *La Venida...*, cit., págs. 32–33. No se debe olvidar el diferente motivo de la resurrección corporal para los bienaventurados y para los condenados, que se verá más adelante.

to perecieron. Y si tenemos puesta la esperanza en Cristo sólo para esta vida, somos los más miserables de todos los hombres. Ahora bien, Cristo ha resucitado de entre los muertos, como primer fruto de los que mueren. Porque como por un hombre vino la muerte, también por un hombre la resurrección de los muertos. Y así como en Adán todos mueren, así también en Cristo todos serán vivificados".[4]

Ahora bien, siendo tan clara la doctrina toda de San Pablo, sorprendentemente la Resurrección de Cristo ha sido negada, o malinterpretada de variadas maneras, en círculos de pensamiento que se llaman católicos, sobre todo en los últimos tiempos. Estas interpretaciones erróneas han tenido una repercusión inmediata en la escatología. Es necesario y fundamental, pues, tener en cuenta la realidad de la resurrección del Señor y su recto entendimiento para construir una escatología recta y ortodoxa.

A esto dedicamos el presente capítulo.[5]

Desde el punto de vista de la escatología, la Resurrección de Cristo ha de ser estudiada, sobre todo como:

- Realidad histórica (no solamente meta–histórica), real (y no como un producto de la fe de la comunidad primitiva) y "corporal" ("Mirad mis manos y mis pies: soy yo mismo. Palpadme y comprended que un espíritu no tiene carne ni huesos como veis que yo tengo"[6]), no es una resurrección de cierta corporalidad espiritualizada.

---

[4] 1 Cor 15: 14–22.

[5] Tomado esencialmente de los datos de Juan A. Jorge: *Cristología*, cit., vol. III, págs. 146–188.

[6] Lc 24:39.

- Modelo y ejemplo de la de los seres humanos.

- Causa de la resurrección de los cuerpos, de la de las almas (en sentido del Aquinate, se refiere a su justificación), y del mundo creado (su "regeneración").

2.2 Algunos datos previos

Con todo conviene antes recordar los datos definitivos de la Sagrada Escritura, de la Tradición y del Magisterio.

2.2.1 Sagrada Escritura

La Resurrección de Cristo es el tema central de la predicación apostólica, en relación íntima y directa con el misterio de la Muerte.

- San Pedro así lo establece desde el mismo inicio en Pentecostés (Hech 2: 14-36).

- San Pablo hace lo propio también al inicio de su ministerio con los gentiles: "Et nos vobis evangelizamus eam, quæ ad patres promissio facta est, quoniam hanc Deus adimplevit filiis eorum, nobis resuscitans Iesum, sicut et in Psalmo secundo scriptum est: 'Filius meus es tu; ego hodie genui te'. Quod autem suscitaverit eum a mortuis, amplius iam non reversurum in corruptionem, ita dixit: 'Dabo vobis sancta David fidelia'. Ideoque et in alio dicit: 'Non dabis Sanctum tuum videre corruptionem'. David enim sua generatione cum administrasset voluntati Dei, dormivit et appositus est ad patres suos et vidit corruptionem..." (Hech 13: 32-36).

Es importante centrar el estudio en los testimonios sobre la Resurrección que aporta el Nuevo Testamento, para comprender bien la realidad de la misma y sus características especiales. Hoy en día, en un sector no pequeño de la teología, se niega la realidad histórica de la Resurrección del Señor, transformándola en una especie de experiencia mística de la primitiva comunidad, que en el fondo, inventó la fe en la Resurrección. El único sentido que tendrían los relatos neotestamentarios es indicar que Cristo seguía vivo en la fe de sus discípulos, pero nada más. Tal perspectiva es un prejuicio que en absoluto se fundamenta en los testimonios revelados, un prejuicio que niega toda posible intervención de Dios sobrenatural en el mundo creado, y una falta de fe en la Divinidad de Cristo. Es mala exégesis, y peor teología.[7]

Esta sección es solo un resumen de los datos bíblicos más importantes a los efectos señalados. Su estudio tiene como sede propia la de la teología fundamental o la de la cristología fundamental y allí hay que remitirse para profundizar estos temas.[8]

Los principales datos a tener en cuenta son:

1.- Perspectiva general. A modo de introducción podemos destacar los siguientes puntos:

1. Los testimonios neotestamentarios son numerosísimos y se encuentran en todos los libros.

2. Las perspectivas desde las que se relatan los hechos son de lo más variadas:

---

[7]Los más conocidos intentos heréticos son los de D. F. Strauss, A. S. Reimarus, E. Renan ("La Vida de Jesús"), A. Von Harnack ("La Esencia del Cristianismo"), A. Loisy ("El Nacimiento del Cristianismo"), M. Gogel ("La Fe en la Resurrección de Jesús en el Cristianismo Primitivo"), etc. Los de mayor influencia en el momento más cercano a nosotros son los de R. Bultmann ("Nuevo Testamento y Mitología"), W. Marxsen ("La Resurrección de Jesús como Problema Histórico y Teológico") y Leon Dufour ("Resurrección de Jesús y Mensaje Pascual") entre otros.

[8]Hay mucha bibliografía. Se pueden leer con aprovechamiento, J. A. Sayés: *Cristología Fundamental*, Madrid, Centro de Estudios de Teología Espiritual, 1985, págs. 303–390; P. de Hayes: *La Résurrection de Jésus dans l'Apologétique des Cinquante Dernières Années*, Roma 1953; A. Fernández: *Teología Dogmática*, cit., págs. 166–177. Una amplia bibliografía en G. Ghiberti: *Resurrexit*, en "Actes du Symposium International Sur la Resurrection de Jesus", Roma, Libreria Editrice Vaticana, 1974, págs. 645–764; Id.: *Aggiornamento della Bibliografía*, en "Rivista Biblica Italiana", 23 (1975) 424–440; A. Diez Macho: *La Resurrección de Cristo y del Hombre en la Biblia*, Madrid, Fe católica, 1977. Una síntesis de las diferentes posiciones en J. A. Sayés: *La Resurrección de Jesús y la Historia. Problemática Actual*, Burgos, Facultad del Norte de España, 1983; B. R. Habernas: *Mapping the Recent Trend Towards the Bodily Resurrection Appearances of Jesus in Light of Other Prominent Critical Positions*, en R. Stewart (ed.): "Resurrection of Jesus. John Dominic Crossan an de N. T. Wright in Dialogue", Fortress Press, Minneapolis, 2006, págs. 78–92; G. R. Habernas: *Experiences of the Risen Jesus: the Foundational Historical Issue in the Early Proclamation of the Resurrection*, en "Dialog: A Journal of Theology" 45 (2006) 288–297.

2.2. ALGUNOS DATOS PREVIOS

- A veces son narraciones largas, como las de los Evangelios.
- A veces son declaraciones simples o aplicaciones teológicas del misterio, como en los Hechos de los Apóstoles o las referencias de 1 Cor 15.
- En otras ocasiones nos hallamos ante himnos litúrgicos que celebran el misterio o breves confesiones de fe que manifiestan la adhesión al mismo, como aparecen en las "parádosis" de San Pablo (vgr. 1 Cor 15: 1ss).

3. La explicación de esta abundancia de textos y perspectivas es clara: era el centro de la predicación apostólica; los Apóstoles eran "testigos de la Resurrección del Señor":

- Así lo declaran con ocasión de la curación del paralítico en la Puerta Hermosa del Templo: "ducem vero vitæ interfecistis, quem Deus suscitavit a mortuis, cuius nos testes sumus" (Hech 3:15).
- Y fue un criterio decisivo para le elección de San Matías para ser apóstol: "Oportet ergo ex his viris, qui nobiscum congregati erant in omni tempore, quo intravit et exivit inter nos Dominus Iesus, incipiens a baptismate Ioannis usque in diem, qua assumptus est a nobis, testem resurrectionis eius nobiscum fieri unum ex istis" (Hech 1: 21–22).

4. La conclusión es clara: la Resurrección es objeto principal de la predicación primitiva tanto a judíos como a los gentiles, aunque la rechacen: " '...eo quod statuit diem, in qua iudicaturus est orbem in iustitia in viro, quem constituit, fidem præbens omnibus suscitans eum a mortuis'. Cum audissent autem resurrectionem mortuorum, quidam quidem irridebant, quidam vero dixerunt: 'Audiemus te de hoc iterum'" (Hech 17: 31–32).

2.– Parádosis (1 Cor 15: 3–8). Esta verdad de fe se transmite con toda fidelidad desde el inicio de la Iglesia; lo que se puede comprobar por entrar dentro de los objetos de la llamada "parádosis" de San Pablo, donde el Apóstol recuerda que él entrega con suma precisión y sin cambiar lo que a su vez él ha recibido. Esto tiene una gran importancia porque subraya:

- Que es una verdad que se refleja por escrito ya en los años 53 a 57 de nuestra era, y que era transmitida con toda fidelidad desde que ocurrieron los hechos. Es fórmula donde se traslucen arameismos.
- Se trata de una solemne declaración, lo que manifiesta ya una profesión de fe.
- Es fórmula donde resalta el deseo de fidelidad.

- Se apela a la multitud de testigos de este acontecimiento muchos de los cuales viven: "más de quinientos hermanos juntos, la mayoría de los cuales todavía viven" (1 Cor 15:6).

- Se compone la parádosis con una serie de verbos que se confirman unos a otros: "murió *pues* fue sepultado; fue sepultado *pero* resucitó; fue resucitado, *pues* se apareció".

3.- Otras fórmulas. También se encuentran varias fórmulas que manifiestan tanto la fe como la predicación desde el origen de la verdad de la Resurrección (Ro 10:9, "Quia si confitearis in ore tuo: 'Dominum Iesum!', et in corde tuo credideris quod Deus illum excitavit ex mortuis, salvus eris"):

- Pedro en Pentecostés (Hech 2: 23ss).

- Pedro en el Pórtico de Salomón tras curación del paralítico (Hech 3:15).

- Pedro ante el Sanedrín (Hech 4:10).

- Pedro, de nuevo, ante el Sanedrín (Hech 5: 30–31).

- Pedro en casa de Cornelio (Hech 10: 37–40).

- Pablo en Antioquía (Hech 13: 27–31).

- 1 Pe 3: 18.21.22, "Quia et Christus semel pro peccatis passus est, iustus pro iniustis, ut vos adduceret ad Deum, mortificatus quidem carne, vivificatus autem Spiritu:... et vos nunc salvos facit, non carnis depositio sordium sed conscientiæ bonæ rogatio in Deum, per resurrectionem Iesu Christi, qui est in dextera Dei, profectus in cælum, subiectis sibi angelis et potestatibus et virtutibus".

- Etc.

4.- Las extensas narraciones evangélicas. Tienen unas características muy singulares. En efecto:

1. Textos: es un hecho que se narra con detalle y por todas las fuentes históricas del Nuevo Testamento.

    - Mt 28.
    - Mc 16.
    - Lc 24.
    - Jn 20–21.
    - Hech 1: 1–11.

2.2. ALGUNOS DATOS PREVIOS 53

2. Al mismo tiempo son narraciones sobrias y sin preocupación de hacer concordar los datos.

3. Se describe la continuidad del Cristo resucitado con el Cristo muerto en la Cruz:

   - En el hablar, como el diálogo con María Magdalena: Jn 20:16.
   - En la fracción del pan, como a los discípulos de Emaús: Lc 24:31.
   - En el tacto, como a los apóstoles incrédulos: Lc 24:39.
   - En la comida de alimentos sólidos: Lc 24:41.
   - En la mostración de las llagas de la Pasión: Jn 20:27.

4. Se otorga importancia al detalle del sepulcro vacío:

   - Valor: aunque no sea prueba definitiva, sin embargo sí que es una condición y un efecto de la verdadera Resurrección del cuerpo del Señor.
   - Se cita en los tres sinópticos: Mt 28:6; Mc 16:6; Lc 24: 5–6.
   - Efecto:
     – Se establece la relación entre el cuerpo resucitado (se aparece a los hombres) y el cuerpo sepultado (que ya no está).
     – La Resurrección no es la mera pervivencia de un elemento espiritual. En efecto:
        * Hech 2: 29–31.
        * Jerusalén entera podría comprobar la veracidad de los dichos de San Pedro.

5. Incluso Santo Tomás considera como una de las razones para la permanencia durante tres días en el sepulcro, la de probar con toda certeza que tanto la Muerte como la Resurrección corporal de Cristo fueron verdaderas, pues si después de muerto hubiera resucitado, podría parecer que la Muerte no había sido verdadera y, por tanto, tampoco la Resurrección:

"...ad hoc autem quod confirmaretur fides de veritate humanitatis et mortis eius, oportuit moram esse inter mortem et resurrectionem; si enim statim post mortem resurrexisset videri pos-	"...y para que se hiciese firme la fe en su humanidad y en su muerte, fue necesario que mediase un intervalo entre su muerte y su Resurrección, pues si hubiese resucitado inmediatamente después de la muerte, podría dar

set quod eius mors vera non fuerit, et per consequens nec resurrectio vera. Ad veritatem autem mortis Christi manifestandam, sufficiebat quod usque ad tertiam diem eius resurrectio differretur, quia non contingit quin infra hoc tempus, in homine qui mortuus videtur cum vivat, appareant aliqua indicia vitæ".[9]

la impresión de que ésta no fue real y, por consiguiente, tampoco la Resurrección. Pero para poner en claro la verdad de la muerte de Cristo bastaba con que su Resurrección se difiriese hasta el tercer día, pues no acontece que en este espacio de tiempo dejen de aparecer algunas señales de vida en el hombre que, tenido por muerto, vive sin embargo".

5.– *Pero es también un estado corporal superior "glorioso"*. En efecto, en las narraciones sobre la Resurrección resaltan también los siguientes extremos:

1. Datos:

   - El cuerpo resucitado de Cristo no está sujeto a las leyes físicas de los cuerpos materiales en nuestro mundo:
     - Se hace presente estando las puertas cerradas: Lc 24:36; Jn 20: 19.26.
     - Se aparece en sitios muy diferentes y distantes.
   - San Pablo habla de cuerpo espiritual (σῶμα πνευματικόν, 1 Cor 15:44).

2. Efecto: la fe continua siendo necesaria:

   - Las apariciones son un verdadero "ver" a Jesús, y también un don de la gracia al mismo tiempo.
   - Los datos son claros:
     - Los discípulos "dudan" (Mt 28:17).
     - La descripción larga de las dudas de Santo Tomás y la recriminación de Jesús: "Quia vidisti me, credidisti. Beati, qui non viderunt et crediderunt!" (cfr. Jn 20: 26–29).

---

[9]Santo Tomás de Aquino: *Summ. Theol.*, III^a, q. 53, a. 2, co. Cfr. q. 51, a. 4; *In Sent.*, Lib. III, dist. 21, q. 2, a. 2; Lib. IV, dist. 43, a. 3, q. 1, ad 1; *Compend. Theol.*, cap. 236; *In Io.*, 2, lect. 3; *In Ps.*, 15; *Expos. super Symb.*, a. 5.

2.2. ALGUNOS DATOS PREVIOS

- Hay una clara distinción entre las narraciones de las apariciones de Cristo resucitado[10] y las visiones espirituales de Cristo:
  * Para las apariciones de Criso se emplean los verbos: "horáô" (ὁράω, ver, aparecerse, dejarse ver);[11] "faínô" (φαίνω, mostrar, enseñar, hacer visible)[12]; "faneróô" (φανερόω, manifestar, hacer visible);[13] "paréstêsen" (παρέστησεν, de παρίστημι, presentar, poner ante los ojos);[14] o "se puso en medio de ellos" (ἔστη ἐν μέσῳ) o "salió a su encuentro" (ὑπήντησεν).[15]
  * En cambio se utiliza el término "hórama" (ὅραμα) para indicar indicar visión interna (no externa) tanto diurna como nocturna (vgr. Hech 12:9). Este término nunca se utiliza para describir las apariciones de Jesús resucitado.[16]

6.- *Conclusión*. Es muy útil un exhaustivo texto de Santo Tomás, donde se nos habla de la suficiencia de los argumentos que aparecen en las Escrituras para manifestar que la Resurrección fue verdadera y, al mismo tiempo, gloriosa. Para lo cual hace una relación de cada uno de los aspectos de la realidad de Cristo resucitado. En primer lugar, de su cuerpo que era verdadero y sólido (para lo cual se dejó palpar), que era humano (dejando ver su verdadera figura) y que era el mismo numéricamente que el de antes (para ello les mostró las cicatrices). En segundo lugar les demostró la verdadera Resurrección por parte del alma unida al cuerpo, manifestando cada una de las tres actividades vitales (vegetativa —come y bebe—, sensitiva —veía y oía— e intelectual —hablando y disertando sobre las Escrituras—). En tercer lugar demostró que poseía la divina naturaleza haciendo el milagro de la pesca milagrosa y por su Ascensión a los Cielos. En cuarto lugar, mostró la gloria de la Resurrección (entrando con las puertas cerradas, o desapareciendo de repente):

---

[10]Se pueden dividir en: apariciones a mujeres; a Pedro; a los discípulos de Emaús; a los Once; y las apariciones en el libro de los Hechos. Cfr. J. A. Sayés: *Cristología Fundamental*, cit., págs. 351–371.

[11]Es el verbo que frecuentemente se usa para expresar las apariciones de Jesús. Se suele escribir en aoristo pasivo: "fue visto", "se apareció".

[12]Vgr. Mc 16:9; Hech 10:40.

[13]Vgr. Jn 21: 1.14.

[14]Vgr. Hech 1:3.

[15]Vgr. Lc 24:36; Jn 20: 19.26; Mt 28:9; Jn 21:4.

[16]Cfr. J. A. Sayés: *Cristología Fundamental*, cit., págs. 363–366; M. Guerra: *Antropología y Teologías*, Pamplona, Eunsa, 1976, págs. 429–430.

"Argumenta etiam fuerunt sufficientia ad ostendendam veram resurrectionem, et etiam gloriosam. Quod autem fuerit vera resurrectio, ostendit uno modo ex parte corporis. Circa quod tria ostendit. Primo quidem, quod esset corpus verum et solidum, non corpus phantasticum, vel rarum, sicut est aer. Et hoc ostendit per hoc quod corpus suum palpabile præbuit. Unde ipse dicit, Luc. ult., palpate et videte, quia spiritus carnem et ossa non habet, sicut me videtis habere. Secundo, ostendit quod esset corpus humanum, ostendendo eis veram effigiem, quam oculis intuerentur. Tertio, ostendit eis quod esset idem numero corpus quod prius habuerat, ostendendo eis vulnerum cicatrices. Unde legitur Luc. ult., dixit eis, videte manus meas et pedes meos, quia ego ipse sum. Alio modo ostendit eis veritatem suæ resurrectionis ex parte animæ iterato corpori unitæ. Et hoc ostendit per opera triplicis vitæ. Primo quidem, per opus vitæ nutritivæ, in hoc quod cum discipulis manducavit et bibit, ut legitur Luc. ult. Secundo, per opera vitæ sensitivæ, in hoc quod discipulis ad interrogata respondebat, et præsentes salutabat, in quo ostendebat se et videre et audire. Tertio, per opera vitæ intellectivæ, in hoc quod cum eo loquebantur, et de Scripturis disserebant. Et ne quid deesset ad perfectionem manifestationis, ostendit etiam se habere divinam

"Los argumentos fueron suficientes para probar su Resurrección verdadera, e incluso gloriosa. Que su Resurrección fuera verdadera, lo probó de un primer modo por parte del cuerpo. Acerca del cual manifestó tres cosas: Primera, que era un cuerpo verdadero y sólido, no fantástico y ligero, como lo es el aire. Y lo demostró presentando su cuerpo como palpable, puesto que, en Lc 24:39, Él mismo dice: 'Palpad y ved, porque un espíritu no tiene carne ni huesos, como veis que yo tengo'. Segunda, probó que era un cuerpo humano, manifestándoles su verdadera figura, que veían con sus ojos. Tercera, les probó que era numéricamente el mismo cuerpo que antes había tenido, al presentarles las cicatrices de sus heridas. Por lo cual se lee en Lc 24: 38–39: 'Les dijo: Ved mis manos y mis pies, que soy yo mismo'. De un segundo modo les probó la verdad de su Resurrección por parte del alma unida otra vez al cuerpo. Y esto lo probó mediante las operaciones de una triple vida. Primero, por la obra de la vida nutritiva, puesto que comió y bebió con sus discípulos, como se lee en Lc 24: 30–43. Segundo, por las obras de la vida sensitiva, ya que respondía a las preguntas de los discípulos, y saludaba a los que se hallaban presentes, con lo que demostraba que veía y que oía. Tercero, por las obras de la vida intelectiva, porque hablaban con Él y discurrían sobre las Escrituras. Y para que nada faltase a la perfección de la prueba, demostró también que tenía naturaleza divina mediante el milagro que hizo

2.2. ALGUNOS DATOS PREVIOS

naturam, per miraculum quod fecit in piscibus capiendis; et ulterius per hoc quod, eis videntibus, ascendit in cælum; quia, ut dicitur Ioan. III, nemo ascendit in cælum nisi qui descendit de cælo, filius hominis, qui est in cælo. Gloriam etiam suæ resurrectionis ostendit discipulis, per hoc quod ad eos ianuis clausis intravit, secundum quod Gregorius dicit, in homilia, palpandam carnem dominus præbuit, quam clausis ianuis introduxit, ut esse post resurrectionem ostenderet corpus suum et eiusdem naturæ, et alterius gloriæ. Similiter etiam ad proprietatem gloriæ pertinebat quod subito ab oculis discipulorum evanuit, ut dicitur Lucæ ultimo, quia per hoc ostendebatur quod in potestate eius erat videri et non videri quod pertinet ad conditionem corporis gloriosi, ut supra dictum est".[17]

cuando la pesca de los peces; y más adelante, al subir al Cielo, viéndolo ellos, porque, como se dice en Jn 3,13, 'nadie sube al Cielo sino el que bajó del Cielo, el Hijo del hombre, que está en el Cielo'. También manifestó a los discípulos la gloria de su Resurrección al entrar, cerradas las puertas, donde ellos estaban; de acuerdo con lo cual dice Gregorio, en una Homilía: 'El Señor dio a palpar su carne, que introdujo cerradas las puertas, para demostrar que, después de la Resurrección, su cuerpo seguía teniendo la misma naturaleza, pero una gloria distinta'. Del mismo modo pertenecía a la propiedad de su gloria el haber desaparecido de la vista de sus discípulos, como se dice en Lc 24:31, porque así demostraba que tenía poder para dejarse ver y para no ser visto, lo cual pertenece a la condición del cuerpo glorioso, como antes se ha dicho (q. 54, a. 1, ad 2; a. 2, ad 1)".

2.2.2 Magisterio

Por eso, este dogma ocupa un papel fundamental en todos los símbolos y profesiones de fe:

1. Símbolo de los Apóstoles.[18]
2. Profesiones de fe:
    - De Inocencio III a los valdenses.[19]

---

[17]Santo Tomás de Aquino: *Summ. Theol.*, III^a, q. 55, a. 6, co. Cfr. *In Sent.*, Lib. III, dist. 21, q. 2, a. 3; a. 4, q. 1, 2, 3 y 4; *Compend. Theol.*, cap. 238.

[18]*D. S.*, 11ss.

[19]*D. S.*, 791.

CAPÍTULO 2. LA RESURRECCIÓN DE JESUCRISTO

- Concilio Lateranense IV contra cátaros y albigenses.[20]
- Confesión de fe al Emperador Miguel Paleologo del Concilio II de Lyon.[21]
- Profesión de fe a los jacobitas del Concilio de Florencia.[22]
- Profesión de fe tridentina contra los reformadores.[23]
- Profesión de fe de Benedicto XIV a los orientales.[24]
- Etc.

Los datos magisteriales que se extraen de las declaraciones mencionadas, y que han de ser tenidos en cuenta para la reflexión sobre la Resurrección del Señor, son los siguientes:

1. Se trata de una verdadera Resurrección, como se ve en las narraciones del Nuevo Testamento ("comió y bebió con ellos...", etc.)

   - Leon IX.[25]
   - Inocencio III a los Valdenses.[26]
   - San Pio X contra el Modernismo.[27]

2. Resucitó "por su propio poder", como lo atestigua:

   - El Magisterio: Concilio XI de Toledo.[28]
   - La Sagrada Escritura, que atribuye la Resurrección tanto al Padre como a Cristo mismo:
     - Al Padre: Hech 2: 24ss; 3: 13ss; Ga 1:1; etc.
     - A Cristo mismo: Jn 10:8.

---

[20] *D. S.*, 801.
[21] *D. S.*, 952.
[22] *D. S.*, 1338.
[23] *D. S.*, 1826.
[24] *D. S.*, 2529.
[25] *D. S.*, 681.
[26] *D. S.*, 791.
[27] *D. S.*, 3437–3438.
[28] *D. S.*, 593.

2.2. ALGUNOS DATOS PREVIOS

- Santo Tomás concluye que la causa principal de la Resurrección es la Trinidad, puesto que hay un único plan divino de salvación.

3. "Al tercer día": es una indicación que se encuentra en los símbolos latinos.

4. "Según las Escrituras": una indicación propia de los símbolos griegos, basado en lo que se dice en la Revelación:

   - 1 Cor 15:4.
   - Hech 2: 24ss. en referencia al Sal 15:10.
   - Hech 13: 35ss.

2.2.3 Razonamiento teológico

El significado teológico de la Resurrección de Cristo podría ser sintetizado en los siguientes puntos:

1.– La Resurrección es, ante todo, *la glorificación de Cristo* mismo.

Así aparece en Flp 2: 8–9, "humiliavit semetipsum factus oboediens usque ad mortem, mortem autem crucis. Propter quod et Deus illum exaltavit et donavit illi nomen, quod est super omne nomen".

Esto se debe a que la Resurrección le corresponde a Cristo por un doble motivo:

- En primer lugar, por su dignidad de Hijo. Algunos Santos Padres consideraron la Resurrección como una consecuencia de la unión hipostática, pensando que Cristo tendría inmortalidad en su naturaleza humana por ese motivo; la pasibilidad de su naturaleza humana habría sido una permisión divina con vistas a la realización de la Redención.

- En segundo lugar, por los méritos propios de su vida y Muerte.

Santo Tomás de Aquino vincula la Resurrección a una obra de la divina justicia, que ensalza a los que se humillan. Pero Cristo se humilló hasta la muerte de Cruz por caridad y obediencia a Dios; por eso era convenía que fuera exaltado hasta la Resurrección gloriosa:

"...ad commendationem divinæ iustitiæ, ad quam pertinet exaltare illos qui se propter Deum humiliant, secundum illud Luc. I, deposuit potentes de sede, et exaltavit humiles. Quia

"...para recomendación de la justicia divina, que es la encargada de exaltar a los que se humillan por Dios, según aquellas palabras de Lc 1:52: Derribó a los poderosos de su trono, y exaltó a los humildes.

igitur Christus, propter caritatem et obedientiam Dei, se humiliavit usque ad mortem crucis, oportebat quod exaltaretur a Deo usque ad gloriosam resurrectionem".[29]

Así pues, al haberse humillado Cristo hasta la muerte de cruz, por caridad y por obediencia a Dios, era necesario que fuese exaltado por Dios hasta la Resurrección gloriosa".

2.– Fue *obra de la Santísima Trinidad*. Como obra "ad extra" de Dios, la Resurrección en común a las tres divinas Personas. Sin embargo, la Revelación a veces las atribuye al Padre, o al Hijo mismo o al Espíritu Santo, por alguna relación especial que se puede establecer sobre este acontecimiento y la singularidad de cada Persona en el seno intratrinitario.

- A veces, se atribuye al Padre: es el poder del Padre el que resucita al Hijo (Hech 2:24; Ro 6:4; 2 Cor 13:4; Flp 3:10; Ef 1: 19–22; Heb 7:16).
- A veces, se atribuye al Hijo, quien en virtud de su poder divino realiza su propia Resurrección (Mc 8:31; 9: 9–31; 10:34; Jn 10: 17–18; 1 Te 4:14).
- A veces se insiste en que el Padre obra la Resurrección por medio del Espíritu Santo (Ef 1: 19–20); es el Espíritu el que transforma a Cristo en "espíritu vivificante" (1 Cor 15:45). Cristo alcanza la fuerza del Espíritu por medio de la Resurrección (Ro 1: 3–4). Una vez resucitado y glorificado, Jesús derramará el Espíritu sobre los hombres.[30]

3.– Fue *objeto de esperanza para Cristo*, como se explicita en Jn 17:1.5, "Hæc locutus est Iesus; et, sublevatis oculis suis in cælum, dixit: Pater, venit hora: clarifica Filium tuum, ut Filius clarificet te..., et nunc clarifica me tu, Pater, apud temetipsum claritate, quam habebam, priusquam mundus esset, apud te".

4.– *Culmina su obra* en la tierra, como recuerda el *Catecismo de la Iglesia Católica*: "La Resurrección de Cristo está estrechamente unida al misterio de la Encarnación del Hijo de Dios: es su plenitud según el designio eterno de Dios".[31]

5.– Le otorga a Cristo una *nueva forma de poder*, conforme a Ro 1:4, "qui constitutus est Filius Dei in virtute secundum Spiritum sanctificationis ex resurrectione mortuorum, Iesu Christo Domino nostro..."

---

[29]Santo Tomás de Aquino: *Summ. Theol.*, III^a, q. 53, a. 1, co. Cfr. *In Sent.*, Lib. III, dist. 21, q. 2, a. 1.

[30]Cfr. J. A. Sayés: *Señor y Cristo...*, cit., págs. 497–501; E. Dhanis: *La Résurrection de Christ et l'Histoire*, en "Actes du Symposium International sur la Résurrection de Jésus" Rome, Libreria Editrice Vaticana, 1970, págs. 599ss.

[31]*Catecismo de la Iglesia Católica*, nº 653.

2.2. ALGUNOS DATOS PREVIOS

6.– Existe una *unidad salvífica con la Cruz* de Cristo. En efecto:

- Es la perspectiva del Evangelio de San Juan sobre la Cruz como exaltación.
- Por eso, conserva los estigmas de la crucifixión tras su Resurrección.
- Es una parte de todo el conjunto de la Pascua.

Por eso:

> "Hay un doble aspecto en el Misterio Pascual: por su muerte nos libera del pecado, por su Resurrección nos abre el acceso a una nueva vida. Esta es, en primer lugar, la justificación que nos devuelve a la gracia de Dios (cfr. Ro 4:25) 'a fin de que, al igual que Cristo fue resucitado de entre los muertos... así también nosotros vivamos una nueva vida' (Ro 6:4). Consiste en la victoria sobre la muerte y el pecado y en la nueva participación en la gracia (cfr. Ef 2: 4–5; 1 Pe 1:3). Realiza la adopción filial porque los hombres se convierten en hermanos de Cristo, como Jesús mismo llama a sus discípulos después de su Resurrección: 'Id, avisad a mis hermanos' (Mt 28:10; Jn 20:17). Hermanos no por naturaleza, sino por don de la gracia, porque esta filiación adoptiva confiere una participación real en la vida del Hijo único, la que ha revelado plenamente en su Resurrección".[32]

7.– La Resurrección es pues, *salvadora*:

- Así aparece en la Sagrada Escritura:

    – San Pedro:

        * Hech 2: 32.36.
        * Hech 3: 13–26.

    – San Pablo: Hech 13: 30.32–37.

- Dios cumple sus promesas. Como dice el *Catecismo de la Iglesia Católica*:

> "La Resurrección de Cristo es cumplimiento de las promesas del Antiguo Testamento (cfr. Lc 24: 26–27.44–48) y del mismo Jesús durante su vida terrenal (cf. Mt 28:6; Mc 16:7; Lc 24: 6–7). La expresión 'según las Escrituras' (cf. 1 Cor 15: 3–4 y el Símbolo Niceno–Constantinopolitano[33]) indica que la Resurrección de Cristo cumplió estas predicciones".[34]

---

[32] *Catecismo de la Iglesia Católica*, nº 654.
[33] *D. S.*, 150.
[34] *Catecismo de la Iglesia Católica*, nº 652.

CAPÍTULO 2. LA RESURRECCIÓN DE JESUCRISTO

- Nuestra futura Resurrección depende de la de Cristo: 1 Cor 15: 14.17, "Si autem Christus non suscitatus est, inanis est ergo prædicatio nostra, inanis est et fides vestra; quod si Christus non resurrexit, stulta est fides vestra; adhuc estis in peccatis vestris".

- Es la victoria definitiva sobre la muerte, como recuerda San Pablo: "Nunc autem Christus resurrexit a mortuis, primitiæ dormientium. Quoniam enim per hominem mors, et per hominem resurrectio mortuorum..." (1 Cor 15: 20–21).

Santo Tomás afirma que la Resurrección de Cristo tiene entre otras razones, la de levantar nuestra esperanza en que nosotros también resucitaremos; es más, será "informationem vitæ fidelium" es decir, modelo, pero en el sentido de lo que es la *forma* para la metafísica tomista:

"Tertio, ad sublevationem nostræ spei. Quia, dum videmus Christum resurgere, qui est caput nostrum, speramus et nos resurrecturos. Unde dicitur I Cor. XV, si Christus prædicatur quod resurrexit a mortuis, quomodo quidam dicunt in vobis quoniam resurrectio mortuorum non est? Et Iob XIX dicitur, scio, scilicet per certitudinem fidei, quod redemptor meus, idest Christus, vivit, a mortuis resurgens, et ideo in novissimo die de terra surrecturus sum, reposita est hæc spes mea in sinu meo. Quarto, ad informationem vitæ fidelium, secundum illud Rom. VI, quomodo Christus resurrexit a mortuis per gloriam patris, ita et nos in novitate vitæ ambulemus. Et infra, Christus resurgens ex mortuis iam non moritur, ita et vos existimate

"Tercero, para levantar nuestra esperanza. Pues, al ver que Cristo resucita, siendo Él nuestra cabeza, esperamos que también nosotros resucitaremos. De donde, en 1 Cor 15:12, se dice: 'Si se predica que Cristo ha resucitado de entre los muertos, ¿cómo algunos de entre vosotros dicen que no hay resurrección de los muertos?' Y en Job 19: 25.27 se escribe: 'Yo sé, es claro que por la certeza de la fe, que mi Redentor, esto es, Cristo, vive, por resucitar de entre los muertos, y por eso resucitaré yo de la tierra en el último día'; esta esperanza está asentada en mi interior. Cuarto, para instrucción de la vida de los fieles, conforme a aquellas palabras de Ro 6:4: 'Como Cristo resucitó de entre los muertos por medio de la gloria del Padre, así también nosotros vivamos una vida nueva'. Y debajo (v.9.11): 'Cristo, al resucitar de entre los muertos, ya no muere; así, pensad que también vo-

2.2. ALGUNOS DATOS PREVIOS

mortuos esse peccato, viventes autem Deo".[35]

sotros estáis muertos al pecado, pero vivos para Dios'".

Sobre este particular volveremos más adelante.

8.– La Resurrección tiene un indudable *valor apologético* como argumento definitivo de la Divinidad del Señor, ya que un muerto no puede resucitarse a sí mismo, salvo que sea la fuerza de la Divinidad del Hijo de Dios, quien con su poder como tal, resucita a su propia naturaleza humana. Como dice Santo Tomás de Aquino:

"...per mortem non fuit separata divinitas nec ab anima Christi, nec ab eius carne. Potest igitur tam anima Christi mortui, quam eius caro, considerari dupliciter, uno modo, ratione divinitatis; alio modo, ratione ipsius naturæ creatæ. Secundum igitur unitæ divinitatis virtutem, et corpus resumpsit animam, quam deposuerat; et anima resumpsit corpus, quod dimiserat. Et hoc est quod de Christo dicitur II Cor. ult., quod, etsi crucifixus est ex infirmitate nostra, sed vivit ex virtute Dei. Si autem consideremus corpus et animam Christi mortui secundum virtutem naturæ creatæ, sic non potuerunt sibi invicem re-

"...por la muerte no se separó la divinidad ni del alma de Cristo, ni de su cuerpo. Así pues, tanto el alma de Cristo muerto como su cuerpo pueden considerarse de dos maneras: Una, por razón de la divinidad; otra, por razón de su naturaleza creada. Por consiguiente, de acuerdo con el poder de la divinidad, tanto el cuerpo reasumió el alma de la que se había separado, como reasumió el alma el cuerpo del que se había despojado. Y esto es lo que se dice de Cristo en 2 Cor 13:4, pues aunque fue crucificado por nuestra debilidad, vive, sin embargo, por el poder de Dios. En cambio, si consideramos el cuerpo y el alma de Cristo muerto de acuerdo con el poder de la naturaleza creada, no pudieron

---

[35]Santo Tomás de Aquino: *Summ. Theol.*, III^a, q. 53, a. 1, co. Cfr. *Catecismo de la Iglesia Católica*, nº 655: "...la Resurrección de Cristo —y el propio Cristo resucitado— es principio y fuente de nuestra Resurrección futura: 'Cristo resucitó de entre los muertos como primicias de los que durmieron... del mismo modo que en Adán mueren todos, así también todos revivirán en Cristo' (1 Cor 15: 20–22). En la espera de que esto se realice, Cristo resucitado vive en el corazón de sus fieles. En Él los cristianos 'saborean... los prodigios del mundo futuro' (Heb 6:5) y su vida es arrastrada por Cristo al seno de la vida divina (cf. Col 3: 1–3) para que ya no vivan para sí los que viven, sino para aquel que murió y resucitó por ellos' (2 Cor 5:15)".

uniri, sed oportuit Christum resusci- volver a unirse el uno con el otro, sino que
tari a Deo".³⁶ fue necesario que Dios resucitase a Cristo".

El valor apologético es un extremo sobre el que se centra la teología o la cristología fundamental, tanto para probar la Resurrección como hecho real e histórico, como para argumentar la Divinidad de Cristo. En efecto, entre las razones de credibilidad de Jesucristo se destacan dos:

- Los milagros (Jn 10:38, "si autem facio, et si mihi non vultis credere, operibus credite, ut cognoscatis et sciatis quia in me est Pater, et ego in Patre").

- La Resurrección (Mt 12: 39–40, "Qui respondens ait illis: Generatio mala et adultera signum requirit; et signum non dabitur ei, nisi signum Ionæ prophetæ. Sicut enim fuit Ionas in ventre ceti tribus diebus et tribus noctibus, sic erit Filius hominis in corde terræ tribus diebus et tribus noctibus").

El *Catecismo de la Iglesia Católica* insiste sobre el particular:

"La verdad de la Divinidad de Jesús es confirmada por su Resurrección. Él había dicho: 'Cuando hayáis levantado al Hijo del hombre, entonces sabréis que Yo Soy' (Jn 8:28). La Resurrección del Crucificado demostró que verdaderamente, él era 'Yo Soy', el Hijo de Dios y Dios mismo. San Pablo pudo decir a los judíos: 'La Promesa hecha a los padres Dios la ha cumplido en nosotros... al resucitar a Jesús, como está escrito en el salmo primero: *Hijo mío eres tú; yo te he engendrado hoy*' (Hech 13: 32–33; cfr. Sal 2:7)..."³⁷

---

³⁶Santo Tomás de Aquino: *Summ. Theol.*, IIIª, q. 53, a. 4, co. Cfr. *In 1 Cor.*, 15, lect. 2; *In Io.*, 2, lect. 3; *In Rom.*, 4, lect. 3; *In Ps.*, ps. 40; *Expos. super Symb.* a. 5.

³⁷*Catecismo de la Iglesia Católica*, nº 653. Cfr. Santo Tomás de Aquino: *Summ. Theol.*, IIIª, q. 53, a. 1, co.: "Quia per eius resurrectionem confirmata est fides nostra circa divinitatem Christi, quia, ut dicitur II Cor. ult., etsi crucifixus est ex infirmitate nostra, sed vivit ex virtute Dei. Et ideo I Cor. XV dicitur, si Christus non resurrexit, inanis est prædicatio nostra, inanis est et fides nostra. Et in Psalmo, quæ utilitas erit in sanguine meo, idest in effusione sanguinis mei, dum descendo, quasi per quosdam gradus malorum, in corruptionem? Quasi dicat, nulla. Si enim statim non resurgo, corruptumque fuerit corpus meum, nemini annuntiabo, nullum lucrabor ut Glossa exponit".

2.3 La Resurrección, como fenómeno histórico y meta-histórico

Un problema importante que se suscita a la cristología es el de la relación entre la Resurrección como fenómeno histórico y como realidad meta–histórica, o en otras palabras, como un hecho que está entre la Historia y la fe.

Frente a las afirmaciones de que la Resurrección de Cristo no fue en realidad de su propio cuerpo humano, sino de una cierta corporalidad esencial que no dejó huella alguna en nuestra historia, y que solo fue percibida (en realidad, inventada) por la fe de la comunidad primitiva, es de fe que la Resurrección de Nuestro Señor fue real y con su propio cuerpo, y esto a pesar de que el fenómeno fuera ciertamente singular. Cuando esta realidad se niega, se acaba negando también nuestra resurrección corporal y al final de los tiempos, interpretando la resurrección como inmediata después de la muerte de cada hombre y realizada en base a un "elemento de corporalidad" que resucitaría en ese momento con independencia total del cadaver de la persona.

En efecto, la Resurrección es un hecho singular y único, jamás experimentado antes ni después. No se trata de la vivificación de un cadáver que vuelve a esta vida y eón presente, para posteriormente volver a morir —caso de las "resurrecciones" milagrosas del Antiguo Testamento o de Jesucristo, en los casos del hijo de la viuda de Naim (Lc 7: 11–17), o de la hija de Jairo (Lc 8: 41ss; Mc 5: 22ss) o de Lázaro de Betania (Jn 11: 33–44)—, sino de la Resurrección gloriosa del cuerpo para la otra vida, para el eón futuro. Es la Resurrección que esperamos todos en el momento de la Parusía. Por eso dice el *Catecismo de la Iglesia Católica*:

> "La Resurrección de Cristo no fue un retorno a la vida terrena como en el caso de las resurrecciones que él había realizado antes de Pascua: la hija de Jairo, el joven de Naím, Lázaro. Estos hechos eran acontecimientos milagro-

sos, pero las personas afectadas por el milagro volvían a tener, por el poder de Jesús, una vida terrena 'ordinaria'. En cierto momento, volverán a morir. La Resurrección de Cristo es esencialmente diferente. En su cuerpo resucitado, pasa del estado de muerte a otra vida más allá del tiempo y del espacio. En la Resurrección, el cuerpo de Jesús se llena del poder del Espíritu Santo; participa de la vida divina en el estado de su gloria, tanto que san Pablo puede decir de Cristo que es 'el hombre celestial' (cfr. 1 Cor 15: 35–50)."[38]

Los datos del cuerpo resucitado de Cristo son los siguientes:

1.- Es *el mismo cuerpo* que fue depositado en el sepulcro (que después de la Resurrección está vacío). Como dice Santo Tomás, el cuerpo de Cristo después de la Resurrección estaba compuesto de los elementos y poseía las cualidades tangibles exigidas por la naturaleza del cuerpo humano, y por eso era tangible y hubiera sido corruptible si no tuviera algo que excediese a la naturaleza humana del cuerpo (que lo tuvo, a saber, la gloria del alma bienaventurada que redunda en él):

"Corpus autem Christi vere post resurrectionem fuit ex elementis compositum, habens in se tangibiles qualitates, secundum quod requirit natura corporis humani, et ideo naturaliter erat palpabile. Et si nihil aliud habuisset supra corporis humani na-

"El cuerpo de Cristo, después de la Resurrección, siguió compuesto de elementos, conservando en sí mismo las cualidades tangibles, de acuerdo con lo que requiere la naturaleza del cuerpo humano; y, por tal motivo, era naturalmente palpable. Y, de no haber tenido algo que sobrepasase la naturaleza del cuer-

---

[38] *Catecismo de la Iglesia Católica*, nº 646.

2.3. HECHO HISTÓRICO Y META–HISTÓRICO

turam, fuisset etiam corruptibile. Habuit autem aliquid aliud quod ipsum incorruptibile reddidit, non quidem naturam cælestis corporis, ut quidam dicunt, de quo infra magis inquiretur; sed gloriam redundantem ab anima beata..."[39]

"...corpus Christi in resurrectione fuit eiusdem naturæ, sed alterius gloriæ. Unde quidquid ad naturam corporis humani pertinet, totum fuit in corpore Christi resurgentis. Manifestum est autem quod ad naturam corporis humani pertinent carnes et ossa et sanguis, et alia huiusmodi. Et ideo omnia ista in corpore Christi resurgentis fuerunt. Et etiam integraliter, absque omni diminutione, alioquin non fuisset perfecta resurrectio, si non fuisset redintegratum quidquid per mortem ceciderat."[40]

po humano, hubiera sido incluso corruptible. Pero tuvo alguna otra cosa que lo volvía incorruptible; no, por cierto, la naturaleza del cuerpo celeste, como algunos sostienen, sobre lo que luego se investigará más (véase Suppl, q. 82, a. 1), sino la gloria que redunda del alma bienaventurada...".

"...el cuerpo de Cristo resucitado tuvo la misma naturaleza, pero una gloria distinta. Por lo que, cuanto pertenece a la naturaleza del cuerpo humano, estuvo íntegramente en el cuerpo de Cristo resucitado. Pero es evidente que a la naturaleza del cuerpo humano pertenecen las carnes, los huesos, la sangre y las demás cosas de este género. Y, por este motivo, en el cuerpo de Cristo resucitado existieron todas estas cosas. Y, por cierto, íntegramente, sin ninguna disminución; de otra manera la Resurrección no sería perfecta, en el caso de que no hubiera sido reintegrado todo lo que por la muerte había caído".

---

[39] Santo Tomás de Aquino: *Summ. Theol.*, III[a], q. 54, a. 2, ad 2.
[40] Santo Tomás de Aquino: *Summ. Theol.*, III[a], q. 54, a. 3, co. Cfr. *Quodl.*, 5, q. 3, a. 1; *In Io.*, 20, lect. 6.

2.– Pero con la Resurrección, su vida es *transformada en vida de "gloria"*.

Es distinta de nuestra existencia temporal y de este mundo que conocemos por experiencia.

Esta nueva existencia presenta unos rasgos propios:

- "Verdadera": vuelve a vivir aquello que murió.

- "Perfecta": hay una victoria definitiva sobre la muerte porque su vida corporal es ya inmortal.

- "Gloriosa": la deificación que se manifiesta en la gloria de su alma llega al mismo cuerpo: claridad, imposibilidad, no límites de tiempo o de espacio, etc.

Santo Tomás es muy claro:

"Sicut dictum est, Christus resurrexit ad immortalem gloriæ vitam. Hæc est autem dispositio corporis gloriosi, ut sit spirituale, idest subiectum spiritui, ut apostolus dicit, I Cor. XV. Ad hoc autem quod sit omnino corpus subiectum spiritui, requiritur quod omnis actio corporis subdatur spiritus voluntati. Quod autem aliquid videatur, fit per actionem visibilis in visum, ut patet per philosophum, in II de anima. Et ideo quicumque ha-

"Como se ha expuesto (q. 53, a. 3), Cristo resucitó a una vida gloriosa inmortal. Y es condición del cuerpo glorioso el ser espiritual, es decir, el estar sujeto al espíritu, como dice el Apóstol en 1 Cor 15:44. Pero para que el cuerpo esté totalmente sujeto al espíritu, es necesario que todas las acciones del cuerpo se sometan a la voluntad del espíritu. Ahora bien, el que una cosa se vea, se consigue por la acción de lo visible sobre la vista, como es evidente por lo que dice el Filósofo, en II De anima. Y, por consiguien-

bet corpus glorificatum, in potestate sua habet videri quando vult, et, quando non vult, non videri. Hoc tamen Christus habuit non solum ex conditione corporis gloriosi, sed etiam ex virtute divinitatis, per quam fieri potest ut etiam corpora non gloriosa miraculose non videantur; sicut præstitum fuit miraculose beato Bartholomæo, ut, si vellet, videretur, non autem videretur si non vellet. Dicitur ergo quod Christus ab oculis discipulorum evanuit, non quia corrumperetur aut resolveretur in aliqua invisibilia, sed quia sua voluntate desiit ab eis videri, vel eo præsente, vel etiam eo abscedente per dotem agilitatis."[41]

te, quien tiene un cuerpo glorificado, cuenta con el poder de ser visto cuando quiere, y de no ser visto cuando no le place. Y esto lo tuvo Cristo no sólo por la condición gloriosa de su cuerpo, sino también por el poder de la divinidad. Esta puede hacer que incluso los cuerpos no gloriosos dejen de ser vistos por un milagro, como le fue concedido milagrosamente a San Bartolomé, de modo que si quería, era visto, y no lo era si no quería. Se dice, pues, que Cristo desapareció de la vista de los discípulos, no porque se corrompiese o se desintegrase en algunos elementos invisibles, sino porque por su propia voluntad dejó de ser visto por ellos, hallándose presente, o porque se retiró de allí por la dote de agilidad".

3.– *Vive en el eón futuro*, con los rasgos de la vida sobrenatural en el Cielo.

Por eso en el *Catecismo de la Iglesia Católica* se sostienen ambos extremos: la continuidad y la discontinuidad entre el cuerpo terreno de Cristo y su cuerpo resucitado:

---

[41]Santo Tomás de Aquino: *Summ. Theol.*, III^a, q. 54, a. 1, ad 2.

CAPÍTULO 2. LA RESURRECCIÓN DE JESUCRISTO

"Jesús resucitado establece con sus discípulos relaciones directas mediante el tacto (cfr. Lc 24:39; Jn 20:27) y el compartir la comida (cfr. Lc 24: 30.41–43; Jn 21: 9.13–15). Les invita así a reconocer que él no es un espíritu (cfr. Lc 24:39), pero sobre todo a que comprueben que el cuerpo resucitado con el que se presenta ante ellos es el mismo que ha sido martirizado y crucificado, ya que sigue llevando las huellas de su Pasión (cfr. Lc 24:40; Jn 20: 20.27). Este cuerpo auténtico y real posee sin embargo al mismo tiempo, las propiedades nuevas de un cuerpo glorioso: no está situado en el espacio ni en el tiempo, pero puede hacerse presente a su voluntad donde quiere y cuando quiere (cfr. Mt 28: 9.16–17; Lc 24: 15.36; Jn 20: 14.19.26; 21:4) porque su humanidad ya no puede ser retenida en la tierra y no pertenece ya más que al dominio divino del Padre (cfr. Jn 20:17). Por esta razón también Jesús resucitado es soberanamente libre de aparecer como quiere: bajo la apariencia de un jardinero (cfr. Jn 20: 14–15) o 'bajo otra figura' (Mc 16:12) distinta de la que les era familiar a los discípulos, y eso para suscitar su fe (cfr. Jn 20: 14.16; 21: 4.7)."[42]

Como consecuencia de esta transformación, se exige la fe para captar y comprender la Resurrección. Incluso los testigos elegidos e antemano por Dios (Hech 10:41) ven a Cristo con los ojos de la carne y con los ojos de la fe (Santo Tomás de Aquino).

* * *

---

[42] *Catecismo de la Iglesia Católica*, nº 645.

2.3. HECHO HISTÓRICO Y META–HISTÓRICO

La dificultad para entender la Resurrección como hecho entre la historia y la fe, ha llevado a algunos a proponer explicaciones erróneas, que se pueden clasificar en dos grandes grupos:

1. Los que afirman que la Resurrección no es un acontecimiento histórico, sino solo "meta–histórico". Fundamentalmente esta explicación tiene su origen en la concepción incrédula de la Ilustración del s. XVIII y también en un concepto positivista de la historia.

   Sin embargo, esta explicación no se sostiene, por variedad de razones:

   - Entender la Resurrección del Señor solo espiritualmente, es falta de fe.
   - Lo histórico hay que entenderlo con sentido común y en lenguaje ordinario.
   - Se considera que un hecho es verdaderamente histórico cuando:
     - Está basado en el testimonio fiable de testigos de tal hecho, como tantos que hubo de la Resurrección del Señor.
     - Quedan testimonios del hecho, como el del sepulcro vacío.
   - Con todo, es necesaria también la fe, tanto para los testigos presenciales del evento, como para nosotros, que recibimos el testimonio de aquellos testigos.

2. La Resurrección es acontecimiento "indirectamente histórico", basado en un concepto limitado de lo que es estrictamente histórico.

   Pero esta postura merece las mismas críticas que la anterior.

La explicación auténtica es que es un "acontecimiento histórico" aunque singular y único. Esta posición se sustenta sobre las siguientes razones, entre otras:

1. En primer lugar, por los datos que aparecen en las narraciones neotestamentarias. Una exégesis correcta solo avala la consideración de la Resurrección como un hecho histórico singular con las connotaciones ya realizadas.

2. Además, las otras explicaciones son erróneas o insuficientes; por lo que las razones que sirven para descartarlas, son las que apoyan la interpretación de la Resurrección como acontecimiento histórico.

3. Los Santos Padres insisten en la realidad de los misterios de la fe: "verdaderamente" Cristo fue escarnizado, muerto y resucitado. Ya desde San Ignacio de Antioquía se utilizaba el vocablo "verdadero" (ἀληθῶς).

4. Es necesario tener en cuenta que sólo es posible sostener la fe cristiana sobre un fundamento sólido e histórico. En la realidad de la Resurrección nos jugamos la fe que creemos, como dice 1 Cor 15: 14.18.

5. Otra posición supondría recaer en verdaderas herejías cristológicas:

    - Bien sea en una *especie de nuevo docetismo cristológico* que sostendría que el cuerpo resucitado de Jesucristo era meramente aparente. Y el docetismo fue rechazado desde los primeros momentos de la Iglesia.
    - O bien, en *variantes de las herejías gnósticas*, donde todo se explica por la "pervivencia de Cristo en la fe de los discípulos".

2.3. HECHO HISTÓRICO Y META-HISTÓRICO

- O, finalmente, caeríamos en las *trampas de las teologías de la "mitologización"* de la Sagrada Escritura.

Ya Santo Tomás de Aquino denunciaba que considerar que el cuerpo resucitado de Cristo no hubiera tenido carne y huesos y demás partes propias del cuerpo humano, pertenece al error de Eutiques de Constantinopla que afirmaba que estaba hecho de una substancia sutil:

"Dicere autem quod corpus Christi carnem et ossa non habuerit, et alias huiusmodi partes humano corpori naturales, pertinet ad errorem Eutychii, Constantinopolitanæ urbis episcopi, qui dicebat quod corpus nostrum in illa resurrectionis gloria erit impalpabile, et ventis æreque subtilius; et quod dominus, post confirmata corda discipulorum palpantium, omne illud quod in eo palpari potuit, in subtilitatem aliquam redegit".[43]

"Decir, en cambio, que el cuerpo de Cristo no tuvo carne y huesos, y las demás partes naturales del cuerpo humano por el estilo, es propio del error de Eutiques, obispo de la ciudad de Constantinopla, quien sostenía que nuestro cuerpo, en la resurrección gloriosa, será impalpable, y más sutil que el viento y el aire; y que el Señor, una vez que confirmó los corazones de los discípulos que le habían palpado, lo convirtió en algo sutil".

Por eso, el *Catecismo de la Iglesia Católica* afirma que la Resurrección de Cristo es un acontecimiento histórico y trascendente. Tanto el sepulcro vacío como las apariciones de Jesús resucitado, son hechos que ubican la Resurrección en la historia.[44] En efecto:

---

[43]Santo Tomás de Aquino: *Summ. Theol.*, III^a, q. 54, a. 3, co. Cfr. *Quodl.*, 5, q. 3, a. 1; *In Ioan.*, cap. 20, lect. 6.

[44]*Catecismo de la Iglesia Católica*, nn. 640–642.

CAPÍTULO 2. LA RESURRECCIÓN DE JESUCRISTO

1. La Resurrección es, por un lado, un verdadero *acontecimiento histórico*. Así lo expresa el *Catecismo*:

   "El misterio de la Resurrección de Cristo es un acontecimiento real que tuvo manifestaciones históricamente comprobadas como lo atestigua el Nuevo Testamento. Ya san Pablo, hacia el año 56, puede escribir a los Corintios: 'Porque os transmití, en primer lugar, lo que a mi vez recibí: que Cristo murió por nuestros pecados, según las Escrituras; que fue sepultado y que resucitó al tercer día, según las Escrituras; que se apareció a Cefas y luego a los Doce' (1 Cor 15: 3–4). El apóstol habla aquí de la tradición viva de la Resurrección que recibió después de su conversión a las puertas de Damasco (cfr. Hech 9: 3–18)".[45]

   "Ante estos testimonios es imposible interpretar la Resurrección de Cristo fuera del orden físico, y no reconocerlo como un hecho histórico. Sabemos por los hechos que la fe de los discípulos fue sometida a la prueba radical de la Pasión y de la Muerte en Cruz de su Maestro, anunciada por Él de antemano (cfr. Lc 22: 31–32). La sacudida provocada por la Pasión fue tan grande que los discípulos (por lo menos, algunos de ellos) no creyeron tan pronto en la noticia de la Resurrección. Los Evangelios, lejos de mostrarnos una comunidad arrobada por una exaltación mística, nos presentan a los discípulos abatidos ('la cara sombría': Lc 24:17) y asustados (cfr. Jn 20:19). Por eso no creye-

---

[45] *Catecismo de la Iglesia Católica*, nº 639. Santo Tomás dedica la cuestión 55 de la III{}^a parte de la Suma al estudio de las manifestaciones de Jesús resucitado.

2.3. HECHO HISTÓRICO Y META-HISTÓRICO

ron a las santas mujeres que regresaban del sepulcro y 'sus palabras les parecían como desatinos' (Lc 24:11; cf. Mc 16: 11.13). Cuando Jesús se manifiesta a los once en la tarde de Pascua 'les echó en cara su incredulidad y su dureza de cabeza por no haber creído a quienes le habían visto resucitado' (Mc 16:14)".[46]

"Tan imposible les parece la cosa que, incluso puestos ante la realidad de Jesús resucitado, los discípulos dudan todavía (cfr. Lc 24:38): creen ver un espíritu (cfr. Lc 24:39). 'No acaban de creerlo a causa de la alegría y estaban asombrados' (Lc 24:41). Tomás conocerá la misma prueba de la duda (cfr. Jn 20: 24–27) y, en su última aparición en Galilea referida por Mateo, 'algunos sin embargo dudaron' (Mt 28:17). Por esto la hipótesis según la cual la Resurrección habría sido un 'producto' de la fe (o de la credulidad) de los apóstoles no tiene consistencia. Muy al contrario, su fe en la Resurrección nació —bajo la acción de la gracia divina— de la experiencia directa de la realidad de Jesús resucitado".[47]

2. Y, la Resurrección es, por otro lado un *acontecimiento trascendente*. Siendo verdaderamente una realidad histórica,[48] sin embargo, hay que afirmar al mismo tiempo que también transciende y está por encima de la historia:

---

[46] *Catecismo de la Iglesia Católica*, nº 643.

[47] *Catecismo de la Iglesia Católica*, nº 644.

[48] Insistamos: porque es un acontecimiento que es localizable en el tiempo y en el espacio.

"'¡Qué noche tan dichosa —canta el *Exultet* de Pascua—, sólo ella conoció el momento en que Cristo resucitó de entre los muertos!'. En efecto, nadie fue testigo ocular del acontecimiento mismo de la Resurrección y ningún evangelista lo describe. Nadie puede decir cómo sucedió físicamente. Menos aún, su esencia más íntima, el paso a otra vida, fue perceptible a los sentidos. Acontecimiento histórico demostrable por la señal del sepulcro vacío y por la realidad de los encuentros de los Apóstoles con Cristo resucitado, no por ello la Resurrección pertenece menos al centro del Misterio de la fe en aquello que transciende y sobrepasa a la historia. Por eso, Cristo resucitado no se manifiesta al mundo (cfr. Jn 14:22) sino a sus discípulos, 'a los que habían subido con él desde Galilea a Jerusalén y que ahora son testigos suyos ante el pueblo' (Hech 13:31)".[49]

2.4 Significado salvífico

2.4.1 Introducción

Conviene profundizar en el valor soteriológico y salvífico de la Resurrección del Señor.[50] En efecto, además de ser el premio merecido por Cristo por su obediencia y amor al Padre, la Resurrección tiene

---

[49] *Catecismo de la Iglesia Católica*, nº 647.

[50] Cfr. I. Solano y J. A. Aldama: *Sacræ Theologiæ Summa IIIA. On the Incarnate Word. On the Blessed Virgin Mary*, USA, Keep the Faith, 2014, págs. 328–329; F. Ocáriz – L. F. Mateo–Seco – J. A. Riestra: *El Misterio de Jesucristo*, Pamplona, Eunsa, 2004, págs. 472–475; A. Janssens: *De Valore Soteriologico Resurrectionis Christi*, en "Ephemerides Theologicæ Lovanienses" 9 (1932) 225–233; J. A. Sayés: *Señor y Cristo*, Pamplona, Eunsa, 1995, págs. 501–503.

2.4. SIGNIFICADO SALVÍFICO

un valor salvador, que es proclamado por las fuentes de la Revelación, confirmado por el Magisterio y explicado por la teología:

- La Sagrada Escritura lo afirma: "Benedictus Deus et Pater Domini nostri Iesu Christi, qui secundum magnam misericordiam suam regeneravit nos in spem vivam per resurrectionem Iesu Christi ex mortuis, in hereditatem incorruptibilem et incontaminatam et immarcescibilem, conservatam in cælis propter vos" (1 Pe 1: 3-4).

- Los Santos Padres proclaman el valor salvador de la Resurrección. Por ejemplo, San Agustín comentará que ésta confirma la veracidad del ser y de la obra de Jesús y al mismo tiempo nos trae la salvación.[51]

- La teología sostendrá dos principios sobre los que entender el carácter salvador de la Resurrección:

    - Porque supone la victoria definitiva sobre la muerte.
    - Porque hay un único Misterio Pascual salvador: la Resurrección es uno de sus elementos esenciales.

2.4.2 San Pablo

San Pablo expresa de modos diversos el carácter salvador de la Resurrección:

1. La Resurrección supone el cumplimiento de la promesa de salvación: "Et nos vobis evangelizamus eam, quæ ad patres promissio facta est, quoniam hanc Deus adimplevit filiis eorum, nobis resuscitans Iesum, sicut et in Psalmo secundo scriptum est: 'Filius

---

[51]Cfr. San Agustín: *Sermo*, 246 (*P. L.*, 38, 1154): "Nihil nobis mortuus prodesset, nisi a mortuis resurrexisset".

meus es tu; ego hodie genui te'. Quod autem suscitaverit eum a mortuis, amplius iam non reversurum in corruptionem, ita dixit: 'Dabo vobis sancta David fidelia'. Ideoque et in alio dicit: 'Non dabis Sanctum tuum videre corruptionem'. David enim sua generatione cum administrasset voluntati Dei, dormivit et appositus est ad patres suos et vidit corruptionem; quem vero Deus suscitavit, non vidit corruptionem" (Hech 13: 32–37).

2. La salvación consiste no solo en la justificación del alma, sino también en la Redención de nuestro cuerpo, que se sigue como consecuencia de la Resurrección de la Cabeza del Cuerpo Místico:

- Ro 8:23, "...non solum autem, sed et nos ipsi primitias Spiritus habentes, et ipsi intra nos gemimus adoptionem filiorum exspectantes, redemptionem corporis nostri".
- Ro 4:25, "...qui traditus est propter delicta nostra et suscitatus est propter iustificationem nostram".

3. Por eso, nuestra Resurrección corporal está vinculada a la de Cristo: 1 Cor 15: 12–28.

4. Cristo es el Nuevo Adán en el que todos pueden ser salvados, en su alma y en su cuerpo, lo que hace referencia a:

- El misterio de la gracia capital de Cristo:
  - 1 Cor 15: 20–23, "Nunc autem Christus resurrexit a mortuis, primitiæ dormientium. Quoniam enim per hominem mors, et per hominem resurrectio mortuorum: sicut enim in Adam omnes moriuntur, ita et in Christo omnes vivificabuntur. Unusquisque autem in suo ordine: primitiæ Christus; deinde hi, qui sunt Christi, in adventu eius..."

- 1 Pe 1: 3-4, "Benedictus Deus et Pater Domini nostri Iesu Christi, qui secundum magnam misericordiam suam regeneravit nos in spem vivam per resurrectionem Iesu Christi ex mortuis, in hereditatem incorruptibilem et incontaminatam et immarcescibilem, conservatam in cælis propter vos..."

- El Padre, primero resucitó a Cristo, y después, por, con y en Cristo, nos resucitará a nosotros.

5. Cristo es pues "primicia" de los que duermen. La "primicia" es el sacrificio los primeros frutos que se ofrecen a Dios, para pedir así una buena cosecha. Así opera también "la primicia" de la Resurrección de Cristo con respecto a la nuestra:

- 1 Cor 15: 22–23, "sicut enim in Adam omnes moriuntur, ita et in Christo omnes vivificabuntur. Unusquisque autem in suo ordine: primitiæ Christus; deinde hi, qui sunt Christi, in adventu eius".

- Col 1:18, "Et ipse est caput corporis ecclesiæ; qui est principium, primogenitus ex mortuis, ut sit in omnibus ipse primatum tenens..."

- 1 Cor 15:20, "Nunc autem Christus resurrexit a mortuis, primitiæ dormientium".

2.5 La Resurrección de Cristo como causa de la nuestra

Por su parte, Santo Tomás de Aquino aplicará la teoría de las causas para explicar la relación entre la Resurrección de Cristo y la nuestra.⁵² Distingue el Santo entre la resurrección de los cuerpos y la resurrección de las almas o justificación. Ambas tienen por causa la Resurrección de Cristo. Añadiremos también la causalidad con respecto a la "regeneración" del cosmos creado.

A esa causalidad se refiere San Pablo cuando dice en Flp 3:21, "qui transfigurabit corpus humilitatis nostræ, ut illud conforme faciat corpori gloriæ suæ secundum operationem, qua possit etiam subicere sibi omnia".

Santo Tomás de Aquino parte de la idea de la "primacía" de la Resurrección de Cristo (1 Cor 15: 20–21), que es la clave para todas sus consideraciones sobre la causalidad de la Resurrección de Cristo:

"Respondeo dicendum quod illud quod est primum in quolibet genere, est causa omnium eorum quæ sunt post, ut dicitur in II Metaphys. Primum autem in genere nostræ resurrectionis fuit resurrectio Christi, sicut ex supra dictis patet. Unde oportet quod resurrectio Christi sit causa nostræ resurrectio-

Hay que decir: Como se escribe en el II Metaphys., lo que es primero en un género cualquiera, es causa de todos los que vienen después. Ahora bien, en el género de nuestra resurrección, lo primero fue la resurrección de Cristo, como es manifiesto por lo dicho anteriormente (q. 53, a. 3). Por lo cual es necesario que la resurrección de Cristo sea causa de nuestra resurrección. Y es-

---

⁵²Cfr. F. Ocáriz: *Estudio de la Resurrección de Cristo en cuanto Causa de la Resurrección de los Hombres, según la Doctrina de Santo Tomás de Aquino*, en AA.VV. "Cristo, Hijo de Dios y Redentor del Hombre", Pamplona, Eunsa, 1982; F. Holtz, *La Valeur Sotériologique de la Résurrection du Christ selon Saint Thomas*, en "Ephemerides Theologicæ Lovanienses" 29 (1953) 609–645; A. Piolanti: *Dio–Uomo*, Roma, Libreria Editrice Vaticana, 1964, págs. 577–588.

nis. Et hoc est quod apostolus dicit, I Cor. XV, Christus resurrexit a mortuis primitiæ dormientium, quoniam quidem per hominem mors, et per hominem resurrectio mortuorum. Et hoc rationabiliter. Nam principium humanæ vivificationis est verbum Dei, de quo dicitur in Psalmo, apud te est fons vitæ, unde et ipse dicit, Ioan. V, sicut pater suscitat mortuos et vivificat, sic et filius quos vult vivificat. Habet autem hoc naturalis ordo rerum divinitus institutus, ut quælibet causa primo operetur in id quod est sibi propinquius, et per id operetur in alia magis remota, sicut ignis primo calefacit ærem propinquum, per quem calefacit corpora distantia; et ipse Deus primo illuminat substantias sibi propinquas, per quas illuminat magis remotas, ut Dio- nysius dicit, XIII cap. Cæl. Hier. Et ideo verbum Dei primo attribuit vitam immortalem corpori sibi natura-

to es lo que dice el Apóstol en 1 Cor 15: 20-21: 'Cristo resucitó de entre los muertos como primicias de los que duermen; porque por un hombre vino la muerte, y por un hombre viene la resurrección de los muertos'. Y esto, con razón. Porque el principio de dar vida a los hombres es el Verbo de Dios, del que se dice en el Sal 35:10: 'En ti está la fuente de la vida'. De donde Él mismo dice en Jn 5:21: 'Como el Padre resucita a los muertos y les da la vida, así también el Hijo da la vida a los que quiere'. Ahora bien, es propio del orden natural de las cosas, establecido por Dios, que cualquier causa obre, en primer lugar, sobre lo que le es más próximo y, a través de ello, actúe sobre las otras cosas que están más lejos. Así como el fuego calienta primero el aire cercano, y por medio de él los cuerpos distantes, también Dios ilumina primero las sustancias próximas a El, y mediante ellas ilumina las más alejadas, como dice Dionisio, en el c.13 de Cæl. Hier. Y, por este motivo, el Verbo de Dios da primeramente la vida al cuerpo que le está natu-

liter unito, et per ipsum operatur resurrectionem in omnibus aliis".⁵³

ralmente unido, y por medio de él causa la resurrección en todos los demás".

Cristo fue la primicia en todos los sentidos:

- Primicia en el tiempo, porque Él fue el primero en resucitar.

- Primicia en la causa, porque Él es la causa de nuestra resurrección.

- Primicia en dignidad, porque resucitó de un modo más glorioso que nosotros.⁵⁴

"Sicut autem resurrectio corporis Christi, ex eo quod corpus illud est personaliter Verbo unitum, est prima tempore, ita etiam est prima dignitate et perfectione, ut Glossa dicit, I Cor. XV".⁵⁵

"Así como la resurrección del cuerpo de Cristo, por estar tal cuerpo unido personalmente al Verbo, es la primera en el tiempo, así también es la primera en la dignidad y en la perfección, como dice la Glosa a propósito de 1 Cor 15".

* * *

---

⁵³Santo Tomás de Aquino: *Summ. Theol.*, IIIª, q. 56, a. 1, co. Cfr. *In Sent.*, Lib. III, dist. 21, q. 2, a. 2, ad 1; Lib. IV, dist. 43, a. 2, q. 1; *De verit.*, q. 29, a. 4, ad 1; *In 1 Cor.*, c. 15, lect. 2; *In 1 Thess.*, c. 4, lect. 2; *Contra Gent.*, IV, cap. 79; *Compend. Theol.*, cap. 239; *In Iob*, c. 19, lect. 2.

⁵⁴Santo Tomás de Aquino: *Summ. Theol.*, IIIª, q. 53, a. 3, co.

⁵⁵Santo Tomás de Aquino: *Summ. Theol.*, IIIª, q. 56, a. 1, ad 3.

2.5.1 Con respecto a la resurrección de los cuerpos

Cristo es la causa de la resurrección de los cuerpos de los seres humanos de los siguientes modos:

1.- *Causa eficiente instrumental* de nuestra resurrección corporal. Es eficiente por cuanto la Humanidad de Jesucristo en la cual Él resucitó, es en cierto modo instrumento de la Divinidad y obra por virtud de ésta, de quien es propio dar la vida a los muertos.[56] La causa principal es Dios, pero la causa eficiente instrumental será Cristo:

"Iustitia Dei est causa prima resurrectionis nostræ, resurrectio autem Christi est causa secundaria, et quasi instrumentalis. Licet autem virtus principalis agentis non determinetur ad hoc instrumentum determinate, tamen, ex quo per hoc instrumentum operatur, instrumentum illud est causa effectus. Sic igitur divina iustitia, quantum est de se, non est obligata ad resurrectionem nostram causandam per resurrectionem Christi, potuit enim alio modo nos Deus libe-

"La justicia de Dios es la causa primera de nuestra resurrección; y la resurrección de Cristo es la causa segunda, y como instrumental. Sin embargo, aunque la virtud del agente principal no esté obligada a servirse de ese instrumento de un modo determinado, desde el momento en que obra por medio de tal instrumento, éste es causa del efecto. Así pues, la justicia divina, en lo que de ella depende, no está obligada a causar nuestra resurrección por medio de la resurrección de Cristo, ya que pudo librarnos de un modo distinto del

---

[56]Santo Tomás de Aquino: *Summ. Theol.*, III\ª, q. 56, a. 1, ad 3: "Efficiens quidem, inquantum humanitas Christi, secundum quam resurrexit, est quodammodo instrumentum divinitatis ipsius, et operatur in virtute eius, ut supra dictum est. Et ideo, sicut alia quæ Christus in sua humanitate fecit vel passus est, ex virtute divinitatis eius sunt nobis salutaria, ut supra dictum est; ita et resurrectio Christi est causa efficiens nostræ resurrectionis virtute divina, cuius proprium est mortuos vivificare".

rare quam per Christi passionem et resurrectionem, ut supra dictum est. Ex quo tamen decrevit hoc modo nos liberare, manifestum est quod resurrectio Christi est causa nostræ resurrectionis".[57]	que suponen la pasión y la resurrección de Cristo, como antes se ha dicho (q. 46, a. 2). Pero, una vez que decretó librarnos de ese modo, resulta evidente que la resurrección de Cristo es causa de nuestra resurrección".

Ahora bien, ¿es Cristo causa instrumental como *resucitado* o como *resucitando*? Lo más adecuado sería optar por lo segundo, ya que la Sagrada Escritura habla de un "con–morir" y un "con–resucitar" en Cristo:

- Ro 6: 3–7, "An ignoratis quia, quicumque baptizati sumus in Christum Iesum, in mortem ipsius baptizati sumus? Consepulti ergo sumus cum illo per baptismum in mortem, ut quemadmodum suscitatus est Christus a mortuis per gloriam Patris, ita et nos in novitate vitæ ambulemus. Si enim complantati facti sumus similitudini mortis eius, sed et resurrectionis erimus; hoc scientes quia vetus homo noster simul crucifixus est, ut destruatur corpus peccati, ut ultra non serviamus peccato. Qui enim mortuus est, iustificatus est a peccato".

- Col 2:12, "Consepulti ei in baptismo, in quo et conresuscitati estis per fidem operationis Dei, qui suscitavit illum a mortuis".

Para lo cual no obsta la distancia en el tiempo entre la Resurrección de Cristo y la nuestra al final de los tiempos, por dos razones:

- Porque la virtud divina alcanza "præsentialiter" a todos los lugares y tiempos en razón del eterno presente de Dios.

---

[57] Santo Tomás de Aquino: *Summ. Theol.*, III\ua, q. 56, a. 1, ad 2.

2.5. CAUSA DE LA NUESTRA

- Si lo anterior vale para todos los actos de Cristo, más sirve para su Resurrección donde la humanidad entra gloriosa en la eternidad.

"...resurrectio Christi est causa efficiens nostræ resurrectionis virtute divina, cuius proprium est mortuos vivificare. Quæ quidem virtus præsentialiter attingit omnia loca et tempora. Et talis contactus virtualis sufficit ad rationem huius efficientiæ".[58]

"...la resurrección de Cristo es causa eficiente de nuestra resurrección por la virtud divina, de la que es propio dar vida a los muertos. Virtud que alcanza con su presencia todos los lugares y tiempos. Y tal contacto virtual basta para que se realice la noción de causa eficiente".

Ahora bien, como la causa primordial de la resurrección humana es la justicia divina (el poder de juzgar de Cristo como Hijo del hombre), su poder efectivo se extiende a todos, buenos y malos, pues todos están sometidos a su juicio:

"Et quia, ut dictum est, primordialis causa resurrectionis humanæ est divina iustitia, ex qua Christus habet potestatem iudicium facere inquantum filius hominis est, virtus effectiva resurrectionis eius se extendit non solum ad bonos, sed etiam ad malos, qui sunt eius iudicio subiecti."[59]

"Y porque, como acabamos de decir (ad 2), la causa primordial de la resurrección de los hombres es la justicia divina, por la cual tiene Cristo el poder de juagar por cuanto es el Hijo del hombre (cf. Jn 5,27), el poder efectivo de su resurrección se extiende no sólo a los buenos sino también a los malos, que están sujetos a su juicio".

---

[58]Santo Tomás de Aquino: *Summ. Theol.*, III\ua, q. 56, a. 1, ad 3.
[59]Santo Tomás de Aquino: *Summ. Theol.*, III\ua, q. 56, a. 1, ad 3.

2.– La Resurrección de Cristo es *causa ejemplar de la nuestra*. Así se aprecia en los textos paulinos sobre la eficacia del bautismo ("con–sepultados" y "con–resucitados" a una vida nueva): Ro 6; 4:25.

Santo Tomás sostendrá este principio sobre la base de que la Resurrección del Señor es la primera y más perfecta de todas, ya que el cuerpo de Cristo estaba personalmente unido al Verbo. Ahora bien, lo que es más perfecto es ejemplar de las cosas menos perfectas:

"Sicut autem resurrectio corporis Christi, ex eo quod corpus illud est personaliter verbo unitum, est prima tempore, ita etiam est prima dignitate et perfectione, ut Glossa dicit, I Cor. XV. Semper autem id quod est perfectissimum, est exemplar quod imitantur minus perfecta secundum suum modum. Et ideo resurrectio Christi est exemplar nostræ resurrectionis. Quod quidem necessarium est, non ex parte resuscitantis, qui non indiget exemplari, sed ex parte resuscitatorum, quos oportet illi resurrectioni conformari, secundum illud Philipp. III, reformabit corpus humilitatis nostræ,

"Así como la resurrección del cuerpo de Cristo, por estar tal cuerpo unido personalmente al Verbo, es la primera en el tiempo, así también es la primera en la dignidad y en la perfección, como dice la Glosa a propósito de 1 Cor 15: 20.23. Y lo perfectísimo es siempre el ejemplar a imitar, a su modo, por las cosas que son menos perfectas. Por este motivo, la resurrección de Cristo es el ejemplar de la nuestra. Lo cual no es necesario por parte del que resucita, que no necesita de un ejemplar, sino por parte de los resucitados, que necesitan conformarse con aquella resurrección, según palabras de Flp 3:21: 'El cual transformará nuestro cuerpo mise-

2.5. CAUSA DE LA NUESTRA

configuratum corpori claritatis suæ".[60]

rable, configurándolo con su cuerpo glorioso' ".

Hay que hacer una distinción. Aunque la Resurrección de Cristo en cuanto causa eficiente instrumental de la de los hombres se extiende a todos, buenos y malos, sin embargo como causa ejemplar solo es con respecto a los buenos, ya que solo éstos han sido conformados con la filiación del Hijo:

"Licet autem efficientia resurrectionis Christi se extendat ad resurrectionem tam bonorum quam malorum, exemplaritas tamen eius se extendit proprie solum ad bonos, qui sunt facti conformes filiationis ipsius, ut dicitur Rom. VIII".[61]

"Pero, aunque la eficiencia de la resurrección de Cristo se extienda lo mismo a la resurrección de los buenos que a la de los malos, la ejemplaridad, propiamente, sólo se extiende a los buenos, que han sido hechos conformes con su filiación, como se dice en Ro 8:29."

* * *

2.5.2 Con respecto a la "resurrección" de las almas

La Resurrección de Cristo es también causa de la justificación de las almas, que Santo Tomás, denomina "resurrección de las almas". Así lo establece Ro 4:25: "qui traditus est propter delicta nostra et suscitatus est propter iustificationem nostram". Su causalidad se produce de los siguientes modos:

---

[60] Santo Tomás de Aquino: *Summ. Theol.*, III^a, q. 56, a. 1, ad 3.
[61] Santo Tomás de Aquino: *Summ. Theol.*, III^a, q. 56, a. 1, ad 3.

CAPÍTULO 2. LA RESURRECCIÓN DE JESUCRISTO

1.- *Causa ejemplar*: Tal y como dice San Pablo en Ro 6: 4.10.11, los bautizados están "consepulti ergo sumus cum illo per baptismum in mortem, ut quemadmodum suscitatus est Christus a mortuis per gloriam Patris, ita et nos in novitate vitæ ambulemus... scientes quod Christus suscitatus ex mortuis iam non moritur, mors illi ultra non dominatur. Quod enim mortuus est, peccato mortuus est semel; quod autem vivit, vivit Deo. Ita et vos existimate vos mortuos quidem esse peccato, viventes autem Deo in Christo Iesu". Santo Tomás, por su parte, sostendrá:

"Similiter autem (resurrectio Christi) habet rationem exemplaritatis respectu resurrectionis animarum. Quia Christo resurgenti debemus etiam secundum animam conformari, ut sicut, secundum apostolum, Rom. VI, Christus resurrexit a mortuis per gloriam patris, ita et nos in novitate vitæ ambulemus; et sicut ipse resurgens ex mortuis iam non moritur, ita et nos existimemus nos mortuos esse peccato, ut iterum nos vivamus cum illo".[62]

"Tiene igualmente razón de ejemplaridad respecto a la resurrección de las almas. Porque nosotros debemos configurarnos con Cristo resucitado también en cuanto al alma, para que, según el Apóstol en Ro 6:4, 'así como Cristo resucitó de entre los muertos por la gloria del Padre, así también nosotros andemos en una vida nueva'; y 'así como El, resucitado de entre los muertos, ya no muere, así también nosotros hagamos cuenta de que estamos muertos al pecado (vv. 8–9. 11), para que de nuevo vivamos con El'".

2.- *Causa moral*: a través de su sacrificio, la Resurrección de Cristo influye en nuestra Redención, ya que aquélla constituye una unidad

---

[62]Santo Tomás de Aquino: *Summ. Theol.*, III^a, q. 56, a. 2, co. Cfr. *In Sent.*, Lib. III, dist. 21, q. 2, a. 2, ad 1; *De Verit.*, q. 27, a. 3, ad 7; q. 29, a. 4, ad 1; *Contra Gent.*, IV, cap. 79; *Compend. Theol.*, c. 239.

2.5. CAUSA DE LA NUESTRA

con su muerte (la razón es que la Resurrección de Cristo es el reconocimiento público y la aceptación de parte de Dios del sacrificio expiatorio del Señor). Por eso, Santo Tomás aclara:

"In iustificatione animarum duo concurrunt, scilicet remissio culpæ, et novitas vitæ per gratiam. Quantum ergo ad efficaciam, quæ est per virtutem divinam, tam passio Christi quam resurrectio est causa iustificationis quoad utrumque. Sed quantum ad exemplaritatem, proprie passio et mors Christi est causa remissionis culpæ, per quam morimur peccato, resurrectio autem est causa novitatis vitæ, quæ est per gratiam sive iustitiam. Et ideo apostolus dicit, Rom. IV, quod traditus est, scilicet in mortem, propter delicta nostra, scilicet tollenda, et resurrexit propter iustificationem nostram. Sed passio Christi est etiam causa meritoria, ut dictum est".[63]

"Dos cosas concurren a la justificación de las almas, a saber: el perdón de la culpa y la novedad de la vida por medio de la gracia. Por consiguiente, en cuanto a la eficacia, que viene de la virtud divina, lo mismo la pasión de Cristo que su resurrección son causa de la justificación respecto de las dos cosas. Pero, si se atiende a la ejemplaridad, la pasión y la muerte de Cristo son propiamente la causa de la remisión de la culpa, por la que morimos al pecado; mientras que la resurrección es la causa de la novedad de vida, que se logra por medio de la gracia o la justicia. Y, por este motivo, dice el Apóstol en Ro 4:25 que fue entregado, es claro que a la muerte, por causa de nuestros pecados, esto es, para quitarlos, y resucitó por nuestra justificación. Pero la pasión de Cristo es también causa meritoria, como se ha dicho (a. 1, ad 4; q. 48, a. 1)".

3.– *Causa eficiente instrumental*: porque nosotros participamos de la vida de Cristo (esto es nuestra justificación), como miembros

---

[63]Santo Tomás de Aquino: *Summ. Theol.*, III^a, q. 56, a. 2, ad 4.

del Cuerpo de Cristo, cuya Cabeza es Cristo resucitado y glorioso. La conexión entre la Resurrección de Cristo y nuestra justificación se expresa en San Pablo con el símbolo del bautismo (Ro 6: 3–11) y del Nuevo Adán (1 Cor 15: 16–22 y 45–49), como ya hemos visto. Santo Tomás lo expresa de la siguiente manera:

"Respondeo dicendum quod, sicut dictum est, resurrectio Christi agit in virtute divinitatis. Quæ quidem se extendit non solum ad resurrectionem corporum, sed etiam ad resurrectionem animarum, a Deo enim est et quod anima vivit per gratiam, et quod corpus vivit per animam. Et ideo resurrectio Christi habet instrumentaliter virtutem effectivam non solum respectu resurrectionis corporum, sed etiam respectu resurrectionis animarum".[64]

"Hay que decir: Como se ha expuesto (a. 1, ad 3), la resurrección de Cristo obra con la virtud de la divinidad. Y tal virtud se extiende no sólo a la resurrección de los cuerpos sino también a la resurrección de las almas, pues Dios es la causa de que el alma viva por la gracia y de que el cuerpo viva por el alma. Y, debido a esto, la resurrección de Cristo tiene, a modo de instrumento, virtud suficiente no sólo respecto de la resurrección de los cuerpos, sino también respecto de la resurrección de las almas".

* * *

---

[64]Santo Tomás de Aquino: *Summ. Theol.*, III\ª, q. 56, a. 2, co.

2.5.3 Causa de la liberación de la creación entera.

Así como el pecado afectó a la naturaleza creada, también la salvación alcanza a todo el mundo creado; la Resurrección de Cristo es adelanto de la regeneración del mundo que fue afectado por el estado de muerte que produjo el pecado del hombre:

- Ro 8: 22–23, "Scimus enim quod omnis creatura congemiscit et comparturit usque adhuc; non solum autem, sed et nos ipsi primitias Spiritus habentes, et ipsi intra nos gemimus adoptionem filiorum exspectantes, redemptionem corporis nostri".

- Hech 3:21, "...quem oportet cælum quidem suscipere usque in tempora restitutionis omnium, quæ locutus est Deus per os sanctorum a sæculo suorum prophetarum".

- Ef 1:10, "...in dispensationem plenitudinis temporum: recapitulare omnia in Christo, quæ in cælis et quæ in terra, in ipso".

Capítulo 3

La naturaleza del ser humano

La naturaleza del ser humano es otro de los elementos fundamentales para la construcción de una escatología ortodoxa. En efecto, que el alma humana sea inmortal o no, tiene una tremenda importancia para nuestro campo; por otro lado, la relación entre el cuerpo mortal y el alma humana inmortal afectará a las posibles razones que justifiquen o ayuden a explicar la posible resurrección del cuerpo; etc. Una adecuada antropología cristiana sustenta pues, las verdades escatológicas que nos fueron reveladas.

A este fin se dedica el presente capítulo. Para ello se van a desarrollar tres apartados:

1. En primer lugar, la unidad psico–somática del ser humano. El hecho de que el hombre no sea solo cuerpo, ni solo espíritu (monismo), y que la unión del cuerpo y del alma se describa como dualidad (diferencia de elementos pero en una íntima unidad) y no dualismo (unión accidental de cuerpo y alma), ayuda a entender:

- La posibilidad de la pervivencia del alma separada del cuerpo.

- El entendimiento de la polémica de si el alma separada del cuerpo es o no persona.

- La conveniencia de la resurrección de los cuerpos al final de la Historia.

- La cualidad de la bienaventuranza final, superior a la bienaventuranza inmediata después de la muerte.

2. En segundo lugar, la naturaleza y el verdadero valor del cuerpo humano también sustenta la posibilidad y conveniencia del don de la resurrección corporal por obra del infinito poder y amor de Dios.

3. En tercer lugar, la indagación sobre la naturaleza del alma humana y sus características nos ayudan a entender, entre otras verdades escatológicas, las siguientes:

   - Que el alma perviva tras la muerte, separada del cuerpo, porque no se identifica con el mismo, y porque naturalmente es inmortal.

   - Que exista la retribución individual "mox post mortem" porque el alma es individual para cada ser humano, y no colectiva.

   - Que el hecho de ser la forma del cuerpo, brinde una razón más para la conveniencia de la resurrección corporal.

   - Que las almas no transmigran ni se reencarnan, al ser creadas por Dios en el momento de la concepción de cada ser humano.

3.1 Naturaleza somática y espiritual del hombre

3.1.1 Unidad psico–somática del ser humano

Por encima de la diferencia esencial de cuerpo y alma, hay que afirmar la totalidad ontológica del ser humano, descrito como "cuerpo animado" o "alma encarnada". Baste recordar algunos datos al respecto:

1. Ge 2:7: expresa esta realidad con lenguaje de símbolos.

2. Visiones erróneas del cuerpo humano:[1]

    - Espiritualismo desencarnado. El cuerpo y el alma no son solo realidades distintas, sino incluso contrarias (cuerpo como algo compuesto y mortal, en contraposición al alma que es simple e inmortal). La unión de ambos es un castigo por algún pecado y un medio de expiación. La unión del cuerpo y del alma es accidental, como el barquero a la barca. Es la posición sostenida por toda una tendencia de la filosofía griega: el hombre es un alma encerrada en un cuerpo;[2] para Platón, por ejemplo, el hombre es su alma y nada más.[3]

    - Dualismo. El hombre es el resultado de la unión accidental de dos sustancias completas y autosuficientes, cuerpo y alma. El alma es el elemento libre y personal; el cuerpo, es lo natural sometido a leyes necesarias. La unión de cuerpo y alma es accidental. El cuerpo no forma parte de la esencia

---

[1] Para más detalles, cfr. las consideraciones realizadas en al tratado de antropología filosófica.

[2] Tesis de Platón, Diógenes Laercio, etc.

[3] Platón: *Alcibiades*, I, 130C.

del hombre. El hombre es una sustancia cuya esencia total es pensar (cfr. el principio *cogito, ergo sum*). El cuerpo es pura extensión, un autómata, una especie de máquina que se mueve por sí misma. Es la posición, por ejemplo de Descartes.[4]

3. Frente a esta visión dualista, en el que el cuerpo se entiende como una dimensión más del hombre separada u opuesta al espíritu, hay que afirmar la concepción (Aristóteles y Santo Tomás) del ser humano como el compuesto de dos coprincipios.

- Para Aristóteles el cuerpo es un coprincipio substancial que constituye con el alma (acto del cuerpo) una sola estructura sustancial de la que brotan todas las operaciones del hombre. La heterogeneidad de las partes del cuerpo humano, no impiden su estricta unidad sustancial.

- Para Santo Tomás de Aquino, la unión del cuerpo con el alma no es de carácter accidental sino sustancial: se trata de la unión sustancial de dos realidades incompletas, constituyendo juntas una sustancia completa única. El cuerpo, no siendo una cosa inacabada o mutilada, sin embargo es una realidad incompletamente sustancial: principio primero que no tiene el poder de subsistir por sí mismo.[5]

---

[4]R. Descartes: *Passions*, I, 16. Como recuerda J. Cruz, el idealismo llegará a suprimir la realidad ontológica del cuerpo humano, ya que para éste la única realidad humana, ya no es ni siquiera "la cosa que piensa", sino solo *el pensamiento*: panenteísmo de Spinoza, inmaterialismo de Berkeley, criticismo de Kant, panteísmo absoluto de Fichte, Schelling y Hegel, neocriticismo de Renouvier y Hamelin o idealismo de Brucschvicg (J. Cruz Cruz: *Cuerpo Humano*, en GER, Madrid, 1979, vol. VI, pág. 846).

[5]Cfr. J. Cruz Cruz: *Cuerpo...*, cit., pág. 846.

3.1. UNIDAD SOMÁTICA Y ESPIRITUAL

4. La unidad psicosomática aparece claramente en la Biblia, donde los términos bíblicos antropológicos utilizados indican esta unidad.[6] En efecto:

- "Basar" (carne) suele designar:
    - Al ser viviente humano entero como diferente de otros vivientes (Sal 56: 5.12; Jer 17:5).
    - El aspecto de caducidad y fragilidad propios del hombre, en contraste con el Creador. No se refiere tanto a la diferencia entre espíritu y materia.
- "Nefesh" (aliento) es el viviente en general, y en particular el hombre (Sal 103:1; 1 Sam 18:1). Es lo que hoy llamaríamos personalidad.
- Binomio "basar" – "nefesh": el hombre *es* uno y lo otro, *no tiene* lo uno y lo otro.
- "Ruah", originariamente es soplo, viento, aliento. Más que el alma, es la fuerza vital que proviene de Dios y hace el polvo un ser viviente (Ge 2:7; Job 34: 14ss.).

J. A. Sayés resume esta ideas afirmando que:

"Fundamentalmente, *basar* es el hombre entero en cuanto expresa el aspecto de debilidad, de fragilidad

---

[6] Cfr. para más detalles, J. A. Sayés: *Escatología*, cit., págs. 41–43; C. Pozo: *Teología...*, cit., págs. 196–200; J. Coppens: *L'Anthropologie Biblique*, en "De Homine. Studia Hodiernæ Anthropologiæ. Acta VII Congressus Thomistici Internationalis, vol. 1, Romae 1970, págs. 7–21; D. Lys: *Néphès. Histoire de l'âme dans la Révélation d'Israël au sein des Religions Proche-orientales*, Paris, Presses Universitaires de France, 1959; Id.: *Rûah. Le Soufle dan L'Ancient Testament. Enquête Anthropologique à travers l'histoire Théologique d'Israël*, Paris, Presses Universitaires de France, 1962; Id.: *La chair dans l'Ancient Testament. "Bâsâr"*, Paris, Éditions Universitaires, 1967.

y de finitud frente a Dios (a Dios no se le llama nunca *basar*); y *nefesh* es también el hombre entero en cuanto viviente. Ambos, *basar* y *nefesh*, pueden equivaler al pronombre personal en estos dos aspectos distintos. *Ruah*, en cambio, es un elemento que podríamos calificar de don de Dios y que llena al hombre de su vida y de su fuerza, poniéndolo a su servicio".[7]

Es importante comprender en su justa medida estas consideraciones lingüísticas, sin exagerarlas, pues podría llevar a no valorar la realidad de la supervivencia e inmortalidad del alma.[8]

3.2 Valor del cuerpo humano

3.2.1 Dos extremos peligrosos

La correcta evaluación teológica del cuerpo humano ha de evitar dos extremos: tanto su minusvaloración (concepción maniquea del cuerpo humano, considerado como estorbo para el espíritu, o incluso como malo), como su exagerada estimación (la actual idolatría a lo somático, con desprecio de lo espiritual, frecuente en las sociedades modernas), pues ambos se apartan de la verdad.

Es cierto que no es fácil conservar el equilibrio de ideas, evitando caer en los extremos anteriores. Por ejemplo, es curiosa la posición que recoge, incluso Santo Tomás, de que el cuerpo solo interesa a la teología desde la perspectiva del alma:

"Post considerationem creaturæ spiritualis et corporalis,	"Una vez acabado el estudio de la creación de lo espiritual y de

---

[7]J. A. Sayés: *Escatología*, cit., pág. 43.
[8]Cfr. Precisiones de C. Pozo en su *Teología...*, cit., pág. 198.

3.2. VALOR DEL CUERPO HUMANO

considerandum est de homine, qui ex spirituali et corporali substantia componitur... Naturam autem hominis considerare pertinet ad theologum ex parte animæ, non autem ex parte corporis, nisi secundum habitudinem quam habet corpus ad animam".[9]

lo corporal, hay que introducirse ahora en el del hombre, ser compuesto de sustancia espiritual y corporal... Al teólogo le corresponde estudiar la naturaleza humana en lo referente al alma, no en lo referente al cuerpo, a no ser en cuanto que está relacionado con el alma".

Desde el extremo contrario, se pueden citar algunas conclusiones de los promotores de la llamada "Teología del Cuerpo":

> "Prácticamente cada tesis de Teología —Dios, Cristo, la Trinidad, gracia, la Iglesia, los sacramentos— pueden ser vistos desde una nueva perspectiva si los teólogos exploraran en profundidad el rico personalismo que está ínsito en la Teología del Cuerpo de Juan Pablo II".[10]

* * *

La llamada "Teología del Cuerpo" es uno de los ámbitos de la teología que más éxito han tenido en los últimos años. Este título proviene de una serie de 129 catequesis dadas por el papa Juan Pablo II durante sus audiencias de los miércoles entre septiembre de 1979 y noviembre de 1984. En la última de estas catequesis (28-XI-1984) dice su autor:

---

[9] Santo Tomás de Aquino: *Summ. Theol.*, I\ª, q. 75. pr. Cfr. E. Anderson: *The Human Body in the Philosophy of St. Thomas Aquinas*, Washington, Catholic University of America Press, 1953.

[10] Cardenal Schola: *Witness to Hope,* New York, Cliff Street Books, 1999.

CAPÍTULO 3. LA NATURALEZA DEL SER HUMANO

"El conjunto de las catequesis que componen este volumen puede figurar bajo el título *El amor humano en el plan divino* o, con mayor precisión, *La redención del cuerpo y la sacramentalidad del matrimonio*".[11]

El punto de partida es la creación: el ser humano ha sido plasmado como hombre y mujer. A partir de esa reflexión se llegaría a una visión integral que permitiría una respuesta adecuada al problema del matrimonio y de la procreación. Por tanto, se trata de establecer lo que Juan Pablo II llama una "antropología integral" o mejor una "teología del cuerpo".

Todas estas catequesis están divididas en seis ciclos. El primero se titula *El principio* y consta de 23 catequesis. El segundo ciclo, llamado *La redención del corazón*, consta de 40 catequesis. El tercero se llama *La resurrección de la carne* (9 catequesis). El cuarto, *La virginidad cristiana*, tiene 14 catequesis. El quinto se titula *El matrimonio cristiano*, con 31 catequesis. El sexto, *Amor y fecundidad*, fue desarrollado en 16 catequesis.[12]

La perspectiva filosófica de la que se parte es la que asumió el Sumo Pontífice, que está influenciada por el personalismo sobre todo de la filosofía de Max Scheler. El Papa intentó, ya desde sus años como profesor, complementar la filosofía tomista con la del filósofo personalista y fenomenólogo.[13] Como dice A. Gálvez:

"Si bien en realidad el Papa Wojtyla no fue discípulo directo de Scheller, estuvo sin embargo muy influenciado por él. Aparte de dedicarle una de sus tesis doctorales, tanto su pensamiento como sus formas

---

[11]La versión castellana se puede tomar de *L'Osservatore Romano*, en su edición española. Para la edición italiana *Uomo e Donna lo Creò*, publicada en 1985 por Città Nuova Editrice – Libreria Editrice Vaticana. En inglés la edición más importante es *John Paul II, Man and Woman He Created Them: A Theology of the Body*, translated by Michael Waldstein, Boston, Pauline Books and Media, 2006.

[12]Se puede encontrar una síntesis de las sesenta y tres primeras catequesis en L. Soberón Mainero: *Perlas: Teología del Cuerpo en Juan Pablo II*, Barcelona, Edimurtra, 2003.

[13]Así se ve en sus obras de juventud "Amor y Responsabilidad" y "Persona y Acto". La primera de esas obras está basada en una serie de lecciones que dio en la Universidad de Lublin entre 1958 y 1959, y tratan sobre moralidad sexual, relaciones conyugales, castidad y ética de la sexualidad.

3.2. VALOR DEL CUERPO HUMANO 101

de actuación ofrecen bastantes reminiscencias del pensador alemán; y según algunos bien autorizados, también de Blondel".[14]

Estas catequesis han sido objeto de profundas controversias. Junto a los elogios más subidos,[15] también han encontrado algunas críticas sobre todo por las consecuencias que han extraído algunos movimientos teológicos, entre los que destacan el norteamericano "Theology of the Body" (TOB), que ha llegado, por parte de algunos de sus más famosos representantes, a explicaciones más que sorprendentes sobre la sexualidad humana y sobre bastantes verdades de la fe.[16]

---

[14] A. Gálvez: *Siete...*, cit., págs. 179–180. Cfr. también págs. 158ss.

[15] Cfr. entre otros: Cardinal Scola: *Witness to Hope*, New York, Cliff Street Books, 1999; R. Hogan: *Theology of the Body in John Paul II. What It Means, Why It Matters*, 223 pp; Id: *A Theology of the Body*, en "International Review of Natural Family Planning" 6, no. 3 (1982): 227–252; R. Modras: *The Moral Philosophy of Pope John Paul II*, en "Theological Studies" 41(1980): 683–697; Id.: *Pope John Paul II's Theology of the Body*, en "John Paul II and Moral Theology", edited by Charles E. Curran and Richard A. McCormick, 149–156, New York, Paulist Press, 1998; C. Anderson y J. Granados: *Called to Love. Approaching John Paul II's Theology of the Body*, New York, Doubleday, 2009; Christopher West: *Theology of the Body for Beginners: A Basic Introduction to Pope John Paul II's Sexual Revolution*, Revised Edition, Pensilvania, Ascension Press, 2009; etc.

[16] Cfr. R. Engel: *John Paul II and the 'Theology of the Body' -- A Study in Modernism*, Pensilvania, New Engel Publishing, 2011; P. Leone: *Family under Attack*, USA, CreateSpace Independent Publishing Platform, 2014, págs. 325–350. Pueden consultarse, también, como ejemplos sencillos, pero bien gráficos: Christopher A. Ferrara: *The Christopher West Show A Neo-Catholic Scandal*, en 07/01/09 www.RemnantNewspaper.com; y en M. Matt: *Theology of the Body. From David Bowie to Spiderman to Christopher West*, en 27/08/2008 www.RemnantNewspaper.com. "El viraje nuevo en la Teología del Cuerpo de Juan Pablo II es precisamente la aplicación de una nueva síntesis teológica al problema de la sexualidad, matrimonio y vida familiar. Mediante el uso del movimiento filosófico llamado fenomenología, Juan Pablo ha sido capaz de presentar el contenido de la Revelación de Cristo de un modo subjetivo, inductivo y experimental sin hacer daño a su contenido". Para los excesos que llegan a aberraciones en relación con el feminismo, cfr. J. A. Montes Varas: *Desde la Teología de la Liberación a la Teología Eco–feminista. Una Revolución Enquistada en la Iglesia*, Santiago de Chile, Acción Familia, 2011, págs. 27–48.

102   CAPÍTULO 3.   LA NATURALEZA DEL SER HUMANO

A. Gálvez ha señalado que la llamada *Teología del Cuerpo* enfrenta al menos tres grandes dificultades. Por un lado, el hecho de que pareciera no compaginarse bien con una teoría del amor realista y verdadera, ya que en el amor no se ama al cuerpo de la persona amada (ni tampoco solo a su alma), sino a la persona amada con su cuerpo y con su alma. Por otro lado, también podría cuestionarse su título de "Teología" ya que cualquier estudio que merezca ese nombre, supone la posibilidad de la relación de su objeto con Dios; pero a Dios no parece importarle mucho la existencia de una relación especial con el cuerpo del hombre (salvo como Creador de todas las cosas) sino con el hombre como persona, con su cuerpo y con su alma. Finalmente, cuando se reduce el amor humano a su referencia al cuerpo, se concluye con la acentuación del placer sobre la entrega, que acaba por subvertir la recta ordenación de los fines del matrimonio, tal como fueron queridos por Dios:

> "Ahora ya no puede extrañar a nadie la profusión alcanzada por las *teologías del cuerpo*. Las cuales aparecen como habiendo superado las limitaciones que imponía el antiguo maniqueísmo, aunque lo que hacen en realidad es situarse en el extremo contrario: no solamente consideran al cuerpo como algo bueno por sí mismo en su propia materialidad, sino que incluso le conceden una cierta autonomía (que en último término, si bien no la niega, prescinde prácticamente del alma). Desde la cual se llega fácilmente a un cierto culto al cuerpo por el cuerpo recorriendo una distancia que ya no necesita de demasiados pasos.
>
> Con todo, es preciso señalar que una pretendida *teología del cuerpo* no deja de ofrecer dificultades. Cualquier realidad a la que se quiera aplicar como objeto de estudio el término de *teología*, según una necesaria referencia a Dios, ha de suponer por fuerza la posibilidad de esa relación. Pero a Dios no parece importarle mucho admitir la existencia de una relación especial con el cuerpo del hombre (aparte de su condición de Creador respecto a todas las cosas creadas), sino con el hombre con su cuerpo y su alma, que es lo que en último término constituye a la persona como tal. La misma Humanidad de Cristo, supone en Ella tanto su Cuerpo como su Alma humanos, los cuales, a su vez, adquieren toda su realidad y significado en cuanto que son asumidos por la Persona del Verbo.
>
> Y llegados a este punto, reducido de alguna manera el amor humano en su principal referencia al cuerpo, ya no puede parecer extraño que se ponga el acento más en el *placer* que en la actitud de *entrega*, por parte del sujeto que se supone que ama. Reducido a una especie de

3.2. VALOR DEL CUERPO HUMANO

egotismo, en el que ha dejado de ser esencial la referencia al *otro*, ya no hace falta acudir a las exigencias de la inmolación, del olvido de sí mismo, de la donación de la propia vida y persona, etc. Y así ya puede entenderse que el fin de la procreación y educación de la prole, considerado siempre como principal y primario en el matrimonio, haya pasado a ocupar un puesto más modesto de *equiparación* con el débito a tributar al otro cónyuge. Atribuyendo así a la unión corporal, como expresión del amor, la consideración de objetivo o fin primario".[17]

* * *

Como consideración inicial sobre el valor que el cuerpo humano tiene ante Dios, bastaría recordar el hecho de que sea Dios mismo el que crea al ser humano como un ser con alma y cuerpo (ambos "muy buenos"), o el que también quisiera asumirlo en la Encarnación y mantenerlo eternamente unido al Verbo. Como bien dice J. M. Casciaro:

"Desde el momento mismo de la Encarnación del Verbo en las inmaculadas entrañas de María Santísima, podemos decir que Dios se ha tomado completamente en serio al hombre a quien creó. Pero no sólo se ha tomado en serio el espíritu humano, sino el cuerpo del hombre, hasta al punto que el Verbo Encarnado asume el cuerpo humano para siempre. ¡Es un misterio insondable! Dios no hace comedias. La *synkatábasis* o condescensión del Verbo es una

---

[17]La Teología y la Doctrina tradicional pensaron de otro modo. Según Santo Tomás: *Ad primum ergo dicendum quod in prole non solum intelligitur procreatio prolis, sed etiam educatio ipsius, ad quam sicut ad finem ordinatur tota communicatio operum quæ est inter virum et uxorem inquantum sunt matrimonio coniuncti; quia patres naturaliter thesaurizant filiis, ut patet 2 Cor, 12:14. Et sic in prole, quasi in principali fine, alius quasi secundarius includitur (Summ. Theol., Suppl. q. 49, a. 2, ad primum)*. A. Gálvez: *Sociedad de Jesucristo Sacerdote. Notas y Espiritualidad*, New Jersey (USA), Shoreless Lake Press, 2012, págs. 217–218.

realidad asombrosa y permanente desde la Anunciación a María".[18]

3.2.2 Naturaleza del cuerpo humano

Conviene repasar algunos datos sobre el exacto naturaleza de la corporalidad humana:

1. Para la mayoría de los filósofos tiene un valor positivo:[19]

    - Santo Tomás: el que mejor corresponde al alma intelectiva.
    - Kant: idéntica postura ante la idea de otros cuerpos posibles.
    - Hegel: suprema expresión física del espíritu.
    - Wittgenstein: la mejor pintura del alma humana.

2. Entre los rasgos que manifiestan la significación del cuerpo humano, se pueden destacar:

    - *"Totalidad" del cuerpo*: frente a las concepciones cartesianas o idealistas del hombre, según las cuales, éste es pura alma y simplemente *tiene* o *usa* un cuerpo, hay que afirmar que la realidad concreta del ser humano es corporeo–espiritual y no puede ser reducido a uno solo de los términos. En este sentido, el tomismo comprende el cuerpo en el compuesto humano, con las nociones de *materia* y *forma*, que no son "seres o cosas objetivas" sino coprincipios: el cuerpo no es

---

[18]J. M. Casciaro: *La Encarnación del Verbo y la Corporeidad Humana (Apuntes exegéticos para una Teología del Cuerpo Humano y del Sexo)*, en "Scripta Theologica", 18 (1986/3) 752–753.

[19]Cfr. J. Vicente y J. Choza: *Filosofía del Hombre*, Madrid, Rialp, 1991, págs. 134–135; cit. por J. Morales: *El Misterio de la Creación*, Pamplona, Eunsa, 1994, pág. 235.

3.2. VALOR DEL CUERPO HUMANO

la materia, sino la materia informada por el alma, y así, expresión del alma.[20]

- Pero el cuerpo humano *no es simplemente órgano o instrumento del espíritu.* Expresa la persona: no es simple "envoltorio" de la misma. Esta nota es lo que J. Cruz llama "carácter expresivo" del cuerpo humano, es decir, la realidad del cuerpo humano es ser manifestación o expresión en la que aparece el hombre entero.[21] El cuerpo no es mero instrumento del espíritu, sino el encuentro mismo del espíritu y de la materia, el manifestarse mismo del hombre como tal.

- *Se desarrolla a través de su cuerpo*: su estructura corporal le permite ser autor de una actividad verdaderamente humana (trabajo, etc.).

- *Ambigüedad del cuerpo*. Como dice J. Cruz:

    "El hombre es por su cuerpo una exposición constante a la tentación, al desarraigo, a la lucha y al logro. Por eso el cuerpo no es algo trivial o neutro; es, ni más ni menos, el ser predecidido del hombre, sellado existencialmente de antemano por fuentes que no son la fontalidad misma del hombre. El cuerpo es resistencia, límite, peso, susceptible de adiestramiento y educación; él paraliza incluso la actividad espiritual (sueño y enfermedad).

---

[20]Cfr. J. Cruz Cruz: *Cuerpo...*, cit. pág. 846–847.

[21]Es lo que Buytendijk caracteriza como *presencia del hombre*, Siewerth como *acción originaria*, Welte como *medio esencial*, Conrad Martius como *excarnación*, Guardini como *interioridad que se manifiesta*. A este respecto, Henstenberg lo considera como *palabra* del espíritu y lo explica recurriendo a la fenomenología de la palabra. Cfr. J. Cruz Cruz: *Cuerpo...*, cit., pág. 848.

El cuerpo es también un velo, es la opacidad del hombre: jamás podrán dos seres humanos comunicarse directamente, sino sólo a través de los ojos, de la sonrisa, del contacto corporal. El cuerpo es además una materia peligrosa; por eso el hombre se define como una tensión entre la carne y el espíritu. Este acuñamiento situacional introduce en la subjetividad tendencias extrañas que ponen al hombre en una exposición constante".[22]

3. Por eso es necesario llegar a un correcto entendimiento de la oposición paulina entre "carne" y "espíritu" (2 Cor 10: 3ss):

- No es dualismo alma–cuerpo.
- Es ascético y no antropológico.

4. Por su parte, tanto la Tradición como el Magisterio han destacado el valor del cuerpo humano. Valgan como testimonios, entre muchos, los siguientes:

- San Atanasio. En su *Vida de San Antonio*, escribía encomiando la armonía entre cuerpo y alma: "Su alma vivía sin perturbación alguna, y por eso, su semblante exterior aparecía siempre tranquilo, como si la alegría e su espíritu hiciera sereno su rostro, de modo que de los movimientos de su cuerpo se podía averiguar y entender lo bien ordenada que se hallaba su alma, como se ha escrito: la alegría del corazón hace florecer el rostro, pero el dolor lo oscurece".[23]
- *Catecismo de la Iglesia Católica*: "El cuerpo del hombre participa de la dignidad de la 'imagen de Dios': es cuerpo

---

[22]J. Cruz Cruz: *Cuerpo...*, cit. pág. 848.
[23]San Atanasio: *Vida de San Antonio*, n. 67.

humano precisamente porque está animado por el alma espiritual, y es toda la persona humana la que está destinada a ser, en el Cuerpo de Cristo, el Templo del Espíritu".[24]

3.2.3 El cuerpo en la doctrina tomista

A pesar de que Santo Tomás, al estudiar al ser humano, centra su atención sobre todo en el alma, sin embargo sostiene una concepción del cuerpo positiva, como algo bueno creado por Dios y coprincipio de la realidad que es el ser humano. La perspectiva de su estudio sobre el cuerpo será principalmente la de su relación con el alma, lo que le llevará a la afirmación de que el alma es la forma substancial del cuerpo, con los alcances que se estudiarán más adelante.

Tanto la doctrina maniquea como la de Platón son contrarias a la posición de Santo Tomás. En efecto, si la materia fuera mala en sí como dicen los maniqueos, no sería nada; y si es algo, es porque en la medida en que es, no es mala. Como todo lo que entra en el ámbito de las creaturas, la materia es buena y creada por Dios:

"Respondeo dicendum quod quorundam hæreticorum positio est, quod visibilia ista non sunt creata a bono Deo, sed a malo principio. Et ad argumentum sui erroris assumunt quod apostolus dicit II Cor. IV, Deus huius sæculi excæcavit mentes infidelium. Hæc autem positio est omnino impossibilis. Si enim diversa in aliquo uniantur, ne-	"Hay que decir: Algunos herejes sostienen que todas las cosas visibles no han sido hechas por el buen Dios, sino por un principio malo. Como fundamento de su error toman lo que dice el Apóstol en 2 Cor 4:4, 'El dios de este mundo cegó las mentes de los infieles'. Pero sostener esto es completamente imposible. Pues si las cosas, entre sí diversas, coinciden

---

[24]*Catecismo de la Iglesia Católica*, nº 364.

cesse est huius unionis causam esse aliquam, non enim diversa secundum se uniuntur. Et inde est quod, quandocumque in diversis invenitur aliquid unum, oportet quod illa diversa illud unum ab aliqua una causa recipiant; sicut diversa corpora calida habent calorem ab igne. Hoc autem quod est esse, communiter invenitur in omnibus rebus, quantumcumque diversis. Necesse est ergo esse unum essendi principium, a quo esse habeant quæcumque sunt quocumque modo, sive sint invisibilia et spiritualia, sive sint visibilia et corporalia. Dicitur autem Diabolus esse Deus huius sæculi, non creatione, sed quia sæculariter viventes ei serviunt; eo modo loquendi quo apostolus loquitur, ad Philipp. III, quorum Deus venter est".[25]

en algo, es necesario que haya alguna causa de tal coincidencia, ya que las cosas diversas no coinciden entre sí por sí mismas. Por eso, cuando entre cosas diversas se encuentra algo común, es necesario que este algo tenga alguna causa. Ejemplo: Los diversos cuerpos calientes tienen calor por el fuego. Todas las cosas, por muy diversas que sean, coinciden en algo común a todas: el ser. Por lo tanto, es necesario que haya un principio del ser por el que tengan ser las cosas, incluso las más diversas, tanto si son invisibles y espirituales como si son visibles y corporales. Por otra parte, se dice que el diablo es dios de este mundo no porque lo haya creado, sino porque quienes viven mundanamente le sirven. En este sentido dice el Apóstol en Flp 3:19, 'Su dios es el vientre'".

Además, Santo Tomás considera que la materia es fuente de bienes para las formas unidas a ella. La teoría de Platón o la de Orígenes,

---

[25]Santo Tomás de Aquino: *Summ. Theol.*, Iª, q. 65, a. 1, co. y ad 1. Cfr. *De Potent.*, q. 3, a. 6.

3.2. VALOR DEL CUERPO HUMANO

según la cual Dios no habría creado los cuerpos sino para aprisionar las almas, es contraria al pensamiento del Aquinate. En efecto, el cuerpo no es cuerpo del alma, sino instrumento y servidor a su servicio: la unión del cuerpo y el alma no es un castigo para el alma, sino algo bueno, gracias a lo cual el alma alcanza su completa perfección.

"Respondeo dicendum quod Origenes posuit quod creatura corporalis non est facta ex prima Dei intentione, sed ad poenam creaturæ spiritualis peccantis. Posuit enim quod Deus a principio creaturas spirituales solas fecit, et omnes æquales. Quarum, cum essent liberi arbitrii, quædam conversæ sunt in Deum, et secundum quantitatem conversionis sortitæ sunt maiorem vel minorem gradum, in sua simplicitate remanentes. Quædam vero, aversæ a Deo, alligatæ sunt corporibus diversis, secundum modum aversionis a Deo. Quæ quidem positio erronea est. Primo quidem, quia contrariatur Scripturæ, quæ, enarrata productione cuiuslibet speciei creaturæ corporalis subiungit, vidit Deus quia hoc esset bonum; quasi diceret quod unumquodque

"Hay que decir: Orígenes sostuvo que la criatura racional no ha sido hecha a partir de la primera intención de Dios, sino para castigo del pecado de la criatura espiritual. Pues sostuvo también que al principio hizo sólo las criaturas espirituales todas iguales. De las cuales, por el libre albedrío, algunas se adhirieron a Dios, y según la intensidad de su adhesión alcanzaron un mayor o menor grado, si bien permaneciendo en su simplicidad. Otras, en cambio, alejadas de Dios, se adhirieron a diversos cuerpos según el grado de alejamiento de Dios. Esta postura es errónea. Primero, porque contradice la Escritura, la cual, después de narrar (Gén 1) la producción de cada especie de las criaturas corporales, añade: 'Vio Dios que era bueno'. Como si dijera que

ideo factum est, quia bonum est ipsum esse. Secundum autem opinionem Origenis, creatura corporalis facta est, non quia bonum est eam esse, sed ut malum alterius puniretur. Secundo, quia sequeretur quod mundi corporalis dispositio quæ nunc est, esset a casu. Si enim ideo corpus solis tale factum est, ut congrueret alicui peccato spiritualis creaturæ puniendo; si plures creaturæ spirituales similiter peccassent sicut illa propter cuius peccatum puniendum ponit solem creatum, sequeretur quod essent plures soles in mundo. Et idem esset de aliis. Hæc autem sunt omnino inconvenientia. Unde hæc positione remota tanquam erronea, considerandum est quod ex omnibus creaturis constituitur totum universum sicut totum ex partibus. Si autem alicuius totius et partium eius velimus finem assignare, inveniemus primo quidem, quod singulæ partes sunt propter suos actus; sicut oculus ad videndum. Secundo vero, quod

cada cosa ha sido hecha así porque su mismo ser es bueno. Según la opinión de Orígenes, la criatura corporal ha sido hecha no porque su mismo existir sea bueno, sino para castigar el mal de otro. Segundo, porque se deduciría que la disposición que ahora hay del mundo corporal es fortuita. Pues, si el sol tal como es ha sido hecho para castigar algún pecado de la criatura espiritual, si varias criaturas espirituales hubiesen cometido el mismo pecado que dio ocasión a que, como castigo, fuera hecho el sol, se concluiría que habría varios soles en el mundo. Lo mismo puede decirse de otras cosas. Todo esto es completamente improcedente. Excluida, pues, esta opinión por errónea, hay que tener presente que todo el universo está hecho con todas las criaturas como el todo con las partes. Si queremos indicar el fin de algún todo y de sus partes, nos encontramos: En primer lugar, que cada parte lo es por sus actos, como el ojo para ver. En segundo

3.2. VALOR DEL CUERPO HUMANO

pars ignobilior est propter nobiliorem; sicut sensus propter intellectum, et pulmo propter cor. Tertio vero, omnes partes sunt propter perfectionem totius, sicut et materia propter formam, partes enim sunt quasi materia totius. Ulterius autem, totus homo est propter aliquem finem extrinsecum, puta ut fruatur Deo. Sic igitur et in partibus universi, unaquæque creatura est propter suum proprium actum et perfectionem. Secundo autem, creaturæ ignobiliores sunt propter nobiliores sicut creaturæ quæ sunt infra hominem, sunt propter hominem. Ulterius autem, singulæ creaturæ sunt propter perfectionem totius universi. Ulterius autem, totum universum, cum singulis suis partibus, ordinatur in Deum sicut in finem, inquantum in eis per quandam imitationem divina bonitas repræsentatur ad gloriam Dei, quamvis creaturæ rationales speciali quodam modo supra hoc habeant finem Deum, quem attingere possunt sua operatione, cognoscendo et amando.

lugar, encontramos que lo menos noble se ordena a lo más noble; como el sentido al entendimiento y el pulmón al corazón. En tercer lugar, encontramos que todas las partes tienden a la perfección del todo, como la materia a la forma, pues las partes son como la materia del todo. Al margen de todo esto, todo el hombre está ordenado a un fin extrínseco a él, como puede ser el disfrutar de Dios. Así, pues, en el universo cada criatura está ordenada a su propio acto y a su perfección. Las criaturas menos nobles a las más nobles; como las inferiores al hombre, al hombre. Cada criatura tiende a la perfección del universo. Y todo el universo, con cada una de sus partes, está ordenado a Dios como a su fin en cuanto que en el universo, y por cierta imitación, está reflejada la bondad divina para la gloria de Dios; si bien las criaturas racionales de un modo especial tienen por fin a Dios, al que pueden alcanzar obrando, conociendo y amando. Queda patente

Et sic patet quod divina bonitas est finis omnium corporalium".[26]

que la bondad divina es el fin de todos los seres corporales".

¿Cuál es el bien que puede aportar el cuerpo al alma racional que lo anima? Si el alma fuera una inteligencia del grado de perfección de un ángel, sería una forma pura subsistiendo y obrando sin el auxilio de un instrumento exterior. La inteligencia del hombre es el rayo de luz más atenuado que existe en el orden del conocimiento, con una luz tan débil que ningún inteligible aparece en ella; abandonada en ella, o puesta ante un inteligible puro como el que ven fácilmente los ángeles, permanecería vacía o no disceniría nada. Esta forma incompleta es radicalmente incapaz de completarse por sí misma: está en potencia de toda perfección que le falta. Estaría condenada a la esterilidad de no tener un instrumento, el cuerpo, también incompleto sin ella, al que organice, anime desde dentro y el cual le permita entrar en relación con un inteligible que le sea asimilable. Como dice É. Gilson:

> "Para que tome conciencia de lo que le falta y, estimulada por el sentimiento de su privación, se ponga en busca de lo inteligible incluido en lo sensible, es preciso que la inteligencia humana sea un alma y que se beneficie de las ventajas que le puede procurar su unión con el cuerpo".[27]

3.2.4 El cuerpo humano según A. Gálvez

A. Gálvez, en sede estrictamente teológica, ha desarrollado un pensamiento sobre la corporalidad humana partiendo del hecho de que es

---

[26]Santo Tomás de Aquino: *Summ. Theol.*, I\ª, q. 65, a. 2, co. Cfr. L. I. Eslick: *The Thomistic Doctrine of the Unity of Creation*, en "The New Scholasticism" 13 (1939) 49–70; I. H. Wright: *The Order of the Universe in the Theology of St. Thomas*, Roma, P. Università Gregoriana, 1957.

[27]É. Gilson: *El Tomismo. Introducción a la Filosofía de Santo Tomás de Aquino*, Pamplona, Eunsa, 2002, pág. 252.

3.2. VALOR DEL CUERPO HUMANO

una realidad creada por Dios, buena y necesaria para el ser humano; por lo que son rechazables toda clase de maniqueísmos:

> "El maniqueísmo incluso llegó a dejar su huella en el Cristianismo, pese a todo, bajo la forma del miedo a la materia y más concretamente al cuerpo. Así aparece en el platonismo de algunos Padres, quienes llegaron a considerar el cuerpo como un lastre o impedimento para el alma. San Agustín, por ejemplo, pensaba en el cuerpo humano como cárcel del alma. Extraña creencia que, de una forma u otra, ha llegado hasta nuestros días, y que incluso fue a veces compartida por los grandes místicos. Hasta el extremo de dar cabida a la idea de la Humanidad de Jesucristo...*como impedimento del que se ha de prescindir*, una vez llegados a los grados más altos de la vida contemplativa, o de la unión con Dios. Algo que, por supuesto, pertenece ya a la Historia, después de los afortunados avances llevados a cabo por la sana Antropología Cristiana".[28]

Creo que hay tres claves fundamentales en el pensamiento de este autor que explican el desarrollo de sus ideas en torno a la corporalidad humana:

- Una concepción del hombre profundamente realista, asentada sobre la antropología del Aquinate, pero al mismo tiempo, con algún desarrollo propio, que sustentándose sobre el principio esencial del acto de ser, sin embargo extrae todas sus virtualidades.

---

[28] A. Gálvez: *Siete...*, cit., pág. 192; cfr. Id.: *El invierno*, dots, cit., pág. 69; Id.: *El Misterio...*, cit., págs. 119–123.

- Un concepto propio de la persona humana que se separa de la concepción de las filosofías de tipo personalistas o fenomenológico.

- Una peculiar y propia teoría del amor.

Desde estos principios, se puede proceder a extraer sistemáticamente las consecuencias que se derivan para la corporalidad humana en los distintos ámbitos de la Teología, manifestando la lógica interna de su pensamiento y avanzando ideas que son muy fecundas. En efecto:

1. Desde la Antropología Teológica:

    - Dios quiere que el hombre sea cuerpo animado o alma incorporada desde el principio; el compuesto tiene a Dios como autor:

        "El hombre es un animal racional, compuesto de dos elementos distintos —alma y cuerpo— pero formando un compuesto único y completo. Las relaciones interpersonales, como es el Amor, proceden de las personas, las cuales son entidades completas e independientes, con su propia naturaleza cada una: el yo, como hemos dicho más arriba, no necesita relacionarse con el tú para quedar íntegramente constituido como tal yo. La persona posee en sí misma, según la doctrina de Santo Tomás, las notas de sustancialidad e incomunicabilidad; que son las que la constituyen como un ente completo".[29]

---

[29] A. Gálvez: *Feria V In Cena Domini*, ensayo de 16 de septiembre de 2010, en www.alfonsogalvez.com/en/ensayos-3/622-feria-v-in-cena-domini, pág. 16.

3.2. VALOR DEL CUERPO HUMANO

> "Pero ya hemos dicho que el hombre es una naturaleza compuesta de alma y cuerpo —animal racional— que no necesita de los otros, ni de su relación con los otros, para ser constituido como persona. A su vez, la naturaleza humana ha sido elevada, por gratuita donación divina, a la condición de sobrenaturaleza, o al orden sobrenatural".[30]

- El hombre entero, cuerpo y alma, es imagen y semejanza de Dios, y no solo su alma:

    > "Es curiosa la renuencia (multisecular) de los escritores de espiritualidad a admitir la semejanza del hombre con Dios en lo que se refiere al cuerpo, debido a que el cuerpo es materia y Dios es Espíritu Puro (siempre el mismo temor a la materia). Ahora bien, según eso tampoco el alma humana sería susceptible de tal semejanza: no es espíritu puro, en cuanto que está ordenada al cuerpo y es forma de él. Por otra parte, los textos son contundentes. Es el hombre, y no meramente el alma humana, quien fue creado a imagen y semejanza de Dios".[31]

    > "Es de admirar la intuición de San Agustín al relacionar la Trinidad con la semejanza del hombre con respecto a Dios (en referencia a Ge 1: 26-27). Lo que ya no parece tan evidente es el hecho de que la semejanza tenga que ver con el alma

---

[30] A. Gálvez: *ibidem*, pág. 17.
[31] A. Gálvez: *Esperando...*, cit., pág. 152.

humana y con sus tres facultades. Incluso resulta difícil evitar la sensación de gratuidad de este razonamiento. Decir que el alma humana es semejante a la Trinidad en cuanto que está dotada de inteligencia, memoria y voluntad, induce a pensar en un argumento sin demasiado fundamento..., y hasta caprichoso. E incluso hay algo más serio todavía. Porque la semejanza o imagen, de las que habla el texto sagrado, no se refieren en modo alguno al alma humana, sino al hombre en su conjunto (una vez más asoma el subconsciente temor maniqueo de incluir al cuerpo en la idea del hombre). Tal vez fuera más acorde con los textos referir la semejanza al concepto del amor. Puesto que el hombre fue creado por el Amor Infinito para amar y ser amado, quizá convendría inquirir aquí en cuanto al problema de su semejanza con el Dios trinitario. Ya hemos hablado antes de los elementos esenciales que integran la trilogía del amor; a saber: las personas del amante y del amado (en reciprocidad), de un lado; y el nexo que las une, de otro. Este nexo es tan real como es la realidad del amor, aunque en el Amor Sustancial sea también una Persona. El hombre es una participación analogada de esa trilogía. De tal manera que, así como en el Amor Infinito son Tres, en la realidad de una única operación y una sola naturaleza, el hombre en cambio es uno, aunque estructurado en tres operaciones y realidades distintas: la de entregar, la de recibir, y la del amor que hace posible

3.2. VALOR DEL CUERPO HUMANO

las otras dos. Solamente así el ser humano es un trasunto (analogado) del Dios Uno y Trino".[32]

"El verdadero significado de la doctrina de la imagen y semejanza del hombre con respecto a Dios es un problema arduo y complicado, del que se han dado soluciones no siempre muy convincentes. Se puede aceptar, por ejemplo, que el hombre es semejante al Dios Uno y Trino por las tres facultades de su alma (memoria, inteligencia y voluntad), pero es difícil huir de la impresión de que esa explicación no hace otra cosa que eludir el tema. En cambio la semejanza del hombre con Dios a causa del amor parece una idea más firme y fundada".[33]

- Siendo el cuerpo constitutivo esencial del ser humano, el dualismo exagerado no es buena interpretación del mismo:

  "La tendencia a considerar al hombre como alma caída y encerrada dentro de un cuerpo (el cual sería entonces como una especie de cárcel del alma), y a la materia como un principio malo, es una misteriosa constante de fondo maniqueo del pensamiento humano y que ha perdurado a través de los siglos. Con ella se ha hecho posible la aberración de considerar al cuerpo humano, incluso en el pensamiento de los místicos, como una carga de la que conviene liberarse en cuanto sea posible".[34]

---

[32] A. Gálvez: *Esperando...*, cit., pág. 151–152.
[33] A. Gálvez: *Comentarios...*, cit., vol. I, pág. 248.
[34] A. Gálvez: *Esperando...*, cit., pág. 367.

- Lo corporal tiene un papel fundamental en la percepción de la realidad de la persona humana.

    "Cuando hablamos directamente con alguien que se encuentra ante nosotros, como puede ser por ejemplo un amigo, percibimos *directamente* su cuerpo con nuestros sentidos corporales. Pues efectivamente *no vemos su alma, ni menos aún su persona*. Y sin embargo es precisamente su persona lo que percibimos, de tal manera que no se nos ocurre pensar que su cuerpo representa, con respecto a nosotros, *una razón de objeto intermedio o interpuesto*: algo así como una especie de pantalla u obstáculo *entre él y nosotros*. A nadie se le ocurre decir que ha estado hablando con la boca o los oídos de tal o cual persona; *sino con esa persona*. O que ha visto el rostro de tal o cual persona; *sino que ha visto a esa persona*. De ahí la dificultad en considerar la Humanidad de Cristo, *interpuesta* entre el alma bienaventurada y la Esencia Divina, como una creatura con razón de objeto visto: *nulla mediante creatura in ratione obiecti visi se habente*".[35]

2. Desde la Cristología:

- Dios decidió asumir un cuerpo y alma humanos en la Segunda Persona Trinitaria, que no abandonó ni abandonará nunca; la realidad corporal no puede por tanto ser mala:

    "Sin embargo el Verbo de Dios no consideró bajeza alguna asumir una naturaleza humana: al-

---

[35] A. Gálvez: *Esperando...*, cit., pág. 366.

3.2. VALOR DEL CUERPO HUMANO

ma y cuerpo, por lo tanto, a los que tomó como algo suyo y enteramente propios de su único Yo divino. San Juan emplea una expresión fuerte para decirlo: *Y el Verbo se hizo carne* (Jn 1:14). Donde el vocablo carne no permite ninguna duda ni da lugar a sombras docetistas. Y todavía más. Pues el Evangelista llega a decir que, precisamente por eso —porque se hizo carne— *vidimus gloriam eius, gloriam quasi Unigeniti a Patre*".[36]

"Ante todo sería necesario explicar el papel que asume la Humanidad del Señor en el Cielo, después de la Resurrección y Ascensión, donde incluso ha conservado las llagas producidas durante su Pasión".[37]

- Dios se hizo hombre también para poder establecer relaciones de amor con el ser humano al modo humano, y no solamente divino, para lo cual aparece como muy conveniente la Encarnación (la famosa cuestión del *Cur Deus homo?*):

"De esta manera, cuando Dios se ha hecho Hombre en Jesucristo, con un cuerpo como el nuestro y un alma como la nuestra, sometido además a las misma debilidades y limitaciones que sufrimos nosotros, es cuando verdaderamente se ha hecho *accesible* a nosotros. Es ahora cuando lo podemos amar con nuestro corazón de carne, porque Él mismo posee también un corazón de carne. El cual co-

---

[36] A. Gálvez: *Esperando...*, cit., pág. 368.
[37] A. Gálvez: *Esperando...*, cit., pág. 366.

razón, por pertenecer a una Persona Divina, nos da la posibilidad de que amemos *directamente* a Dios y plenamente a nuestro modo. Elevados por la gracia todo lo que queráis; pero a nuestro modo".[38]

3. Desde la Teología Espiritual:

- La identificación con Cristo, también está llamada a ser en nuestro cuerpo:

    "Ante todo, porque su cumplimiento [la resurrección de los cuerpos] supondrá para ellas [las almas bienaventuradas] nada menos que su plena identificación con Cristo. La cual no tendrá lugar hasta que su cuerpo haya sido configurado al Cuerpo de Cristo glorioso. Acerca de lo cual los textos no dejan lugar a dudas (Ro 6: 4–5; 1 Cor 15: 44–54; Flp 3: 20–21). Es lo cierto que la tendencia platonizante a acentuar demasiado el valor del alma en el ser humano, en detrimento u olvido del cuerpo, ha logrado sumir en un segundo plano, cuando no en el olvido, la significación fundamental de la glorificación del cuerpo en la bienaventuranza final, así como su papel con respecto a la Parusía".[39]

    "Un testimonio tan claramente perceptible como para convertirse en evidente: *Glorificad a Dios en vuestro cuerpo* (1 Cor 6:20). ¿Y cómo podría ser eficaz un testimonio que no fuera perceptible? De

---

[38] A. Gálvez: *Homilías*, cit., pág. 107. Cfr. también pág. 106.
[39] A. Gálvez: *Esperando...*, cit., págs. 323–324.

3.2. VALOR DEL CUERPO HUMANO

ahí la razón de que el Apóstol insista en que la glorificación de Dios, llevada a cabo por el ministro de Jesucristo ante sus hermanos los hombres, ha de ser incluso *corporal*, a fin de que su capacidad de convencimiento solamente pueda ser ignorada por la mala voluntad. Aplicando la doctrina a sí mismo (lo que deja claro que no se refiere aquí al conjunto general de los cristianos), llega a decir incluso que *con toda seguridad, ahora como siempre, Cristo será glorificado en mi cuerpo, tanto en mi vida como en mi muerte* (Flp 1:20)".[40]

- Lo corporal es fundamental para la relación de amor cuando intervienen los seres humanos, por tanto, en la relación de amor divino–humana y en las diferentes relaciones amorosas inter–humanas:

"...Su amor a Jesús [el de San Francisco de Asís] fue tan grande como para hacerle compartir de cerca la existencia del Señor, incluida su Pasión. Y no ya meramente en forma espiritual, psicológica o moral aunque grabada hasta lo profundo de su corazón; sino también de manera física, hasta en su propio cuerpo. Si queréis comprender mejor aquel exceso (por parte de ambos; tanto de Dios como de él), debéis recordar que el hombre es un compuesto de alma y cuerpo. Y la participación del Santo en la Pasión y Muerte de su Señor fue demasiado íntima, por lo que no es extraño que incluyera al hombre *completo* (su alma y su cuerpo) que fue Francisco de Asís. Y de esa manera vivió hasta

---

[40] A. Gálvez: *Esperando...*, cit., pág. 65.

el momento de su muerte: sangrando y tratando de ocultar a todos sus heridas (la terrible llaga del costado, sobre todo); en absoluta pobreza y en total identificación con los sufrimientos del Señor. En los últimos años de su vida, ni siquiera podía permanecer erguido, dado que se lo impedían las tremendas heridas de los clavos que le desgarraban los pies".[41]

4. Desde la Escatología:

- La muerte del cuerpo humano no hace desaparecer la persona humana, sino que el alma sigue siendo persona después de la muerte:

"Análogamente existe en las creaturas una condición relacional, indisolublemente unida a su ser creado y que impide que sea un accidente. No existe aquí identificación alguna con la esencia o naturaleza, sino con el acto de ser participado. Tal condición relacional, puesta por Dios como perfección fundante en la creatura, por la cual es capaz de abrirse al otro, es inherente entonces al alma humana, tanto si está unida al cuerpo como si está separada de él, y en la medida en que es inherente al acto de ser que la constituye ex nihilo. Sería algo así como aquella perfección (que acompañaría necesariamente a las otras cualidades racionales) por la cual quedaría constituido el yo creatural. Que

---

[41] A. Gálvez: *Homilías*, cit., pág. 94.

3.2. VALOR DEL CUERPO HUMANO

no tendría necesariamente que desaparecer cuando el alma se separa del cuerpo".[42]

- Pero el compuesto corporal del ser humano es tan importante, que el alma humana recibe un gozo *trascendental* en la resurrección de su cuerpo en la Parusía; gozo que no puede ser concebido tan solo como *accidental* o *intensivo*:

  "Lo que no puede negarse es el hecho de que al alma humana bienaventurada, durante el estadio de la escatología intermedia, efectivamente le falta algo; o bien está esperando algo. ¿Qué es o en qué consiste ese algo que le falta o que espera todavía recibir? Evidentemente su cuerpo, aunque ahora ya resucitado y glorificado. Sin ese cuerpo, ya transformado, el alma bienaventurada no ha llegado aún a ser *el hombre completo, totalmente configurado con Cristo*. Lo cual no se cumplirá hasta que también su cuerpo sea semejante al de Cristo resucitado y glorioso. Pues para eso, y no para otra cosa, fue bautizado el ser humano: *¿No sabéis que cuantos hemos sido bautizados en Cristo Jesús hemos sido bautizados para unirnos a su muerte?... Porque si hemos sido injertados con Él con una muerte como la suya, también lo seremos con una resurrección como la suya...* (Ro 6: 3–5) *Él transformará nuestro cuerpo vil en cuerpo glorioso como el suyo, en virtud del poder que tiene para someter a su dominio todas las cosas...* (Flp 3:21) Y como hemos llevado la imagen del hombre terreno, llevaremos también la imagen del hombre

---

[42]A. Gálvez: *Esperando...*, cit., pág. 354.

celestial... (1 Cor 15:49) *Y cuando este cuerpo corruptible se haya revestido de incorruptibilidad, y este cuerpo mortal se haya revestido de inmortalidad, entonces se cumplirá la palabra que está escrita...* (1 Cor 15:54)

La restauración del hombre completo, con su alma y su cuerpo definitivamente glorificados, supone un acontecimiento *transcendental*".[43]

"...La glorificación del cuerpo humano, a semejanza y según su modelo y causa cual es el Cuerpo glorioso de Jesucristo, junto con la redención de toda la creación material (la cual ahora sufre todavía dolores de parto), suponen un acontecimiento transcendental, como es la culminación de la Historia del Universo. La coronación y el cumplimiento definitivo del Plan de Dios en la obra de la Creación y de toda la Economía de la Salvación".[44]

- La bienaventuranza eterna no se da perfectamente sin poder amar a Dios también con nuestro cuerpo y no sólo con el alma:

    "...hasta llegado ese momento [Parusía], las almas bienaventuradas separadas de sus cuerpos contemplarán efectivamente la Esencia Divina, cara a cara y en visión intuitiva; si bien lo harán *como almas humanas bienaventuradas*, y no todavía

---

[43] A. Gálvez: *Esperando...*, cit., pág. 359.
[44] A. Gálvez: *Esperando...*, cit., pág. 361.

3.2. VALOR DEL CUERPO HUMANO

al modo perfectamente humano, *como seres enteramente humanos* en su estructura esencial de cuerpo y alma, tal como Dios creó la naturaleza humana".[45]

- El cuerpo de Cristo, como parte de su sagrada Humanidad, es fundamental para la bienaventuranza eterna de los santos del Cielo.

"Sin embargo, la teoría de la superfluidad de la Humanidad de Cristo en la visión beatífica es difícil de aceptar. Por no referirnos a algo más grave todavía, como es la posibilidad de considerarla incluso como obstáculo. Es sabido que es doctrina común entre los místicos, como San Juan de la Cruz por ejemplo, la que se refiere a la necesidad de prescindir de tal Humanidad, una vez alcanzados ciertos altos grados de oración contemplativa y de unión con la Divinidad.

Pese a lo cual, todo parece indicar la *absoluta necesidad* de la Humanidad del Señor. Tanto con respecto a la visión beatífica como, en general, con todo lo que se refiere al gozo y a la posesión de Dios en el Cielo. Una afirmación que, como vamos a ver, puede ser capaz de mostrar su compatibilidad con la doctrina definida en la Constitución *Benedictus Deus*.

Quienes convivieron con Jesucristo, y lo contemplaron con sus propios ojos, *veían* efectivamente su Humanidad y más concretamente su Cuerpo. Al menos tal era el objeto *directo* de su visión. Pe-

---

[45] A. Gálvez: *Esperando...*, cit., pág. 324.

ro lo que en realidad percibían era justamente la Persona de Jesucristo. Y en ella, por supuesto, la divinidad: *Philippe, qui vidit me, vidit Patrem*. Así es como funciona el modo humano de conocer..."[46]

3.3 El alma humana unida al cuerpo

3.3.1 Introducción

El objetivo del presente apartado consiste en estudiar las características y peculiaridad del alma humana (sin separarla de la unidad del compuesto humano), como presupuesto para comprender la coherencia de esas indagaciones con las verdades que se sostienen en el tratado de escatología.

El *catecismo de la Iglesia Católica* nos aporta una definición básica de alma humana: "principio espiritual del hombre".[47]

El concepto de "alma" es más amplio que el de alma humana. En general, alma es el acto primero de un cuerpo organizado y capaz de ejercer las funciones de la vida.[48] Como toda forma, el alma es un acto y como todo acto nos es conocido indirectamente, a través de sus efectos.[49] Los llamados "seres vivos" (vegetales, animales y hombre) realizan multitud de efectos: pueden crecer, cambiar y, los más perfectos, desplazarse en el espacio por su propia virtud. Puesto que ejercen operaciones propias, deben tener un principio de operar que les sea propio: es lo que se denomina *alma*. El alma no solo mueve al

---

[46] A. Gálvez: *Esperando...*, cit., págs. 364–366.

[47] *Catecismo de la Iglesia Católica*, nº 363. La Encíclica *Gaudium et Spes* la describe como "semilla de eternidad" (nº 18), lo que no parece suficiente, pues se toma una de sus características por el todo de su naturaleza.

[48] Santo Tomás de Aquino: *In II de Anima*, lect. 2. Cfr. É. Gilson: *El Tomismo*, cit., pág. 247.

[49] Santo Tomás de Aquino: *In II de Anima*, lect. 3.

3.3. EL ALMA HUMANA UNIDA AL CUERPO

cuerpo sino que hace que sea uno. Un cadaver no es un cuerpo, y es el alma el que lo hace existir como tal cuerpo vivo; así el alma es como su acto primero, el que le hace *esse*, y es gracias a este acto primero como el viviente puede ejercer sus actos segundos, las funciones vitales que son sus operaciones.[50]

3.3.2 No se identifica con lo somático

Un principio básico que hay que sostener en oposición a todos los materialismos ya señalados (que asimilan de varios modos el alma humana al cerebro), es que el alma humana no se identifica ni es reductible al cuerpo. En efecto, no solo la concepción cristiana no identifica cerebro (masa encefálica), mente (mero funcionamiento del cerebro) y espíritu (alma), sino que desde la ciencia se exige que el binomio cerebro–mente presuponga la existencia del espíritu.[51] Lo cual se puede comprobar al considerar las siguientes razones de su espiritualidad (no materialidad):

- Su inmortalidad natural.

- Su capacidad de elevación al orden sobrenatural.

- Su libertad.

- Su conocimiento de lo inmaterial.

Como consecuencia, se deducen los siguientes efectos, de una indudable trascendencia para la metafísica del alma:

---

[50]É. Gilson: *El Tomismo*, cit., págs. 247–248.

[51]Cfr. J. J. Sanguineti: *Filosofía de la Mente. Un Enfoque Ontológico y Antropológico*, Madrid, Palabra, 2007; J. M. Gimenez Amaya y J. I. Murillo: *El Problema Mente–Cerebro en la Neurociencia Contemporánea. Una Aproximación a un Estudio Interdisciplinar*, en "Scripta Theologica" 39 (2007) 607–634; A. Llano: *En Busca de la Trascendencia*, Barcelona, Ariel, 2007, págs. 101–145; más detalles en A. Fernández: *Teología...*, cit., pág. 527.

- No depende intrínsecamente del cuerpo: ni en su ser ni en su obrar.

- El cuerpo no es sujeto de inhesión del alma: supondría que ésta sería un accidente del cuerpo.

- El cuerpo no es sujeto de sustentación: supondría que sería como la de los animales o las plantas.

- Alma y cerebro no son equivalentes.

Santo Tomás se pregunta si el alma es cuerpo, y lo niega considerando que el alma es el primer principio de vida de los seres que viven en este mundo, por lo que llamamos "animados" a los seres vivos, en contraposición de los "inanimados". Ahora bien, la vida se manifiesta sobre todo en dos operaciones: la de conocer y la de moverse. Siendo verdad que no todo principio de operación vital es alma, sin embargo ésta sí que es el primer principio de vida. Un cuerpo puede ser de alguna manera principio vital de algún órgano (como lo es el corazón en los animales). Pero ningún cuerpo puede ser, en cuanto tal, el primer principio de la vida, o ser viviente, pues de lo contrario todo cuerpo sería viviente o principio de vida. Como el acto de ser tal cuerpo lo recibe del alma, que sí es el primer principio de vida, por eso el alma no es cuerpo, sino acto del cuerpo, como el calor que es el principio del calentarse no es cuerpo, sino acto de un cuerpo:

"Respondeo dicendum quod ad inquirendum de natura animæ, oportet præsupponere quod anima dicitur esse primum principium vitæ in his quæ apud nos vivunt animata enim viven-	"Hay que decir: Para analizar la naturaleza del alma, es necesario tener presente el presupuesto según el cual se dice que el alma es el primer principio vital en aquello que vive entre nosotros, pues

3.3. EL ALMA HUMANA UNIDA AL CUERPO

tia dicimus, res vero inanimatas vita carentes. Vita autem maxime manifestatur duplici opere, scilicet cognitionis et motus... Manifestum est enim quod non quodcumque vitalis operationis principium est anima, sic enim oculus esset anima, cum sit quoddam principium visionis; et idem esset dicendum de aliis animæ instrumentis. Sed primum principium vitæ dicimus esse animam. Quamvis autem aliquod corpus possit esse quoddam principium vitæ, sicut cor est principium vitæ in animali; tamen non potest esse primum principium vitæ aliquod corpus. Manifestum est enim quod esse principium vitæ, vel vivens, non convenit corpori ex hoc quod est corpus, alioquin omne corpus esset vivens, aut principium vitæ. Convenit igitur alicui corpori quod sit vivens, vel etiam principium vitæ, per hoc quod est tale corpus. Quod autem est actu tale, habet hoc ab aliquo principio quod dicitur actus eius. Anima igitur, quæ est pri-

llamamos animados a los vivientes, e inanimados a los no vivientes. La vida se manifiesta, sobre todo, en una doble acción: La del conocimiento y la del movimiento... Es evidente que el alma no es el principio de cualquier operación vital. Pues, de ser así, el ojo sería alma, ya que es principio de visión. Lo mismo puede decirse de los otros instrumentos del alma. Pero decimos que el primer principio vital es el alma. Aunque algún cuerpo pueda ser un determinado principio vital, como en el animal su principio vital es el corazón. Sin embargo, un determinado cuerpo no puede ser el primer principio vital. Ya que es evidente que ser principio vital, o ser viviente, no le corresponde al cuerpo por ser cuerpo. De ser así, todo cuerpo sería viviente o principio vital. Así, pues, a algún cuerpo le corresponde ser viviente o principio vital en cuanto que es tal cuerpo. Pero es tal cuerpo en acto por la presencia de algún principio que constituye su acto. Por lo tanto, el alma, primer prin-

mum principium vitæ, non est corpus, sed corporis actus, sicut calor, qui est principium calefactionis, non est corpus, sed quidam corporis actus".⁵²	cipio vital, no es el cuerpo, sino, el acto del cuerpo. Sucede como con el calor, principio de calefacción, que no es cuerpo, sino un determinado acto del cuerpo".

El argumento del Aquinate es tan simple que puede parecer oscuro a las mentes sofisticadas. La idea central es que la diferencia entre un cuerpo muerto y uno vivo no es algo corpóreo, una entidad o un órgano (el cuerpo de un hombre muerto tiene todavía todas sus partes), sino la presencia o ausencia del alma, el principio de vida.[53]

3.3.3 Existe un alma para cada individuo

Solo existe una sola alma para cada individuo humano. Lo cual ha de ser entendido:

- Como *individualidad relativa*, es decir no hay un alma general para toda la humanidad. No es la misma numéricamente para todos los hombres, sino que se halla multiplicada y se multiplica individualmente en base al número de cuerpos humanos en que se infunde.

- Como *individualidad numérica*, es decir, indivisible: hay una sola alma para cada individuo, y no varias. La única alma es principio de toda clase de vida (vegetativa, sensitiva y racional).

La Sagrada Escritura, sin proponer expresamente una filosofía del hombre, con frecuencia se refiere a él como compuesto de un cuerpo

---

[52]Santo Tomás de Aquino: *Summ. Theol.*, Iª, q. 75, a. 1, co. Cfr. *Contra Gent.*, Lib. II, cap. 65; *De Anima*, Lib. II, lect. 1.

[53]Cfr. P. Kreeft: *Summa of the Summa*, San Francisco, Ignatius Press, 1990, pág. 244.

3.3. EL ALMA HUMANA UNIDA AL CUERPO

y de un alma racional, y lo hace de tal modo que su vida, sentidos, mociones y todo lo que supera el mero cuerpo, es atribuido a esa única alma racional. Si el hombre tuviera otra alma distinta de la racional, por el que el cuerpo fuera vivificado en el orden vegetativo, tendría que haber sido mencionado. Los textos son abundantes: Ge 2:7; Ece 12:7; Ez 37: 1–14; Mt 10:28; Lc 8: 49–55; Hech 20: 9ss.; San 2:26; etc. No debemos confundirnos cuando la Biblia, y en particular San Pablo, en algunas pocas ocasiones, parece sostener un esquema tricotómico del hombre (cuerpo, alma y espíritu), con la aparente afirmación de dos principios espirituales. En efecto, cuando esto ocurre se trata de un modo de hablar que se interpreta, o bien como metáfora, o bien como dos aspectos de la única alma, o como el modo de distinguir el orden natural del sobrenatural. Es el caso de Da 3:64; Lc 1: 46ss.; 1 Cor 2:14; 1 Te 5:23; o Heb 4:12. En efecto, el "espíritu" puede ser considerado el principio de vida sobrenatural en el hombre, mientras que el "alma" es el principio de vida natural en el mismo, por lo que *espíritu* connotaría algo sobrenatural proveniente de la infusión del Espíritu Santo, mientras que *alma* connota la vida natural. Por otro lado, conviene recordar que San Pablo con frecuencia utiliza el vocablo "espíritu" (πνεῦμα) como equivalente a "alma" (ψυχή), como en Flp 1:27; Ef 6:6; Col 3:23; sobre todo cuando lo opone al término "cuerpo" (σῶμα) o "carne" (σάρξ), como en 1 Cor 5: 3ss.; 7:34; Ro 8:10; Col 2:5. Y otras veces utiliza la palabra "alma" como equivalente a "espíritu" (Ro 2:9; 13:1; 16:4; 1 Te 2:8).[54]

---

[54]Cfr. E. B. Allo: *Première Épitre aux Corinthiens*, Paris, Paris, J. Gabalda, 1934, págs. 91–94; F. Prat: *La Théologie de Saint Paul*, Deuxième partie, Paris, G. Beauchesne, 1912, págs. 489–492; J. Sagües: *Sacræ Theologiæ Summa II. De Deo Creante et Elevante. De Peccatis*, Madrid, BAC, 1955, págs. 272–277.

El Magisterio de la Iglesia defendió esta verdad de fe[55] tanto en el IV Concilio Lateranense[56] como en el Vaticano I (que recoge la dicción del lateranense):

> "Creator omnium... creaturam, spiritualem et corporalem, angelicam videlicet et mundanam: ac deinde humanam, quasi communem ex spiritu et corpore constitutam".[57]

También se hace referencia a la individualidad del alma humana en el IV Concilio de Constantinopla[58] y en el Concilio Lateranense V contra los neoaristotélicos:

> "Cum... zizaniæ seminator... nonnullos perniciosissimos errores, a fidelibus semper explosos, in agro Domini superseminare et augere sit ausus, de natura præsertim animæ rationalis, quod videlicet mortalis sit, aut unica in cunctis hominibus, et nonnulli temere philosophantes, secundum saltem philosophiam verum id esse asseverent: contra huiusmodi pestem opportuna remedia adhibere cupientes,

---

[55] J. Ibáñez y F. Mendoza: *Dios Creador y Enaltecedor*, Madrid, Palabra, 1984, pág. 223, califican la tesis "el alma de cada hombre es individual" como de fe divina y católica definida, y su censura como herejía. Cfr. J. Sagüés: *Sacræ...*, cit., pág. 271. 278.

[56] *D. S.*, 800.

[57] "Este solo verdadero Dios, por su bondad 'y virtud omnipotente', no para aumentar su bienaventuranza ni para adquirirla, sino para manifestar su perfección por los bienes que reparte a la criatura, con libérrimo designio, 'juntamente desde el principio del tiempo, creó de la nada a una y otra criatura, la espiritual y la corporal, esto es, la angélica y la mundana, y luego la humana, como común, constituida de espíritu y cuerpo' [Conc. Later. IV, V. 800; Can 2 y 5]". *D. S.*, 3002.

[58] *D. S.*, 657: "...in tantum impietatis quidam, maiorum inventionibus dantes operam, devenerunt, ut duas eum habere animas impudenter dogmatizare et quibusdam irrationabilibus conatibus...propriam hæresim confirmare pertentent".

3.3. EL ALMA HUMANA UNIDA AL CUERPO

hoc sacro approbante Concilio damnamus et reprobamus omnes asserentes animam intellectivam mortalem esse, aut unicam in cunctis hominibus, et hæc in dubium vertentes, cum illa non solum vere per se et essentialiter humani corporis forma exsistat, sicut in canone felicis recordationis Clementis papæ V prædecessoris Nostri in (generali) Viennensi Concilio edito continetur[59], verum et immortalis, et pro corporum quibus infunditur multitudine singulariter multiplicabilis, et multiplicata, et multiplicanda sit..."[60]

De modo que hay que rechazar las doctrinas que niegan esta verdad, que pueden ser clasificadas en dos grupos:

1. Los que afirmaron la existencia de un alma universal para todos los hombres:

    - Averroístas: el alma racional es única; la vegetativa y la sensitiva es diferente para cada hombre.[61]
    - Neoaristotélicos del s. XVI (Pomponazzi).

---

[59] *D. S.*, 902.

[60] "Como quiera que... el sembrador de cizaña..., algunos perniciosísimos errores, que fueron siempre desaprobados por los fieles, señaladamente acerca de la naturaleza del alma racional, a saber: que sea mortal o única en todos los hombres; y algunos, filosofando temerariamente, afirmen que ello es verdad por lo menos según la filosofía; deseosos de poner los oportunos remedios contra semejante peste, con aprobación de este sagrado Concilio, condenamos y reprobamos a todos los que afirman que el alma intelectiva es mortal o única en todos los hombres, y a los que estas cosas pongan en duda, pues ella no sólo es verdaderamente por sí y esencialmente la forma del cuerpo humano como se contiene en el canon del Papa Clemente V, de feliz recordación, predecesor nuestro, promulgado en el Concilio (general) de Vienne [n. 902], sino también inmortal y además es multiplicable, se halla multiplicada y tiene que multiplicarse individualmente, conforme a la muchedumbre de los cuerpos en que se infunde...". Bulla *Apostolici regiminis*, *D. S.*, 1440.

[61] Cfr. A. Chollet: *Averroisme*, en DTC, I, 2629–2635.

- Idealistas del s. XIX (sobre todo Fitche).

2. Los que sostuvieron la existencia de varias almas para cada individuo:

    - Platón, quien sostuvo la existencia de un alma con tres partes en cada hombre: irascible, concupiscible y racional. En realidad son tres almas pues se encargan de partes diferentes del cuerpo.[62]

    - Apolinar de Laodicea (tal vez, también, Orígenes) que defendió la existencia de dos almas en cada hombre: la sensitiva, para el cuerpo; y la racional, para las cosas del espíritu.[63]

    - A. Günther, J. B. Baltzer y otros: quisieron aceptar la existencia de una sola alma en el ser humano, pero en realidad afirmaron la existencia de dos almas, al sostener que el hombre estaba compuesto de espíritu como fuente del pensamiento, y de cuerpo con una vida sensitiva que derivaba de ese espíritu. Ahora bien, mientras que el espíritu es verdaderamente diferente del cuerpo, el principio sensitivo y vegetativo solo se distingue del cuerpo como un poder por el que el cuerpo vive y siente. Ahora bien, si esto es así, ese principio sensitivo y vegetativo tiene existencia propia, pues no se puede confundir con el cuerpo, que carece de

---

[62]Santo Tomás de Aquino: *Summ. Theol.*, I^a, q. 76, a. 3, co.; S. Souilhé: *De Platonis Doctrina Circa Anima*, TexDocum. ser. Philos., Romae 1938, págs. 20–41.

[63]Cfr. Teodoreto de Ciro: *Compendium Hæreticarum Fabularum*, 14, n. 8 (*P. G.* 83, 425); San Gregorio de Nisa: *Antirrhet. cont. Apoll.*, n. 8, 46 (*P. G.*, 45, 1137f. 1232).

3.3. EL ALMA HUMANA UNIDA AL CUERPO

alma vegetativa y sensitiva, ni tampoco se puede confundir con el espíritu.[64]

Es fundamental sostener la individualidad de cada alma humana, porque, de otro modo, la teología de la salvación se desfondaría ya que la razón del mérito o del demérito se basa en la realidad de nuestras almas individuales.

Santo Tomás de Aquino enfrenta las dos clases de errores:

En primer lugar, no puede haber una sola alma para todos los hombres. Lo cual prueba con una serie de argumentos "ad absurdum" basados sobre el principio de que el hombre inteligente o el alma inteligente es una substancia, un único "simpliciter". En efecto, si hubiera una sola alma humana para todos los seres humanos, se seguiría que:

- No habría distinción entre los hombres, y todos los hombres serían un solo hombre; la única distinción sería por algo accidental y distinto a la esencia de cada cual.

- Muchos seres humanos tendrían el mismo ser, porque la forma, el alma en el caso del ser humano, es el principio del ser.

- No habrían diferencias de opinión u operaciones intelectuales entre los hombres. Santo Tomás se detiene en este último argumento, como veremos. En efecto, el entendimiento humano es la principal de las cosas que pertenecen al hombre, puesto que las fuerzas sensitivas obedecen y sirven al entendimiento; por eso, cada ser humano tiene un entendimiento propio y diferente. Si hipotéticamente tuviéramos un único entendimiento para dos hombres, aunque tuvieran sentidos diferenciados, habría solo un solo sujeto inteligente. Lo cual se corrobora recordando el

---

[64]Cfr. P. Godet: *Günther, Antoine*, DTC, VI, 1993; J. Sagües: *Sacræ...*, cit., pág. 269.

hecho de que el entender, que es la acción propia del entendimiento, no se realiza mendiante ningún otro órgano, sino solo por el propio entendimiento, por lo que habría un solo y único agente y una sola acción. En cambio, si hipotéticamente supusiéramos que dos hombres tienen distinto entendimiento y un mismo sentido, habría un entendimiento para cada uno aunque un solo acto de los sentidos (el caso, por ejemplo, de dos videntes diferenciados y de una sola visión); por lo que los entendimientos se diferenciarían en verdad:

"Respondeo dicendum quod intellectum esse unum omnium hominum, omnino est impossibile. Et hoc quidem patet, si, secundum Platonis sententiam homo sit ipse intellectus. Sequeretur enim, si Socratis et Platonis est unus intellectus tantum, quod *Socrates et Plato sint unus homo*; et quod non distinguantur ab invicem nisi per hoc quod est extra essentiam utriusque. Et erit tunc distinctio Socratis et Platonis non alia quam hominis tunicati et cappati, quod est omnino absurdum. Similiter etiam patet hoc esse impossibile, si, secundum sententiam Aristotelis,

Hay que decir: Que el entendimiento sea tan sólo uno para todos los hombres, es del todo imposible. Esto resulta evidente si, siguiendo a Platón, el hombre es su mismo entendimiento. Pues habría que concluir que, si el entendimiento de Sócrates y de Platón es sólo un entendimiento, Sócrates y Platón son un solo hombre, y no se distinguirían entre sí más que por elementos ajenos a sus respectivas esencias. La diferencia entre Sócrates y Platón, suponiendo lo dicho, no sería mayor que la existente en un hombre por llevar una túnica o llevar una capa. Esto es totalmente absurdo. Igualmente resulta imposible si, siguiendo a Aristóteles, afirmamos que el entendimiento es parte, o potencia

3.3. EL ALMA HUMANA UNIDA AL CUERPO

intellectus ponatur pars, seu potentia, animæ quæ est hominis forma. Impossibile est enim plurium numero diversorum esse unam formam, sicut impossibile est quod eorum sit unum esse, nam *forma est essendi principium*. Similiter etiam patet hoc esse impossibile quocumque modo quis ponat unionem intellectus ad hunc et ad illum hominem. Manifestum est enim quod, si sit unum principale agens et duo instrumenta, dici poterit unum agens simpliciter, sed plures actiones, sicut si unus homo tangat diversa duabus manibus, erit unus tangens, sed duo tactus. Si vero e converso instrumentum sit unum et principales agentes diversi, dicentur quidem plures agentes, sed una actio, sicut si multi uno fune trahant navem, erunt multi trahentes, sed unus tractus. Si vero agens principale sit unum et instrumentum unum, dicetur unum agens et una actio,

del alma, que es la forma del hombre. Pues es tan imposible que muchas cosas numéricamente distintas tengan la misma forma, como imposible es que tengan el mismo ser, ya que la forma es principio de ser. Igualmente resulta imposible, se explique como se explique, la unión del entendimiento con este o aquel hombre, por ser evidente que, cuando el agente principal es uno sólo y los instrumentales dos, puede decirse que hay, en el fondo, un solo agente y varias acciones. Pues, en el caso de que un hombre tocase objetos distintos con las dos manos, lo que toca es uno, pero los contactos son dos. Por el contrario, si hay un solo instrumento y varios agentes principales, se dice que hay muchos agentes, pero que la acción es sólo una. Ejemplo: Si entre muchos arrastran una embarcación tirando de la misma amarra, los que tiran serán muchos, pero la acción una sola. Si no hubiera más que un solo agente principal y un solo instrumento, se dice que hay un solo agente y una sola acción. Ejemplo: Un carpintero golpea con un so-

sicut cum faber uno martello percutit, est unus percutiens et una percussio. Manifestum est autem quod, qualitercumque intellectus seu uniatur seu copuletur huic vel illi homini, intellectus inter cetera quæ ad hominem pertinent, principalitatem habet, obediunt enim vires sensitivæ intellectui, et ei deserviunt. Si ergo poneretur quod essent plures intellectus et sensus unus duorum hominum, puta si duo homines haberent unum oculum; essent quidem plures videntes, sed una visio. Si vero intellectus est unus, quantumcumque diversificentur alia quibus omnibus intellectus utitur quasi instrumentis, nullo modo Socrates et Plato poterunt dici nisi unus intelligens. Et si addamus quod ipsum intelligere, quod est actio intellectus, non fit per aliquod aliud organum, nisi per ipsum intellectum; sequetur ulterius quod sit et agens unum et actio una; idest quod omnes homi-

lo martillo; hay un solo percusor y una sola percusión. Es evidente que, cualquiera que sea el modo como el entendimiento se une o se funde a este o con aquel hombre, entre todas las cosas propias del hombre, el entendimiento es, sin duda alguna, la principal, puesto que las fuerzas sensitivas obedecen y están sometidas al entendimiento. Por lo tanto, si suponemos que dos hombres tienen distinto entendimiento y un mismo sentido, por ejemplo, un solo ojo para ambos, quienes verían serían dos, pero la visión sólo una. En cambio, si tienen un mismo entendimiento, cualquiera que sea la diversidad de cosas que el entendimiento use como instrumentos, tanto Sócrates como Platón no serían más que un solo sujeto inteligente. Si a todo esto añadimos que el entender, como acción propia del entendimiento, no se lleva a cabo mediante ningún otro órgano, sino sólo por el entendimiento, nos encontramos que uno solo es el agente y una sola la acción. Esto es, todos los hombres son un solo sujeto inteligente y todos tienen la misma

3.3. EL ALMA HUMANA UNIDA AL CUERPO

nes sint unus intelligens, et unum intelligere; dico autem respectu eiusdem intelligibilis. Posset autem diversificari actio intellectualis mea et tua per diversitatem phantasmatum, quia scilicet aliud est phantasma lapidis in me et aliud in te, si ipsum phantasma, secundum quod est aliud in me et aliud in te, esset forma intellectus possibilis, quia idem agens secundum diversas formas producit diversas actiones, sicut secundum diversas formas rerum respectu eiusdem oculi sunt diversæ visiones. Sed ipsum phantasma non est forma intellectus possibilis, sed species intelligibilis quæ a phantasmatibus abstrahitur. In uno autem intellectu a phantasmatibus diversis eiusdem speciei non abstrahitur nisi una species intelligibilis. Sicut in uno homine apparet, in quo possunt esse diversa phantasmata lapidis, et tamen ab omnibus eis abstrahitur una species in-

acción de entender. Con respecto a esto último se habla de un mismo sujeto inteligible. Por otra parte, mi acción intelectual podría distinguirse de la tuya por la diversidad de imágenes sensibles, es decir, porque la imagen de la piedra que hay en mí es distinta de la que hay en ti, si la imagen, en cuanto que es algo en mí y algo distinto en ti, fuera la forma del entendimiento posible. Porque un mismo agente, obrando diversamente, produce acciones diversas, al igual que en virtud de las diversas formas de los objetos, son distintas las visiones de la vista. Pero la imagen sensible no es la forma del entendimiento posible, sino la especie inteligible abstraída de dichas imágenes. Y en un mismo entendimiento no se abstræ de las distintas imágenes sensibles del mismo orden más que una sola especie inteligible. Esto resulta evidente cuando comprobamos que en un mismo hombre puede haber distintas imágenes de piedras, y, sin embargo, de todas ellas no es abstraída más que una sola especie inteligible de piedra por la cual el enten-

telligibilis lapidis, per quam intellectus unius hominis operatione una intelligit naturam lapidis, non obstante diversitate phantasmatum. *Si ergo unus intellectus esset omnium hominum, diversitas phantasmatum quæ sunt in hoc et in illo, non posset causare diversitatem intellectualis operationis huius et illius hominis*, ut Commentator fingit in III de anima. Relinquitur ergo quod omnino impossibile et inconveniens est ponere unum intellectum omnium hominum".[65]

dimiento de cada hombre entiende con una sola operación la naturaleza de la piedra a pesar de la diversidad de imágenes. Por lo tanto, si todos los hombres tuvieran el mismo entendimiento, la diversidad de imágenes en ellos no podría fundamentar la distinción entre la operación intelectual de un hombre y la operación intelectual de otro, como se imaginaba el Comentarista en el III De Anima. Hay que concluir, por tanto, que es completamente imposible e incongruente decir que hay un mismo entendimiento para todos los hombres".

En segundo lugar, la tesis de la pluralidad de varias almas en cada ser humano (Platón) solo se podría aceptar si no se considera al alma humana como forma del cuerpo, sino solo como su motor, pues no habría inconveniente que un mismo móvil fuera movido por distintos motores, encargados cada uno de una parte:

"...Plato posuit diversas animas esse in corpore uno, etiam secundum organa distinctas, quibus diversa opera

"...Platón sostuvo que en un mismo cuerpo, incluso en sus diferentes miembros, había diversas almas a las cuales les atribuía diver-

---

[65]Santo Tomás de Aquino: *Summ. Theol.*, I^a, q. 76, a. 2, co. Cfr. *Sent.*, Lib. I, dist. VIII, q. 5, a. 2, ad 6; Lib. II, dist. XVII, q. 2, a. 1; *Contra Gent.*, Lib. II, caps. 73 y 75; *De Spirit. Creat.*, a. 9; *De Anima*, a. 3; *Comp. Theol.*, cap. 85; Opúsculo, *De Unitate Intellectus contra Averroistas*.

3.3. EL ALMA HUMANA UNIDA AL CUERPO

vitæ attribuebat; dicens vim nutritivam esse in hepate, concupiscibilem in corde, cognoscitivam in cerebro... Opinio autem Platonis sustineri utique posset, si poneretur quod anima unitur corpori, non ut forma, sed ut motor, ut posuit Plato. Nihil enim inconveniens sequitur, si idem mobile a diversis motoribus moveatur, præcipue secundum diversas partes. Sed si ponamus animam corpori uniri sicut formam, omnino impossibile videtur plures animas per essentiam differentes in uno corpore esse".[66]

sas operaciones vitales. Decía que la fuerza nutritiva residía en el hígado; la fuerza concupiscible, en el corazón; la fuerza cognoscitiva, en el cerebro... Podría sostenerse la opinión de Platón siempre que se supusiera, como hace él, que el alma está unida al cuerpo como motor, no como forma. Pues no hay ningún inconveniente en que un mismo móvil sea movido por distintos motores, de modo especial en sus diversas partes. Pero, si suponemos que el alma se une al cuerpo como forma, resulta totalmente imposible que en un mismo cuerpo haya muchas almas esencialmente distintas".

Pero si sostenemos que el alma es la forma substancial del cuerpo, no puede haber varias almas en cada hombre porque:

- El hombre no tendría unidad en sí mismo.

- El hombre no sería animal sustancialmente (animal racional), sino solo accidentalmente.

- Cuando el hombre está actuando intensamente en un campo determinado, no puede hacer otra cosa; no hay otras almas para realizar otras posibles acciones.

---

[66]Santo Tomás de Aquino: *Summ. Theol.*, I^a, q. 76, a. 3, co. Cfr. *Contr. Gentes*, II, cap. 58; *De Pot.*, q. 3, a. 9, ad 1; *Quodl.*, 11, q. 5; *De Spir. Creat.*, a. 1, ad 9; *De anima* a. 9.11.

Por lo que el alma racional contiene virtualmente toda el alma sensitiva y vegetativa, como el pentágono encierra en sí el tetrágono y el triángulo y los supera:

"...Primo quidem, quia animal non esset simpliciter unum, cuius essent animæ plures. Nihil enim est simpliciter unum nisi per formam unam, per quam habet res esse, ab eodem enim habet res quod sit ens et quod sit una; et ideo ea quæ denominantur a diversis formis, non sunt unum simpliciter, sicut homo albus. Si igitur homo ab alia forma haberet quod sit vivum, scilicet ab anima vegetabili; et ab alia forma quod sit animal, scilicet ab anima sensibili; et ab alia quod sit homo, scilicet ab anima rationali; sequeretur *quod homo non esset unum simpliciter*, sicut et Aristoteles argumentatur contra Platonem, in VIII Metaphys., quod si alia esset idea animalis, et alia bipedis, non esset unum simpliciter animal bipes. Et propter hoc, in I de anima, contra ponentes diversas animas in corpore, in-

"...La primera, porque el animal en el que hubiese muchas almas, esencialmente no sería uno. Pues nada es esencialmente uno sino en virtud de la forma única por la que tiene el ser, puesto que del mismo modo se tiene el ser que la unidad. Por eso, las realidades cuya denominación se debe a formas diversas, esencialmente no son una. Ejemplo: Hombre blanco. Pues si el hombre, en virtud de una forma, esto es, el alma vegetativa, tuviese el vivir, y en virtud de otra, esto es, el alma sensible, tuviese el ser animal, y de una tercera, esto es, el alma racional, tuviera el ser hombre, habría que concluir que no es esencialmente uno. Así argumenta Aristóteles contra Platón en VIII Metaphys. cuando dice que si la idea de animal y la de bípedo fuesen distintas, animal bípedo no constituiría una unidad absoluta. Por eso, en I De Anima, contra los que sostienen que en un mismo cuerpo hay distintas almas

3.3. EL ALMA HUMANA UNIDA AL CUERPO

quirit quid contineat illas, idest quid faciat ex eis unum. Et non potest dici quod uniantur per corporis unitatem, quia magis anima continet corpus, et facit ipsum esse unum, quam e converso. Secundo, hoc apparet impossibile ex modo prædicationis. Quæ enim sumuntur a diversis formis, prædicantur ad invicem vel per accidens, si formæ non sint ad invicem ordinatæ, puta cum dicimus quod album est dulce, vel, si formæ sint ordinatæ ad invicem, erit prædicatio per se, in secundo modo dicendi per se, quia subiectum ponitur in definitione prædicati. Sicut superficies præambula est ad colorem, si ergo dicamus quod corpus superficiatum est coloratum, erit secundus modus prædicationis per se. Si ergo alia forma sit a qua aliquid dicitur animal, et a qua aliquid dicitur homo, sequeretur quod vel unum horum non possit prædicari de altero nisi per accidens, si istæ duæ formæ ad invicem ordi-

pregunta: ¿Qué es lo que las contiene?, es decir, qué es lo que las establece en una sola unidad. Y no puede responderse que se unan por la unidad del cuerpo, pues, más bien, el alma contiene al cuerpo haciéndolo uno, y no al revés. La segunda, por el modo de predicación. Pues los predicados tomados de distintas formas, se predican unos de otros de modo accidental cuando las formas no están relacionadas entre sí. Ejemplo: Lo blanco es dulce. Si las formas están relacionadas entre sí, la predicación es necesaria siguiendo el segundo modo de predicación esencial, porque el sujeto entra en la definición del predicado. Ejemplo: Debido a que el color presupone la superficie, si decimos que la superficie de un cuerpo está pintada, tendremos el segundo modo de predicación esencial. Por lo tanto, si la forma por la que se dice que un ser es animal es distinta de aquella por la que se dice que es hombre, habría que concluir, o que uno de estos atributos no se puede predicar del otro, a no ser accidentalmente, es-

nem non habent; vel quod sit ibi prædicatio in secundo modo dicendi per se, si una animarum sit ad aliam præambula. Utrumque autem horum est manifeste falsum, *quia animal per se de homine prædicatur, non per accidens; homo autem non ponitur in definitione animalis, sed e converso.* Ergo oportet eandem formam esse per quam aliquid est animal, et per quam aliquid est homo, alioquin homo non vere esset id quod est animal, ut sic animal per se de homine prædicetur. Tertio, apparet hoc *esse impossibile per hoc, quod una operatio animæ, cum fuerit intensa, impedit aliam.* Quod nullo modo contingeret, nisi principium actionum esset per essentiam unum. Sic ergo dicendum quod eadem numero est anima in homine sensitiva et intellectiva et nutritiva. Quomodo autem hoc contingat, de facili considerari potest, si quis differentias specierum et formarum attendat. Inveniuntur

to es, siempre que las dos formas no estén relacionadas entre sí, o se tendrá el segundo modo de predicación esencial si una de las almas es presupuesto para la otra. Todo esto es resueltamente falso. Pues animal se predica del hombre esencialmente y no de modo accidental. Hombre no entra en la definición de animal, sino al revés. Por lo tanto, es necesario que la forma que hace a algo ser animal y la que lo hace ser hombre sea la misma. De lo contrario, el hombre no sería verdaderamente animal como lo es, ya que animal se predica del hombre esencialmente. La tercera, porque cuando una operación del alma es intensa, impide la otra. Esto no sería así si el principio de las operaciones no fuese esencialmente uno. Por lo tanto, hay que decir: El alma sensitiva, la intelectiva y la nutritiva, en el hombre son numéricamente la misma. Cómo sucede esto, se puede comprobar fácilmente reflexionando sobre las diferencias de las especies y de las formas. Pues observamos que las especies y las formas se distin-

3.3. EL ALMA HUMANA UNIDA AL CUERPO

enim rerum species et formæ differre ab invicem secundum perfectius et minus perfectum, sicut in rerum ordine animata perfectiora sunt inanimatis, et animalia plantis, et homines animalibus brutis, et in singulis horum generum sunt gradus diversi. Et ideo Aristoteles, in VIII Metaphys., assimilat species rerum numeris, qui differunt specie secundum additionem vel subtractionem unitatis. Et in II de anima, comparat diversas animas speciebus figurarum, quarum una continet aliam; sicut pentagonum continet tetragonum, et excedit. Sic igitur anima intellectiva continet in sua virtute quidquid habet anima sensitiva brutorum, et nutritiva plantarum. Sicut ergo superficies quæ habet figuram pentagonam, non per aliam figuram est tetragona, et per aliam pentagona; quia superflueret figura tetragona, ex quo in pentagona continetur; ita nec per aliam animam Socrates est homo, et per aliam

guen entre sí por su mayor o menor perfección. De este modo, en el orden natural los seres animados son más perfectos que los inanimados, los animales, son más perfectos que las plantas, el hombre más perfecto que los animales, y aun dentro de estos géneros hay diversos grados. Así, Aristóteles, en VIII Metaphys., compara las especies de las cosas a los números, que varían de especie por la suma o resta de la unidad. Y en II De Anima compara las diversas almas a las especies de las figuras, en las que unas contienen a otras, como el pentágono contiene al cuadrilátero y es mayor que él. Así, pues, el alma intelectiva contiene virtualmente todo lo que hay en el alma sensitiva de los seres irracionales y lo que hay en el alma vegetativa de las plantas. Por lo tanto, así como una superficie pentagonal no tiene figura de cuadrilátero por una parte y de pentágono por otra, ya que la primera es superflua al estar contenida en la segunda, así tampoco Sócrates es hombre en virtud de un alma y animal en virtud de

animal, sed per unam et eandem".⁶⁷   otra, sino que lo es por una y la misma".

3.3.4 El alma humana es forma del cuerpo

La determinación de la relación entre el cuerpo y el alma humanos en una naturaleza, substancia y persona, se establece diciendo que el alma humana es la "forma" del cuerpo: principio estable y fundamento unitario de la vida y del ser del hombre, y centro operativo de sus actos humanos. El alma racional es por sí misma, inmediata, verdadera y esencialmente la forma substancial del cuerpo (de fe):⁶⁸ la unión es de tal modo que resulta una nueva naturaleza que es una persona.

El alma se entiende, por supuesto, en cuanto a su esencia y no como su operación intelectual.⁶⁹

Sagrada Escritura

Así se puede ver en la revelación bíblica:

- Ge 2:7. El cuerpo material en virtud de la creación del alma, se convierte en un cuerpo humano vivo.

---

⁶⁷Santo Tomás de Aquino: *Summ. Theol.*, Iª, q. 76, a. 3, co. Cfr. *Contra Gent.*, Lib. II, cap. 58; *De Pot.*, q. 3, a. 9, ad 9; *De Spirit. Creat.*, a. 1, ad 9; a. 3; *De Anima*, a. 9 y 11; *Compend. Theol.*, caps. 90–92.

⁶⁸J. Ibáñez y F. Mendoza: *Dios Creador...*, cit., pág. 218, califican la tesis "el alma racional o intelectiva es verdaderamente, por sí y esencialmente, forma sustancial del cuerpo humano" como de fe divina y católica definida, y su censura como herejía. Cfr. también, J. Sagües: *Sacræ...*, cit., pág. 309; L. Ott: *Manual...*, cit., pág. 167.

⁶⁹Santo Tomás de Aquino: *De Anima*, a. 9, ad 11. Frente al arumento 11 de ese artículo: "Præterea, anima intellectualis est forma in quantum est intellectualis. Sed intelligere est mediantibus aliis potentiis. Ergo anima unitur corpori ut forma mediantibus aliis potentiis", el Santo responde que: "...licet anima sit forma corporis secundum essentiam animæ intellectualis, non tamen secundum operationem intellectualem".

3.3. EL ALMA HUMANA UNIDA AL CUERPO

- Ez 37: 1ss. Los miembros del cuerpo son despertados a la vida a través del alma espiritual (cfr. Lc 8: 49–55; Hech 20:9ss).

La infusión del alma constituye al cuerpo en "ser viviente", y por tanto en ser humano, en el cual el alma es el primer principio de acciones vitales humanas; por lo mismo, la separación del alma y del cuerpo, convierte al cuerpo en "cadaver", en un ser muerto. Ahora bien, aquello que da a un cuerpo su determinación para ser una cierta clase de ser (humano) se llama "forma"; por lo que el alma es la forma del cuerpo.

Tradición

Los Padres concibieron la unión del cuerpo y del alma de tal forma intrínseca que la compararon a la Unión hipostática. La mayor parte de sus conclusiones las extrajeron de su cristología. Por otra parte, aunque no sigan una terminología técnica, sin embargo su pensamiento puede resumirse en tres principios: el alma da al cuerpo la vida; en el hombre el alma racional da al cuerpo la vida plena de que el cuerpo es capaz; el alma racional da al cuerpo orgánico la facultad de vivir y de percibir las cosas sensibles.[70] Así por ejemplo:

- San Ireneo: el alma le da al cuerpo su crecimiento.[71]

- San Gregorio de Nisa: en el hombre, la única alma racional unida al cuerpo por los sentidos, da vida al conjunto.[72]

---

[70]Cfr. J. Ibáñez y F. Mendoza: *Dios Creador...*, cit., pág. 220.

[71]San Ireneo: *Adv. Hær.*, 2, 33, 4 (*P. G.*, 7, 883).

[72]San Gregorio de Nisa: *De Hominis Opificio* (*P. G.*, 44, 176; 44, 29); *De Anima et Resurrectione* (*P. G.*, 46, 29).

- San Agustín: el alma anima y vivifica a todo el cuerpo y preserva al mismo tanto en sus debidas proporciones como en su crecimiento.[73]

Magisterio

El Magisterio proclama este verdad en varias ocasiones:[74]

- Concilios de Éfeso y II de Constantinopla, en sus declaraciones cristológicas, en cuanto se habla de su alma anima al cuerpo, es decir, lo informa. Éfeso:

> "No decimos que la naturaleza del Verbo, habiendo cambiado, se hizo carne, ni tampoco que se transformó en un hombre completo de alma y cuerpo, sino que afirmamos que el Verbo, habiéndose unido según la hipóstasis a una carne animada por un alma racional, se hizo hombre de un modo inefable e incomprensible y que fue llamado Hijo del hombre".[75]

Constantinopla II:

> "...sed non confitetur unitatem Dei Verbi ad carnem animatam anima rationabili et intellectuali, secundum compositionem sive secundum subsistentiam factam esse, sicut sancti Patres docuerunt, et ideo unam eius subsistentiam compositam, qui est Domi-

---

[73]San Agustín: *De Gen ad Litt.*, 7, 8, 11 (*P. L.*, 34, 460); *Epist.*, 166, 2, 4 (*P. L.*, 33, 722); *De Quant. An.*, 33, 70 (*P. L.*, 32, 1074).

[74]Sobre el alcance dogmático de los siguientes textos, cfr. J. Sagües: *Sacræ...*, cit., págs. 305–309.

[75]Segunda Carta de San Cirilo a Nestorio (*D. S.*, 250–251).

3.3. EL ALMA HUMANA UNIDA AL CUERPO

nus (noster) Jesus Christus, unus de Sancta Trinitate, talis an. s."[76]

- Concilio de Vienne (a. 1312), contra los errores de Pedro Olivi:

    "(De anima ut forma corporis.) Porro doctrinam omnem seu positionem temere asserentem, aut vertentem in dubium, quod substantia animæ rationalis seu intellectivæ vere ac per se humani corporis non sit forma, velut erroneam ac veritati catholicæ inimicam fidei, prædicto sacro approbante Concilio reprobamus: definientes, ut cunctis nota sit fidei sinceræ veritas ac præcludatur universis erroribus aditus, ne subintrent, quod quisquis deinceps asserere, defendere seu tenere pertinaciter præsumpserit, quod anima rationalis seu intellectiva non sit forma corporis humani per se et essentialiter, tamquam hæreticus sit censendus".[77]

---

[76]"...mas no confiesa que la unión de Dios Verbo con la carne animada de alma racional e inteligente se hizo según composición o según hipóstasis, como enseñaron los santos Padres; y por esto, una sola persona de El, que es el Señor Jesucristo, uno de la Santa Trinidad; ese tal sea anatema.", *D. S.*, 424. Cfr. también el Concilio Lateranense del año 649, en *D. S.*, 502.

[77]"[Del alma como forma del cuerpo.] Además, con aprobación del predicho sagrado Concilio, reprobamos como errónea y enemiga de la verdad de la fe católica toda doctrina o proposición que temerariamente afirme o ponga en duda que la sustancia del alma racional o intelectiva no es verdaderamente y por sí forma del cuerpo humano; definiendo, para que a todos sea conocida la verdad de la fe sincera y se cierre la entrada a todos los errores, no sea que se infiltren, que quienquiera en adelante pretendiere afirmar, defender o mantener pertinazmente que el alma racional o intelectiva no es por sí misma y esencialmente forma del cuerpo humano, ha de ser considerado como hereje.", *D. S.*, 902.

150 CAPÍTULO 3. LA NATURALEZA DEL SER HUMANO

- V Concilio Lateranense (a. 1513), contra los neoaristotélicos, sostuvo lo mismo, en texto que ya se citó.[78]

- Pio IX (a. 1860), reprobando una obra de J. Baltzer (*Prememoria de Dualismo Anthropologico*), que repetía las ideas de Günther:

    "(De anima rationali qua principio vitali hominis) Notatum... est, Baltzerum..., cum omnem controversiam ad hoc revocasset, sitne corpori vitæ principium proprium, ab anima rationali re ipsa discretum, eo temeritatis progressum esse, ut oppositam sententiam et appellaret hæreticam et pro tali habendam esse multis verbis argueret. Quod quidem non possumus non vehementer improbare, considerantes hanc sententiam, quæ unum in homine ponit vitæ principium, animam scilicet rationalem, a qua corpus quoque et motum et vitam omnem et sensum accipiat, in Dei Ecclesia esse communissimam atque Doctoribus plerisque, et probatissimis quidem maxime, cum Ecclesiæ dogmate ita videri coniunctam, ut huius sit legitima solaque vera interpretatio, nec proinde sine errore in fide possit negari".[79]

---

[78] *Sessio* VIII, 19 dic. 1513: Bulla "Apostolici regiminis" (*D. S.*, 1440).

[79] "Se ha mostrado... que Baltzer..., después de haber llevado toda la controversia a la cuestión de saber si el cuerpo posee un principio de vida que le es propio, distinto en sí mismo del alma racional, se ha elevado a una tal temeridad que ha calificado de herética la posición opuesta, y que ha demostrado con muchas palabras que como tal debe ser considerada. Esto no podemos no desaprobarlo con fuerza, considerando que esta opinión, que pone en el hombre un único principio de vida, es decir, el alma racional, por la cual el cuerpo también recibe el movimiento, la vida y las sensaciones, en la Iglesia es muy común y que la mayoría de los doctores, y sobre todo los más aprobados, la consideran tan unida con el dogma de la iglesia que es su interpretación

3.3. EL ALMA HUMANA UNIDA AL CUERPO

Se rechazan por tanto los siguientes errores:

1. Monismo: la unión del cuerpo y del alma se acentúa de tal manera que las convierten en una sola realidad. Tiene varias manifestaciones:

   - Monismo espiritualista: todo es alma.
   - Monismo materialista: todo es cuerpo.
   - Monismo fenomenológico: ambos son manifestaciones de otra realidad.

2. Dualismo. Su unión es meramente externa; son las doctrinas de Platón, Descartes, Leibniz, etc. El cuerpo y el alma están conectados con una unión de acción, como el vaso y el contenido del mismo, o el barco y el piloto, etc.

3. Unión mediata de operaciones de Pedro Juan Olivi: el alma racional no es en sí misma e inmediatamente la forma esencial del cuerpo, sino solo mediatamente a través de la forma sensitiva y vegetativa, con lo que destruía la unidad de la esencia de la naturaleza humana reemplazándola por una unidad dinámica y de operación.

Razón teológica

Esta realidad la explica teológicamente el Doctor Angélico con su acostumbrada penetración:[80]

---

legítima y la única verdadera, y que por consiguiente no puede ser negada sin error en la fe". Pio IX, Litt. Ap. "Dolore haud mediocri" ad episc. ratislaviensem (Breslau), 30 avril 1860 (*D. S.* 2833).

[80]Como se puede comprobar las razones del Aquinate son mucho más profundas y ontológicas que las que se aportan desde el campo de la fenomenología o de la psicología, como hace, por ejemplo, Morales quien aduce la experiencia interna de permanencia y continuidad del yo humano.

1. El ser humano está formado por dos sustancias incompletas: cuerpo y alma.

2. La unión del cuerpo y del alma produce otra sustancia específicamente diferente de los dos componentes (el ser humano).

3. El nuevo ser sustancial (ser humano) es una persona: principio que produce y recibe acciones.

4. Las acciones diferentes del nuevo ser sustancial (ser humano) son efecto tanto del cuerpo como del alma que actúan como un único principio (ser humano–persona).

5. La relación del alma y del cuerpo en el nuevo ser consiste en que el alma es verdadera, esencial e inmediatamente la forma sustancial del cuerpo humano. Esto es:

   - Forma *sustancial*: entendida como la perfección que cuando se encuentra en el cuerpo humano, hace que el todo se convierta en un ser humano.[81]

   - *Verdadera*: lo es realmente, no en sentido metafórico o amplio (como ocurriría con la "forma" de los sacramentos en contraposición a la "materia" de los mismos, que en realidad no perfecciona físicamente a la materia).

   - *Esencialmente*: Unión según la sustancia y no dinámicamente (a través del alma sensitiva como sostenía Olivi). Es decir, por la substancia misma del alma como racional, y no meramente por algún poder de la misma u operación, o por alguna otra forma distinta de la substancia.

---

[81]Forma sustancial es la perfección que como acto se une a otro ser que hace las veces de sujeto o de potencia determinable, a fin de constituir un ser específicamente nuevo. Cfr. J. Ibáñez y F. Mendoza: *Dios Creador...*, cit., pág. 217.

3.3. EL ALMA HUMANA UNIDA AL CUERPO 153

- *Inmediatamente*: "per se", es decir, de acuerdo con la naturaleza del alma y no accidentalmente. La naturaleza del alma en sí misma consiste en ser una sustancia incompleta que está destinada por su propia naturaleza a estar unida al cuerpo (la unión no se debe a ningún castigo como decía Orígenes).

6. Como consecuencia, el alma separada del cuerpo no es una persona, aunque sea una sustancia racional subsistente. El alma por sí misma es una sustancia incompleta, que con otra sustancia incompleta (el cuerpo humano), está dirigida a formar el principio radical de acción y pasión (el ser humano).[82]

El Aquinate dedica a este tema el famoso artículo 1 de la cuestión 76 de la primera parte de la Suma Teológica, eje y clave de entendimiento de toda la antropología tomista, y que se distancia de todos los paralelismos ocasionalistas o psicofisiológicos, materialismos o extrinsecismos de tipo platónico, sosteniendo la unión sustancial del cuerpo y del alma humanos:[83]

"...Manifestum est autem quod primum quo corpus vivit, est anima. Et cum vita manifestetur secundum diversas operationes in diversis gradibus viventium, id quo primo

"...Es evidente que lo primero por lo que un cuerpo vive es el alma. Y como en los diversos grados de los seres vivientes la vida se expresa por distintas operaciones, lo primero por lo que ejecutamos ca-

---

[82] Las posiciones que otorgan el estatuto metafísico de "persona" al alma separada del cuerpo, se estudiarán más adelante.

[83] Cfr. A. González y F. Soria: *Introducciones. Tratado del hombre*, en Sto. Tomás de Aquino, en "Suma Teológica", Madrid, BAC, 1959, pág. 193.

operamur unumquodque horum operum vitæ, est anima, anima enim est primum quo nutrimur, et sentimus, et movemur secundum locum; et similiter quo primo intelligimus. Hoc ergo principium quo primo intelligimus, sive dicatur intellectus sive anima intellectiva, est forma corporis".[84]

da una de estas operaciones es el alma. En efecto, el alma es lo primero por lo que nos alimentamos, sentimos y nos movemos localmente; asimismo es lo primero por lo que entendemos. Por lo tanto, este principio por el que primeramente entendemos, tanto si le llamamos entendimiento como alma intelectiva, es forma del cuerpo".

* * *

Todavía se suscitan dos cuestiones. La primera estriba en dilucidar el número de formas sustanciales que habría en el ser humano. La segunda sobre el lugar que ocupa el alma en el compuesto humano.

La unicidad de la forma substancial

Con respecto al primer problema, hay una diferencia de escuela entre la teología escotista y la tomista; ambas aceptaban las definiciones del Concilio de Vienne, y por tanto que el alma era la forma substancial del cuerpo, pero disentían a la hora de establecer si había una sola forma substancial (alma) que daba forma también al cuerpo, o si esa forma substancial completaba otra forma corporal propia del elemento material del ser humano.

---

[84]Santo Tomás de Aquino: *Summ. Theol.*, I^a, q. 76, a. 1, co. Cfr. *Contra Gent.*, Lib. II, caps. 56, 57, 59, 68–70; *De An.*, Lib. II, lect. 4; Lib. III, lect. 7; *De Anima*, a. 1 y 2; op. *De Unit. Itell.*; *De Spir. Creat.*, a. 2. Cfr. J. Aranguren: *El Lugar del Hombre en el Universo. "Anima Forma Corporis" en el Pensamiento de Santo Tomás de Aquino*, Pamplona, Eunsa, 1997.

3.3. EL ALMA HUMANA UNIDA AL CUERPO

Para comprender la importancia de Santo Tomás, al defender la unicidad de la forma substancial del ser humano, es necesario recordar la polémica de su tiempo entre los llamados *agustinianos* y los *aristotélicos*. Unos defendieron la pluralidad de formas en el ser humano; los segundos se aferraban al alma única universal. Santo Tomás rechazará la posición de unos y otros, negando el alma universal (como ya se examinó más arriba), y al mismo tiempo la pluralidad de formas substanciales en el ser humano, afirmando la unidad de la forma substancial que es el alma humana individual para cada ser humano.[85]

En la época muchos de los teólogos aceptaban dos principios de los que extraían la conclusión de la pluralidad de formas. Por una lado se sostenía que todos los seres creados (el alma humana y los ángeles incluidos) y no sólo los corporales, están compuestos de materia y forma, puesto que tienen composición de potencia y acto (acto puro sólo es Dios); en los ángeles y el alma humana se trata de una materia sutilísima. Por otro lado, debido a que ninguna forma confiere toda su actualidad esencial a un ser, se precisa de múltiples formas sustanciales en el mismo individuo.

Como dice F. Soria:

> "Pocos eran en el siglo XIII los que defendían, al modo platónico, la pluralidad de almas en el hombre; pero era doctrina común la consideración en él de los principios vegetativo, sensitivo e intelectivo como otras tantas formas sustanciales, aunque subordinadas; y la afirmación en todo viviente de una *forma corporeitatis*, que disponía para la recepción del alma, la acompañaba en vida y permanecía después de su desaparición o separación del cuerpo. De este modo el cuerpo de Cristo, después de su muerte hasta la Resurrección, seguía siendo en razón de esa forma de corporeidad el mismo numéricamente (se discute si el propio Sto. Tomás admitía en los primeros años de su magisterio esta forma de corporeidad).

---

[85] Cfr. A. C. Peguis: *St. Thomas and the Problem of the Soul in the Thirteenth Century*, Pontifical Institute of Mediaeval Studies, Toronto, 1934; P. Tedeschini: *Dissertatio Historica de Sententia Scholasticorum circa Essentiam Corpoream*, Roma 1878; R. Zavalloni: *La Métaphysique du Composé Humain dans la Pensée Scolastique Pretomiste*, en "Revue Philosophique de Louvain" 48 (1950) 5–36; V. Rovighi: *La Controversia sulla Pluralitá delle Forme nel Secolo XIII*, en "Rivista di Filosofia Neo-scolastica" 44 (1952) 246–253.

CAPÍTULO 3. LA NATURALEZA DEL SER HUMANO

El desenvolvimiento de tales principios llevaba a multiplicar el número de formas sustanciales en el viviente intelectivo. Así Juan Peckam, el detractor más acérrimo de la doctrina de Sto. Tomás, establecía:

1. El alma es forma del cuerpo, pero al mismo tiempo se une a él como motor.
2. El cuerpo humano está constituido por los cuatro elementos —agua, tierra, aire, fuego—, cuyas formas subsisten en algún modo (era doctrina de Avicena).
3. Estas formas de los cuatro elementos son reducibles a una forma compuesta, la *forma complexionis*, propia de la naturaleza humana.
4. A la naturaleza humana en cuanto a su constitución corpórea le da ser y unidad la *forma corporeitatis*.
5. El alma humana está compuesta de materia y forma, y ésta, a su vez, se compone de otras tres formas distintas: la vegetativa, la sensitiva y la racional. Pero no son tres almas, sino que constituyen una sola alma.

Tenemos, pues, según Peckam, diez formas sustanciales en el hombre. Aunque no simplemente yuxtapuestas, sino ordenadas jerárquicamente, de modo que la inferior dispone a la superior y ésta perfecciona y completa la inferior".[86]

Es desde esta perspectiva como se comprende la importancia y lo sutil de la respuesta que Santo Tomás da a toda esta cuestión en el cuerpo del artículo primero de la citada cuestión 76:

"...Sed considerandum est quod, quanto forma est nobilior, tanto magis dominatur

"...Sin embargo, hay que tener presente que una forma, cuanto más alta es su categoría, tan-

---

[86]F. Soria Heredia, O.P.: *Tratado del Hombre Introducción a las cuestiones 75 a 102*, en "Suma de Teología", BAC, Madrid, 2001, pág. 669.

3.3. EL ALMA HUMANA UNIDA AL CUERPO

materiæ corporali, et minus ei immergitur, et magis sua operatione vel virtute excedit eam. Unde videmus quod forma mixti corporis habet aliquam operationem quæ non causatur ex qualitatibus elementaribus. Et quanto magis proceditur in nobilitate formarum, tanto magis invenitur virtus formæ materiam elementarem excedere, sicut anima vegetabilis plus quam forma metalli, et anima sensibilis plus quam anima vegetabilis. *Anima autem humana est ultima in nobilitate formarum. Unde intantum sua virtute excedit materiam corporalem, quod habet aliquam operationem et virtutem in qua nullo modo communicat materia corporalis. Et hæc virtus dicitur intellectus. Est autem attendendum quod, si quis poneret animam componi ex materia et forma, nullo modo posset dicere animam esse formam corporis. Cum enim forma sit actus, materia vero sit ens in potentia tantum; nullo modo id quod est*

to más domina la materia corporal y menos inmersa está en ella, y tanto más la impulsa por su operación y su capacidad. Así observamos que la forma de un cuerpo compuesto tiene alguna operación que no es causada por las cualidades fundamentales. Cuanto mayor es la categoría de las formas, tanto más supera su poder al de la materia elemental; y, de este modo, el alma vegetativa supera la forma de un metal; lo mismo hace el alma sensitiva con la vegetativa. *Pero de todas las formas, la de más categoría es el alma humana. Por eso, su poder sobrepasa de tal manera al de la materia corporal, que tiene una capacidad y una operación en la que de ninguna manera participa la materia corporal. Esta facultad es llamada entendimiento. Hay que tener presente que si alguien supone el alma compuesta a partir de la materia y de la forma, de ninguna manera puede afirmar que sea forma del cuerpo. Porque, como quiera que la forma es acto y la materia es un ser en pura potencia, no hay posibilidad*

ex materia et forma compositum, potest esse alterius forma secundum se totum. Si autem secundum aliquid sui sit forma, id quod est forma dicimus animam, et id cuius est forma dicimus primum animatum, ut supra dictum est".[87]

de que lo compuesto a partir de la materia y de la forma pueda ser, en cuanto tal, forma de otra cosa. Si lo fuese por alguna de sus partes, lo que es forma sería el alma, y lo informado por ella sería lo primero animado, como dijimos anteriormente (q.75 a.5)".

Los tomistas afirman la unidad de la forma sustancial del ser humano, el alma, a través de la cual recibe el ser animado, el ser corporeo y el ser mismo. En el hombre solo hay una sola forma substancial, el alma. La explicación consiste en afirmar que la materia prima, como pura potencia pasiva, se somete al alma y es actuada por cada una de las perfecciones que el alma le puede comunicar y que la materia es capaz de recibir; y esto de tal manera, que el alma, como forma del ser humano, mediante su íntima comunicación, determina a la materia prima, no por causalidad eficiente sino por el hecho de que el alma actuando toma posesión de la materia, confiriéndola las perfecciones del cuerpo (aunque no confiere, evidentemente, aquellas perfecciones del alma, como la intelectualidad, para las que el cuerpo es incapaz). No hay una forma corporal previa a la unión del cuerpo con el alma. Esta explicación es mejor para entender:

- Las declaraciones del Concilio de Vienne.

- La realidad de que un ser puede tener solo una forma substancial. El ser humano es un compuesto substancial único de cuerpo y alma; esta unidad no es accidental. Por eso, siendo el hombre un solo ser substancial, tiene una sola forma substancial, el alma,

---

[87]Santo Tomás de Aquino: *Summ. Theol.*, Iª, q. 76, a. 1, co. Las cursivas son mías.

3.3. EL ALMA HUMANA UNIDA AL CUERPO

pues de haber dos, nos encontraríamos con dos seres substanciales; en consecuencia, el alma es la única forma substancial del cuerpo.

- La identidad de los cuerpos que resucitarán para unirse a sus almas inmortales.

Por el contrario, la posición de los antiguos agustinianos fue sostenida por los escotistas, quienes sostenían que el ser humano tendría dos formas sustanciales, a saber, las siguientes:

- Corporalidad (por la que el cuerpo es una sustancia completa).
- Alma racional (el ser humano se convierte en ser animado).

Esta posición hacía hincapié en que el cuerpo es algo más que mera materia prima, algo completo; de modo que, independientemente del alma, el cuerpo es un compuesto substancial hecho de materia prima y forma corporal. Sin embargo este cuerpo no es todavía completo, en el sentido de que está en potencia para recibir el alma como la forma substancial última del ser humano, a la que la forma de la corporalidad también se subordina, de modo que del cuerpo incompleto y del alma resulta una substancia completa, el ser humano.

Esta opinión tiene como consecuencia el que no hay necesidad de poner en el cuerpo muerto de Cristo la forma de un cadaver;[88] por otro lado, también explica mejor el modo cómo en la transubstanciación se

---

[88] Parece que se entiende mejor la expresión de los padres de que "lo asumido, nunca fue dejado".

hace presente el cuerpo del Cristo (*vi verborum*) y el alma de Cristo (*per concomitantiam*).[89]

3.4 Origen del alma

¿Cómo aparece el alma en el ser humano? ¿Cuándo empieza a existir? La respuesta es que cada alma humana es inmediatamente creada por Dios cuando es infundida en el el cuerpo (De fe).[90]

---

[89]Trento (*D. S.* 1640): "Nondum enim Eucharistiam de manu Domini Apostoli susceperant (Mt 26:26; Mc 14:22), cum vere tamen ipse affirmaret corpus suum esse, quod præbebat; et semper hæc fides in Ecclesia Dei fuit, statim post consecrationem verum Domini nostri corpus verumque eius sanguinem sub panis et vini specie una cum ipsius anima et divinitate exsistere: sed corpus quidem sub specie panis et sanguinem sub vini specie ex vi verborum, ipsum autem corpus sub specie vini et sanguinem sub specie panis animamque sub utraque, vi naturalis illius conexionis et concomitantiæ, qua partes Christi Domini, qui iam ex mortuis resurrexit non amplius moriturus (Ro 6:9), inter se copulantur, divinitatem porro propter admirabilem illam eius cum corpore et anima hypostaticam unionem (can. 1 et 3)" ("Todavía, en efecto, no habían los Apóstoles recibido la Eucaristía de mano del Señor [Mt 26:26; Mc 14:22], cuando El, sin embargo, afirmó ser verdaderamente su cuerpo lo que les ofrecía; y esta fue siempre la fe de la Iglesia de Dios: que inmediatamente después de la consagración está el verdadero cuerpo de Nuestro Señor y su verdadera sangre juntamente con su alma y divinidad bajo la apariencia del pan y del vino; ciertamente el cuerpo, bajo la apariencia del pan, y la sangre, bajo la apariencia del vino en virtud de las palabras; pero el cuerpo mismo bajo la apariencia del vino y la sangre bajo a apariencia del pan y el alma bajo ambas, en virtud de aquella natural conexión y concomitancia por la que se unen entre sí las partes de Cristo Señor que resucitó de entre los muertos para no morir más [Ro 6:5]; la divinidad, en fin, a causa de aquella su maravillosa unión hipostática con el alma y con el cuerpo [Can. 1 y 3].").

[90]J. Ibáñez y F. Mendoza: *Dios Creador*..., cit., pág. 199 y 203, califican la tesis "el alma de cada hombre es creada inmediatamente por Dios cuando es infundida en el cuerpo" como de fe divina y católica definida, y su censura como herejía. Cfr. J. Sangües: *Sacræ*..., cit., págs. 321 y 329, quien matiza las calificaciones según se trate de la censura de los diferentes errores y herejías que se han dado. Por su parte L. Ott:

3.4. ORIGEN DEL ALMA

Esta verdad ayuda a comprender y está en coordinación perfecta con los contenidos de la escatología cristiana. En efecto, el hecho de que cada alma humana sea creada inmediatamente por Dios de la nada, cuando es infundida en el cuerpo, en el momento de la concepción, supone el rechazo de las teorías de la preexistencia de las almas, de la metempsícosis y de la reencarnación; y, por otro lado, apoya la realidad de la escatología intermedia con la pervivencia de las almas y el destino eterno de las mismas por obra del juicio individual "mox post mortem" y la del valor del cuerpo humano que resucita para unirse con su alma al fin de los tiempos.

3.4.1 Cada alma humana es *creada inmediatamente por Dios de la nada*

Es cierto que el cuerpo del hombre, como todo lo demás, proviene de la nada, pero solo mediatamente, ya que éste es producido inmediatamente por los padres. Pero el alma humana, que ciertamente proviene de la nada mediatamente, sin embargo inmediatamente, ¿de quién procede?

Teorías

El problema sobre el origen del alma humana ha recibido tres grandes respuestas en la historia del pensamiento humano:

1. Creacionismo: cada alma individual es creada por Dios de la nada en el momento de su unión con el cuerpo. Postura católica.

2. Emanatismo: las almas individuales proceden por emanación de la sustancia divina. Defendido por el dualismo gnóstico y ma-

---

Manual..., cit. pág. 171, califica la tesis como de sentencia cierta, lo que no parece muy exacto.

niqueo en la antigüedad.[91] Aquí se puede incluir el panteísmo: al sostener que todas las cosas son modos de la única sustancia divina.[92]

3. Generacionismo: Los padres son los originadores del cuerpo y del alma de los hijos.[93] Hay dos tipos:

- Traducionismo materialista de Tertuliano: con el semen corporal, una parte de la sustancia anímica de los padres se transmite al hijo. También seguido por los luciferianos,[94] y a los que se asimilan los materialistas al no distinguir el alma y el cuerpo.[95]

- Traducionismo espiritual de San Agustín y Rosmini:[96] el alma es puramente espiritual, pero el alma del hijo emerge de un "semen espiritual" de los padres.

---

[91] Fue el caso también de los estoicos y de los priscilianistas.

[92] Cfr. F. A. Schalk: *Pantheisme*, en DTC, XI, 1855–1874.

[93] Cfr. A. Michel: *Traducianisme*, en DTC, XV, 1350–1364.

[94] Cfr. E. Amann: *Lucifer de Cagliardi*, en DTC, IX, 1039–1040.

[95] Cfr. O. Habert: *Matéralisme et Monisme*, en DTC, X, 282–334.

[96] También Apolinar, Lutero, y bastantes Santos Padres desde la crisis pelagiana hasta el siglo VII, quienes ante la complejidad del tema, tendían a pensar en esta solución. Baste citar como ejemplo a San Gregorio Magno, en *Epist.*, 1, 1, 52 (*P. L.*, 77, 989ss): "Sobre el tema del origen del alma se hizo un esfuerzo no pequeño por parte de los Santos Padres para encontrar una respuesta. Pero el problema de si el alma vino de Adán o si fue dada a cada una de las personas por separado, permanece incierto y ellos confesaban que esta cuestión es insoluble en esta vida. Porque es una cuestión muy seria y no puede ser comprendida por el ser humano. Porque si el alma nace con el cuerpo de la sustancia de Adán, ¿por qué no muere con la carne? Pero si no nace con la carne, ¿por qué en la carne que viene de Adán, está todavía esta alma en poder del pecado? ...porque al menos que el hombre renazca con la gracia del santo bautismo, cada alma está aprisionada con las cadenas del pecado". Cfr. J. Sagüés: *Sacræ...*, cit., págs. 316–317.

3.4. ORIGEN DEL ALMA

- San Agustín sostuvo esta posición como medio de explicación de la doctrina de la transmisión del pecado original. Pero algunas veces aparece como defensor del creacionismo.
- Rosmini pensaba que el alma humana era generada por los padres en sus aspectos sensitivos; posteriormente esta alma desarrollaría sus aspectos intelectivos y de inmortalidad.[97]
- Tal vez se podría entender como traducionismo radical, la posición de Frohschammer, según la cual el alma de los niños es "creada" por los padres en virtud de un poder secundario de creación inmanente a la naturaleza humana, y que fue conferido por Dios cuando creó tal naturaleza humana al principio del mundo. Sería una creación de la nada, pero por virtud de los padres.[98]

La influencia de San Agustín llegó hasta la Edad Media, momento en el que Santo Tomás de Aquino afirmó el creacionismo y consideró el traducionismo como herejía:

"Impossibile est virtutem activam quæ est in materia, extendere suam actionem ad producendum immaterialem effectum. Manifestum est autem quod principium intellectivum in homine est principium transcendens materiam, habet enim operationem

"Es imposible que la virtud activa de la materia llegue a producir un efecto inmaterial. Es evidente que el principio intelectivo en el hombre es un principio que trasciende la materia, pues tiene operaciones en las que no participa el cuerpo. Por lo tanto,

---

[97]Cfr. A. Luciani: *L'Origine dell'Anima Umana Secondo Antonio Rosmini. Exposizione e Critica*, Belluno, Tipografia Vescovile, 1950.

[98]Cfr. J. Sagües: *Sacræ...*, cit., pág. 317.

in qua non communicat corpus. Et ideo impossibile est quod virtus quæ est in semine, sit productiva intellectivi principii. Similiter etiam quia virtus quæ est in semine agit in virtute animæ generantis, secundum quod anima generantis est actus corporis, utens ipso corpore in sua operatione. In operatione autem intellectus non communicat corpus. Unde virtus intellectivi principii, prout intellectivum est, non potest ad semen pervenire. Et ideo philosophus, in libro de Generat. Animal., dicit, relinquitur intellectus solus de foris advenire. Similiter etiam anima intellectiva, cum habeat operationem sine corpore, est subsistens, ut supra habitum est, et ita sibi debetur esse et fieri. Et cum sit immaterialis substantia, non potest causari per generationem, sed solum per creationem a Deo. Ponere ergo animam intellectivam a generante causari, nihil est aliud quam ponere eam non subsistentem; et per consequens corrumpi eam cum corpore. Et ideo hære-

es imposible que la virtud seminal sea causa del principio intelectivo. Igualmente, la virtud seminal obra por virtud del alma del que engendra, en cuanto que el alma del que engendra es forma de su cuerpo, del que se sirve para obrar. Pero en las operaciones del entendimiento no participa el cuerpo. Por lo tanto, la virtud del principio intelectivo, en cuanto tal, no puede comunicarse al semen. Por eso, el Filósofo, en el libro De Generat. Animal., dice: Sólo el entendimiento proviene de fuera. Igualmente, el alma intelectiva tiene operaciones vitales incorpóreas, y es subsistente, como ya dijimos (q. 75, a. 2). Consecuentemente, le compete por sí misma el ser y el hacerse. Por ser sustancia inmaterial, no puede ser producida por generación, sino sólo por creación divina. Por lo tanto, decir que el alma intelectiva es producida por el que engendra, equivale a negar su subsistencia y a admitir que se corrompe con el cuerpo. Por eso

3.4. ORIGEN DEL ALMA

ticum est dicere quod anima intellectiva traducatur cum semine".⁹⁹	es herético decir que el alma intelectiva se propaga por generación".

Magisterio

La Iglesia ha proclamado esta verdad de fe en varios momentos:

- "Humani Generis" (Pio XII, a. 1950), el creacionismo es de fe:

    "Quamobrem Ecclesiæ Magisterium non prohibet..., quominus 'evolutionismi' doctrina, quatenus nempe de humani corporis origine inquirit ex iam exsistente ac vivente materia oriundi —animas enim a Deo immediate creari catholica fides nos retinere iubet—..."¹⁰⁰

---

⁹⁹Santo Tomás de Aquino: *Summ. Theol.*, Iª, q. 118, a. 2, co. Cfr. *Sent.*, Lib. II, dist. XVIII, q. 2, a. 1; *Contra Gent.*, Lib. II, caps. 86, 88, 89; *De Pot.*, q. 3, a. 9; *Quodl.*, XI, q. 5, a. unic. ad 1 y 4; XII, q. 7, a. 2; *Compend. Theol.*, cap. 93.

¹⁰⁰"Por eso el Magisterio de la Iglesia no prohibe..., la doctrina del 'evolucionismo', en cuanto busca el origen del cuerpo humano en una materia viva y preexistente —pues las almas nos manda la fe católica sostener que son creadas inmediatamente por Dios—..." (*D. S.*, 3896). En esta misma línea creacionista pueden ser considerados las declaraciones de algunos de los concilios que se citan más adelante, como el Lateranense V, cuando afirma que las almas se multiplican "cuando son infundidas" en los cuerpos, lo que se corresponde más adecuadamente con la tesis creacionista, aunque no se diga expresamente (*D. S.*, 1440–1441). Es el mismo caso que el de Alejandro VII que supone que el alma de la Virgen María "fue creada e infundida en su cuerpo" preservada del pecado original (*D. S.*, 2015. 1207). En el Concilio Vaticano I se había preparado un documento, *Schema Reformatum Constitutionis Dogmaticæ de Doctrina Catholica*, en cuyo c. 2, n. 3 se decía que "...todos los que habitan en la tierra descienden de él (Adán) por generación natural, naciendo la carne de la carne y siendo el alma, creada nuevamente por Dios, infundida en cada individuo".

166   CAPÍTULO 3. LA NATURALEZA DEL SER HUMANO

- Concilio Lateranense V (a. 1513), contra el averroísmo y su aceptación de la preexistencia de las almas:

  "...contra huiusmodi pestem opportuna remedia adhibere cupientes, hoc sacro approbante Concilio damnamus et reprobamus omnes asserentes animam intellectivam mortalem esse, aut unicam in cunctis hominibus, et hæc in dubium vertentes, cum illa non solum vere per se et essentialiter humani corporis forma exsistat, sicut in canone felicis recordationis Clementis papæ V prædecessoris Nostri in (generali) Viennensi Concilio edito continetur[101], verum et immortalis, et pro corporum quibus infunditur multitudine singulariter multiplicabilis, et multiplicata, et multiplicanda sit..."[102]

- Vaticano I (a. 1869–1870), contra el emanatismo

  "Si quis dixerit, res finitas tum corporeas tum spirituales aut saltem spirituales e divina substantia emanasse, aut divinam essentiam sui manifestatione vel evolutione fieri omnia, aut denique Deum esse ens universale seu indefinitum, quod sese determinando

---

[101] D. S., 902.

[102] "...contra semejante peste, con aprobación de este sagrado Concilio, condenamos y reprobamos a todos los que afirman que el alma intelectiva es mortal o única en todos los hombres, y a los que estas cosas pongan en duda, pues ella no sólo es verdaderamente por sí y esencialmente la forma del cuerpo humano como se contiene en el canon del Papa Clemente V, de feliz recordación, predecesor nuestro, promulgado en el Concilio (general) de Vienne [n. 481] -, sino también inmortal y ademá es multiplicable, se halla multiplicada y tiene que multiplicarse..." (D. S., 1440).

3.4. ORIGEN DEL ALMA

constituat rerum universitatem in genera, species et individua distinctam: an. s."[103]

- Leon IX (a. 1053), contra el emanatismo:

    "Animam non esse partem Dei, sed ex nihilo creatam, et absque baptismate originali peccato obnoxiam, credo et prædico".[104]

- León XIII (a. 1887), contra Rosmini (multiplicación del alma humana por generación) con la condena de las siguientes proposiciones:

    "Non repugnat, ut anima humana generatione multiplicetur, ita ut concipiatur, eam ab imperfecto, nempe a gradu sensitivo, ad perfectum, nempe ad gradum intellectivum, procedere".

    "Cum sensitivo principio intuibile fit esse, hoc solo tactu, hac sui unione, principium illud antea solum sentiens, nunc simul intelligens, ad nobiliorem statum evehitur, naturam mutat, ac fit intelligens, subsistens atque immortale".[105]

---

[103]"Si alguno dijere que las cosas finitas, ora corpóreas, ora espirituales, o por lo menos las espirituales, han emanado de la sustancia divina, o que la divina esencia por manifestación o evolución de sí, se hace todas las cosas, o, finalmente, que Dios es el ente universal o indefinido que, determinándose a sí mismo, constituye la universalidad de las cosas, distinguida en géneros, especies e individuos, sea anatema" (D. S., 3024).

[104]"Creo y predico que el alma no es parte de Dios, sino que fue creada de la nada y que sin el bautismo está sujeta al pecado original" (D. S., 685).

[105]"No repugna que el alma humana se multiplique por la generación, de modo que se concibe que pase de lo imperfecto, es decir, del grado sensitivo, a lo perfecto, es decir, al grado intelectivo".

- Benedicto XII (a. 1341), contra los armenios (traducionismo espiritual):

    "Item quod quidam magister Armenorum vocatus Mechit(a)riz, qui interpretatur paraclitus, de novo introduxit et docuit, quod anima humana filii propagatur ab anima patris sui, sicut corpus a corpore, et angelus etiam unus ab alio, quia cum anima humana rationalis exsistens, et angelus exsistens intellectualis naturæ, sint quædam lumina spiritualia, ex se ipsis propagant alia lumina spiritualia..."[106]

Biblia

- Ge 2:7. La creación de animales y plantas se realiza con un único acto de creación, pero para el hombre hay dos actos de creación (el cuerpo, hecho del polvo de la tierra; el espíritu, insuflado por Dios sólo y no por elemento alguno de la tierra, como un "aliento de vida").

- Ecles 12:7. Se dice que el hombre al morir, el polvo volverá a la tierra, y el espíritu a Dios que fue el que se lo dio.

"Cuando el ser se hace intuíble al principio sensitivo, por este solo contacto, por esta unión de sí, aquel principio antes sólo sintiente, ahora juntamente inteligente, se levanta a más noble estado, cambia su naturaleza y se convierte en inteligente, subsistente e inmortal" (*D. S.*, 3220–3221).

[106]"Igualmente, lo que de nuevo introdujo y enseñó cierto maestro de los armenios, llamado Mequitriz, que se interpreta paráclito, que el alma humana del hijo se propaga del alma de su padre, como un cuerpo de otro, y un ángel también de otro; porque como el alma humana, que es racional, y el ángel, que es de naturaleza intelectual, son una especie de luces espirituales, de sí mismos propagan otras luces espirituales" (*D. S.*, 1007).

3.4. ORIGEN DEL ALMA

- Indirectamente, como consecuencia de la espiritualidad e inmortalidad del alma.

Tradición de los Santos Padres

La tradición de los Santos Padres rechazó de un modo general como inaceptables tanto el emanatismo y el panteísmo, como el traducionismo materialista. Con relación al llamado traducionismo espiritual, como ya se ha explicado, los Santos Padres lo rechazaron antes de la crisis pelagiana.[107] Pero después de San Agustín, algunos aceptaron como hipótesis esta posición como el único modo de explicar la transmisión del pecado original y teniendo en cuenta que la creación individual de cada alma humana todavía no había sido explícitamente sostenida por el Magisterio. Otros sostuvieron directamente la doctrina creacionista, sobre todo entre los orientales.

Defensores del creacionismo de las almas humanas fueron, entre otros, Lactancio,[108] Teodoreto,[109] San Jerónimo,[110] Prudencio[111] o San Hilario.[112]

Razón teológica

Hay dos grandes razones para sostener el creacionismo: por un lado, el hecho de que la Revelación claramente establece que el alma es distinta de Dios, por lo que no puede aceptarse el emanatismo o el panteísmo; por otro lado, es una substancia espiritual, por lo que

---

[107]Con las excepciones de los escritores eclesiásticos Tertuliano, en Occidente, y Apolinar en Oriente.

[108]Lactancio: *De Opificio Dei* (*P. L.*, 7, 73).

[109]Teodoreto: *Græcarum Affectione Curatio*, 120 (*P. G.*, 83, 921).

[110]San Jerónimo: *Contra Ioannem Herosolymitanum*, 22 (*P. L.*, 23, 372).

[111]Prudencio: *Apoth.*, V. 915–918 (*P. L.*, 59, 994).

[112]San Hilario: *De Trinitate*, 10, 22 (*P. L.*, 10, 359).

no puede generarse ni de la materia, ni de otro espíritu que no tiene partes y es simple. Por eso, solo el creacionismo es la respuesta al origen del alma humana.

Santo Tomás desarrolla con amplitud el creacionismo de las almas a partir del carácter espiritual de la misma. En efecto, por un lado es imposible que la materia produzca un efecto inmaterial, y el alma humana transciende la materia pues tiene algunas operaciones en las que no participa en modo alguno el cuerpo. Además, el alma de los padres que mueve el principio seminal corporal generador, solo transmite por éste lo propio de la materia, y la virtud del principio intelectivo (el alma que no depende de la materia), en cuanto tal, no puede transmitirse al semen. Por otro lado, el alma humana es subsistente y le compete por sí misma el ser y el hacerse, lo que sería negado si el alma intelectiva fuera producida por los que engendran, por lo que, además, se corrompería con la muerte del cuerpo, lo que es herético.[113]

Además, el acto creador es propio de Dios, y como sabemos, no puede ser comunicado a una criatura, angel u hombre. Por tanto el acto creador de cada alma es de Dios y solo de Dios.[114]

En conclusión:

- El emanatismo no es aceptable porque supone división en Dios o, al menos, algún cambio, lo que es opuesto al Acto Puro de Ser.

---

[113]Cfr. el texto ya expuesto de Santo Tomás de Aquino: *Summ. Theol.*, Iª, q. 118, a. 2, co. Cfr. Iª, q. 90, a. 2; *In Sent.*, Lib. II, dist. XVIII, q. 2, a. 1; *Contr. Gentes*, Lib. II, caps. 86. 88. 89; *Compend. Theol.*, cap. 93; *De Pot.*, q. 3, a. 9; *Quodl.*, XII, q. 7, a. 2; q. XI, q. 5, a. unic., ad 1 y 4; *In Rom.*, cap. 5, lect.3.

[114]Para la enumeración de algunas objeciones clásicas y su solución, cfr. J. Sagües: *Sacræ...*, cit., págs. 325–326.

3.4. ORIGEN DEL ALMA

- El traducionismo materialista es imposible porque una realidad material no puede producir una espiritual, que es más perfecta y de distinta naturaleza.

- El traducionismo espiritual es imposible porque el alma de los padres al ser simple no tiene partes y no puede dividirse; si los padres transmitieran algo de sus almas, las darían por entero.

- Educianismo (más o menos la tesis de Rosmini) es imposible porque el alma es espiritual, sin materia, aunque está unida a la materia. Si los padres pudieran producir las almas de los niños desde la materia que transmiten, esas almas serían materiales y no espirituales.

J. Morales recuerda algunas puntualizaciones que la teología moderna realiza sobre el papel de los padres en la generación:[115]

- Que el alma proceda de Dios no significa que pueda hablarse de una especie de división de trabajo entre Dios y los padres: Aquél aporta el alma, éstos el cuerpo del hijo. Razón: la causalidad divina se sitúa en un plano diferente del humano. Dios es la causa trascendental y los padres una causa categorial o segunda.

- Por otro lado, nunca decimos que los padres sean solo padres del cuerpo del hijo. Ellos son los progenitores de todo el nuevo ser.

- Conclusión:
    - Las almas proceden directamente de Dios, pero no conocemos el modo de esa procedencia.

---

[115] J. Morales: *El Misterio...*, cit. p. 242. Cita a M. Schamus: *Teología Dogmática, II. Dios Creador*, Rialp, Madrid, 1955, pág. 244.

– Los padres deben ser considerados progenitores de todo el ser humano, aunque no derive de ellos el alma como deriva el cuerpo.

– La compaginación de las dos afirmaciones anteriores debe ser buscada por la teología.

Sin embargo, este tipo de razonamiento puede llevar a la confusión sobre el dogma de la creación inmediata del alma humana por Dios. El papel de los padres en la generación toda del hijo, puede quedar bien explicado haciendo referencia a que su intervención alcanza a los algunos aspectos psicológicos que están vinculados al cerebro (como órgano material) y no al alma humana.[116]

3.4.2 El alma humana es creada por Dios *cuando es infundida en el cuerpo*

Aceptado que el alma humana es creada inmediatamente por Dios, se plantea la pregunta del momento en que esto ocurre. Hay, fundamentalmente, dos interrogantes: en primer lugar, si el alma es creada antes de la infusión en el cuerpo o en el mismo momento de tal infusión; y, en segundo lugar, en qué momento de la gestación del nuevo ser humano es infundida el alma, si en el momento de la concepción o en un tiempo posterior.

Explicaciones posibles

Hay tres grandes explicaciones posibles sobre el momento de la creación del alma, de las cuales solo la tercera es la verdadera:

---

[116]Para profundizar en el estudio del papel de los padres en la generación de los hijos, su extensión, alcance y límites, tanto en la teología y filosofía clásicas, como en los alcances de la biología moderna, cfr. J. Valbuena: *Introducciones...*, cit., págs. 1039–1044.

3.4. ORIGEN DEL ALMA

1. Pre–existencialismo: las almas existen antes de la conexión con los cuerpos. Tesis inaugurada con Platón, seguida por Orígenes, Dídimo de Alejandría, Evagrio Póntico, y por los priscilianistas. Hay dos tipos:

    - Radical: las almas humanas existen desde el principio de la creación, y como han pecado están esperando a informar cuerpos (Orígenes).[117]
    - Moderado: las almas humanas existen desde el principio de la creación, pero no han pecado, sino que están destinadas a informar cuerpos. Dos tipos a su vez:
        – Las almas fueron creadas sin ninguna relación al cuerpo.
        – Las almas fueron creadas en el número exacto correspondiente a los cuerpos que iban a informar.

2. Metempsícosis (hinduismo y algunos pensadores modernos): Doctrina religiosa y filosófica de varias escuelas orientales, y renovada por otras de Occidente, según la cual transmigran las almas después de la muerte a otros cuerpos más o menos perfectos, conforme a los merecimientos alcanzados en la existencia anterior.

    Esta posición tiene una larga y antigua data en la Historia, que coincidiendo en lo esencial, marcan también particularidades de detalle en cada movimiento o autor:

    - En Occidente se pueden señalar:

---

[117]Orígenes: *De Princ.*, 1, 7, 4; 2, 8, 3ss, (*P. G.*, 11, 173ss y 222–224). Cfr. B. Bardy: *Origène*, en DTC, XI, 1531ss. Algunos sostienen que Orígenes solo lo aceptó de un modo dudoso y como hipótesis. Cfr. Bainvel: *Ame*, en DTC, I, 996; y Michel: *Traducianisme...*, cit., col. 1532.

- Orfismo griego y los misterios órficos: metempsícosis purificadora para la unión con Dios.
- Pitágoras: metempsícosis purificadora para volver a Dios.
- Platón (*Fedón* y *La República*): mito de Er, que vuelve de la muerte por permiso de Dios.[118]
- Gnosticismo.
- Maniqueísmo.
- Renacimiento platónico del s. XV.[119]
- El movimiento platónico de Cambridge del s. XVII.[120]
- Pensadores de la Universidad de Padua del s. XVI y XVII.[121]
- Algunos filósofos sociales del s. XIX.[122]
- Espiritismo.
- Teosofía, Rosacruces, Logosofía, etc.: aceptan únicamente la reencarnación, es decir, la transmigración de las almas que solo ocurre en cuerpos humanos, y no en el de otros seres.

- En Asia: la metempsícosis es aceptada muy generalmente en las culturas de esta región del mundo, con matices di-

---

[118]La historia comienza cuando Er muere en batalla. Cuando los cuerpos de aquéllos que han muerto en la batalla son recogidos, diez días después de su muerte, el cuerpo de Er permanece sin descomponer. Dos días más tarde, revive cuando estaba en la pira funeraria. Habla entonces de su viaje al más allá, da cuenta de la reencarnación y de las esferas celestes del plano astral. El mito de Platón introduce la idea de que las personas morales son recompensados y las inmorales son castigadas después de su muerte.

[119]Por ejemplo, Marcilio Ficino.

[120]Vgr. Henry More; John Smith.

[121]Por ejemplo, Giordano Bruno y Campanella.

[122]Como es el caso de Fournier o de J. Reynaud.

versos, desde el que se considera castigo por faltas hasta el modo de conseguir una purificación más perfecta.

- Hinduismo y brahmanismo: sostienen esta doctrina como fundamental, consecuencia de su pensamiento sobre el "karma" (la reencarnación es castigo o premio de las obras hechas en esta vida que afectan automáticamente al "karma" de cada individuo).
- Budismo: acepta la metempsícosis, aunque se podría liberar de la misma mediante la meditación y otras técnicas del yoga.
- Confucionismo: aunque es una filosofía y no una religión, sin embargo cuando el budismo introdujo la cosmología de la reencarnación, ésta fue adoptada con entusiasmo en el sistema confucionano.
- Taoísmo: Según el taoísmo, el "tao" es un principio supremo que impregna todo el universo, y por tanto su naturaleza es inmortal y eterna. La reencarnación existe ya que nada muere al estar todo lo vivo fluyendo con el "tao". El taoísta no busca acabar con la reencarnación directamente, sino que sigue el camino del "tao" cuya culminación es volverse uno con el "tao", y por tanto, conseguir la inmortalidad.

3. Creación en el momento de la infusión dentro del cuerpo. Es la doctrina verdadera que se sustenta en base a la Revelación, el Magisterio y la razón natural.

Magisterio

Es doctrina de fe que el alma es creada por Dios en el momento de ser infundida en el cuerpo.[123]

A ella hacen referencia los siguientes concilios:

- Sínodo de Constantinopla contra los origenistas:

  "Can. 1. Si quis dicit aut sentit, præexsistere hominum animas, utpote quæ antea mentes fuerint et sanctæ virtutes, satietatemque cepisse divinæ contemplationis, et in deterius conversas esse, atque idcirco refrixisse a Dei caritate, et inde *psuchas* græce, id est, animas esse nuncupatas, demissasque esse in corpora supplicii causa: anathema sit".[124]

- Sínodo de Braga contra la posición priscilianista:

  "6. Si quis animas humanas dicit prius in cælesti habitatione peccasse et pro hoc in corpora humana in terra deiectas, sicut Priscillianus dixit, an. s".[125]

- Concilio Lateranense V contra el preexistencialismo moderado;

---

[123] J. Ibáñez y F. Mendoza: *Dios Creador...*, cit., pág. 199 así lo sostienen. cfr. un juicio más matizado en J. Sagüés: *Sacræ...*, cit., pág. 329.

[124] "Can. 1. Si alguno dice o siente que las almas de los hombres preexisten, como que antes fueron inteligentes y santas potencias; que se hartaron de la divina contemplación y se volvieron en peor y que por ello se enfriaron en el amor de Dios, de donde les viene el nombre de (frías), y que por castigo fueron arrojadas a los cuerpos, sea anatema" (*D. S.*, 403).

[125] "6. Si alguno dice que las almas humanas pecaron primero en la morada celestial y por esto fueron echadas a los cuerpos humanos en la tierra, como dijo Prisciliano, sea anatema" (*D. S.*, 456).

3.4. ORIGEN DEL ALMA

> "...hoc sacro approbante Concilio damnamus et reprobamus omnes asserentes animam intellectivam mortalem esse, aut unicam in cunctis hominibus, et hæc in dubium vertentes, cum illa non solum vere per se et essentialiter humani corporis forma exsistat, sicut in canone felicis recordationis Clementis papæ V prædecessoris Nostri in (generali) Viennensi Concilio edito continetur (*D. S.*, 902), verum et immortalis, et pro corporum quibus infunditur multitudine singulariter multiplicabilis, et multiplicata, et multiplicanda sit..."[126]

Biblia

La Biblia afirma el creacionismo: Ge 2:7, donde Dios infunde el alma a Adán en el momento de la creación del cuerpo. Y, por lo tanto, rechaza las doctrinas contrarias:

- Rechazo del pre–existencialismo radical:
    - Ro 5:12, el pecado entró por un hombre, y no desde el mundo de las almas.
    - Ro 9: 11–12, directamente excluye la caída precorporal por el pecado.

---

[126]"...con aprobación de este sagrado Concilio, condenamos y reprobamos a todos los que afirman que el alma intelectiva es mortal o única en todos los hombres, y a los que estas cosas pongan en duda, pues ella no sólo es verdaderamente por sí y esencialmente la forma del cuerpo humano como se contiene en el canon del Papa Clemente V, de feliz recordación, predecesor nuestro, promulgado en el Concilio (general) de Vienne [n. 902], sino también inmortal y además es multiplicable, se halla multiplicada y tiene que multiplicarse..." (*D. S.*, 1440).

CAPÍTULO 3. LA NATURALEZA DEL SER HUMANO

- Pre–existencialismo moderado: no hay base escriturística directa para excluirlo.

- Metempsicosis: Sí hay una base indirecta contra ella porque el juicio individual ocurre después de la muerte.

Tradición

Los Santos Padres rechazaron unánimemente toda forma de pre–existencialismo.[127] Sus afirmaciones son, en ocasiones, muy duras, pues tachan tal opinión como "absurda",[128] "herética" y "creencia estúpida",[129] "de locos",[130] o "contraria al dogma de la fe".[131]

San Gregorio de Nisa es un buen ejemplo de la condena a todo pre–existencialismo:

> "Quæstio erat, an præesixtiterint animæ corporibus, quando et quomodo fiant...Si enim detur animam ante corpus in propria quadam condicione vivere, prosus necesse est existimemus valere absurdas illas sententias eorum, qui propter peccatum animas inhabitare faciunt corporibus... Restar igitur unum et idem animæ et corporis initium subsistentiæ putare".[132]

---

[127]Como afirma J. Sagües (*Sacræ*..., cit., pág. 330), con más razón lo hacen los que afirmaron el traducianismo espiritual.

[128]Cfr. San Gregorio Nacianceno: *Orationes*, 37, 15 (*P. G.*, 36, 300).

[129]Cfr. San Jerónimo: *Apol. Adv. Lib. Rufini*, I, 22 (*P. L.*, 23, 416).

[130]Cfr. San Juan Damasceno: *De Fide Orthod.*, 2, 14 (*P. G.*, 94, 922).

[131]Cfr. San Cirilo de Alejandría: *In Io.*, 1, 1, cap. 9 (*P. G.*, 73, 134ss.).

[132]San Gregorio de Nisa: *De Anima et Resurrectione*, 263 (*P. G.*, 46, 125). Cfr. *De Opif. Hom.*, 29 (*P. G.*, 44, 324). E. Stephanou: *Le Coéxistence Initiale du Corps et de l'Âme d'après Saint Grégoire de Nysse et Saint Maxime l'Homologète*, en "Echos d'Orient" 21 (1932) 304–315.

3.4. ORIGEN DEL ALMA

Razón teológica

La pre-existencia de las almas se opone radicalmente a lo que es el alma en el compuesto humano:

- El alma es la forma sustancial del cuerpo. Iría contra la naturaleza de las cosas que el alma preexistiera al cuerpo.

- Desde un punto de vista moral, las almas pre-existentes tendrían que, o no hacer nada, o actuar bien o mal. Si no hacen nada, ¿para qué existen? Si actuaron mal, entonces la tesis condenada de Orígenes sería verdad. Si actúan bien las almas tendrían antes de la unión con el cuerpo algunos méritos que perderían con la posterior unión.[133]

- No hay base factual o fenomenológica para el pre-existencialismo.

La metempsicosis se opone toda la teología católica sobre el hombre y sobre el más allá. En efecto:

- Se opone al "mox post mortem" de los bienaventurados y condenados, definido por la Bula "Benedictus Deus", II Concilio de Lyón[134] y el Concilio de Florencia:[135]

  "...Mox post mortem suam et purgationem præfatam in illis, qui purgatione huius modi indigebant, etiam ante resumptionem suorum corporum et iudicium generale post ascensionem Salvatoris Domini nostri Iesu Christi in cælum, fuerunt, sunt et erunt in

---

[133]Cfr. la crítica en este sentido de San Agustín, en *De Anima et Eius Origine*, l. 3, c. 7 (*P. L.*, 44, 515ss).

[134]*D. S.*, 854–859.

[135]*D. S.*, 1304–1306.

cælo, cælorum regno et paradiso cælesti cum Christo, sanctorum Angelorum consortio congregatæ, ac post Domini Iesu Christi passionem et mortem viderunt et vident divinam essentiam visione intuitiva et etiam faciali..."[136]

- Es contraria también a la doctrina del alma como forma sustancial del cuerpo, definida en el Concilio de Vienne contra Olivi,[137] el Lateranense V contra los neo–Aristotélicos[138] y Pio IX contra Günther.[139]

- No se adecúa a la doctrina de la unidad psico–somática del ser humano, donde el cuerpo es componente esencial del ser humano.

- No respeta la doctrina de la resurrección de los cuerpos.

- Rechaza la doctrina del juicio particular y la del mérito por las obras realizadas en esta vida.[140]

- No sigue el rechazo de la Iglesia a las teorías teosóficas.[141]

---

[136]"...Inmediatamente después de su muerte o de la dicha purgación los que necesitaron de ella, aun antes de la reasunción de sus cuerpos y del juicio universal, después de la ascensión del Salvador Señor nuestro Jesucristo al Cielo, estuvieron, están y estarán en el Cielo, en el reino de los Cielos y paraíso celeste con Cristo, agregadas a la compañía de los santos Angeles, y después de la muerte y pasión de nuestro Señor Jesucristo vieron y ven la divina esencia con visión intuitiva y también cara a cara..." (D. S. 1000).

[137] D. S. 902.

[138] D. S., 1440.

[139] D. S., 2828.

[140] Heb 9:27, los muertos mueren solo una vez; Lc 23:43 el buen ladrón.

[141] D. S. 3648.

3.4. ORIGEN DEL ALMA

Momento preciso de la creación e infusión de las almas

Es doctrina clásica que el momento preciso de la creación e infusión del alma en el cuerpo humano es, con toda seguridad, antes del nacimiento. Así Inociencio XI condena la siguiente proposición:

> "Videtur probabile, omnem foetum (quamdiu in utero est) carere anima rationali et tunc primum incipere eandem habere, cum paritur: ac consequenter dicendum erit, in nullo abortu homicidium committi".[142]

Conviene recordar que no es aceptable el punto de vista aristotélico-tomista sobre las tres diferentes formas de vida en el embrión humano. Cada una sigue a la anterior de tal modo que las formas diferentes de vida siguen una a la otra en el tiempo; por tanto la forma siguiente recibe la función de la precedente, a saber, la vegetativa, la sensitiva y finalmente (después de 40 a 80 días) la espiritual. Consideran el "foetus informis" como una esencia puramente animal, y el "foetus formatus" como un ser humano, la destrucción del cual es un asesinato. En efecto:

"Ad secundum dicendum quod aliqui dixerunt quod operationes vitæ quæ apparent in embryone, non sunt ab anima eius, sed ab anima matris; vel a virtute formativa quæ est in semine. Quorum utrumque falsum est, opera enim vitæ non possunt esse a principio extrinseco, sicut sentire, nutriri et augeri. Et ideo dicendum est quod anima præexistit in embryone a principio quidem nutritiva, postmodum autem sensitiva, et tandem intellectiva. Dicunt ergo quidam quod supra animam vegetabilem quæ primo inerat, supervenit alia anima, quæ

"A la segunda hay que decir: Algunos afirmaron que las operaciones vitales del embrión no proceden del alma del mismo embrión, sino del alma de la madre o de la virtud formativa que hay en el semen. Ninguna de estas dos explicaciones es admisible, porque las operaciones vitales, como sentir, nutrirse y desarrollarse no pueden proceder de un principio extrínseco. Por lo tanto, hay que admitir que el alma preexiste en el embrión, primero como nutritiva; después, como sensitiva, y, por último, como intelectiva. Otros dicen que sobre el alma vegetativa que es la primera en existir, viene otra alma, la sensitiva, y sobre ésta

---

[142]"Parece probable que todo feto carece de alma racional, mientras está en el útero, y que sólo empieza a tenerla cuando se le pare; y consiguientemente habrá que decir que en ningún aborto se comete homicidio" (*D. S.*, 2135).

est sensitiva; et supra illam iterum alia, quæ est intellectiva. Et sic sunt in homine tres animæ, quarum una est in potentia ad aliam. Quod supra improbatum est. Et ideo alii dicunt quod illa eadem anima quæ primo fuit vegetativa tantum, postmodum, per actionem virtutis quæ est in semine, perducitur ad hoc quod fiat etiam sensitiva; et tandem perducitur ad hoc ut ipsa eadem fiat intellectiva, non quidem per virtutem activam seminis, sed per virtutem superioris agentis, scilicet Dei deforis illustrantis. Et propter hoc dicit philosophus quod intellectus venit ab extrinseco. Sed hoc stare non potest. Primo quidem, quia nulla forma substantialis recipit magis et minus; sed superadditio maioris perfectionis facit aliam speciem, sicut additio unitatis facit aliam speciem in numeris. Non est autem possibile ut una et eadem forma numero sit diversarum specierum. Secundo, quia sequeretur quod generatio animalis esset motus continuus, paulatim procedens de imperfecto ad perfectum; sicut accidit in alteratione. Tertio, quia sequeretur quod generatio hominis aut animalis non sit generatio simpliciter, quia subiectum eius esset ens actu. Si enim a principio in materia prolis est anima vegetabilis, et postmodum usque ad perfectum paulatim perducitur; erit semper additio perfectionis sequentis sine corruptione perfectionis præcedentis.

otra, la intelectiva. De tal modo que hay en el hombre tres almas, de las cuales una es potencia de la otra. Esto lo rechazamos ya (q. 76, a. 3). Otros sostienen que la misma alma, que al principio es sólo vegetativa, después se convierte en sensitiva por la acción de una virtud que hay en el semen; y, por último, esta misma alma se convierte en intelectiva, no ya por virtud activa del semen, sino por la virtud de un agente superior, es decir, Dios, que la alumbra desde fuera. Esto es lo que quiso decir el Filósofo al afirmar que el entendimiento procede de un principio extrínseco. Pero tampoco esto puede admitirse. En primer lugar, porque ninguna forma sustancial es susceptible de más y menos, sino que añadirles perfección es hacerlas cambiar de especie, como hace otra especie en los números el simple añadido de la unidad. Además, no es posible que una forma numéricamente idéntica pertenezca a diversas especies. En segundo lugar, porque se seguiría que la generación del animal sería un movimiento continuo, pasando gradualmente de lo imperfecto a lo perfecto, como ocurre en la alteración. En tercer lugar, porque se tendría que la generación del hombre o del animal no sería generación en sentido estricto, puesto que el sujeto de la generación ya se daría en acto antes de la generación misma. Efectivamente, si en la materia de la prole desde el principio hay alma vegetativa que gradualmente va llegando hasta la perfección, siempre habrá adición de perfección subsiguiente sin corrupción de la perfección precedente. Esto va contra la natu-

3.4. ORIGEN DEL ALMA

Quod est contra rationem generationis simpliciter. Quarto, quia aut id quod causatur ex actione Dei, est aliquid subsistens, et ita oportet quod sit aliud per essentiam a forma præexistente, quæ non erat subsistens; et sic redibit opinio ponentium plures animas in corpore. Aut non est aliquid subsistens, sed quædam perfectio animæ præexistentis, et sic ex necessitate sequitur quod anima intellectiva corrumpatur, corrupto corpore; quod est impossibile. Est autem et alius modus dicendi, secundum eos qui ponunt unum intellectum in omnibus. Quod supra improbatum est. Et ideo dicendum est quod, cum generatio unius semper sit corruptio alterius, necesse est dicere quod tam in homine quam in animalibus aliis, quando perfectior forma advenit, fit corruptio prioris, ita tamen quod sequens forma habet quidquid habebat prima, et adhuc amplius. Et sic per multas generationes et corruptiones pervenitur ad ultimam formam substantialem, tam in homine quam in aliis animalibus. Et hoc ad sensum apparet in animalibus ex putrefactione generatis. Sic igitur dicendum est quod anima intellectiva creatur a Deo in fine generationis humanæ, quæ simul est et sensitiva et nutritiva, corruptis formis præexistentibus".[143]

raleza de la generación en sentido propio. En cuarto lugar, porque lo que es causado por la acción de Dios, o es algo subsistente, en cuyo caso será esencialmente distinto de la forma preexistente, que no era subsistente, y así se vuelve a la opinión de los que ponían varias almas en el cuerpo; o no es algo subsistente, sino alguna perfección del alma preexistente, y de esto, por necesidad, se sigue que el alma intelectiva se corrompa al corromperse el cuerpo, lo cual es imposible. Hay otro modo más de hablar sobre esta cuestión, que es el de aquellos que proponen un único entendimiento para todos los hombres. Esto fue ya rechazado (q. 76, a. 2). Por lo tanto, hay que decir: La generación de un ser implica siempre corrupción de otro, y, por eso, tanto en los hombres como en los otros animales, al llegar una forma superior se corrompe la precedente, pero de tal manera que en la forma siguiente queda todo lo que había en la anterior más lo que ella trae de nuevo. De este modo, mediante diversas generaciones y corrupciones se llega a la última forma sustancial tanto en el hombre como en los otros animales. Esto resulta evidente en los animales engendrados a partir de la descomposición. Por lo tanto, hay que decir que el alma intelectiva es creada por Dios al completarse la generación humana, y que esta alma es, a un mismo tiempo, sensitiva y vegetativa, corrompiéndose las formas que le preceden".

---

[143]Santo Tomás de Aquino: *Summ. Theol.*, Iª, q. 118, a. 2, ad 2.

CAPÍTULO 3. LA NATURALEZA DEL SER HUMANO

Es importante insistir que, aunque la opinión de Santo Tomás fue seguida por muchos durante siglos,[144] hoy no puede ser sostenida en absoluto, pues ha quedado completamente rechazada por el Magisterio, quien afirma la existencia de un nuevo ser humano, cuerpo y alma, desde el mismo momento de la concepción. Se pueden señalar las siguientes razones:

- La Iglesia ordena que todos los fetos vivos sean bautizados, con independencia de la edad.[145] Esto supone que el feto es un hombre verdadero, con cuerpo y alma "con independencia de la edad".[146]

- La posición aristotélica significaría que los padres engendrarían un hijo vegetativo que se transformaría más tarde en ser humano, lo que no se condice con las características de la verdadera generación.

- El modo de la Encarnación de Cristo también apoya la tesis, ya que asumió un cuerpo y un alma humanos desde su Concepción, que, por otro lado, no puede ser considerada una excepción a regla general para cualquier ser humano; excepción que se habría hecho "en virtud del infinito poder del agente" (quien le otorgaría un cuerpo dispuesto perfectamente a recibir el alma racional instantáneamente desde el principio y no gradualmente como sería el postulado general).[147] El Verbo quiso entrar en nuestra historia con todas las condiciones propias del ser humano (en este caso, una gestación de nueve meses, siendo humano desde el principio), salvo el pecado.[148]

- La Inmaculada concepción de la Virgen supone la existencia del alma desde la concepción.[149]

- Filosóficamente hay que aceptar el principio de que los entes no han de ser multiplicados sin necesidad. El embrión humano, desde su concepción es un

---

[144]Cfr. los datos de A. Chollet: *Animation*, en DTC, I, 1308–1310; R. Zavalloni: *La Métaphysique du Composé Humain dans la Pensée Scolastique Préthomiste*, en "Revue Philosophique de Louvain", Troisième série, Tome 48, N°17 (1950) 10–12.

[145]*Código de Derecho Canónico*, canon 871: "En la medida de lo posible se deben bautizar los fetos abortivos, si viven".

[146]Cfr. C. Pujol: *El Problema del Bautismo de los Fetos Abortivos Informes*, en "Revista Española de Derecho Canónico" 1/3 (1946) 697–720; 2/1 (1947) 53–75.

[147]Cfr. Santo Tomás de Aquino: *Summ. Theol.*, III^a, q. 33, a. 2, ad 3.

[148]Cfr. A. Breitung: *De Conceptione Christi Domini Inquisitio Physiologica–Theologica*, en "Gregorianum" 3 (1924) 351–368; 391–432.

[149]Cfr. la definición del dogma por Pio IX en *D. S.* 2803–2804.

3.4. ORIGEN DEL ALMA

ser vivo que tiene teleologicamente todo lo que necesita para su desarrollo. Por eso supone la existencia de una forma substancial específicamente diferente de la de cualquier otro ser. Pero la única forma específicamente humana es el alma racional, por lo que está presente en el embrión humano desde el mismo momento de su concepción.

- Biología moderna: el embrión se alimenta desde el principio con materiales orgánicos y no solo inorgánicos como hacen los vegetales. El embrión humano experimenta sensaciones. Además posee un ADN único y diferenciado de los padres, que contiene todas las características que se desarrollarán posteriormente.

El *Catecismo de la Iglesia Católica* recuerda esta enseñanza de la Iglesia:

"2270. La vida humana debe ser respetada y protegida de manera absoluta desde el momento de la concepción. Desde el primer momento de su existencia, el ser humano debe ver reconocidos sus derechos de persona, entre los cuales está el derecho inviolable de todo ser inocente a la vida.[150]

Antes de haberte formado yo en el seno materno, te conocía, y antes que nacieses te tenía consagrado (Jer 1:5; Jb 10: 8–12; Sal 22: 10–11).

Y mis huesos no se te ocultaban, cuando era yo hecho en lo secreto, tejido en las honduras de la tierra (Sal 139, 15)".

"2271. Desde el siglo primero, la Iglesia ha afirmado la malicia moral de todo aborto provocado. Esta enseñanza no ha cambiado; permanece invariable. El aborto directo, es decir, querido como un fin o como un medio, es gravemente contrario a la ley moral.

No matarás el embrión mediante el aborto, no darás muerte al recién nacido.[151]

'Dios, Señor de la vida, ha confiado a los hombres la excelsa misión de conservar la vida, misión que deben cumplir de modo digno del hombre. Por consiguiente, se ha de proteger la vida con el máximo cuidado desde la concepción; tanto el aborto como el infanticidio son crímenes abominables'[152]"[153]

---

[150] Cfr. CDF, instr. "Donum vitæ" 1, 1.
[151] Didajé, 2, 2; Bernabé, ep. 19, 5; Epístola a Diogneto 5, 5; Tertuliano, apol. 9.
[152] GS 51, 3.
[153] *Catecismo de la Iglesia Católica*, nn. 2270–2271.

Capítulo 4

El alma humana separada del Cuerpo

4.1 El alma humana no perece. Es inmortal

La inmortalidad del alma se sustenta en tres de sus cualidades: la inmaterialidad, la simplicidad y la racionalidad.

De la simplicidad del alma humana no solo se deriva su integridad y su ausencia de composición metafísica, sino que también su inmortalidad.

A la misma conclusión se llega al comprender que el alma humana es una substancia inmaterial y racional. Como dice É. Gilson:

> "Propiamente hablando la inmortalidad del alma no tiene que ser demostrada, por lo menos para el que conoce su naturaleza. Es una especie de evidencia *per se nota*, que se sigue de la definición del alma racional, como se sigue de la del todo que el todo es mayor que la parte. No obstante

no será inútil mostrar incluso lo que no tiene necesidad de ser demostrado".[1]

Conviene profundizar en esas tres cualidades del alma humana: la inmaterialidad, la simplicidad y la racionalidad.

* * *

A.- El alma humana es inmaterial o espiritual. Aunque el alma humana está destinada a informar el cuerpo humano por su propia naturaleza, en sí misma es inmaterial y no depende de la materia para existir.

1. No depende "intrínsecamente":

   - ni para llegar a ser una realidad, porque es creada directamente por Dios;
   - ni para existir, porque subsiste después de la muerte.

2. Pero sí depende "extrínsecamente", vgr. de los sentidos para conocer, recibiendo de los sentidos las sensaciones de las cuales abstrae.

3. Pero no es un espíritu puro (como Dios o los ángeles).

Este rasgo del alma aparece en la Biblia, y puede ser detectado porque recibe el nombre de "espíritu":

- 1 Cor 2:11, "Quis enim scit hominum, quæ sint hominis, nisi spiritus hominis, qui in ipso est?"
- Ro 8:16, "Ipse Spiritus testimonium reddit una cum spiritu nostro, quod sumus filii Dei".
- Ece 12:7; 1 Cor 13:12; 2 Cor 5: 6–8; Ro 1:20; Ga 5:17, Etc.

Muchos Santos Padres hablaron de la espiritualidad del alma humana, utilizando términos diferentes: "incorporal", "inmaterial", "incorpórea", etc.[2]

---

[1] É. Gilson: *El Tomismo...*, cit., pág. 248.

[2] J. Ibáñez y F. Mendoza: *Dios Creador...*, cit., pág. 232, mencionan a San Ireneo (*P. G.*, 7, 1139); San Gregorio de Nisa (*P. G.*, 44, 176); San Agustín (*P. L.*, 33, 721).

4.1. EL ALMA HUMANA NO PERECE. ES INMORTAL

Algunos Padres y Escritores eclesiásticos reservaron el término *espíritu* solo para Dios, y otorgaron a los ángeles y a las almas una cierta materialidad (cfr. Tertuliano). Pero la descripción que hicieron del alma humana tiene todas las características de una sustancia espiritual.

Esta afirmación es dogma de fe:[3]

- Tomus Leonis, de Leon I al Obispo Flaviano:

    "...Fecunditatem virgini Sanctus Spiritus dedit, veritas autem corporis sumpta de corpore est, et 'ædificante sibi Sapientia domum' (Prov 9:1) 'Verbum caro factum est, et habitavit in nobis' (Io 1:14), hoc est, in ea carne, quam sumpsit ex homine, et quam spiritus vitæ rationalis animavit".[4]

- IV Concilio lateranense:

    "...Unus solus est verus Deus...qui sua omnipotenti virtute simul ab initio temporis utramque de nihilo condidit creaturam, spiritualem et corporalem, angelicam videlicet et mundanam: ac deinde humanam, quasi communem ex spiritu et corpore constitutam".[5]

- Vaticano I, que reproduce la declaración del IV Concilio de Letrán.[6]

- Credo del Pueblo de Dios:

    "Creemos en un solo Dios, Padre, Hijo y Espíritu Santo, Creador de las cosas visibles —como es este mundo en que pasamos

---

[3]J. Ibáñez y F. Mendoza: *Dios Creador...*, cit., pág. 230, califican la tesis "el alma de cada hombre es espiritual" como de fe divina y católica definida, y su censura como herejía. Cfr. J. Sagües: *Sacræ...*, cit., pág. 278.

[4]"...El Espíritu Santo dio la fecundidad a la virgen, la verdad del cuerpo fue en cambio tomada del cuerpo, y 'edificándose la Sabiduría una casa' (Prov 9:2) 'el Verbo se hizo carne y habitó entre nosotros' (Jn 1:14), es decir, en aquella carne que tomó del hombre y que el espíritu de la vida racional animó" (*D. S.*, 292).

[5]"...Un único y verdadero Dios... que por su omnipotente virtud a la vez desde el principio del tiempo creó de la nada a una y otra criatura, la espiritual y la corporal, es decir, la angélica y la mundana, y después la humana, como común, compuesta de espíritu y de cuerpo" (*D. S.*, 800).

[6]*D. S.* 3002.

nuestra breve vida— y de las cosas invisibles —como son los espíritus puros, que llamamos también ángeles— y también Creador, en cada hombre, del alma espiritual e inmortal".[7]

Las afirmaciones nos muestran el rechazo de las concepciones materialistas, que sostienen que todo lo que existe es material, o tiene su origen en la materia, y las agnósticas, para las cuales la espiritualidad o no se puede conocer, al menos, que no se puede probar.

La espiritualidad del alma humana es exigida por tres tipos de razones.

1. Naturalmente, por:

- La existencia de operaciones puramente espirituales (entendimiento, voluntad), con la salvedad hecha anteriormente. Y el obrar sigue al ser: las operaciones espirituales surgen de un ser espiritual.[8] Como dice É. Gilson:

    "El alma, forma de una materia organizada, es inmaterial e incorpórea, como lo es, además, la más humilde de las formas... El alma humana... no ejerce únicamente las operaciones fisiológicas de todo viviente, ejerce también operaciones cognoscitivas. Especialmente, conoce la existencia y las propiedades de los cuerpos. Para poder conocer algo, es preciso no serlo uno mismo y, concretamente, para poder conocer cierto género de entes, es preciso no ser uno mismo una de las especies de entes contenidas en este género... El conocimiento humano es, pues, la operación de una forma que, en tanto que apta para la intelección de los cuerpos, es esencialmente extraña a toda corporeidad. Puesto que ejerce operaciones en las que el cuerpo no tiene parte, el alma humana es una forma en la que el cuerpo no tiene parte... El alma humana es, pues, una sustancia inmaterial, lo que había que demostrar".[9]

---

[7]Pablo VI: *Credo del Pueblo de Dios*, n. 8. Cf. Enc. *Humani generis*: AAS 42 (1950) 575; Con. Lateran. V (*D. S.*, 1440–1441).

[8]Cfr. Dondeyne: *Spiritualitas Ratione Demonstratur*, en "Collationes Brugenses" 31 (1931) 366–372; J. M. Rodríguez: *El más Antiguo y Discutido Argumento para Probar la Incorporeidad del Alma Humana*, Santander, Caldas de Besaya, 1952.

[9]É. Gilson: *El Tomismo...*, cit., pág 248. Cfr. Santo Tomás de Aquino: *De Anima*, II, lect 1; *Summ. Theol.*, I, q. 75, a. 1; *Contra Gent.*, Lib. II, c. 65.

4.1. EL ALMA HUMANA NO PERECE. ES INMORTAL

- La experiencia de nuestra libertad: hacemos lo que queremos incluso cuando vemos que va contra lo que es mejor. La materia no puede elegir, sino que siempre sigue su inclinación natural y su impulso.[10]
- La inmortalidad natural del alma, ya que por su propia naturaleza, el alma vive después de la muerte del hombre, por lo que es intrínsecamente independiente del cuerpo en su ser..., y también en sus operaciones, ya que en el estado de separada del cuerpo, el alma es capaz de seguir actuando sus potencias.[11]

2. sobrenaturalmente, por las siguientes realidades que presuponen la espiritualidad del alma:

- Visión beatífica.
- Gracia santificante.
- Virtudes infusas.
- Dones del Espíritu Santo.
- Mérito del ser humano.

* * *

B.– *El alma es simple (no tiene partes).* Lo cual se entiende de un doble modo:

1. Es íntegra: no tiene partes esenciales diferentes, como los seres que tienen el accidente cantidad–materia (es decir extensión).
2. Es simple metafísicamente hablando: no tiene composición metafísica de materia y forma, sino que es mera forma.

- Razón: los seres no han de multiplicarse sin necesidad.
- Siguieron una opinión contraria, algunos teólogos de la escuela franciscana (Buenaventura)[12], quienes distinguieron en el alma algo determinable a modo de materia y algo determinante, a modo de forma, con lo que afirmaban una composición física substancial.

---

[10]Cfr. A. Millán Puelles: *El Valor de la Libertad*, Madrid, Rialp, 1995; J. A. Widow: *La Libertad y sus Servidumbres*, Santiago de Chile, RIL editores, 2014.

[11]Sobre este extremo, cfr. *infra.*

[12]San Buenaventura: *In 2*, d. 3, p. 1, q. 1ss.; Alejandro de Hales: *Summa*, p. 2, q. 20. Cfr. J. Sagües: *Sacræ...*, cit., pág. 279.

Sí se podría afirmar una composición física accidental tanto en el orden natural (vgr. esencia, potencia y operación) y en el orden sobrenatural (sustancia del alma y los dones sobrenaturales que le pueden sobrevenir).

* * *

C.- El alma humana es racional, es decir, es una sustancia racional, intelectual.

Que el alma humana es racional, aparece en la Revelación de un modo implícito, al describir las actividades humanas. La Biblia no aporta una definición técnica ni filosófica del hombre.

El Magisterio ha declarado esta verdad como de fe.[13] En efecto, encontramos la racionalidad del alma en:

- Concilio III de Constantinopla (a. 681). Jesucristo era un ser humano perfecto, y por tanto con "alma racional y cuerpo":

    "[Christum] Deum vere et hominem vere, eundem ex anima rationali et corpore".[14]

Y en el mismo sentido:

- Símbolo *Quicumque*: "Nam sicut anima rationalis (rationabilis) et caro unus est homo ita Deus et homo unus est Christus".[15]

- *Constitutio Fidei Catholicæ*: "Porro doctrinam omnem seu positionem temere asserentem, aut vertentem in dubium, quod substantia animæ rationalis seu intellectivæ vere ac per se humani corporis non sit forma, velut erroneam ac veritati catholicæ inimicam fidei, prædicto sacro approbante Concilio reprobamus..."[16]

---

[13] J. Ibáñez y F. Mendoza: *Dios Creador...*, cit., pág. 226, califican la tesis "el alma de cada hombre es racional" como de fe divina y católica definida, y su censura como herejía.

[14] *D. S.*, 554.

[15] *D. S.*, 75.

[16] *D. S.*, 902.

4.1. EL ALMA HUMANA NO PERECE. ES INMORTAL

- Concilio de Éfeso: "...asserimus autem Verbum, unita sibi secundum hypostasim carne animata rationali anima, inexplicabili incomprehensibilique modo hominem factum, et hominis Filium exstitisse, non per solam voluntatem, sive per solam personæ assumptionem..."[17]
- Concilio de Calcedonia: "(Definitio) Sequentes igitur sanctos Patres, unum eundemque confiteri Filium Dominum nostrum Iesum Christum consonanter omnes docemus, eundem perfectum in deitate, eundem perfectum in humanitate, Deum vere et hominem vere, eundem ex anima rationali et corpore, consubstantialem Patri secundum deitatem et consubstantialem nobis eundem secundum humanitatem, 'per omnia nobis similem absque peccato' (cfr. Heb 4:15)".[18]
- Concilio de Letrán IV: "ex Maria semper Virgine Spiritus Sancti cooperatione conceptus, verus homo factus, ex anima rationali et humana carne compositus, una in duabus naturis persona, viam vitæ manifestius demonstravit".[19]
- Concilio IV de Constantinopla (a. 870). "El hombre tiene una sola alma racional e intelectual".[20]
- Vaticano II. Todos los hombres, con almas racionales y creados a la imagen de Dios, tienen la misma naturaleza y son todos iguales.[21]

4.1.1 Errores

El sentido cristiano de la inmortalidad es que el alma individual, una vez separada del cuerpo, pervive para siempre. Por tanto, hay que rechazar las ideas de pervivencia que no corresponden a la revelación, como son las siguientes:

- No se trata de una sobrevivencia de un alma supraindividual o universal (platónicos, averroístas, etc.).

---

[17] *D. S.*, 250.
[18] *D. S.*, 301.
[19] *D. S.*, 801.
[20] *D. S.*, 657.
[21] *Gaudium et Spes*, 29.

- No se trata de una pervivencia durante un tiempo, y luego la desaparición definitiva (estoicos).

- No se trata de que muera el hombre total (cuerpo y alma) y que la resurrección de los muertos sea una nueva creación de cuerpo y alma (algunos autores protestantes).[22]

4.1.2 Definición

Se trata de la incorruptibilidad natural, debida a su simplicidad. Hay tres clases de inmortalidad que hay que distinguir:

- Esencial: propia del Ser Supremo, porque es acto puro. No puede perder su existencia ni nadie puede privarle de la misma.

- Natural: propia de los seres que reciben la existencia de Dios, pero son simples. Solo Dios podría retirar su operación conservadora y entonces desaparecerían. Es la propia de los ángeles y de las almas.

- Gratuita: la de los seres que son naturalmente corruptibles pero que llegan a ser inmortales por un don preternatural de Dios. Los padres le llamaron "afzarsía" (αφθαρσία). Es la propia de los cuerpos de Adán y Eva, y la de los resucitados tras la Parusía.

---

[22]Aunque de este tema se trata en el Curso de Escatología, recordemos que el representante más señero de la teoría de la muerte total y resurrección de cuerpo y alma al final de los tiempos es C. Stange: *Die Unsterblichkeit der Seele*, Güterlosh, 1925 y H Thielicke: *Tod und Leben, Studien zur christlichen Anthropologie*, Tübingen, 1946. Cfr. C. Pozo: *Teología...*, cit., págs. 176–177.

4.1. EL ALMA HUMANA NO PERECE. ES INMORTAL 195

4.1.3 El alma humana es inmortal por naturaleza de hecho y de derecho

De hecho

Es de fe que el alma humana es inmortal *de hecho*.[23] En efecto:

1. Biblia:

   - Todo su valor y toda la economía de la salvación presupone este hecho.

   - Todo el tratado de escatología descansa sobre la realidad de la inmortalidad del alma, que es retribuida en el más allá según las obras realizadas en esta vida, con la doble fase de la escatología intermedia y la final, etc.

   - La idea de la inmortalidad se revela en el Antiguo Testamento incluso antes que la de la resurrección, como se podrá apreciar en el estudio de la evolución del concepto de *sheol* y de los *refaim*.[24]

2. Magisterio: Concilio Lateranense V,[25] y todos los documentos sobre la escatología. Contra todo materialismo teórico o práctico.

---

[23] J. Ibáñez y F. Mendoza: *Dios Creador...*, cit., pág. 234, califican la tesis "el alma de cada hombre es inmortal de hecho" como de fe divina y católica definida, y su censura como herejía. Cfr. también J. Sagües: *Sacræ...*, cit., pág. 283.

[24] Cfr. C. Pozo: *Teología del Más...*, cit., págs. 205ss; J. A. Sayés: *Escatología*, Madrid, Palabra, 2006, págs. 39–71; A. Vaccari: *De Inmortalitate Animæ in Veteri Testamento*, en "Verbum Domini" 1 (1921) 258–263, 304–309; A. Durand: *Les Retributions de la Vie Future dans l'Ancient Testament*, en "Etudes" 83 (1900) 22–48; G. M. Perella: *La Dottrina dell'Oltretomba nel Vecchio Testamento*, en "Divus Thomas (Piacenza)" 37 (1935) 196–204.

[25] *D. S.*, 1440.

De derecho

Por otro lado se afirma que el alma humana es inmortal *de derecho*. Es verdad de doctrina católica y su censura es error en doctrina católica.[26]

En la Biblia, la inmortalidad del alma no aparece como un "don", "regalo". Hay muchos testimonios en la Sagrada Escritura que afirman que el alma no perece con el cuerpo, y nunca se dice que la pervivencia del alma se deba a la acción de Dios, sino que sigue de un modo natural a la muerte del cuerpo:

- Lc 16: 22–31, parábola del rico y el pobre Lázaro.

- Lc 24:43, aparición de Jesús después de su muerte.

- Flp 1:23, "Me siento apremiado por los dos extremos: el deseo que tengo de morir para estar con Cristo, lo cual es muchísimo mejor".

- Mt 10:28, "No tengáis miedo a los que matan el cuerpo pero no pueden matar el alma; temed ante todo al que puede hacer perder alma y cuerpo en el infierno".

- Ece 12:7, "... y se torne el polvo a la tierra que antes era, y retorne a Dios el espíritu que El dio. Vanidad de vanidades, dijo el Cohelet, y todo vanidad".

- Sab 2:23, "Dios creó al hombre para la inmortalidad y le hizo a imagen de su propia naturaleza".

- Etc.

---

[26] J. Ibáñez y F. Mendoza: *Dios Creador...*, cit., pág. 236, califican la tesis de esa manera. Cfr. J. Sagües: *Sacræ...*, cit., pág. 283, considera que podría también ser de fe divina y católica definida.

4.1. EL ALMA HUMANA NO PERECE. ES INMORTAL

Además, si la inmortalidad del alma no fuera natural sino un "regalo" de Dios, el castigo eterno a los condenados parecería contradecir la bondad de Dios, pues un alma, teóricamente mortal por naturaleza, hubiera sido hecha inmortal para poder ser castigada eternamente.

Así parece deducirse del Magisterio del Lateranense V[27] contra los neoaristotélicos. Pero algunos teólogos se opusieron a esta opinión.

Los Padres sostuvieron que la "afzarsía" era para los cuerpos humanos y no para las almas; además trataron de probar el derecho a la inmortalidad por el deseo de inmortalidad innato en el hombre, por el recurso a los filósofos paganos (Platón)[28] que descubrieron la inmortalidad del alma, etc. Destacan:

- Atenágoras, para el que los hombres en la resurrección reciben como un don y regalo la inmortalidad de sus cuerpos; inmortalidad que ya era natural para sus almas desde el principio.[29]

- Tertuliano: El alma por su propia naturaleza es racional e inmortal.[30]

- Constitución de los Apóstoles: El alma es inmortal, porque es racional y libre.[31]

- San Ambrosio: El alma, siendo y confiriendo la vida, no puede morir.[32]

---

[27] D. S. 1440.

[28] Sobre el concepto de inmortalidad del alma en Platón, cfr. A Ruiz Cerezo: *El Estatuto Ontológico de la Persona después de la Muerte*, tesis doctoral, Santiago de Chile, 2002, págs. 67–228, con extensa bibliografía; A. Úbeda Purkiss: *Introducciones al Tratado del Hombre*, en "Suma Teológica de Santo Tomás de Aquino. Tomo III. Tratado del Hombre", Madrid, BAC, 2011, págs. 146–149.

[29] Atenágoras: *De Resurr. Mort.*, n. 16 (*P. G.*, 6, 1006).

[30] Tertuliano: *De Anima*, 20, 335 (*P. L.*, 2, 686).

[31] *Const. Apost.*, 1, 6, c. 11 (*P. G.*, 1, 937).

[32] San Ambrosio: *De Bono Mortis*, c. 9, n. 42 (*P. L.*, 14, 559).

CAPÍTULO 4. ALMA SEPARADA DEL CUERPO

- San Agustín: Los hombres desean la inmortalidad por un deseo natural.[33]

- San Juan Damasceno: El alma es una substancia viva, simple e incorporea, por lo que es invisible, inmortal, racional e inteligente.[34]

Por otro lado, la razón teológica también parece demandarlo: la simplicidad y la espiritualidad del alma exigen la inmortalidad. En este sentido, conviene recordar que Santo Tomás,[35] en la Suma Teológica, prueba la inmortalidad del alma (I^a, q. 75, a. 6) sobre la base de sus consideraciones previas sobre la incorporeidad de la misma (a. 1), su subsistencia (a. 2 y 3) y su ausencia de composición de materia y forma (a. 5), lo que le lleva a la incorruptibilidad de la misma. En efecto, Santo Tomás probará la inmortalidad extrayendo todas las consecuencias de lo que significa ser corruptible. Lo que es corruptible no puede corromperse más que por sí o por accidente. Ahora bien las cosas pierden la existencia del mismo modo como la adquieren: por sí,

---

[33]San Agustín: *De Inmort. Animæ*, (*P. L.*, 32, 1021–1034); *Cont. Iul.*, 4, 1, 19 (*P. L.*, 44, 747). Cfr. J. Barbosa Pinto: *Santo Agostinho e a Imortalidade da Alma. Originalidade da sua Prova*, Braga, Faculdade de Filosofia, 1955, con un estudio con el mismo título en "Revista Portuguesa de Filosofía", 11 (1955) 154–165.

[34]San Juan Damasceno: *De Fide Orthodoxa*, 2, 12 (*P. G.*, 94, 924).

[35]Sobre la doctrina de Santo Tomás sobre la inmortalidad del alma, cfr. A. Úbeda Purkiss: *Introducciones...*, cit., págs. 145–155; F. Locatelli: *Alcune Note sull Dimostrazione dell'Immortalità dell'Anima in S. Tommaso*, en "Rivista di Filosofia Neo-Scolastica" 53 (1941) 413–428; A. Cocco: *Il Problema dell'Immortalità dell'Anima nella Summa Theologiæ di S. Tommaso d'Aquino*, en "Rivista di Filosofia Neo-Scolastica" 38 (1946) 298ss.; J. C. Linehan: *The Rational Nature of Man with Particular Reference to the Effects of Immortality on Intelligence According to St. Thomas*, Washington 1937; J. M. Rodriguez Arias: *El más Antiguo y Discutido Argumento para Probar la Incorporeidad del Alma Humana*, Santander, Las Caldas de Besaya, 1952.

4.1. EL ALMA HUMANA NO PERECE. ES INMORTAL

si siendo substancias, existen por sí; por accidente, si siendo accidentes, no existen más que por accidente. Al ser el alma una substancia, subsiste por sí; y por tanto, no podría corromperse por accidente, que es lo que ocurriría si la muerte del cuerpo supusiera la del alma, como sucede con las plantas y los animales no dotados de razón. Siendo substancia, el alma racional no está afectada por la corrupción del cuerpo, el cual sólo existe por ella, mientras que el alma no existe por él. Si pudiera existir para el alma una causa de corrupción, habría que buscarla en ella. Pero es imposible encontrarla ahí. Toda substancia que es una forma, es indestructible por definición, pues lo que pertenece a un ente en virtud de su definición no se le puede quitar. Y, del mismo modo que la materia es potencia por definición, la forma es acto por definición. Esto se ve en los cuerpos, pues adquieren el ser al recibir su forma, y lo pierden, cuando pierden ésta. Así se puede concebir que un cuerpo esté separado de su forma y del existir que ésta le confiere; pero no se concibe que una forma subsistente pueda estar separada del existir que ella da. En consecuencia, en tanto que un alma racional continúa siendo ella misma, existe. Esto es lo que se llama inmortalidad:

"...Necesse est dicere animam humanam, quam dicimus intellectivum principium, esse incorruptibilem. Dupliciter enim aliquid corrumpitur, uno modo, per se; alio modo, per accidens. Impossibile est autem aliquid subsistens generari aut corrumpi per accidens, idest aliquo generato vel corrupto. Sic enim competit alicui genera-

"...Es necesario afirmar que el alma humana, a la que llamamos principio intelectivo, es incorruptible. Algo puede corromperse de dos maneras: Una, sustancial; otra, accidental. Es imposible que algo subsistente se genere o se corrompa accidentalmente, esto es, por algo generado o corrompido. Pues a algo le corresponde ser engendrado o corromperse co-

ri et corrumpi, sicut et esse, quod per generationem acquiritur et per corruptionem amittitur. Unde quod per se habet esse, non potest generari vel corrumpi nisi per se, quæ vero non subsistunt, ut accidentia et formæ materiales, dicuntur fieri et corrumpi per generationem et corruptionem compositorum. Ostensum est autem supra quod animæ brutorum non sunt per se subsistentes, sed sola anima humana. Unde animæ brutorum corrumpuntur, corruptis corporibus, anima autem humana non posset corrumpi, nisi per se corrumperetur. Quod quidem omnino est impossibile non solum de ipsa, sed de quolibet subsistente quod est forma tantum. Manifestum est enim quod id quod secundum se convenit alicui, est inseparabile ab ipso. Esse autem per se convenit formæ, quæ est actus. Unde materia secundum hoc acquirit esse in actu, quod acquirit formam, secundum hoc autem ac-

mo le corresponde el ser, que se adquiere por generación y se pierde por corrupción. Por eso, lo que sustancialmente tiene ser, no puede generarse o corromperse más que sustancialmente. En cambio, lo que no subsiste, por ejemplo, los accidentes y las formas materiales, se dice que es hecho y que se corrompe por generación o corrupción de los compuestos. Quedó demostrado anteriormente (a. 2 y 3) que sólo el alma humana es subsistente, no las almas de los irracionales. Por eso las almas de los irracionales se corrompen al corromperse los cuerpos. En cambio, el alma humana no puede corromperse a no ser que se corrompiera sustancialmente. Esto es imposible que se dé no sólo con respecto al alma, sino con respecto a cualquier ser subsistente que sea sólo forma. Ya que es evidente que lo que le corresponde a alguien sustancialmente, le es inseparable. El ser corresponde sustancialmente a la forma, que es acto. De ahí que la materia adquiera el ser en acto en cuanto adquiere

4.1. EL ALMA HUMANA NO PERECE. ES INMORTAL

cidit in ea corruptio, quod separatur forma ab ea. Impossibile est autem quod forma separetur a seipsa. Unde impossibile est quod forma subsistens desinat esse..."[36]

la forma. Se corromperá cuando la forma desaparezca. Pero es imposible que la forma se separe de sí misma. De ahí que sea imposible también que la forma subsistente deje de ser".

Por otro lado, Santo Tomás también prueba la inmortalidad del alma sobre la base del deseo natural de existencia que hay en ella. Es lo que se ha llamado prueba de la inmortalidad basada en la afectividad. Todo ser tiende naturalmente a existir según la forma que le es propia; en los seres cognoscentes, tal evidencia se convierte en deseo que sigue al conocimiento; como el entendimiento aprehende el ser de un modo absoluto e intemporal, todo sujeto intelectual desea existir siempre, y existirá de hecho, porque no puede ser vano un deseo semejante.

"...Potest etiam huius rei accipi signum ex hoc, quod unumquodque naturaliter suo modo esse desiderat. Desiderium autem in rebus cognoscentibus sequitur cognitionem. Sensus autem non cognoscit esse nisi sub hic et nunc, sed intellectus apprehendit esse absolute, et secundum omne tempus. Unde

"...Puede ser también señal de esto el que cada ser por naturaleza desea ser como debe ser. En los seres que pueden conocer, el deseo sigue al conocimiento. En cambio, el sentido no conoce el ser más que sometido al aquí y ahora, mientras que el entendimiento aprehende el ser absolutamente y siempre. Por eso, todo lo que

---

[36]Santo Tomás de Aquino: *Summ. Theol.*, Iª, q. 75, a. 6, co. Cfr. *Sent.*, Lib. II, dist. XIX, a. 1; Lib. IV, dist. 1, q. 1, a. 1; *Contra Gent.*, Lib. II, caps. 79–81; *Quodl.*, X, q. 3, a. 2; *De Anima*, a. 14; *Comp. Theol.*, cap. 84. Cfr. É. Gilson: *El Tomismo...*, cit., pág. 249. Esta prueba sigue las ideas de Platón en el *Fedón* y de San Agustín en el *De Inmortalitate Animæ* XII, 19 (*P. L.*, 32, 1031).

omne habens intellectum naturaliter desiderat esse semper. Naturale autem desiderium non potest esse inane. Omnis igitur intellectualis substantia est incorruptibilis".[37]	tiene entendimiento por naturaleza desea existir siempre. Un deseo propio de la naturaleza no puede ser un deseo vacío. Así, pues, toda sustancia intelectual es incorruptible".

La inteligencia busca el ser en su máxima plenitud, por lo que suprime límites en lo finito, abstræ de lo concreto y absolutiza lo contingente. Ahora bien, la voluntad desea aquello que el entendimiento le ofrece, y desea el gozo perpetuo de ese ser, que aparece como intemporal y absoluto. Para ello, el alma que entiende y quiere, tiene que ser inmortal. Si esta radical aspiración de la voluntad quedara frustrada, habría que concluir que existe en ella, una radical contradicción en su misma estructura, pues el tender hacia el fin conocido le es esencial. Como dice A. Úbeda:

> "No es posible, por consiguiente, afirmar este interior deseo de pervivencia que cada hombre puede en sí mismo testificar, sin admitir a la vez que será efectivamente satisfecho".[38]

Finalmente, la annihilación de las almas por Dios no concordaría con:

- Su sabiduría y su bondad, al no completar el deseo natural del alma por la verdad y la felicidad en el otro mundo.

- Su justicia, al no proporcionar una retribución completa en el otro mundo.

---

[37]Santo tomás de Aquino: *Summ. Theol.*, I\ª, q. 75, a. 6, co. Cfr. *De Anima*, a. 14. Cfr. A. Úbeda Purkiss: *Introducciones...*, cit., págs. 154–155.

[38]Cfr. A. Úbeda Purkiss: *Introducciones...*, cit., pág. 155.

4.2 La subsistencia del alma sin el cuerpo

El alma puede subsistir sin el cuerpo, cuando se produce la muerte. Las razones que se aportan son de distinto valor:

- Incorruptibilidad de las realidades simples. Como vimos el alma no depende intrínsecamente del cuerpo. Lo que no está compuesto de partes, no puede disolverse en partes.

- Trascendencia del acto humano de conocer.

- El amor es para siempre.

- Deseo natural de vivir para siempre.

El único modo de que el alma desapareciera sería un acto de aniquilación por parte de Dios. Pero ya vimos que Dios conserva en su ser a las cosas que ha creado y no es su deseo el aniquilarlas.

4.3 El alma separada del cuerpo ¿es persona?

4.3.1 Doctrina tomista

Es doctrina clásica que el alma, separada del cuerpo, pierde la condición de persona debido a la ordenación recíproca profunda de cuerpo y alma. El alma no se identifica con el yo humano. La filosofía de Santo Tomás de Aquino le niega el título de persona al alma humana. Uno de los textos más claros de esta postura del Doctor Angélico es el siguiente:

"Ad quintum dicendum quod anima est pars humanæ speciei et ideo, licet sepa-	"A la quinta hay que decir: El alma es parte de la especie humana. Así, aun cuando esté separada, por-

rata, quia tamen retinet naturam unibilitatis, non potest dici substantia individua quæ est hypostasis vel substantia prima, sicut nec manus, nec quæcumque alia partium hominis; et sic no competit ei neque definitio personæ neque nomen".[39]

que, sin embargo, conserva capacidad de unión, no puede ser llamada sustancia individual, que es la hipóstasis o la sustancia primera. Como tampoco puede ser llamada así la mano o cualquier otra parte del hombre. Como tampoco le corresponde ni la definición ni el nombre de persona".

Sin embargo se está proponiendo la posibilidad de entender que la persona pervive en el alma subsistente después de la muerte del ser humano. En efecto, así parece apuntarlo la Sagrada Congregación de la Doctrina de la Fe:

> "La Iglesia afirma la supervivencia después de la muerte de un elemento espiritual que está dotado de entendimiento y voluntad, de modo que subsiste el mismo yo humano".[40]

4.3.2 Tesis de A. Gálvez y F. Ruiz

A. Gálvez sostiene la posibilidad de entender que la persona permanece tras la separación del alma y el cuerpo, con la muerte corporal. La posición de A. Gálvez queda bien reflejada en dos de sus principales obras. En la primera, hacía ver algunos interrogantes sobre la teoría del estatuto del alma separada del cuerpo según la tesis clásica:

---

[39] Santo Tomás de Aquino: *Summ Theol.*, I^a, q. 29, a. 1, ad. 5.

[40] Sacra Congregatio pro Doctrina Fidei: *Epistula ad Venerabiles Præsules Conferentiarum Episcopalium de quibusdam quæstionibus ad Eschatologiam spectantibus*, AAS 71 (1979) 939–943.

4.3. EL ALMA SEPARADA DEL CUERPO ¿ES PERSONA?

"La poderosa y venerable argumentación, esgrimida por el santo [contra la pervivencia de la persona después de la muerte], no acaba de aclarar delicados problemas que aún están pendientes de solución. ¿Cómo aman a Dios, por ejemplo, las almas de los bienaventurados...? Dado que en este libro se ha venido insistiendo en que el amor es algo eminentemente personal, ¿se trata meramente de almas que han alcanzado ya la visión beatífica, o es posible ver en ellas de alguna manera a las personas de los bienaventurados...? ¿Qué se hace de la persona durante el tiempo que media desde la muerte hasta el Día de la Parusía o escatología final? ¿Acaso habría de tener lugar una nueva creación de la persona como tal...?"[41]

En la segunda cita, tomada de su obra "Esperando a Don Quijote", A. Gálvez propone la calificación de persona al alma separada del cuerpo:

"...el alma separada bienaventurada goza de las cualidades propias de un ser racional: conoce, contempla, razona, quiere, ama y es amada...

Puestas así las cosas (tal como son, ni más ni menos), el problema queda planteado. Parece que tales actividades, propias y exclusivas de un individuo racional, *no pueden ser ejercidas, por lo tanto, sino por un "yo" personal.* ¿Es posible pensar en un ente subsistente que entienda, razone, dialogue, ame y sea amado, y que no posea, sin embargo, la condición de un yo personal...? ¿Será necesario admitir que tal posible entidad, capaz de ejercer tales actividades *racionales* (y al parecer propiamente personales), lejos de

---

[41] A. Gálvez: *Comentarios al Cantar de los Cantares*, cit., vol. II, págs. 391–392.

ser un *quién*, habría de ser considerada meramente como un *qué*?

Ya el mismo Santo Tomás consideró necesario mejorar y matizar la definición de Boecio. Por lo que no debe parecer imposible admitir la posibilidad de un nuevo planteamiento del concepto de persona, a pesar de la tremenda dificultad que pudiera entrañar el problema y de que finalmente se mostrara como tarea imposible.

Simplemente a manera de hipótesis tal vez se podría intentar esbozar la siguiente conjetura. Puesto que el alma humana (incluso separada del cuerpo) es capaz de realizar tales operaciones *racionales*, y por supuesto la de amar, puede decirse por lo tanto que es un ser esencialmente *abierto y capaz de entregarse al otro*. Tal vez no sea demasiado arriesgado, por lo tanto, sostener que es un ser relacional. Lo cual significa, a fin de tratar de explicar semejante afirmación, que es necesario recurrir una vez más a la analogía.

Las Personas Divinas están constituidas por las llamadas relaciones, las cuales se distinguen realmente entre sí. Claro está que, al no haber en Dios accidentes, tales relaciones son necesariamente *subsistentes*, puesto que se identifican realmente con la Divina Esencia; si bien se distinguen de ella con mera *distinción de razón*.

Análogamente existe en las creaturas una condición relacional, indisolublemente unida a su ser creado y que impide que sea un accidente. No existe aquí identificación alguna con la esencia o naturaleza, sino con el acto de ser participado. Tal condición relacional, puesta por Dios como perfección fundante en la creatura, por la cual es capaz

4.3. EL ALMA SEPARADA DEL CUERPO ¿ES PERSONA?

de abrirse al otro, es inherente entonces al alma humana, tanto si está unida al cuerpo como si está separada de él, y en la medida en que es inherente al acto de ser que la constituye ex nihilo. Sería algo así como aquella perfección (que acompañaría necesariamente a las otras cualidades racionales) por la cual quedaría constituido el yo creatural. Que no tendría necesariamente que desaparecer cuando el alma se separa del cuerpo".[42]

* * *

En esta misma línea de pensamiento se encuentra la posición de F. Ruiz, quien afirma la subsistencia de la persona humana después de la muerte, en su importante estudio: "El Estatuto Ontológico de la Persona Después de la Muerte". En efecto, F. Ruiz llega a tal conclusión, a través del estudio de la filosofía de Platón y Santo Tomás, así como de los alcances de la teología de A. Gálvez y de sus implicaciones filosóficas.[43]

Resumiendo la posición de F. Ruiz, es necesario partir de la consideración del estatuto ontológico de lo que es la persona en general, que tiene su sustento en la idea de la participación en el ser por obra de la creación de Dios, lo que coloca la reflexión sobre la persona en el nivel trascendental. En efecto:

> "Nuestra defensa de la teoría del amor y de la muerte extraída de los *Comentarios* y, en general, de toda la obra de A. Gálvez, ha centrado el valor eminente de la persona en el orden trascendental del ser. Dios crea directamente el ser de cada cosa, y les hace partícipes, en la medida de

---

[42] A. Gálvez: *Esperando...*, cit. págs. 353–354.
[43] F. Ruiz: *El Estatuto...*, cit., págs. V–VI.

su donación, de un grado determinado de participación. El ser, el de cada cosa y el de cada *alguien*, por lo tanto, es propio y distinto de cada uno de ellos. El acto de ser que es entregado en donación amorosa[44] a los entes de naturaleza humana marca la diferencia entre el resto de la creación material y ellos mismos, y esa diferencia, esa *excelencia* y *nobleza* en el ser participado, constituye al ente en persona. Precisamente por ser donación, entrega o comunicación del Ser Personal al ser del hombre, concomitantemente y sin distinción real, el acto de ser del hombre queda expresado como potencia activa de amar. La metafísica tomista de la participación del ser en el Acto Creador del Ser Personal es estrictamente necesaria para fundamentar esta singular teoría de la persona.[45] Lo que aquí hemos convenido en llamar *estatuto ontológico* no es sino otra forma de expresar este nivel trascendental en el que se ha de situar la reflexión sobre la persona. La importancia actual de la recuperación de la metafísica de Santo Tomás para fundamentar el acuciante tema de la persona humana es una de las constantes del pensamiento de fieles intérpretes del Tomismo, algunas de cuyas afirmaciones exponemos a continuación:

---

[44]"Es ahí donde se sitúa la noción de persona, más allá de la definición de Boecio...es decir, le pertenece el ser como acto suyo, en cuanto directa y amorosamente otorgado por Dios." Cf. C. Cardona: *Metafísica del Bien y del Mal*, Pamplona, Eunsa, 1987, pág. 91.

[45]"Es la noción metafísica de participación lo que ofrece a Santo Tomás la clave para desentrañar la estructura profunda del ente real. Lo que no es algo totalmente y por sí, lo es parcialmente y por otro. Lo que es por participación es causado por lo que es por esencia, y se compone realmente de participante y participado, componentes que están unidos entre sí como potencia y acto." Cf. C. Cardona, *Metafísica del Bien y del Mal*, op. cit., p. 69.

4.3. EL ALMA SEPARADA DEL CUERPO ¿ES PERSONA?

> "No hay más que un modo de fundamentar radicalmente el valor absoluto de la persona: recuperar la metafísica del acto de ser".[46]
>
> "La persona representa, por consiguiente, el mayor grado de participación en el «esse», es la que está más cerca del mismo «esse», porque lo limita muchísimo menos que el mero supuesto".[47]
>
> "La persona es el concepto más completo de cuantos poseemos, porque además de las estructuras del ser categorial y del ser trascendental dice referencia al ser en acto y al acto de ser."[48]
>
> "La persona es objeto suficiente de la intención del Creador, y en esta propiedad está lo más propio de su dignidad. Cada persona es imagen de Dios, y siendo el ser la perfección de toda criatura, la perfección de la persona está en poseer el ser como propio, una vez recibido de Dios".[49] [50]

Desde esta relación entre la persona y el esse, se desarrolla la concepción de la persona como potencia activa de amar. En efecto:

> "Dios crea personas en la medida en que crea directamente el ser de cada cosa, y al querer hacerlo así, al querer otorgar un aumento ontológico en el ser, haciéndolos *imagen suya*, les da una finalidad no realizada en toda

---

[46] C. Cardona: *Metafísica del Bien y del Mal*, op. cit., p. 85.
[47] E. Forment: *Ser y Persona*, Barcelona, PPU, 1983, pág. 68.
[48] A. Lobato: *El Pensamiento de Santo Tomás de Aquino para el Hombre de Hoy: El Hombre en Cuerpo y Alma*, Valencia, Edicep, 1994, pág. 50.
[49] J. Martínez Porcell: *Metafísica de la Persona*, Barcelona, PPU, 1992, pág. 317.
[50] F. Ruiz: *El Estatuto...*, cit., págs. 436–438.

su perfección, una capacidad activa de amar, que por ser la propia de un ser donado, ha de ser limitada o realizada según el modo de la esencia a la que actualiza".[51]

Para probar esa afirmación, F. Ruiz, compara el estatuto ontológico de la persona en los ángeles con la de los hombres, para afirmar analógicamente sus parecidos y diferencias:

> "En los entes personales cuya esencia es simple, pura forma, y no está compuesta de materia y forma, como son los ángeles, —cuya existencia es revelada—, el acto de ser que los constituye de la nada, les hace ser personas, a imagen de Dios, capaces de amar y de corresponder a esa donación genuina de su ser; y la esencia simple que, indisolublemente al acto de ser, es actualizada, limita esa capacidad para ser ejercida en plena libertad, constituyéndose en un mediante *sine qua non*, —una *condición ontológica*—, el único modo que tiene el ángel para activar esa capacidad de amar, es decir, para libremente amar, o por el contrario, para no querer activar esa capacidad de amar, es decir, para libremente querer no amar. La libertad que el ángel recibe es libertad creada y no Infinita, sino la libertad de un ser que no puede salir, para la consecución de su fin último personal, del cauce que le determina la esencia asignada.

> La reflexión sobre los seres personales que en la jerarquía de la creación están por debajo de los ángeles, y que por tener una naturaleza humana son llamados personas

---

[51] F. Ruiz: *El Estatuto...*, cit., pág. 438.

4.3. EL ALMA SEPARADA DEL CUERPO ¿ES PERSONA?

humanas, no difiere de la realizada sobre las personas angélicas. Dios crea directamente el ser de ellos, y lo crea en tal nobleza y excelencia, que esas notas en el ser recibido revelan el estatuto ontológico de persona. Lo hace capaz de amar, y esa capacidad permanece mientras permanece el ser. Pero al igual que los ángeles, el libre querer de Dios, comunica ese acto de ser al hombre para que actualice una esencia que por ser fruto de la unión de alma y cuerpo, se llama naturaleza humana. El ser es otorgado para sustentar directamente al alma, y hacerlo partícipe, desde el alma, al cuerpo, sin prioridad temporal. Desde el instante mismo de su creación, la persona, por ser persona capaz de amar y de corresponder a esa generosa donación de ser por parte del Ser, está orientada a su fin último, la actividad amorosa, y la naturaleza humana se convierte en el mediante *sine qua non*, —en la condición ontológica—, en el único modo que tiene para activar esa capacidad de amar, es decir, para libremente amar, o por el contrario, para no querer activar esa capacidad de amar, es decir, para libremente querer no amar.[52] Por lo tanto, la libertad que la persona humana recibe es también una libertad limitada, una libertad condicional, y no una libertad Infinita, sino la propia de un ser que, para la consecución del

---

[52]Este libre querer no amar es un ejercicio de esa capacidad de amar que intenta revertir sobre ella, sobre su ser, y que en su estado de esquizofrenia (condenación) se transforma en el querer eterno de un imposible, a saber, que esa capacidad, tanto de amar como de ser, no fuera nunca: "El cual (pecado), lejos de ser un mero sinónimo de una pura nada que, por lo demás, no gozaría ni de existencia ni de realidad alguna, significa más bien *la negación consciente, voluntaria y maliciosa del ser*. Pues lo que el pecado desea en el fondo es que *el ser no sea*." Cf. A. Gálvez, *Comentarios al Cantar de los Cantares*, op. cit., vol. II, p. 198.

fin último personal, tampoco puede salir del cauce que le determina la naturaleza asignada".[53] [54]

Es desde esta posición, como se descubren las diferencias entre la metafísica de la persona en la filosofía del Aquinate y en el pensamiento de A. Gálvez: mientras que para el primero la persona se queda en el nivel predicamental de la forma y de la materia, con lo que la persona es una consecuencia de la unión de ambas, para A. Gálvez, la persona permanece en el nivel estrictamente trascendental, que sirve de fundamento al nivel predicamental, por lo que la persona está indisolublemente unida a la naturaleza humana (cuerpo y alma que le hace ser hombre) pero es distinta de la naturaleza realmente (es persona por tener acto de ser participado del Ser Personal —Dios—, dado directamente al alma y participado por esta al cuerpo). Esto conlleva una visión muy diferente del efecto de la muerte en el ser humano, y de la continuidad de la persona en el alma separada del cuerpo:

> "A partir de estas consideraciones que se derivan de la teoría del amor de A. Gálvez, junto al hecho de reconocer el trascendental descubrimiento del acto de ser tomista para la posición del valor eminente de la persona, se manifiesta también una esencial diferencia entre la metafísica de la persona de A. Gálvez, y la metafísica de la persona de Santo Tomás de Aquino; distinción que sirve de fundamento para afirmar que, mientras que en la antropología de Santo Tomás, el primado le compete al alma, en cambio, en

---

[53] Una excelente monografía sobre el tema de la libertad, A. Millán Puelles: *El Valor de la Libertad*, Rialp, Madrid, 1995. Además, el cap. IV "Ser y Libertad" de la obra del prof. C. Cardona: *Metafísica del Bien y del Mal*, op. cit.

[54] F. Ruiz: *El Estatuto...*, cit., págs. 438–440.

4.3. EL ALMA SEPARADA DEL CUERPO ¿ES PERSONA?

la antropología de A. Gálvez, el primado le compete a la persona humana, pero en calidad de persona. Lo que indudablemente para Santo Tomás constituye una persona humana es *este hombre* concreto, sin que le falte nada para la perfección de su naturaleza humana. Ya demostramos antes con evidentes textos la exposición tomista de la persona humana en el orden predicamental de la forma y la materia. Si el nivel trascendental funda el nivel predicamental, con toda lógica se puede decir que la persona en Santo Tomás es un resultado, una consecuencia. La muerte, en una antropología de la persona que no sobrepasa este nivel predicamental, rompe la unión del alma con su cuerpo, y esta situación en la que el alma se queda, hace más evidente todavía la afirmación de que la persona es un resultado, y que su consideración no se mantiene en el nivel trascendental del ser. Tras la muerte, lo que era este hombre concreto, pasa a ser esta alma sin su cuerpo, y la pérdida sufrida implica que el alma ya no es persona. Según la fe, con la Resurrección final y la recuperación del cuerpo propio, volverá de nuevo *aquel hombre* a ser *este hombre*, y por lo tanto persona, habiendo pasado el estado intermedio y *contra natura* de un alma sin cuerpo que no es persona.

En cambio, la metafísica de la persona de la teoría aquí defendida, se queda en el nivel estrictamente trascendental, el que hace de fundamento de todo, y particularmente del nivel predicamental. Para A. Gálvez, *este hombre* es persona, no por ser hombre, sino por ser *este*, por tener excelencia en el ser. La naturaleza humana está indisolublemente unida a la persona, pero es realmente distinta de ella. Por tener naturaleza humana, unión de alma y cuerpo, este hombre es hombre; por tener un acto de ser en un determinado grado de participación del Ser Personal, —aquel grado que lo capacita para amar, y por debajo del cual, no hay una real capacidad de amar (creación material)—, otorgado directamente al alma, y participado al cuerpo, por todo ello, *este hombre* es *'éste', alguien delante de Dios y para siempre*.[55] La muerte, en una metafísica de la persona así concebida, supone la separación de alma y cuerpo; pero no la pérdida de aquello que fue donación generosa del Ser Creador, su acto de ser indisolublemente unido a su alma; y sin el cual acto, potencia de amar, no cabe la más mínima posibilidad de correspondencia a esa donación de ser. La persona en A. Gálvez no es nunca un resultado del nivel predicamental, sino un fundamento en el orden transcendental, y un fundamento en sí mismo indestructible, en el que la posibilidad para no ser es una real imposibilidad. El alma sigue siendo persona, en virtud de que, tras la muerte, *sigue siendo*. Con la muerte, la naturaleza humana, la *condición ontológica* ha quedado partida, fruto de una entrega personal de su propio cuerpo, y la situación de este estadio intermedio hasta la Resurrección en el plano metafísico bien podría

---

[55]"Es la propiedad privada de su acto de ser lo que constituye propiamente a la persona, y la diferencia de cualquier otra parte del universo. Esta propiedad comporta su propia y personal relación a Dios, relación predicamental —como ya hemos dicho, accidental—, que sigue al acto de ser, a la efectiva creación de cada hombre, de cada persona, señalándole ya para toda la eternidad como *alguien delante de Dios y para siempre*, indicando así su fin en la unión personal y amorosa con El, que es su destino eterno y el sentido exacto de su historia personal en la tierra y en el tiempo." Cf. C. Cardona: *Metafísica del Bien y del Mal*, op. cit., p. 90.

4.3. EL ALMA SEPARADA DEL CUERPO ¿ES PERSONA?

venir determinada por la siguiente afirmación: persona en naturaleza humana incompleta. Recuperando ahora aquella afirmación gilsoniana de que a partir del Cristianismo ya no se debe decir hombre sino persona humana, —que según nuestra opinión no podía ser aplicada a Santo Tomás de modo absoluto, sino *secundum quid*—, y de que el valor de la persona marcaba la diferencia entre la Sabiduría Griega y la Sabiduría Cristiana, hay que reconocer que en los *Comentarios*, este Primado de la Persona humana, hace honor a la novedad que supuso el Cristianismo".[56]

La persona adquiere así, una importancia metafísica y antropológica de primer orden, lo que no aparece tan claro en las antropologías estrictamente tomistas. F. Ruiz aporta varios ejemplos de pensadores tomistas:

"Además, la originalidad de este genuino corolario —*el alma sigue siendo persona*— de la teoría del amor y la muerte de A. Gálvez queda en evidencia al contrastar esta afirmación con la exposición que de la antropología tomista han realizado sus más fieles interpretes.[57] No deja de ser curioso, por ejemplo, el respetuoso silencio que sobre este particular tema de la negación de la ontología de persona al alma humana, hace Gilson tanto en su obra Le Thomisme, como en su obra El Espíritu de la Filosofía Medieval.

---

[56] F. Ruiz: *El Estatuto...*, cit., págs. 440–442.

[57] La polémica en torno a este particular tema en su estado de apogeo se dio hacia finales del s. XIX, y principios del XX, quedando la solución tomista inalterada gracias al esfuerzo de E. Hugon en tres artículos publicados: É. Hugon: "De l'État des Ames Séparées", *Revue Thomiste*, 1906, págs. 48-68; "De l'État des Ames Séparées", *Revue Thomiste*, 1906, págs. 529-546; y "Si l'Âme Séparée est une Personne", *Revue Thomiste*, 1909, págs. 590-596.

En la primera obra, simplemente no dice nada, y en cierta medida, resulta extraño por ser Gilson un experto conocedor del Tomismo, y por haber sido el principal intérprete de Santo Tomás en orden a recuperar el Primado del acto de ser. En la segunda obra, reduce todo su comentario a una nota a pie de página, y muy colateralmente al tema principal.[58] E. Forment, en su obra *Ser y Persona*, se plantea el problema y lo resuelve con extrema fidelidad al pensamiento de Santo Tomás. Sin embargo, hay que decir que la dificultad que presenta este tema, es de orden teológico, —como expresamente afirma Forment[59]—, si el que se enfrenta a ella, lo hace como teólogo, y es de orden filosófico, si el modo de enfrentarse a ella es estrictamente racional. Pese a establecer la necesaria perspectiva metafísica con la que hay que abordar el tema de la persona, Martínez Porcell, no logra tampoco salir de los estrictos caminos de la letra tomista, al no captar la distinción que aquí nos ha parecido de extremada importancia entre el nivel predicamental y el nivel trascendental. Pues afirma que el alma no es ni un ángel, ni hombre completo, 'ni persona, como no lo es la mano o cualquier parte del hombre,

---

[58]Hablando de la definición de Boecio, y de los pocos que la encontraron satisfactoria afirma: "Ricardo de Saint-Victor propuso sin embargo modificarla de la manera siguiente: 'Persona est intellectualis naturæ incommunicabilis existentia.'...Duns Scoto es naturalmente favorable a esa modificación. Para él, puesto que el alma es individual, en cuanto forma, aun el alma separada es una persona, lo que no es en el sistema de Santo Tomás." Cf. Étienne Gilson: *El Espíritu de la Filosofía Medieval*, Madrid, Rialp, 1981, pág. 207, n. 20.

[59]"Con esta definición parece, por tanto, que se presente la dificultad de orden teológico de explicar porqué el alma separada del cuerpo no es persona, siendo, sin embargo, sustancia individual racional." E. Forment: *Ser y Persona*, op. cit, p. 20.

4.3. EL ALMA SEPARADA DEL CUERPO ¿ES PERSONA?

ya que no es una substancia individual, una hypóstasis.[60] En nuestro análisis de la antropología tomista, ya hemos visto como desde el punto de vista trascendental el alma es una sustancia individual, un *hoc aliquid*, pero no desde el punto de vista trascendental".[61]

Algunos tomistas han intentado rescatar la condición de persona del alma separada del cuerpo, pero al establecer su posición sobre criterios lejanos a la filosofía del ser del Aquinate (en algún caso, se utilizan criterios de la filosofía inmanentista), no justifican lógicamente su posición. Es el caso del profesor C. Cardona:

"Por último, las razones que establece el prof. C. Cardona para demostrar, frente a la letra tomista, que el alma es persona, a parte de no convencer al lector, no son coherentes con la línea de pensamiento que ha caracterizado su importantísima obra. Por un lado, su obra *Metafísica del Bien y del Mal*, es todo un trabajo para destacar la centralidad que en metafísica y antropología tiene el acto de ser, y, particularmente, el acto de ser personal, amén de la relación amorosa existente entre Dios y el hombre. Centralidad de la que hemos hecho un abundante uso en nuestra Tesis. Por otro lado, descubre la incompatibilidad que reviste esa eternidad del ser *alguien delante de Dios y para siempre*, con la negativa tomista de la persona para el alma separada. Y el único modo que tiene para poder

---

[60]"Ahora bien, por un lado el alma no es un ángel; y por otro no es un hombre completo, ni persona, como no lo es la mano o cualquier parte del hombre, ya que no es una substancia individua, una hypóstasis." Cf. J. Martínez Porcell: *Metafísica de la Persona*, op. cit., p. 95.

[61]F. Ruiz: *El Estatuto...*, cit., págs. 442–444.

mantener que la muerte no le quita el carácter de persona al alma es acudiendo a la noción contemporánea de lo que significa ese concepto, a saber, hay persona donde hay libertad y conciencia, tesis que con todo rigor se deriva de la posición cartesiana del Cogito, —de lo que el prof. Cardona convino en llamar la "Trayectoria de la Inmanencia"—,[62] y cuyas drásticas consecuencias para el pensamiento y para el hombre, han sido puestas de manifiesto, además, en su obra póstuma, *Olvido y Memoria del Ser*. Es conveniente transcribir el texto de la *Metafísica del Bien y del Mal*:

> "Como el alma humana es parte de la naturaleza completa del hombre, Santo Tomás rehúsa el término persona para designar al alma separada. Pero esto ha generado también algunos equívocos. Aunque la naturaleza humana completa incluya el cuerpo, el alma es directamente creada por Dios como subsistente en sí misma, y participando al cuerpo su propio acto de ser. Sabemos que subsiste en sí porque tiene operaciones (el entender y el amar) que no son corpóreas, al suponer la posesión intencional de la forma ajena en su alteridad, abstracta y universal, no determinada e individuada por materia alguna; y el obrar sigue al ser: una operación espiritual —inmaterial— supone una substancia espiritual. El cuerpo es condición inicial pero no origen o causa de la individualidad del alma. Por eso, *y teniendo en cuenta las connotaciones actuales del término persona (conciencia y libertad)*, no hay inconveniente alguno en decir que, después de la muerte del hombre, el alma separada sigue siendo persona, aunque entonces (y hasta la re-

---

[62]C. Cardona: *Metafísica de la Opción Intelectual*, Madrid, Rialp, 1997.

4.3. EL ALMA SEPARADA DEL CUERPO ¿ES PERSONA?

surrección) ya no participe su propio acto de ser al cuerpo, y le falte algo para ser propiamente un hombre; pero sigue siendo el mismo sujeto individual y singular de su ser y de su obrar, sigue siendo el mismo «alguien delante de Dios»."[63] "[64]

La posición de A. Gálvez tiene tres efectos complementarios de extraordinaria importancia metafísica: la radical separación de la persona de los esquemas de la filosofía racionalista y personalista; la valoración del estatuto del cuerpo humano; y la fundamentación última de la ética:

1. Rechazo del concepto de persona de la filosofía inmanentista:

   "Desde la posición que aquí se ha defendido, —fundar el estatuto ontológico de persona del alma separada a partir de la noción tomista de ser, y de la teoría del amor de A. Gálvez— no resulta lógico, sino más bien ilógico, además de innecesario acudir al actual concepto de persona, fruto de la filosofía de la Inmanencia. Sólo desde la metafísica del ser de Santo Tomás en el nivel estrictamente trascendental, y en *común unión* con la teoría del amor de A. Gálvez —la cual es fiel al espíritu y, la mayoría de las veces, a la letra del Tomismo—, se puede encontrar una defensa del estatuto ontológico personal del alma separada del cuerpo. El prof. C. Cardona, en su obra póstuma, mantiene claramente que la persona no puede ser definida por las notas de conciencia y de libertad, y que

---

[63] C. Cardona: *Metafísica del Bien y del Mal*, Pamplona, Eunsa, 1987, p. 75.
[64] F. Ruiz: *El Estatuto...*, cit., págs. 444–445.

el alma, como parte de la naturaleza humana no es persona".[65] [66]

2. Valoración de la realidad metafísica del cuerpo humano:

"Además de todo esto, la antropología tomista y la antropología que está a la base de los *Comentarios*, manteniendo ambas la unión substancial de alma y cuerpo, se distinguen, no obstante, en dos temas, que simplemente vamos a reseñar, pero que requerirían de un estudio profundo. El cuerpo en Santo Tomás, tras afirmar su composición substancial con el alma, y entrar en la definición de naturaleza humana, juega simplemente un papel instrumental para realizar la operación suprema y más perfecta del entendimiento. Por eso su carencia, su privación, no afecta, en realidad, al estado del alma separada, puesto que el entendimiento realiza su operación sin comunicación con órgano alguno. En la antropología de A. Gálvez, el cuerpo, siendo de la esencia del hombre junto con su alma, es más que un instrumento, no tiene ese carácter de ser un *medio* para conseguir un fin como en la antropología tomista, sino que por ser de la esencia del hombre, revela inmediatamente, sin mediación alguna, la presencia de una persona. No podemos adentrarnos más en este tema, pero según A. Gálvez, 'la enorme influencia que el platonismo y el neoplatonis-

---

[65]"Por eso, no se puede definir a la persona como conciencia, libertad, etc., pues la persona es el sujeto, y no sus potencias, su alma o sus actos, que tienen razón de partes (esenciales, integrales, potenciales, etc.)." Cf. C. Cardona: *Olvido y Memoria del Ser*, op. cit., p. 445.

[66]F. Ruiz: *El Estatuto...*, cit., págs. 444–445.

mo han ejercido en el cristianismo, a lo largo de toda la historia de este último y hasta el momento actual' ha introducido una 'sospecha contra la materia' y 'contra la corporalidad del ser humano, desde el momento en que la perfección solamente se da en el reino de las ideas puras.'[67] El cuerpo no es un *medio para* revelar la existencia del alma, sino *en donde* se revela, y de modo inmediato. Y el segundo tema se refiere a la distinción existente entre la actividad de amar que en la antropología tomista es puesta dentro de la potencia operativa de la voluntad, y su objeto es el bien, mientras que en la teoría del A. Gálvez hunde su actuación en la potencia activa de la persona, y su objeto es la persona".[68]

3. El fin del hombre ya no depende tanto de la naturaleza humana como del concepto de persona, lo que tiene una indudable importancia para la ética en su conjunto:

"Y, en torno a la ética, no hay sino que hacer las mismas consideraciones que se hicieron con Platón, pues para la ética tomista de índole filosófica, el fin y la bienaventuranza del hombre se realiza mediante la actividad del entendimiento que contempla a Dios como verdad, y ello en virtud de que la pregunta sobre este fin es hecha a la naturaleza humana y más particularmente a su alma, mientras que para la tesis de A. Gálvez, el fin último del hombre consiste en la actividad de amar al Ser Personal, Dios, para cuyo

---

[67] A. Gálvez: *Comentarios al Cantar de los Cantares*, op. cit., vol. I, p. 367.
[68] F. Ruiz: *El Estatuto...*, cit., págs. 445–446.

ejercicio se requiere no solo la actividad ontológica de todas las potencias operativas que emanan de su naturaleza como principios próximos de operación, sino también la independencia temporal respecto del activo ejercicio de cada una de ellas. Y esto en virtud de que la pregunta sobre el fin último del hombre es hecha, no a la naturaleza humana, ni tampoco al alma, sino al original y novedoso concepto de persona".[69]

4.3.3 Conclusión

"La metafísica, la antropología y la ética platónica, así como la síntesis que de ellas se derivaba, no exigían para el alma el estatuto personal después de la muerte. Con la llegada del Cristianismo, la persona es un tema eminentemente trascendental. La metafísica tomista del acto de ser estaba preparada para poder exigir al alma el estatuto ontológico de persona después de la muerte, pero ni su antropología ni su ética, ni la síntesis racional que de ellas se derivaba, poseían la misma exigencia, pues quedaban conformadas en sus razonamientos con la pura presencia del alma sin el rango de persona. Con ello el Cristianismo quedaba deslucido. Por último, la metafísica del acto de ser personal, la antropología del primado de la persona humana, la ética de la actividad de amar al Ser Personal, y la síntesis —esa relación de Amor entre la persona humana y la Persona divina—, propias del pensamiento de A. Gálvez, exigían imperiosamente que el alma después de la muerte siguiera siendo persona".[70]

---

[69] F. Ruiz: *El Estatuto...*, cit., págs. 446–447.
[70] F. Ruiz: *El Estatuto...*, cit., pág. 447.

Capítulo 5

El Reino de Dios entre el "ya" y el "todavía no"

5.1 Cristo y el Reino

Para enmarcar bien la escatología cristiana, es necesario tener en cuenta su relación con el establecimiento del Reino de Dios, objeto de la predicación de Jesucristo.[1] Como dice San Mateo, al inicio de la vida pública de Jesús: "Desde entonces comenzó Jesús a predicar y a decir: —Convertíos, porque está al llegar el Reino de los Cielos".

* * *

---

[1] Como dice Sayés, "no hay exegeta católico o protestante, que niegue que el núcleo de la predicación de Cristo fue el tema de la llegada del Reino". Cfr. R. Schnackenburg: *Reino y Reinado de Dios*, Madrid, Ed. Fax, 1967; A. Feuillet: *Regne de Dieu*, en "Dictionnaire Bible. Supplément" 54 (1981) 2–165; J. Jeremías: *Las Parábolas de Jesús*, Estella, Verbo Divino, 1970.

CAPÍTULO 5. EL YA Y EL TODAVÍA NO DEL REINO

El cristianismo es una religión de salvación. El Reino de Dios es la realización de esa salvación.[2] En efecto, la Revelación describe una maravillosa Historia de Salvación del hombre por parte de Dios, que abarca desde el Génesis al Apocalipsis. Muchas síntesis teológicas se hacen conscientes de la misma, al seguir el esquema "salida—retorno" para ordenar los tratados teológicos.

Todo el Antiguo Testamento tiene, pues, ese objetivo de anuncio y preparación de la salvación prometida por Dios y del Salvador que la habría de lograr; así se manifiesta en temas tales como el del Éxodo y las Alianzas, el Día de Yahveh o el del Mesías prometido, con los diferentes títulos que recibe.[3]

Pero la salvación definitiva llega en el Nuevo Testamento con Jesucristo, "el Salvador" ("Jesús" = salvador), que es la plenitud de la Revelación. Así en Mt 1:21, el ángel anuncia en sueños a San José que María, "dará a luz un hijo y le pondrás por nombre *Jesús*, por-

---

[2]Cfr. D. Fahey: *The Kingship of Christ According to the Principies of S. Thomas*, Dublín, London: Browne and Nolan Ltd., 1931; A. Faccenda: *Esistenza e Natura della Regalitá di Cristo*, Asti 1939; J. Leclercq: *L'Idée de la Royauté du Christ au Moyen Age*, Paris, les Editions du Cerf, 1959; P. Beskow: *Rex Gloriæ. The Kingship of Christ in the Early Church*, Estocolmo, Almquist and Wiksell, 1962; L. Cerfaux: *Le Titre "Kyrios" et la Dignité Royale de Jésus*, en "Sciences Philosophiques et Théologiques" 11 (1922) 40–71; A. Colunga: *La Realeza de Cristo*, en "La Ciencia Tomista" 38 (1928) 1–19; E. Nácar: *Rey y Sacerdote*, en "Estudios Bíblicos" 5 (1946) 281–290; J. De La Potterie: *Jésus Roi d'aprés Ioh. 19:13*, en "Bíblica" 41 (1960) 217–247; P. Rodríguez: *Realeza de Cristo*, en GER, t. XIX, págs. 714–716; C. Pozo: *Teología del Más Allá*, Madrid, BAC, 1992, págs. 128–164; J. L. Illanes: *Cristianismo, Historia y Mundo*, Pamplona, Eunsa, 1973; Id.: *Presupuestos para una Teología del Mundo. Análisis del Intento Teológico de Johann Baptist Metz*, en "Scripta Theologica" 3 (1971) 425–474; J. Rivera y J. M. Iraburu: *El Trabajo*, Burgos, Aldecoa, 1976; A. de Nicolás: *Teología del Progreso Humano; Génesis y Desarrollo en los Teólogos Católicos Contemporáneos*, Salamanca, Sígueme, 1972; J. J. Alvial: *Escatología*, cit., págs. 95–151.

[3]Cfr. Juan A. Jorge: *Cristología*, Vol 1, cit., págs. 75–136.

5.1. CRISTO Y EL REINO

que él salvará a su pueblo de sus pecados". El Señor también recibe el nombre de Enmanuel, Dios con nosotros: "Todo esto sucedió para que se cumpliera lo que dijo el Señor por medio del Profeta: *Mirad, la virgen concebirá y dará a luz un hijo, a quien pondrán por nombre Emmanuel, que significa Dios–con–nosotros*" (Mt 1:23).

Por eso, con Jesucristo llega "la plenitud de los tiempos" (Ga 4:4) y el "Reino de Dios" (Mc 1:15). El Reino de Dios es la realización de la salvación que trae Jesucristo.

*   *   *

El Antiguo Testamento presenta al Mesías como Rey y como Pastor:

1. Mesías—Rey:

- Sal 2:6, "Ego autem constitui regem meum super Sion, montem sanctum meum!"
- Is 9:6, "Magnum erit eius imperium, et pacis non erit finis super solium David et super regnum eius, ut confirmet illud et corroboret in iudicio et iustitia amodo et usque in sempiternum: zelus Domini exercituum faciet hoc".
- Is 11: 1–9, describiendo la justicia, la paz y la prosperidad del reino mesiánico.
- Da 7:14, "et data sunt ei potestas et honor et regnum; et omnes populi, tribus et linguæ ipsi servierunt: potestas eius potestas æterna, quæ non auferetur, et regnum eius, quod non corrumpetur".
- Mi 4:7, "...Et regnabit Dominus super eos in monte Sion ex hoc nunc et usque in æternum".

- Etc.

2. Pastor de su pueblo:

    - Sal 78:52, "Abstulit sicut oves populum suum et perduxit eos tamquam gregem in deserto".

    - Mi 2:12, "Congregatione congregabo, Iacob, totum te; in unum conducam reliquias Israel, pariter ponam illum quasi gregem in ovili, quasi pecus in medio pascuæ; et tumultuabuntur a multitudine hominum".

    - Jer 3:15, "et dabo vobis pastores iuxta cor meum, et pascent vos scientia et doctrina".

    - Etc.

Por su parte, el Nuevo Testamento afirma la realeza de Jesucristo de variadas maneras: en el reconocimiento de los contemporáneos de Jesús; en la predicación y actitudes de Cristo mismo; en el título cristológico "Señor"; etc.:

1. Los contemporáneos de Jesús reconocen su realeza:

    - Mt 2:2, "(Los Magos) dicentes: 'Ubi est, qui natus est, rex Iudæorum? Vidimus enim stellam eius in oriente et venimus adorare eum' ".

    - Jn 1:49, "Respondit ei Nathanael: 'Rabbi, tu es Filius Dei, tu rex es Israel!' "

2. Cristo mismo la proclama pero cambiándole el sentido que tenía en muchos de los que le escuchan:

    - *Passim* en todos los Evangelios el tema de la predicación de la llegada del reino de Dios, las parábolas del reino, etc.

5.1. CRISTO Y EL REINO

- Jn 18:37, el interrogatorio ante Pilato: "Dixit itaque ei Pilatus: 'Ergo rex es tu?' Respondit Iesus: 'Tu dicis quia rex sum. Ego in hoc natus sum et ad hoc veni in mundum, ut testimonium perhibeam veritati; omnis, qui est ex veritate, audit meam vocem' ".
- Pero Cristo rechazará el sentido político de su reinado:
  - Jn 18: 35ss., en el diálogo con Pilato.
  - Jn 6:15, huída de Jesús tras la multiplicación de los panes y los peces"...porque querían hacerle rey".
  - etc.

3. El título cristológico de "Señor" a veces se aplica para indicar la Divinidad del Hijo (sobre todo en San Pablo); pero también se aplica para indicar la realeza de la Humanidad de Cristo, sobre todo con verbos que indican devenir:

   - Hech 2:36, "Certissime ergo sciat omnis domus Israel quia et Dominum eum et Christum Deus fecit, hunc Iesum, quem vos crucifixistis".
   - Flp 2:11, "...et omnis lingua confiteatur 'Dominus Iesus Christus!', in gloriam Dei Patris".
   - 1 Cor 12:3, "Ideo notum vobis facio quod nemo in Spiritu Dei loquens dicit: 'Anathema Iesus!'; et nemo potest dicere: 'Dominus Iesus', nisi in Spiritu Sancto".
   - Etc.

4. Las expresiones del Apocalipsis, como por ejemplo, la inscripción en el manto y en el muslo del Mesías en 19:16, "Et habet super vestimentum et super femur suum nomen scriptum: Rex regum et Dominus dominorum". O la de 1:5, "...et ab Iesu Christo,

qui est testis fidelis, primogenitus mortuorum et princeps regum terræ".

* * *

En consonancia con las antiguas profecías y los propios dichos de Jesucristo, los Santos Padres le aplican el título de Rey:

- El Martirio de San Policarpo.[4]

- San Ireneo de Lyon.[5]

- San Justino: El Señor que reina desde el leño es Rey.[6]

- San Cirilo Alejandrino: "De todas las criaturas, para decirlo en una palabra, obtiene el Señor la dominación, no por haberla arrancado a la fuerza ni por otro medio adquirido, sino por su misma esencia y naturaleza".[7]

- Etc.

* * *

El Magisterio de la Iglesia ha recogido la verdad del reinado de Cristo en muchas ocasiones, y es parte del Credo Niceno–constantinopolitano:

---

[4] *Martyrium Policarpi*, 9:3; 17:3.
[5] San Ireneo: *Adv. Hær.* I, 10, 1.
[6] San Justino: *Apol.* 1, 41; *Dial.*, 73.
[7] San Cirilo de Alejandría: *Comm. in Ioh.*, 12, 18 (*P. G.*, 74, 622).

5.1. CRISTO Y EL REINO

> "...sedet ad dexteram Patris, et iterum venturus est cum gloria, iudicare vivos et mortuos: cuius regni non erit finis".[8]

También encontramos expresiones parecidas en Símbolo Apostólico:

> "Credis in Christum Iesum... sedis ad dexteram Patris, venturus iudicare vivos et mortuos?"[9]

El Concilio de Trento establecía que era de fe que Cristo había sido constituido legislador al que tenían que obedecer todos los hombres:

> "Si quis dixerit, Christum Iesum a Deo hominibus datum fuisse ut redemptorem, cui fidant, non etiam ut legislatorem, cui obediant: an. s".[10]

Pío XI instituyó la Fiesta de la realeza de Cristo en su encíclica *Quas Primas* (a. 1925),[11] donde se proclama de nuevo que a Cristo como hombre le pertenece el título y la potestad de rey y no como a Dios, y al mismo tiempo señala el fundamento del mismo (la unión hipostática y el derecho adquirido al redimirnos):

> "...nemo non videt, nomen potestatemque regis, propria quidem verbi significatione, Christo homini vindicari oportere; nam, nisi quatenus homo est, a Patre potestatem et honorem et regnum accepisse (Da 7: 13ss) dici nequit,

---

[8] *D. S.*, 150.
[9] *D. S.*, 10.
[10] *D. S.*, 1571, canon 21 del Decreto sobre la Justificación.
[11] *D. S.*, 3675ss.

quandoquidem Dei Verbum, cui eadem est cum Patre substantia, non potest omnia cum Patre non habere communia, proptereaque ipsum in res creatas universas summum atque absolutissimum imperium".[12]

"...scilicet eius principatus illa nititur unione mirabili, quam hypostaticam appellant... At vero quid possit iucundius nobis suaviusque ad cogitandum accidere, quam Christum nobis iure non tantum nativo, sed etiam quæsito, scilicet redemptionis, imperare?"[13]

5.2 El Reino de Dios predicado por Cristo

Pero Cristo cambia profundamente la idea que tenían los judíos sobre el Reino de Dios.[14] El Reino tenía para los judíos de la época de Cristo una clara connotación de liberación político–social, que otorgaría a Israel un poder invencible frente a todos los otros pueblos; era un acontecimiento nacionalista con exclusión de las otras naciones; y, además, se realizaría de una vez para siempre, en una sola fase, que coincidiría con la llegada del Mesías. Frente a estas ideas, Cristo

---

[12]"Es evidente que también en sentido propio y estricto le pertenece a Cristo como hombre el título y la potestad de rey; pues solo en cuanto hombre se dice de Él que recibió del Padre la potestad, el honor y el reino (cfr. Da 7: 13ss), porque como Verbo de Dios, cuya sustancia es idéntica a la del Padre, no puede menos de tener común con Él lo que propio de la divinidad, y por tanto, poseer también como el Padre el mismo imperio supremo y absolutísimo sobre todas las creaturas" (*D. S.*, 3675).

[13]"...es decir, su realeza se funda en aquella maravillosa unión que llaman hipostática...Mas por otra parte, ¿qué pensamiento más grato ni más dulce podemos tener que el de que Cristo impere sobre nosotros, no sólo por derecho de naturaleza, sino también por derecho adquirido, es decir, por el de redención? " (*D. S.*, 3676). Cfr. *D. S.*, 3352.

[14]Cfr. J. A. Sayés: *Escatología*, cit., págs. 26–34; Id.: *Más Allá...*, cit., págs. 41–51.

5.2. EL REINO DE DIOS PREDICADO POR CRISTO

predica un Reino que se caracteriza por los rasgos contrarios:[15] A diferencia del pensamiento judío de su época, Jesucristo lo presenta con tres rasgos distintivos contrarios: es un reino espiritual de salvación, es universal y se realizará en una doble fase.

5.2.1 Reino espiritual de salvación

Es un Reino espiritual, que trae la verdadera liberación y salvación de los hombres, que no es política o social, sino:

- Liberación del pecado y del demonio, como aparece con toda claridad en la predicación y la vida del Señor. Así se ve en las parábolas de la misericordia de San Lucas 15, y en particular en la del hijo pródigo (Lc 15: 11–31). En su vida: Cristo lucha y vence al demonio (Mt 12:29; Lc 11: 20.22), y llama a los pecadores arrepentidos (Lc 5:32; 19:10; Mt 18: 12–14).

- Regalo de la adopción divina filial en el Hijo. Dios es Padre, que nos ofrece la salvación y su amor infinito, una idea muy diferente de la que tenían los fariseos (con su particular idea del mérito, según el cual, con el cumplimiento de la Ley se sentían con derechos delante de Dios). El origen del Reino es de lo Alto, trascendente, y su llegada no se debe a los esfuerzos humanos, sino a la gracia de Dios.

El reinado de Cristo no puede ser entendido como un reino con finalidad temporal o social, sino que se confunde con su misión salvadora, es un reino de salvación total, dando el verdadero sentido a la vida en esta tierra y abriendo las puertas del Cielo. Y así aparece como tal:

---

[15]Sobre la mediación de Cristo como Rey, cfr. Juan A. Jorge: *Cristología*, vol. II, cit., págs. 363–377.

1. Desde el inicio de su misión, donde Cristo anuncia que, "impletum est tempus, et appropinquavit regnum Dei; pænitemini et credite evangelio" (Mc 1:15).

2. Es el reino "de los Cielos" (Mt 5:20; 7:21; etc.).

3. Es un reino que "está dentro de vosotros" (Lc 17:21).

4. En este reino, mandar es servir (Lc 22:27; Mt 20:28).

Por eso Pio XI recordaba la negativa de Jesucristo a ser considerado como un mero rey temporal encargado de restablecer el reino de Israel, su huida a un lugar desértico cuando iban a proclamarlo rey, o su diálogo con Pilato sobre la naturaleza de su verdadero reino que no es de este mundo (Jn 18:36). Por lo mismo a este reino se entra de un modo sobrenatural por la fe y el bautismo, previa la preparación por la penitencia. Se opone al reino de Satanás, el "príncipe de este mundo", y pide a sus seguidores la santidad y la pobreza de espíritu. Finalmente vive su realeza como sacerdote que entrega su vida por los pecados del pueblo y vive eternamente intercediendo por nosotros:

"Verumtamen eiusmodi regnum præcipuo quodam modo et spirituale esse et ad spiritualia pertinere, cum ea, quæ ex Bibliis supra protulimus, verba planissime ostendant, tum Christus Dominus sua agendi ratione confirmat. Siquidem non una data occasione, cum Iudæi, immo vel ip-

"Sin embargo, que este reino sea principalmente espiritual y a lo espiritual pertenezca muéstranlo por una parte clarísimamente las palabras que hemos alegado de la Biblia, y confírmalo por otra, con su modo de obrar, Cristo Señor mismo. Porque fue así que en más de una ocasión, como los judíos y hasta los mismos Apóstoles pensaran

5.2. EL REINO DE DIOS PREDICADO POR CRISTO

si Apostoli, per errorem censerent, fore ut Messias populum in libertatem vindicaret regnumque Israel restitueret vanam ipse opinionem ac spem adimere et convellere, rex a circumfusa admirantium multitudine renuntiandus, et nomen et honorem fugiendo latendoque detrectare; coram præside romano edicere, regnum suum 'de hoc mundo' (Jn 18:36) non esse. Quod quidem regnum tale in evangeliis proponitur, in quod homines pænitentiam agendo ingredi parent, ingredi vero nequeant nisi per fidem et baptismum, qui, etsi est ritus externus, interiorem tamen regenerationem significat atque efficit; opponitur unice regno Satanæ et potestati tenebrarum, et ab asseclis postulat, non solum ut, abalienato a divitiis rebusque terrenis animo, morum præferant lenitatem et esuriant sitiantque iustitiam, sed etiam ut semet ipsos abnegent et crucem suam

erróneamente que el Mesías había de reivindicar la libertad del pueblo y restablecer el reino de Israel, Él les quitó y arrancó esa vana opinión y esperanza; cuando estaba para ser proclamado rey por la confusa muchedumbre de los que le admiraban, Él rehusó ese nombre y honor, huyendo y escondiéndose; y ante el presidente romano proclamó que su reino no era de este mundo [Jn 18:36]. Tal se nos propone ciertamente en los Evangelios este reino, para entrar en el cual los hombres han de prepararse haciendo penitencia, y no pueden de hecho entrar si no es por la fe y el bautismo, sacramento este que, si bien es un rito externo, significa y produce, sin embargo, la regeneración interior; opónese únicamente al reino de Satanás y al poder de las tinieblas y exige de sus seguidores no sólo que, desprendido su corazón de las riquezas y de las cosas terrenas, ostenten mansedumbre de costumbres y tengan hambre y sed de justicia, sino que se nieguen a sí mismos y tomen su cruz. Y habiendo Cristo adquirido la Iglesia, co-

tollant. Cum autem Christus et Ecclesiam Redemptor sanguine suo acquisiverit et Sacerdos se ipse pro peccatis hostiam obtulerit perpetuoque offerat, cui non videatur regium ipsum munus utriusque illius naturam muneris induere ac participare?"[16]

mo Redentor, con su sangre, y habiéndose, como Sacerdote, ofrecido a sí mismo como víctima por los pecados y siguiendo perpetuamente ofreciéndose, ¿quién no ve que su regia dignidad ha de revestir y participar la naturaleza de aquellos dos cargos de Redentor y Sacerdote?"

De este reino de los salvados, algunos voluntariamente se excluyen, haciendo un mal uso de su libertad: "...no queremos que ése reine sobre nosotros" (Lc 19:14).

5.2.2 Reino universal

Es un Reino universal, que está llamado a llegar hasta los confines de la tierra (Mt 8:11; 28:19). A él son llamados también los pecadores arrepentidos y los más pequeños y despreciables de los hombres (Lc 5:32; 19:10; Mt 18: 12–14; etc.).

Del Reino quedan excluidos los que no aceptan la salvación de Dios, el amor del Padre, y su misericordia (Mt 11: 20–29; Jn 8: 12.21.24; Jn 3: 16–21; etc.). Para ellos será el Infierno.

No obstante la cualidad de espiritual del imperio de Cristo, hay que recordar que su poder alcanza a cualquier cosa civil y a todas las cosas creadas, aunque Jesucristo en su vida terrestre se abstuvo a ejercer tal dominio y la administración de las cosas temporales, dejándoselas a sus poseedores, lo que sigue haciendo también ahora

---

[16] *D. S.*, 3678.

5.2. EL REINO DE DIOS PREDICADO POR CRISTO

desde la eternidad.[17] Este poder de Cristo alcanza también a todos los hombres, tanto individual como colectivamente, como señalaba León XIII:

"Videlicet imperium eius non est tantummodo in gentes catholici nominis, aut in eos solum, qui sacro baptismate rite abluti, utique ad Ecclesiam, si spectetur ius, pertinent, quamvis vel error opinionum devios agat vel dissensio a caritate seiungat, sed complectitur etiam quotquot numerantur christianæ fidei expertes, ita ut verissime in potestate Christi sit universitas generis humani".[18]

"Su autoridad, en efecto, no se extiende sólo a los pueblos que profesan la fe católica y a aquéllos que, válidamente bautizados, pertenecen por derecho a la Iglesia (aunque lo errores doctrinales les mantengan alejados o las disensiones les han apartado de la caridad), sino que abraza también a todos los que están privados de la fe cristiana. He ahí porqué toda la humanidad está realmente bajo el poder de Jesucristo".

La extensión de su reino abarca, por tanto, desde lo material a lo angélico, y coincide con la Iglesia. Como explica San Pablo, "todo lo sometió a su poder y a Él lo constituyó cabeza de todas las cosas en favor de la Iglesia que es su Cuerpo..." (Ef 1: 22–23).

5.2.3 Reino en doble fase

Es un Reino en doble fase, y no en fase única. Este rasgo es fundamental para nuestro tratado. En efecto:

---

[17] *D. S.*, 3679.
[18] León XIII, Enc. *Annum Sacrum, D. S.*, 3350.

- *Es un "ya"*, un logro que coincide con la primera venida de Cristo en "kenosis" (Mt 20:28; Flp 2:7), porque la salvación que trae este Rey es una realidad que ya está conseguida:

    - Un "ya" que realiza Cristo: Lc 17: 20–21, "El Reino de Dios no viene con espectáculo; ni se podrá decir: 'Mirad, está aquí', o 'está allí'; porque, daos cuenta de que el Reino de Dios está ya en medio de vosotros"; Lc 4:21 (en referencia Is 61), "Y comenzó a decirles: —Hoy se ha cumplido esta Escritura que acabáis de oír"; Mt 11: 3–6, "¿Eres tú el que va a venir, o esperamos a otro? Y Jesús les respondió: 'Id y anunciadle a Juan lo que estáis viendo y oyendo: los ciegos ven y los cojos andan, los leprosos quedan limpios y los sordos oyen, los muertos resucitan, y a los pobres se les anuncia el Evangelio. Y bienaventurado el que no se escandalice de mí'". El Reino de Dios se identifica con el mismo Jesús: es lo mismo entregarlo todo por el Señor que por el Reino (Lc 18:29; Mt 19:29; Mc 10:29). Cristo es la "autobasileia".[19]

    - Con su muerte y con su Resurrección: Mc 10:45, "porque el Hijo del Hombre no ha venido a ser servido, sino a servir y a dar su vida en redención de muchos".

    - Los milagros son signos de la llegada de hecho del Reino de salvación.

- *Pero, al mismo tiempo, es un "todavía no"*, porque la plenitud de la salvación ocurrirá con la Parusía del Señor (Mt 25:34, "Entonces dirá el Rey a los que estén a su derecha: "Venid, benditos de mi Padre, tomad posesión del Reino preparado para vosotros desde la creación del mundo"; Mt 24:36, "Pero nadie sabe de ese

---

[19]Orígenes: *In Math.* 14, 7.

5.2. EL REINO DE DIOS PREDICADO POR CRISTO

día y de esa hora: ni los ángeles de los Cielos, ni el Hijo, sino sólo el Padre"; Mt 24: 32–36).

- Es entonces cuando se producirá la destrucción definitiva de la enfermedad y la muerte (1 Cor 15:26).
- Es entonces cuando aparecerán los "cielos nuevos y la tierra nueva" (Ro 8: 18ss).
- Es entonces cuando el Tentador ya no actuará más (Ap 18–22).

Este Reino de Dios de doble fase, está explicado de muchas maneras en la Revelación neotestamentaria, aunque con matices, según los diferentes hagiógrafos:

- En los sinópticos aparece con claridad:
  - Es un "ya", como se manifiesta, además de los textos ya mencionados, en las parábolas del Reino donde se compara con algo que ya está instalando y operando:
    * El grano de mostaza y la levadura (Mt 13: 31–32).
    * El grano sembrado que crece todo (Mc 4: 26ss).
    * El sembrador (Mc 4: 3–9).
    * Etc.
  - Pero es un "todavía no", como se manifiesta en:
    * Parábola del vino nuevo que Cristo beberá en el Reino (Mc 14:25).
    * Los anuncios de su vuelta al final de los tiempos, con poder, gloria y majestad (Mt 13:41; 14:39; 16:27; Mc 8:38; Lc 12:8; 17:22; etc.).
    * Será el tiempo del Juicio universal sobre todos los hombres (Mt 25:34).

* Será en un momento inesperado, por lo cual debemos estar siempre preparados (Mt 24: 42–44).

- En San Juan, quien no usa el término "Reino de Dios", sino "vida eterna":
  - La salvación es un "ya":
    * Se produce "ya" por la fe en Cristo (Jn 3: 15–16).
    * Por lo cual "ya" se está juzgado (Jn 3: 18–19).
  - Pero también es "todavía no", porque Cristo:
    * Volverá con gloria al final de los tiempos (Jn 5: 26ss.).
    * Coincidirá con la Resurrección de los cuerpos (Jn 6: 39.40.44.54).

- En San Pablo también encontramos el mismo esquema escatológico:
  - La salvación es un "ya" porque:
    * La muerte y Resurrección de Cristo es "ya" la plenitud de los tiempos (Ga 4:4).
    * En Cristo se manifiesta "ya" la justicia de Dios (Ro 3: 21–22).
  - Pero la salvación, es al mismo tiempo, un "todavía no", porque falta:
    * La llegada del "día del Señor", del "día de Yahveh" (1 Cor 1:8; 2 Cor 1:14; 1 Te 5:2).
    * La Parusía (1 Te 4: 15ss.).
    * La renovación del mundo (1 Cor 5: 51–52).
    * La renovación del cosmos (Ro 8: 19–22).

5.2. EL REINO DE DIOS PREDICADO POR CRISTO

En conclusión, *en el tiempo,* este reino se inicia con la Encarnación y se extiende progresivamente hasta la Parusía, cuando Cristo entregue por completo el reino a su Padre:

> "...deinde finis, cum tradiderit regnum Deo et Patri, cum evacuaverit omnem principatum et omnem potestatem et virtutem. Oportet autem illum regnare, donec ponat omnes inimicos sub pedibus eius. Novissima autem inimica destruetur mors; omnia enim subiecit sub pedibus eius. Cum autem dicat: 'Omnia subiecta sunt,' sine dubio præter eum, qui subiecit ei omnia. Cum autem subiecta fuerint illi omnia, tunc ipse Filius subiectus erit illi, qui sibi subiecit omnia, ut sit Deus omnia in omnibus" (1 Cor 15: 24-28).

*   *   *

La realidad del Reino de Dios predicado por Jesucristo de doble fase, ha sido rechazada por parte de la teología contemporánea que se esfuerza por interpretar los textos revelados de un modo sesgado, sobre todo, a partir de ciertos prejuicios, que nacen de la teología protestante o de la neo–modernista.

- Bultmann y epígonos: el presentismo escatológico. El reino de Dios es de una sola fase: la presente, sin tener que esperar nada en el futuro. Para Bultmann[20], estudiando tan solo a San Juan de un modo sesgado a través de algunos de sus textos, la resurrección de los muertos y el juicio se han hecho ya presentes con

---

[20]Sus obras principales: *Creer y Comprender*, Madrid, 1974–1976; *Historia y Escatología*, Madrid, 1974; *Teología del Nuevo Testamento*, Salamanca 1978.

la venida de Cristo (Jn 3:19; 9:39; 3:36; 5: 24ss). Los textos apocalípticos de acontecimientos futuros son puros mitos que hay que desechar. Para ello aplica su procedimiento desmitifacador de la Escrituras, según el cual considera "mito" todo lo que cae fuera de la existencia experimentable. El "mito" no es historia propiamente tal porque cae fuera de las coordenadas del espacio y el tiempo, pero es importante como narración que apela a una decisión del creyente que influye, solo a través de él, en el proceso de la historia.

Sin embargo, como dice C. Pozo,[21] su posición está llena de prejuicios insostenibles:

- Olvida voluntariamente los textos de San Juan, y de todo el Nuevo Testamento, que hacen referencia a acontecimientos futuros (Jn 5: 28ss; 6:54; etc.).

- Cristo crucificado y desmitologizado es para Bultmann, tan solo, el paradigma de toda existencia cristiana: una actitud absoluta de radical confianza en Dios sin tener motivos para esperar nada y sin saber siquiera qué es lo que se espera. Pero esto es humanizar totalmente la figura de Jesús, dejarla sin divinidad y empobrecerla por completo. ¿Cómo puede ser así modelo para el hombre?

- No es racional, ni humano, proponer esperar sin motivo y sin saber qué se espera.

- ¿Qué diferencia existe entre la figura de Cristo y la de Mahoma o Confucio?

---

[21]C. Pozo: *Teología...*, cit., págs. 47–49. Cfr. la crítica de J. A. Sayés: *Escatología*, cit., págs. 35–36.

5.2. EL REINO DE DIOS PREDICADO POR CRISTO

- D. Bonhoeffer y W. Hamilton llevarán las posturas de Bultmann a su expresión más radical, pues el primero[22] propone desmitologizar no solo lo milagroso, sino a la realidad de Dios mismo y a toda preocupación por el más allá, para centrar todo el interés en las cosas de este mundo. Dios es un ser innecesario, creación del ser humano, y hay que vivir una religión sin Dios. W. Hamilton da un paso adelante y propugna la teología de la muerte de Dios: el hombre debe liberarse plenamente de todo sueño utópico del más allá a través del asesinato del Padre (Edipo), esto es de Dios, y de la madre (Orestes), es decir la religion.[23]

- Albert Schweitzer[24] afirmará que Jesús creía en la llegada inminente del Reino de Dios, realizando la salvación definitiva; para aceptar ese Reino, el Maestro predica al pueblo un tiempo de conversión. Creía que su sufrimiento y muerte traería el Reino definitivo y único; el Reino no se realizaría en su vida, pero vendría definitivamente tras su muerte, y no habría que esperar a un más allá al final de la historia. Como no fue así, entonces San Pablo reinterpreta los datos de la predicación de Jesús, sosteniendo la idea de que, de hecho, el Reino había llegado con Cristo. Por esta razón, a la escatología de Schweitzer se la ha calificado como "escatología consecuente". Otro teólogo, C. H. Dodd[25] sostuvo la tesis contraria a Schweitzer, afirmando que Jesucristo sí que estaba convencido de que con él venía la salvación definitiva, pero no tuvo la perspectiva de la espera a un fin último de la Historia; en este sentido, Dodd tampoco sostiene la

---

[22]D. Bonhoeffer: *Resistencia y Rendición*, cartas desde la cárcel.
[23]C. Pozo: *Teología...*, cit., págs. 50–61.
[24]A. Schweitzer: *Le Secret Historique de la Vie de Jésus*, Paris, 1961.
[25]C. H. Dodd: *Las Parábolas del Reino*, Madrid, 1974.

escatología al final de los tiempos, y no afirma la escatología de doble fase.[26]

- J. Moltmann sostendrá una Teología de la esperanza puramente escatológica y final.[27] Para este profesor, toda la teología es escatología, espera de los acontecimientos futuros. El único problema del hombre es el problema del futuro. La teología no es la fe que busca entender, sino la esperanza que busca entender: "espero para entender" (1 Te 4:13; 1 Pe 3:15). Ahora bien, la esperanza necesita un fundamento real, que Moltmann señala en el hecho de la Resurrección de Cristo, que a pesar de ser un hecho, sin embargo escaparía a toda percepción humana, por lo que es un hecho esencialmente opaco sobre el que no cabe construcción teológica alguna con el recurso de la analogía. El entendimiento de la Resurrección solo podrá alcanzarse cuando nosotros experimentemos la nuestra. Así el futuro escatológico de Moltmann aparece como un futuro sin rostro.

    Moltmann cae en el defecto contrario de Bultmann y los presentistas: desconoce la escatología ya realizada, la primera fase de la escatología cristiana. Su escatología es puramente de mirada dirigida al futuro, pues considera que la escatología realizada ya en los textos del Nuevo Testamento, son interpretación de la comunidad primitiva que hay que depurar.[28]

Frente a estos desenfoques, la escatología cristiana estudia todos los textos bíblicos, sin prejuicios, y tiene que afirmar simplemente que el Reino de Dios y la salvación que trae, se realiza en una doble fase.

---

[26]Cfr. J. A. Sayés: *Escatología*, cit., págs. 36–37.

[27]J. Moltmann: *Teología de la Esperanza*, Salamanca, Sígueme, 1965.

[28]C. Pozo: *Teología...*, cit., págs. 62–78.

5.2. EL REINO DE DIOS PREDICADO POR CRISTO

En efecto: una salvación escatológica universal en plenitud, al fin de los tiempos, con la Parusía del Señor; y una salvación escatológica ya realizada e intermedia, para los individuos que viven y mueren antes de ese final definitivo, donde ya operan los efectos de la Redención hecha por Cristo en su primera venida, y por la cual, las almas ya están salvadas, condenadas o en situación de purgación, aunque esperen la plenitud que ocurrirá solo con la Parusía del Señor.

* * *

El rechazo de las doctrinas utópicas sobre el Reino de Dios solo para este mundo, porque no habría ningún otro que esperar, es una de las constantes del pensamiento de A. Gálvez. En efecto, en primer lugar, rechaza tal herético y erróneo reduccionismo:

"Los intentos de *reduccionismo* con respecto a las revelaciones del *Apocalipsis*, tal como hemos dicho más arriba, se han hecho más frecuentes en los tiempos modernos. Quizá el más importante de todos gira en torno al misterioso anuncio de *unos cielos nuevos y una tierra nueva*. En realidad, lo que yace en el fondo de tal proyecto se reduce al deseo de edificar un Paraíso terrenal y olvidarse para siempre del Paraíso Celeste, en el que por cierto ya no se cree. Dicho con otras palabras, se trata de dejar de pensar en la *utopía* del Cielo, y comenzar a construir la *realidad* de una tierra a la medida del hombre. Como es lógico, las cosas no se dicen en la moderna Teología *progre* de forma tan ruda y descarnada; sería una torpeza que manifestaría fácilmente las huellas de Marx y de Engels, además de las pertenecientes a la multitud de epígonos, continuadores, discípulos y seguidores que han venido apareciendo después. Llegará un momento —es lo que suele decirse— en el que el hombre podrá gozar de una *tierra nueva*; la misma en la que, por fin, se verá establecida definitivamente *la justicia*. Una vez aireada de esta forma la proclama, sin otros aditivos ni añadidos, basta luego dejar que se difunda por sí sola. Efectivamente *suena bien*, sin que le falte un agradable sabor de puesta al día, de modernidad y hasta de revolucionaria. De ahí que no sea probable que nadie se atreva a oponerse a ella; pues tal cosa supondría adoptar una actitud que fácilmente sería tachada de escandalosa, recalcitrante, conservadora y, pese a todo, también de guerrillera...

Por desgracia para la Teología modernista, la Biblia nunca ha demostrado interés en coincidir con ella. Un concepto tan importante como el de *justicia*, por ejemplo, posee connotaciones muy diversas en una y otra. La reducción del concepto de justicia a la justicia social, entendida además al modo marxista, no tiene nada que ver con la Biblia.[29] Aunque así se dio paso a la idea de imaginar la

---

[29] La moderna Pastoral católica es bastante permeable al concepto socialista de justicia. De ahí que el sentido sobrenatural de esta virtud se haya difuminado en esa Pastoral, dando paso en su lugar a un reduccionismo en cuanto a su significación bíblica. Es probable que haya influido en el hecho el fenómeno que ha estado afectando a la Iglesia desde finales del siglo XIX y durante todo el XX: la abundancia y extraordinaria proliferación, a todos los niveles, de Documentos eclesiásticos sobre *Doctrina Social*. Incluso hubo un tiempo en el que cualquier Obispo se creyó obligado a hacer su propia aportación al problema, con la intención tal vez de completar las Encíclicas sociales de los Papas, ya de por sí prolijas. Consecuencia todo ello de la monomanía de socialismo que invadió el mundo occidental durante esa época, provocada probablemente por un complejo de inferioridad cuyos antecedentes habría que buscarlos en una crisis de Fe.

5.2. EL REINO DE DIOS PREDICADO POR CRISTO 245

implantación definitiva de la justicia en este mundo, *y solo para este mundo*. Las consecuencias se deducen solas: los cielos nuevos y la tierra nueva que esperan los cristianos no significan un universo *nuevo*, sino un mundo meramente *transformado*. Donde ya no se trata de esperar un cambio, sino de la simple transformación que ocasiona una mejora. Dicho de otro modo, nada que se refiera a un cambio sustancial, sino únicamente al paso de lo menos a lo más, o de lo bueno a lo mejor; aunque permaneciendo siempre dentro de parámetros exclusivamente humanos. Al fin una tierra *transformada* en la que se habrán hecho realidad definitivamente los valores de la justicia social, de los derechos humanos y, en general, de todo lo que conduzca al bienestar del hombre. Pero sin consideración alguna a fantasías sobrenaturales que no existen sino en la imaginación de los soñadores. En pocas palabras: la utopía marxista, que ha dejado de ser tal para convertirse en realidad.[30]" [31]

Frente a estos presupuestos, se levanta incontestable, la realidad de la Palabra de Dios, que anuncia la aparición de unos nuevos cielos y una nueva tierra donde, por fin, habitará la justicia:

> "Con todo, los datos que se contienen en la Revelación discurren por caminos distintos. Sin necesidad de insistir en que el concepto bíblico de *justicia* nada tiene que ver

---

[30] Ya puede comprenderse que la moderna Pastoral modernista no puede mostrarse a sí misma de forma tan cruda y radical, como se ha insinuado antes. Pero si se examina atentamente su trasfondo, pronto se descubre la realidad de su contenido.

[31] A. Gálvez: *Siete...*, cit., págs. 11–13.

con el correspondiente concepto marxista,³² lo que se dice en la Escritura acerca de *los cielos nuevos y la tierra nueva* es ajeno a los presupuestos del modernismo. San Pedro es claro al respecto, y no parece referirse a una mera *trasformación* o simple cambio, de corte horizontalista, en las condiciones de vida de los hombres: *Los cielos y la tierra de ahora, por la misma palabra, están reservados para el fuego y guardados para el día del Juicio y de la perdición de los impíos... Pero como un ladrón llegará el día del Señor. Entonces los cielos se desharán con estrépito, los elementos se disolverán abrasados, y lo mismo la tierra con lo que hay en ella. Si todas estas cosas se van a destruir de ese modo, ¡cuánto más debéis llevar vosotros una conducta santa y piadosa, mientras aguardáis y apresuráis la venida del día de Dios, cuando los cielos se disuelvan ardiendo y los elementos se derritan abrasados! Nosotros, según su promesa, esperamos unos "cielos nuevos" y una "tierra nueva", en los que habita la justicia.*³³

Ya la primera afirmación, en la que se refiere a los cielos y la tierra de ahora —*reservados para el fuego y guardados para el día del Juicio*—, no es fácil de armonizar con la idea de un mundo meramente mejor a la medida humana.

---

³²Como se sabe, uno de los trucos más frecuentemente utilizados por las filosofías idealistas (y más concretamente las marxistas) consiste en hacer uso de vocablos cristianos atribuyéndoles un contenido y significado diferentes del original. Debido a que la gente adolece de cierta tendencia a prescindir de análisis y distinciones, acepta sencillamente lo que se le dice, aunque de la forma en que siempre lo había interpretado; muy pronto, sin embargo, de manera más o menos consciente, acaba por asimilar el significado pretendido por la falsa ideología. Una debilidad que el Sistema siempre ha sabido aprovechar.

³³2 Pe 3: 7.10–13.

5.2. EL REINO DE DIOS PREDICADO POR CRISTO

Si carece de algo la afirmación, es precisamente del optimismo babélico y fácil que piensa que puede prescindir de Dios. Ante los acontecimientos que han de suceder, San Pedro no insiste en la consigna de trabajar por establecer definitivamente la Ciudad Terrenal (sin esperar a ninguna otra), sino que aconseja conducirse según *una vida santa y piadosa, aguardando y apresurando la venida del Señor.* En cuanto a los cielos nuevos y la tierra nueva que han de venir, cuida de puntualizar que en ellos por fin *habitará la justicia.* Aunque es muy dudoso que la justicia petrina tenga algo que ver con la justicia social entendida al modo *progre*, si se tiene en cuenta también la claridad con que los textos bíblicos excluyen a la auténtica virtud del presente eón.[34] En cuanto al *Apocalipsis*, lo mejor que se puede decir es que es más contundente todavía en cuanto al tema: *Vi un cielo nuevo y una tierra nueva, pues el primer cielo y la primera tierra desaparecieron, y el mar ya no existe.*[35] Si efectivamente la creación entera gime y sufre con dolores de parto, en espera de ser liberada de la esclavitud de la corrupción (Ro 8: 21–22), es preciso reconocer que resulta bastante engorroso esforzarse en imaginar tal liberación al modo modernista (marxista)".[36]

---

[34] Es interesante notar el modo como las Bienaventuranzas plantean el problema. La pobreza, el sufrimiento, la limpieza de corazón, la mansedumbre, etc., son para el presente eón: *Bienaventurados los pobres..., los que lloran..., los limpios de corazón...* No sucede lo mismo con la justicia, para la que no queda otra cosa por ahora que *esperarla* con ansiedad y esperanza: *Bienaventurados los que tienen "hambre y sed" de justicia.*

[35] Ap 21:1.

[36] A. Gálvez: *Siete Cartas...*, cit., págs. 13–15.

5.3 La esperanza cristiana

5.3.1 La esperanza vivida en la espera del Reino de Dios

La realidad de la escatología de doble fase fundamenta la esperanza cristiana. En efecto, esta virtud teologal hace anhelar las cosas que creemos por la fe, y hace gustar las primicias y arras de la salvación ya conseguida. Desaparecerá en el más allá, cuando se produzca la posesión efectiva y plena de lo esperado. Incluso en la escatología intermedia, las almas, que ya son plenamente felices (Benedicto XII) en su propio orden de existencia como almas separadas, de algún modo "esperan" los acontecimientos de la escatología final y definitiva, la que les daría una felicidad pero ya en el orden pleno de existencia de almas unidas a sus cuerpos gloriosos, y con la victoria definitiva de Cristo y de la Iglesia (que en ese momento será solo "triunfante", desaparecida la "militante" y la "purgante").[37]

Cuando se pierde la fe en el más allá, la esperanza desaparece también. Es la situación del mundo que elige el ateísmo o el agnosticismo y cae en la desesperación, con sus manifestaciones de irracionalismo, vacío existencial, suicidio, cultura tanática, etc. Su expresión más clara es la llamada *cultura post–moderna*, donde o bien ya no se cree en ninguna verdad o valor, o bien se apuesta por los contra–valores de la cultura cristiana y occidental.[38]

---

[37]Con lo que quedaría mejor explicada su felicidad final que con la teoría de una *beatitudo* accidental (teología clásica) o de una *beatitudo* intensiva (Pozo), como se expondrá más adelante.

[38]Para la descripción de este mundo desesperanzado, cfr. C. Pozo: *Teología...*, cit., págs. 32–78; T. Urdanoz: *Introducciones al Tratado sobre la Fe y Tratado sobre la Esperanza*, en "Suma Teológica de Santo Tomás de Aquino", tomo VII, Madrid, BAC, 2014, págs. 477–496; A. Fernández: *¿Hacia dónde Camina Occidente?*, Madrid, BAC, 2012.

5.3. LA ESPERANZA CRISTIANA

Para salvarse de la misma, se han hecho otras propuestas de esperanzas intramundanas, pero sin fe en Dios o en el más allá, con el mismo resultado final: el vacío existencial y la destrucción del hombre. Es el caso de los paraísos terrenales puramente humanos (marxismo, hedonismo de las sociedades liberales, o cientifismo; la teología de la tierra, de la *pacha–mama*; etc.).

En otros casos, cristianos influenciados por la cultura agnóstica y atea que nos rodea, se proponen esperanzas religiosas de tipo fideísta pero sin religión, como ya se ha mencionado (Bultmann, Bonhoefer, Hamilton, teologías de la liberación).

En algunos casos se han ensayado teorías de una escatología con fe y esperanza en un más allá, pero sin contenido objetivo y claro, es decir, sin verdadera esperanza cristiana objetiva, que no convencen en absoluto (Moltmann).

Solo la verdadera esperanza cristiana sustentada sobre la fe en la escatología de doble fase, es la que da la única explicación integral y satisfactoria al corazón humano.

5.3.2 La esperanza en el Aquinate

El pensamiento de Santo Tomás de Aquino sobre la esperanza es muy rico.[39] Se puede encontrar en la *Suma Teológica*, además de en el *Comentario al Libro de las Sentencias* y en las *Cuestiones Disputadas*. En la primera de esas obras, la esperanza se aborda desde un enfoque múltiple: su relación con la inteligencia,[40] con la voluntad,[41] con la bondad y maldad de los actos humanos,[42] con la espe-

---

[39] Véase el excelente estudio de T. Urdanoz: *Introducciones...*, cit., págs. 475–639, con extensa bibliografía.

[40] Santo Tomás de Aquino: *Summ. Theol.*, I^a, q. 79.

[41] Santo Tomás de Aquino: *Summ. Theol.*, I^a, q. 82.

[42] Santo Tomás de Aquino: *Summ. Theol.*, I^a–II^{ae}, q. 18.

ranza como virtud[43] y con la esperanza como pasión.[44] El desarrollo de la explicación de la virtud teologal de la esperanza en sí misma, que se encuentra en la cuestión 17 de la II^a–II^{ae}, es el siguiente: la esperanza como virtud (a. 1) y su objeto (a. 2) y de los objetos secundarios material (a. 3) y formal (a. 4); de ahí se pasa al estudio de la esperanza como virtud teologal (a. 5) lo que sirve para mostrar las relaciones de distinción entre las tres virtudes teologales (a. 6), la prioridad de la fe sobre la esperanza (a. 7) y de ésta sobre la caridad (a. 8). Las condiciones del objeto de la esperanza sirven para definir la esperanza como pasión; definición que se puede aplicar analógicamente a toda clase de esperanza:

"Respondeo dicendum quod species passionis ex obiecto consideratur. Circa obiectum autem spei quatuor conditiones attenduntur. Primo quidem, quod sit bonum, non enim, proprie loquendo, est spes nisi de bono. Et per hoc differt spes a timore, qui est de malo. Secundo, ut sit futurum, non enim spes est de præsenti iam habito. Et per hoc differt spes a gaudio, quod est de bono præsenti. Tertio, requiritur quod sit aliquid arduum cum difficultate

"La especie de la pasión se determina por el objeto. Ahora bien, acerca del objeto de la esperanza se tienen en cuenta cuatro condiciones. Primera, que sea un bien; pues, propiamente hablando, no hay esperanza sino del bien. Segunda, que sea futuro, pues la esperanza no se refiere al bien presente ya poseído. Y en esto se diferencia la esperanza del gozo, que se refiere al bien presente. Tercera, se requiere que sea una cosa ardua que se consigue con dificultad, pues no se dice que alguien

---

[43]Santo Tomás de Aquino: *Summ. Theol.*, II^a–II^{ae}, q. 17.
[44]Santo Tomás de Aquino: *Summ. Theol.*, I^a–II^{ae}, q. 40.

5.3. LA ESPERANZA CRISTIANA

adipiscibile, non enim aliquis dicitur aliquid sperare minimum, quod statim est in sua potestate ut habeat. Et per hoc differt spes a desiderio vel cupiditate, quæ est de bono futuro absolute, unde pertinet ad concupiscibilem, spes autem ad irascibilem. Quarto, quod illud arduum sit possibile adipisci, non enim aliquis sperat id quod omnino adipisci non potest. Et secundum hoc differt spes a desperatione".[45]

espera una cosa mínima cuando está en su poder obtenerla inmediatamente. Y en esto se diferencia la esperanza del deseo o anhelo, que mira absolutamente al bien futuro, por lo cual pertenece al concupiscible, mientras que la esperanza pertenece al irascible. Cuarta, que ese objeto arduo sea posible de conseguir, pues nadie espera lo que es absolutamente inasequible. Y en esto se diferencia la esperanza de la desesperación".

Ya centrados en la esperanza como virtud teologal, el Aquinate profundiza sobre su objeto material primario y a la vez formal "quod", que consiste en el bien divino o la bienaventuranza eterna, y su acto propio es la expectación o la espera confiada y cierta de esa misma bienaventuranza:

"Et ideo bonum quod proprie et principaliter a Deo sperare debemus est bonum infinitum, quod proportionatur virtuti Dei adiuvantis, nam infinitæ virtutis

"Por eso el bien que propia y principalmente debemos esperar de Dios es un bien infinito proporcionado al poder de Dios que ayuda, ya que es propio del

---

[45] Santo Tomás de Aquino: *Summ. Theol.*, I^a–II^æ, q. 40, a. 1, co. Cfr. q. 25, a. 1; II^a–II^æ, q. 144, a. 1; *In Sent.* III, dist. 26, q. 1, a. 3; q. 2, a. 3, q.a2; *Compend. Theol.* p. 2, c. 7; *De spe*, a. 1.

est proprium ad infinitum bonum perducere. Hoc autem bonum est vita æterna, quæ in fruitione ipsius Dei consistit, non enim minus aliquid ab eo sperandum est quam sit ipse, cum non sit minor eius bonitas, per quam bona creaturæ communicat, quam eius essentia. Et ideo proprium et principale obiectum spei est beatitudo æterna".[46]

poder infinito llevar al bien infinito, y este bien es la vida eterna, que consiste en la fruición del mismo Dios. En efecto, de Dios no se puede esperar un bien menor que Él, ya que la bondad por la que comunica bienes a sus criaturas no es menor que su esencia. Por eso el objeto propio y principal de la esperanza es la bienaventuranza eterna".

El objeto formal secundario es el conjunto de medios sobrenaturales que conducen a la vida eterna (gracias, sacramentos y otros dones divinos); y el objeto material accidental son todos los bienes creados y el evitar los males siempre en orden a la consecución de la vida eterna:

"Quæcumque alia bona non debemus a Deo petere nisi in ordine ad beatitudinem æternam. Unde et spes principaliter quidem respicit beatitudinem æternam; alia vero quæ petuntur a Deo respicit secundario, in ordine ad beatitudinem æternam. Sicut etiam fides respicit principali-

"Cualquier tipo de bien no lo debemos pedir a Dios sino en orden a la bienaventuranza eterna. De ahí que la esperanza se dirige también principalmente a la bienaventuranza eterna; en cambio, los demás bienes que se piden a Dios los considera de manera secundaria, es decir, en orden a la bienaventuranza eterna. Sucede lo mismo que con la fe, que

---

[46]Santo Tomás de Aquino: *Summ. Theol.*, II^a-II^æ, q. 17, a. 2, co. Cfr. q. 25, a. 1; II^a-II^æ, q. 144, a. 1; *In Sent.* III, dist. 26, q. 2, a. 2; *De spe*, a. 1. 4.

5.3. LA ESPERANZA CRISTIANA

ter Deum, et secundario respicit ea quæ ad Deum ordinantur, ut supra dictum est".[47]

se refiere principalmente a Dios, y de manera secundaria, a lo que a Él se refiere, como hemos visto (q. 1, a. 1; a. 6, ad 1)".

Por lo que hace a la dimensión universalista de la esperanza cristiana, se puede y se debe esperar para todos los otros cristianos la vida eterna y los demás bienes divinos, pero no absoluta y principalmente, sino solo con la condición de la existencia de la unión de amor con los demás cristianos hacia los que se desean los mencionados bienes. La razón es la peculiar naturaleza de la virtud de la esperanza, distinta de la de la caridad:

"Spes potest esse alicuius dupliciter. Uno quidem modo, absolute, et sic est solum boni ardui ad se pertinentis. Alio modo, ex præsuppositione alterius, et sic potest esse etiam eorum quæ ad alium pertinent. Ad cuius evidentiam sciendum est quod amor et spes in hoc differunt quod amor importat quandam unionem amantis ad amatum; spes autem importat quendam motum sive protensionem appetitus in aliquod bonum arduum. Unio autem est

"Hay dos modos de tener esperanza. Uno, absoluto, y así hay esperanza solamente del bien arduo que le atañe a uno; o bien, presupuesta otra cosa. Bajo este aspecto puede recaer también sobre las cosas de otro. Para comprender esto se ha de saber que el amor y la esperanza difieren en que el amor implica cierta unión entre quien ama y lo que ama; la esperanza, en cambio, entraña un movimiento o inclinación del apetito hacia el bien arduo. Ahora bien, la unión se da entre realidades dis-

---

[47]Santo Tomás de Aquino: *Summ. Theol.*, II^a–II^æ, q. 17, a. 2, ad 2.

aliquorum distinctorum, et ideo amor directe potest respicere alium, quem sibi aliquis unit per amorem, habens eum sicut seipsum. Motus autem semper est ad proprium terminum proportionatum mobili, et ideo spes directe respicit proprium bonum, non autem id quod ad alium pertinet. Sed præsupposita unione amoris ad alterum, iam aliquis potest desiderare et sperare aliquid alteri sicut sibi. Et secundum hoc aliquis potest sperare alteri vitam æternam, inquantum est ei unitus per amorem. Et sicut est eadem virtus caritatis qua quis diligit Deum, seipsum et proximum, ita etiam est eadem virtus spei qua quis sperat sibi ipsi et alii."[48]

tintas; por eso puede el amor referirse directamente a aquel con quien se está unido por el amor considerándolo como el bien de sí mismo. El movimiento, por su parte, implica siempre tendencia a un final apropiado al móvil; de ahí que la esperanza haga referencia directamente al bien propio, no al bien que atañe a otro. Pero, presupuesta la unión de amor con otro, puede desear y esperar algo para él como para sí mismo. Bajo este aspecto puede uno esperar para otro la vida eterna en cuanto está unido a él por el amor. Y como es la misma la virtud de la caridad con que se ama a Dios, a si mismo y al prójimo, una misma es también la virtud de la esperaba con que se espera para sí y para otro".

La razón para esperar, o el motivo formal primario, lo constituye la omnipotencia de Dios auxiliadora, que manifiesta también la divina misericordia y su fidelidad a sus promesas: "la esperanza se basa, como en su objeto formal, en Dios, en el poder de Dios en cuyo auxi-

---

[48]Santo Tomás de Aquino: *Summ. Theol.*, II^a–II^æ, q. 17, a. 3, co.; cfr. *De Spe*, 4.

5.3. LA ESPERANZA CRISTIANA

lio se apoya..."[49] "la esperanza se funda en el auxilio divino".[50] Pero también puede haber motivos secundarios para la esperanza, que consisten en los apoyos de algunas creaturas como agentes secundarios o instrumentales (nunca primario y principal) para conducirnos a la bienaventuranza. Esto es fundamental para no horizontalizar la esperanza, y saber establecer el recto equilibrio entre la esperanza en Dios y en las creaturas. Veamos primero las consideraciones del Aquinate, para luego transcribir un cuadro sobre los motivos secundarios de la esperanza, que aclara más su pensamiento:

"Spes duo respicit, scilicet bonum quod obtinere intendit; et auxilium per quod illud bonum obtinetur. Bonum autem quod quis sperat obtinendum habet rationem causæ finalis; auxilium autem per quod quis sperat illud bonum obtinere habet rationem causæ efficientis. In genere autem utriusque causæ invenitur principale et secundarium. Principalis enim finis est finis ultimus; secundarius autem finis est bonum quod est ad finem. Similiter principalis causa agens est primum agens; secundaria vero causa efficiens est agens secundarium

"La esperanza tiene dos objetos: el bien que se pretende conseguir y el auxilio con el que se consigue. Pues bien, el bien que se espera conseguir tiene razón de causa final; el auxilio, en cambio, con el que se espera conseguir tiene carácter de causa eficiente. Pero en cada género de esas causas hay que considerar lo que es principal y lo que es secundario. El fin principal es el fin último, y el secundario es el bien ordenado al fin. De manera análoga, la causa eficiente principal es el agente primario, y la causa eficiente secundaria es el agente instrumental secundario. Ahora bien, la es-

---

[49]Santo Tomás de Aquino: *De Spe*, a. 4.
[50]Santo Tomás de Aquino: *Summ. Theol.*, II^a–II^æ, q. 17, a. 1, co.

instrumentale. Spes autem respicit beatitudinem æternam sicut finem ultimum; divinum autem auxilium sicut primam causam inducentem ad beatitudinem. Sicut igitur non licet sperare aliquod bonum præter beatitudinem sicut ultimum finem, sed solum sicut id quod est ad finem beatitudinis ordinatum; ita etiam non licet sperare de aliquo homine, vel de aliqua creatura, sicut de prima causa movente in beatitudinem; licet autem sperare de aliquo homine, vel de aliqua creatura, sicut de agente secundario et instrumentali, per quod aliquis adiuvatur ad quæcumque bona consequenda in beatitudinem ordinata. Et hoc modo ad sanctos convertimur; et ab hominibus aliqua petimus; et vituperantur illi de quibus aliquis confidere non potest ad auxilium ferendum".[51]

peranza tiene como fin último la bienaventuranza eterna; el auxilio divino, en cambio, como causa primera que conduce a la bienaventuranza. Por lo tanto, como fuera de la bienaventuranza eterna no es lícito esperar bien alguno como fin último, sino sólo como ordenado a ese fin de la bienaventuranza, tampoco es lícito esperar en ningún hombre, o en criatura alguna, como causa primera que conduzca a la bienaventuranza; es lícito, sin embargo, esperar en el hombre o en otra criatura como agente secundario instrumental, que ayude a conseguir cualquier bien ordenado a la bienaventuranza. De esta manera recurrimos a los santos, e incluso pedimos algunos bienes a los hombres, y son vituperados aquellos en quienes no podemos esperar que aporten ningún tipo de auxilio".

El siguiente cuadro sobre el motivo secundario de la esperanza, tomado de A. Escallada Tijero,[52] es muy ilustrativo:

---

[51] Santo Tomás de Aquino: *Summ. Theol.*, II^a-II^{æ}, q. 17, a. 4, co.; cfr. II^a-II^{æ}, q. 25, a. 1, ad. 3; *Compend. Theol.*, op. 2, p. 2 c. 7.

[52] A. Escallada Tijero: *Comentarios al Tratado de la Esperanza*, en "Santo Tomás de Aquino. Suma de Teología, III. Parte II–II (a)", Madrid, BAC, 1990, pág. 164.

5.3. LA ESPERANZA CRISTIANA

Motivo secundario: la gracia que, a su vez, debe distinguirse entre:

1. Gracia habitual, es decir, la santificante.
2. Gracias actuales: las buenas obras y su mérito.

Motivo secundario: instrumentos de la gracia que, a su vez, pueden ser:

1. Físicos, que pueden darse:
   - Unidos a la divinidad: la Humanidad de Cristo.
   - No unidos a la divinidad: los sacramentos.
2. Morales, que pueden ser:
   - Universales: La Santísima Virgen.
   - Particulares: que tienen dos modalidades:
     - *In patria*: ángeles y santos.
     - *In via*: otras creaturas y acontecimientos.

5.3.3 A. Gálvez y la esperanza

Conviene ahora precisar los alcances que caracterizan el pensamiento de A. Gálvez sobre la esperanza. De nuevo, su perspectiva está iluminada por su peculiar teoría del Amor.

- Para A. Gálvez, la esperanza cristiana es sobre todo *la virtud de la Espera* anhelante del encuentro y posesión definitivas del Esposo, de Dios, en la vida eterna. Presupone el hecho de que, en el presente eón, solo poseemos a Dios a través de la fe, en arras y primicias. Una posesión real que se va haciendo cada vez más intensa y plena conforme la persona se va entregando y acercando a Dios en esta vida. Pero siempre permaneciendo en el claroscuro de la fe. Ahora bien, el amor es como el fuego, que nunca dice basta; el amor verdadero solo se satisface con la unión total, perfecta y recíproca, en intimidad del "tu" a "tu". Posesión que solo se da en la Patria. La esperanza es la virtud que nos hace desear, potencia las ansias y prepara la llegada de ese momento.

> "...nuestra vida no es sino una larga espera, un aguardar ansioso a alguien que llega, que es precisamente Jesús. Y esto es lo que me parece a mí que significa la virtud de la esperanza, a la cual, por lo tanto, podríamos llamar la virtud de la Espera".[53]

> "De ahí que hablar de la virtud de la Espera es hablar de ansias incontenibles e incontenidas, así como de nostalgias ardientes y gozos indecibles, cosas todas que se refieren a un Todo que se desea y que se sabe que se va a poseer y del que ya se ha conocido y gustado algo en forma de primicias. En realidad esa alegría por la parte ya poseída, y el ansia por ese Todo que se sabe que se va a poseer, son la misma cosa y componen juntas esa Alegría Desbordante en que consiste la virtud de la Espera".[54]

- La esperanza cristiana refleja la tensión entre el "ya" y el "todavía no" tan propio de la escatología cristiana, como ya se vio. En efecto, tal tensión tiene su reflejo en la virtud de la esperanza

---

[53] A. Gálvez: *La Fiesta...*, cit., pág. 255. Es importante todo el capítulo XIII de este libro: "La Esperanza. Virtud de la Alegría Desbordante" (págs. 255–273). Aunque es un tema que está en todas sus obras, se puede encontrar desarrollado especialmente en sus *Comentarios al Cantar...*, cit., vols. I y II, así como en *El Misterio de la Oración*, cit. y *Esperando d Don Quijote*, cit.

[54] A. Gálvez: *La Fiesta...*, cit., pág. 256.

5.3. LA ESPERANZA CRISTIANA

vivida por el ser humano en el presente eón, y causa en él un peculiar sentimiento agridulce, al experimenter la posesión en arras de lo que será plenitud en la vida futura. El "ya" y el "todavía no" están interrelacionados además con el misterio del sufrimiento cristiano, y los tres tienen un efecto profundo en la vida cristiana:

> "Tal sentimiento agridulce [el producido por la participación del cristiano en los padecimientos y en la consolación de Cristo] se alimenta a su vez de otros dos, también dependientes el uno del otro: el sentimiento de *ausencia* y el de *nostalgia–esperanza*. En los cuales ya es lícito hablar de una verdadera contraposición: la realidad punzante de la ausencia es la que da lugar a la firmeza adamantina de la esperanza. A su vez, el interregno o intervalo entre uno y otro de estos sentimientos es lo que da paso al *sufrimiento*. Así es como expresa el conjunto el *Cantar de los Cantares*, conforme a su género poético y justamente en ese orden: ausencia, nostalgia y el intermedio del sufrimiento. Todo ello con respecto al Amado, según lo que es esencial en la existencia cristiana:
>
>> *Abrí a mi amado,*
>> *pero mi amado se había ido, desaparecido.*
>> *Le busqué, mas no le hallé.*
>> *Le llamé, mas no me respondió.*
>>
>> *Encontráronme los guardias que rondan la ciudad,*
>> *me golpearon, me hirieron,*
>> *me quitaron el velo*
>> *los centinelas de las murallas.*

> *Os conjuro, hijas de Jerusalén,*
> *que si encontráis a mi amado,*
> *le digáis que desfallezco de amor.*[55]

La misma expresión *todavía no*, con la que se designa, en el lenguaje teológico escatológico, la situación del cristiano en el presente eón a la espera de alcanzar su fin último, contiene ya en su significado los dos términos extremos (*ausencia–esperanza*) del trinomio aludido arriba. El *no* indica efectivamente la ausencia. Pero el adverbio *todavía* posee un significado eminentemente positivo: no se tiene, pero existe la certeza de que se va a tener; donde es evidente que el énfasis se coloca en *lo que se va a tener* más bien que en *lo que no se tiene*. En la medida en que este adverbio indica una seguridad en algo que va a suceder (o que se va a poseer) en un futuro cierto, es expresivo de la esperanza, o posesión anticipada. Tal parece efectivamente como si el *no* quedara absorbido por el *todavía*.

Según lo cual, si el término *todavía–no* se coloca en relación a su aparentemente contrario *ya*, puede suceder que ambos indicadores de la situación actual y final del cristiano aún itinerante, no aparezcan tan antagónicos como podría creerse. Por lo demás, en cuanto que incluso el *todavía*, tal como se ha visto, indica de por sí una verdadera esperanza, es también ya una posesión anticipada. Y es que, en realidad, la existencia del cristiano *ha recibido ya ahora las arras del Espíritu* (2 Cor 1:22; Ef 1:14). De donde se dedu-

---

[55] Ca 5: 6–8.

5.3. LA ESPERANZA CRISTIANA

ce, por lo tanto, que tal existencia, incluso en estado de itinerancia, tiene más de posesión que de ausencia.

Los primeros cristianos perseguidos tuvieron, sin embargo, la oportunidad de ver las cosas claramente: desde la Iglesia militante o terrena en la cual se encontraban, a través del sufrimiento y el martirio hasta el Cielo. No cabía la posibilidad de una vacilación: *Adonde yo voy, ya sabéis el camino.*[56],[57]

- Esta virtud *está alimentada por, y alimenta a su vez, el Amor verdadero*. En efecto, en la medida que se ama más a Dios en este mundo, crece la esperanza y el deseo de poseerlo definitivamente.

    "Por el contrario, la auténtica virtud de la Espera es virtud de enamorados (y de ahí que dependa tanto de la caridad, hasta el punto de desaparecer cuando cesa esta última), que es tanto como decir de impacientes (porque esperan poseer al Todo), y también de felices (porque han conocido al Amor y han comprendido que ya nada tiene sentido como no sea dentro de la respuesta afirmativa a ese Amor). Por eso la virtud de la Espera es, al mismo tiempo, posesión y carencia, gozo de lo que se tiene y alegría por la seguridad de llegar a poseer lo que falta, de tal modo que las ansias incontenibles por el Amado que ha de llegar producen, a su vez, más ansias y más alegría al excitar y encender más el amor, preparando así el camino para hacer luego posible y más perfecta la entrega. Así es como la virtud de la Espera hace mirar al futuro e im-

---

[56] Jn 14:4.
[57] A. Gálvez: *Siete...*, cit., págs. 47–49.

pide mirar hacia el pasado, haciendo perpetuamente jóvenes a los que la poseen".[58]

"La virtud de la Espera mata de amor de una doble manera: haciendo insoportable el anhelo de lo que aún falta en la posesión del Amado, y haciendo insoportable la Alegría por lo que ya se tiene en la posesión de Él. Ambas cosas matan de amor: el anhelo por la unión completa, que aún no se tiene, y la Alegría por las primicias de Amor que ya ha entregado el Esposo. De este modo es como el estado de muerte en vida es lo propio del cristiano, y así es como deben ser entendidas también expresiones como ésta: *Si el grano de trigo no cae en la tierra y muere, quedará solo; pero si muere, llevará mucho fruto* (Jn 12:24). Por eso la única vida que tiene sentido, y que es realmente vida, es aquella que transcurre en muerte de amor".[59]

Pero a la vez, la esperanza verdadera, alimenta el amor a Dios, porque lo hace desear cada vez con más intensidad. Hasta tal punto, que para aumentar más el amor a Dios en esta vida, el alma enamorada estaría dispuesta a continuar experimentando su ausencia, para que la esperanza hiciera crecer todavía más el fuego de amor que siente por Dios.

"Aquí es donde la esposa, perdidamente enamorada, exhala profundos y dolorosos suspiros que brotan como gritos del fondo de su alma. Y, puesto que ya ha sido herida con el Fuego Infinito que la consume,

---

[58] A. Gálvez: *La Fiesta...*, cit., pág. 257.
[59] A. Gálvez: *La Fiesta...*, cit., pág. 261.

5.3. LA ESPERANZA CRISTIANA

> suplica intensamente al Esposo divino a fin de que termine de convertirla en brasas y no se detenga hasta reducirla a cenizas. Por eso, a medida que se consume en ese fuego, desea abrasarse más y más hasta debatirse en un insoluble dilema: Pues, por un lado, se siente turbada porque desconoce hasta dónde llegará su capacidad de resistencia frente a la corriente de llamas que la van convirtiendo en fuego; pero por otro, piensa que aún le sería más difícil soportar la posibilidad de que cesaran".[60]

- Por eso, A. Galvez, también califica a la esperanza cristiana, *virtud de la Alegría debordante.*

    > "Y como esa espera de Jesús produce en el alma enamorada grandes ansias por Él, y esas ansias, a la vez que matan de amor, llevan también consigo una increíble alegría, por eso a esta virtud de la Espera la podemos llamar también la virtud de la Alegría Desbordante. Pues la ausencia del Amado produce la nostalgia y el deseo de su presencia, que son también amor (aunque sea un amor imperfecto y no consumado, que tiende por naturaleza a su perfección), y ya sabéis que el amor lleva siempre consigo la Alegría".[61]

Por eso, cuando falta la auténtica virtud de la Esperanza, aparece la tristeza y el aburrimiento en el que viven tantos cristianos:

> "La ausencia de una auténtica virtud de la Espera es la que priva de la Alegría Desbordante. De ahí la

---

[60] A. Gálvez: *El Misterio...*, cit., págs. 74–75.
[61] A. Gálvez: *La Fiesta...*, cit., págs. 255–256.

tristeza de tantos cristianos, los cuales, sin embargo, habían sido llamados a la Alegría. El Señor vincula claramente la Alegría a la virtud de la Espera: *Dichosos los siervos a quienes su amo hallare en vela* (Lc 12:37); donde podemos ver que el Señor no promete esa felicidad para el futuro, sino al contrario, la coloca en tiempo presente: dichosos son aquellos siervos. La condición que pone es la de que sean encontrados velando, es decir, esperando. Y eso es precisamente lo esencial: velar, esperar, ansiar, sentir la nostalgia de la ausencia, anhelar la presencia. De tal manera que entonces es ya indiferente el momento —siempre imprevisible— de la llegada del Amado, pues lo que realmente cuenta es el ansia incontenible del amor: *Y ya llegue a la segunda vigilia, ya a la tercera, si los encuentra así, dichosos ellos* (Lc 12:38)".[62]

- La virtud de la Espera enamorada *debería ser la actitud normal del cristiano* verdadero.

    "La virtud de la Espera, entendida de este modo, es decir, como espera enamorada y, por lo tanto, ansiosa y feliz, ha de constituir la actitud normal del cristiano. El Señor lo viene a decir así en la parábola de las diez vírgenes que aguardaban la llegada del Esposo. Y aún lo dice con más energía en otro lugar: *Sed como hombres que esperan a su amo de vuelta de las bodas, para que al llegar él y llamar, al instante le abran* (Lc 12:36). Y debo advertiros que corremos el peligro de leer los textos de la Sagrada Escritura

---

[62] A. Gálvez: *La Fiesta...*, cit., págs. 269–270.

5.3. LA ESPERANZA CRISTIANA

de manera rápida y superficial; en éste, por ejemplo, tendemos a poner el acento en la advertencia de que hemos de abrir pronto, pero se nos pasa por alto la actitud de espera anhelante. Por lo tanto, según el Señor, la espera ansiosa e impaciente, motivada por la ausencia de Aquel que desea nuestro corazón, debe ser nuestra actitud normal; lo mismo que el sediento espera con ansia el beber, el hambriento el comer, el enfermo el curarse, y el enamorado aquello que ama su corazón: *Sed como hombres que esperan...*"[63]

- En la medida en que el amor verdadero está caracterizado por la nota esencial de *la reciprocidad y de la igualdad* de los amantes, la espera y las ansias del encuentro definitivo con la persona amada, se producen en el hombre..., y también en Dios. Aún dentro del misterio, se puede decir que el Esposo busca, ansía y anhela también la unión definitiva con la Esposa.

"De todas formas, llega un momento en el que la palomica ya no puede esperar más y hace un supremo esfuerzo para alzar el vuelo y llegar cuanto antes allí donde la espera el Amado.

Y siempre tropezará con el difícil intento de conocer de quién es mayor la impaciencia. El momento justo de la muerte de los santos, y el porqué se ha producido precisamente entonces, es algo que permanecerá oculto por ahora en el corazón de Dios. ¿Por qué algunas almas elegidas y bienaventuradas mueren jóvenes, mientras que otras se ven obligadas a recorrer el camino de una larga vida...? Sólo Dios lo sabe,

---

[63] A. Gálvez: *La Fiesta...*, cit., págs. 258–259.

aunque una cosa es bien segura: unas y otras volaron al Cielo *cuando la impaciencia amorosa de Dios ya no podía aguardar más*".[64]

- *"Qui contra spem in spe credidit"* (Ro 4:18). La esperanza también alimenta la bienaventuranza de la satisfacción del hambre y sed de justicia (Mt 5:6); la llegada de los cielos nuevos y la tierra nueva donde se realizará la Justicia verdadera (2 Pe 3:13). La Parusía es ansiada por el verdadero cristiano que se ve rodeado de persecuciones, sufrimientos, incomprensiones, y se siente abrumado con frecuencia por el aparente triunfo del mal. Cuando ya todo parece perdido, es cuando se produce el desafío de San Pablo: "contra spem in spe credidit".

    "La actitud de *esperar contra toda esperanza* se refiere sobre todo a la correspondiente virtud sobrenatural, que tiene poco que ver con la esperanza puramente humana. Cuando esta última falla nada queda por hacer, aparte de la actitud de conformidad y resignación. En cambio, cuando parece que no queda lugar para otra cosa..., *ni siquiera para la esperanza sobrenatural*; cuando hace su aparición la densa oscuridad que a veces se cierne sobre la *Noche* de la existencia cristiana; cuando todo parece indicar que Dios ha desaparecido y abandonado a su creatura (Sal 22:2; Mt 27:46), es que ha llegado la hora de *luchar contra lo imposible*: la de seguir confiando firmemente en Dios y la de esperar contra toda esperanza. Y hemos dicho *contra toda esperanza*. Lo que significa que incluso al margen de la virtud sobrenatural, que también a ve-

---

[64] A. Gálvez: *El Misterio...*, cit., págs. 36–37.

5.3. LA ESPERANZA CRISTIANA

ces parecería haberse desvanecido del horizonte de la propia existencia. La misma situación que vivieron, de manera excepcionalmente intensa, Jesucristo en la Noche del Huerto de los Olivos y la Virgen María al pie de la Cruz."[65]

La esperanza vivida así, revela la realidad de la lucha del y contra el cristiano en este mundo y la seguridad de su victoria:

"Existen, por lo tanto, sobrados motivos para adoptar la actitud de esperar *contra toda esperanza*. Una esperanza que, a la vez que da por supuesta la realidad de la lucha, garantiza la seguridad del Premio a quienes han confiado y resultado triunfadores en el combate: *Y al que venza, yo le daré a comer del árbol de la vida*. En este sentido, el cristiano sabe bien que lucha sobre seguro: *Así pues, yo corro no como a la ventura, lucho no como quien golpea al aire...*[66]"[67]

- La verdadera esperanza cristiana es totalmente *contraria a cualquiera de las utopías humanas*. Éstas son a) siempre mentira y prometen lo que nunca van a realizar, mientras que la esperanza cristiana no falla. b) Las utopías humanas no llenan el corazón del hombre, que tiene una capacidad de infinitud, pues, creado a imagen y semejanza de Dios, y con una capacidad de amar y ser amado cuasi-infinita. Solo amando al Amor y siendo amado por el Amor, el hombre encuentra su plenitud.

---

[65] A. Gálvez: *Siete Cartas...*, cit., pág. 439.
[66] 1 Cor 9:26.
[67] A. Gálvez: *Siete Cartas...*, cit., pág. 443.

"...una particular especie de falsedad contemplada dentro del género de la mentira: la utopía. Si se tiene en cuenta que la sociedad moderna (en todo el mundo) vive alimentada y orientada (desorientada) por la utopía, al paso que camina sobre la base del lecho de arenas movedizas de la mentira, podrá comenzar a entenderse la importancia del tema".[68]

"Pero si es una falsedad considerar la guerra como intrínsecamente mala, todavía equivale a un engaño mayor el segundo presupuesto del pacifismo, en el que se descubre con mayor claridad su carácter *utópico*. Y me refiero al sueño de la sociedad feliz, de la que se habrán desterrado enteramente las guerras y en la que los hombres vivirán en perfecta paz y armonía. Una ilusión que contradice claramente a la Sagrada Escritura, a la Historia, al sentido común, y que incluso equivale a negar implícitamente la realidad del pecado original. La teología progresista, posterior al Concilio Vaticano II, tiene a gala hablar constantemente de cosas como, *La nueva primavera de la Iglesia*, *La civilización del amor*, *El nuevo Pentecostés*, *El espíritu de Asís* y una larga lista de lindezas, cuyo único fallo no es otro sino el de que no se corresponden con la realidad. En definitiva, nuevas utopías a las que apenas vamos a poder aludir".[69]

---

[68] A. Gálvez: *Esperando...*, cit., pág. 94. Muy importante el capítulo IV del libro, dedicado al tema "Las Utopías, un Azote de la Humanidad" (págs. 87–141).

[69] A. Gálvez: *Esperando...*, cit., págs. 134–135.

5.3. LA ESPERANZA CRISTIANA

La verdadera Esperanza solo se puede fundar sobre la realidad de Jesucristo. La existencia ideal del cristiano no son los sueños utópicos, sino una realidad que solo alcanzará su pleno cumplimiento al final de la Historia, cuando Cristo venga de nuevo a recapitular todas las cosas:

> "El Nuevo Testamento, como no podía ser menos, es tan realista como corresponde a lo que es la Palabra de Dios. Por eso sabe muy bien que la existencia ideal que estructura para el cristiano —el hombre nuevo, injertado en Cristo, cuya realización vale también, como es lógico, para la sociedad como tal— es una realidad que solamente alcanzará su pleno cumplimiento al final de la Historia, cuando Cristo venga de nuevo a recapitular y a poner en su sitio todas las cosas. *Sed perfectos, como vuestro Padre celestial es perfecto*, es una consigna que mira hacia adelante, o una meta a la que hay que llegar; pero en modo alguno un lugar de descanso ya logrado: *Corred de tal manera que lo alcancéis... Yo corro, aunque no como a la ventura*.[70] La Iglesia no es portadora de mensajes tranquilizadores, destinados a los hombres pero que no se fundamentan plenamente en la realidad (suave o dura) de las cosas. *Gaudium et Spes*, por supuesto. Pero sin olvidar que el auténtico Gozo no tiene otra fuente de origen que la del Espíritu Santo. Y en cuanto a la Esperanza, es una inefable virtud teologal que se fundamenta exclusivamente en la Roca inconmovible que es Cristo. Cualquier gozo, o cualquier esperanza, que broten ex-

---

[70] 1 Cor 9: 24.26.

clusivamente de otra fuente que sea obra de los hombres, no serán capaces de proporcionar otra agua que la del abatimiento y la amargura. Mientras que el manantial que brota y salta hasta la vida eterna procede exclusivamente del corazón de Cristo (Jn 4:14)".[71]

- La esperanza cristiana es la *respuesta a las angustias modernas* de tipo existencialista que nacen de la conciencia de la finitud y de la muerte del mundo post–cristiano y post–modernista, que rechaza a Dios y se burla de la esperanza cristiana (S. Beckett: Esperando a Godot).

    "Y, cuando falta, aparece enseguida la vejez de espíritu, en la que ya nada hay que esperar, como no sean, quizás los recuerdos nostálgicos de un pasado que ya no tiene sentido, puesto que ese pasado ya no existe y además tampoco volverá. E igualmente aparecen el vacío y el aburrimiento, pues la vida deja de tener sentido cuando nada se espera de ella como no sea un abocamiento a la nada más o menos disfrazado: pues ciertas ideologías hablan, como sabéis, de una perennidad del individuo a través de su integración en la perpetuación de la especie o Humanidad, o a través de un futuro paraíso de una sociedad sin clases y sin Estado, que gozarán otros, y por el que vale la pena de sacrificarse ahora; pero es dudoso que esto pueda engañar a cualquiera que sea honesto consigo mismo, a lo que debemos añadir, además, que los existencialismos consecuentes han sido en esto mucho más sinceros. De ese modo, una sociedad que ya no

---

[71]A. Gálvez: *Esperando...*, cit., pág. 136.

5.3. LA ESPERANZA CRISTIANA

espera nada, porque se ha convencido a sí misma de que Dios ha muerto y no vendrá nunca, se ha convertido en la sociedad de la angustia y de la huida. Y así es como un catolicismo que se ha hecho horizontalista (acercándose al marxismo) y ha pretendido olvidar la divinidad de Jesucristo (acercándose al protestantismo racionalista y liberal), se ha convertido en un catolicismo frío y sin alegría, que ya ni aguarda ni desea al Amor y sólo tiene esperanzas terrenas".[72]

- La esperanza *desaparece en la Patria*, precisamente por obra del amor, porque el amor ha llegado a su plenitud y ya no hay nada más que esperar. Como dice San Pablo, "La caridad nunca acaba. Las profecías desaparecerán, las lenguas cesarán, la ciencia quedará anulada..., Ahora permanecen la fe, la esperanza, la caridad: las tres virtudes. Pero de ellas la más grande es la caridad" (1 Cor 13: 8.13).

    "La virtud de la Espera es la virtud de la Alegría Desbordante, pero no por lo que tiene de espera, sino porque está aguardando al Amor. Anhelar al Amor es ya amar, y es hacerlo ya presente de algún modo, en forma de arras, y por eso el ya de la Alegría Desbordante. Después vendrá el Amor en la totalidad de su presencia, y con Él la otra Alegría, de la cual yo ya no os puedo hablar".[73]

- Con todo, los bienaventurados en el Cielo, sí esperan los acontecimientos de la escatología final, pero más que una "espera como virtud teologal, es más bien un aguardar al cumplimiento seguro

---

[72] A. Gálvez: *La Fiesta...*, cit., pág. 257–258.
[73] A. Gálvez: *La Fiesta...*, cit., pág. 271.

de todos los planes de Dios, mientras ya se goza en la posesión plena del Amado.

- Una mención especial merece para A. Gálvez el hecho de que los bienaventurados esperan la resurrección de sus cuerpos para poder llegar a realizar el acto de amor a Dios al modo humano perfecto que Dios otorgó a los hombres en su creación y en su regeneración. El ser humano ama con todo su ser, cuerpo y alma. Solo cuando puede amar con el cuerpo, su amor es perfectamente humano.

5.4 El Reino de Dios en el pensamiento de A. Gálvez

A. Gálvez ha profundizado en el misterio del reinado de Jesucristo, sobre todo, desde el punto de vista de su vinculación con la naturaleza de la Iglesia (de la que el Señor es su "Cabeza"), y con su teoría del amor.

El autor parte del dato empírico de la desaparición progresiva de la institución de la realeza en nuestro mundo, agravado por el desprestigio que la misma tiene en estos momentos de la historia, así como en el pasado reciente. Esto hace que sea problemático para muchos entender la vinculación de la dignidad real con la figura de Jesucristo.[74]

Sin embargo la afirmación de que Cristo es Rey Absoluto y Señor del Universo es radicalmente verdadera (Ap 17:14; 1 Tim 1:17;

---

[74]Cfr. A. Gálvez: *Meditaciones...*, cit., págs. 135–139.

5.4. INTERPRETACIÓN DE A. GÁLVEZ

Jn 13:15; 15:15; etc., además de haber sido profetizado por Daniel en 7: 13–14), y necesaria de ser mantenida a toda costa, pues el deseo de su desaparición, en realidad, es un medio más por el que se ha infiltrado en la Iglesia la *ideología de tintes democráticos*[75] que intenta subvertir la estructura jerárquica de la Iglesia, para lo cual ayuda lógicamente el desvirtuar y difuminar la figura de Cristo como Rey. La Iglesia, de la cual el Señor es su "Cabeza", es reflejo del carácter real de su Persona, por lo que fue fundada como sociedad jerárquica:

> "Pero el Misterio de la Realeza de Cristo no puede ser bien entendido si no es dentro del Misterio de la Iglesia, de la cual Él es la Cabeza. Aunque la Iglesia, a su vez, junto con las estructuras que la constituyen, es también un Misterio de Fe, contenido como tal dentro de los Artículos del Credo: *Creo en la Santa Madre Iglesia*. Solamente bajo esa perspectiva podemos echar una ojeada a su historia..., y a los sucesos del presente, sin peligro de escandalizarnos.
>
> Ambos temas —el Misterio de la Realeza de Cristo y el Misterio de la Iglesia— están vinculados estrechamente. Puesto que la razón última de que la Iglesia haya sido instituida sometida a una forma de gobierno monárquica, no democrática (sobre todo desde su ápice), radica en el hecho de que Cristo —el Verbo hecho Hombre— ha sido constituido como Único Rey y Señor del Universo".[76]
>
> "Si la Iglesia posee una estructura constitucional Jerárquica y Monárquica inquebrantable, tal como lo quiso y dispuso su Divino Fundador, no existe poder humano

---

[75] Para la historia y naturaleza de esta ideología, cfr. A. Gálvez: *Meditaciones...*, cit., págs. 140–147.

[76] A. Gálvez: *Meditaciones...*, cit., pág. 148.

alguno que pueda modificarla. Pero sucede además, que *su constitución Jerárquica y Monárquica se fundamenta necesariamente en el hecho de que su Fundador, el Verbo hecho Hombre, ha sido constituido como Rey, Dueño y Señor de todo el Universo.* La configuración Monárquica de la Esposa de Cristo —en toda la trabazón de su Organismo, y más que nada en su ápice— no obedece a una mera voluntad arbitraria o aleatoria de su Fundador, sino a lo que podría considerarse como una prolongación estructural, ad extra, de la Persona de Aquél *a quien Dios le exaltó y le otorgó el nombre que está sobre todo nombre. Para que al nombre de Jesús se doble toda rodilla en los Cielos, en la tierra y en los Infiernos; y para que toda lengua confiese: 'Cristo Jesús es Señor', para gloria de Dios Padre.*[77] El Organismo del cual Él es la Cabeza habría de ser un reflejo y manifestación del carácter Real de su Persona.[78]

Debido a lo cual, cuando se ha pretendido difuminar, o al menos mitigar, la estructura constitucional de la Iglesia (bajo la influencia de corrientes ideológicas de tintes *democráticos*), se ha causado un grave daño a la fe y a la salud espiritual de los fieles".[79]

La principal aporía que aparece al considerar a Jesucristo como Rey, estriba en el modo de compaginar la idea de la inmensa distancia con sus súbditos que supone la realeza, por un lado, con la voluntad que tiene, por otro lado, de mantener con los hombres una relación de amor de igual a igual, próxima, recíproca, bilateral, de *tú* a *tú*, como

---

[77] Flp 2: 9–11.

[78] En el conjunto de la Revelación todos los dogmas están relacionados; aunque algunos de ellos guardan además entre sí una especial conexión o interdependencia.

[79] A. Gálvez: *Meditaciones...*, cit., pág. 140.

5.4. INTERPRETACIÓN DE A. GÁLVEZ

la relación del Amante con el amado; idea que queda recogida en la imagen bíblica del "Esposo del alma". Sin embargo, ambos aspectos, Rey o Esposo, aparecen con claridad en el Cantar de los Cantares[80] y en el Nuevo Testamento.[81]

La aporía ha de resolverse con la ayuda de la analogía, ya que la dificultad de aplicar a Cristo el concepto de realeza tiene como fundamento último la extrapolación ilegítima del concepto humano al concepto divino de la misma, interpretación que Cristo rechazó (cfr. Lc 22: 25–26; Jn 18:36 "mi reino no es de este mundo"; Lc 17: 20–21; cfr. Ro 14:17). Su reino es de los que son como niños (Mt 19:14), de los pobres de espíritu (Mt 5:3); y es de suponer que el Rey de todos ellos es el más Niño y el más Pobre, lo que solo extrañará a los que no posean una idea clara de la excelsitud de la Infancia Espiritual y de la Pobreza Cristiana, que adquieren todo su valor y profundidad cuando se consideran como cualidades exclusivas de los verdaderos enamorados.[82] El Rey–Esposo es un auténtico Niño y el único verdaderamente Pobre.[83] por eso,

> "Queda bien claro, según lo dicho, que la Realeza de
> Cristo no es ejercida en el plano de la sumisión y de la

---

[80]Cfr. por ejemplo, Ca 1: 4.12; 3:11. "En realidad todo el Poema sagrado es la narración poética de la lucha de amor (Ca 2:4) de dos figuras de Amante: la del Rey–Esposo frente a la Esposa" (A. Gálvez: *Meditaciones...*, cit., pág. 152). Cfr. también otras referencias a Dios como Esposo en el Antiguo Testamento: "Porque tu esposo es tu Hacedor, Yahveh Sebaot es su nombre" (Is 54:5); Os 1–3; Jer 2: 2.20; 31:3; etc.

[81]Cf Mt 9:15; 17: 25–26; Lc 5:35; Jn 3:29; 1 Tim 6:15; etc.

[82]Cfr. A. Gálvez: *Meditaciones...*, cit., págs. 156–157.

[83]El tema de la verdadera pobreza de Cristo, es muy querido para A. Gálvez, del que ha tratado en multiples ocasiones en, prácticamente, todas sus obras. Baste con señalar ahora, como paradigmática, su posición en *El Amigo...*, cit., págs. 107–170. Contrasta, con las abundantes ideas falsificadas, sociológicas o autoproclamadas de la pobreza que son frecuentes hoy en día.

obediencia, a pesar de que estas realidades parecen ser notas constitutivas y características de la Regia Institución;[84] sino que más bien, como decía el Apóstol, se actualiza en el ámbito de la justicia, de la paz, y del gozo en el Espíritu Santo[85]".[86]

Además, la infancia espiritual y la pobreza son cualidades exclusivas del verdadero enamorado, del Esposo. El reino de Cristo, aparece pues como el reino del Amor:

> "La sorpresa se desvanece, sin embargo, desde el momento en que se considera que el reino de Cristo es el reino del Amor. Y el Amor, por definición, excluye la sumisión en la medida en que coloca a los que se aman en un plano de igualdad, de un lado; y en cuanto que hace de los corazones y de las almas de ambos un solo corazón y una sola alma, de otro. Más todavía, por cuanto que el Supremo Rey en modo alguno desea mantener con el hombre una relación de señorío–servidumbre, sino exclusivamente la única que no sabe de otra cosa más que de amistad, de intimidad, y de mutuo amor: *Ya no os llamaré siervos, sino amigos*. Para eso y por eso Dios se hizo Hombre. Una realidad —la relación de tú a tú— que, más aún que fundamentarse en la voluntad infinitamente generosa y amorosa de un Dios, encuentra su explicación ontológica en el plano de semejanza, o de igualdad en el que el Amor coloca a los

---

[84]Cosa bien distinta es lo que sucederá a los enemigos que se nieguen a reconocerla y admitirla (Cf 1 Cor 15: 24–27; Ap 19: 15–16.20–21).

[85]Tampoco aquí debe darse lugar al equívoco. La justicia y la paz han de entenderse en el sentido neotestamentario.

[86]A. Gálvez: *Meditaciones...*, cit., pág. 156.

5.4. INTERPRETACIÓN DE A. GÁLVEZ

amantes: *Al discípulo le basta llegar a ser como su maestro, y al siervo como su señor...*[87] *Todo el que esté bien formado será como su maestro.*[88]

El Esposo, en efecto, que en este caso es también el Rey, animado e impulsado por las leyes inexorables del Amor (las cuales, a su vez, emanan de su propia Naturaleza o Esencia, por cuanto que Dios es Amor), no desea otra cosa sino estar cerca de la Esposa. O mejor aún, junto a ella y con ella".[89]

---

[87]Mt 10:25.

[88]Lc 6:40. Según la redacción de este texto en la Neovulgata: *Perfectus autem omnis erit sicut magister eius.*

[89]A. Gálvez: *Meditaciones...*, cit., págs. 161–162. Cfr. entre otras, las siguientes charlas: 1978.10.27H; 1981.11.22H; 1983.11.20M; 1989.11.26M; 1992.11.22M; 1993.11.21M; 1995.11.26M; 1995.11.26H; 1999.11.21M; 2000.11.26M; 2003.11.23H; 2004.11.21M; 2005.11.20M; 2006.11.26M; 2007.10.27L; 2008.10.26H; 2009.06.09L; 2009.10.25H; 2010.10.31M; 2011.10.30M; 2013.10.27H2; 2013.10.27H; 2014.10.26H.

Parte III

ESCATOLOGÍA INDIVIDUAL

Capítulo 6

Escatologia intermedia: hecho y sentido

Se va a comenzar con el estudio de la llamada "escatología intermedia" o "individual", lo que supone, como ya se ha dicho, que la escatología cristiana verdadera es de doble fase, con la consumación en la denominada "escatología final" o "colectiva".

El entendimiento de la escatología intermedia supone por un lado el estudio del fundamento de esa realidad, que no es otro que la revelación tanto de la inmortalidad del alma como de la resurrección final de los cuerpos. Ambas verdades han de sostenerse a la vez, a cuyo esclarecimiento y a su relación, va dedicada la sección primera de este capítulo.

Una vez establecida su realidad, hay que profundizar en el sentido que tiene la escatología intermedia como retribución plena desde el momento de la muerte corporal, en relación con las realidades de la escatología final. A ello va dirigida la sección segunda de este capítulo.

Es necesario centrarnos en la dilucidación de esas cuestiones previas, como marco para profundizar en las diferentes instituciones concretas pertenecientes a la escatología intermedia (muerte, cielo, purgatorio, limbo, infierno).

6.1 Hecho: inmortalidad y resurrección

La realidad de la escatología intermedia solo puede sostenerse si es de fe que existe tanto la inmortalidad del alma tras la muerte del cuerpo, como la resurrección de los cuerpos al final de la historia, como eventos diferenciados en el tiempo. Es el tema de la inmortalidad *y* la resurrección.

6.1.1 El problema

Dios ha querido que, en la vida del más allá, haya inmortalidad del alma y también resurrección de los cuerpos. Ambos acontecimientos se producen en un lapsus de tiempo diferenciado: mientras la inmortalidad o pervivencia de las almas en la otra vida ocurre cuando ya no existe el cuerpo por causa de la muerte en el presente eón (en el devenir de nuestra historia humana), la resurrección de los cuerpos se producirá al final del tiempo, con la llegada de Cristo en gloria, en su Parusía. Ambas verdades se sostienen sobre el esquema de la escatología de doble fase, ya mencionada tantas veces. La inmortalidad de las almas pertenece a lo que llamamos escatología individual, y la resurrección del cuerpo a la escatología colectiva o final.

Sin embargo hoy en día se ha producido un movimiento en contra de esta doble fase, afirmando la escatología única y plena inmediatamente después de la muerte corporal. Para ello se unen en un solo instante los diferentes acontecimientos que en realidad ocurren en dos momentos diferentes: el hombre muere y resucita inmediatamente, de algún modo, en el más allá, donde la ausencia de un tiempo como

6.1. HECHO: INMORTALIDAD Y RESURRECCIÓN

el nuestro, hace que ya se hayan cumplido todos los acontecimientos escatológicos. Nada habría que esperar.

La negación de la escatología de doble fase tiene efectos profundos en el entendimiento de muchas de las verdades escatológicas. En efecto, según la escatología de fase única:

1. La Biblia afirmaría la resurrección corporal, que es una idea semita; la inmortalidad del alma es una idea helénica que se introduciría posteriormente en el credo cristiano.

2. La resurrección corporal no habría que entenderla de un modo materialista, sino espiritual o de cualquier otra forma que no sea "cosista" (nueva creación, pervivencia de un cierto elemento corporal, etc.).

3. La resurrección corporal se produciría en el instante de la muerte del individuo. El cadaver se pierde para siempre y no tiene ninguna connotación teológica para el entendimiento de la resurrección corporal.

4. Cristo no resucitaría con su propio cuerpo, sino del modo espiritual ya mencionado. El dogma de la resurrección corporal de Cristo es invento de la fe de la comunidad primitiva. El sepulcro vacío se produjo por "volatilización" o "corrupción express" de la materia, y la ausencia del cuerpo de Cristo de su sepulcro no se explica por ningún tipo de resurrección en sentido tradicional.

5. El Purgatorio no existiría.

6. No existe el juicio individual, sino solo el juicio definitivo de Dios. Además se niega o debilita la fe en el Infierno y en la condenación eterna.

7. El hombre podría tomar una "decisión final" en el instante de su muerte, de modo que opte por Dios a pesar de haberle rechazado durante toda su vida y mientras que era consciente en el presente eón.

8. Etc.

Como se irán examinando muchas de estas herejías y errores a lo largo del tratado, vamos ahora a centrarnos en el presupuesto de todos: la negación de la inmortalidad del alma para sostener solo el dogma de la resurrección. Sin embargo, tal opción es totalmente errónea, porque en la Biblia hay dos afirmaciones clarísimas sobre el más allá del ser humano: la inmortalidad del alma y la resurrección del cuerpo. No se trata de elegir entre una u otra, sino en la afirmación de ambas realidades. Es el tema que se suele enunciar como "inmortalidad y resurrección". Creo que uno de los teólogos que mejor trató de este tema fue C. Pozo, al que siguieron muchos otros pensadores. Las consideraciones que se hacen ahora, siguen su pensamiento también.[1]

6.1.2 Historia del problema

Se puede describir el origen, desarrollo e incidencias del error sobre la relación entre inmortalidad y resurrección, que llevaría a la afirmación de la escatología de fase única (y el rechazo de la doble fase de la correcta teología), en los siguiente puntos:

1. O. Cullmann escribe su famosa obra "¿Inmortalidad del alma *o* resurrección de los muertos?" en 1956. Allí se plantea el desafío a la escatología intermedia en toda su crudeza. Para un sector doctrinal, de los dos miembros del dilema, solo el segundo

---

[1]Cfr. C. Pozo: *Teología...*, cit., págs. 165–323; Id.: *Escatología*, cit., págs. 71–92. J. A. Sayés: *Escatología*, cit., págs. 39–113. Allí hay abundante bibliografía de todas las posiciones.

6.1. HECHO: INMORTALIDAD Y RESURRECCIÓN

(resurrección) sería neotestamentario; el primero (inmortalidad, pervivencia, del alma) sería una doctrina filosófica griega incompatible con las enseñanzas del Nuevo Testamento.

2. Tal intento va en contra de toda la Tradición cristiana, que siempre entendió la escatología en doble fase, y donde no había dilema alguno: no se trataba de la conjunción disyuntiva "o" (*inmortalidad o resurrección*), sino de la copulativa "y" (*inmortalidad y resurrección*). Es la fe que, sobre la base de la Revelación, aparece defendida ya en los tiempos de los Padres de la Iglesia,[2] y llega hasta nuestros días. Incluso Lutero aceptó la escatología intermedia, aunque la interpretara de un modo singular.[3] Esta posición tradicional será seguida también por los autores clásicos protestantes y por los de las Iglesias Ortodoxas.

3. Sin embargo, la unanimidad de pensamiento se rompe en el campo protestante, en la década de 1920–1930, con C. Stange, quien introdujo la idea de la "muerte total", según la cual todo el ser humano (cuerpo y alma) perece con la muerte. Desde entonces se extiende poco a poco en el campo protestante el dilema ya conocido: no habría inmortalidad, sino resurrección. Y a estas ideas se suman algunos pensadores "católicos" liberales del momento. Para la nueva tendencia, todo el hombre muere y todo el hombre resucita en el momento de la muerte. La idea bíblica prístina sería la de la resurrección; la inmortalidad sería una idea helénica extraña al pensamiento semita.

---

[2]Recuérdese que el primer tratado de escatología, el de S. Julián de Toledo, el "Prognosticon Futuri Sæculi" se construye sobre la escatología de doble fase, y que en esta obra se hace un elenco de las posiciones de los Santos Padres anteriores.

[3]Lutero acepta que la muerte es la separación del cuerpo y del alma, y sostiene la existencia del alma separada hasta la Parusía. Lo peculiar del heresiarca es que el estado de las almas separadas es de dormición, sueño, insensibilidad.

4. La primera respuesta católica a la nueva herejía no se hizo esperar, y se probó que la pretendida influencia helenista que introduciría la idea de inmortalidad en el cristianismo es falsa. En efecto, el problema suscitado por la relación entre resurrección e inmortalidad es específicamente cristiano y no pagano; la escatología intermedia no aparece en la Biblia como consecuencia de la influencia de la filosofía y cultura helénicas, sino por el convencimiento de que la resurrección de los cuerpos coincidirá con la Parusía, como se ve, por ejemplo en 1 Tes 4:16, "pues el mismo Señor, a una orden, a la voz del arcángel, al sonido de la trompeta de Dios, descenderá del Cielo, y los muertos en Cristo resucitarán primero".[4]

5. Con todo, la nueva tendencia de la escatología de fase única, negando la intermedia, se fue extendiendo; y, fundamentalmente, adoptó tres formas:

   (a) *La teoría de la muerte total* de C. Stange, donde se sostiene, como ya se ha dicho, que en la muerte, desaparece todo el hombre. La resurrección es interpretada como una nueva creación ("re–creación") total del hombre. Esto ocurriría en el momento de la Parusía. Hasta entonces, el hombre simplemente no existe.

   (b) *La teoría del atemporalismo* de K. Barth y E. Brunner, quienes afirman que la muerte coloca al hombre fuera del tiempo, donde no se puede hablar de distancia temporal con respecto a la Parusía–resurrección de los muertos. Por

---

[4]La diferencia temporal está ahí, con independencia de que la Parusía se considerara o no inminente. San Pablo no introdujo la idea de la inmortalidad como solución a un posible desencanto ante la dilación de la Parusía, como se ve en 1 Tes 5:10, "...que murió por nosotros para que, en vida o en muerte, vivamos unidos a Él".

6.1. HECHO: INMORTALIDAD Y RESURRECCIÓN

ello, se puede decir que para cada hombre la resurrección sucede en el momento de la propia muerte. Pero al mismo tiempo, la resurrección es simultánea para todos los hombres. La paradoja que nos sorprende se resuelve si nos acostumbramos a pensar sin categorías temporales, que no existen en el más allá. Así la Parusía ocurre en la metahistoria y no tiene relación con el final de nuestra historia humana.

Se pueden encontrar los antecedentes de este punto de vista en el llamado "thnetopsiquismo" de Taciano y de algunos herejes árabes convertidos por Orígenes.

(c) *La teoría de la pervivencia de un núcleo personal*, de L. Boros y algunos teólogos protestantes. Se reduce la resurrección a una mera pervivencia de un "núcleo personal" en el momento de la muerte. Este "núcleo personal" no es solo el alma inmortal, sino que ésta se concibe con la aceptación de una realidad que no es puramente espiritual. Los muertos resucitan en el momento de su muerte. Se vuelve a romper la conexión entre resurrección y Parusía, quedando el efecto de esta última reservado solo para la transformación del cosmos. A diferencia de la teoría del atemporalismo, aquí la Parusía tiene una entidad propia, aunque solo afecte al cosmos y no a los cuerpos.

Antecedente de esta posición es el llamado "neo-saduceísmo" contra el que se enfrentaron tanto Taciano como San Ireneo.

6.1.3 Datos bíblicos

La indagación en los datos bíblicos sobre la pervivencia del alma después de la muerte, se sustenta sobre la revelación de una estructura antropológica del hombre que es de dualidad, y no monista; el hombre no es solo cuerpo, ni solo espíritu: es cuerpo y alma íntimamente unidos.

Por otro lado la Biblia manifiesta que la muerte afecta al cuerpo, pero el alma pervive (no simplemente pervive un "núcleo personal", sino el alma humana). El cuerpo está destinado a resucitar en el último día; pero es precisamente la pervivencia del alma, la que garantiza la continuidad entre el cadáver que quedó en la tierra y el cuerpo resucitado glorioso al final de los tiempos (es el propio cuerpo que se poseyó en la tierra, si bien en estado de glorificación, a semejanza de la Resurrección de Cristo).

El Antiguo Testamento

Ya en el Antiguo Testamento,[5] y desde los primeros escritos, se revela la pervivencia de un elemento antropológico después de la muerte, que da continuidad de conciencia con relación a la persona concreta que vivió la existencia terrena, aunque el sentido técnico de tal ele-

---

[5]C. Pozo, recuerda (*Teología...*, cit., págs. 184–193), con acierto los principios que la teología bíblica exige para una recta hermenéutica de los libros sagrados. Entre otros, conviene retener:
- Buscar en la Biblia la revelación de Dios y no actuar con prejuicios de una determinada filosofía. Es necesario tener en cuenta que la llamada escatología de fase única nace en los ambientes protestantes, en conexión con la doctrina luterana de la justificación, que propugna que los hombres no puedan presentar ningún mérito de obras propias ante el juicio de Dios.
- No aceptar que la Palabra de Dios se vincule a una supuesta "antropología semita" como opuesta a otra "antropología helenista", puesto que Dios puede servirse de cualquier categoría para revelarnos la verdad.
- No sobrevalorar el momento de la historia de la Biblia cuando una verdad es comunicada, sino atender al hecho de que lo haya sido, con independencia del proceso pedagógico y progresivo de la Revelación.

6.1. HECHO: INMORTALIDAD Y RESURRECCIÓN

mento antropológico, en ocasiones, sea descrito de un modo muy primitivo. También aparece la existencia de una dualidad de elementos que constituyen al ser humano, que permite distinguir un elemento consciente, capaz de subsistir hasta la resurrección, y que es diferente del cadaver.

Se comprueba con rotundidad un hecho: así como la verdad de la pervivencia del alma está revelada desde el inicio, la idea de la resurrección corporal es bastante tardía; hecho que contradice los prejuicios de la escatología de fase única.

Se podrían distinguir las siguientes etapas de la revelación antropológica y escatológica:

1. *Esquemas antropológicos del periodo patriarcal.* El judaísmo primitivo utilizaba dos esquemas para hablar del ser humano, que coexisten sin el menor esfuerzo de ponerlos en relación; la coordinación aparecerá más tarde, en un segundo momento de la revelación. Los esquemas son los siguientes:

   (a) El esquema del *hombre vivo*. Cuando se habla del hombre en este mundo, antes de morir, *hay un clara visión unitaria*. Cuando la Escritura habla de "basar" (carne), "nefesh" (espíritu) y de "ruah" (espíritu), los términos son intercambiables para indicar al hombre vivo. El hombre es "carne viva" ("basar"); que tiene aliento vital ("nefesh") como fruto del soplo que viene de Dios ("ruah"). Los términos "nefesh" y "basar" son intercambiables (Sal 63;2; 84:3). Este modo de entender al ser humano, sostiene las prescripciones legales sobre la pureza y la santidad del cuerpo. Coincide con la primitiva concepción griega de ψυχή.

   (b) El esquema del *hombre muerto*. En cambio, cuando se habla del hombre ya fallecido, hay *una visión dual*, con distinción real entre el "cadaver" que queda en el sepulcro, y los "refaim" que tienen una existencia umbrátil en el "sheol" o lugar de los muertos. Así se puede apreciar, por ejemplo, en:

- Ge 25: 8–9, "Expiró y murió Abraham en senectud buena, anciano y lleno de días, y fue a reunirse con su pueblo. Isaac e Ismael, sus hijos, le sepultaron en la caverna de Macpela, en el campo de Efrón..."
- Ge 44: 29–32, donde se sostiene la misma idea con relación a la muerte y sepultura de Jacob.
- Ge 37: 33.35, que manifiesta cómo Jacob piensa en reunirse con José en el "Sheol", aún cuando suponía que su cadáver habría sido devorado por las fieras.

Las características de los "refaim" para el periodo bíblico que se examina, son las siguientes:

- Son sombras del hombre todo, más que de su alma.
- Su existencia es umbrátil.
- El plural indica un cierto anonimato.
- No alaban a Dios, porque el cuerpo era esencial para ello.
- No hay idea de retribución diferenciada para buenos y malos en el "Sheol".
- Perdura, no obstante, cierta conciencia de sí, como se ve en el pasaje de la invocación de Samuel por el rey Saul (1 Sam 28: 8–19).

En cualquier caso, los "refaim" son claramente distintos del cadaver, que se descompone. Tampoco se encuentra ahora la idea de la resurrección de los cuerpos. Se podría detectar una concepción similar a la de Homero y su repre-

6.1. HECHO: INMORTALIDAD Y RESURRECCIÓN

sentación de los muertos que están en el "Hades", lo cual demuestra también que no hay una contraposición tan radical como se quiere descubrir entre las ideas helénicas y semitas, por lo que se podría hablar de una unidad cultural mediterránea, tal vez por influencia de los fenicios.

De los dos esquemas, prevalecerá el de dualidad. El motivo, tal vez, se encuentre en que el esquema unitario habría hecho imposible la realidad de la permanencia de la idea de la pervivencia del elemento antropológico después de la muerte.[6]

Nótese que ya en estos momentos más antiguos de la Revelación, el estado del "sheol" aparece como un estado deficiente. En la revelación posterior se manifestará como un estado transitorio y avocado a la restauración final del hombre.

2. *Evolución del concepto de Sheol en el periodo de los profetas y salmos místicos*. Aquí se produce un avance (que pedagogicamente Dios va completando) en la revelación sobre el más allá. El concepto de "sheol" se va perfeccionando en los profetas y en los salmos místicos, como consecuencia del concepto de *retribución*. En efecto:

(a) En los profetas, el "sheol" deja de ser un lugar indiferenciado para buenos y malos, como consecuencia de la introducción del pensamiento de la retribución ultraterrena.

- Así se puede apreciar en Is 14: 15ss, "Pues bien, al 'sheol' has bajado, a las profundidades del abismo... Todos los reyes de las naciones reposan con honor, cada uno en su morada; pero tú has sido arrojado de

---

[6]Por otro lado, el destino del hombre en el más allá solo puede ser conocido por la Revelación, mientras que las meras verdades antropológicas son accesibles a la pura razón humana.

tu sepulcro como rama abominable; revestido de asesinados, los muertos por la espada, con lo que descienden a sepulcros de piedra; como cadáver pisoteado". Ez 32: 22ss, "...En medio de los muertos pusieron su lecho para él y sus muchedumbres. Sus sepulcros lo rodean, todos incircuncisos, muertos a la espada. Sembraron el espanto en la tierra de los vivos, pero vinieron con su ignominia a unirse con los que bajaron al 'sheol' y yacen en medio de los muertos..."

- Hay pues diferentes niveles del "sheol": en los inferiores estarían los malos; el justo tiene una suerte mejor en los niveles superiores del "sheol". Es una concepción que se puede apreciar en la parábola del rico Epulón y el pobre Lázaro (Lc 16: 19–31).

- Por otro lado, se conciben a los "refaim" como teniendo una mayor consistencia ontológica, para poder ser objeto de retribución.

(b) En los salmos llamados "místicos" (vgr. 16:10, "pues no abandonarás mi alma al 'sheol' ni permitirás que tu fiel vea la fosa"; 49: 14ss, "Tal es el camino de los que confían en sí mismos, y el fin de los que se complacen en su boca. Como rebaño son echados al 'sheol', la muerte los pastorea, los justos los dominan. A la mañana, su figura se desvanece en el 'sheol', lejos de su morada. Pero Dios rescatará mi alma de las manos del 'sheol', pues me tomará"; 73: 17–28, "hasta que penetré en el misterio de Dios y puse atención a sus postrimerías... Porque los que se alejan de ti perecerán; arruinas a cuantos te son infieles. Pero mi bien es estar apegado a Dios, tener en el Señor Yahveh refugio para poder anunciar todas tus obras"). Se expresa la esperanza de que

6.1. HECHO: INMORTALIDAD Y RESURRECCIÓN

Yahveh libere al justo del "sheol" y lo lleve consigo. En este contexto se producen los siguientes aportes a la revelación escatológica:

- "Nefesh" adquiere una mayor substancialidad, pasando de significar "hálito vital" al concepto de "alma", que puede subsistir tras la muerte y ser rescatada del "sheol".
- A los "refaim" se les considera individual y personalmente. Por eso aquí se habla de "mi alma".
- Se conexionan los dos esquemas antropológicos primitivos, de la siguiente manera:
  - La terminología aplicada al "hombre vivo" se usa para el más allá: el "nefesh" es una realidad que subsiste en el más allá, fuera del cuerpo. Y "basar" se teñirá del significado de cuerpo estrictamente hablando.
  - Esto no es consecuencia de la recepción de categorías helenistas, sino evolución del pensamiento hebraico como consecuencia del progreso de la revelación de la idea de retribución ultraterrena.
- El alma del justo va hasta Yahveh para vivir en felicidad con Él. Posteriormente aparecerá la idea de un paraíso celeste para las almas de los justos.
- El "sheol" queda como lugar para las almas injustas, sitio para los impíos.
- Se ha reparado en la diferente concepción que existe entre el "sheol" profético (un "sheol", único sitio, pero con estratos diferenciados para buenos y malos) y el "sheol" de los salmos (dos lugares diferentes, "sheol" para los malos y paraíso para los buenos). Ciertamen-

te ambas concepciones co–existen, tanto en el Antiguo Testamento, como en la literatura inter–testamentaria y en el Nuevo Testamento. Así en la revelación neo–testamentaria se puede apreciar la concepción profética en la parábola del rico Epulón y el pobre Lázaro (Lc 16: 19–31), y la concepción de los salmos en el diálogo con el buen ladrón (Lc 23: 42–43); por su parte en San Pablo se encuentra la concepción profética en las expresiones sobre la resurrección del lugar de los muertos, lo que implica el doble estrato, mientras que en las expresiones de "estar con Cristo" (cfr. 2 Cor 12:2) se está aplicando el esquema "paraíso–sheol".

La solución viene de las siguientes consideraciones:

– Realmente son imágenes cosmológicamente irreconciliables, pero sí son coherentes para expresar el mismo dato teológico.

– La idea teológica común es la de la retribución diversa para justos e injustos inmediatamente después de la muerte.

– Esto se afirma independientemente del pensamiento de la resurrección, esto es, antes de que la resurrección se revele, y se mantiene como fase previa a la misma, cuando acabe la revelación.

3. *La escatología avanzada del libro de la Sabiduría.* Es un libro en el que continúan las realidades reveladas en la etapa anterior (profetas y salmos místicos) y que, al mismo tiempo, presenta elementos nuevos. El hecho de que esté redactado en griego, no quita nada para la inspiración de este libro.

(a) *Elementos que continúan lo anterior:*

6.1. HECHO: INMORTALIDAD Y RESURRECCIÓN

- Afirmación clara de la inmortalidad del alma.
- Las almas justas son premiadas con la vida cerca del Señor (Sab 3:1, "Las almas de los justos están en las manos de Dios, y el tormento no los alcanzará"; 5:15, "Pero los justos viven para siempre, y su recompensa está en el Señor, y el cuidado de ellos en el Altísimo").
- La vida del más allá de los impíos es denominada "muerte", en el sentido de que les falta la vida eterna.[7] Esto es caer en el "sheol".

(b) Los elementos que se revelan como nuevos, son:

- El juicio final: que se describe entre el capítulo 4:20 y el cinco.
- Es muy probable que ya se encuentre la resurrección de los muertos (c. 5 y 16:13, "Que tú tienes el poder de la vida y de la muerte y llevas a los fuertes al hades y sacas de él").

4. *La escatología intermedia del 2 Libro de los Macabeos*. Los datos sobre la escatología intermedia de este libro son de poco interés.

5. *Aparición relativamente tardía de la idea de la resurrección*. Esta idea se revela mucho más tarde que la realidad de la inmortalidad del alma, y se hace en conexión y sobre la base preparatoria, de la pervivencia del elemento espiritual del hombre después de la muerte corporal. En efecto:

(a) La resurrección se concibe como la vuelta de los "refaim" a su plenitud existencial.[8] Cfr. Dan 12: 1ss, "Las muchedumbres de los que duermen en el polvo de la tierra se

---

[7]No con el significado de que sean aniquiladas, posibilidad que se niega en el c. 2 como un error pagano.

[8]El recordar a los "refaim" se está estableciendo la conexión con las ideas anteriores.

despertarán, unos para la eterna vida, otros para eterna vergüenza y confusión".

(b) Otras veces se menciona como reasunción y revitalización de lo que queda en los cadáveres. Cfr. Ez 37: 1–14.

(c) Is 26:18 reúne ambos aspectos anteriores: "Revivirán tus muertos, mis cadáveres se levantarán; despertad y cantad los que yacéis en el polvo, porque rocío de luces es tu rocío, y la tierra parirá sombras".

6. *Periodo inter–testamentario.* En esta época se produce una falta de unidad: no todos los judíos tenían las mismas ideas antropológicas ni escatológicas, debido al diferente grado de asimilación del desarrollo de ideas expuesto y que se había producido a lo largo de los siglos anteriores.

El Nuevo Testamento

Es necesario detenernos sobre la visión de la antropología que se revela en el Nuevo Testamento, para pasar a estudiar la verdad de la pervivencia del alma previa a la resurrección y comprobar cómo se conexiona la realidad de la resurrección con el de la pervivencia de las almas separadas del cuerpo.

1. *Antropología del Nuevo Testamento.* Se encuentran dos esquemas:

    - Jesucristo en su predicación: aparece el esquema de dualidad antropológica $\sigma\tilde{\omega}\mu\alpha$–$\psi\upsilon\chi\acute{\eta}$. Cfr. Mt 10:28, "No tengáis miedo a los que matan el cuerpo pero no pueden matar el alma; temed ante todo al que puede hacer perder alma y cuerpo en el infierno". Donde se trata propiamente de "alma" y no el semitismo "vida", porque el contexto es martirial: se pierde el cuerpo, pero no el alma.

6.1. HECHO: INMORTALIDAD Y RESURRECCIÓN

- San Pablo cristianiza el esquema dual, pero le añade un elemento específicamente cristiano, como se aprecia en 1 Tes 5:23, "el Dios de la paz os santifique cumplidamente, y que todo vuestro espíritu, vuestra alma y vuestro cuerpo se conserven sin mancha para la venida de nuestro Señor Jesucristo". Así pues existen en el hombre:
    - ψυχή, que está constituida por καρδιά–νοῦς (principio espiritual de vida natural) y el πνεῦμα (principio espiritual de vida sobrenatural)
    - σῶμα.

2. *La pervivencia de las almas tras la muerte corporal.* Esta idea puede ser examinada en la predicación de Jesucristo y en la de San Pablo:

- Hay dos momentos en la vida de Jesucristo donde aparecen con claridad la doctrina que estudiamos:
    - Parábola del rico y el pobre Lázaro (Lc 16: 19–31), donde resaltan las verdades de:
        * La escatología intermedia, porque los hermanos del rico viven todavía mientras que éste está muerto; además se utiliza la palabra ᾅδης en lugar de γέεννα, para identificar el estado intermedio en lugar del definitivo.
        * El "sheol" con estratos, como ya sabemos.
    - El diálogo con el buen ladrón en la Cruz (Lc 23:42), donde destacan:
        * La escatología intermedia, como se deduce claramente del uso del "hoy", lo que se refiere evidentemente a solo el alma.

* Aparece la idea clara del paraíso para los justos, como diferente del "sheol" para los impíos.

- Por su parte, San Pablo habla de la misma pervivencia del alma en muchas ocasiones. Son de especial significado los textos de Flp 1: 20–24, donde se expresa el deseo de partir para estar con Cristo, y el de 2 Cor 5: 1–10 (cfr. 2 Pe 1:14), al referirse a la "tienda de nuestra mansión terrena que se desvanece", que sin tener el tecnicismo de 1 Te 5:23, sin embargo transmite el mismo contenido, pues se ve el esquema de dualidad y no hay monismo ni ideas del pensamiento platónico.

Es interesante la exégesis de este texto que nos presenta C. Pozo:[9]

(a) En la primera parte (vv. 1–5), el Apóstol desea estar con Cristo, si es posible, experimentando la Parusía; se manifiesta que la muerte es un hecho —de nuevo, con el esquema de dualidad—; que hay un deseo muy natural de no morir (cfr. Mc 14: 33–36). Hay que destacar:
- v. 1: se habla de "tienda", esto es el cuerpo; y también de "edificio de dios", que se refiere a la resurrección.
- v. 2: se desea que la Parusía ocurra en la propia vida de San Pablo.
- v. 3: para lo cual es necesario no morir ("estar vestidos"); cfr. 1 Cor 15:52.
- v. 4: deseo de nuevo de que la Parusía ocurra en vida.

---

[9] C. Pozo: *Teología...*, cit., págs. 257–265.

6.1. HECHO: INMORTALIDAD Y RESURRECCIÓN

(b) En la segunda parte (vv. 6-8), el Apóstol vuelve a expresar su deseo de estar con Cristo de todas maneras, si no es por experimentar la Parusía final, entonces a través de la vida del alma en la escatología intermedia. Aquí la muerte (de nuevo el esquema dual antropológico) aparece como deseable si supone estar con el Señor (cfr. Flp 1:21, v. 7, "fe"):

– v. 6, deseo de estar con Cristo, aunque sea a través de la muerte.

– v. 8, escatología intermedia.

3. *Conexión entre resurrección corporal y pervivencia de las almas separadas.* A semejanza de lo que se vio en el Antiguo Testamento, también en el Nuevo la verdad sobre la resurrección de los cuerpos se establece después de la afirmación de la pervivencia de las almas, lo cual indica claramente la existencia de un estado intermedio del más allá, entre la muerte corporal y la resurrección del cuerpo. En efecto:

(a) En primer lugar se establece la pervivencia de las almas. Es claro en Mt 10:28, "No tengáis miedo a los que matan el cuerpo, que el alma no pueden matarla; temed más bien a aquel que puede perder el alma y el cuerpo en la Gehenna". Por otro lado, en la polémica con los saduceos se ve que Cristo no dice que haya una resurrección inmediata después de la muerte, porque se habla de que "el Dios de Abraham...es Dios de vivos y no de muertos" (lo que implica la escatología intermedia); y al mismo tiempo, se revela la resurrección final, "murió el último...en la resurrección, cuando resuciten, ¿de cuál de ellos será la mujer?"

(b) Luego, en segundo lugar, la Revelación neotestamentaria se enfrenta el tema de cómo será la resurrección de la carne (cfr. Jn 5:28; 1 Cor 15:35), a lo que se dedica parte del cap. 15 de la 1 Cor:

- El problema se plantea en 1 Cor 15:35, porque algunos negaban la resurrección por la dificultad de concebir el cuerpo resucitado (cfr. v. 12).
- Se da una primera respuesta, con la comparación entre la semilla y la planta (vv. 36ss.), y entre los cuerpos terrestres–cuerpos celestes (vv. 40ss.).
- Se afirma la continuidad entre el cadaver y el cuerpo resucitado con la repetición de la partícula "el mismo", que es σῶμα ψυχικόν y σῶμα πνευματικόν (v. 44).
- Se llega al punto decisivo de referencia que es la propia Resurrección de Cristo, modelo y causa de la nuestra (v. 45, cfr. vv. 20–22).[10]
- Finalmente se dedican unos versículos a la explicación directa de la realidad de los cuerpos resucitados, subrayando los principios de la continuidad corpórea entre el cuerpo muerto y el resucitado, y el principio de la transformación:
    - vv. 53ss: "esto" repetido cuatro veces, indica la continuidad corpórea.[11]

---

[10] Recuérdese aquí lo estudiado sobre la Resurrección de Cristo, con los temas de la historicidad por el sepulcro vacío y las apariciones, y donde se afirma la realidad corpórea del cuerpo del Señor; al tiempo que se sostiene la continuidad entre la realidad corpórea resucitada y la del cuerpo crucificado, y la transformación del cuerpo de Jesús, que ya no pertenece al orden de este mundo.

[11] San Ireneo compara nuestra resurrección con la resurrección en sus propios cuerpos del hijo de la viuda de Naím y de Lázaro.

6.1. HECHO: INMORTALIDAD Y RESURRECCIÓN

- vv. 51–53: idea de la transformación. El σῶμα ψυχικόν, es el cuerpo antes de morir, conformado por su principio vital natural (ψυχή); el σῶμα πνευματικόν, es el cuerpo resucitado conformado por el principio vital sobrenatural (πνεῦμα, que en ningún caso puede ser interpretado como la materia de la que se compone el nuevo cuerpo).

6.1.4 Magisterio

Se pueden estudiar las declaraciones magisteriales sobre el tema que se está tratando desde tres perspectivas:

1. *La resurrección se producirá con la Parusía*, al final de los tiempos, y no en el momento de la muerte corporal de los individuos. Es una verdad que se refleja en muchísimos credos. Basten como ejemplos, uno antiguo y una moderno:

    - "Símbolo Quicumque": "Ad cuius [Christi] adventum omnes homines resurgere habent".[12]
    - "Profesión de Fe" de Pablo VI: la resurrección ocurrirá el día en el que la muerte "omnino destruetur".[13]

2. *La pervivencia del alma humana tras la muerte corporal es doctrina de fe divina y católica definida*. El estado intermedio fue verdad indiscutida desde el principio del cristianismo, por lo que su definición solo ocurrió cuando ese estado se cuestionó. Esto ocurre en la Edad Media. Hay dos declaraciones de fe:

    - Bula "Benedictus Deus" de Benedicto XII, que zanja las polémicas suscitadas por las opiniones del Papa Juan XXII.

---

[12] *D. S.*, 76.
[13] A.A.S. 60 (1968) 444.

Queda definido el estado intermedio de la escatología. No es correcta la interpretación que sostiene que solo está dirigida a atestiguar la no dilación de la bienaventuranza perfecta tras la muerte, porque habla también del juicio final al fin del mundo como contrapuesto al estado previo de escatología de las almas separadas. Tampoco se puede diluir su valor, arguyendo que solo se expresa con categorías de la época.[14]

- Concilio Lateranense V contra los neoaristotélicos, donde se define la inmortalidad del alma. No se puede diluir su valor sosteniendo que solo se dirige contra los averroístas, o que simplemente se expresa con categorías de su época que no son válidas para la nuestra. Su valor abarca a la doctrina de fondo que sostiene.[15]

3. *La resurrección es reasunción con el cuerpo que teníamos en esta vida*. Hay muchos credos que lo sostienen (Rufino,[16] mozárabe,[17] San León IX,[18] Inocencio III,[19] etc.).[20] Incluso se utilizan expresiones fuertes como "resurrección de esta carne" o "resurrección de la carne". Son fórmulas anti–gnósticas que subrayan el realismo y la importancia del cuerpo. No se pueden sostener las interpretaciones erróneas de los que sostienen la escatología de fase única.

---

[14] *D. S.*, 1000ss.
[15] *D. S.*, 1440.
[16] *D. S.*, 16.
[17] *D. S.*, 23.
[18] *D. S.*, 684.
[19] *D. S.*, 797.
[20] Cfr. también, *Símbolo Quicumque* (*D. S.*, 76); Concilio IV de Letrán (*D. S.*, 801); Concilio II de Lyon (*D. S.*, 859); Profesión de Fe de Pablo VI, n. 29 (*AAS* 60, 1968, 444); etc.

6.1. HECHO: INMORTALIDAD Y RESURRECCIÓN

*   *   *

Cuando, modernamente, se empiecen a propagar las teorías de la escatología de fase única y la negación de la escatología intermedia, la reacción del Magisterio ha sido unánime en su condena. Hay dos documentos que enfrentan directamente las nuevas tendencias:

1. La "Profesión de Fe" de Pablo VI, donde se sostiene:

   - El hombre es cuerpo y alma. El alma es espiritual e inmortal: "Creatorem in unoquoque homine, animæ spiritualis et immortalis".[21]

   - Existe la escatología de las almas separadas: "Credimus vitam æternam. Credimus animas eorum omnium, qui in gratia Christi moriuntur —sive quæ adhuc Purgatorii igne expiandæ sunt, sive quæ statim ac corpore separatæ, sicut Bonus Latro, a Iesu in Paradisum suscipiuntur— Populum Dei constituere post mortem, quæ omnino destruetur Resurrectionis die..."[22]

   - La resurrección es reasunción del propio cuerpo: "quo [Resurrectionis diei] hæ animæ cum suis corporibus coniungentur".[23]

2. La "Carta de la Sagrada Congregación de la Doctrina de la Fe, sobre algunas cuestiones referentes a la escatología" de 12 de mayo de 1979, resume la doctrina escatológica de la Iglesia católica en siete puntos:

   - Resurrección de los muertos.

---

[21] *Professio Fidei*, n. 8, A.A.S. 60 (1968) 436.
[22] *Professio Fidei*, n. 8, A.A.S. 60 (1968) 444.
[23] *Professio Fidei*, n. 8, A.A.S. 60 (1968) 444.

- Para todos los hombres. Para los elegidos es extensión de la Resurrección de Jesucristo.

- Pervivencia del alma, de un "elemento espiritual dotado de inteligencia y voluntad, de manera que subsiste el mismo yo humano". La terminología de la Biblia y de la Tradición ("alma") es indispensable para la fe, a pesar de los variados sentidos que pueda tener en la Biblia.

- La liturgia y la oración por los difuntos de toda la Tradición de la Iglesia ha de ser defendida por una teología consecuente.

- La Parusía futura es distinta y aplazada con relación a la condición de los hombres inmediatamente después de la muerte.

- La Asunción de la Virgen María ha de ser preservada en lo que tiene de único.

- Existencia del Cielo, Infierno y Purgatorio.

El texto dice así:

> "Esta Congregación, que tiene la responsabilidad de promover y de salvaguardar la doctrina de la fe, se propone recoger aquí lo que, en nombre de Cristo, enseña la Iglesia, especialmente sobre lo que acaece entre la muerte del cristiano y la resurrección universal.
>
> 1) La Iglesia cree (cfr. el Credo) en la resurrección de los muertos.
>
> 2) La Iglesia entiende que la resurrección se refiere a todo el hombre: para los elegidos no es sino la extensión de la misma Resurrección de Cristo a los hombres.

6.1. HECHO: INMORTALIDAD Y RESURRECCIÓN

3) La Iglesia afirma la supervivencia y la subsistencia, después de la muerte, de un elemento espiritual que está dotado de conciencia y de voluntad, de manera que subsiste el mismo "yo" humano. Para designar este elemento, la Iglesia emplea la palabra « alma », consagrada por el uso de la Sagrada Escritura y de la Tradición. Aunque ella no ignora que este término tiene en la Biblia diversas acepciones, opina, sin embargo, que no se da razón alguna válida para rechazarlo, y considera al mismo tiempo que un término verbal es absolutamente indispensable para sostener la fe de los cristianos.

4) La Iglesia excluye toda forma de pensamiento o de expresión que haga absurda e ininteligible su oración, sus ritos fúnebres, su culto a los muertos; realidades que constituyen substancialmente verdaderos lugares teológicos.

5) La Iglesia, en conformidad con la Sagrada Escritura, espera "la gloriosa manifestación de Jesucristo nuestro Señor" (*Dei Verbum* I, 4) considerada, por lo demás, como distinta y aplazada con respecto a la condición de los hombres inmediatamente después de la muerte.

6) La Iglesia, en su enseñanza sobre la condición del hombre después de la muerte, excluye toda explicación que quite sentido a la Asunción de la Virgen María en lo que tiene de único, o sea, el hecho de que la glorificación corpórea de la Virgen es la anticipación de la glorificación reservada a todos los elegidos.

7) La Iglesia, en una línea de fidelidad al Nuevo Testamento y a la Tradición, cree en la felicidad de los justos que estarán un día con Cristo. Ella cree en el castigo eterno que espera al pecador, que será privado de la visión de Dios, y en la repercusión de esta pena en todo su ser. Cree, por último, para los elegidos en una eventual purificación, previa a la visión divina; del todo diversa, sin embargo, del castigo de los condenados. Esto es lo que entiende la Iglesia, cuando habla del Infierno y del Purgatorio."[24]

6.1.5 Consideraciones teológicas

Es pues claro que la escatología de fase única está en contra de la Sagrada Escritura, la Tradición y el Magisterio de la Iglesia. Por eso dice A. Gálvez:

"No han sido pocos (sobre todo en los tiempos modernos) los que han intentado resolver la dificultad asegurando que, para los justos, la resurrección ya ha tenido lugar en el momento mismo de su muerte: una vez realizado el paso a la eternidad ya no es la temporalidad la que cuenta, sino solamente la atemporalidad. Otros prefieren acudir a una cierta explicación psicológica en la que se afirma, según suelen decir, que el alma separada no tendría percepción de la duración.

Pero estas doctrinas, ya sea de forma expresa o implícita, consciente o inconscientemente, lo que hacen en realidad es negar la escatología intermedia. Sin embargo, tanto la doctrina de la Resurrección de los muertos co-

---

[24] *A.A.S.*, 71 (1979) 939–943.

6.1. HECHO: INMORTALIDAD Y RESURRECCIÓN

mo la de la Escatología intermedia *son objeto de fe*; por lo que no pueden ser negadas ni tampoco puestas entre paréntesis".[25]

En concreto, y con referencia a las distintas teorías que defienden esta herejía:

1. La *teoría de la muerte total* de Stange, que casi no tiene seguidores, ha de ser criticada porque la resurrección significaría en realidad una nueva creación. Si no hay continuidad con el hombre que vivió en la tierra, la doctrina de la resurrección cae por su base.

2. El *atemporalismo* de Barth y Brunner, es rechazable porque:

    - Hace imposible entender textos bíblicos como 1 Te 4: 13ss o Ap 6: 9ss.

    - La analogía salva la distancia infinita entre las realidades naturales y sobrenaturales. En efecto, la "eternidad" como "interminabilis vitæ tota simul et perfecta possessio" (Boecio) se aplica solo para la divinidad; el "tiempo terrestre" solo al hombre vivo; el "ævum" para los bienaventurados, donde siempre hay una sucesión de actos en el ser creado.

    - No se puede explicar la permanencia del cadáver en la tierra, si la resurrección ya se produjo al morir; por lo que parece que se niega la resurrección, afirmando solo la inmortalidad.

    - Esta concepción hace inútil y sin sentido la realidad de la Parusía y del final de la Historia.

---

[25] A. Gálvez: *Esperando...*, cit. pág. 350.

3. La *teoría de la resurrección como mera pervivencia de un núcleo personal con cierta corporalidad* en el momento de la muerte, tampoco es sostenible desde la teología católica, porque:

- Es una solución mucho más "dualista" que la clásica que se quiere superar (aquí el cadaver se abandona porque ya no es "cuerpo del hombre").

- En realidad se niega la resurrección, afirmando solo la inmortalidad del alma.

- Es volver a las tesis de la filosofía griega que afirmaba que el alma tenía una "cierta materia sutil", y que fue seguida por algunos en el periodo medieval.

- Los términos de San Pablo, σῶμα y σαρξ, no se pueden aplicar a realidades separadas, ya que el mismo σῶμα es σῶμα ψυχικόν y σῶμα πνευματικόν (1 Cor 15:44), es decir, cuerpo informado por ψυχή en la tierra y por el πνεύμα en el Cielo.

- Nuestra resurrección no tendría nada que ver con el modelo de la Resurrección de Cristo, que sí fue verdaderamente corporal.

6.1.6 Entendimiento equilibrado de la escatología de doble fase

La afirmación tanto de la inmortalidad del alma separada como de la resurrección final de los cuerpos, fundamenta el dogma de la escatología intermedia, con el efecto de que la escatología católica es de doble fase y no puede ser reducida a una única fase.

No obstante, el entendimiento recto de la escatología intermedia conforme a la Tradición y el Magisterio de la Iglesia, plantea un problema, porque si la salvación o la condenación en sus elementos esencia-

6.1. HECHO: INMORTALIDAD Y RESURRECCIÓN

les ya ocurren inmediatamente después de la muerte (Bula *Benedictus Deus* de Benedicto XII), parecería que la escatología final careciera de importancia, en contra de la significación extraordinaria que a ésta se le otorga en la Revelación bíblica. Por tanto, los cuestionamientos son evidentes: ¿qué aportaría la resurrección final y el juicio final a las almas ya salvadas o condenadas? ¿No parecería acaso que la escatología de doble fase es un duplicado simplemente?

El desafío consiste en encontrar una valoración equilibrada de las dos fases, lo que no siempre se ha conseguido en la historia de la teología.

En efecto, desde principios del S. XIII se da la tendencia a valorar fuertemente la escatología intermedia y poco la final. La resurrección final de los cuerpos aportaría solo un gozo "accidental" al justo ya plenamente bienaventurado en el estado de escatología intermedia. Explicación que no satisface, ya que si el gozo es "accidental", esto supone que la resurrección de la carne es accidental, lo cual no se condice con la importancia que tiene en la revelación, ni tampoco con la importancia dada a la Parusía.

Para solucionar esta dificultad, C. Pozo sostiene la idea de que el gozo sería "intensivo" tanto en la posesión como en la visión de Dios. Esta solución ayudaría a comprender mejor el dogma de la Asunción de la Virgen María, en cuanto a su calidad de privilegio, porque Ella goza más profundamente de Dios que los bienaventurados.

Sin embargo, el propio C. Pozo admite que hay una dificultad: ¿cómo puede dar un gozo "intensivo" la restauración del puro cuerpo? Según este teólogo, es un misterio al que se puede iluminar de alguna manera considerando que una parte del ser humano, aunque sea substancial (alma), no puede gozar del mismo modo que el hombre completo. Por eso decía San Agustín que el alma separada era substancia incompleta, por lo que en su estado de separación mantiene un apetito de unión con su cuerpo.[26]

Otra dificultad proviene del recto entendimiento del concepto de tiempo en el más allá. En efecto, muchos teólogos de nuestros tiempos valoran fuertemente la escatología final, con riesgo de sub–valorar la escatología intermedia, incluso aunque digan aceptarla. La razón es que se considera que la situación del justo sería esencialmente idéntica en ambas fases, porque el alma separada no tendría percepción de duración (el éxtasis de la visión de Dios impediría la sucesión de actos que permite la percepción de la temporalidad).

C. Pozo hace ver que tal interpretación no cuadra, por ejemplo, con la visión de Ap 6:9ss. Por ello, insiste en que el correcto entendimiento del tiempo en el más allá supone:

1. Que en las almas de los justos hay dos planos de conciencia:

   - La visión beatífica, que produce la satisfacción total, y donde no hay sucesión de actos, lo que supone que no existe la percepción psicológica del tiempo.

   - La conciencia de la situación de la Iglesia militante, donde sí hay sucesión de actos (los sucesos y la historia de la Iglesia que todavía peregrina en la tierra), por lo que, en este plano de conciencia, sí percibe el tiempo.

2. Que es necesario recalcar la diferencia, que ya se ha estudiado, entre "eternidad divina" y "eviternidad de los bienaventurados".

3. Finalmente, que hay que sostener que las almas benditas del Purgatorio, sí que perciben la sucesión de actos y el tiempo por carecer de la visión beatífica.

---

[26] C. Pozo: *Teología...*, cit., págs. 317–323

6.1. HECHO: INMORTALIDAD Y RESURRECCIÓN

En conclusión, el alma solo llega a la plena posesión de Dios cuando supera una doble separación, lo que supondría el mencionado "gozo intensivo":

- La separación de su propio cuerpo por la propia resurrección corporal.

- La separación con relación a la plenitud del Cuerpo Místico de Cristo, que se dará solo cuando se complete el número de hermanos salvados (cfr. el espíritu de la petición de las almas bienaventuradas en Ap 6: 9ss.).[27]

6.1.7 A. Gálvez y la escatología de doble fase

A. Gálvez critica la solución aportada por C. Pozo ("aumento intensivo de gozo") porque parece en realidad un juego de palabras que viene a sostener, al fin y al cabo, la misma solución clásica ("aumento accidental del gozo"); es decir, se propone una diferencia meramente cuantitativa y accidental, y no esencial:

> "Con lo que el problema queda sin resolver. Pues lo que hace Cándido Pozo, en realidad, es *cambiar las palabras manteniendo el mismo concepto*. Conviene caer en la cuenta de que hablar de aumento intensivo y de aumento accidental es hablar de lo mismo; ya que el aumento intensivo sigue siendo igualmente accidental. La diferencia que existe, por ejemplo, entre la distancia que media del 3 al 1, y la que media del 5 al 1, es meramente aritmética; y por lo tanto accidental. No puede considerarse una diferencia esencial dado que es meramente cuantitativa;

---

[27] Aquí hay percepción del paso del tiempo en la situación de escatología intermedia, que no puede ser entendida como psicológicamente instantánea.

y la cantidad, como se sabe, es también un accidente. El problema, como puede apreciarse, no es fácil de resolver. Puesto que hay que mantener, por una parte, la realidad de la escatología intermedia; y por otra, la no menos real transcendentalidad de la Parusía y de la Resurrección de los muertos en la Economía de la Salvación".[28]

A. Gálvez, propone otra solución, después de plantear directamente el problema recordando los datos de fe de la Bula "Benedictus Deus", y de reconocer la dificultad de la solución:

> "Si las almas de los justos que nada tienen que purgar, ya desde el momento inmediatamente posterior a la muerte, gozan de la visión de la esencia divina de forma intuitiva y cara a cara, con la consiguiente fruición, ¿qué es lo que añade la escatología final a su bienaventuranza?
>
> Ordinariamente se ha resuelto la cuestión diciendo que los bienaventurados se encuentran aguardando la resurrección de sus cuerpos. Realizada la cual, una vez llegado el momento de la *Parusía*, recibirán en ella un aumento *accidental* o extensivo de bienaventuranza o felicidad.
>
> Sucede, sin embargo, que los acontecimientos que tendrán lugar al final de la Historia, cuales son la aparición de la Parusía, la Resurrección de los muertos y el advenimiento de unos *Cielos nuevos* y de *una tierra nueva*, en modo alguno pueden suponer un significado meramente *accidental* en la Historia o Economía de la Salvación. Muy al contrario. Porque la Resurrección de los muertos y la Segunda Venida del Señor, el Juicio Universal, la Redención de la creación (que se encuentra hasta ahora gimiendo en

---

[28] A. Gálvez: *Esperando...*, cit. pág. 351.

6.1. HECHO: INMORTALIDAD Y RESURRECCIÓN 313

dolores de parto), y el advenimiento de unos Cielos nuevos y de una tierra nueva, gozan de un carácter de esencial importancia, tanto por lo que se refiere a los textos revelados como a la Tradición. Es imposible, por lo tanto, limitarse a reconocer en ellos un carácter meramente *accidental*".[29]

Si los acontecimientos de la escatología final, no puede tener un carácter "accidental", tampoco pueden suponer para el bienaventurado un mero "aumento accidental o intensivo" del gozo eterno:

> "¿Cabe decir que la Parusía, con todo lo que este acontecimiento lleva consigo y significa, puede ser considerada como un simple evento *accidental* con la consecuencia, harto limitada, de otorgar al hombre un mero aumento accidental o intensivo de su bienaventuranza?"[30]

Lo primero que se puede destacar en el pensamiento de A. Gálvez, es la perspectiva en la que se coloca. Por un lado, insiste en que sus propuestas no son en absoluto las de la filosofía fenomenológica y personalista contemporáneas.[31] Por otro lado, A. Gálvez, más que centrarse en intentar medir la clase de gozo que se adquiere con la escatología final, considera los acontecimientos mismos, que al ser "trascendentales" o "fundamentales",[32] necesariamente traerán un nuevo modo de gozar sustancialmente diferente del que se tenía en la escatología intermedia:

---

[29] A. Gálvez: *Esperando...*, cit. págs. 349–350.

[30] A. Gálvez: *Esperando...*, cit. págs. 360.

[31] "Téngase en cuenta, sin embargo, que lo que aquí se viene sosteniendo nada tiene que ver con las teorías modernas personalistas o fenomenológicas. Las cuales no son sino excrecencias del idealismo, y de ahí que no conduzcan sino a reducir a la nada la realidad del hombre" (A. Gálvez: *Esperando...*, cit., pág. 355, nota 55).

[32] A. Gálvez: *Esperando...*, cit., pág. 359.

"Especular acerca de un pretendido *aumento* en la beatitud propia de la bienaventuranza, ya sea esencial o accidental, *no tiene sentido alguno*. Hablar, por ejemplo, del aumento del volumen que experimenta un océano al arrojar en él un cubo de agua, todavía tendría algún significado: el incremento sería tan ínfimo como se quiera, aunque siempre sería mensurable. Mientras que es difícil imaginar un *aumento* de felicidad, de la índole que sea (mayor o menor, mensurable o inconmensurable), en la fruición consiguiente a la contemplación de la infinitud de la Esencia Divina. La contemplación y fruición de la Esencia Divina por las almas bienaventuradas habrá de producir en ellas, sin duda alguna, un torrente de variados y profundos sentimientos durante toda la eternidad. Pero es casi imposible suponer un *aumento* de gozo en almas bienaventuradas que *inmediatamente después de su muerte... aun antes de la reasunción de sus cuerpos y del juicio universal... ven la divina esencia con visión intuitiva y también cara a cara... y que una vez hubiera sido o será iniciada esta visión intuitiva y cara a cara y la fruición en ellas, la misma visión y fruición es continua sin intermisión alguna...*[33]"[34]

A. Gálvez propone cuatro razones que ayudan a entender la trascendentalidad de los acontecimientos de la escatología final, y en particular el de la resurrección del cuerpo, con la correcta explicación del aumento de gozo de los bienaventurados:

1. La tesis de que *el alma separada del cuerpo es capaz de relaciones interpersonales*. Ya estudiamos con detalle la posición de A.

---

[33] Const. *Benedictus Deus*.
[34] A. Gálvez: *Esperando...*, cit. pág. 362.

6.1. HECHO: INMORTALIDAD Y RESURRECCIÓN

Gálvez sobre el estatuto del alma separada del cuerpo. La tesis tomista clásica le niega la condición de persona, pero la cuestión podría ser discutida:

"El alma humana, separada del cuerpo ya no es, por lo tanto, un ser humano completo. A pesar de lo cual es indudable que *sigue siendo un alma humana*. A propósito de lo cual podría formularse aquí una pregunta tan importante como la siguiente: Así las cosas, *¿puede decirse entonces que esa alma ha perdido también su personalidad?* Por supuesto que si se admite la definición de Boecio sobre la persona matizada a su vez por Santo Tomás, y tal como ha sido aceptada por el común de la doctrina, la respuesta afirmativa es evidente. Afirmar lo contrario supondría enfrentarse a la delicada tarea de reelaborar el concepto de persona.

Sin embargo, como ya se ha visto arriba, las dificultades que surgen del hecho de negarle al alma separada su carácter personal tampoco son despreciables. De donde, llegados a este punto, lo menos que puede decirse es que la cuestión sigue abierta".[35]

Si se acepta que el alma separada del cuerpo es persona, entonces hay que sostener que, como tal alma, tiene una plenitud de bienaventuranza y de toda clase de relaciones interpersonales con Dios. Eso sí, insistamos, *como tal alma que es persona*. De este modo se mantiene plenamente las declaraciones dogmáticas contenidas en la *Bula Benedictus Deus*:

"Según lo que hemos venido diciendo hasta aquí, ¿qué le puede faltar todavía al alma bienaventurada

---

[35] A. Gálvez: *Esperando...*, cit. págs. 358–359.

separada del cuerpo? Es de fe que goza de la visión beatífica y de la fruición de Dios...

Y la respuesta, en la medida en que sea posible elaborar una respuesta, tal vez podría configurarse en términos más o menos como los siguientes: *Como alma, no le falta nada.* El alma separada sigue siendo un ser subsistente, ahora ya bienaventurada, ve a Dios cara a cara, lo conoce tal como ella es conocida (1 Cor 13:12), y goza ya, por consiguiente, de la consiguiente fruición.

Sin embargo, el alma bienaventurada durante el estado de escatología intermedia, *como alma humana que es, se encuentra todavía a la espera de la recuperación de su cuerpo, aunque ahora ya glorificado".*[36]

2. Pero *el ser humano es más que su alma.* Su corporalidad fue creada por Dios y es esencial para poder amar al modo humano perfecto, incluso aunque sea sobrenaturalizado por la gracia. Así que la asunción del cuerpo glorioso supondrá un nuevo modo de relación interpersonal con Dios, con una gama de posibilidades que no tenía cuando lo hacía como sola alma. Tenía la beatitud perfecta en su relación con Dios como alma; ahora tiene la beatitud perfecta... como alma y como cuerpo. Es un hecho que el hombre solo puede amar al modo humano si ama con todo lo que él es, es decir, con su alma (la cual ya amaba a Dios y era amada por Dios en su estado de separación con el cuerpo) y con su cuerpo (que recibe glorioso con la resurrección final). Su modo de amar es entonces pleno como ser humano completo:

---

[36] A. Gálvez: *Esperando...*, cit. págs. 357–358.

6.1. HECHO: INMORTALIDAD Y RESURRECCIÓN

> "Al fin también, una vez consumada la espera, podrá conocer y amar por medio de sus sentidos corporales según su modo propio natural, por más que haya de ser sobrenaturalizado y elevado por la gracia. La cual, ni siquiera en el Cielo anula la propia naturaleza. La posesión de los propios sentidos corporales supondrá para los elegidos el conocimiento y el amor de la Persona de Jesucristo a través de su Humanidad, aunque de manera peculiar y específica y en cierto modo nueva: lo cual quiere decir *al modo humano*, con las salvedades dichas. De donde así las cosas, ¿cómo no se va a pensar aquí en un acontecimiento que sin duda es *fundamental*, incluso para los bienaventurados?"[37][38]

3. La *culminación de todo el plan de Dios* en la obra de la Creación y de toda la Economía de Salvación suponen un acontecimiento trascendental:

> "La glorificación del cuerpo humano, a semejanza y según su modelo y causa cual es el Cuerpo glorioso de Jesucristo, junto con la redención de toda la creación material (la cual ahora sufre todavía dolores de parto), suponen un acontecimiento *transcendental*, como es la culminación de la Historia del Universo. La coronación y el cumplimiento definitivo del Plan de Dios en la obra de la Creación y de toda la Eco-

---

[37] Si el hombre es un ser esencialmente compuesto de cuerpo y alma, es evidente que no se encontrará en su estado definitivo hasta que posea de nuevo su cuerpo; aunque ya le haya sido otorgada la bienaventuranza. Y no podrá considerar que ha alcanzado su plena identificación con Cristo hasta que se vea revestido, por fin, *de un cuerpo glorioso como el suyo* (el de Cristo).

[38] A. Gálvez: *Esperando...*, cit. págs. 362–363.

nomía de la Salvación: *Después llegará el fin, cuando entregue el Reino a Dios Padre... Y cuando le hayan sido sometidas todas las cosas, entonces el mismo Hijo se someterá a quien a Él lo sometió todo...*[39] *Nosotros somos ciudadanos del Cielo, de donde también esperamos al Salvador, al Señor Jesucristo, el cual transformará nuestro cuerpo vil en un cuerpo glorioso como el suyo, en virtud del poder que tiene para someter a su dominio todas las cosas.*[40] Se trata del misterioso y benévolo designio divino, previsto desde toda la eternidad y realizado al fin: *El benévolo designio que se había propuesto realizar mediante Él y llevarlo a cabo en la plenitud de los tiempos: recapitular en Cristo todas las cosas, las de los Cielos y las de la tierra.*[41] Mientras tanto, en anhelante expectativa hasta que llegue el momento en el que se cumpla y culmine el más glorioso de los acontecimientos, *la espera ansiosa de la creación anhela la manifestación de los hijos de Dios.*[42] Habrá llegado por fin el momento definitivo. La culminación grandiosa de una Historia en la cual, *cuando Cristo, vuestra vida, se manifieste, también vosotros apareceréis gloriosos con Él.*[43] La Historia de la Creación, la de la Salvación del hombre, la del Amor de Dios hacia sus creaturas, y la de su propia Gloria manifestada en ellas, habrán alcan-

---

[39] 1 Cor 15: 24.28.
[40] Flp 3: 20–21.
[41] Ef 1: 9–10.
[42] Ro 8:19.
[43] Col 3:4.

6.1. HECHO: INMORTALIDAD Y RESURRECCIÓN

zado en ese instante la gloriosa culminación que había sido prevista *desde antes de todos los tiempos.*"[44]

4. La realidad de que solo con la resurrección corporal se llega a la plena restauración del hombre completo, con su alma y con su cuerpo, y *la completa identificación con Cristo* a la que están llamados todos los bautizados y que solo se puede completar con la asunción de un cuerpo glorioso como el Suyo:

"Lo que no puede negarse es el hecho de que al alma humana bienaventurada, durante el estadio de la escatología intermedia, efectivamente le falta algo; o bien está esperando algo. ¿Qué es o en qué consiste ese algo que le falta o que espera todavía recibir? Evidentemente su cuerpo, aunque ahora ya resucitado y glorificado. Sin ese cuerpo, ya transformado, el alma bienaventurada no ha llegado aún a ser *el hombre completo, totalmente configurado con Cristo.* Lo cual no se cumplirá hasta que también su cuerpo sea semejante al de Cristo resucitado y glorioso. Pues para eso, y no para otra cosa, fue bautizado el ser humano: *¿No sabéis que cuantos hemos sido bautizados en Cristo Jesús hemos sido bautizados para unirnos a su muerte?... Porque si hemos sido injertados con Él con una muerte como la suya, también lo seremos con una resurrección como la suya...*[45] *Él transformará nuestro cuerpo vil en cuerpo glorioso como el suyo, en virtud del poder que tiene para someter a su dominio*

---

[44] A. Gálvez: *Esperando...*, cit. págs. 361–362.
[45] Ro 6: 3–5.

> *todas las cosas...*[46] *Y como hemos llevado la imagen del hombre terreno, llevaremos también la imagen del hombre celestial...*[47] *Y cuando este cuerpo corruptible se haya revestido de incorruptibilidad, y este cuerpo mortal se haya revestido de inmortalidad, entonces se cumplirá la palabra que está escrita...*[48]
>
> La restauración del hombre completo, con su alma y su cuerpo definitivamente glorificados, supone un acontecimiento *transcendental*". [49]

6.2 Sentido: escatología intermedia como retribución plena

6.2.1 Introducción

Hasta aquí se ha establecido la existencia de la escatología intermedia —a través del estudio de la relación entre la inmortalidad del alma y la resurrección de los cuerpos— y sus diferencias con la escatología definitiva y última, en lo referente a sus efectos sobre los seres humanos en el más allá. Ahora, es necesario centrar la exposición en el sentido que tiene la escatología intermedia en sí misma como retribución plena para las almas, extremo que el Magisterio solemne de la Iglesia ha declarado como dogma de fe.[50] En efecto, según la Bula

---

[46] Flp 3:21.

[47] 1 Cor 15:49.

[48] 1 Cor 15:54.

[49] A. Gálvez: *Esperando...*, cit. pág. 359.

[50] Cfr. C. Pozo: *Teología...*, cit., págs. 489–514; Id.: *La Venida...*, cit., págs. 90–93; J. Sagües: *De Novissimis...*, cit., nn. 27–45; H. Lennerz: *De Novissimis...* cit., págs. 115–145; L. Lercher: *Institutiones...*, cit., págs. 422–433; A. Tanquerey: *Synopsis...*, cit., págs. 756–770; J. Ibáñez - F. Mendoza: *Dios Consumador...*, cit., págs. 119–131; I. B. Alfaro: *Adnotationes in Tractatum de Novissimis*, Roma, 1959, págs. 104–117;

6.2. SENTIDO: RETRIBUCIÓN PLENA

"Benedictus Deus" de Benedicto XII hay tres elementos incuestionables:

- *La retribución plena* para el justo que no necesita purificación y para el impío.

- Dicha retribución *comienza inmediatamente después de la muerte.*

- Y es retribución plena *en cuanto a sus elementos sustanciales,* a saber: la visión de Dios para el justo, y las penas de daño y de sentido para el impío.

Conviene reproducir el documento por la importancia del mismo, no solo para el tema que ahora se estudia, sino para todo el tratado, como se verá:

"Secundum communem Dei ordinationem animæ sanctorum omnium (hominum), qui de hoc mundo ante D'ni N. Iesu Christi passionem decesserunt, nec non sanctorum Apostolorum, martyrum, confessorum, virginum et aliorum fidelium defunctorum post sacrum ab eis Christi baptisma susceptum, in quibus nihil purgabile fuit, quando decesserunt, nec erit, quando decedent etiam in

"Según la común ordenación de Dios, las almas de todos los santos que salieron de este mundo antes de la pasión de nuestro Señor Jesucristo, así como las de los santos Apóstoles, mártires, confesores, vírgenes, y de los otros fieles muertos después de recibir el bautismo de Cristo, en los que no había nada que purgar al salir de este mundos ni habrá cuando salgan igualmente en lo futuro, o si entonces lo hubo o habrá lue-

---

J. L. Sánchez de Alva – J. Molinero: *El Más...*, cit., págs. 120–124. 187–188; J. A. Sayés: *Más Allá...*, cit., págs. 103–108; Id.: *Escatología...*, cit., págs. 94–96.

futurum, vel si tunc fuerit aut erit aliquid purgabile in eisdem, cum post mortem suam fuerint purgatæ, ac quod animæ puerorum eodem Christi baptismate renatorum et baptizandorum cum fuerint baptizati, ante usum liberi arbitrii decedentium, mox post mortem suam et purgationem præfatam in illis, qui purgatione huius modi indigebant, etiam ante resumptionem suorum corporum et iudicium generale post ascensionem Salvatoris Domini nostri Iesu Christi in cælum, fuerunt, sunt et erunt in cælo, cælorum regno et paradiso cælesti cum Christo, sanctorum Angelorum consortio congregatæ, ac post Domini Jesu Christi passionem et mortem viderunt et vident divinam essentiam visione intuitiva et etiam faciali, nulla mediante creatura in ratione obiecti visi se habente, sed divina essentia immediate se nude, clare et aperte eis ostendente, quodque sic videntes eadem divina essentia perfruuntur, nec-

go algo purgable en ellos, cuando después de su muerte se hubieren purgado; y que las almas de los niños renacidos por el mismo bautismo de Cristo o de los que han de ser bautizados, cuando hubieren sido bautizados, que mueren antes del uso del libre albedrío, inmediatamente después de su muerte o de la dicha purgación los que necesitaron de ella, aun antes de la reasunción de sus cuerpos y del juicio universal, después de la ascensión del Salvador Señor nuestro Jesucristo al Cielo, estuvieron, están y estarán en el Cielo, en el reino de los Cielos y paraíso celeste con Cristo, agregadas a la compañía de los santos Angeles, y después de la muerte y pasión de nuestro Señor Jesucristo vieron y ven la divina esencia con visión intuitiva y también cara a cara, sin mediación de criatura alguna que tenga razón de objeto visto, sino por mostrárselas la divina esencia de modo inmediato y desnudo, clara y patentemente, y que viéndola así gozan de la misma divina esencia y que,

6.2. SENTIDO: RETRIBUCIÓN PLENA

non quod ex tali visione et fruitione eorum animæ, qui iam decesserunt, sunt vere beatæ et habent vitam et requiem æternam, et etiam (animæ) illorum, qui postea decedent, eandem divinam videbunt essentiam ipsaque perfruentur ante iudicium generale".[51]

por tal visión y fruición, las almas de los que salieron de este mundo son verdaderamente bienaventuradas y tienen vida y descanso eterno, y también las de aquellos que después saldrán de este mundo, verán la misma divina esencia y gozarán de ella antes del juicio universal".

También la retribución plena después de la muerte se aplica al impío:

"Diffinimus insuper, quod secundum Dei ordinationem communem animæ decedentium in actuali peccato mortali mox post mortem suam ad inferna descendunt, ubi poenis infernalibus cruciantur, et quod nihilominus in die iudicii omnes homines 'vante tribunal Christi' cum suis corporibus comparebunt, reddituri de factis propriis rationem, 'ut referat unusquisque propria corporis, prout gessit, sive bonum sive malum' (2 Cor 5:10)".[52]

"Definimos además que, según la común ordenación de Dios, las almas de los que salen del mundo con pecado mortal actual, inmediatamente después de su muerte bajan al Infierno donde son atormentados con penas infernales, y que no obstante en el día del juicio todos los hombres comparecerán con sus cuerpos ante el tribunal de Cristo, para dar cuenta de sus propios actos, a fin de que cada uno reciba lo propio de su cuerpo, tal como se portó, bien o mal (2 Cor 5:10)".

---

[51] *D. S.*, 1000.
[52] *D. S.*, 1002.

6.2.2 Historia del problema

La determinación dogmática de la retribución plena después de la muerte en el sentido aquí tratado, ocurre en la Edad Media, a raíz de las controversias suscitadas por algunas homilías del Papa Juan XXII, a las que pone fin su sucesor, el Papa Benedicto XII, con su famosa Bula. Pero el problema viene desde la antigüedad cristiana.

El Papa Juan XXII afirmó en seis homilías, desde finales del año 1331 hasta mayo de 1334, que hay una dilación en la retribución final hasta el día del Juicio final, de tal manera que las almas de los justos ven en el Cielo solo la Humanidad de Cristo, y la de los condenados no van al Infierno hasta ese día, permaneciendo mientras en "el aire tenebroso" donde habitan también los demonios.

Precedentes entre los Santos Padres

La tesis de Juan XXII tenía antecedentes en alguno de los Santos Padres y escritores eclesiásticos, aunque con ciertas diferencias.

Así, por ejemplo, con diversos acentos, San Justino,[53] San Ireneo,[54] Tertuliano[55] y Lactancio,[56] en los siglos II y III sostendrán que:

---

[53] San Justino: *Dialogus cum Tryphone...*, 5 (*P. G.*, 6, 488): "ciertamente las almas de los piadosos permanecen en el sitio mejor, mientras que las de los inicuos y malos, en un sitio peor, esperando el tiempo del juicio".

[54] San Ireneo: *Adv. Hær.*, 2, 55, 1 (*P. G.*, 7, 834s.): "Las almas, a raíz de la muerte, van al sitio por ellas merecido. No las confunde Dios, juntando buenas y malas, ni las separa por vez primera el día del juicio"; cfr. "las almas irán a un lugar invisible designado para ellas separado de Dios y allí vivirán hasta la resurrección, esperándola; después de recibir los cuerpos y haber resucitado perfectamente, esto es corporalmente, como también resucitó el Señor, ya así vendrán a la presencia de Dios." (Adv. Hær., 5, 31, 2.)

[55] Tertiano: *De Resurrectione*, 43, 4 (*P. L.*, 2, 856): "nadie que abandona el cuerpo habita inmediatamente junto al Señor, a no ser por la prerrogativa del martirio"; *De Anima*, 55, 4 (*P. L.*, 2, 744s.); Adv. Marcionem, 4, 34, 13 (*P. L.*, 2, 444).

[56] Lactancio: *Divin. Instit.*, 7, 21, 7 (*P. L.*, 6, 802s.).

6.2. SENTIDO: RETRIBUCIÓN PLENA

- Hay retribución diversa de los justos y de los impíos después de la muerte.

- Pero no es plena. Ésta solo se produce después de la resurrección final.

- Con una excepción: los mártires, quienes sí tienen la retribución plena después del martirio.

En el siglo IV, entre los escritores siriacos, destaca Afraates quien sostuvo la tesis "hypnosychista", afirmando que la fe cristiana enseñaba que los hombres una vez caídos en un "sueño" tras la muerte, se hayan en una situación en la que no pueden discernir el bien del mal. Por eso, ni los justos reciben el premio prometido, ni los impíos la pena merecida, hasta que venga el Juez a colocar a las personas a su derecha o a su izquierda.[57]

Ya en la Edad Media, San Bernardo sostendrá la misma posición al menos para los justos.[58]

Las razones que explican esta posición son variadas:

1. La importancia dada por el Nuevo Testamento a la resurrección de los cuerpos.

2. La lucha de estos escritores y Santos Padres contra el gnosticismo, insistiendo en que el cuerpo es muy importante, con lo que se explica la resurrección de los muertos. Por eso, para ellos, la escatología es sobre todo la final.

3. La lectura de los textos bíblicos sin prestar atención al progreso de la revelación.[59]

---

[57] J. Parisot: *Aphraate*, en DTC, vol. I, cols. 1457–1463.

[58] Cfr. C. Pozo: *Teología...*, cit., pág. 499; B. de Vergille: *L'Attente des Saints d'après Saint Bernard*, en "Nouvelle Revue de Théologie", 70 (1948) 225–244.

[59] Progreso descrito en el apartado anterior sobre la evolución de la idea de "sheol".

Crisis medieval

Lo que pasaba como una opinión teológica minoritaria que convivía junto con la tesis ortodoxa, llegó a ser un verdadero problema teológico en el s. XIV, por virtud de las posiciones tomadas por el Papa Juan XXII (su pontificado abarca entre 1316–1334). Su posición fue vacilante durante el periodo de su pontificado:

1. Hasta 1331, no solo no afirma la dilación de la retribución final hasta el juicio final, sino que, por el contrario, sus fórmulas indican lo contrario.

2. Desde finales de 1333 hasta mayo de 1334, pronuncia seis homilías, que causan consternación entre los teólogos católicos:

   - Afirma la dilación de la retribución final hasta el juicio final:
     - Los justos no contemplan la esencia divina durante el tiempo de separación con su cuerpo, sino solo ven la Humanidad de Jesús.
     - Los condenados van donde están los demonios, esto es, en el "aire tenebroso", hasta el día del juicio, en el que entran todos en el Infierno.
   - La visión del más allá es la propia de "lugares" y no de "estados".
   - Pero, eso sí, sostiene expresamente que sus opiniones son particulares, porque:
     - No habla, ni pretende hablar de forma definitoria.

6.2. SENTIDO: RETRIBUCIÓN PLENA

- Se somete, si está en un error, a la autoridad de la Sagrada Escritura y a cualquier definición futura que pudiera hacer la Iglesia en el futuro.[60]
- Ordena que los teólogos indaguen y profundicen esa cuestión.

3. En el momento de su muerte (1334) declara que revoca su posición expresada en sus homilías, y anuncia y presenta una Bula que pensaba publicar a este respecto.[61]

La difícil situación que se había creado, necesitaba ser aclarada. Por eso el sucesor de Juan XXII, Benedicto XII, en su bula "Benedictus Deus" definió solemnemente ("Hac in perpetuum valitura Constitutione auctoritate Apostolica diffinimus..."), la retribución plena después

---

[60]Cfr. sus palabras en la bula que preparaba antes de su muerte: "Si vero alia vel aliter circa materiam huiusmodi per Nos dicta fuerint quoquomodo, illa in habitu fidei catholicæ diximus ac recitando et conferendo dixisse asserimus et volumus esse dicta. Insuper si qua alia sermocinando, conferendo, dogmatizando, docendo seu alio quovis modo diximus circa ea quæ fidem concernunt catholicam, sacram Scripturam aut bonos mores, ea in quantum sunt consona fidei catholicæ, determinationi Ecclesiæ, sacræ Scripturæ ac bonis moribus, approbamus, alias autem illa haberi volumus pro non dictis, et ea minime approbamus, sed in quantum essent a præmissis fide catholica, determinatione Ecclesiæ, sacra Scriptura vel bonis moribus aut aliquo ipsorum dissonantia, reprobamus et nihilominus omnia dicta et scripta Nostra de quacumque materia ubicumque et in quocumque loco ac in quocumque statu, quem habemus vel habuerimus hactenus, submittimus determinationi Ecclesiæ ac successorum Nostrorum" (D. S., 991).

[61]Esta Bula fue realmente publicada por su sucesor, Benedicto XII, y se expresaba así: "Fatemur siquidem et credimus, quod animæ purgatæ separatæ a corporibus sunt in cælo, cælorum regno et paradiso et cum Christo in consortio angelorum congregatæ et vident Deum de communi lege ac divinam essentiam facie ad faciem clare, in quantum status et condicio compatitur animæ separatæ" (D. S., 991). El valor magisterial de esta bula es dudoso porque no fue promulgada por el propio Juan XXII, ni tampoco la hizo suya el Pontífice que la publicó.

de la muerte tanto para los justos que nada tienen que purgar, como para los impíos.

Los orientales ortodoxos

Las Iglesias orientales ortodoxas creen en la escatología intermedia, pero en un sentido muy diferente al católico, pues rechazan la retribución plena inmediatamente después de la muerte, para posponerla hasta la resurrección final. Después de la muerte individual solo hay una retribución incoada. Es el caso de Focio, en su *Ad Amphilochium Quæstio*, donde supone que el Reino de los Cielos solo se dará a los bienaventurados tras la resurrección.[62] Teofilacto, sostendrá que la consecución de las promesas de los bienes celestiales se dará con la escatología final, lo cual es un acto de misericordia de Dios porque desea premiar a todos los hombres al mismo tiempo, lo que parece más conforme con el hecho de que todos los hombres seamos hermanos y miembros de un mismo Cuerpo Místico.[63]

Los protestantes

Lutero afirmó la existencia de la escatología intermedia, pero pospuso la retribución plena hasta la resurrección, permaneciendo las almas hasta ese momento en un "estado de dormición".

Después de Lutero, la llamada "ortodoxia protestante" rechazó la tesis del Reformador, para sostener la posición tradicional de la retribución plena ya en la escatología intermedia.

Sin embargo el protestantismo actual suele tender al rechazo total de la escatología intermedia, con lo cual no se plantean el problema que está aquí en cuestión. Con todo, algunos teólogos protestantes

---

[62] Focio: *Ad Amphilochium Quæstio*, 6, 2 (*P. G.*, 101, 106–108).
[63] Teofilacto: *Expositio in Epistolam ad Hebræos*, 11, 39s. (*P. G.*, 125, 365–368).

6.2. SENTIDO: RETRIBUCIÓN PLENA

que siguen a Lutero,[64] todavía afirman la escatología intermedia, pero sin retribución plena, explicando el estatuto de las almas separadas de una doble manera:

- O bien, siguiendo estrictamente la tesis de la "dormición" luterana, como es el caso de J. J. von Allmen.[65]
- O bien, matizando las tesis luteranas de varios modos:
  - La "dormición" no sería asimilable al estado de los "refaim" en el "sheol" veterotestamentario.
  - La "dormición" no sería tan rígida como la exposición que hace de ella Lutero; pero la retribución intermedia sería solo incoada y no plena.
  - La inmortalidad del alma no sería por naturaleza, sino por la gracia de su unión con el Espíritu Santo, rechazando así una tesis que ellos denominan "helenista".
  - No se aclara si esta situación se produce también con los impíos.

6.2.3 Revelación neotestamentaria

Hay que señalar que el Nuevo Testamento afirma la retribución plena del alma separada del cuerpo tanto para la situación de Cielo, como para la de Infierno.

La vida eterna en sentido estricto se produce inmediatamente después de la muerte

Se puede ver esta verdad en tres textos especialmente claros:

---

[64]El caso de O. Cullmann: *Immortalité de l'âme ou Résurrection des morts?*, Neuchâtel–Paris, 1956; y de Ph. H. Menoud: *Le sort des trépassés*, Neuchâtel, 1966.

[65]J. J. von Allmen: *Mort*, en "Vocabulaire Biblique", Neuchâtel–Paris, 1954.

1. Flp 1: 21–24, "Porque para mí el vivir es Cristo, y el morir, ganancia. Y aunque el vivir en la carne es para mí fruto de apostolado, todavía no sé qué elegir. Por ambas partes me siento apretado; pues de un lado deseo morir para estar con Cristo, que es mucho mejor; por otro, quisiera permanecer en la carne, que es más necesario para vosotros". Donde podemos resaltar:

    - "Ser desatado", es algo bueno, deseable. Es la muerte para poder estar con Cristo.

    - Se trata de una contraposición entre el estar con Cristo después de muerto o permanecer con los hermanos que sobrevivirían en caso de que muriera. Es clara la situación de escatología intermedia y de la retribución inmediata.

    - Se trata de la situación de salvación, porque es "estar con Cristo", esto es el Cielo. Este "estar con Cristo" también se usa para la escatología final (cfr. 1 Te 4:17), por lo que se indica la retribución plena del alma después de morir.

2. 2 Cor 5: 6–8, "Así estamos siempre confiados, persuadidos de que mientras moramos en este cuerpo, estamos ausentes del Señor, porque caminamos en fe y no en visión, pero confiamos y quisiéramos más partir del cuerpo y estar presentes al Señor". De nuevo, aquí encontramos:

    - Se trata de una situación de Cielo con retribución plena, pues se habla de "ir junto al Señor" y de la "visión", por contraposición a la fe de este eón, mientras estamos en el mundo.

    - Es la situación de la escatología intermedia, porque se contrapone a la situación de poder estar vivos en el momento de la Parusía (vv. 1–5). Es estos versos, San Pablo expresa su deseo natural de no experimentar la muerte, por lo que

6.2. SENTIDO: RETRIBUCIÓN PLENA 331

preferiría estar vivo en el momento de la Parusía, ser "sobrevestido" y no hallarse "desnudo", o sea, sin cuerpo (cfr. 1 Cor 15:51, "no todos moriremos...").

3. Ap 6: 9ss. Es un texto que parece contradecir la retribución plena del alma después de la muerte corporal: "Cuando abrió el quinto sello, vi debajo del altar las almas de los que habían sido degollados por la palabra de Dios y por el testimonio que guardaban. Clamaban a grandes voces, diciendo: ¿Hasta cuándo, Señor, Santo, Verdadero, no juzgarás y vengarás nuestra sangre en los que moran sobre la tierra? Y a cada uno le fue dada una túnica blanca, y les fue dicho que estuvieran callados un poco de tiempo aún, hasta que se completaran sus consiervos y sus hermanos, que también habían de ser muertos como ellos". Sin embargo, una exégesis cuidada muestra que no hay tal contradicción. En efecto:

- "Bajo el altar", se trata de los mártires, cuya sangre, como la de los sacrificios se derramaba desde el altar.
- "Venganza", no se suplica que mejore su estado personal, sino que se haga justicia, lo que ha de ocurrir al final de los tiempos. Los mártires ya tienen su retribución plena en el Cielo, y en la liturgia celestial...
- "Vestidura blanca", es decir han recibido el premio del Cielo. Cfr. Ap 3:5.

La condenación eterna en sentido estricto se produce inmediatamente después de la muerte

Un texto muy diáfano es el de la parábola del rico y el pobre Lázaro que trae San Lucas (16: 19–31). Ahí se encuentran los datos esenciales:

1. El Infierno empieza después de la muerte, como así ocurre también con el Cielo: "Sucedió, pues, que murió el pobre, y fue llevado por los ángeles al Seno de Abraham; y murió también el rico, y fue sepultado. En el hades, en medio de los tormentos, levantó sus ojos y vio a Abraham desde lejos y a Lázaro en su seno" (vv. 22–23).

2. Mientras el rico está en el Infierno, sus hermanos viven todavía, lo que implica que está en situación de escatología intermedia. Nótese que aquí se llama "hades" y no "gehenna", lo que es otro indicativo de la situación intermedia: "Y dijo: Te ruego, padre, que siquiera le envíes a casa de mi padre, porque tengo cinco hermanos, para que les advierta, a fin de que no vengan también ellos a este lugar de tormento" (vv. 27–28).

3. Las características del impío en el "hades" son las mismas que para el que está en la "gehenna":

    - Fuego = "esta llama" (v. 24).
    - Situación irremediable = "sima infranqueable" (v. 26).
    - Sufrimiento = "lugar de tortura" (v. 28).

6.2.4 Tradición

Ya se estudió cómo algunos Santos Padres de los siglos II y III, sostuvieron la retribución plena "mox post mortem" para solo los mártires, y no para el resto de los justos o impíos, quienes tendrían que esperar hasta la resurrección corporal para la plenitud de la retribución.

6.2. SENTIDO: RETRIBUCIÓN PLENA

Los más antiguos Santos Padres, los Apostólicos, tienen expresiones en las que se afirman, al menos implícitamente la retribución inmediata después de la muerte, sin precisar más.[66] Así, por ejemplo:

- San Clemente Romano, con relación a la suerte de San Pedro, escribía que "marchó al lugar debido de gloria";[67] y con respecto a San Pablo: "emigró de este mundo y se marchó al lugar santo".[68]

- San Ignacio de Antioquía, refiriéndose a su futuro martirio escribía en sus cartas: "mi espíritu es inmolado por vosotros, no solo ahora, sino también cuando alcance a Dios";[69] "es bueno trasportarse al mundo de Dios, para amanecer en Él";[70] "Dejadme ser manjar de las fieras para que pueda conseguir a Dios".[71]

- San Policarpo afirma que los mártires "están en el sitio que les es debido junto al Señor, con el que también padecieron".[72]

Posteriormente, y en el mismo siglo III, hay Santos Padres que afirman la retribución plena "mox post mortem" para todos los difuntos. Es el caso de San Cipriano.[73]

A partir del s. IV la doctrina ortodoxa definitiva se defiende prácticamente entre todos los Santos Padres.[74] Entre ellos se pueden se-

---

[66] Cfr. J. Ibáñez – F. Mendoza: *Dios Consumador...*, cit., pág. 124.
[67] Cfr. San Clemente Romano: *Ad Cor.*, 5, 4.
[68] Cfr. San Clemente Romano: *Ad Cor.*, 5, 7.
[69] San Ignacio de Antioquía: *Ad Trull.*, 13, 3.
[70] San Ignacio de Antioquía: *Ad Rom.*, 2, 2.
[71] San Ignacio de Antioquía: *Ad Rom.*, 4, 1.
[72] San Policarpo: *Ad Phil.*, 9, 2.
[73] San Cipriano: *Ad Fortun.*, 12 (*P. L.*, 4, 674).
[74] En algún caso, hay alguna duda, debido a las opiniones de los Padres anteriores. Es el caso de San Agustín (cfr. *Retractationes*, I, 13, 3, *P. L.*, 32, 606), donde la dificultad para la plena retribución estaría en la falta del cuerpo, lo que haría que en las almas hubiera cierta inquietud por su ausencia; cfr. E. Portalié: *Augustin, Saint*, en DTC, vol. I, 2445ss.

ñalar: San Efrén, San Hilario de Poitiers, San Gregorio Nacianceno, San Gregorio Niseno, San Epifanio, San Ambrosio, etc.

6.2.5 Magisterio

El texto dogmático más importante, es sin duda, la Bula "Benedictus Deus" del Papa Benedicto XII, a la que ya se hizo referencia. En los intentos reduccionistas de la teología neo–modernista, y en su prejuicio de no ver un óbice en esta Bula para la escatología de fase única, algunos han pretendido defender que el documento solemne solo define la tesis contraria a la del Papa Juan XXII, y por tanto, se refiere a que la bienaventuranza del hombre comienza inmediatamente después de la muerte. El resto sería un ropaje de ideas propias del tiempo que no entra dentro de la definición, en concreto la idea de la pervivencia del alma después de la muerte.[75]

A esta pretensión han respondido tanto C. Pozo como J. A. Sayés, con buen criterio. En efecto, el primero subraya que la definición de la Bula afirma mucho más que la retribución inmediata tras la muerte, ya que se refiere también al juicio universal del mundo para los hombres ya resucitados, y contrapone este estado al estado previo de la escatología de las almas.[76]

Sayés profundiza más, ya que el Papa Benedicto XII, para aclarar el objeto primero de su definición (plena retribución de las almas *mox post mortem*), afirma que aún antes de la resurrección corporal obtienen las almas esta plena retribución. Esto supone que, aún siendo consciente el Papa de que las almas no poseen aún sus cuerpos, sin embargo afirma que ya como tales almas gozan de la plena retribución. La existencia de la escatología de las almas es una conclusión necesaria

---

[75]Es, por ejemplo, el caso de J. L. Ruiz de la Peña: *La Otra Dimensión. Escatología Cristiana*, Santander, Sal Terrae, 1986, pág. 393.

[76]C. Pozo: *Teología...*, cit., pág. 289.

6.2. SENTIDO: RETRIBUCIÓN PLENA

del dato de la resurrección final de los cuerpos, so pena de que el alma quedara aniquilada y la resurrección del hombre fuera al final una recreación total.[77]

No obstante, la doctrina de la Bula "Benedictus Deus" tenía un precedente magisterial en la *Confesión de Fe propuesta al Emperador Miguel Paleologo*, en el a. 1274, con ocasión del Concilio II de Lyón, en un intento de unir a la Iglesia ortodoxa con la romana, y como medio de zanjar otra de las diferencias existentes entre ambas Iglesias:[78]

> "Mas aquellas almas que, después de recibido el sacro bautismo, no incurrieron en mancha alguna de pecado, y también aquellas que después de contraída, se han purgado, o mientras permanecían en sus cuerpos o después de desnudarse de ellos, como arriba se ha dicho, son recibidas inmediatamente en el Cielo.
>
> Las almas, empero, de aquellos que mueren en pecado mortal o con solo el original, descienden inmediatamente al Infierno, para ser castigadas, aunque con penas desiguales".[79]

Después de la Bula, la Iglesia reiterará la misma doctrina en varios Concilios y declaraciones papales:

1. *Decreto para los Griegos* del Concilio de Florencia del a. 1439, en un nuevo intento de unión con los orientales:

    > "Illorumque animas, qui post baptisma susceptum nullam omnino peccati maculam incurrerunt, illas etiam, quæ post contractam peccati maculam, vel in

---

[77] J. A. Sayés: *Escatología*, cit., págs. 95–96.
[78] *Cfr. supra*, la posición de las Iglesias ortodoxas.
[79] D. S., 857–858

> suis corporibus, vel eisdem exutæ corporibus, prout superius dictum est, sunt purgatæ, in cælum mox recipi et intueri clare ipsum Deum trinum et unum, sicuti est, pro meritorum tamen diversitate alium alio perfectius.
>
> Illorum autem animas, qui in actuali mortali peccato vel solo originali decedunt, mox in infernum descendere, poenis tamen disparibus puniendas (cfr. *D. S.*, 856–858)".[80]

2. *Pio XII* en el discurso a los juristas italianos del año 1955:

   > "El supremo Juez restablecerá el equilibrio, en primer lugar, inmediatamente después de la muerte, y luego, más tarde y más completamente delante de todos en el último juicio universal".[81]

3. La Constitución dogmática *Lumen Gentium* del Vaticano II, donde se distingue la retribución después de la muerte y la que vendrá con el Juicio Final:

   > "Y como no sabemos el día ni la hora, es necesario, según la amonestación del Señor, que velemos constantemente, para que, terminado el único plazo de nuestra vida terrena (cf. Heb 9:27), merezcamos entrar con El a las bodas y ser contados entre los elegidos (cfr. Mt 25: 31–46), y no se nos mande, como a siervos malos y perezosos (cfr. Mt 25:26), ir al fuego eterno (cfr. Mt 25:41), a las tinieblas exteriores, donde 'habrá llanto y rechinar de dientes' (Mt 22:13 y 25:30).

---

[80] *D. S.*, 1305–1306.

[81] *A.A.S.*, 47 (1955) 65.

6.2. SENTIDO: RETRIBUCIÓN PLENA

> Pues antes de reinar con Cristo glorioso, todos debemos comparecer 'ante el tribunal de Cristo para dar cuenta cada uno de las obras buenas o malas que haya hecho en su vida mortal' (2 Cor 5:10); y al fin del mundo 'saldrán los que obraron el bien para la resurrección de vida; los que obraron el mal, para la resurrección de condenación' (Jn 5:29; cfr. Mt 25:46)".[82]

4. *Profesión de Fe* de Pablo VI, quien ante las controversias sobre la escatología de doble fase, estableció:

> "Creemos en la vida eterna. Creemos que las almas de todos aquellos que mueren en la gracia de Cristo —tanto las que todavía deben ser purificadas con el fuego del Purgatorio como las que son recibidas por Jesús en el paraíso en seguida que se separan del cuerpo, como el Buen Ladrón— constituyen el Pueblo de Dios después de la muerte, la cual será destruida totalmente el día de la resurrección, en el que estas almas se unirán con sus cuerpos.
>
> Creemos que la multitud de aquellas almas que con Jesús y María se congregan en el paraíso, forma la Iglesia celeste, donde ellas, gozando de la bienaventuranza eterna, ven a Dios, como Él es..."[83]

6.2.6 Razonamiento teológico

Santo Tomás de Aquino da varias razones de conveniencia para la retribución plena "mox post mortem".

---

[82] *Lumen Gentium*, n. 48.

[83] Pablo VI: Profesión de Fe, nn. 28–29, en A. A. S. 60 (1968) 444. Para el Infierno, cfr. n. 12.

En primer lugar, porque las almas separadas son capaces de penas tanto espirituales como corporales, y también de la gloria, pues por el hecho de separarse del cuerpo se hace capaz de la visión de Dios a la que no podría llegar estando en el cuerpo:

"Sunt enim animæ separatæ susceptibiles poenarum non solum spiritualium, sed etiam corporalium, ut ostensum est. Quod autem sint susceptibiles gloriæ, manifestum est ex his quæ in tertio sunt tractata. Ex hoc enim quod anima separatur a corpore, fit capax visionis divinæ, ad quam, dum esset coniuncta corruptibili corpori, pervenire non poterat. In visione autem Dei ultima hominis beatitudo consistit, quæ est virtutis præmium. Nulla autem ratio esset quare differretur poena et præmium, ex quo utriusque anima particeps esse potest. Statim igitur cum anima separatur a corpore, præmium vel poenam recipit pro his quæ in corpore gessit".[84]

"Pues las almas separadas son capaces de penas tanto espirituales como corporales, según se demostró (capítulo precedente). Y que son capaces de gloria se evidencia por lo que hemos tratado en el libro tercero (capítulo 51). Pues, por el mero hecho de separarse el alma del cuerpo, se hace capaz de la visión de Dios, a la que no podía llegar mientras estaba unida al cuerpo corruptible. Ahora bien, la bienaventuranza última del hombre consiste en la visión de Dios, que es el 'premio de la virtud'. Y no había razón alguna para diferir el castigo o el premio, del cual pueden participar las almas de unos y otros. Luego el alma, inmediatamente que se separa del cuerpo, recibe el premio o castigo 'por lo que hizo con el cuerpo'."

---

[84]Santo Tomás de Aquino: *Contra Gent.*, lib. IV, cap. 91, n. 2.

6.2. SENTIDO: RETRIBUCIÓN PLENA

En segundo lugar, el estado de merecer o demerecer acaba con la muerte; no hay razón para que al que ganó el mérito o el demérito se le retrase el premio inmediato a sus obras:

"In vita ista est status merendi vel demerendi: unde comparatur militiæ, et diebus mercenarii, ut patet Iob 7:1: militia est vita hominis super terram: et sicut mercenarii dies eius. Sed post statum militiæ et laborem mercenarii statim debetur præmium vel poena bene vel male certantibus: unde et Levit. 19:13, dicitur: non morabitur opus mercenarii tui apud te usque mane. Dominus etiam dicit Ioel ult.: cito velociter reddam vicissitudinem vobis super caput vestrum. Statim igitur post mortem animæ vel præmium consequuntur vel poenam".[85]

"El estado de merecer o desmerecer está en esta vida, por lo cual se compara a la 'milicia' y a 'los días del mercenario', como se ve en Job 7:1, '¿No es milicia la vida del hombre sobre la tierra y son como los de un jornalero sus días?' Mas, terminado el estado de milicia y el trabajo de jornalero, se debe dar inmediatamente el premio o el castigo a los que luchan bien o mal; por eso se dice en el Levítico 19:3, 'No quede en tu mano hasta el siguiente día el salario del jornalero'. Y dice el Señor en Jl, último cap.: 'Yo haré recaer vuestra acción sobre vuestra cabeza'. Por lo tanto inmediatamente después de la muerte, las almas alcanzan el premio o el castigo".

Por otra parte, el mérito y el pecado, que son la causa de la gloria o de la condenación, no recaen sobre el cuerpo, sino sobre el alma, pues solamente lo voluntario es capaz de merecer o demerecer. Luego

---

[85]Santo Tomás de Aquino: *Contra Gent.*, lib. IV, cap. 91, n. 3.

parece conveniente que las almas consigan su premio o castigo aunque no se haya realizado la resurrección de los cuerpos:

"Secundum ordinem culpæ et meriti convenienter est ordo in poena et præmio. Meritum autem et culpa non competit corpori nisi per animam: nihil enim habet rationem meriti vel demeriti nisi inquantum est voluntarium. Igitur tam præmium quam poena convenienter ab anima derivatur ad corpus: non autem animæ convenit propter corpus. Nulla igitur ratio est quare in punitione vel præmiatione animarum expectetur resumptio corporum: quin magis conveniens videtur ut animæ, in quibus per prius fuit culpa et meritum, prius etiam puniantur vel præmientur".[86]

"Al orden del pecado y del mérito corresponde convenientemente el orden del castigo y premio. Mas el mérito y el pecado no recaen en el cuerpo sino por el alma, pues únicamente lo que es voluntario tiene razón de mérito o demérito. Así, pues, tanto el premio como el castigo pasa convenientemente del alma al cuerpo y no viceversa, luego no existe razón alguna por la que, para castigar o premiar a las almas, haya que esperar a que vuelvan a tomar sus cuerpos; antes bien, parece más conveniente que las almas, en las que con anterioridad estuvo el pecado y el mérito, sean castigadas o premiadas también antes que sus cuerpos".

En cuarto lugar, Dios, en su providencia, da las perfecciones que corresponden a las cosas naturales inmediatamente, si no hay impedimento de parte de quien lo recibe (y las almas no tienen tal impedimento, porque son capaces de premio o castigo con independencia

---

[86]Santo Tomás de Aquino: *Contra Gent.*, lib. IV, cap. 91, n. 4.

de sus cuerpos, como se señaló) o por parte de quien obra (Dios lo puede todo, y el mérito de Cristo fue adquirido para todos). Luego, no parece que haya razón para dilatar la retribución:

"Eadem Dei providentia creaturis rationalibus præmia debentur et poena, qua rebus naturalibus perfectiones eis debitæ adhibentur. Sic est autem in rebus naturalibus quod unumquodque statim recipit perfectionem cuius est capax, nisi sit impedimentum vel ex parte recipientis, vel ex parte agentis. Cum igitur animæ statim cum fuerint separatæ a corpore sint capaces et gloriæ et poenæ, statim utrumque recipient, nec differtur vel bonorum præmium vel malorum poena quousque animæ corpora reassumant".[87]

"Por la misma providencia de Dios, que da a las cosas naturales las perfecciones que les son debidas, se les deben a las criaturas racionales los premios y castigos. Pero en las cosas naturales sucede que cada uno recibe inmediatamente la perfección de que es capaz, si no hay impedimento por parte de quien recibe o por parte de quien obra. Luego como las almas, una vez separadas de los cuerpos, son capaces tanto de gloria como de castigo, inmediatamente recibirán una u otro, y no se diferirá el premio de los buenos o el castigo de los malos hasta que las almas vuelvan a juntarse con los cuerpos".

6.3 Juicio particular

Una consecuencia ineludible de la retribución plena después de la muerte es la necesidad de determinar el estado que corresponda, bien

---

[87] Santo Tomás de Aquino: *Contra Gent.*, lib. IV, cap. 91, n. 4.

sea de condenación, purgación o salvación. A esto se le llama tradicionalmente "juicio particular" para contraponerlo al "universal" o "final", que ocurrirá al final de los tiempos. Aunque no ha sido definido el juicio particular, es, sin embargo, una verdad próxima a la fe,[88] consecuencia del dogma de la retribución plena inmediatamente después de la muerte, pues es necesario hacer una separación y distinción entre el alma condenada o salvada, con o sin necesidad de purgación.

Es clara en la Revelación la realidad del juicio final en la escatología definitiva. Sin embargo, los datos de la Revelación sobre el llamado "juicio particular" no son concluyentes;[89] aunque sea evidente que debe de haber un medio para determinar en justicia algo tan importante como el destino eterno de las almas.

El Magisterio de la Iglesia no habla en sus documentos más importantes de tipo dogmático sobre la escatología del juicio particular. Parece ser que el término se introdujo de un modo oficial en el *Catecismo de San Pio V*:

> "El doble juicio.
>
> Recordemos, además, que todos los hombres habremos de comparecer dos veces delante del Señor para dar cuenta de todos y cada uno de nuestros pensamientos, palabras y acciones, y para escuchar su sentencia de Juez.

---

[88] Así la considera L. Ott: *Manual...*, cit., pág. 697. C. Pozo, la califica como doctrina teológicamente cierta o incluso como implícitamente definida, como consecuencia de ser una explicación del contenido del dogma de la retribución plena "mox post mortem" (*Teología...*, cit., pág. 512).

[89] El texto de Heb 9:27, "y asi como a los hombres les está establecido morir una vez, y después de esto el juicio...", puede referirse al juicio particular o al universal. También se discute entre los exégetas, en el mismo sentido, el texto de 2 Cor 5:10, "Porque todos debemos comparecer ante el tribunal de Cristo, para que cada uno reciba conforme a lo bueno o malo que hizo durante su vida mortal".

6.3. JUICIO PARTICULAR

> El primero tendrá lugar inmediatamente después de la muerte de cada uno. Es el juicio particular, y en él nos pedirá Dios estrechísima cuenta de todo cuanto hicimos, dijimos y pensamos en la vida.
>
> El segundo será el universal. En un mismo día y en un mismo lugar compareceremos todos ante el tribunal divino, y todos y cada uno, en presencia de los hombres de todos los siglos, conoceremos nuestra propia y eterna sentencia. Y no será ésta la menor de las penas y tormentos para los impíos y malvados. Los justos, en cambio, recibirán entonces gran premio y alegría, porque entonces aparecerá lo que fue cada uno en esta vida".[90]

Y de ahí pasó a la mayoría de los catecismos. Además, cuando ha surgido alguna polémica, el magisterio ordinario no ha dicho nada en contra del juicio particular. Y, por el contrario, el Concilio Vaticano II, aceptó el concepto en su Decreto *Lumen Gentium*:

> "Pues antes de reinar con Cristo glorioso, todos debemos comparecer 'ante el tribunal de Cristo para dar cuenta cada uno de las obras buenas o malas que haya hecho en su vida mortal' (2 Co 5:10); y al fin del mundo 'saldrán los que obraron el bien para la resurrección de vida; los que obraron el mal, para la resurrección de condenación' (Jn 5:29; cf. Mt 25:46)".[91]

Posteriormente, el *Catecismo de la Iglesia Católica* también se hace eco de la misma posición:

---

[90] *Catecismo Romano* del Concilio de Trento, cap. 7, III, n. 117.
[91] *Lumen Gentium*, n. 48.

"La muerte pone fin a la vida del hombre como tiempo abierto a la aceptación o rechazo de la gracia divina manifestada en Cristo (cfr. 2 Tim 1: 9–10). El Nuevo Testamento habla del juicio principalmente en la perspectiva del encuentro final con Cristo en su segunda venida; pero también asegura reiteradamente la existencia de la retribución inmediata después de la muerte de cada uno como consecuencia de sus obras y de su fe. La parábola del pobre Lázaro (cfr. Lc 16:22) y la palabra de Cristo en la Cruz al buen ladrón (cfr. Lc 23:43), así como otros textos del Nuevo Testamento (cfr. 2 Co 5:8; Flp 1:23; Heb 9:27; 12:23) hablan de un último destino del alma (cfr. Mt 16:26) que puede ser diferente para unos y para otros".[92]

Aceptando la idea del juicio particular, la doctrina discute sobre la naturaleza del mismo. La cuestión es si se trata de un auto–juicio, donde el alma separada, mirándose a sí misma, se conocería perfectamente y se colocaría en la suerte que le correspondiera; o bien de un verdadero hetero–juicio, donde el alma es juzgada por Dios en un diálogo con el alma, en el que Dios iluminaría al alma para que pudiera conocer en toda su realidad su verdadera situación de salvación o condenación.

La primera posición es moderna, y ha sido sostenida por varios teólogos.[93] Ha sido criticada sobre la base de que el ser humano no es capaz de conocer en toda su profundidad el "misterio del mal", del pecado, lo cual solo se puede conseguir mirando a Dios. Como el impío no le puede ver, no podría auto–juzgarse convenientemente.

---

[92] *Catecismo de la Iglesia Católica*, nº 1021.

[93] Cfr. L. Beaundin (*Ciel et Résurrestion*, en "Le Mystère de la Mort et sa célébration", pág. 255) y J. Hild. (*La Mort, Mystère Chrétien*, en "Le Mystère de la Mort et sa célébration", págs. 246ss.).

6.3. JUICIO PARTICULAR

La segunda posición es clásica, y la defienden teólogos modernos como C. Pozo, L. Sheffcyzk, J. A. Sayés o Ibáñez y Mendoza.[94]

---

[94]C. Pozo: *Teología,...*, cit., págs. 512–514 quien cita a L. Sheffcyzk y su obra; J. A. Sayés: *Escatología*, cit. pág. 114; J. Ibáñez – F. Mendoza: *Dios Consumador...*, cit., págs. 129–130.

Capítulo 7

La muerte

7.1 Introducción

Desde el punto de vista de la Escatología, la muerte significa el inicio de la fase intermedia o individual de la misma: el alma pervive en el más allá, mientras el cadaver se descompone en este mundo.[1]

7.1.1 Sentidos de la muerte

La muerte puede ser considerada de tres modos diferentes:[2]

- Sentido físico: es la propia de toda vida orgánica (vegetal, animal y racional). Para el hombre supone la separación del cuerpo y

---

[1] Cfr. A. Michel: *Mort*, DTC, vol. X, cols. 2489–2500, C. Pozo: *Teología...*, cit., págs. 465–488; Id.: *La Venida...*, cit., págs. 117–129; J. Sagües: *De Novissimis...*, cit., nn. 1–26; H. Lennerz: *De Novissimis...* cit., págs. 107–114; L. Lercher: *Institutiones...*, cit., págs. 430–433; A. Tanquerey: *Synopsis...*, cit., págs. 756–764; J. Ibáñez – F. Mendoza: *Dios Consumador...*, cit., págs. 77–118; I. B. Alfaro: *Adnotationes in Tractatum de Novissimis*, Roma, 1959, págs. 89–103. 117–132; J. L. Sánchez de Alva – J. Molinero: *El Más...*, cit., págs. 105–120; J. A. Sayés: *Más Allá...*, cit., págs. 11–20; Id.: *Escatología...*, cit., págs. 113–114.

[2] Cfr. J. Ibáñez – F. Mendoza: *Dios Consumador...*, cit., pág. 77.

el alma. Es el sentido en que lo utilizamos en este momento. La Sagrada Escritura se refiere a ella con varios términos: "volver al polvo" (Ge 3:19), "disolución" (Flp 1:23; 2 Te 4:6), "abandono de la morada terrestre" (2 Pe 1:14; 2 Cor 5: 1.4); "dormición" (Mt 9:24); etc.

La muerte es común a los hombres y a los animales, pero solo el hombre es consciente de este continuo avanzar inevitable hacia la muerte.

- Sentido espiritual: referida solamente al alma, hace referencia a la consecuencia del pecado mortal, que quita la vida sobrenatural del alma. En su naturaleza, el alma es inmortal, y esta característica no la pierde nunca; en su sobrenaturaleza, puede sufrir la pérdida de su vida sobrenatural, lo cual puede ocurrir de una doble manera:
  - La "muerte primera", efecto del pecado mortal en esta vida, que se puede reparar (cfr. Ef 2:5), antes de la muerte física, con la verdadera conversión y el debido uso de los sacramentos.
  - La "muerte segunda" y definitiva que es el Infierno (cfr. Ap 20:14), y que es para siempre y sin solución posible.
- Sentido metafórico, significando desaparición o destrucción de algo, como "la muerte de la libertad" o "muerte de los valores tradicionales", etc.

7.1.2 Rechazo natural del hombre a la muerte

La antropología cristiana muestra que el hombre es un compuesto de cuerpo y alma en una unidad substancial personal. No hay un dualismo, donde el cuerpo sea considerado como algo malo o extraño

7.1. INTRODUCCIÓN

al hombre (como una especie de cárcel al estilo platónico, o como un vestido del que pueda uno despojarse sin mayor dificultad). Es una antropología de dualidad. El cuerpo no se infra ni sobre–valora. Es una realidad propia del ser humano creado por Dios, y, como todo lo creado por Dios, bueno ("y vio Dios que todo era muy bueno", Ge 1:31). Nada más alejado del cristianismo que las posturas maniqueas o gnósticas que se han dado a lo largo de la historia de la teología.[3]

La separación del cuerpo y del alma, y la corrupción de aquél, supone siempre algo traumático. Por eso es natural sentir repulsión hacia la muerte, como se ve en la experiencia común de los seres humanos, y como también ocurrió en los sentimientos humanos de Cristo en Getsemaní, durante la agonía previa a su muerte; sentimientos que fueron superados por su plena identidad con la voluntad del Padre.

Por eso, Dios ha querido, en su amor por el ser humano y respeto a su obra creada, que el alma, aunque sea inmortal y perviva al cuerpo, sin embargo esté destinada a volver a informar su propio cuerpo resucitado glorioso, en el último día, con lo que el ser humano volverá a su plenitud como tal ser humano.

Incluso Santo Tomás y muchos teólogos negarán la condición de persona al alma separada. Por lo que el hombre solo volvería a ser persona humana tras la resurrección del cuerpo. Del mismo modo, para los pensadores que aceptan que el alma separada del cuerpo sigue siendo persona, como ya se vio más arriba, la pérdida del cuerpo es una desgracia auténtica, y el alma personal sigue con el deseo de volver a tener la unidad que poseía con su cuerpo.

Por eso, son rechazables, algunas posiciones de teólogos modernos que más parecen gnósticas que cristianas, porque afirman que la

---

[3]Cfr. supra el apartado dedicado al ser del hombre.

muerte no es traumática para el ser humano porque pervive el alma: "la muerte es banalizada porque deja intocada al alma".[4]

Ya en el campo teológico, la condición traumática de la muerte se manifiesta porque aparece como castigo por el pecado, tanto en la Revelación (Sab 1: 13-14; 2: 23-24; Ro 5:12), como en el Magisterio de la Iglesia.[5] Como dice el *Catecismo de la Iglesia Católica*:

> "La muerte es consecuencia del pecado. Intérprete auténtico de las afirmaciones de la Sagrada Escritura (cfr. Gn 2:17; 3:3; 3:19; Sab 1:13; Ro 5:12; 6:23) y de la Tradición, el Magisterio de la Iglesia enseña que la muerte entró en el mundo a causa del pecado del hombre (cfr. *D. S.*, 1511). Aunque el hombre poseyera una naturaleza mortal, Dios lo destinaba a no morir. Por tanto, la muerte fue contraria a los designios de Dios Creador, y entró en el mundo como consecuencia del pecado (cfr. Sab 2: 23-24). 'La muerte temporal de la cual el hombre se habría liberado si no hubiera pecado' (*G. S.* 18), es así 'el último enemigo' del hombre que debe ser vencido (cfr. 1 Cor 15:26)".[6]

7.1.3 Tres dogmas sobre la muerte

La Iglesia ha considerado como de fe divina y católica definida tres proposiciones, a las que se dedicarán sendas secciones más adelante, después de considerar el sentido positivo que la Sagrada Escritura otorga a la muerte, tras la obra reparadora de Cristo de nuestros pecados y sus consecuencias.

---

[4] J. L. Ruiz de la Peña: *El Hombre y su Muerte. Antropología teológica Actual*, Burgos, 1971, pág. 155, refiriéndose a la doctrina de Althaus.

[5] Cfr. canon 1 del Concilio XV de Cartago (a. 418, *D. S.*, 222). *Gaudium et Spes*, n. 18.

[6] *Catecismo de la Iglesia Católica*, nº 1008.

7.2. CRISTO Y LA MUERTE

Los tres dogmas son:[7]

1. La muerte, en el actual orden de la salvación, de naturaleza caída y reparada, es consecuencia punitiva del pecado original originante (causa de la muerte).

2. Todos los hombres que vienen a este mundo con el pecado original originado están sujetos a la ley de la muerte (universalidad de la muerte).

3. En el actual orden de la salvación, con la muerte se termina el tiempo de la peregrinación, de tal modo que, después de ella el hombre ya no puede decidir a favor o en contra de Dios y tampoco merecer ni pecar (efectos de la muerte).

7.2 Cristo y la muerte

Ante lo inexorable de la muerte, la filosofía y la cultura contemporáneas agnósticas y ateas han tomado diferentes posturas que fueron examinadas en el capítulo introductorio de esta obra. Los más audaces pregonan enfrentar el suceso con valentía: aceptándolo sin miedo, como un signo de rebeldía ante lo inevitable. Sin embargo, como ya se señalaba no deja de ser un subterfugio para ocultar la angustia que la inevitabilidad de la muerte produce en el ser humano que piensa y se rebela en su interior contra algo que parece absurdo.

La respuesta verdadera al misterio de la muerte solo se encuentra en Cristo, quien en realidad, la destruyó por completo, sufriendo

---

[7]Es la posición de J. Ibáñez – F. Mendoza: *Dios Consumador...*, cit., págs. 78.90.98. L. Ott (*Manual...*, cit., págs. 694–695), acepta que las dos primera proposiciones son de fe, mientras que asigna el calificativo solo de sentencia cierta a la última.

Él mismo esa realidad. Se podrían resumir en cinco puntos el valor cristiano que tiene la muerte:

- Fue el medio como *Cristo consiguió la salvación del mundo*, y con ello "liberar a todos los que por temor a la muerte, estaban de por vida sometidos a la esclavitud" (Heb 2:15). La muerte, no es el final, sino el inicio de la vida eterna conquistada por Jesucristo para los salvados.

- Es *el modo de poder estar con Cristo en el más allá*. Aunque la muerte supone una situación ontológicamente imperfecta para el hombre,[8] porque el alma se separa del cuerpo con el quiebre de la dualidad propia de la naturaleza humana creada, sin embargo la comunión íntima con Cristo que se produce en el más allá, es un valor muy superior al de la vida terrena;[9] vida terrena, que nunca es un valor ni un fin último. Esto explica los deseos de la llamada "muerte mística" de los santos, que deseaban morir "para estar con Cristo, que es mucho mejor" (Flp 1:23).[10] La bondad de la muerte se cifra aquí como medio que conduce a la plena unión con Jesucristo, y no porque suponga la liberación del cuerpo, al que se considerara —según los principios de la filosofía helénica o maniquea—, como un peso y cárcel para el alma.

- Es la *condición y el camino para la futura resurrección gloriosa*. Este es uno de los temas más queridos de los Santos Padres,

---

[8] La muerte es ausentarse del cuerpo, "desmontar la tienda de campaña", "despojarse del vestido" (2 Pe 1: 13ss.; 2 Cor 5: 4.8).

[9] Cfr. la contraposición de sentimientos entre el vivir en este mundo y el morir para estar con Cristo de 2 Cor 5: 6–8.

[10] C. Pozo (*La Venida...*, cit., págs. 120–121) recuerda la alabanza de San Francisco a la hermana muerte de su "Cántico al Sol"; o los poemas del "muero porque no muero" de Santa Teresa de Ávila.

7.2. CRISTO Y LA MUERTE

que lo entendían, lógicamente, como uno de los efectos de la Redención de Cristo.[11]

- La muerte y la enfermedad sufridas por amor a Cristo, *nos hace partícipes de la vida y el destino del Maestro y nos unen misteriosamente a la obra de la salvación del mundo*. San Pablo decía que suplía "en su carne lo que le falta a la pasión de Cristo por su cuerpo que es la Iglesia" (Col 1:24). La unión mística con la obra de Cristo se opera en los cristianos por los sacramentos: el bautismo nos incorpora a la muerte de Cristo para participar en su resurrección gloriosa (Ro 6: 3–14);[12] la eucaristía es adelanto de la inmortalidad, y su recepción habitual prepara para la vida en el Cielo (Jn 6:54, "el que come mi carne y bebe mi sangre, tiene vida eterna y Yo lo resucitaré en el último día").

- La muerte cristiana, "en el Señor" (Ap 14:13), *se ha de preparar con una vida santa en la tierra* (Ap 14:13, "desde ahora, sí que descansen de sus fatigas, porque sus obras les acompañan"). La vida cristiana, como preparación para la muerte "en el Señor" tiene que ser una muerte continua (2 Cor 4: 10ss.).

En este sentido el cristiano verdadero enfrenta la muerte, no como acabamiento, sino como conclusión y cumplimiento de su misión. Es el "consummatum est" de Cristo en la Cruz (Jn 19:30). Por eso decía A. Caponnetto:

---

[11]Cfr. San Gregorio de Nisa: *Oratio Consolatoria in Pulcheriam*, 472 (*P. G.*, 46, 877.); Id.: *Oratio Catechetica Magna*, 32 (*P. G.*, 45, 80); San Clemente de Alejandría: *Protrepticus*, 11 (*P. G.*, 8, 232).

[12]En el bautismo somos destinados a este tipo de muerte, y a él llegamos si "caminamos en la vida" (Ro 6: 3–11). Como el bautismo nos da ese destino, se le denomina "muerte con Cristo".

"...el *defunctus* no es el muerto. Es el que cesa de ejercer un cargo, un ministerio, una misión o un menester. Es el que ha cumplido; y por eso mismo se retira con honra, a una especie de *jubileo*. El difunto, por lo tanto, no es el que está acabado, sino propiamente el que acabó y concluyó su misión, sin defraudar las expectativas depositadas en él. Es la designación más honrosa e hidalga que se le puede dar cristianamente a un fallecido. Y ante tamaña certidumbre, no puede ni debe el creyente protestar de la muerte".[13]

7.3 Origen de la muerte

Hay que distinguir entre el orden de la naturaleza y el de la gracia. El hombre, en primer orden está compuesto de un cuerpo mortal y de un alma inmortal; en el segundo, Dios lo creó con el don preternatural de la inmortalidad del cuerpo, por lo que, de no haber perdido ese don como consecuencia del pecado, ni Adán ni Eva ni sus descendientes habrían experimentado la muerte. Al pecar (el llamado "pecado original originante"), nuestros primeros padres y toda su descendencia, perdieron como castigo los dones sobrenaturales, los preternaturales y los dones naturales quedaron dañados. Con lo cual, todo ser humano experimenta la muerte, que tiene así, en el presente eón y estado de naturaleza, un carácter de castigo o pena por el pecado.[14]

---

[13] A. Caponnetto: *"No lo Conozco". Del Iscarismo a la Apostasía*, Buenos Aires, Detente, 2017, pág. 27.

[14] Sobre todo este particular, cfr. Juan A. Jorge: *Tratado de Creación y Elevación*, Santiago de Chile, Shoreless Lake Press, 2017, cap. XIV.6; y cap. XV.

7.3. ORIGEN DE LA MUERTE

Es de fe que el primer hombre había recibido este don.[15] El hombre era mortal por naturaleza, pero había recibido el don de la inmortalidad, al que hay que entender como don gratuito pero condicionado a la guarda de la gracia santificante. Para ponderar lo cual, es necesario recordar los diferentes sentidos que tiene el concepto de inmortalidad:

- *Inmortalidad esencial*, que es la propia de Dios, cuya esencia es existir siempre absolutamente, sin ninguna otra posibilidad. La esencia divina es su "Esse".

- *Inmortalidad natural*, propia de los ángeles o la de las almas humanas, cuya esencia exige vivir por siempre, pero no de un modo absoluto, pues fueron creados por Dios y su ser ha de ser conservado por Él.

- *Inmortalidad como don gratuito*, que puede ser de dos modos:

  - Como don gratuito, *pero absoluto*: la inmortalidad propia de Cristo o de la Virgen y de los bienaventurados en el Cielo, que no puede perderse ya jamás.

  - Como don gratuito, *pero condicionado*: la inmortalidad de Adán y Eva en el Paraíso, es decir la gracia preternatural otorgada por Dios según la cual el cuerpo no iba a experimentar la muerte natural; pero tal inmortalidad dependía de que nuestros primeros padres se hubieran mantenido en

---

[15] J. Ibáñez y F. Mendoza: *Dios creador...*, cit., pág. 253, así considera la tesis de que "Adán, si no hubiera pecado, no hubiera muerto". En el mismo sentido, J. Sagüés: *Sacræ...*, cit., pág. 397. L. Ott, la considera como sentencia próxima a la fe (*Manual...*, cit., pág. 176).

la gracia de Dios y no hubieran pecado.[16] Era una virtud, gratuita e inherente al alma, inmediatamente infundida por Dios en ella juntamente con la gracia.

Santo Tomás explica los diferentes modos de inmortalidad, desde la perspectiva de la incorruptibilidad, y distingue entre la que se origina de la relación con la materia incorruptible (a la que llama *secundum naturam incorruptibile*), que puede darse en los entes que carecen totalmente de materia (como los ángeles), o en los entes materiales que están en potencia tan solo de una sola forma (el cuerpo celeste, según las categorías de su época); la incorruptibilidad que se origina de su relación con la forma (a la que denomina *incorruptibile secundum gloriam*), según la cual algunos entes siendo por naturaleza corruptibles, sin embargo se hacen incorruptibles por su relación con una forma incorruptible que reciben (el cuerpo glorioso que es incorruptible por la virtud que le comunica su alma); y la incorruptibilidad que proviene de la causa eficiente (la *inmortalidad preternatural* del estado de inocencia de Adán y Eva). En efecto:

"Aliquid potest dici incorruptibile tripliciter. Uno modo, ex parte materiæ, eo scilicet quod vel non habet materiam, sicut Angelus; vel habet materiam quæ non est in potentia nisi ad unam formam, sicut corpus cæleste. Et hoc dicitur se-	"La incorruptibilidad tiene un triple sentido. Uno, referido a la materia, y entonces es incorruptible aquello que, o no tiene materia, como el ángel, o la tiene como potencia para una sola forma, como los cuerpos celestes. Ambos son por naturaleza incorruptibles.

---

[16]La teología hace una precisión interesante con la siguiente distinción: Adán *era mortal* en el sentido de que podría morir, pero no en el sentido de que necesariamente debiera morir; pero Adán *era inmortal* en el sentido de que era capaz de no morir, pero no como si no fuera capaz de morir (cfr. J. Sagües: *Sacræ*..., cit., pág. 396).

7.3. ORIGEN DE LA MUERTE

cundum naturam incorruptibile. Alio modo dicitur aliquid incorruptibile ex parte formæ, quia scilicet rei corruptibili per naturam, inhæret aliqua dispositio per quam totaliter a corruptione prohibetur. Et hoc dicitur incorruptibile secundum gloriam, quia, ut dicit Augustinus in epistola ad Dioscorum, tam potenti natura Deus fecit animam, ut ex eius beatitudine redundet in corpus plenitudo sanitatis, idest incorruptionis vigor. Tertio modo dicitur aliquid incorruptibile ex parte causæ efficientis. Et hoc modo homo in statu innocentiæ fuisset incorruptibilis et immortalis... Non enim corpus eius erat indissolubile per aliquem immortalitatis vigorem in eo existentem; sed inerat animæ vis quædam supernaturaliter divinitus data, per quam poterat corpus ab omni corruptione præservare, quandiu ipsa Deo subiecta mansisset..."[17]

Otro, referido a la forma, y entonces es una disposición que impide la corrupción en algo por naturaleza corruptible. Esto se llama incorruptible según la gloria; porque, como dice Agustín en su carta *Ad Dioscorum*: Dios hizo al alma de tal vigor natural, que su bienaventuranza se vierte en el cuerpo como plenitud de salud o don de incorrupción. El tercer sentido se toma de la causa eficiente. Este, es el modo como el hombre era incorruptible e inmortal en el estado de inocencia, pues, como dice Agustín en el libro *De quæst. Vet. et Nov. Test.*: Dios dotó al hombre de inmortalidad mientras no pecase, para que él mismo se diese la vida o la muerte. En efecto, su cuerpo no era incorruptible por virtud propia, sino por una fuerza sobrenatural impresa en el alma que preservaba el cuerpo de corrupción mientras estuviese unida a Dios..."

---

[17]Santo Tomás de Aquino: *Summ. Theol.*, I^a, q. 97, a. 1, co. Cfr. *In Sent.*, Lib. II, dist. 19, a. 2. 4; 1. 4, dist. 44, q. 3, a. 1, q. a 2; *De Verit.*, q. 24, a. 9; *De Malo*, q. 5, a. 5; *In Rom.*, c. 5 lect. 3; *Compend. Theol.*, cap. 152.

7.3.1 Sagrada Escritura

El don preternatural de la inmortalidad se perdió para toda la naturaleza humana con el pecado de Adán y Eva, el pecado original originante. El hombre volvió al estado natural de mortalidad corporal, pero ahora con sentido de castigo. La Biblia hace referencia a la misma de un modo muy claro:

- Ge 2:17, "... de ligno autem scientiæ boni et mali ne comedas; in quocumque enim die comederis ex eo, morte morieris".

- Ge 3:19, "... in sudore vultus tui vesceris pane, donec revertaris ad humum, de qua sumptus es, quia pulvis es et in pulverem reverteris".

- Ge 3:22, "Et ait Dominus Deus: 'Ecce homo factus est quasi unus ex nobis, ut sciat bonum et malum; nunc ergo, ne mittat manum suam et sumat etiam de ligno vitæ et comedat et vivat in æternum!'"

- Sab 1:13, "Quoniam Deus mortem non fecit nec lætatur in perditione vivorum".

- Sab 2: 23–24, "Quoniam Deus creavit hominem in incorruptibilitate et imaginem similitudinis suæ fecit illum; invidia autem Diaboli mors introivit in orbem terrarum".

- Ge 5:5 "Et factum est omne tempus, quod vixit Adam, anni nongenti triginta, et mortuus est" (Adán muere).

- Ro 5:12, "Propterea, sicut per unum hominem peccatum in hunc mundum intravit, et per peccatum mors, et ita in omnes homines mors pertransiit, eo quod omnes peccaverunt".

7.3.2 Santos Padres

Los Santos Padres sostuvieron esa misma doctrina de un modo común. Se pueden citar, a modo de ejemplos más señeros, a:

- San Teófilo de Antioquía, en su obra *Ad Autolycum* sostiene: "(Dios) ni lo hizo inmortal, ni mortal, sino como sostuvimos más arriba, lo hizo capaz de ambas cosas, de suerte que si se inclinaba hacia lo que conduce a la inmortalidad, habiendo observado el mandato de Dios, recibiría el favor de la inmortalidad y sería dios; pero si se inclinaba hacia lo que conduce a la muerte, por haber desobedecido a Dios, él mismo sería el autor de su propia muerte. Porque Dios hizo al hombre libre y dueño de sus actos".[18]

- San Agustín, en polémica contra los pelagianos defendió la verdad de la muerte como castigo del pecado, pues ellos negaban la existencia de un estado original y consideraban que la muerte era lo propio de la naturaleza humana sin relación con el pecado. Por eso decía el Santo: "(El cuerpo) antes del pecado, podía decirse que era mortal bajo un aspecto e inmortal bajo otro... Una cosa es no poder morir, como algunas naturalezas inmortales que Dios ha creado; y otra cosa es poder no morir, condición en la que fue creado el primer hombre; y esto se le concedía desde el árbol de la vida, no por la constitución de su naturaleza; y de este árbol se separó cuando pecó, de suerte que pudo morir quien, si no hubiera pecado, podía no morir. Era pues, mortal por la condición de su cuerpo animal, pero inmortal por beneficio de su Creador".[19]

---

[18]Theophilus Antiochenus Episcopus: *Libri tres ad Autolycum*, lib. 2 (*P. G.*, 6, 1093).

[19]San Agustín: *De Genesi Ad Litteram Libri Duodecim*, 6, 25 (*P. L.*, 34, 354).

7.3.3 Magisterio de la Iglesia

El Magisterio de la Iglesia ha definido esta verdad en Trento, y a la misma se refiere en otros concilios contra pelagianos y racionalistas (quienes mantuvieron que Adán no tuvo el don de la inmortalidad por lo que la muerte es la consecuencia lógica de la naturaleza corruptible del hombre), sosteniendo que perdió el don de la inmortalidad para él y para su descendencia como consecuencia del pecado. El pecado original originante es la causa de la muerte en el hombre en el presente orden de la salvación:

A.– Concilio de Trento:

"Si quis non confitetur, primum hominem Adam, cum mandatum Dei in paradiso fuisset transgressus, statim sanctitatem et iustitiam, in qua constitutus fuerat, amisisse incurrisseque per offensam prævaricationis huiusmodi iram et indignationem Dei atque ideo mortem, quam antea illi comminatus fuerat Deus, et cum morte captivitatem sub eius potestate, 'qui mortis' deinde 'habuit imperium' (Heb 2:14), hoc est diaboli, 'totumque Adam per illam prævaricationis offensam secundum corpus et animam in dete-

"Si alguno no confiesa que el primer hombre Adán, al transgredir el mandamiento de Dios en el paraíso, perdió inmediatamente la santidad y justicia en que había sido constituido, e incurrió por la ofensa de esta prevaricación en la ira y la indignación de Dios y, por tanto, en la muerte con que Dios antes le había amenazado, y con la muerte en el cautiverio bajo el poder de aquel que tiene el imperio de la muerte (Heb 2:14), es decir, del diablo, y que toda la persona de Adán por aquella ofensa de prevaricación fué mudada en peor, según

7.3. ORIGEN DE LA MUERTE

rius commutatum fuisse' (cfr. *D. S.*, 371): anathema sit".[20]

el cuerpo y el alma (cfr. *D. S.*, 371): sea anatema".

B.– Concilio de Orange II,

"Can. 2. Si quis soli Adæ prævaricationem suam, non et eius propagini asserit nocuisse, aut certe mortem tantum corporis quæ poena peccati est, non autem et peccatum, quod mors est animæ, per unum hominem in omne genus humanum transiisse testatur, iniustitiam Deo dabit contradicens Apostolo dicenti: 'Per unum hominem peccatum intravit in mundum (mundo), et per peccatum mors, et ita in omnes homines (mors) pertransiit, in quo omnes peccaverunt' (cfr. Ro 5:12)".[21]

" Can. 2. Si alguno afirma que a Adán solo dañó su prevaricación, pero no también a su descendencia, o que sólo pasó a todo el género humano por un solo hombre la muerte que ciertamente es pena del pecado, pero no también el pecado, que es la muerte del alma, atribuirá a Dios injusticia, contradiciendo al Apóstol que dice: 'Por un solo hombre, el pecado entró en el mundo y por el pecado la muerte, y así a todos los hombres pasó la muerte, por cuanto todos habían pecado' (cfr. Ro 5:12)".

---

[20] *D. S.*, 1511. El *Catecismo Romano* (cap. III, art. 2, n. 54), recoge esa enseñanza: "Porque habiendo faltado Adán a la obediencia de Dios y quebrantado aquel entredicho: 'Puedes comer de todos los árboles del paraíso, mas no comas del árbol de la ciencia del bien y del mal, porque en cualquier día que comieres de él, morirás' (Ge 2:16); incurrió en aquella suma calamidad de perder la santidad y justicia en que había sido creado, y en el sufrimiento de otros males que copiosamente explicó el santo Concilio Tridentino (Canon 1 de la sesión V del Conc, Trident, 17 de junio de 1546)".

[21] *D. S.*, 372.

C.– Concilio de Cartago XVI,

"Can. 1. Placuit omnibus episcopis... in sancta Synodo Carthaginensis Ecclesiæ constitutis: ut quicumque dixerit, Adam primum hominem mortalem factum ita, ut, sive peccaret sive non peccaret, moreretur in corpore, hoc est de corpore exiret non peccati merito, sed necessitate naturæ, anathema sit".[22]	" Can. 1. Plugo a todos los obispos... congregados en el santo Concilio de la Iglesia de Cartago: Quienquiera que dijere que el primer hombre, Adán, fue creado mortal, de suerte que tanto si pecaba como si no pecaba tenía que morir en el cuerpo, es decir, que saldría del cuerpo no por castigo del pecado, sino por necesidad de la naturaleza, sea anatema".

D.– *Gaudium et Spes*:

"...la fe cristiana enseña que la muerte de la que el hombre se había librado si no hubiese pecado, será vencida..."[23]

E.– *Credo del Pueblo de Dios*, de Pablo VI:

"Este estado ya no es aquel en el que la naturaleza humana se encontraba al principio de nuestros primeros padres... y en el que el hombre estaba exento del mal y de la muerte. Así pues, esa naturaleza humana..., herida en sus mismas fuerzas naturales y sometida al imperio de la muerte, es dada a todos los hombres".[24]

---

[22] *D. S.*, 222.
[23] *Gaudium et Spes*, n. 18.
[24] Pablo VI: *Credo del Pueblo de Dios*, n. 16.

F.– *Catecismo de la Iglesia Católica*:

"La Escritura muestra las consecuencias dramáticas de esta primera desobediencia...

La armonía en la que se encontraban, establecida gracias a la justicia original, queda destruida... Por fin, la consecuencia explícitamente anunciada para el caso de desobediencia (cfr. Ge 2:17), se realizará: el hombre 'volverá al polvo del que fue formado' (Ge 3:19). La muerte hace su entrada en la historia de la humanidad (cfr. Ro 5:12).

Todos los hombres están implicados en el pecado de Adán. San Pablo lo afirma: 'Por la desobediencia de un solo hombre, todos fueron constituidos pecadores' (Ro 5:19); 'Como por un solo hombre entró el pecado en el mundo y por el pecado la muerte y así la muerte alcanzó a todos los hombres, por cuanto todos pecaron... (Ro 5:12). A la universalidad del pecado y de la muerte, el apóstol opone la universalidad de la salvación en Cristo...

Siguiendo a san Pablo, la Iglesia ha enseñado siempre que la inmensa miseria que oprime a los hombres y su inclinación al mal y a la muerte no son comprensibles sin su conexión con el pecado de Adán y con el hecho de que nos ha transmitido un pecado con que todos nacemos afectados y que es 'muerte del alma' (Concilio de Trento: *D. S.*, 1512)..."[25]

7.3.4 Reflexiones teológicas

Con todo hay que recordar que, para el justo, la muerte pierde el carácter punitivo y es solo una consecuencia del pecado (*pœnalitas*).

---

[25] *Catecismo de la Iglesia Católica*, nn. 399, 400, 402, 403.

Para Jesucristo y para la Virgen María, la muerte no pudo ser castigo del pecado original ni mera consecuencia del mismo, pues ambos estuvieron libres de todo pecado; por lo que la muerte fue para ellos la condición propia de la naturaleza humana que ellos tuvieron por libre decreto de Dios.[26] Recuérdese que, aunque no les correspondía la condición de la naturaleza humana caída, Dios decretó que asumieran una naturaleza pasible (aunque exenta de la concupiscencia y de otros efectos negativos de la caída, que no eran necesarios para su misión) para la realización de la Redención con expiación por parte de su Hijo, y para que su Madre pudiera hacer propios el destino y la suerte de su Hijo.[27]

Santo Tomás, como ya se ha señalado, dice que el hombre era inmortal debido a un don especial de Dios dado al alma humana (no es un don propio de la naturaleza del alma, sino extra), de tal modo que pudiera preservar al cuerpo de la corrupción.[28] Santo Tomás indica una razón de conveniencia para que Dios lo decretara así. Para entender lo cual, hay que partir del hecho de que el alma humana supera con mucho la capacidad y la operación de la materia corporal:

"Sed considerandum est quod, quanto forma est nobilior, tanto magis dominatur materiæ corporali, et minus ei immergitur, et magis sua operatione vel virtute excedit eam. Unde videmus quod forma mixti corporis habet aliquam operationem

"Sin embargo, hay que tener presente que una forma, cuanto más alta es su categoría, tanto más domina la materia corporal y menos inmersa está en ella, y tanto más la impulsa por su operación y su capacidad. Así observamos que la forma de un cuerpo

---

[26]Cfr. Santo Tomás de Aquino: *Summ. Theol.*, II^a–II^æ, q. 164, a. 1; III^a, q. 14, a. 2; L. Ott: *Manual...*, cit., pág. 694.

[27]Cfr. Juan A. Jorge: *Cristología...*, cit., vol. II, pág. 41.

[28]Santo Tomás de Aquino: *Summ. Theol.*, I^a, q. 97, a. 1, co.

7.3. ORIGEN DE LA MUERTE

quæ non causatur ex qualitatibus elementaribus. Et quanto magis proceditur in nobilitate formarum, tanto magis invenitur virtus formæ materiam elementarem excedere, sicut anima vegetabilis plus quam forma metalli, et anima sensibilis plus quam anima vegetabilis. Anima autem humana est ultima in nobilitate formarum. Unde intantum sua virtute excedit materiam corporalem, quod habet aliquam operationem et virtutem in qua nullo modo communicat materia corporalis. Et hæc virtus dicitur intellectus".[29]

compuesto tiene alguna operación que no es causada por las cualidades fundamentales. Cuanto mayor es la categoría de las formas, tanto más supera su poder al de la materia elemental; y, de este modo, el alma vegetativa supera la forma de un metal; lo mismo hace el alma sensitiva con la vegetativa. Pero de todas las formas, la de más categoría es el alma humana. Por eso, su poder sobrepasa de tal manera al de la materia corporal, que tiene una capacidad y una operación en la que de ninguna manera participa la materia corporal. Esta facultad es llamada entendimiento".

Para que el alma pudiera ejercer perfectamente la función establecida por Dios de ser forma del cuerpo, al que supera en perfección, Dios concedió al alma un dominio perfecto sobre el cuerpo y sus facultades. Estando el cuerpo sometido al alma de un modo perfecto, no solo conocía bien sin obstáculo alguno, sino que también el alma comunicaba al cuerpo alguna de sus cualidades, como la de la inmortalidad.

"Quod rationabiliter factum est. Quia enim anima rationalis excedit proportionem cor-

"Esto fue razonablemente otorgado. Pues, porque el alma racional supera la proporción de la ma-

---

[29]Santo Tomás de Aquino: *Summ. Theol.*, Iª, q. 76, a. 1, co.

poralis materiæ, ut supra dictum est. Conveniens fuit ut in principio ei virtus daretur, per quam corpus conservare posset supra naturam corporalis materiæ".[30]	teria corporal, como dijimos (q. 76, a. 1), era necesario que desde el principio le fuese dada una virtud por la que pudiese conservar el cuerpo por encima de la naturaleza material corporal".

El Aquinate explica que la inmortalidad corporal original se perdió por el pecado, debido a que la mortalidad y los defectos corporales después de la caída son consecuencias de la rebelión de la carne contra la razón y el resultado de la falta de control del cuerpo por el alma (lo que fue causado por el mismo pecado). En realidad, con el pecado de Adán y Eva se perdieron todos los dones sobrenaturales y preternaturales donados por Dios al ser humano:

"Respondeo dicendum quod, si aliquis propter culpam suam privetur aliquo beneficio sibi dato, carentia illius beneficii est poena culpæ illius. Sicut autem in primo dictum est, homini in prima sui institutione hoc beneficium fuit collatum divinitus, ut quandiu mens eius esset Deo subiecta, inferiores vires animæ subiicerentur rationali menti, et corpus animæ subiiceretur. Sed quia mens hominis per peccatum a divina subiectione reces-	"Hay que decir: Si alguien, por su culpa, se ve privado de algún favor que se le ha hecho, la carencia de ese beneficio es una pena a su culpa. Ahora bien: como dijimos en la Primera Parte (q. 95, a. 1; q. 97, a. 1), al hombre, en su estado primitivo, se le concedió, por parte de Dios, el privilegio según el cual, mientras su mente estuviera sujeta a Dios, las potencias inferiores de su alma estarían sujetas a su mente racional y el cuerpo al alma. Pero, una vez que la mente humana, por el pecado, se apartó de la su-

---

[30]Santo Tomás de Aquino: *Summ. Theol.*, I\ua, q. 97, a. 1, co.

sit, consecutum est ut nec inferiores vires totaliter rationi subiicerentur, unde tanta est rebellio carnalis appetitus ad rationem; nec etiam corpus totaliter subiiceretur animæ, unde consequitur mors, et alii corporales defectus. Vita enim et incolumitas corporis consistit in hoc quod subiiciatur animæ, sicut perfectibile suæ perfectioni, unde, per oppositum, mors et ægritudo, et quilibet corporalis defectus, pertinet ad defectum subiectionis corporis ad animam. Unde patet quod, sicut rebellio carnalis appetitus ad spiritum est poena peccati primorum parentum, ita etiam et mors et omnes corporales defectus".[31]

jeción a Dios, la consecuencia fue que ni las fuerzas inferiores se sometieron totalmente a la razón, de lo cual se derivó una rebelión carnal tan grande del apetito contra la razón, ni tampoco el cuerpo quedó totalmente sujeto al alma, de donde se derivan la muerte y otros defectos corporales. En efecto, la vida y la integridad del cuerpo consiste en que esté sujeto al alma, como lo perfectible a la perfección. De ahí que, por el contrario, la muerte, la enfermedad y todos los otros defectos del cuerpo estén relacionados con la falta de sujeción del cuerpo al alma. Por eso es claro que, así como la rebelión del apetito carnal es un castigo al pecado de los primeros padres, también lo son la muerte y todos los males corporales".

7.4 Universalidad de la muerte

La segunda verdad de fe divina y católica definida es que todos los hombres que nacen con pecado original originado están sujetos a la

---

[31]Santo Tomás de Aquino: *Summ. Theol.*, II^a–II^{ae}, q. 164, a. 1, co. Cfr. *In Sent.*, Lib. II, dist. 30, q. 1, a. 1; Lib. III, dist. 16, q. 1, a. 1; Lib. IV, pról.; dist. 4, q. 2, a. 1, q.a 3; *In Hebr.*, c. 9, lect. 5; *Contra Gent.*, Lib. IV, cap. 52; *De Malo*, q. 5, a. 4; *In Rom.*, c. 5, lect. 3; op.II *Compend. Theol.*, c. 193.

ley de la muerte.[32] Es pues una consecuencia de la universalidad del pecado original.

El Concilio de Trento lo definió así:

"Canon 2: Si quis Adæ prævaricationem sibi soli et non eius propagini asserit nocuisse', acceptam a Deo sanctitatem et iustitiam, quam perdidit sibi soli et non nobis etiam eum perdidisse; aut inquinatum illum per inoboedientiæ peccatum 'mortem' et poenas 'corporis tantum in omne genus humanum transfudisse, non autem et peccatum, quod mors est animæ': an. s. 'cum contradicat Apostolo dicenti: 'Per unum hominem peccatum intravit in mundum, et per peccatum mors et ita in omnes homines mors pertransiit, in quo omnes peccaverunt' (Ro 5:12; cfr. *D. S.*, 372)".[33]

"Canon 2. Si alguno afirma que la prevaricación de Adán le dañó a él solo y no a su descendencia; que la santidad y justicia recibida de Dios, que él perdió, la perdió para sí solo y no también para nosotros; o que, manchado él por el pecado de desobediencia, sólo transmitió a todo el género humano la muerte y las penas del cuerpo, pero no el pecado que es muerte del alma: sea anatema, pues contradice al Apóstol que dice: Por un solo hombre entró el pecado en el mundo, y por el pecado la muerte, y así a todos los hombres pasó la muerte, por cuanto todos habían pecado (Ro 5:12; cfr. *D. S.*, 372)".

Este canon equivale al canon 2 del Concilio de Orange:

---

[32] Es la posición de J. Ibáñez – F. Mendoza: *Dios Consumador*..., cit., pág. 90, y de L. Ott: *Manual*..., cit., págs. 694–695.

[33] *D. S.*, 1512.

7.4. UNIVERSALIDAD DE LA MUERTE

"Can. 2. Si quis soli Adæ prævaricationem suam, non et eius propagini asserit nocuisse, aut certe mortem tantum corporis quæ poena peccati est, non autem et peccatum, quod mors est animæ, per unum hominem in omne genus humanum transiisse testatur, iniustitiam Deo dabit contradicens Apostolo dicenti : 'Per unum hominem peccatum intravit in mundum (mundo), et per peccatum mors, et ita in omnes homines (mors) pertransiit, in quo omnes peccaverunt' (cf. Ro 5:12)".[34]

"Can. 2. Si alguno afirma que a Adán solo dañó su prevaricación, pero no también a su descendencia, o que sólo pasó a todo el género humano por un solo hombre la muerte que ciertamente es pena del pecado, pero no también el pecado, que es la muerte del alma, atribuirá a Dios injusticia, contradiciendo al Apóstol que dice: Por un solo hombre, el pecado entró en el mundo y por el pecado la muerte, y así a todos los hombres pasó la muerte, por cuanto todos habían pecado (Ro 5:12)".

Se refiere al *pecado original originado*. Por un lado, el Concilio define directamente que el pecado de Adán pasó a los hombres:

- La pérdida de la justicia y la santidad de Adán pasó a todos los hombres.

- Adán nos transmitió un pecado que *es muerte del alma.*

Y por otro lado, el Concilio define indirectamente la universalidad de la muerte.

El texto de Trento aporta la referencia bíblica de Ro 5:12, donde además del pecado original originado, se afirma la universalidad de la muerte. También Heb 9:27, hace referencia a esta última verdad en

---

[34] *D. S.*, 371–372.

el contexto de la enseñanza sobre la Parusía del Señor: "y asi como a los hombres les está establecido morir una vez, y después de esto el juicio..."

Hay dos razones que explican la universalidad de la muerte:

1. El hecho de que el cuerpo es por naturaleza corruptible.

2. El hecho de que el don preternatural de la inmortalidad fue perdido por causa del pecado, por lo que volvimos los seres humanos a nuestra condición de mortales, aunque ahora, con un sentido de castigo y pena por el pecado. La pérdida de Adán y Eva se transmite a todos sus descendientes, por lo que la muerte es universal.

La teología clásica se preguntaba si esta ley universal de la muerte corporal en el actual orden de la salvación admite o no excepciones, basadas precisamente, en algunos pasajes de la Sagrada Escritura:

1. Henoc y Elías, quienes aparentemente, no murieron. Los textos son abundantes. La Sagrada Escritura nos habla de que Henoc fue arrebatado de este mundo antes de conocer la muerte (Heb 11:5; cfr. Ge 5:24; Eco 44:16), y de que Elias subió al Cielo en un torbellino (2 Reg 2:11; 1 Mac 2:58). Desde Tertuliano son numerosos los Padres y teólogos que, teniendo en cuenta el pasaje de Ap 11: 3ss, suponen que Elías y Henoc han de venir antes del fin del mundo para dar testimonio de Cristo, y que entonces sufrirán la muerte. Pero en cualquier caso, ellos experimentarán la muerte o la experimentaron ya. Con lo cual no son excepción a la norma.

2. Los justos de la última generación en el Parusía, según enseña San Pablo y que entonces vivan, no "dormirán", es decir, no morirán, sino que serán transformados (1 Cor 15:51: "No todos

7.4. UNIVERSALIDAD DE LA MUERTE

dormiremos, pero todos seremos transformados"; cfr. 1 Te 4: 15ss, 2 Cor 5: 1–5).

Si bien, el primer caso, no parece excesivamente difícil de explicar en el sentido de que Henoc y Elías no serían excepción a la ley de la muerte universal de todos los hombres como se acaba de señalar, sin embargo el segundo supuesto sí que ha planteado problemas más delicados, y se han dado fuertes razones en favor y en contra de tal posible excepción.

Los que están a favor de la misma,[35] fundamentan su posición en varias razones:

- La claridad de los textos paulinos.

- Las declaraciones de los credos de que Cristo vendrá a juzgar a "vivos y a los muertos" (cfr. Símbolo Atanasiano), que copian esa expresión de la Sagrada Escritura (Hech 10:42; 2 Tim 4:1; 1 Pe 4:5).

- Las opiniones de la mayor parte de los Santos Padres griegos,[36] y algunos Escritores eclesiásticos y Padres latinos.[37]

Por su parte, los que consideran que no hay excepción a la ley de la muerte universal de todos los hombres, aducen como razones que:

- La Sagrada Escritura sostiene también los textos ya citados afirmando que por el pecado de Adán la muerte alcanzó a *todos* los hombres.

---

[35] Muchos teólogos modernos y escolásticos antiguos.

[36] Cfr. entre otros a San Gregorio de Nisa: *De Hom. Opif*, 22, (*P. G.*, 44, 205–208); San Juan Crisóstomo: *In Cor. Hom.*, 42, 2 (*P. G.*, 61, 364).

[37] Cfr. Tertuliano: *De Resurr. Carnis*, 41 (*P. L.*, 2, 853).

- Los Símbolos que hablan del "juez de vivos y muertos" también hablan de "*todos* los hombres resucitarán con sus cuerpos" (cfr. Símbolo Atanasiano). El *Catecismo Romano* de San Pío V también recoge esta posición:

    "¿Quiénes han de resucitar? San Pablo responde en su Carta a los Corintios: 'Y como en Adán hemos muerto todos, así también en Cristo somos todos vivificados' (1 Cor 15:22). Todos, pues, resucitaremos: los buenos y los malos. Sin embargo, no será igual la suerte de unos y otros; porque saldrán los que han obrado el bien para la resurrección de la vida, y los que han obrado el mal, para la resurrección del juicio (Jn 5:29).

    Y cuando decimos todos nos referimos a cuantos hayan muerto hasta el día del juicio y a cuantos morirán entonces. San Jerónimo afirma que la Iglesia sostiene como sentencia cierta que todos los hombres han de morir. Lo mismo opina San Agustín. Ni se oponen a esta sentencia las palabras de San Pablo a los Tesalonicenses: 'Los muertos en Cristo resucitarán primero; después nosotros, los vivos, los que quedamos, junto con ellos seremos arrebatados en las nubes al encuentro del Señor en los aires' (1 Te 4:16). San Ambrosio las comenta de esta manera: 'En el mismo rapto les sobrevendrá la muerte, y, como en un sueño, el alma salida del cuerpo al instante se volverá a él. Morirán, pues, al ser arrebatados, para que cuando lleguen a la vista del Señor reciban la vida con su presencia'".[38]

---

[38] *Catecismo Romano del Concilio de Trento*, cap. XI, VI, 179.

7.4. UNIVERSALIDAD DE LA MUERTE

- La opinión de la mayoría de los Santos Padres latinos[39] como señala el *Catecismo*, y algunos griegos así como la mayoría de los teólogos escolásticos, siguiendo a Santo Tomás de Aquino.

El compilador del *Suplemento* a la *Suma Teológica* de Santo Tomás da tres razones para la universalidad de la ley, basadas en su concordancia, en primer lugar, con la justicia divina que decretó el castigo de la muerte para el pecado y todos nacemos con el pecado original; en segundo lugar, con los textos de la Biblia que hablan de la futura resurrección universal para lo cual es necesario que antes todos mueran; y, en tercer lugar, con el orden propio de la naturaleza que enseña que lo corrupto solo se renueva si se corrompe antes por completo:

"Tamen hæc est securior et communior opinio, quod omnes morientur et a morte resurgent. Et hoc propter tria. Primo, quia magis concordat divinæ iustitiæ, quæ humanam naturam pro peccato primi parentis damnavit, ut omnes qui per actum naturæ ab eo originem ducerent, infectionem originalis peccati contraherent, et per consequens mortis debitores essent. Secundo, quia magis concordat divinæ Scriptu-

"La opinión más segura y común es que todos los hombres morirán y resucitarán después de morir. Y esto por tres razones. Primero, porque es más conforme a la divina justicia, que condenó a todo el género humano por el pecado de nuestros primeros padres, de suerte que todos los que descienden de ellos por generación natural contraigan la infección del pecado original y, por consiguiente, se hagan acreedores de la muerte. En segundo lugar, porque concuer-

---

[39]Cfr. San Jerónimo: *Epíst. 52, a Mimerio y Alejandro* (*P. L.*, 22, 966–980). San Agustín: *De civitate Dei*, 1. 20 c. 20 (*P. L.*, 41, 687). San Ambrosio: *Epístola I a Tes.*, c.4 (*P. L.*, 17, 473).

ræ, quæ omnium futuram resurrectionem prædicit. Resurrectio autem proprie non est nisi eius quod cecidit et dissolutum est, ut Damascenus dicit. Tertio, quia magis concordat ordini naturæ in quo invenimus quod id quod corruptum et vitiatum est, in suam novitatem non reducitur nisi corruptione mediante... Unde, cum natura humana in defectum necessitatis moriendi devenerit, non erit reditus ad inmortalitatem nisi mediante morte".[40]

da mejor con los datos de la Sagrada Escritura, que nos hablan de la resurrección universal. Y es evidente que no puede hablarse de resurrección si previamente no se ha muerto. En tercer lugar, porque corresponde mejor al orden mismo de la naturaleza, en la que toda resurrección supone una corrupción anterior... Luego desde el momento en que la naturaleza humana sufrió por el pecado una alteración que implica la necesidad de morir, la muerte es para ella el medio necesario para llegar a la inmortalidad".

Un motivo muy importante que no aparece en los anteriores razonamientos, y que ha sido señalado por autores como A. Gálvez[41] o J. Ibáñez – F. Mendoza,[42] es que, desde que Dios decidió operar la Redención por medio de la muerte por amor de su Hijo, y estando llamados a unirnos al destino y suerte del Hijo, que es Cabeza de la Iglesia, parece conveniente que todos los miembros de su Cuerpo Místico también sufran la muerte. Esta es una de las razones para afirmar

---

[40] Santo Tomás de Aquino: *Summ. Theol.*, II^a–II^æ, q. 164, a. 1, co.
[41] A. Gálvez: *Sermones...*, cit., págs. 201ss.
[42] J. Ibáñez – F. Mendoza: *Dios Consumador...*, cit., pág. 96.

que probablemente la Santísima Virgen María antes de su Asunción, también experimentaría la muerte.[43]

7.5 Final del estado de peregrinación y del mérito

El tercer dogma relativo a la muerte cristiana es que, en el actual orden de la salvación, con la muerte se termina el estado de peregrinación, de tal modo que después de ella, el hombre ya no puede decidir en favor o en contra de Dios, ni tampoco merecer o pecar.[44]

Se trata de la situación del alma separada en el actual orden de la salvación, esto es, en estado de naturaleza caída por el pecado original y reparada por la Redención de Cristo. Además se tiene que dar la situación de muerte real, con separación del alma y del cuerpo que no sea aparente. Terminar el estado de peregrinación significa la extinción de la situación del ser humano en el presente eón y en la tierra, donde debe de tomar su decisión sobre su vida en el más allá a través de sus acciones buenas o malas. No hay posibilidad de cambio de decisión una vez que el ser humano ha muerto, con independencia de su *status*, que sea adulto, niño o personas sin uso de razón, bautizadas o no. Tampoco, en la otra vida, se puede realizar ningún acto bueno para conseguir el Cielo, ni tampoco malo para condenarse.

---

[43]Recuérdese que el Papa Pio XII, al proclamar el dogma de la Asunción el 1º de noviembre de 1950, en la Constitución *Munificentisimus Deus*, no quiso entrar en la polémica, y solo estableció que "pronunciamos, declaramos y definimos ser dogma divinamente revelado que La Inmaculada Madre de Dios y siempre Virgen María, *terminado el curso de su vida terrenal,* fue asunta en cuerpo y alma a la gloria del Cielo".

[44]Cfr. J. Ibáñez – F. Mendoza: *Dios Consumador...*, cit., pág. 99, quienes califican de herejía la censura correspondiente.

7.5.1 Sagrada Escritura

En la Biblia aparece que después de la muerte, de hecho, el hombre no puede tomar una nueva decisión a favor o en contra Dios. Hay dos series de textos que así lo prueban:

1. En el juicio de Dios sobre el hombre, solo se tiene en cuenta la vida terrestre. En efecto, así se expresa claramente en:

   - La parábola del Juicio final de Mt 25: 34–46 (cfr. principalmente, vv. 35.37.40).
   - La parábola de la cizaña, de Mt 13: 37–43 (cfr. sobre todo, vv. 38 y 41).
   - El logion de Jesús sobre la oposición entre la vida terrestre y futura de Jn 12:25, "el que ama su vida la perderá, y el que aborrece su vida en este mundo, la guardará para la vida eterna".
   - Los criterios de recompensa ante el tribunal de Cristo de 2 Cor 5:10, "porque todos debemos comparecer ante el tribunal de Cristo, para que cada uno reciba conforme a lo bueno o malo que hizo durante su vida mortal".

2. La muerte cambia la situación del justo y del impío de un modo definitivo, como se puede comprobar en:

   - Los dictados de los capítulos 2 al 4 del libro de la Sabiduría, donde se muestra que después de la muerte ya no habrá cambio alguno (cfr. 5: 6.15).
   - La contraposición entre el "ahora" y el futuro, de las Bienaventuranzas y las imprecaciones contrarias (Lc 6: 20–26).
   - Los pormenores de la parábola del rico y el pobre Lázaro (Lc 16: 19–31).

7.5. FIN DE LA PEREGRINACIÓN Y DEL MÉRITO

Hay un texto controvertido que parece oponerse a la doctrina ortodoxa. Es 1 Pe 3:18ss:

> "Porque también Cristo padeció una vez para siempre por los pecados, el justo por los injustos, para llevaros a Dios. Fue muerto en la carne, pero vivificado en el espíritu. En él se fue a predicar también a los espíritus cautivos, en otro tiempo incrédulos, cuando en tiempos de Noé les esperaba Dios pacientemente, mientras se construía el arca. En ella, unos pocos —ocho personas— fueron salvados a través del agua".

Se han dado, fundamentalmente tres interpretaciones para hacerlo concordar con la doctrina general de los textos citados anteriormente:

1. Algunos Santos Padres, afirmaron que se trataba de una predicación de Cristo a los no creyentes cuando bajó a los Infiernos, para darles la posibilidad de salvarse. Esto constituiría una excepción a la regla general de la imposibilidad de cambiar.

2. Otros Padres, se inclinaron por una interpretación espiritualista, según la cual, Cristo pre–existente, antes de la Encarnación, el Verbo, predicó a los paganos contemporáneos de Noé, mediante inspiración interior o mediante el propio Noé, para inducirlos a su conversión. Se trataría pues, de una predicación a hombres vivos, y por lo tanto, la regla general se cumpliría sin excepciones.

3. Lo normal entre los exégetas católicos es que el alma de Cristo, en el triduo de su muerte, llevó a los incrédulos contemporáneos de Noé la alegre noticia de su liberación, porque se convirtieron a penitencia antes de sus muertes. De nuevo, según esta interpretación, no habría excepción a la regla general.

7.5.2 Tradición

La doctrina de la muerte como final del estado de peregrinación es totalmente uniforme entre los Santos Padres. C. Pozo expone algunos de los ejemplos más señeros al respecto:[45]

- El Pseudo–Clemente Romano: "Después de que hemos salido de este mundo no podemos allí ulteriormente confesar o hacer penitencia".[46]

- San Cipriano: "Cuando se haya salido de aquí, no hay ya lugar para la penitencia, ni la satisfacción tiene ya ningún efecto. Aquí es donde se pierde o se conserva la vida..."[47]

- Afraates: "...después de la muerte y la resurrección no habrá ninguna penitencia. Ni los impíos se arrepentirán y entrarán en el reino, ni los justos pecarán ya de modo que vayan al tormento".[48]

- San Máximo de Turín: "...mientras es posible, mientras hay espacio de tiempo, miréis de todas maneras por vuestra salvación, y en esta vida breve os procuréis la vida eterna".[49]

- San Jerónimo, quien compara la vida presente con el tiempo de la siembra, "...el tiempo de la sementera es el tiempo presente y la vida que transcurrimos. Durante ella se nos permite sembrar lo que queramos; cuando pase esta vida, se nos arrebatará el tiempo de trabajar".[50]

---

[45]C. Pozo: *Teología...*, cit., págs.473–474.
[46]Pseudo–Clemente: *II Ep. ad Cor.*, 8, 2 s.
[47]San Cipriano: *Ad Demetrianum*, 25 (*P. L.*, 4, 563).
[48]Afraates: *Demonstratio*, 20, 21 (*Patr. Syr.* 1/1, 911).
[49]San Máximo de Turín: *Sermo*, 72, 1, *Hom.*, 88, (*P. L.*, 57, 543).
[50]San Jerónimo: *Commentariorum In Epistolam Beati Pauli Ad Galatas Libri Tres* (*P. L.*, 26, 432).

7.5.3 Magisterio

Se encuentra definida implícitamente esta verdad en la Bula *Benedictus Deus*, pues se afirma que los estados de condenación y salvación son eternos, y, por tanto, inmutables, y empiezan inmediatamente después de la muerte. Además tales estados se ponen en relación con la situación que el hombre tiene cuando muere ("...cuando no hubo nada que purgar cuando murieron, ni habrán cuando morirán..., en seguida después de su muerte...").[51]

También presuponen esta verdad los concilios que sostuvieron la retribución inmediata después de la muerte, como el II de Lyon[52] y el de Florencia.[53]

La *Lumen Gentium*, habla de que "terminado el único curso de nuestra vida terrestre, merezcamos entrar con Él a las bodas".[54]

Esta enseñanza será recogida en el *Catecismo de la Iglesia Católica*:

> "La muerte pone fin a la vida del hombre como tiempo abierto a la aceptación o rechazo de la gracia divina manifestada en Cristo (cfr. 2 Tim 1: 9–10). El Nuevo Testamento habla del juicio principalmente en la perspectiva del encuentro final con Cristo en su segunda venida; pero también asegura reiteradamente la existencia de la retribución inmediata después de la muerte de cada uno como consecuencia de sus obras y de su fe. La parábola del pobre Lázaro (cfr. Lc 16:22) y la palabra de Cristo en la Cruz al buen ladrón (cfr. Lc 23:43), así como otros textos del Nuevo Testamento (cfr. 2 Co 5:8; Flp 1:23; Heb 9:27; 12:23)

---

[51] *D. S.*, 1000, 1002.
[52] *Profesión de Fe de Miguel Paleólogo*, *D. S.*, 856–858.
[53] *Decreto para los Griegos*, *D. S.*, 1304–1306.
[54] *Lumen Gentium*, c. 7, n. 48.

hablan de un último destino del alma (cfr. Mt 16:26) que puede ser diferente para unos y para otros".[55]

7.5.4 Errores

Pueden ser divididos entre:

1. *Defensores de la "metempsícosis" o reencarnación.* Sostienen que después de la muerte, las almas toman otros cuerpos, para poder purificarse de cualquier mancha que le quedara de su vida anterior. Este proceso duraría hasta el final de tal purificación. Hoy, este tipo de teorías tienen una gran popularidad, por lo que merece un estudio más detenido que se hace a continuación en sección especial.

2. *Defensores de la "apokatástasis".* Tiene como principal representante a Orígenes.[56] Orígenes defendió la pre-existencia de las almas, que fueron encarnadas en este mundo como castigo por un pecado que cometieron en su mundo angélico. En la tierra, tienen que purificarse. Si mueren sin conseguir toda la purificación, entonces van al Infierno, que tiene un carácter purgativo y no definitivo. Al final, cuando se cumpla todo el proceso purificador, se producirá la "apokatástasis", donde todos, demonios y almas condenadas se salvarán. Esto no significa el final de todo, sino que las almas continúan siendo libres, y pueden volver a

---

[55] *Catecismo de la Iglesia Católica*, nº 1021.

[56] Cfr. J. Quasten: *Patrología*, Madrid, BAC, 1995, vol. I, págs. 351–412; D. Ramos–Lissón: *Patrología*, Pamplona, Eunsa, 2005, págs. 164–175; F. Mendoza Ruiz: *Orígenes y Origenismo*, en GER, vol. XVII, págs. 453ss.; G. Bardy: *Origène*, en DTC, vol. XI, cols. 1489–1565; V. Cano Sordo: *Patrología (Curso) o Apuntes de patrología*, en http://www.patrologia.net/pac/index.html y en http://www.geocities.com/patrologia, tema 11; É. Gilson: *History of Christian Philosophy in the Middle Ages*, New York, Random House, 1955, págs. 35–43.

7.5. FIN DE LA PEREGRINACIÓN Y DEL MÉRITO

caer en el pecado en el más allá, con lo que vuelven a ser encarnadas y se repetiría el proceso indefinidamente. Tal posición supone varios errores graves, y con respecto al tema que ahora se estudia, su negación. En efecto:

- Las almas condenadas al Infierno pueden salvarse, mereciendo a través de sus padecimientos en el Infierno purgativo.

- Las almas ya salvadas, pueden caer de nuevo en el pecado, y volver a recibir un cuerpo para reiniciar su castigo y proceso de purificación.

Por influencia de Platón, Orígenes enseñó que antes de que empezara a existir este mundo, existieron otros mundos; y cuando deje de existir el presente mundo, surgirán otros en sucesión ilimitada. Apostasía de Dios y retorno a Dios se van sucediendo ininterrumpidamente.[57]

Estas teorías están relacionadas con su concepto de creatura espiritual: la voluntad libre, le permite apostatar del bien e inclinarse al mal siempre que quiera hacerlo. La recaída de los espíritus hace necesario un nuevo mundo corpóreo; de este modo, a un mundo sigue otro, y la creación del mundo viene a ser un acto eterno.

Algunas de estas ideas, fueron seguidas también por escritores eclesiásticos y Santos Padres origenistas, aunque de un modo mitigado, y solo hasta la condena de las mismas por el Magisterio.[58] Se pueden citar a Dídimo el Ciego, San Clemen-

---

[57]Orígenes: *De Princ.*, 3, 5 ,3.

[58]Cfr. Juan A. Jorge: *Apuntes de Patrología*, Santiago de Chile, Shoreless Lake Press, 2016, cap. 11.

te de Alejandría, San Gregorio de Nisa, San Jerónimo y San Ambrosio.

Son aceptadas estas ideas de un modo completo por herejes como los anabaptistas, socinianos y neoliberales.[59]

3. *Defensores de una nueva oportunidad después de la muerte.* Esta tesis heterodoxa sostiene que las almas separadas del cuerpo y en el más allá, tendrían una nueva oportunidad de conversión. Tiene dos representantes principales:

- J. B. Hirsher (1788–1865), quien distinguía tres clases de pecados:

    - Veniales, que no quitan la gracia.
    - Mortales menos graves, que son los que privan de la gracia, pero el pecador sigue en lucha por vivir en gracia, recuperándola y perdiéndola durante esta vida.
    - Mortales más graves, que son los que privan de la gracia, pero el pecador no lucha, sino que se empecina en su pecado, no cambia ni quiere cambiar.

    Los pecados mortales menos graves (pero realmente tales) podrían ser perdonados tras la muerte.

- H. Shell (1850–1906), quien afirmaba que todos los hombres, después de morir, tendrían una nueva oportunidad. Solo los que han llegado a una malicia satánica, "muriendo con la mano levantada contra Dios" serían condenados.

---

[59] J. Ibáñez y F. Mendoza: *Dios Consumador*..., cit., pág. 102.

7.5. FIN DE LA PEREGRINACIÓN Y DEL MÉRITO

7.5.5 Razonamiento teológico

La realidad de la muerte como final del estado de peregrinación, es una verdad que se puede sustentar teológicamente y comprobar su congruencia con las otras verdades de la fe católica. En efecto:

1. Si no fuera así, y hubiera la posibilidad de conseguir el fin último después de la muerte, carecerían de sentidos los dogmas del bautismo y la penitencia como necesarios para la salvación (al menos con el voto de los mismos) con necesidad de medio.

2. El mérito se consigue por medio del alma y del cuerpo. Una vez, separados, parece congruente que el alma sola no pueda merecer. Con todo, la razón última del final del periodo de merecimiento es la suprema voluntad de Dios, que así lo decidió.

3. Las almas separadas se parecen en su modo de proceder a los ángeles, quienes tienen una naturaleza que, una vez adheridos a la realidad entendida y amada, son incapaces de retractación. Se trataría pues de una razón interna, basada en la ley psicológica propia de los espíritus puros y de las almas separadas.

4. Algunos teólogos no aceptan la tesis anterior, y prefieren sostener que la fijación de la voluntad de las almas separadas se debe más bien a razones externas a la naturaleza de las mismas. Las salvadas no podrían cambiar porque están fijas en el bien sobrenatural por la visión intuitiva; las condenadas por la carencia de la gracia necesaria para cambiar y por el estado de desesperación plena que experimentarían.[60]

---

[60]Scoto: *II Sent.*, dist. 7; Suarez: *De Angelis*, 3, 10; 8, 10. Algunos tomistas siguen esta posición también basados en textos del Aquinate que parecen ir en esta dirección. Cfr. *De Verit.* , 24, 10; *De Malo*, 16, 5.

La posición de Santo Tomás parece ser que se encuadra en la tercera de las enumeradas. En efecto:

"Causam autem huius obstinationis oportet accipere, non ex gravitate culpæ, sed ex conditione naturæ status. Hoc enim est hominibus mors, quod Angelis casus, ut Damascenus dicit. Manifestum est autem quod omnia mortalia peccata hominum, sive sint magna sive sint parva, ante mortem sunt remissibilia; post mortem vero, irremissibilia, et perpetuo manentia. Ad inquirendum ergo causam huiusmodi obstinationis, considerandum est quod vis appetitiva in omnibus proportionatur apprehensivæ a qua movetur, sicut mobile motori. Appetitus enim sensitivus est boni particularis, voluntas vero universalis, ut supra dictum est; sicut etiam sensus apprehensivus est singularium, intellectus vero universalium. Differt autem apprehensio Angeli ab apprehensione hominis in hoc, quod Angelus apprehendit immobiliter per inte-

"En cuanto a la causa de dicha obstinación, no se ha de buscar en la gravedad de la culpa, sino en la condición del estado natural. Esto es así porque, como dice el Damasceno, lo que para los hombres es la muerte, esto es para los ángeles la caída. Es evidente que todos los pecados mortales, grandes o pequeños, de los hombres son remisibles antes de la muerte. Después de la muerte, son irremisibles y duran siempre. Por lo tanto, para buscar otra causa de esta obstinación, hay que tener en cuenta que el poder apetitivo es en todos proporcional al poder cognoscitivo, que es el que mueve como el motor al móvil. Ahora bien, el apetito sensitivo tiene por objeto el bien particular, mientras que la voluntad, como dijimos (q. 59, a. 1), tiene el bien universal; como también el sentido tiene por objeto los singulares, y el entendimiento los universales. Pero el conocimiento del ángel difiere del del hombre en que el ángel conoce

7.5. FIN DE LA PEREGRINACIÓN Y DEL MÉRITO

llectum, sicut et nos immobiliter apprehendimus prima principia, quorum est intellectus, homo vero per rationem apprehendit mobiliter, discurrendo de uno ad aliud, habens viam procedendi ad utrumque oppositorum. Unde et voluntas hominis adhæret alicui mobiliter, quasi potens etiam ab eo discedere et contrario adhærere, voluntas autem Angeli adhæret fixe et immobiliter. Et ideo, si consideretur ante adhæsionem, potest libere adhærere et huic et opposito (in his scilicet quæ non naturaliter vult), sed postquam iam adhæsit, immobiliter adhæret. Et ideo consuevit dici quod liberum arbitrium hominis flexibile est ad oppositum et ante electionem, et post; liberum autem arbitrium Angeli est flexibile ad utrumque oppositum ante electionem, sed non post. Sic igitur et boni Angeli, semper adhærentes iustitiæ, sunt in illa confirmati, mali vero, peccantes, sunt in peccato obs-

por su entendimiento de un modo inmutable, a la manera como nosotros conocemos de modo inmutable los primeros principios, que son el objeto del entendimiento. El hombre, en cambio, conoce por la razón de una manera mutable, con el camino abierto para llegar a metas opuestas. De donde se sigue que la voluntad del hombre se adhiere a los objetos de una manera mutable, ya que puede abandonar uno y adherirse a su contrario. Libremente puede adherirse a una cosa o a su opuesta (entiéndase de las cosas que no quiere por naturaleza). Pero, una vez adherida, esta adhesión es inmutable. Por esto suele decirse que el libre albedrío del hombre es flexible en sentidos opuestos antes de la elección y después de ella; mientras que el libre albedrío del ángel lo es antes de la elección, pero no después. Así, pues, los ángeles buenos, adheridos desde siempre a la justicia, están confirmados en ella, mientras que los malos, los pecadores, están obstinados en su pecado. Sobre la obstinación de los hombres

tinati. De obstinatione vero hominum damnatorum infra dicetur".⁶¹

condenados, hablaremos más adelante (*Supl.* q. 98, a. 1.2; *In Sent.* IV, dist. 50, q. 2)".

En la cuestión 98 del *Suplemento* a la *Suma Teológica*, dedicado a la voluntad e inteligencia de los condenados, se trata del tema de si todo acto de la voluntad del condenado es malo o no. Se responde en favor de la generalidad de la maldad de todo acto voluntario del condenado, distinguiendo, eso sí, entre la voluntad natural del condenado, que por su su propia constitución natural tiende al bien (como ocurre con los demonios); y la voluntad deliverativa o electiva, por la que se inclina voluntariamente a una u otra cosa. Según esta voluntad elícita, el condenado siempre elige el mal, porque siempre y completamente rechaza el fin último propio de la voluntad buena del hombre (el Bien Supremo); y un acto voluntario no puede ser bueno si no es dirigido a tal fin último.⁶²

7.5.6 Sobre el peligro de la impenitencia final

El hecho de que la muerte suponga el final del estadio de peregrinación y de la posibilidad de la conversión, es de una extraordinaria importancia, pues es el momento en que queda la decisión del ser humano petrificada para toda la eternidad. La impenitencia final tiene pues una transcendencia enorme, y hoy, con frecuencia, se olvida o se

---

[61] Santo Tomás de Aquino: *Summ. Theol.*, Iª, q. 64, a. 2, co. Cfr. *In Sent.*, I. 2, dist. 7, q. 1, a. 2; *De Verit.*, q. 24, a. 10; *De Malo*, q. 16, a. 5.

[62] *Supplem.*, q. 98, a. 1, co. Cfr. *Summ. Theol.*, Iª, q. 64, a. 2; IIª–IIæ, q. 85, a. 2, ad 3; *In Sent.*, II, dist. 7, q. 1, a. 2; IV *Contr. Gent.*, 4, cap. 93; *De Anima*, art. 17, ad 7; *Compend. Theol.*, cap. 174.

7.5. FIN DE LA PEREGRINACIÓN Y DEL MÉRITO

niega tal importancia. El efecto es que se pone en peligro de condenación eterna a muchos fieles.[63]

La impenitencia es la ausencia, la privación, de la contrición que es la condición necesaria para que pueda destruirse en el pecador las consecuencias morales de su rebelión contra Dios; consecuencias que desaparecen por la reparación satisfactoria, que se produce, en primer lugar por el dolor de haber ofendido a Dios, y en segundo lugar, por una compensación expiatoria. La impenitencia es la ausencia de la contrición o de la satisfacción. Santo Tomás explica que estos actos de la virtud de la penitencia, se exigen por la justicia y la caridad hacia Dios, y también por la caridad hacia nosotros mismos.

La impenitencia puede ser *temporal, permanente* durante el curso de la vida en la tierra, y *final* si se produce en el momento de la muerte. La impenitencia temporal es la causa de la impenitencia final, si la persona humana permanece en estado de pecado de un modo frío y deliberado, rechazando todo pensamiento de arrepentimiento que pudiera salvarlo. Los grados de la impenitencia temporal son variados: pecados mortales ocasionales pero no confesados; los endurecidos en el pecado por propia y culpable ignorancia; los impenitentes por negligencia, que sabiendo de sus pecados, no buscan la gracia de Dios para salir de los mismos; los endurecidos conscientemente en el pecado de malicia; etc.[64]

La impenitencia final puede presentarse, a su vez, de dos formas: de hecho (la simple ausencia del arrepentimiento) o de firme voluntad (la decisión claramente tomada de no arrepentirse). Este último caso constituye además el pecado especial de impenitencia, que es, en el fondo, un pecado de malicia. Ambas formas de impenitencia son muy

---

[63] Estas consideraciones en R. Garrigou–Lagrange: *Life Everlasting...*, cit., págs. 33ss.

[64] Cfr. Santo Tomás de Aquino: *Summ. Theol.*, I^a–II^{ae}, qq. 76–78; II^a–II^{ae}, q. 15, a. 1; P. Richard: *Impénitence*, en DTC, vol. VII, cols. 1280–1285.

diferentes, pero si un hombre muere en el simple estado de impenitencia de hecho, aunque no llegue al pecado de impenitencia, el resultado es que muere impenitente, con las consecuencias que eso conlleva.

Es necesario que el pecador haga penitencia en el momento oportuno y volver a Dios con un arrepentimiento adecuado, aunque sea de solo atrición, acompañado por el sacramento de la penitencia. De otro modo la impenitencia de hecho puede desembocar en la impenitencia de voluntad y de malicia, que es un pecado contra el Espíritu Santo.[65] El estado de impenitencia, desemboca en nuevos pecados mortales.[66]

La Revelación insiste constantemente sobre la necesidad del arrepentimiento antes de morir (Eco 18:21; Lc 3:3: 13:5; Mc 1:15; Ro 2:5; Ap 2:16; etc.).

El arrepentimiento puede ser, a veces, difícil por el estado de endurecimiento o malicia de algunos pecadores. Pero siempre es posible en esta vida, incluso en el momento de la muerte. De todos modos, no conviene tentar a Dios ni olvidar que el hecho de la impenitencia puede conducir a la impenitencia voluntariamente aceptada. El pecador recibe gracias de Dios especiales de variados modos; también debe empezar a rezar pues, si no se resiste, puede recibir gracias eficaces para salir de su estado. Por parte de Dios, hay que sostener que quiere que todos los hombres se conviertan libremente (Ez 33:11.14.16; 1 Tim 2:4),[67] y la conversión depende de la gracia de Dios y no de la

---

[65] Santo Tomás de Aquino: *Summ. Theol.*, II^a–II^{ae}, q. 14.

[66] Santo Tomás de Aquino: *Summ. Theol.*, II^a–II^{ae}, q. 109, a. 8.

[67] Recuérdese la distinción entre "voluntad absoluta" (que se cumple inexorablemente sin que nada ni nadie pueda impedirlo) y "voluntad condicionada" (según la cual Dios quiere algo con tal de que se cumpla una determinada condición. Cfr. J. Ibáñez – F. Mendoza: *Dios Consumador...*, cit., págs. 15–16) de Dios, aplicada a la Salvación operada por cristo, que es objetivamente universal, pero ha de ser aceptada por el hombre voluntariamente. Dios quiso *ofrecer* la salvación a todos los hombres, y el mérito y la gracia de Cristo son sobreabundantes, pero *no obliga* a salvarse a todos los hombres, según sostienen las conocidas tesis sobre el cristianismo anónimo.

7.5. FIN DE LA PEREGRINACIÓN Y DEL MÉRITO

sola voluntad del hombre, como sostienen los pelagianos. Tampoco se pueden aceptar las ideas predestinacionistas (que tiene sus principales representantes en Wicleff, Huss, Lutero, Calvino y Jansenio) según las cuales Dios no quiere la salvación de todos, sino solo de algunos predestinados gratuitamente a la gloria, que no solo no cooperan con la gracia, sino que están imposibilitados para ello, ya que desde el pecado original, el hombre perdió su libertad; a pesar de ello, los actos de los predestinados son siempre reconocidos por Dios como buenos, y los demás son siempre pecaminosos.[68] Este pensamiento fue rechazado como herético por el Concilio de Trento.[69]

Por lo mismo, también son heréticas las tesis de Calvino, cuando sostuvo que Dios destina algunas almas a la condenación eterna por lo que les niega toda gracia de conversión; todo lo contrario, como sostiene el Concilio de Trento: "Dios no manda cosas imposibles, sino que al mandar, avisa que hagas lo que puedas y pidas lo que no puedas, y ayuda para que puedas; sus mandamientos no son pesados (1 Jn 5:3), 'su yugo es suave y su carga es ligera' (Mt 11:30)".[70] Por eso, la conversión siempre es posible durante esta vida terrenal.

Con todo es conveniente recordar que siempre hay la posibilidad de morir con una muerte repentina, en estado de pecado mortal del que no se está arrepentido, con lo que no habría ocasión de realizar un acto de conversión final, con las consecuencias que se derivarían de condenación.[71] De ahí la necesidad de la confesión pronta, en cuanto

---

[68] J. Ibáñez – F. Mendoza: *Dios Consumador...*, cit., pág. 16; Id.: *Dios Santificador. I. La Gracia*, Madrid, Palabra, 1983.

[69] *Decreto sobre la Justificación*, D. S., 1567. En el mismo sentido, la condena de las tesis de Jansenio por Inocencio X, D. S., 2005.

[70] D. S., 1536. Cita a San Agustín: *De Natura et Gratia*, 43 (P. L., 44, 271).

[71] Situación que podría producirse, aunque no haya un rechazo final de la gracia de Dios como se ha dicho, porque la muerte ocurrió inesperadamente.

se cae en pecado mortal; y de los actos de atrición o contrición en cuanto se cae en esos pecados.

La situación es todavía peor cuando formalmente y con plena conciencia se rechaza la gracia de Dios. Este rechazo de la gracia de Dios ofrecida al pecador antes de la muerte por la misericordia infinita del Señor, es el pecado contra el Espíritu Santo que no será perdonado: "Por lo tanto, os digo que todo pecado y blasfemia se les perdonará a los hombres; pero la blasfemia contra el Espíritu Santo no será perdonada. A cualquiera que diga una palabra contra el Hijo del Hombre se le perdonará; pero al que hable contra el Espíritu Santo no se le perdonará ni en este mundo ni en el venidero" (Mt 12: 31-32).

Para el arrepentimiento no basta con el dolor causados por los pecados. Santo Tomás hace una distinción entre el arrepentimiento y el dolor de los pecados, pues éste puede seguir existiendo en el Infierno sin ninguna atrición: "Ahora bien, los condenados conservarán la voluntad perversa apartada de la justicia de Dios, ya que aman aquello por lo que están castigados y querrían disfrutar de ello, si pudieran, odiando las penas que se les infligen por sus pecados. Se duelen, sin embargo, de los pecados cometidos, no porque los detesten, sino porque son castigados por ellos. Por lo tanto, esa detestación de la justicia de Dios constituye en ellos la blasfemia interior del corazón, y es creíble que, después de la resurrección, proferirán también la blasfemia oral, lo mismo que los santos la alabanza vocal de Dios". Lo mismo pasó con Judas Iscariote.[72]

También es posible la conversión final inmediatamente antes de morir. Es una gracia singular de Dios que es concedida muchas veces por intercesión de los santos o de las oraciones de los fieles vivos.

---

[72] Santo Tomás de Aquino: *Summ. Theol.*, II^a–II^{ae}, q. 13, a. 4, co; III^a, q. 86, a. 1; *Supplem.*, q. 98, a. 2; *Contra Gent.*, IV, cap. 89.

7.5. FIN DE LA PEREGRINACIÓN Y DEL MÉRITO

Es importante recordar que, aunque una persona viva habitualmente en la gracia santificante, perseverar en ella hasta el momento mismo de la muerte, es un don gratuito[73] de Dios que es nuevo y específico, el *don de la perseverancia final*. Por eso declaró el Concilio de Trento dogmáticamente que el hombre en estado personal de gracia (y después de la salvación de Jesucristo, esto es, en estado de naturaleza caída y reparada) no puede sin un especial auxilio de Dios, permanecer hasta el fin en esa gracia santificante recibida.[74] Con todo, la oración, si reúne las debidas condiciones, puede lograr infaliblemente de Dios, el don inestimable de la perseverancia; además, nadie puede saber con certeza si recibirá o no este don, salvo que le fuera comunicado por especial revelación divina, aunque todos han de colocar y poner en el auxilio de Dios la más firme esperanza.[75] La teología habla de señales de predestinación positiva, como pueden ser el vivir en estado de gracia de un modo habitual, un sincero espíritu de oración, la devoción a la Humanidad de Jesucristo, a la Virgen, a la Iglesia, etc.

La doctrina de Santo Tomás se fundamenta en que el principio del mérito que es el estado de gracia no puede ser a su vez merecido, porque una causa (estado de gracia) no puede ser efecto de sí misma (mérito). Como la perseverancia final es una gracia dada por Dios en el momento de la muerte, no puede ser merecida. Pero esa gracia divina se puede obtener por la oración humilde y confiada:

"Cum homo naturaliter habeat liberum arbitrium flexibile ad bonum et ad malum, dupliciter potest aliquis perse-	"Dado que por su naturaleza el hombre está dotado del libre albedrío, que le inclina ahora al bien, ahora al mal, de dos mane-

---

[73]Como tal don gratuito, dice el Concilio de Trento, que no se puede merecer. *D. S.*, 1541, 1566.

[74]*D. S.*, 1566, 1572. Cfr. canon 10 del Concilio de Orange, *D. S.*, 380.

[75]*D. S.*, 1541; cfr. Concilio de Orange, *D. S.*, 380.

verantiam in bono obtinere a Deo. Uno quidem modo, per hoc quod liberum arbitrium determinatur ad bonum per gratiam consummatam, quod erit in gloria. Alio modo, ex parte motionis divinæ, quæ hominem inclinat ad bonum usque in finem. Sicut autem ex dictis patet, illud cadit sub humano merito, quod comparatur ad motum liberi arbitrii directi a Deo movente, sicut terminus, non autem id quod comparatur ad prædictum motum sicut principium. Unde patet quod perseverantia gloriæ, quæ est terminus prædicti motus, cadit sub merito, perseverantia autem viæ non cadit sub merito, quia dependet solum ex motione divina, quæ est principium omnis meriti. Sed Deus gratis perseverantiæ bonum largitur, cuicumque illud largitur".[76]

"Etiam ea quæ non meremur, orando impetramus. Nam et peccatores Deus au-

ras puede obtener de Dios la perseverancia en el bien. La una consiste en que el libre albedrío sea determinado al bien por la gracia consumada; y esto es lo que ocurrirá en la gloria. La otra consiste en que Dios, con su impulso, incline al hombre al bien hasta el fin. Ahora bien, según consta por lo ya dicho (a.5. 8), el hombre puede merecer lo que constituye el término del movimiento del libre albedrío dirigido por el impulso divino, pero no lo que constituye el principio de ese mismo movimiento. Y en consecuencia, puede merecer la perseverancia de la gloria, que es el término de aquel movimiento, pero no la perseverancia de esta vida, que depende solamente de la moción divina, principio de todo mérito. A quien Dios otorga el beneficio de esta perseverancia, se lo otorga gratuitamente".

"Por la oración podemos obtener de Dios incluso aquello que no merecemos, pues Dios oye también

---

[76] Santo Tomás de Aquino: *Summ. Theol.*, Iª–IIæ, q. 114, a. 9, co.

7.5. FIN DE LA PEREGRINACIÓN Y DEL MÉRITO

dit, peccatorum veniam petentes, quam non merentur, ut patet per Augustinum, super illud Ioan. IX, scimus quia peccatores Deus non exaudit; alioquin frustra dixisset publicanus, Deus, propitius esto mihi peccatori, ut dicitur Luc. XVIII. Et similiter perseverantiæ donum aliquis petendo a Deo impetrat vel sibi vel alii, quamvis sub merito non cadat".[77]

a los pecadores que le piden perdón, aunque no lo merezcan. Así lo muestra San Agustín comentando aquellas palabras de Jn 9:31, Sabemos que Dios no escucha a los pecadores; y si así no fuera, en vano habría rogado el publicano: '¡Oh Dios!, apiádate de mí, que soy un pecador', como se lee en Lc 18:13. Lo mismo sucede con el don de la perseverancia: pidiéndolo a Dios se lo obtiene para sí o para otro, aunque no sea objeto de merecimiento".

7.5.7 El error de la reencarnación

Por la extensión de esta creencia en el mundo contemporáneo, conviene hacer una exposición de la misma un poco más detallada.[78]

J. Rivière[79] define la "metempsícosis" como la doctrina filosófica y religiosa que admite el paso del alma humana a través de seres hu-

---

[77] Santo Tomás de Aquino: *Summ. Theol.*, Iª–IIæ, q. 114, a. 9, ad 1

[78] Para más información básica, cfr. J. A. Sayés: *Más Allá...*, cit., págs. 179–183; Id.: *Escatología...*, cit., págs. 163–167; E. Tavares: *La Reencarnación*, Madrid, BAC, 1986; C. Pozo: *La Venida...*, cit., págs. 165–186; R. Hedde, *Métempsycose*, en DTC, vol. X, cols. 1574–1595; R. Spiazzi: *Reincarnazione*, en "Enciclopedia Cattolica", vol. X, Ciudad del Vaticano, 1953, 677–682; L. Bukowski: *La réincarnation selon les Péres de l'Église*, en "Gregorianum", 9 (1928) 65ss.; 12 (1931) 57ss.; W. Lutoslawski: *Preesistenza e reincarnazione*, Turín 1931; J. Rivière: *Metempsícosis*, en GER, vol. XV, págs. 655–658; E. Bertholet: *La Réincarnation*, Lusanne, 1978; B. Kloppenburg: *La Reencarnación*, Bogotá, 1979; Id.: *Espiritismo*, Sao Paolo, 1986.

[79] J. Rivière: *Metempsícosis*, cit., pág. 655.

manos, de animales o de plantas, por razón de purificación o castigo a causa de faltas cometidas en vidas anteriores. Algún autor propone utilizar mejor el término "metensomatosis" ya que no es el cuerpo el que cambia de alma, sino el alma la que cambia de cuerpo.[80] Los partidarios de la teosofía y del espiritismo usan el término "reencarnación" o "transmigración" para subrayar que el alma pasa solo por cuerpos humanos, según su peculiar concepción. Estos dos últimos términos son los que se han hecho más populares hoy en día.

* * *

Hoy en día esta creencia se ha extendido mucho en países desarrollados, por influencia del movimiento sincretista de la "New Age" y la aceptación de las religiones y filosofías orientales, coincidiendo con la crisis del cristianismo. También se señalan como elementos de su difusión, la buena acogida de este pensamiento por los medios de comunicación social, y el uso de algunas técnicas psicológicas y psiquiátricas que pretenden basarse en el mismo. Así, por ejemplo, a finales del S. XX, el 22% de los franceses, el 23% de los norteamericanos o el 23.9% de los canadienses creían en ella. Muchas veces la profesan los que se consideran a sí mismos cristianos.

Las causas más profundas del éxito de este pensamiento en Occidente post–cristiano serían según C. Pozo[81] las siguientes:

- Presenta una alternativa de salvación diferente de la cristiana, basada en una auto–realización gradual (que sería en el fondo contrario a la metempsícosis del hinduismo, donde la reencarnación es algo de lo que uno se quiere librar finalmente para

---

[80]Cfr. Olimpodoro: *Ad Phædonem*, 81, 2, en R. Hedde: *Métempsycose*, cit., col., 1574.

[81]C. Pozo: *La Venida...*, cit., págs. 168–169.

7.5. FIN DE LA PEREGRINACIÓN Y DEL MÉRITO

llegar al "nirvana". La vida terrena se percibe como demasiado breve para corregir los defectos y errores cometidos, o para llegar a realizar los mega–proyectos que, en teoría, tienen los seres humanos.

- Es también una alternativa para seguir creyendo en el más allá, pero rehuyendo el encuentro con un Dios personal que nos puede salvar, y la posibilidad de la condenación eterna; situación ésta, que se percibiría como desproporcionada a nuestra limitada vida terrena.

En el fondo, nos encontramos con otro de los efectos de la ideología post–moderna, que intenta encontrar caminos de salida a la angustia producida por la decisión de rechazar al Dios verdadero y a la verdad revelada.

* * *

El origen del pensamiento de la metempsícosis es muy antiguo. Caben señalar dos raíces:

1. La oriental, más antigua, que es profesada por el hinduismo y el budismo. Para el primero, el ser humano que no ha conseguido la purificación, tiene que reencarnarse según la ley del Karma (la ley de las acciones de la vida). La reencarnación será más o menos digna en diferentes cuerpos, según haya sido la propia vida anterior. Una vez que el espíritu humano acaba de purificarse, se produce la identificación total con Brahma, y no hay más reencarnaciones.

    El budismo coincide esencialmente con el pensamiento hinduísta, pero eliminado todo elemento propiamente religioso.

2. La occidental, que procede del mundo griego, y tiene como principales hitos, el pensamiento de:

- Pitágoras y el orfismo, enfrentando la religión oficial homérica del panteón griego, quienes defendieron la idea de la metempsícosis, sosteniendo que las almas tenían que volver a la tierra para purificarse sucesivamente, repitiendo ellas, el ciclo eterno del tiempo y de la naturaleza. El alma caída se iba purificando en pasos sucesivos hasta llegar finalmente hasta dios, su creador. El orfismo se orientaba hacia el más allá, y se enfrentaba con la religión homérica, centrada más en el amor a la patria terrena y a la vida.

- Empédocles, parece que fue el primer filósofo pre–socrático en afirmar la transmigración de las almas, probablemente bajo la influencia del orfismo.

- Platón, quien sostuvo que las almas que pertenecen al mundo de lo divino, apetecen lo sensible. Se encarnan como castigo y se reencarnan hasta lograr la purificación debida. Se discute sobre el origen de su posición, si fue la influencia de las ideas órficas, o más bien, consecuencia de su teoría del conocimiento por la reminiscencia. Así, en el *Fedro* se explica cómo el alma adquirió antes de su encarnación actual el conocimiento de las realidades cuyo recuerdo volverá a tener en la vida presente. En el *Fedón* (80, da82a; 107d; 113d a 114c), y, sobre todo, la *República* (X, 614 a 621) exponen su teoría de la metempsícosis, con el gran mito de Er, el panfilio, hijo de Armenios, que habiendo pasado las puertas de la muerte, vuelve de ellas por permiso de los dioses.

- Plotino: enseña que el alma humana es emanación del alma universal, precede a la creación de su cuerpo. En sus

7.5. FIN DE LA PEREGRINACIÓN Y DEL MÉRITO

Enneadas, sostuvo la transmigración de las almas y la posibilidad de que las almas de los animales fueran almas humanas caídas.

* * *

Se ha sostenido en alguna ocasión[82] que la misma Sagrada Escritura aceptaría la idea de la metempsícosis, aduciendo algunos textos que así lo sugerirían. La interpretación que se hace de los mismos es sesgada y basada en los prejuicios reencarnacionistas. En primer lugar, porque toda la Revelación bíblica presenta la visión de la escatología de doble fase con la resurrección de la carne al final de los tiempos, que supone el rechazo abierto de tal hipótesis. Pero, además, porque los mismos textos que pretenden ser pro metempsícosis, tienen una interpretación verdadera que en absoluto la apoyan. Los textos principales que se aducen son:

- La vuelta de Elías, que se había profetizado en el Antiguo Testamento (cfr. 2 Re 2:11; Eclo 48: 9–10.11); tal idea estaba extendida en tiempos de Jesús (Mt 11:24; 17:12; Lc 1:17; Jn 1:21). Pero hay que señalar que se presenta a Elías como un personaje que no murió, por lo que no cumple con el presupuesto para la reencarnación; además su situación es excepcional y no la general de todos los hombres; además, cuando se piensa en que, por ejemplo, Jesús o Juan el Bautista serían Elias que habría resucitado ("ellos respondieron: —Juan el Bautista. Pero hay quienes dicen que Elías, y otros que ha resucitado uno de los antiguos profetas" Lc 9:19), no estamos en la hipótesis reencarnacionista; finalmente, la figura de Elías que habría de volver ya se cumple

---

[82]Esta fue la pretensión de Kardec, fundador del teosofismo, y de E. Bloch. Cfr. B. Kloppenburg: *Espiritismo...*, cit., págs. 101–102; C. Pozo: *La Venida...*, cit., pág. 170.

con Juan el Bautista, en el sentido de que el papel y la figura del profeta del Antiguo Testamento se realizaría, en los tiempos mesiánicos, de modo perfecto en el Precursor.

- El nacimiento de nuevo por el bautismo. En la conversación con Nicodemo se utiliza esta expresión (Jn 3:3). Este nacimiento se refiere a la vida sobrenatural y no a un posible nacimiento de nuevo en la vida terrena al modo reencarnacionista. Es un nacimiento a la vida de la Iglesia y del Espíritu Santo, por obra del bautismo.

- La posibilidad de un pecado anterior a la vida presente. Es la pregunta que le hacen los apóstoles sobre la causa de la enfermedad del ciego de nacimiento que narra Jn 9: 1–12. Pero Jesús desmiente tal modo de pensar: "ni pecó éste ni sus padres..."

* * *

Los Santos Padres, por su parte, testigos de la Tradición de la Iglesia, rechazan las ideas reencarnacionistas de su tiempo, sobre la base de que Jesucristo es la única via de salvación posible para los seres humanos.[83] Además, toda las verdades escatológicas reveladas suponen el rechazo de tales principios.

San Justino, en diálogo con los judíos, prueba lo insostenible de la idea de la reencarnación platónica sobre la base de que las almas castigadas a vivir en cuerpos de animales no saben que están sufriendo un castigo, por lo tanto, tal castigo no tendría sentido alguno.[84]

---

[83] Como siempre, algún autor reencarnacionista llegó a sostener que los Padres de los primeros siglos aceptaron esa idea de un modo general (cfr. O. Penzig, en 1921 o A. Besant en 1925). Es simplemente falso.

[84] San Justino: *Dialogus cum Tryphone Iudeo*, 4, 6–7 (P. G., 6, 485).

7.5. FIN DE LA PEREGRINACIÓN Y DEL MÉRITO

San Ireneo rechaza las mismas ideas,[85] con tres argumentos, fundamentalmente:

- Contra Carpócrates (quien sostuvo que las almas reencarnadas tendrían que estarlo hasta haber experimentado todas las acciones posibles, incluso las malas, para poder vivir la libertad y acabar su itinerancia), opone la doctrina de Cristo que prohibe las acciones malas con pena de condenación eterna.

- Contra las formas reencarnacionistas basadas en la filosofía platónica, subraya que la experiencia muestra que las almas no tienen recuerdo alguno de sus pretendidas existencias anteriores.

- Finalmente, la metempsícosis en todas sus formas, va contra la concepción que San Ireneo sostiene sobre el cuerpo humano, que no es como un vestido que se pueda cambiar. La resurrección final se produce en el propio cuerpo que el alma tuvo, y no en cualquier cuerpo.

Hermias ironiza contra las contradicciones sobre la naturaleza del alma que se producen entre los filósofos que sostienen la reencarnación: para unos es inmortal, para otros, mortal; para algunos, permanece un poco de tiempo, para otros, se disuelve en átomos; unos, defienden que se reencarna tres veces, otros señalan periodos de mil años, etc.[86]

Minucio Felix sostuvo que bastaba con explicar tal teoría para que se refute por sí misma.[87] Y lo mismo ocurre con Teófilo de Antioquía, quien considera ridícula la doctrina platoniana. Véase el siguiente texto:

---

[85]San Ireneo: *Adv. Hær.*, 1, 25, 4; 2, 32, 1; 2, 33, 1–2 (*P. G.*, 7, 682–683. 826. 830–831).

[86]Hermias: *Irrisio Gentilium Philosophorum*, 2, c. 9, 6–8 (*P. G.*, 6, 1169–1172).

[87]Minucio Felix: *Octavius*, 34, 6–7 (*P. L.*, 3, 361).

> "Platón, que tantas cosas dijo sobre la monarquía de Dios y sobre el alma del hombre, que afirma ser inmortal, ¿no se ve también luego que se contradice diciendo que las almas emigran a otros hombres, y las de algunos van a parar incluso a animales irracionales? ¿Cómo no va a aparecer funesta y sacrílega semejante doctrina a quien tenga sana inteligencia, que quien fue hombre se convierta en lobo, perro, asno o cualquier otro animal sin razón? Tonterías semejantes se halla que dijo también Pitágoras, aparte de eliminar la Providencia".[88]

Uno de los Escritores eclesiásticos que se ocupó con más profundidad de refutar este error, fue Tertuliano, consagrándole ocho capítulos de su libro "De Anima". Sus principales argumentaciones son:

- Rechaza las ideas platónicas y pitagóricas ínsitas en la "ley de contraste", para la que los muertos se hacen de los vivos, y éstos de los muertos.[89]

- Si se admitiera la reencarnación, el número de hombres sería el mismo, cuando se puede probar que ha ido aumentando siempre.[90]

- La sustancia del alma humana que está ordenada exclusivamente a su cuerpo humano individual, es incompatible con la sustancia de un cuerpo de animales.[91]

---

[88] Teófilo de Antioquía: *Ad Autolycum*, c. 3, 7 (*P. G.*, 6, 1129–1132).
[89] Tertuliano: *De Anima*, 30, 1–2 (*P. L.*, 2, 742).
[90] Tertuliano: *De Anima*, 29, 3 (*P. L.*, 2, 742).
[91] Tertuliano: *Apologeticum*, 48, 2 (*P. L.*, 1, 589–590).

7.5. FIN DE LA PEREGRINACIÓN Y DEL MÉRITO 401

- Solo el cuerpo y el alma unidos son los adecuados para tener una adecuada retribución por las faltas cometidas en la vida terrena.[92]

- Las interpretaciones de Mt 11:14 y 17:12 en sentido reencarnacionista son falsas, porque Elías no fue despojado de su propio cuerpo.[93]

- Hay identidad de la carne de Cristo terrestre y resucitado; lo mismo ocurre con la resurrección de los hombres.[94]

- El cuerpo concreto es elemento intrínseco del hombre.[95]

Un escritor eclesiástico que ha sido utilizado por los reencarnacionistas es Orígenes. Pero éste no sostenía tal pensamiento, sino que creyó en la preexistencia de las almas, las cuales, debido a un pecado, podían ser condenadas a encarnarse (no reencarnarse) en animales. La teoría de la transmigración de las almas es explícitamente rechazada.[96] Después de la muerte, la purificación no se hace con reencarnaciones, sino en el Infierno con un fuego purificador, hasta la "apokatástasis" final, como ya se ha explicado.

San Agustín rechaza la idea de la reencarnación como contraria al sentido común. A ella, opone el Santo, por un lado, la verdad de la resurrección; por otro, la verdadera exégesis de los textos neotestamentarios que señalarían que Juan el Bautista era personalmente Elías reencarnado, afirmando que se referían a que San Juan actuaba

---

[92]Tertuliano: *Apologeticum*, 48, 4 (*P. L.*, 1, 523); *De Anima*, 33, 11 (*P. L.*, 2, 751).
[93]Tertuliano: *De Anima*, 35, 5–6 (*P. L.*, 2, 754–755).
[94]Tertuliano: *De Resurrectione Mortuorum*, 63, 1 (*P. L.*, 2, 933).
[95]Tertuliano: *De Resurrectione Mortuorum*, 14, 11 (*P. L.*, 2, 813).
[96]Cfr. Orígenes: *De Principiis*, 1, 8, 4 (*P. G.*, 11, 182); *Commentariorum in Evangelium Ioannis*, 6, 64–67 (*P. G.*, 14, 220–221).

con el espíritu y el poder de Elías; y, finalmente, el sentido lineal del tiempo para el cristianismo.[97]

* * *

La reencarnación es una doctrina radicalmente opuesta al cristianismo, pues afecta a todo su sistema de verdades y dogmas. Señalemos los siguientes:

1. Para la Biblia, los hombres mueren una sola vez (cfr. Lc 23:43; Heb 9:27) y reciben el premio o el castigo inmediatamente después de la muerte por las obras realizadas en su vida mortal (cfr. 2 Cor 9:27).

2. La reencarnación supone una concepción antropológica dualista en la que el cuerpo es accidental en el hombre y puro instrumento de salvación del alma, que finalmente se desecha. En cambio la antropología cristiana es de dualidad, en la unidad de la persona, donde el cuerpo es creado por Dios y de un valor sagrado por la inhabitación del Espíritu Santo en el redimido. El cuerpo está destinado a resucitar en el último día. Como dice San Ireneo: Dios salva este cuerpo y este alma concretas de cada uno.

3. La reencarnación supone una concepción cíclica del tiempo y del mundo, mientras que para el cristianismo el tiempo y la historia son únicas.

4. El misterio cristológico es radicalmente opuesto a la reencarnación. En efecto, el cristianismo profesa que el Hijo de Dios, el Verbo eterno, tomó carne (se encarnó), y con ella muere logrando la Redención; luego, resucitará con su propio cuerpo glorificado; y vendrá al final de los tiempos con su misma "carne".

---

[97]San Agustín: *De Civitate Dei*, 10, 30 (*P. L.*, 41, 309–310); *In Iohannis Evangelium Tractatus*, 4, 5–6 (*P. L.*, 35, 1407–1409).

7.5. FIN DE LA PEREGRINACIÓN Y DEL MÉRITO

5. En moral y en gracia, la reencarnación supone un nuevo pelagianismo, en el que el hombre se salva por sus propias fuerzas, sin el auxilio de la Redención y de la gracia de Cristo.

6. En escatología va contra todos los dogmas cristianos: la existencia del Infierno, la resurrección de los cuerpos, la retribución inmediata después de la muerte, la muerte como final del estado de peregrinación, etc.

* * *

La razón también se opone a la metempsícosis. Si hubiéramos tenido otras vidas anteriores, tendríamos algún tipo de recuerdo, y no los tenemos.

Por otro lado, los casos aducidos como signos de la metempsícosis, tienen su verdadera explicación en:

- Son directamente fraudes, comprobados en muchas ocasiones.

- Hay alguna causa de tipo psicológico o psiquiátrico que explican esos fenómenos.

- O tienen su explicación en causas puramente naturales:[98]

    – Fenómenos de paramnesia.

    – Fenómenos explicados por los procesos de aprender y recordar.

---

[98] Cfr. el caso famoso de Virginia Thige en USA, donde el pastor protestante desenmascaró el problema comprobando que los recuerdos de la Sra. Thige sobre una vida pasada se basaban en una amistad que había tenido con el hijo de una mujer irlandesa que le contaba historias, que fueron almacenadas de forma inconsciente en su cerebro. Sobre todos estos detalles, cfr. E. Tavares: *La Reencarnación*, cit., págs. 5–17; M. A. Fuentes: *Santidad, Superchería y Acción Diabólica. Principios de Discernimiento de los Fenómenos Extraordinarios*, San Rafael, Argentina, EDIVE, 2011.

- Simpatías y antipatías que influyen en el inscosciente del cerebro.

- Explicación real del caso de los niños prodigio, por la realidad de tendencias e inclinaciones especiales y por los instintos.

- Etc.

* * *

Finalmente, el Magisterio ha condenado las tesis de la reencarnación:

1. Quince anatemas contra Orígenes por el Patriarca Menas de Constantinopla (a. 543).

2. Concilio II de Lyon (a. 1274) y Florencia (a. 1439), donde se afirma el tránsito definitivo e inmediato de esta vida al estado del más allá.[99]

3. *Lumen Gentium*, n. 48, ya conocido.

4. *Catecismo de la Iglesia Católica*:

> "La muerte es el fin de la peregrinación terrena del hombre, del tiempo de gracia y de misericordia que Dios le ofrece para realizar su vida terrena según el designio divino y para decidir su último destino. Cuando ha tenido fin 'el único curso de nuestra vida terrena' (*L. G.* 48), ya no volveremos a otras vidas terrenas. 'Está establecido que los hombres mueran una sola vez' (Heb 9:27). No hay 'reencarnación' después de la muerte".[100]

---

[99] *D. S.*, 857 y 1306.
[100] *Catecismo de la Iglesia Católica*, nn. 1007 y 1013.

7.5.8 La teoría de la decisión final

Esta posición es diferente de los que afirman la herejía de la posibilidad de conversión "después de la muerte", cambiando la decisión final en el más allá. La teoría actual trata de salvar el dogma de la muerte como final del estado de peregrinación y del mérito, pero afirman que Dios concedería al hombre una última oportunidad de decidir sobre su salvación eterna justo en el momento de morir (no antes, ni después), estando aún en esta vida, como la acción final de la misma. Pretende así salvar el dogma. ¿Puede justificarse tal opinión?

* * *

Esta propuesta se ha extendido entre algunos teólogos, a los que les parece que la decisión eterna de condenación o de salvación no puede depender solo de los hechos limitados y finitos de nuestra vida terrenal. Consideran que hay una desproporción entre éstos y la suerte eterna. De ahí que quieran conceder una posibilidad que equilibre la "justicia" de una suerte que es definitiva y eterna.

Conviene recordar la historia del desarrollo de esta teoría.

Tiene como antecedente, la posición de Cayetano,[101] quien, ante la dificultad de entender cómo una decisión tomada en la vida terrestre (y por tanto, no hecha con la perfección y cualidades del conocimiento y de la voluntad angélicas que justifican su condenación o salvación eternas) habría de adquirir la estabilidad propia de las decisiones angélicas por el mero hecho de la muerte, propone que se entienda la muerte como un instante en el que se superponen el último momento de la vida terrena (por tanto donde se pueden todavía tomar la decisión en favor o en contra de Dios), y el primer momento de la vida eterna (por lo que la decisión tendría un valor irremisible, de

---

[101] Cayetano: *In I*ª, q. 64, a. 2, n. 18; *In I*ª, q. 63, a. 6, n. 4 y 7.

tipo angélico). Así pues, el alma separada de su cuerpo, en el mismo instante en que empieza tal separación, elige inmutablemente lo que quiere mediante un último acto instantáneo, meritorio o demeritorio; en ese momento el alma queda fija en su elección, y entiende la razón por la que Dios, que es infinitamente bueno, no ofrece ya más la gracia de la conversión al alma que está obstinada de un modo inmutable.

Esta tesis fue criticada por muchos teólogos posteriores,[102] sobre la base que permitiría a un pecador muerto en estado de pecado mortal reconciliarse con Dios después de la muerte; del mismo modo que un hombre justo, muerto en estado de gracia, podría condenarse por un pecado cometido después de la separación de su cuerpo. Todo lo cual parece oponerse a la doctrina bíblica, que ya se ha expuesto, y a la enseñanza común de que el mérito solo se puede tener en el estado de viador, peregrinante, militante, en este mundo antes de morir.

En el siglo XIX, H. Klee[103] aplica esta teoría al problema de la posible salvación de los niños muertos sin bautismo; posición que es insostenible.

En el siglo XX, P. Glorieux revive la posición de Cayetano,[104] ya abiertamente para toda la escatología de la muerte cristiana, en el sentido que se estudia en este momento, que no es estrictamente el del problema que enfrenta Cayetano.

Avanzado el siglo XX, la tesis se expande por medio de la teología Neo–Modernista (L. Boros, Schoonenberg, J. L. Ruiz de la Peña, etc.).

---

[102]Suárez, Ferrariensis —*Contra Gentes*, IV, c. 95— y Salmanticenses —*Cursus Theol., De Gratia, de Merito*, disp. 1, dub. 4, n. 36—.

[103]H. Klee: *Katolische Dogmatik*, Mainz 1841, págs. 158–163.

[104]P. Glorieux: *Endurcissement Final et Grâces Dernières*, en "Nouveau Revue Théologie" 59 (1932) 865–892.

7.5. FIN DE LA PEREGRINACIÓN Y DEL MÉRITO 407

*   *   *

Los defensores de esta teoría presentan argumentos que, según su opinión, apoyarían la posibilidad de tal decisión final..., pero cuya insuficiencia y falsedad son fáciles de mostrar:

1. Hechos psicológicos: se dice que algunos moribundos tienen especial lucidez en el momento de la muerte..., pero en otros, es justo todo lo contrario.

2. Comparación con la muerte de Cristo, donde en el último momento revalida su decisión de entrega total al Padre..., pero su muerte es un caso singular y único (cfr. Jn 10: 17ss).

3. El cuidado de la Iglesia en la administración de la unción de los enfermos por sus especiales efectos, aunque la persona no esté consciente..., pero la Iglesia lo hace por si hay algún momento de lucidez antes de la muerte, y presupone los actos previos de contrición del enfermo durante su vida anterior de lucidez.

4. La insistencia de la Iglesia en administrar el sacramento de la confirmación a los niños en peligro de muerte, que no pueden realizar un acto consciente..., pero la razón para esto no es ofrecer auxilios al niño a la hora de morir, sino constituirlo como cristiano perfecto por la gracia y el carácter que imprime la confirmación.

Por otro lado, esta teoría presenta graves problemas teológicos:

1. Solo habría un solo pecado verdaderamente mortal: el final (cfr. la posición en Schoonenberg), que además estaría sustraído por su propia naturaleza a la potestad de perdonar pecados que tiene la Iglesia. Pecado, que, según afirma esta teoría, sería precisamente el único capaz de condenarlo.

2. Moralmente, se potenciaría la vida relajada y pecadora en esta tierra.

3. No se explican bien los términos del Nuevo Testamento cuando afirma que el juicio para la suerte eterna de las almas se basa en "lo que hicimos a través del cuerpo" y "en esta vida" (2 cor 5:10). Los pecados mortales cometidos durante la vida, antes de la opción final, son verdaderos pecados a los que corresponde la condenación.

4. Va contra la verdad auténtica de la libertad humana que se va fortaleciendo poco a poco, o debilitándose progresivamente por los actos hechos a lo largo de toda la vida.

5. Vacía de valor la existencia humana en la tierra, pues no afectaría en verdad para la salvación o condenación eternas.

6. Si, como algunos entienden esta teoría, Dios intervendría con una iluminación extraordinaria y milagrosa en el momento de la muerte para hacer posible la opción final, entonces se potenciaría la intervención milagrosa de Dios sin razón y en contra de todos los datos revelados.

7.6 Sacramentos y la muerte cristiana

7.6.1 Muerte aparente y muerte real

La determinación exacta del momento de la muerte es cada vez más difícil de precisar, pues la ciencia médica ha avanzado mucho y se puede mantener a una persona viva artificialmente de muchas maneras. El tema tiene gran importancia en diferentes ámbitos: administración de los últimos sacramentos, donación de órganos, efectos jurídicos variados, etc.

Filosóficamente es claro que la muerte se produce cuando se separa el alma del cuerpo, con lo que el principio espiritual no puede ejercitar más sus funciones sobre y en el organismo, con lo que sus órganos se disocian. Pero el momento de la ruptura no es directamente perceptible, y el problema está en identificar los signos, lo que realmente pertenece a la ciencia médica.[105]

Normalmente se citan como signos de muerte, el que las funciones espontáneas del corazón y de la respiración hayan cesado definitivamente, y/o, que se produzca la certeza de la suspensión irreversible de toda función cerebral.[106] Pero su determinación en cada caso concreto no es fácil.

No se puede adelantar la muerte de ningún ser humano: "nadie y ninguno puede autorizar el homicidio de un ser humano inocente, feto o embrión que sea, niño o adulto, anciano, enfermo incurable o agonizante. Ninguno, además puede requerir este gesto homicida para

---

[105] Juan Pablo II, A los participantes al Congreso de la Pontificia Academia de las Ciencias sobre "Determinación del momento de la muerte", 14 diciembre 1989, en L'Osservatore Romano, Edición semanal en Lengua Española 1990, pág. 9; Pío XII, A un grupo de médicos, 24 noviembre 1957, "BME, 432, 434".

[106] Cf. Pontificia Academia de las Ciencias: *Declaración acerca del prolongamiento artificial de la vida y la determinación exacta del momento de la muerte*, del 21 de Octubre de 1985, n. 1.

sí mismo o para otra persona confiada a su responsabilidad, ni puede consentirlos explícita o implícitamente. Ninguna autoridad puede legítimamente imponerlo ni permitirlo. Se trata, en efecto, de una violación de la ley divina, de una ofensa a la dignidad de la persona humana, de un crimen contra la vida, de un atentado contra la humanidad".[107]

Ante esta realidad, la Iglesia siempre ha distinguido entre muerte aparente y muerte real, a la hora de distribuir los sacramentos, lo que se puede realizar durante un tiempo prudencial[108] "sub conditione" de que la persona pueda estar viva (debido a que todavía no se haya separado el alma, es decir, mientras no conste con absoluta certeza la muerte real). Es el caso de los sacramentos del bautismo, la penitencia y la unción de los enfermos:

---

[107]"Una discriminación fundada sobre los diversos períodos de la vida no tiene una justificación mayor que cualquiera otra. El derecho a la vida permanece intacto en un anciano, aunque esté muy debilitado; un enfermo incurable no la ha perdido. No es menos legítimo en el pequeño apenas nacido que en el hombre maduro" (S. Congr. Doc. Fe, Declaración sobre el aborto provocado, 18 junio 1974, en AAS 66 [1974] 737–738). Cfr. Pío XII, A las congresistas de la Unión católica italiana de Obstetricia, 29 octubre 1951, en AAS 43 (1951) 838. El *Catecismo de la Iglesia Católica* dice: "La Escritura precisa la prohibición del quinto mandamiento: 'No hacer morir al inocente y al justo' (Ex 23, 7). El asesinato voluntario de un inocente es gravemente contrario a la dignidad del ser humano, a la 'regla de oro', y a la santidad del Creador. La ley que prohíbe este homicidio tiene una validez universal: obliga a todos y a cada uno, siempre y en todo lugar" (n. 2261).

[108]R. Garrigou–Lagrange, sostiene que parece cierto que en muchos casos, particularmente en muertes repentinas y por accidente, que la vida latente puede durar muchas horas en el organismo que un momento antes estaba perfectamente sano. Y puede, al menos durar, media hora cuando la muerte se produjo por una enfermedad que minó el organismo durante un largo espacio de tiempo (cfr. *Life Everlasting...*, cit., pág. 50).

7.6. SACRAMENTOS Y LA MUERTE CRISTIANA

- Canon 871 del CIC: "En la medida de lo posible deben de bautizarse los fetos abortivos si viven".[109]

- Canon 1005 del CIC: "En la duda si el enfermo ha alcanzado el uso de la razón, sufre una enfermedad grave o ha fallecido ya, adminístresele este sacramento (la unción)".[110]

- Canon 921 del CIC: "Se debe administrar el Viático a los fieles que, por cualquier motivo, se hallen en peligro de muerte.

  Aunque hubieran recibido la sagrada comunión el mismo día, es muy aconsejable que vuelvan a comulgar quienes lleguen a encontrarse en peligro de muerte.

  Mientras dure el peligro de muerte, es aconsejable administrar la comunión varias veces, en días distintos".[111]

- Canon 922 del CIC: "No debe retrasarse demasiado el Viático a los enfermos; quienes ejercen la cura de almas han de vigilar diligentemente para que los enfermos lo reciban cuando tienen aún pleno uso de sus facultades".[112]

---

[109]Cfr. el comentario de M. Blanco: *Comentario al canon 871*, en "Comentario Exegético al Código de Derecho Canónico", vol. III/1, Pamplona, Eunsa, 2002, págs. 493–494.

[110]Cfr. el comentario de B. Wenanty Zubert: *Comentario al canon 1005*, en "Comentario Exegético al Código de Derecho Canónico", vol. III/1, Pamplona, Eunsa, 2002, págs. 888–890.

[111]Cfr. el comentario de I. Gramunt: *Comentario al canon 921*, en "Comentario Exegético al Código de Derecho Canónico", vol. III/1, Pamplona, Eunsa, 2002, págs. 643–644.

[112]Cfr. el comentario de I. Gramunt: *Comentario al canon 922*, en "Comentario Exegético al Código de Derecho Canónico", vol. III/1, Pamplona, Eunsa, 2002, pág. 645.

7.6.2 Atención corporal y espiritual al moribundo

Hay que atender al moribundo tanto corporal como espiritualmente.

Para lo primero están todas las normas relativas a los cuidados paliativos y el uso de los medios extraordinarios del tratamiento de la enfermedad que se estudian en el tratado de moral especial (la eutanasia es un asesinato nefando).

Para lo segundo, que es lo más importante, el objetivo es ayudar a bien morir al enfermo con las gracias necesarias para enfrentar la lucha (agonía) final; pero sobre todo, facilitar y asegurar lo más posible la salvación eterna del alma del moribundo. Para lo cual es importantísimo procurar la confesión consciente del enfermo. También es importante la comunión en peligro de muerte, por causa extrínseca o intrínseca, el viático, como vimos en los cánones 921 y 922 del Código. En cuanto a la unción, lo ideal es darla cuando el enfermo está consciente. Pero incluso en caso de haber perdido el uso de los sentidos o en caso de muerte repentina se debe de dar la unción, pues en estos casos es más seguro para el efecto de recuperar la gracia santificante que la confesión sacramental "sub conditione".[113] También la Iglesia ofrece la indulgencia plenaria a los moribundos mediante la bendición apostólica impartida por cualquier sacerdote, que produciría efecto en el momento de la muerte, y no en el del tiempo en que se imparte tal

---

[113]Como recuerdan J. Ibáñez y F. Mendoza, es doctrina católica que el sacramento de la unción de los enfermos, en caso de que el enfermo bautizado esté en pecado mortal, haya tenido habitualmente atrición y se encuentre privado del uso de la razón, puede suplir el acto de la contrición o de la confesión, en cuanto a obtener el perdón de los pecados. Para la validez de la unción es suficiente la atrición habitual, aunque no se manifieste externamente de algún modo. En cambio, el sacramento de la penitencia exige, para su validez, al menos la atrición sobrenatural, manifestada exteriormente de algún modo, aunque de hecho, nadie lo note (*Dios Consumador...*, cit., págs. 113–114).

7.6. SACRAMENTOS Y LA MUERTE CRISTIANA

bendición; y para lucrar tal indulgencia hay que seguir las normas generales al respecto. No produce, obviamente, un efecto automático.[114]

7.6.3 Inhumación y cremación de cadáveres

El cadaver del ser humano merece un respeto especial, no solo por haber pertenecido al hombre cuya alma pervive en el más allá, sino también por haber sido templo del Espíritu Santo en esta tierra, y estar llamado a resucitar en el último día y unirse a su alma inmortal para vivir para siempre en el Cielo o en el Infierno. Con todo, la resurrección del cuerpo es un misterio muy peculiar, en el que interviene para su realización el poder infinito de Dios, por lo que las objeciones que los paganos oponían a tal resurrección, no tienen consistencia alguna. Hay una continuidad con el mismo cuerpo que habitó en la tierra, pero no es óbice el que los restos materiales del cuerpo humano hayan podido desaparecer de distintas maneras.

Por eso, en principio, los modos de tratar al cadaver humano pueden ser variados, siempre y cuando sean respetuosos y dignos de los restos que pertenecieron a un hombre, y que no nieguen los grandes dogmas cristianos.[115]

En la historia de los pueblos, los medios de tratar a los cadáveres han sido múltiples. Simplificando, hay dos: la inhumación (del latín

---

[114]En caso de que no haya sacerdote, la Iglesia concede la indulgencia plenaria in articulo mortis, con la condición de que haya rezado algunas oraciones habitualmente durante su vida, condición que suple los tres requisitos normales para obtener los efectos de la indulgencia (*Enchiridion Indulgentiarum*, n. 28). Cfr. J. Ibáñez y F. Mendoza: *Dios Consumador...*, cit., pág. 115.

[115]Cfr. J. L. Soria Saiz: *Cremación*, en GER, vol. VI, pág. 699–670; L. Maccone: *Storia documentata della cremazione presso i popoli antichi e moderni, con speciale rilerimento all'igiene*, Bérgamo, 1931; P. Palazzini– G. De Ninno: *Cremazione*, en "Enciclopedia Cattolica", IV, Ciudad del Vaticano 1950, 838–842; E. Righi–Lambertini: *De Vetita Cadaverum Crematione*, Venegono Inferiore 1948; E. Valton: *Crémation*, en DTC, vol. III, cols. 2310–2323.

in, en, *humus*, tierra) o entierro, y la cremación (del latín *cremare*, quemar) o incineración (del latín *in*, en y *cinis*, ceniza).

La cremación se practicó en muchos pueblos de la antigüedad, aunque a veces limitada a algunas clases sociales. En Israel se reservaba para casos excepcionales (ej. 1 Sam 31:8ss; Am 6: 9–10), siendo lo normal la inhumación.

En el cristianismo se siguió la costumbre judía enterrando a los muertos y evitando la incineración. No obstante, no se veía una incompatibilidad entre la incineración y las verdades de la fe, y así, cuando los paganos para ofender el dogma de la resurrección de los cuerpos, quemaban los cadáveres de algunos mártires, los cristianos respondían que el fuego no podía tocar el alma y Dios tenía la omnipotencia de hacerlos resucitar.[116]

La prohibición total contra la incineración por medio de la legislación papal, se generaliza en el siglo XIX,[117] por la razón concreta de que entre algunos grupos antirreligiosos y anticristianos, que querían atacar los dogmas de la Iglesia, se extendió la práctica de la cremación. En ese ambiente, la cremación significaba una declaración de ateísmo y de materialismo. Solo se permitía la cremación por circunstancias extraordinarias, como epidemias, guerras, etc.

El Código de Derecho Canónico de 1983, en el canon 1176, 3 establece la norma que rige actualmente:

---

[116] Cfr. Munucio Felix: *Octavius*, II (*P. L.*, 3, 247).

[117] Cfr. los decretos del Santo Oficio, en fecha 19 mayo 1886, 15 dic. 1886 y 27 jul. 1892. A esas prohibiciones han ido anexas una serie de penas eclesiásticas, recogidas luego en el Código de Derecho Canónico de 1917: privación de sepultura eclesiástica (can. 1.203 y 1.240 § 1, 5°), excomunión *latæ sententiæ* a los que forzaran a dar sepultura eclesiástica a los cadáveres sometidos a cremación, y prohibición de entrar en la iglesia a quienes espontáneamente los enterraran (can. 2.339). En 1926 otra Instrucción del Santo Oficio recordaba nuevamente las precedentes disposiciones.

7.6. SACRAMENTOS Y LA MUERTE CRISTIANA

"La Iglesia aconseja vivamente que se conserve la piadosa costumbre de sepultar el cadáver de los difuntos; sin embargo, no prohibe la cremación, a no ser que haya sido elegida por razones contrarias a la doctrina cristiana".

A tenor del canon, el principio general que fundamenta la totalidad del Derecho funerario de la Iglesia, es el mandato de inhumación en relación con los cuerpos de los fieles difuntos, alentada por razón del simbolismo religioso (sentido pascual de la muerte 1 Cor 15:36), la fuerza de los textos bíblicos (cfr. De 2: 1–4.23; Job 19:25; Ez 39: 11–16; la sepultura de Cristo, Mt 28:59–60; Mc 15:46; Lc 23:53; Jn 19:40, "tomaron el cuerpo de Jesús y lo envolvieron en lienzos, con los aromas, como es costumbre dar sepultura entre los judíos"), y por la importancia de la tradición cristiana.[118] La inhumación del cuerpo y la reprobación de la incineración han sido, de hecho, prácticas continuas de la Iglesia, que enlazan con la tradición judía y están de acuerdo con los sentimientos de humanidad y piedad, aunque, como se ha manifestado antes, no pueda afirmarse que la cremación o incineración sea intrínsecamente inmoral.[119]

Por eso, el Código actual solo prohibe la cremación cuando se haga por razones contrarias a la doctrina cristiana (canon 1176, 3º); si ocurriera así, la Iglesia niega las exequias eclesiásticas (canon 1184, 1 y 2).[120]

Con todo no se puede negar que la extensión de la práctica de la cremación hoy en día, está debilitando de hecho, entre la gente

---

[118] Tertuliano: *De Anima*, 51 (*P. L.*, 2, 782); Eusebio de Cesarea: *Historia Eccl.*, 5, 1 (*P. G.*, 20, 407); etc.

[119] Cfr. A. Prieto Prieto: *Cementerio*, en GER, vol. V, págs. 481–483.

[120] Cfr. J. Ibáñez – F. Mendoza: *Dios Consumador...*, cit., págs. 115–116; J. L. Santos: *Comentario al canon 1176*, en "Comentario Exegético al Código de Derecho Canónico", vol. III/2, Pamplona, Eunsa, 2002, págs. 1691–1694.

sencilla, la fe en la resurrección de los muertos y la consideración del valor y dignidad del cuerpo humano.

7.7 A. Gálvez: teología de la muerte

El tema de la muerte cristiana ha sido tratado por A. Gálvez en muchas de sus obras y charlas. Pero la mejor síntesis de su pensamiento y la más profunda se encuentra en su obra *Sermones para un Mundo en Ocaso*, donde aparece la originalidad de su pensamiento. La clave desde donde enfoca el misterio de la muerte cristiana es su teoría del amor y la trascendencia de que Cristo hubiera hecho suya nuestra muerte cambiándola por completo de sentido:

> "Y no es que haya tenido lugar aquí un cambio accidental de situaciones *distintas*, sino un cambio sustancial de situaciones *opuestas*. Pues el castigo se ha trocado en premio, el dolor se ha cambiado en gozo, la derrota se ha visto sustituida por la victoria y la Muerte ha sido vencida definitivamente por la Vida".[121]

Por tanto, se puede hacer el estudio de su pensamiento en base al acontecimiento de la muerte de Cristo: el significado de la muerte es completamente distinto *antes o sin* (cuando se le rechaza o desprecia después de haberle conocido) Jesucristo, o *después de, con y en* el Señor.

7.7.1 La muerte antes y sin Jesucristo

La muerte antes de Jesucristo era un castigo por el pecado, como ya se ha señalado. Esto la convertía en motivo de sufrimiento y de

---

[121] A. Gálvez: *Sermones...*, cit., pág. 198.

7.7. A. GÁLVEZ: TEOLOGÍA DE LA MUERTE

tristeza profunda, por un doble motivo, porque los hombres eran culpables de su situación y por la causa de la misma, que era el pecado:

> "Durante muchos milenios habían sido demasiadas las generaciones de humanos que habían llorado ante la muerte. Un llanto doblemente explicable, puesto que al fin y al cabo la muerte *había sido introducida en el mundo por ellos mismos*. Ni tampoco fueron conscientes los hombres de que no tenía tanto sentido llorar ante la muerte cuanto *por las causas que la hicieron aparecer*".[122]

Además, este castigo que supuso la muerte, es en realidad un doble castigo para la paganía actual que rechaza a Cristo: es castigo en sí misma por ser el final trágico de la existencia humana que se aboca a la nada; y es castigo también, porque el hombre se empecina en rechazar cualquier modo de ser salvado por Dios de la muerte y de su causa:

> "Y apenas nadie cae en la cuenta del hecho de que la muerte, si bien siempre tuvo el carácter de castigo por causa del pecado, fue definitivamente vencida y cambiada su condición de punición por la de gloria. A pesar de lo cual *sigue teniendo para la paganía el carácter exclusivo de castigo*, si bien ahora según un doble concepto. Pues ya no es meramente un castigo, sino castigo que se niega a ser redimido ni a renunciar a su condición de ser objeto de una maldición".[123]

Un mundo que no conocía al Dios verdadero, o un mundo que lo ha rechazado, se encuentra sin respuesta ante esta realidad que les

---

[122] A. Gálvez: *Sermones...*, cit., págs. 181–182.
[123] A. Gálvez: *Sermones...*, cit., pág. 196.

enfrenta a una existencia sin esperanza y sin futuro, a un final que acaba en la nada:

> "Y siendo la Muerte el muro ante el que tropieza todo hombre al final de su existencia terrena, después de tantos siglos transcurridos desde que la Humanidad existe sobre la tierra, quienes han preferido prescindir de Dios todavía no han logrado encontrar una respuesta para explicarla. Una vez consumada su vida, a la que siempre consideraron como exclusivamente propia, cuya explicación se agotaba en sí misma y de la cual nada podían esperar aparte del placer de apurarla hasta las heces..., repentina e inesperadamente se encuentran finalmente con la nada. Por eso el paganismo nunca ha sabido dar otra definición del hombre que la de *un ser destinado al sepulcro*, ni jamás ha querido reconocer la *espantosa derrota de su absoluto fracaso*".[124]

Ante esta situación, el hombre sin fe reacciona de tres maneras: por un lado, no sabe qué hacer llenándose de asombro y de consternación ante lo incomprensible; por otro, se encuentra absolutamente indefenso e impotente, a pesar de que por un tiempo quiso considerarse a sí mismo un dios sin limitaciones ni leyes externas que lo determinaran; finalmente, acude a la falsa solución de distraerse con las cosas efímeras del momento, intentando no pensar en lo que inevitablemente le espera:

> "Todo lo cual viene a ser, en definitiva, la expresión más clara del asombro y la consternación experimentados por el hombre ante el hecho, inexplicable e incomprensible, de la muerte y de las causas que la producen. ¿Por qué

---

[124] A. Gálvez: *Sermones...*, cit., pág. 181.

necesariamente ha de acabarse la vida de un ser humano? Y lo que es más pavoroso todavía: ¿Qué es lo que hay más allá de la muerte? Pues es de notar, acerca de este último punto, que los hombres, lo confiesen o no e incluso aunque muy a menudo lo nieguen insistentemente, nunca han podido desterrar el pensamiento de que *efectivamente existe algo al otro lado de este misterio*".[125]

"Por otra parte, el alboroto que los hombres suelen organizar ante la Muerte no es es sino una forma de escudarse ante el perturbador sentimiento de *indefensión* que les produce tan tremendo acontecimiento. Quizá no tardaron demasiado tiempo en comprender que *nada podían hacer* ante lo que ponía fin a su existencia, después que habían decidido prescindir de Dios y erigirse a sí mismos como dioses, dando lugar a una situación en la que pensaron que *podrían hacerlo todo*.

Por último, los bullicios fúnebres son también un procedimiento de *distracción* organizado por los hombres para no enfrentarse con realidades que, o bien no saben explicar, o bien son dolorosas o desagradables por más que se encuentren demasiado presentes ante sus ojos. Es otro de los modos de ejercicio de la estupidez humana, descrito gráficamente en la imagen del avestruz que esconde la cabeza a fin de no ver el peligro y poder imaginar que no existe. La actitud es más frecuente de lo que parece y las degeneradas sociedades modernas la practican con profusión. Una tremenda realidad que está conduciendo a millones de seres humanos a la perdición".[126]

---

[125] A. Gálvez: *Sermones...*, cit., pág. 187.
[126] A. Gálvez: *Sermones...*, cit., págs. 187–188.

Algunos, pretenden rehuir el problema, prometiendo paraísos terrenales, donde el hombre sería feliz. Pero al realidad evidente de los pecados y vicios de los hombres caídos, y el final inexcusable de la muerte, muestran la inanidad y futilidad de esas falsas promesas:

> "A pesar de que los hombres decidieron prescindir de Dios, una vez desterrada la idea de un paraíso supra terrenal para construir por su cuenta otro puramente terrestre al modo de otra Torre de Babel, el mundo sigue siendo un *Valle de Lágrimas* en el que se da la particularidad de que cada vez se llora con más intensidad. Las guerras, las calamidades, las epidemias, los crímenes y toda clase de delitos, el vicio y las aberraciones de la peor especie se han convertido en lugares comunes entre los hombres. Y todo para toparse al final con la muerte, para la que los humanos sin Dios aún no han encontrado explicación".[127]

Ante tales realidades, el hombre se convierte en un ser sin esperanza, donde la vida es en verdad ya una muerte adelantada en arras. La tragedia de Beckett Esperando a Godot, es una buena descripción de este efecto de un mundo sin Dios:

> "Pero ciertas actitudes del alma humana se comprenden mejor cuando los hombres las desconocen o cuando expresamente las arrojan fuera de su vida. Nada mejor para hacerse cargo del sentimiento de desesperanza, de absoluta falta de horizontes y de vacío interior que la obra teatral de Samuel Beckett *Esperando a Godot*.
>
> La tragicomedia de Beckett (catalogada como perteneciente al teatro del absurdo) se estrena al principio de la

---

[127] A. Gálvez: *Sermones...*, cit., pág. 194.

década de los cincuenta del siglo pasado, y en ella aparecen dos personajes vagabundos, llamados Vladimir y Estragón, que esperan en un camino a un tal Godot del que nunca se consigue saber quién es y que jamás llega. Aunque Beckett siempre aseguró que Godot no se refería a Dios (*God* en inglés significa Dios), la mayoría de la crítica y el sentir popular identificaron la obra como una caricatura burlesca del sentimiento cristiano de la esperanza: vivir esperando la Segunda Venida de un Dios, definitivo Salvador del Mundo, pero que en realidad nunca llegará. En el segundo y último acto de la obra aparece un mensajero que comunica a Vladimir y Estragón que Godot no va a venir hoy pero que es seguro que *llegará mañana*. La obra termina, como era de esperar, en un final nihilista y una deducción concluyente: nadie va a venir y a nadie hay que esperar.

El paganismo, que ha decidido por su cuenta y riesgo que Dios no existe y que la esperanza cristiana es una necedad, no encuentra otro final ni otro destino definitivo para el hombre que una desesperanza determinada por la nada y por el sepulcro (en palabras del existencialista Sartre). Claro que si eso es así siempre habría que preguntar: Pero entonces, ¿qué sentido tiene la vida, si es que acaso tiene alguno? ¿Y acaso valió la pena tomarse tantos trabajos para desterrar la idea de Dios del corazón de los hombres, puesto que, después de todo, nada tiene sentido?"[128]

---

[128] A. Gálvez: *Sermones...*, cit., pág. 195.

7.7.2 La muerte con y en Jesucristo

Frente a la impotencia del hombre, el único que puede enfrentar la muerte y vencerla es Jesucristo, como de hecho lo hizo. Es por eso, el Señor de la Vida (Jn 14:6; 11:25; 1:4).

El Señor hace suyo el llanto humano ante la muerte, pero en un sentido único, profundo y verdadero, pues ya no es simplemente el llanto por la muerte del otro, sino el dolor hecho propio en un acto de verdadera compasión con él, en identificación de sentimientos, convirtiéndolo en un acto de amor. Cristo llora ante la tumba de su amigo Lázaro, como adelanto de la agonía de Getsemaní ("triste está mi alma ante el punto de morir"), y de su propia muerte dolorosísima en la Cruz, cargando con todas nuestras miserias y pecados:

> "Pero sea como fuere, éste fue el momento en el que, por primera vez en la Historia, el llanto humano ante la Muerte *cobraba todo su profundo sentido y adquiría todas las singularidades que acompañan al verdadero dolor.*
>
> Pues el dolor adquiría ahora una peculiaridad de la que había carecido hasta entonces. El dolor de los hombres por la muerte de un ser querido se convertía a partir de este momento, no ya tanto en un sentimiento de dolor *por otro*, cuanto en un sentimiento de *com–pasión* con él. Que es lo mismo que decir sufrimiento y aflicción, pero *en identificación con los sentimientos del otro*. Pero los sentimientos de sufrimiento *con el otro y haciendo propios los sentimientos de ese otro* son en realidad un desbordamiento del amor, al sentirse uno con una persona amada y ahora perdida. Y he aquí, por lo tanto, que el llanto de Jesús ante la Muerte,

7.7. A. GÁLVEZ: TEOLOGÍA DE LA MUERTE

y a partir de ahora también el de todos los hombres ante ella, se ha convertido en un *llanto de amor*".[129]

El efecto de la obra de Cristo fue que le cambió a la muerte su sentido por completo, al agotar en plenitud el sentido del dolor ante la Muerte:

> "Y dado que este llanto de Jesús *agotaba en plenitud* el sentido del dolor ante la Muerte, el cual se había ocasionado por su condición de castigo a causa del pecado, es ahora cuando esas lágrimas cambian de significado. De manera que los sentimientos de consternación, de abatimiento y postración, de angustia y de desesperanza, que habían sido ocasionados durante milenios por la aflicción ante la muerte, desaparecen definitivamente para dar lugar a otros bien distintos. Fue el momento en el que la Muerte —la consumación de cuya derrota total pronto se llevaría a cabo— cambió para siempre de sentido".[130]

Tal cambio de sentido de la muerte para los cristianos, como consecuencia de la acción de Cristo, puede ser descrito en los siguientes puntos:

1. La muerte, de castigo, se transforma en condición de *gloria*:

   > "Ante todo, porque su carácter de castigo quedó transformado en condición de gloria".[131]

2. Es ocasión para el cristiano de *participar en el dolor de Cristo*:

---

[129] A. Gálvez: *Sermones...*, cit., pág. 182.
[130] A. Gálvez: *Sermones...*, cit., pág. 182.
[131] A. Gálvez: *Sermones...*, cit., pág. 183.

"Además de lo cual, los sentimientos de dolor que siempre acompañan a la Muerte —lo mismo para quien la sufre que para los seres queridos— adquieren ahora la condición de haberse convertido en una *participación* en los sentimientos de dolor de Jesucristo".[132]

3. Es *momento máximo de amor*, por lo que las lágrimas de dolor son al fin y al cabo, lágrimas de amor:

"Pero sufrir junto a la Persona amada y con la Persona amada —Jesús en este caso—, por muchas que sean las lágrimas con las que se acompaña ese dolor, son de todas formas *lágrimas de amor*".[133]

4. Se produce el efecto de experimentar un *gozo* tal, que supera la realidad del dolor:

"Y el gozo que es fruto del llanto de amor —misteriosa e inefable paradoja, puesto que el gozo siempre acompaña al amor— desborda y supera a todos los quebrantos que pueda causar el dolor".[134]

5. Al mismo tiempo, la muerte supone el *fin de la vida dolorosa y de lucha* (Ro 6:8; 1 Cor 3: 21–23):

"A una vida imperfecta y efímera, salpicada de dolores y de quebrantos, le sucede la Vida Perfecta que es la Eterna Vida. De tal manera que la Muerte no es

---

[132] A. Gálvez: *Sermones...*, cit., pág. 183.
[133] A. Gálvez: *Sermones...*, cit., pág. 183.
[134] A. Gálvez: *Sermones...*, cit., pág. 183.

7.7. A. GÁLVEZ: TEOLOGÍA DE LA MUERTE

sino el paso necesario —doloroso, pero paso al fin— de la una a la otra[135]".[136]

6. Es el hito supremo en la vida del cristiano de poder *imitar a Cristo en plenitud*, por virtud de las notas esenciales del amor como son la reciprocidad, la entrega en totalidad y la unión con la persona amada:

> "La Muerte supone un hito fundamental en la existencia del cristiano. Pues hasta llegado ese momento su identificación con Cristo, a la cual había sido llamado desde su bautismo, *no se ha consumado en plenitud*. Aun cuando la vida de Cristo hubiera llegado ya a un grado elevado de identificación con la de un cristiano, todavía le faltaría compartir la Muerte de su Maestro. Si el amor supone reciprocidad e iguala en todo a los que se aman, si semejantes en la vida, semejantes en la Muerte. Así es como la Muerte colma una vida repleta de añoranzas y de ansiedades, o las mismas que han hecho permanecer el alma en actitud de anhelante espera ante el instante más dichoso de su existencia, el cual no es otro que el de la unión y la identificación con Jesucristo: Aquél que había sido por tanto tiempo buscado, por tanto tiempo aguardado y por tanto tiempo soñado".[137]

7. La muerte para el cristiano *no es propia, sino que es la de Cristo*:

---

[135] En este sentido, la Muerte podría ser interpretada como el epílogo del dolor. Pero el dolor causado por la muerte (para el que la sufre y para con sus deudos) no tiene solamente el carácter de epílogo, como veremos después

[136] A. Gálvez: *Sermones...*, cit., pág. 198. Cfr. pág. 121.

[137] A. Gálvez: *Sermones...*, cit., pág. 183.

> "Si juntos en la vida —formando una sola vida—, unidos también en la Muerte. Por eso la identificación con Cristo no alcanza su plenitud en la existencia del cristiano hasta el momento de su muerte: si la vida del uno ha sido también la del otro, igual cosa en la Muerte. Donde la muerte del discípulo se identifica con la de su Maestro..."[138]

> "...Según estas premisas, así como la muerte del cristiano ya no es su propia muerte, sino *la Muerte de Cristo convertida en suya propia*, tampoco su vida es ya su propia vida, según lo afirmaba el Apóstol: *Cristo murió por todos a fin de que los que viven no vivan ya para sí, sino para Aquél que murió y también resucitó por ellos.*[139] De modo que si la vida del cristiano ya no es su propia vida, sino la de Cristo (que es ahora la propiamente suya, según la ley de la reciprocidad en el amor), y su muerte tampoco es suya sino la de Cristo (que es ahora la suya, según la misma ley), ¿dónde están ahora las amarguras de la vida y dónde están en el presente las angustias y el miedo a la muerte?"[140]

8. La muerte se convierte, así en la máxima *prueba de amor* en esta vida (Jn 15:13; 2 Cor 5:14; 1 Jn 3:16):

> "De esa manera la Muerte se ha convertido a partir de ahora en *la mayor prueba posible de amor*, tal como lo había asegurado el mismo Jesucristo: *Nadie demuestra más amor que aquél que da la vida por sus*

---

[138] A. Gálvez: *Sermones...*, cit., pág. 202.
[139] 2 Cor 5:15.
[140] A. Gálvez: *Sermones...*, cit., pág. 203.

amigos.[141] Y según lo confirmaba San Juan en su Primera Carta, en la cual nos transmitía la clave para el verdadero conocimiento del amor: *Hemos conocido el amor en que Él dio su vida por nosotros*[142]".[143]

9. Un amor entendido y vivido en su máxima expresión, causa a la vez un estado de muerte en vida (Ca 2:5); la denominada *"muerte mística"*, de la que se tratará más adelante con mayor extensión:

"Misterio que hace patente a su vez otro misterio, cual es que el amor puede ser también causa de la Muerte. Para desentrañar lo cual habría que introducirse en las profundidades insondables del misterio del amor, tal como lo expresaba la esposa de *El Cantar*:

Confortadme con pasas,
recreadme con manzanas,
porque desfallezco de amor[144]".[145]

"Es el Apóstol San Pablo quien, una vez más, expone con claridad la idea de la Muerte causada por el amor, cuando dice que *El amor de Cristo nos apremia. Por lo que hemos de considerar que si uno murió por todos, luego todos están muertos.*[146] Según lo cual, fue el amor lo que condujo a Cristo a la Muerte *por todos*; y como consecuencia y por la unión con Él, es

---

[141] Jn 15:13.
[142] 1 Jn 3:16.
[143] A. Gálvez: *Sermones...*, cit., págs. 183–184.
[144] Ca 2:5.
[145] A. Gálvez: *Sermones...*, cit., pág. 184.
[146] 2 Cor 5:14.

este mismo amor el que a su vez conduce *a todos* a la Muerte por Cristo. En definitiva, la muerte ocasionada a unos y a otros por el mismo amor".[147]

10. Con lo cual, se acaba para siempre el temor a la muerte, que nos hacía esclavos, recobrando la *perfecta libertad* (Heb 2: 14–15). Cristo es el Señor de la muerte, porque nos ha liberado del temor a la misma (Heb 2:15; 1 Cor 3: 21–23). En Cristo, el cristiano se hace dueño y señor de la muerte:

> "El cristiano ya no vive esclavizado por el temor de la muerte: *Liberó a todos aquellos que con el miedo a la muerte estaban toda su vida sujetos a esclavitud.*[148] Un temor que atenaza a todos los hombres pero que para el cristiano se convierte en confianza tranquilizadora, además de ir acompañado por la segura certeza de que la Muerte le abre el camino a la verdadera Vida".
> "Por otra parte, el cristiano no solamente ya no es un esclavo sometido al temor de la Muerte, sino que es ahora su dueño y señor:
>> *Todas las cosas son vuestras: ya sea Pablo, o Apolo, o Cefas; ya sea el mundo, o la vida, o la muerte; ya sea lo presente o lo futuro, porque todas las cosas son vuestras y vosotros sois de Cristo*[149]".[150]

11. Y la muerte ya no es nunca más el final de la existencia, sino el *principio de la verdadera Vida*:

---

[147] A. Gálvez: *Sermones*..., cit., pág. 185.
[148] Heb 2:15.
[149] 1 Cor 3: 21–23.
[150] A. Gálvez: *Sermones*..., cit., pág. 199. Cfr. pág. 185.

> "Pero más que nada y por encima de todo, lo que era hasta ahora *el final* de una vida efímera y siempre dolorosa, se ha convertido, por obra de Jesucristo, en *el principio* de la auténtica y verdadera Vida".[151]

12. También, desde el punto de vista de la búsqueda apasionada y enamorada de Jesucristo por el ser humano, la muerte es el final de tal ausencia y nostalgia y el inicio de la posesión definitiva del Amado. Situación que analógica pero verdaderamente es recíproca también por parte de Dios hacia el alma:

    > "Para la concepción cristiana de la existencia, la vida es el sueño de una noche que espera la alborada del siguiente día para despertar y encontrarse con Cristo. Vista de ese modo, la vida es un sueño repleto de añoranzas, de ansiedades, de ilusiones y de esperanzas que, a la vez que hieren profundamente el alma, la impulsan con más fuerza a la búsqueda del Esposo. Al mismo tiempo que la llenan de gozo ante la seguridad de un despertar en el que tendrá lugar el encuentro de ambos. La noche sería entonces el momento del sueño, o el de la ausencia y búsqueda del Esposo..."[152]

13. En este sentido, la *muerte no existe para el cristiano*, porque no hay frontera entre la muerte y la vida:

    > "Es por eso que para los cristianos, los cuales participan en todo de la vida y del destino de Jesucristo, no existe la Muerte. Pues no hay frontera alguna entre

---

[151] A. Gálvez: *Sermones...*, cit., pág. 185.
[152] A. Gálvez: *Sermones...*, cit., pág. 192. Cfr. pág. 121.

ella y la Vida. A una vida imperfecta y efímera, salpicada de dolores y de quebrantos, le sucede la Vida Perfecta que es la Eterna Vida".[153]

14. La muerte corporal ahora es solo un *"sueño"*, como la denominaba el mismo Señor. Un sueño, porque el alma pervive y nuestros cuerpos "despertarán" en la resurrección final. Es también un sueño, porque la vida se convierte en una nostalgia intensa esperando el encuentro con el amado al final de la noche de este mundo.[154] Así, cuando se vive en el mundo de lo sobrenatural, tanto la vida (Ro 13:1) como la muerte (Lc 8:52) se convierten en "sueños" maravillosos.[155]

15. Como consecuencia, *solo la Muerte Eterna* en la condenación en el Infierno es la única y verdadera muerte (Jn 6: 50–51.58), o la "muerte segunda" de la que habla la Revelación (Ap 2:11; 20: 6.14; 21:8):

> "Como tampoco Jesucristo aludía a la muerte natural cuando aseguró que la niña estaba solamente dormida, afirmación que está en plena consonancia con su doctrina de no llamar Muerte sino solamente a la que lleva consigo la eterna condenación (Jn 6: 50–51; 6:58)".[156]

16. Por el contrario, la muerte cristiana se llena de *belleza* sublime, que deriva de la belleza insondable del amor:

---

[153] A. Gálvez: *Sermones...*, cit., pág. 198.

[154] Hay un sentido negativo de la vida como sueño, que es la existencia fuera de la realidad (Ro 13:11). Cfr. A. Gálvez: *Sermones...*, cit., págs. 189.

[155] A. Gálvez: *Sermones...*, cit., págs. 188–196.

[156] A. Gálvez: *Sermones...*, cit., pág. 188.

7.7. A. GÁLVEZ: TEOLOGÍA DE LA MUERTE

> "La cual, mucho más allá de lo que queda circunscrito en el enunciado de una *buena muerte*, es más bien la bella culminación de una existencia que, habiendo consistido en amar, eclosiona ahora en la hermosura del mayor acto de amor que le ha sido dado realizar al hombre durante el estado de su peregrinaje terrestre. Y de ahí su belleza, en cuanto que es un acto de amor y el más elevado de todos ellos. Y el amor es la más sublime e inefable realidad existente tanto en el Cielo como en la tierra".[157]

* * *

En conclusión, lo que hace Cristo con la muerte es convertirla en el acto sublime de amor máximo en esta vida, adelanto real y verdadero, inicio solemne del amor eterno del Cielo.

- Porque la muerte en Cristo es así, tal y como Él lo afirmó (Jn 15:13):

   > "*¿Por qué es precisamente la Muerte un acto de amor?* Y la respuesta es rápida y contundente: porque es la mayor y mejor demostración de amor que cualquiera es capaz de otorgar. Tal como ya lo afirmó expresamente el mismo Jesucristo: *Nadie demuestra mayor amor que quien da la vida por sus amigos*[158]".[159]

- Porque nuestra muerte es participación de la misma muerte de Cristo (Ro 6:3):

---

[157] A. Gálvez: *Sermones...*, cit., pág. 200.
[158] Jn 15:13.
[159] A. Gálvez: *Sermones...*, cit., pág. 200.

"Pero la muerte del cristiano es un acto de amor. Y hasta el más bello y perfecto de todos los actos de amor posibles, precisamente porque es una *participación en la muerte del mismo Jesucristo*. Pues los cristianos han olvidado, o ignoran por completo con demasiada frecuencia, que fueron creados y bautizados *con vistas a ese acto supremo que es la culminación de su existencia terrena*, tal como expresamente lo afirma San Pablo: *¿No sabéis que cuantos hemos sido bautizados en Cristo Jesús hemos sido bautizados para participar en su muerte?*[160]"[161]

- Porque en la muerte se realizan las notas esenciales del amor de la entrega mutua y total de los amantes, así como de la unión de los mismos:

    "A lo más que aspira quien ama ardientemente es a participar de la existencia de la persona amada, según un auténtico intercambio de vidas que las lleva a confundirse en un mismo destino. El verdadero amor conduce a una entrega mutua y *total* entre los que se aman, incluidas la vida y la muerte, que es otra idea olvidada en los actuales tiempos de apostasía y paganismo en los que se ha perdido la idea del amor".[162]

*   *   *

Un modo muy singular de vivencia de estas realidades se da en el misterio eucarístico, tanto por la unión entre Jesucristo y el verdadero

---

[160] Ro 6:3.
[161] A. Gálvez: *Sermones...*, cit., pág. 201.
[162] A. Gálvez: *Sermones...*, cit., pág. 201.

cristiano en la muerte sacrificial y sacramental, pero real, de la Santa Misa, como en la unión máxima de la comunión:

> "La transcendencia de esta *participación* alcanza su fundamento en que, siendo la Misa el verdadero Sacrificio de Jesucristo —no simbólico, sino hecho realidad aquí y ahora en el Altar, aunque no se trate de una repetición en el tiempo— el cristiano *participa también realmente de ese Sacrificio*. Participación que es calificada por San Pablo como un *anuncio* de la Muerte del Señor: *Cuantas veces coméis de este pan y bebéis de este cáliz anunciáis la muerte del Señor, hasta que Él venga.*[163] Se trata para el Apóstol, por lo tanto, de un testimonio viviente de la Muerte del Señor, hecho ahora realidad en la vida del cristiano como primicia de lo que ha de ser su muerte definitiva. De tal manera, sin embargo, que así como las arras o primicias contienen ya un adelanto *real* de lo que será el fruto definitivo, lo mismo sucede con el anuncio de la Muerte de su Señor que lleva a cabo cada cristiano en la Misa y que luego ha de hacerse verdad en su vida ordinaria de cada día, como adelanto de su muerte en la que se consumará al fin su identificación total con Jesucristo".[164]

Realidades que se escapan al cristiano tibio y mediocre, o a la parte de la Iglesia que ha abandonado y olvidado el aspecto sacrificial de la Muerte de Cristo y del misterio Eucarístico:

> "De ahí la gravedad de que la idea del sacrificio quede diluida —cuando no eliminada— en la Misa del *Novus Ordo*".[165]

---

[163] 1 Cor 11:26.
[164] A. Gálvez: *Sermones...*, cit., pág. 202.
[165] A. Gálvez: *Sermones...*, cit., pág. 202.

"El cristiano tibio no ha conocido el verdadero amor, y de ahí que la vida haya transcurrido para él *sin vivirla en realidad*. Ha empleado todo el tiempo de su existencia en buscar la felicidad sin jamás hallarla, ni tampoco ha conocido nunca la alegría aparte de lo que fugazmente alguna vez ha oído hablar de ella. En ningún momento ha logrado liberarse del yugo del temor a la muerte, mientras que la existencia no ha sido para él sino una vida de muerte anticipada. Pasó como una ráfaga de viento, que sopla en un momento y no deja rastro y sin que ya jamás sea de nadie recordado".[166]

7.7.3 La muerte "mística"

Un tema importantísimo en la teología de A. Gálvez es el de la llamada "muerte mística", a la que ya se hizo referencia un poco más arriba. Se trata de la situación del hombre que ha llegado a enamorarse de Dios de tal manera y con tanta intensidad, que, por un lado desea ser "desatado" de las limitaciones que el presente eón impone, con sus cargas de fe, separación, lucha, etc, para estar ya para siempre directamente con el Ser Amado; y, por otro lado, hace que la espera de esa unión definitiva se haga tan ansiosa que el alma se siente morir ya en vida. Como decía Santa Teresa de Ávila, "vivo sin vivir en mí, y tan alta dicha espero, que muero porque no muero". Es una auténtica muerte en vida por las ansias de amor incontenibles del ser humano verdaderamente enamorado de Dios. A. Gálvez la define así:

"La *muerte mística* es un proceso lento en el que el alma empieza a experimentar síntomas de muerte por culpa del amor, como en forma de adelanto de la posesión del Esposo

---

[166] A. Gálvez: *Sermones*..., cit., pág. 204.

7.7. A. GÁLVEZ: TEOLOGÍA DE LA MUERTE 435

en la Vida Eterna que le aguarda. Y como por paradoja, lo que aquí se manifiesta no es sino una abundancia de vida. En realidad una ganancia o mejora sobre la propia vida, tal como viene a decir el Apóstol: *Para mí el vivir es Cristo, y el morir una ganancia*[167]".[168]

A. Gálvez matiza y profundiza estas ideas fundamentales del siguiente modo:

1. La muerte mística se realiza de un *modo progresivo*, como en varios pasos, hasta llegar a su límite final. Este "proceso lento" se manifiesta en un sentimiento de adelanto de la posesión del Esposo propio de la vida eterna, en una abundancia de vida como hasta ese momento no se había experimentado; un considerar la muerte como una ganancia; una disminución de la relevancia y el esplendor de las cosas que se difuminan ante la luz de la belleza de Jesucristo, con el olvido de los "ruidos de este mundo" y la evanescencia de las bellezas de las cosas creadas; donde la única realidad verdadera que permanece es el diálogo de amor con el Amado; la sensación real de que las fuerzas del alma se van consumiendo, tanto por el peso de lo divino como por la atracción de Dios.

   "Llegados a este momento, la relevancia y esplendor de las cosas se va difuminando...Y hasta la Naturaleza con las infinitas maravillas que la llenan, suena para ella con un rumor cada vez más apagado...Todo va perdiendo realidad ante la presencia del Amado, cuando el misterioso silencio y la ansiada soledad, en

---

[167] Flp 1:21.
[168] A. Gálvez: *El Misterio...*, cit., pág. 78.

los que ahora se encuentran el *tú* y *yo* de entrambos, hacen posible al fin el diálogo amoroso sólo por ellos oído y entendido.

Pero el Amor va consumiendo las fuerzas del alma enamorada. Al fin y al cabo es una simple criatura, la misma que un día, ya casi perdido en el olvido, entre un profundo asombro y un fuego llameante, se encontró junto al Amado que la invitaba a entrar en la sala del festín, al mismo tiempo que alzaba contra ella la bandera desafiante del torneo del amor (Ca 2:4). Y es que el ser humano, ni aun ayudado por la gracia y demás dones especiales de Dios, puede soportar en esta vida tanto peso. Sobre todo porque se unen la nostalgia, la añoranza y el ansia de gozar de un Todo que ahora solamente posee en parte, pero que cada vez adivina más cercano y que la empuja a lanzarse con ímpetu hacia donde sabe que estuvo siempre su corazón. Donde también el Esposo la espera desde antes del principio de las Edades, y desde antes que fueran establecidas las fronteras que limitan el Tiempo. Por eso San Juan de la Cruz se hacía eco de la misma ansiedad que empujaba a la esposa de *El Cantar*:

> *Pastores los que fuéredes*
> *allá por las majadas al otero,*
> *si por ventura viéredes*
> *Aquél que yo más quiero,*
> *decidle que adolezco, peno y muero.*[169]

---

[169]San Juan de la Cruz, *Cántico Espiritual*. Obsérvese en el último verso la progresión ascendente de los tres verbos: *adolezco, peno* y *muero*. Dámaso Alonso llama

7.7. A. GÁLVEZ: TEOLOGÍA DE LA MUERTE

Actitud que es la única que da sentido a la vida. Pues una existencia humana que no haya vivido en la ansiedad de la Espera enamorada y suspirando por su unión con Jesucristo, hace pensar en que tal vez no haya llegado al Término por no haber tenido tampoco nunca Principio. Así es como pretendía decirlo el verso:

> *Si vivir es amar y ser amado,*
> *sólo anhelo vivir enamorado;*
> *si la muerte es de amor ardiente fuego*
> *que abrasa el corazón, muera yo luego*[170]".[171]

2. La muerte de amor *se fundamenta* en el presupuesto de que la historia de amor con Dios está destinada a tener un final. Un eterno retorno al estilo de la cosmovisión griega o un camino sin final son absolutamente contrarios a la Revelación bíblica:

> "Toda historia en tanto es verdadera historia en cuanto que posea un final. No existe la *Historia Interminable* de la que se habla en la famosa y bella fantasía de Michael Ende.[172] Un eterno retorno al principio sería un absurdo que no tendría sentido alguno en una criatura racional, mientras que un camino sin final no conduciría a ninguna parte. Por eso llega un momento, pasado el largo y duro itinerario transcurrido en

---

la atención acerca de sus bien pautados y distintos matices, que el mismo Santo reconoce en sus Comentarios (*Poesía Española*, Gredos, Madrid, 1981, pág. 294).

[170] *C.P.*, n. 103.

[171] A. Gálvez: *El Misterio...*, cit., págs. 79–81.

[172] Michael Ende, *Die unendiiche Geschichte*, 1979. La traducción inglesa, *The Neverending Story*, apareció en 1983 y a ella siguieron numerosas otras en diversos idiomas.

una vida de fatigas, sufridas por amor, y de búsqueda ansiosa del Señor también a través de la oración —en un tiempo de duración indeterminada y sólo conocida de Dios—, en que el alma contempla el final de sus trabajos y la consumación de su existencia. La cual significa para ella la posesión del Esposo en un amor que ahora es ya perfecto y para siempre".[173]

3. *El momento final de la muerte mística* (que coincide con la muerte corporal y la unión inmediata y directa con el Amado) no ocurre con el momento el que la relación de amor ha alcanzado su zenit (su límite de intensidad y grado), porque esta relación nunca puede llegar a ese "límite" o "término", pues el amor es un "fuego abrasador" que nunca dice basta y seguirá vivo en la eternidad. Por eso, tal momento se produce por otro criterio: cuando tanto el Esposo como la esposa ya no pueden esperar más para su encuentro definitivo, es decir, cuando se ha alcanzado el límite de la espera. Nótese que ese momento es tanto para el Amado divino como para el amante humano, en razón de las notas fundamentales del amor de la reciprocidad y de la igualdad entre los amantes:

"De todas formas, llega un momento en el que la palomica ya no puede esperar más y hace un supremo esfuerzo para alzar el vuelo y llegar cuanto antes allí donde la espera el Amado.

Y siempre tropezará con el difícil intento de conocer de quién es mayor la impaciencia. El momento justo de la muerte de los santos, y el porqué se ha producido precisamente entonces, es algo que perma-

---

[173] A. Gálvez: *El Misterio...*, cit., pág. 164.

necerá oculto por ahora en el corazón de Dios. ¿Por qué algunas almas elegidas y bienaventuradas mueren jóvenes, mientras que otras se ven obligadas a recorrer el camino de una larga vida...? Sólo Dios lo sabe, aunque una cosa es bien segura: unas y otras volaron al Cielo *cuando la impaciencia amorosa de Dios ya no podía aguardar más*".[174]

4. La muerte "mística" tiene un *sentido ambivalente*: se desea que termine el sufrimiento de la separación en esta vida, y al mismo tiempo se quiere seguir experimentando ese dolor que hace que el amor aumente todavía más:

"Aquí es donde la esposa, perdidamente enamorada, exhala profundos y dolorosos suspiros que brotan como gritos del fondo de su alma. Y, puesto que ya ha sido herida con el Fuego Infinito que la consume, suplica intensamente al Esposo divino a fin de que termine de convertirla en brasas y no se detenga hasta reducirla a cenizas. Por eso, a medida que se consume en ese fuego, desea abrasarse más y más hasta debatirse en un insoluble dilema: Pues, por un lado, se siente turbada porque desconoce hasta dónde llegará su capacidad de resistencia frente a la corriente de llamas que la van convirtiendo en fuego; pero por otro, piensa que aún le sería más difícil soportar la posibilidad de que cesaran".[175]

---

[174] A. Gálvez: *El Misterio...*, cit., págs. 36–37. Sobre este particular, hay un estudio inédito de A. Gálvez en el se profundizan estas ideas.

[175] A. Gálvez: *El Misterio...*, cit., págs. 74–75.

5. La muerte "mística" es muerte en *sentido real y no meramente metafórico*:

> "Con el desfallecimiento o *muerte de amor* que el alma experimenta en sí misma, la oración contemplativa se encuentra cerca de alcanzar su culminación. Aunque cabe preguntar si la llamada *muerte mística* se trata o no de una muerte real. Y según se desprende de los testimonios que poseemos, es preciso admitir que el proceso puede alcanzar su final en muerte real causada por los ímpetus del amor, como normalmente se ha visto que sucede con la muerte de los santos".[176]

> "Y de ahí lo que ningún cristiano debería olvidar: cuando se habla de los auténticos amadores y verdaderos enamorados de Dios, cualquier alusión que alguien pudiera hacer respecto a la *muerte por amor*, nada tendría que ver con el uso de la metáfora o con la dedicación a la mera literatura".[177]

6. La muerte "mística" se *inunda de las notas propias de la vida eterna*, por más que se experimente en el presente eón. En efecto:

   (a) Toma la nota de la eternidad o perennidad a través de la pérdida del sentido del tiempo, adelantándose al amor en la Patria:

   > "Estamos en presencia de lo inefable. Aquí es donde el alma, franqueados ya los bordes de la eternidad, se encuentra en camino de transcender el sentido del tiempo. Puesto que la *perennidad* es

---

[176] A. Gálvez: *El Misterio...*, cit., pág. 78.
[177] A. Gálvez: *El Misterio...*, cit., pág. 46.

una de las notas esenciales del amor perfecto, la trascendencia con respecto al sentido del tiempo es una prenda, o arras, de la eternidad en la que va a tener lugar la realidad de tal amor".[178]

(b) Vive un adelanto de la Felicidad Perfecta del Cielo:

"Y cosa semejante puede decirse, dado que el alma goza también aquí de un adelanto de la Felicidad Perfecta,[179] en cuanto a que también en este punto se vea desatada momentáneamente de las cadenas que la sujetan al tiempo: *Te amé desde antes del tiempo, te he amado en el tiempo, y te amaré más allá del tiempo...* No en vano dice la Carta a los Hebreos que *Jesucristo es el mismo y ayer, y hoy, y por los siglos*[180]".[181]

(c) Experimenta con suma intensidad la nota de la separación de las cosas de este mundo, viviendo la auténtica realidad de "las cosas de arriba", del más allá:

"Llegados a este momento, la relevancia y esplendor de las cosas se va difuminando para dar lugar a los destellos de belleza que brillan en Jesucristo. Tal sucede para el alma con los ruidos del mundo, las idas y venidas de los hombres, el sufrimiento de muchos y las alegrías de pocos, la muerte y la vida, la risa y el llanto, los éxitos y los

---

[178] A. Gálvez: *El Misterio...*, cit., pág. 73.

[179] La Felicidad Perfecta necesita para ser tal la nota de la perennidad (si se sabe que va a cesar en el tiempo ya no sería perfecta), que solamente puede darse en el tiempo sin tiempo de la Vida Eterna.

[180] Heb 13:8.

[181] A. Gálvez: *El Misterio...*, cit., pág. 73.

fracasos, la justicia y la iniquidad..., y tantas cosas que pueblan el mundo y que se empeñan en formar parte de la existencia personal de cada hombre. Todo va pareciendo cada vez más lejano, como si sus agudos relieves se fueran esfumando, poco a poco, en el lugar donde el olvido acaba por dar paso a la nada. Y hasta la Naturaleza con las infinitas maravillas que la llenan, suena para ella con un rumor cada vez más apagado: las noches del estío con el latido rutilante de las estrellas; el susurro del viento del atardecer en los bosques de los valles perdidos y olvidados; el tibio y rosado amanecer de las inmensas praderas; la brisa que acaricia la orilla de aguas azules de tranquilos mares; el silencio de altas y nevadas cimas aún no profanadas por la huella humana; la estela de la nave que surca blancos rizos en anchos océanos con horizontes sin fin; el arrullo de la tórtola en el cercano arroyo, desde donde llama escondida en árboles silenciosos a los que acaba de vestir la primavera... Todo va perdiendo realidad ante la presencia del Amado, cuando el misterioso silencio y la ansiada soledad, en los que ahora se encuentran el *tú* y *yo* de entrambos, hacen posible al fin el diálogo amoroso sólo por ellos oído y entendido".[182]

7. La "muerte mística", en fin, se compara con *un fuego desgarrador*:

---

[182] A. Gálvez: *El Misterio...*, cit., págs. 79–80.

7.7. A. GÁLVEZ: TEOLOGÍA DE LA MUERTE

"Aquí es donde la esposa, perdidamente enamorada, exhala profundos y dolorosos suspiros que brotan como gritos del fondo de su alma. Y, puesto que ya ha sido herida con el Fuego Infinito que la consume, suplica intensamente al Esposo divino a fin de que termine de convertirla en brasas y no se detenga hasta reducirla a cenizas".[183]

"Las llamas de amor que abrasan al alma contemplativa nunca se consumen, como la zarza que contemplaba Moisés con asombro: *El fuego nunca dice: "¡Basta!"*[184] Por lo que llega un momento en que la esposa, abrumada y agotada por el peso del amor, se siente desfallecer. Como así lo dice la esposa de *El Cantar*:

> *Confortadme con pasas,*
> *recreadme con manzanas,*
> *que desfallezco de amor*[185]".[186]

Esta experiencia queda muy bien reflejada en uno de sus poemas de su "Cantos del Final del Camino":

> *Si vivir es amar y ser amado,*
> *sólo anhelo vivir enamorado;*
> *si la muerte es de amor ardiente fuego*
> *que abrasa el corazón, muera yo luego.*[187]

---

[183] A. Gálvez: *El Misterio...*, cit., págs. 74–75.
[184] Pr 30:16.
[185] Ca 2:5.
[186] A. Gálvez: *El Misterio...*, cit., págs. 77–78.
[187] A. Gálvez: *Cantos del Final del Camino*, New Jersey, Shoreless Lake Press, 2016, n. 90.

* * *

Hay que subrayar una idea muy audaz de A. Gálvez al tratar de "la muerte mística" y, en realidad, del amor real y profundo entre Dios y el ser humano (contemplación y unión con Dios): toda relación de amor verdadera se sustenta sobre la nota fundamental de la reciprocidad y de la equiparación de niveles entre los amantes. Por eso, se pueden aplicar realidades que comprendemos bien como adecuadas al ser humano, también a Dios, como se manifiesta, por otra parte, en la Revelación. En efecto:

> "Uno de los puntos esenciales de la relación amorosa, ya sea meramente humana o divino–humana, es la *reciprocidad*. Por lo que es también un factor importante a tener en cuenta en la oración mística.
>
> De ahí se desprende que el deseo y la ansiedad de la esposa por encontrar al Esposo son correspondidos por la ansiedad y el deseo, aún mayores, del Esposo por encontrar a la esposa.
>
> El Esposo incluso llega en su búsqueda hasta golpear la puerta en su afán por encontrar a la esposa: *He aquí que estoy a la puerta y llamo. Si alguno escucha mi voz y me abre...*[188] O como se dice en *El Cantar*, también lo hace a través de alguna llamada cuyo carácter implorante evidencia sus deseos de reunirse con la esposa:
>
> > *Ábreme, hermana mía, esposa mía,*
> > *paloma mía, inmaculada mía.*
> > *Que está mi cabeza cubierta de rocío*
> > *y mis cabellos de la escarcha de la noche*[189]".[190]

---

[188] Ap 3:20.

[189] Ca 5:2.

[190] A. Gálvez: *El Misterio...*, cit., pág. 152.

7.7. A. GÁLVEZ: TEOLOGÍA DE LA MUERTE

Este punto, que es esencial para entender el amor en toda su realidad y que es tan consolador e impactante para el alma enamorada, ha sido incomprensiblemente preterido u olvidado en la mística clásica. Tal vez, por un incorrecto entendimiento de la propia realidad de Dios y del misterio de la Encarnación. No hay problema teológico alguno si se tiene en cuenta la aplicación del uso adecuado de la analogía, y la consideración de la realidad que significa que Dios se encarnara en Jesucristo, donde Dios "experimenta" las realidades verdaderamente humanas, incluso la muerte. Por otra parte es de gran ayuda, para evitar afirmaciones incorrectas, recordar el principio de la comunicación de idiomas:[191]

> "Es interesante notar que la reciprocidad en la relación amorosa divino-humana es uno de los puntos más olvidados en los escritos de los místicos y de los autores de Espiritualidad.
>
> No es infrecuente que la figura de Dios aparezca como la de un Ser Infinito, digno de ser adorado y contemplado, pero no como un Ser que ama y tiene puestos los ojos en la persona amada. De esa forma Dios es un Ser amado, pero no amante. Suele aparecer como seductor, pero no como seducido. Como quien escucha, pero no como quien habla. Como quien tiene los oídos atentos para toda clase de requiebros o de peticiones, pero no como quien los profiere con palabras encendidas de amor hacia la persona amada. Como Señor, pero no como amigo. Como quien es capaz de enternecer hasta las lágrimas a un alma enamorada, pero

---

[191] A. Gálvez apela con frecuencia a este principio para enfrentar las aporías que pueden aparecer en la explicación de la teología mística. Cfr. *El Misterio...*, cit., págs. 121, 123, 126, 168.

no como quien es capaz de derramarlas igualmente por la persona amada...

La Teología mística parece tener miedo de atentar contra la excelsitud de la Divinidad. Con la consecuencia de que el Dios del Antiguo Testamento goza de una cierta primacía, mientras que el Misterio de la Encarnación pasa a ocupar un segundo término. Sucede en esta Espiritualidad que la naturaleza humana sigue siendo objeto de la influencia del platonismo y de las sospechas contra el cuerpo, y de ahí que la Teología *apofática* predomine sobre la Teología *catafática*. Se sigue escuchando el eco de la voz de San Agustín: *Si lo comprendes, no es Dios*, pero al mismo tiempo se olvida la incuestionabilidad del hecho de que el Verbo se hizo Hombre en Jesucristo: *A Dios nadie lo ha visto jamás, el Hijo Unigénito, el que está en el seno del Padre, Él mismo lo dio a conocer* [192]". [193]

Por su parte, hay que recordar y subrayar la importancia de la nota de la igualdad entre los amantes, o lo que A. Gálvez designa como "equiparación de niveles entre los que se aman". Es otro de los puntos olvidados en general por la teología mística clásica, pero esencial para el progreso en la vida de oración contemplativa, y que aparece perfectamente establecido en la Revelación:

"El justificado celo de la Teología mística por mantener la transcendencia de la Divinidad sobre todo lo creado, afecta a otro de los principios fundamentales de la relación amorosa, comprendida por lo tanto la divino–humana. Lo hemos llamado anteriormente *equiparación* de niveles en-

---

[192] Jn 1:18.
[193] A. Gálvez: *El Misterio...*, cit., págs. 153–154.

tre quienes se aman, cuyo buen entendimiento es necesario para comprender todo lo referente al progreso y la posibilidad de la oración.

La oración mística fundamenta su existencia y desarrollo sobre la base de la intimidad que se deriva del *tú* a *tú* en la relación amorosa divino–humana. Condición indispensable y que, sin embargo, no plantea problema alguno, dado que la naturaleza de la relación amorosa exige necesariamente que cada uno de los que se aman *mantenga en todo momento su propia identidad*. Por otra parte, ya habíamos visto anteriormente que el amor a Dios se concreta para el alma en la Persona de Jesucristo, al cual dirige los afectos de su corazón en un *acto único* por el que lo aprehende a la vez como Verdadero Dios y como Perfecto Hombre.

Los textos están absolutamente a favor de esta doctrina, si estamos hablando del *abajamiento* de Dios realizado por amor en la Persona de Jesucristo. San Pablo exhortaba confiadamente a los fieles de Filipos: *Tened entre vosotros los mismos sentimientos que tuvo Cristo Jesús. El cual, siendo de condición divina, no consideró como algo codiciable el ser igual a Dios, sino que se anonadó a Sí mismo tomando la forma de siervo; hecho semejante a los hombres, y mostrándose igual que los demás hombres, se humilló a Sí mismo haciéndose obediente hasta la muerte, y muerte de cruz.*[194] Y fue el mismo Jesucristo quien trasmitió a sus discípulos la asombrosa confidencia de que *ya no os llamo siervos, porque el siervo no sabe lo que hace su señor; a vosotros, en cambio, os he llamado amigos, porque todo lo que oí de mi Padre os lo he dado a cono-*

---

[194] Flp 2: 5–8.

cer.[195] En cuanto a la misión que había venido a realizar, enmarcada dentro de una portentosa humildad de vida, también quedó claramente expresada por Él: *El Hijo del Hombre no ha venido a ser servido, sino a servir y a dar su vida en rescate por muchos*[196]".[197]

---

[195] Jn 15:15. La comunicación de todos los secretos, sin restricción alguna, es una de las señales más claras de una íntima amistad.

[196] Mc 10:45.

[197] A. Gálvez: *El Misterio...*, cit., págs. 155-156.

Capítulo 8

El Cielo

Una vez que la vida del hombre en la tierra acaba, empieza la vida del más allá para el alma separada del cuerpo. Esta vida de ultratumba puede realizarse como salvación eterna en el Cielo, como condenación eterna en el Infierno o como purificación temporal en el Purgatorio.

Con la llegada de la escatología final, y la resurrección de la carne, las almas volverán a unirse con sus cuerpos gloriosos, para continuar esa vida que ya empezaron el el momento de la muerte, experimentada ahora como ser humano completo (cuerpo y alma). El estado de Purgatorio, desaparecerá y las almas benditas alcanzarán el Cielo para siempre.

Recordemos que aquí defendemos que el alma humana separada del cuerpo tras la muerte, continua siendo persona, y que el efecto de la resurrección de la carne y la unión de alma y cuerpo resucitado no puede ser entendido como un gozo "accidental" o "intensivo", sino de como "esencial" o "fundamental".

Es lógico que sistemáticamente, después de estudiar la realidad de la muerte, se consideren ahora estos tres estados propios del alma separada en el más allá. Se comenzará con la teología del Cielo.[1] Las primeras secciones estarán dedicadas a recabar los datos de la fe sobre el mismo, para lo que se expondrá la doctrina bíblica, la Tradición Apostólica —sobre todo reflejada en las exposiciones de los Santos Padres—, y las declaraciones magisteriales junto con las herejías y errores que se han producido a lo largo de la Historia. Estos datos serán profundizados y sistematizados en las consideraciones teológicas.

Como dice J. Capmany, en el lenguaje corriente "el Cielo" es el lugar donde vive Dios y en el que Dios introduce a los que se salvan, en alma separada del cuerpo tras morir, y con el cuerpo resucitado en la resurrección de la carne al final de los tiempos. La voz castellana "Cielo" deriva de la palabra latina *coelum*, la cual a su vez traduce la griega οὐρανός que en el lenguaje bíblico es la versión de la hebrea *šamayîm*. Ésta palabra y la griega tienen diversas significaciones en la Biblia: la atmósfera, el firmamento con sus astros, la vida divina con sus ángeles, a la que se unen Cristo glorificado y los bienaventurados. En el lenguaje de los escritores clásicos latinos, *coelum* deriva de la palabra griega *koilon*, y significa el aire, la región del aire, la morada de los dioses, la gloria trascendente de la divinidad, etc. Por extensión, se aplica también a la morada de los bienaventurados, después de la

---

[1] Cfr. P. Bernard: *Ciel*, DTC, vol. II, cols. 2474–2511; J. Guillén Torralba: *Cielo. Religiones no Cristianas*, en GER, vol. V, págs. 582–584; D. Muñoz León: *Cielo. Sagrada Escritura*, en GER, vol. V, págs. 584–586; J. Capmany Casamitjana: *Cielo. Teología Sistemática*, en GER, vol. V, cols. 586–593; C. Pozo: *Teología...*, cit., págs. 378–422; Id.: *La Venida...*, cit., págs. 71–92; J. Sagües: *De Novissimis...*, cit., nn. 46–140; H. Lennerz: *De Novissimis...* cit., págs. 7–40; L. Lercher: *Institutiones...*, cit., págs. 433–455; A. Tanquerey: *Synopsis...*, cit., págs. 770–795; J. Ibáñez – F. Mendoza: *Dios Consumador...*, cit., págs. 133–228; I. B. Alfaro: *Adnotationes in Tractatum de Novissimis*, Roma, 1959, págs. 12–38; J. L. Sánchez de Alva – J. Molinero: *El Más...*, cit., págs. 130–156; J. A. Sayés: *Más Allá...*, cit., págs. 136–142; Id.: *Escatología...*, cit., págs. 117–123; L. Ott: *Manual...*, cit., págs. 699–703; A. Fernández: *Teología...*, cit., págs. 741–748; R. Garrigou–Lagrange: *Life Everlasting...*, cit., págs. 159–206.

muerte para los grandes patriotas y la de los que practican la piedad y la justicia. La palabra estaba, pues, preparada para recibir en el idioma latino y luego en los derivados de éste, el contenido bíblico de la revelación neotestamentaria acerca de la vida futura de los justos.[2]

Conviene recordar que nuestro conocimiento del Cielo en esta tierra y en el presente eón es siempre muy limitado. El Cielo pertenece al estado de vida sobrenatural propio de la existencia con Dios. La distancia con el mundo que conocemos de lo natural es infinita. Tal vez, solo los místicos han podido atisbar algo de las maravillas de la vida eterna. Por eso es iluminador recordar lo que dice A. Gálvez:

> "Conviene tener en cuenta que la música de los hombres nada tiene que ver con la del Cielo. Decir, por ejemplo, que la música escuchada durante el período de peregrinación, incluida la más bella de todas, es un eco lejano de la música celeste sería decir algo y no decir nada, pues desconocemos por completo cualquier cosa que se refiera a la segunda, y de ahí que la comparación sea imposible.
>
> De lo único que podemos estar ciertos con respecto a la música celeste es acerca de nuestro absoluto desconocimiento del tema. Lo único que podríamos decir es que en la Vida Eterna todo quedará invadido —sentimientos y percepciones— por la Gloria y el Gozo que se desprenden del Amor Perfecto. Todas las imaginaciones y representaciones, elaboradas por la mente humana durante la fase de peregrinación, nada tienen que ver con una realidad que se encuentra infinitamente distante del mundo de lo natural.
>
> El amor creado, y de forma particular el divino-humano, participa de las cualidades que acompañan al

---

[2] Cfr. P. Bernard: *Ciel*, cit., col. 2474; J. Capmany Casamitjana: *Cielo...*, cit., pág. 586.

Perfecto Amor en forma y grados que nos son desconocidos. El problema radica en que una aproximación elevada al Perfecto Amor, hasta donde es posible en este mundo, queda reservada a los estadios más elevados de la vida y de la oración mística".[3]

8.1 Sagrada Escritura

El estudio de la revelación bíblica sobre el Cielo se puede hacer desde la perspectiva del concepto de "vida" y su desarrollo específico, como "vida eterna". Siguiendo a C. Pozo,[4] se pueden determinar los aportes que aparecen en el Antiguo Testamento como preparación a la revelación definitiva de Jesucristo, y los propios del Nuevo Testamento.

8.1.1 El Antiguo Testamento y el concepto de "vida"

El marco en el que se revela la realidad del Cielo en el Antiguo Testamento, será un desarrollo del término e idea de "vida", que se utiliza, en principio, de dos modos:

1. *Vida como existencia humana en la tierra.* Pero cuando se menciona esta vida natural, el Antiguo Testamento insiste en que la verdadera vida humana es más que el mero existir e implica una cierta plenitud de vida caracterizada por una serie de bienes, sin los cuales no hay vida verdadera.

---

[3] A. Gálvez: *Mística y Poesía*, New Jersey, Shoreless Lake Press, 2018, págs. 107–108.

[4] Cfr. C. Pozo: *Teología...*, cit., págs. 379–393.

8.1. SAGRADA ESCRITURA

2. *Vida en sentido teológico, como atributo divino.* Solo Dios es quien tiene la vida verdadera y en plenitud. Lo cual se manifiesta de variadas formas:

- La idea de Dios como "el Dios vivo" (De 5:26, "¿quién como nosotros ha oído la voz del Dios vivo hablando de en medio del fuego y ha quedado con vida?"; Jer 23:36, "pues habéis pervertido la palabra del Dios vivo, Yahveh de los ejércitos, nuestro Dios").

- La revelación de Dios como "eternamente vivo", en contraposición a los ídolos, que son realidades muertas (Sal 135: 13ss, "¡Oh Yahveh! Tu nombre es eterno. Yahveh, tu recuerdo es de generación en generación. Porque hace justicia Yahveh a su pueblo y se muestra propicio a sus siervos. Los simulacros de las gentes son oro y plata, obra de las manos de los hombres. Tienen boca, y no hablan; tienen ojos, y no ven. Tienen orejas, y no oyen; no hay aliento en su boca").

- El judío jura por "la vida de Dios", indicando el valor e importancia de este atributo divino. Es más, Dios mismo jura por su vida.[5]

- Dios fue el que "dio la vida al primer hombre", por lo que la vida del hombre depende de Dios (Ge 2:7, "Formó Yahveh Elohim al hombre del polvo de la tierra y le inspiró en el rostro aliento de vida, y fue así el hombre ser animado").

Estas dos ideas básicas, se desarrollarán y enriquecerán en un doble aspecto, que es clave para la revelación de la idea de Cielo: como vida moral por la búsqueda de Dios, que es bendecida con la longevidad; y como anuncio de una vida escatológica en plenitud en el más allá.

---

[5]La fórmula está cuarenta y tres veces en el Antiguo Testamento.

1. *Vida en sentido moral.* Aquí se subrayan dos ideas principales:

   - La realidad de la conexión entre una vida santa y una vida larga y duradera (cfr. Pr 3: 1–2, "Hijo mío, no te olvides de mis enseñanzas, conserva mis preceptos en tu corazón, porque te darán vida larga, largos días de vida y prosperidad"; cfr. también 2: 16.22; 4: 10.22; etc.).

   - La relación entre "buscar a Dios" y "hacer vivir al que lo busca" (Am 5:4, "Así, pues, dice Yahveh a la casa de Israel: ¡Buscadme y viviréis!"; cfr. también 5: 6.14; Pr 8:35, "Porque el que me halla a mí halla la vida y alcanzará el favor de Yahveh").

2. *Vida en sentido escatológico*, en el más allá, donde el justo espera encontrar la vida verdadera junto a Yahveh, el Dios vivo, y donde se anuncia, con más fuerza todavía, la resurrección final, también para los condenados.

   - El Salmo 16: 10–11 expone con claridad la primera de las ideas: "pues no abandonarás mi alma al 'sheol' ni permitirás que tu fiel vea la fosa. Tú me enseñarás el sendero de la vida, la hartura de alegría ante ti, las delicias a tu diestra para siempre":

     – Se anuncia al esperanza de una vida con Dios y no vivir en el "sheol" para siempre.

     – Es espera la "vida con Dios", que es tanto cercanía e intimidad con Yahvé, como vida en plenitud de alegría y de delicias.

     – Esta vida junto a Yahvé aparece como opuesta a la existencia umbrátil y átona de las almas que bajan al "sheol"

8.1. SAGRADA ESCRITURA

- En Da 12:2 se encuentra la profundización sobre esta vida en Dios que será incluso la resurrección: "Las muchedumbres de los que duermen en el polvo de la tierra se despertarán, unos para la eterna vida, otros para eterna vergüenza y confusión".
    - "Vida" es volver a la reconstrucción de la unidad vital humana.
    - Vida, a través de la "resurrección para los buenos".
    - "Vida eterna" en su pleno sentido: como realidad sin fin ni término, y como plenitud de gozo.
    - "Vida en el sheol" es también vida humana, pero desgraciada, para "eterna ignominia".

8.1.2 El Nuevo Testamento y la existencia de la "vida eterna"

La fórmula "vida eterna" es muy frecuente en el Nuevo Testamento, y presenta matices en su uso cuando aparece en los sinópticos o cuando lo hace en San Juan; matices que indican también el esquema correcto de escatología de doble fase. En efecto:

- Los Evangelios sinópticos, hablan de la vida eterna en conexión con la Parusía, señalando a la escatología final o colectiva. Es el aspecto del "todavía no" de las realidades últimas definitivas, que todavía esperamos. Así se puede apreciar en los pasajes del joven rico (Mt 19:16; Mc 10:17, "vino uno corriendo y, arrodillado ante él, le preguntó: —Maestro bueno, ¿qué debo hacer para conseguir la vida eterna?"), y la parábola del juicio final (Mt 25:46, "Y éstos irán al suplicio eterno; los justos, en cambio, a la vida eterna").

- San Juan por su parte, en sus escritos, habla de la "vida eterna" como realidad ya presente, refiriéndose al "ya" de una realidad alcanzada por Jesucristo. Está en conexión con la escatología individual o intermedia. Las ideas principales que desarrolla son las siguientes:

  - La "vida" se encuentra primariamente en el Logos (Jn 1:4, "En Él estaba la vida").

  - Los cristianos participan de la vida eterna por:
    * El hecho de que el Verbo se hizo carne (Jn 1:14, "Y el Verbo se hizo carne, y habitó entre nosotros").
    * Por el bautismo nuevo (fe y ceremonia del bautismo), como se puede apreciar en Jn 1:12 ("Pero a cuantos le recibieron les dio la potestad de ser hijos de Dios, a los que creen en su nombre"); Jn 3: 3.5 ("En verdad, en verdad te digo que si uno no nace del agua y del Espíritu no puede entrar en el Reino de Dios").

  - El nuevo nacimiento, hace que la vida eterna sea una realidad, un "ya", para el cristiano (Jn 3:36, "El que cree en el Hijo tiene vida eterna, pero quien rehúsa creer en el Hijo no verá la vida, sino que la ira de Dios pesa sobre él"; Jn 6:47, "En verdad, en verdad os digo que el que cree tiene vida eterna"; Jn 5:24, "En verdad, en verdad os digo que el que escucha mi palabra y cree en el que me envió tiene vida eterna, y no viene a juicio sino que de la muerte pasa a la vida").

  - Por eso, el injusto no tiene en sí la vida eterna (cfr. Jn 3:36; 1 Jn 3:15, "sabéis que ningún homicida tiene en sí la vida eterna"; 1 Jn 5: 11–13, "Y éste es el testimonio: que Dios nos ha dado la vida eterna, y esta vida está en su Hijo.

8.1. SAGRADA ESCRITURA

Quien tiene al Hijo de Dios tiene la vida; quien no tiene al Hijo tampoco tiene la vida. Os escribo estas cosas, a los que creéis en el nombre del Hijo de Dios, para que sepáis que tenéis vida eterna").

- Por el hecho de tener "ya" la vida eterna en nosotros, en el futuro tendremos también la resurrección corporal gloriosa, con clara referencia a la escatología de doble fase —ahora... en el futuro— (Jn 6:40, "Porque ésta es la voluntad de mi Padre: que todo el que ve al Hijo y cree en él tenga vida eterna, y yo le resucitaré en el último día"; Jn 6:54, "El que come mi carne y bebe mi sangre tiene vida eterna, y yo le resucitaré en el último día").

- La relación entre resurrección corporal futura y la vida eterna actual, es que ésta actúa como semilla que se desarrollará (1 Jn 3:9, "Todo el que ha nacido de Dios no peca, porque el germen divino permanece en él; no puede pecar porque ha nacido de Dios").

8.1.3 Características de la vida eterna en el Nuevo Testamento

El Nuevo Testamento, no se limita a mencionar la existencia de la vida eterna, sino que también aparecen sus características y cualidades, a saber:

Intimidad con Dios. Este elemento es el más subrayado e importante de todos. Ya en el Antiguo Testamento, en los llamados "salmos místicos" se resalta el hecho de que el justo está con Dios (Sal 49:16, "Pero Dios rescatará mi alma de las manos del 'sheol' pues me tomará"; Sal 73: 23–24, "Pero yo estaré siempre a tu lado, pues tú me has tomado de la diestra. Me gobiernas con tu consejo y al fin me acogerás en gloria"). Pero es en el Nuevo Testamento donde aparece este rasgo con toda claridad, tanto aplicado a la escatología intermedia (cfr. Flp 1:23, "Me siento apremiado por los dos extremos: el deseo que tengo de morir para estar con Cristo, lo cual es muchísimo mejor..."), como a la final (1 Te 4:17, "después, nosotros, los que vivamos, los que quedemos, seremos arrebatados a las nubes junto con ellos al encuentro del Señor en los aires, de modo que, en adelante estemos siempre con el Señor").

Visión intuitiva de Dios. Hay dos textos muy importantes a este respecto:

1. 1 Jn 3:2, "Queridísimos: ahora somos hijos de Dios, y aún no se ha manifestado lo que seremos. Sabemos que, cuando él se manifieste, seremos semejantes a él, porque le veremos tal como es". Es un texto escatológico que manifiesta la existencia de la doble fase del más allá ("ahora... cuando se manifieste"). Hay un detalle importante que es la determinación del antecedente del pronombre personal "él" [se manifieste]:

   - Puede tratarse de Dios, es decir, el mismo del verbo "seremos semejantes a Él", lo que parece más obvio, y se referiría a la visión de Dios en el Cielo.

   - Pero también podría referirse a Jesucristo, en base a que "manifestar" es un verbo usado en la Escritura para hablar de la Parusía; en este caso, la visión se referiría a Cristo y no a Dios directamente, en el sentido de Jn 17:24 ("Padre, quiero que donde yo estoy también estén conmigo los que Tú me has confiado, para que vean mi gloria [divinidad], la que me has dado porque

8.1. SAGRADA ESCRITURA

me amaste antes de la creación del mundo"). En este caso, la visión continuaría siendo de Dios, pero a través de Cristo.[6]

2. 1 Cor 13:12, "Porque ahora vemos como en un espejo, borrosamente; entonces veremos cara a cara. Ahora conozco de modo imperfecto, entonces conoceré como soy conocido". Donde vuelve a aparecer la escatología de doble fase ("ahora... entonces"). El término "espejo" indica un conocimiento indirecto, a través de las creaturas, con el uso de la analogía; la expresión "como soy conocido" indica el conocimiento claro, "cara a cara": conocimiento por visión.

Este conocimiento por visión, está lógicamente en relación, con la primera de las características del Cielo, la de la intimidad con Dios. El conocimiento "cara a cara" de Dios, indica la intimidad con Él (cfr. Ex 33:11).

Amor de Dios. Es el tercero de los rasgos de la vida celestial. Queda reflejado claramente en 1 Cor 13:8, "La caridad nunca acaba. Las profecías desaparecerán, las lenguas cesarán, la ciencia quedará anulada". La fe y la esperanza desaparecen pues ya se tiene la visión y la posesión de Dios. Pero permanece la caridad. Se trata de un amor de intimidad plena.

Gozo pleno. La alegría del Cielo es plena y no sera arrebatada por nada ni nadie. No hay posibilidad de pecar y perder la gracia y el gozo. Es otra de las verdades que aparece muy clara en todo el Nuevo Testamento:

---

[6]Sobre el particular, se volverá a tratar más adelante en las consideraciones teológicas sobre la visión intuitiva de Dios sin intermediarios.

- Mt 25:21, "Muy bien, siervo bueno y fiel; como has sido fiel en lo poco, yo te confiaré lo mucho: entra en la alegría de tu señor". El gozo está visualizado aquí con la analogía de la fiesta nupcial, en continuidad con las parábolas de las bodas.

- Lc 22: 29–30, "Por eso yo os preparo un Reino como mi Padre me lo preparó a mí, para que comáis y bebáis a mi mesa en mi Reino, y os sentéis sobre tronos para juzgar a las doce tribus de Israel". Es una explicación basada en la metáfora del banquete, que además es nupcial, con la relación que tiene con el misterio del amor pleno con Jesucristo, causa de ese gozo pleno (cfr. Mt 25: 1–10).

- Jn 14: 1ss., "Cuando me haya marchado y os haya preparado un lugar, de nuevo vendré y os llevaré junto a mí, para que, donde yo estoy, estéis también vosotros". El gozo se produce por la comunión con Cristo (Jn 16:22, "...pero os volveré a ver y se os alegrará el corazón, y nadie os quitará vuestra alegría").

- Lc 16:22. El gozo está en la intimidad con Dios y con Jesucristo. En efecto, "el seno de Abraham" hace referencia al pecho donde se recostaba el comensal de al lado (cfr. también, Mt 25:23, "Muy bien, siervo bueno y fiel; como has sido fiel en lo poco, yo te confiaré lo mucho: entra en la alegría de tu señor").

Eternidad. Aparece expresada con multitud de términos y comparaciones, indicando siempre, la plenitud y lo inacabable de lo prometido:

- "Vida eterna", como ya se ha mencionado.
- "Moradas eternas" (Lc 16:19).

- "Casa eterna" (2 Cor 5:1).
- "Corona incorruptible" (1 Cor 9:25).
- "Corona de gloria que no se marchita" (1 Pe 5:4).
- "Estaremos siempre con el Señor" (1 Te 4:17).
- "Muerte que no existe ya más" (Ap 21:4).

8.2 Santos Padres

Los Santos Padres también subrayaron los diferentes aspectos de la existencia en el Cielo, su eternidad, la visión de Dios, el amor pleno y el gozo consiguiente.[7]

8.2.1 Eternidad e intimidad con Dios

Es una verdad unanimemente proclamada por los Padres de la Iglesia. Véanse los siguientes ejemplos:

- San Basilio: al defender la eternidad del Infierno, sostiene la del Cielo: "porque si tuviera fin alguna vez el suplicio eterno, también tendría fin la vida eterna. Pero si esto no podemos admitirlo de la vida eterna, ¿con qué razón se le pone fin al suplicio eterno?"[8]

- San Agustín: "Dios será el fin de nuestros deseos, y será visto sin fin..., este don, este afecto, esta ocupación será común a todos, como la misma vida eterna".[9]

---

[7] Cfr. P. Bernard: *Ciel*, cit., cols, 2478–2503; A. Michel: *Intuitive*, en DTC, vol. VII, cols. 2369ss.; R. Garrigou–Lagrange: *Life Everlasting...*, cit., págs. 162–163; C. Pozo: *Teología...*, cit., págs. 393–402.

[8] San Basilio: *Regulae Brev.* (*P. G.*, 31, 1264).

[9] San Agustín: *De Civ. Dei*, 22, 30, 1; cfr. *De Trinit.*, 13, 8, 11.

8.2.2 Visión de Dios y errores

Desde los Padres Apostólicos se afirma esta verdad, aunque con expresiones diferentes que han de ser interpretadas teniendo en cuenta su modo de hacer teología y el momento histórico en el que viven. Así por ejemplo:

- Entre los Padres Apostólicos, San Bernabé y San Ignacio de Antioquía, escriben que el Cielo es ver a Jesús y poseer a Dios.[10]

- San Ireneo, al hablar de la visión de Dios la considera como una gracia que con su omnipotencia lo puede todo.[11]

- San Cipriano, subraya cómo la visión de Dios es el origen de la alegría de los bienaventurados.[12]

- San Gregorio Nacianceno sostiene que la visión de Dios es la de toda la Trinidad.[13]

- San Basilio, frente a otras opiniones erróneas, defenderá la visión de Dios directamente y no por intermediarios o imágenes.[14]

- San Juan Crisóstomo sostendrá la misma posición de San Basilio.[15]

- San Agustín compara la visión con la que los ángeles tienen en la actualidad.[16]

---

[10]San Bernarbé: *Ep.*, 7, 11; San Ignacio de Antioquía: *Ad Eph.*, 10, 1; *Ad Rom.*, 4:1; *Ad Smyrn.*, 9, 2.

[11]San Ireneo: *Adv. Hær.*, 4, 20, 5 (*P. G.*, 7, 1034 s.).

[12]San Cipriano: *Ep.*, 58, 10 (*P. L.*, 4, 357).

[13]San Gregorio Nacianceno: *Orat.*, 8, 23 (*P. G.*, 35, 816).

[14]San Basilio: *Ep.*, 8, 7 (*P. G.*, 32, 257.)

[15]San Juan Crisóstomo: *Ad Theod.*, 11 (*P. G.*, 47, 292).

[16]San Agustín: *De Civ. Dei*, 22, 29 (*P. L.*, 41, 797).

8.2. SANTOS PADRES

Los Padres reaccionarán contra dos errores sobre la naturaleza de la visión de Dios en el Cielo: el de Eunomio y el de Teodoreto de Ciro. En efecto, Eunomio afirmaba que nosotros conoceremos a Dios como Él se conoce a Sí mismo, como ingénito, y por tanto, los bienaventurados tenían en el Cielo una visión intuitiva y *comprehensiva*. Desde esta afirmación, Eunomío sostenía la herejía arriana: puesto que Cristo no es ingénito, sino engendrado, no es Dios como el Padre. San Juan Crisóstomo negará la primera premisa, que invalida la conclusión: solo el Hijo y el Espíritu Santo conocen plenamente al Padre (nunca los seres humanos, ni siquiera los ángeles).[17] Teodoreto de Ciro sostendrá la diferencia entre οὐσια y δόξα, de las cuales nosotros en el Cielo conoceremos la segunda, pero no la primera; posición que sería refutada por San Gregorio Magno al recordar que la simplicidad de Dios impide tal distinción entre οὐσια y δόξα.[18]

8.2.3 Amor de Dios

Es otra de las características de la bienaventuranza eterna: amar a Dios en la plenitud relativa que se permite a un ser creado. La exposición más acabada tal vez sea la de San Agustín, como se puede apreciar en el siguiente texto:

> "Él será el fin de nuestros deseos y será visto sin fin, amado sin hastío, y alabado sin cansancio. Este don, este afecto, esta ocupación, será común a todos, como la vida eterna... Allí descansaremos y veremos; veremos y amaremos; amaremos y alabaremos. He aquí la esencia del fin sin fin. Y ¡qué fin más nuestro que llegar al reino sin fin!"[19]

---

[17]San Juan Crisóstomo: *In Ionn. Hom.*, 15, 1 (*P. G.*, 59, 98).
[18]San Gregorio Magno: *Moralium*, 1, 18, 54, 90 (*P. L.*, 76, 93).
[19]San Agustín: *De Civ. Dei*, 22, 30 (*P. L.*, 41, 802). Cfr. San Agustín: *De Moribus...*, 1, 14, 24 (*P. L.*, 32, 1321 s.); *De Spiritu et Litt.*, 36, 64 (*P. L.*, 44, 243).

8.2.4 El Gozo de Dios

Otro de los aspectos de la vida en el Cielo es el gozo supremo de Dios. San Jerónimo insistirá que la visión de Dios es la causa del gozo supremo que experimentaremos en el Cielo.[20] San Agustín afirmará: "Hay un gozo... para aquéllos que te quieren gratuitamente, el gozo de los cuales eres tú mismo. Y aquella misma será la vida bienaventurada, gozarse para ti, de ti y por ti".[21] San Juan Damasceno explicaba la alegría indefectible que sentirán los salvados por el resplandor que tendrían junto a Jesucristo y los ángeles por toda la eternidad.[22]

8.3 Magisterio

8.3.1 Documentos

El documento magisterial más importante sobre el Cielo es la Bula *Benedictus Deus* de Benedicto XII, que ya ha sido mencionada y estudiada antes desde el punto de vista de la escatología intermedia, a cuya definición dogmática apunta. Con todo presenta otras verdades que son calificadas también como dogmas. Es el caso del tema que ocupa el presente capítulo, donde se definen las siguientes verdades como de fe divina y católica: "Las almas de los que mueren en gracia y nada tienen ya que purgar por sus culpas van al Cielo y ven a Dios cara a cara, siendo con esta visión enteramente felices"; "el objeto esencial de la felicidad sobrenatural de las almas de los bienaventurados es sólo Dios"; "la felicidad esencial subjetiva de las almas de los bienaventurados consiste en los actos de la visión intuitiva, el amor y el gozo de Dios"; "la felicidad de los bienaventurados en el Cielo es

---

[20]San Jerónimo: *Comm. in Isah. Prof.*, 1, 18, c. 66, v. 14 (*P. G.*, 24, 662).
[21]San Agustín: *Confesiones*, 10, 22, 32 (*P. L.*, 32, 793).
[22]San Juan Damasceno: *De Fide Orth.*, 4, 27 (*P. G.*, 94, 1228).

8.3. MAGISTERIO

eterna de hecho y por lo mismo no terminará jamás"; "el grado de la felicidad de los bienaventurados en el Cielo corresponde al distinto grado de méritos".[23]

Por tanto hay que tener siempre en cuenta los siguientes extremos de la doctrina sobre el Cielo:

1. Se trata de una "vida eterna".

2. Hay "visión inmediata" (sin mediación de creatura alguna) e "intuitiva" de Dios (de Dios presente en cuanto presente).

3. Tal visión produce el "gozo" inefable.

4. Aunque no hay mención explícita del amor, pero está implicado porque:

    - "El bien conocido intelectualmente" es el Amor.
    - La visión hace desaparecer la fe y la esperanza solamente; por lo tanto, el amor permanece para siempre.

5. Es "eterna", entendiendo el término en sentido vulgar, como sin interrupción y para siempre.

Junto a este documento fundamental, se producen otras declaraciones magisteriales, que vamos a mencionar a continuación, en relación a los errores que se fueron desarrollando en la Historia de la Iglesia sobre el Cielo.

---

[23]Cfr. J. Ibáñez – F. Mendoza: *Dios Consumador*..., cit., págs. 135, 143, 156, 185 y 196. En términos semejantes, L. Ott: *Teología*..., cit., págs. 699–705. C. Pozo: *Teología*..., cit., págs. 403–404, afirma que "está explícitamente definido que la vida eterna consiste en la visión eterna y gozo eterno de Dios; que también consiste en el amor eterno a Dios, está definido implícitamente".

8.3.2 Errores sobre el Cielo

Siguiendo las tesis dogmáticas sobre el Cielo, podemos distinguir los siguientes errores:

Sobre la existencia del Cielo y de la felicidad de los bienaventurados. Los materialistas que niegan el más allá, y los ateos que niegan a Dios. Con la negación de la existencia, niegan cualquier otra verdad que se diga sobre el más allá.

Sobre el objeto esencial de la felicidad. El dogma es que tal objeto es solo Dios. Sin embargo, Antonio Rosmini–Servati sostuvo varias proposiciones que fueron condenadas por el Santo Oficio.[24] A saber:

- Dios es solo objeto de la visión beatífica solo como autor de las cosas creadas.[25]
- Las huellas de la sabiduría y bondad divinas son necesarias a los bienaventurados porque ellas mismas recogidas en el eterno ejemplar, son la parte del mismo que pueden por ellas ser visto, y prestan motivo para las alabanzas que los bienaventurados cantan a Dios eternamente.[26]
- Como Dios no puede, ni siquiera por medio de la luz de la gloria comunicarse totalmente a los seres finitos; no puede revelar ni comunicar su esencia a los bienaventurados sino de modo acomodado a las inteligencias finitas. Por eso, Dios se manifiesta a ellas solo en cuanto tiene relación con ellas, como creador, provisor, redentor y santificador.[27]

---

[24] Decreto "Post Obitum" de 14–XII–1887.
[25] D. S., 3238.
[26] D. S., 3239.
[27] D. S., 3240.

8.3. MAGISTERIO

Sobre la felicidad esencial subjetiva. La verdad de que la felicidad esencial subjetiva de los bienaventurados consiste en la visión intuitiva, de la que derivan el amor y el gozo de Dios, fue de un modo u otro negada por los que niegan la posibilidad de tal tipo de visión de Dios, en concreto por Teodoreto de Ciro y Gregorio Palamas:

- Ya examinamos las tesis de Teodoreto de Ciro al estudiar a los Santos Padres, con su distinción entre οὐσια (esencia de Dios) y δόξα (gloria o resplandor de Dios). Solo somos capaces de la segunda.

- Gregorio Palamas, distinguía en la δόξα que es realmente increada y eterna, los aspectos de la operación (ἐνέργεια), la gracia (χάρις), la gloria propiamente (δόξα) y el esplendor (λαμπρότης). La esencia misma de Dios (οὐσια) permanece incognoscible para el bienaventurado. Palamas defendía, así, la distinción entre la *esencia divina* y las *energías divinas increadas*. Para él todo conocimiento de Dios, que es al mismo tiempo participación de Dios (deificación) es una *gracia* de Dios, que no puede tener su origen en los seres creados. En efecto, Dios es el absolutamente Otro, incognoscible, inalcanzable en su esencia. Nos hace partícipes de su naturaleza divina por medio de sus *energías divinas increadas*. Éstas no son otra cosa sino Dios viviente que, a pesar de seguir siendo trascendente e inefable, consigue por pura gracia llegar a nosotros y transformarnos en él. Existe entre Dios y el hombre un elemento intermedio y mediador, que procede de Dios y se comunica al hombre. Palamas introdujo la distinción en Dios entre la esencia y las energías creadas comunicables, para salvaguardar la doctrina del cristianismo ortodoxo de la *divinización* del hombre por medio de la gracia de Cristo sin admitir, como hacía la Iglesia latina, la existencia de una gracia creada *inherente* al hombre. El rígido apofatismo de la tradición greco–bizantina (Dios absolutamente incognoscible e incomunicable) se abría hacia el hombre, que puede conocer y comunicarse realmente con Dios ("methexis"), siempre que el Señor lo alcanza y lo transforma en él a través de las divinas energías increadas, distintas de su esencia inefable, incognoscible e incomunicable.

Este pensamiento fue condenado en el Concilio de Florencia.[28]

Estas tesis no respetan el atributo divino de la simplicidad, e incluso, pueden devenir en la confesión de un duo–teísmo: la creencia en dos dioses, uno invisible y otro visible.

Sobre la eternidad. La eternidad del Cielo fue negada por Orígenes y origenistas, al sostener que las almas que están en la presencia de Dios, pueden volver a pecar y ser castigadas con una nueva "in–corporación", con lo que se niega de hecho la eternidad de la visión de Dios. Para entender esta posición hay que recordar lo ya estudiado sobre la teoría de la *apokatástasis* final, según la cual, las almas humanas fueron creadas sin cuerpo en estado de perfección; algunas pecaron y fueron condenadas a ser encarna-

---

[28] La posición de Palamas fue asumida como oficial por la Iglesia ortodoxa bizantina en 1352. En los intentos de reunificación del Concilio de Florencia (*D. S.*, 1305, "... las almas... ven claramente a Dios mismo, trino y uno, tal como es..."), se condena la posición de Palamas, pero tras la nueva ruptura, sigue siendo la posición vigente entre los teólogos greco–rusos. Cfr. M. Jugie: *Palamas, Grégoire*, en DTC, vol. XI, cols. 1735–1776; Id.: *Palamite, Controversie*, en DTC, vol. XI, cols. 1777–1818; G. Habra: *The Sources of the Doctrine of Gregory of Palamas on the Divines Energies*, en "Eastern Churches Quarterly", 12, (1957–1958), págs. 244–252, 294–303.

8.3. MAGISTERIO

das y purificar su pecado en este mundo; si no lo hacen serán purificadas en el más allá en un Infierno temporal, que acaba con la vuelta a Dios en la *apokatástasis*, tanto de los condenados ya convertidos como de los demonios. Pero esto es el final de una parte de la historia, que puede volver a repetirse, pues las almas pueden volver a pecar y reiniciar el ciclo. Muchos puntos de la teología de Orígenes fueron condenados post–mortem.[29]

Sobre el grado de felicidad correspondiente al mérito. La verdad del diferente grado de felicidad dependiendo del mérito fue negada tanto por Joviniano como por los protestantes:

- Joviniano, siguiendo ideas estoicas, defendió la igualdad de todas las virtudes, y por tanto, del mérito, con iguales consecuencias para la bienaventuranza eterna.

- Los protestantes, rechazando el mérito y afirmando la aplicación extrinsecista de la gracia de Dios, afirmaron que la gracia es igual para todos los justificados, y por tanto, también la bienaventuranza eterna. Estas ideas fueron condenadas en el Concilio de Trento.[30]

---

[29] Orígenes: *De Princ.*, 3, 5 ,3. Cfr. J. Quasten: *Patrología*, cit., vol. I, págs. 351–412; D. Ramos–Lissón: *Patrología*, cit., págs. 164–175; F. Mendoza Ruiz: *Orígenes y origenismo*, en GER, vol. XVII, págs. 453ss.; G. Bardy: *Origène*, en DTC, vol. XI, cols. 1489–1565; V. Cano Sordo: *Patrología...*, cit., tema 11; É. Gilson: *History of Christian Philosophy...*, cit., págs. 35–43. A principios del s. VI, los monjes de Palestina (con S. Sabas) se oponen a Orígenes. Entonces, Efren de Antioquía condena el origenismo. Pedro de Jerusalén (542) levanta una querella ante Justiniano contra los origenistas. Justiniano también se opone a los origenistas, y en un edicto de 552 condena 9 proposiciones del *De Principiis* y se pone entre los libros de los herejes. Esta condena se confirma en el V Concilio Ecuménico, tenido en Constantinopla (año 553). Todos se adhieren condenando a Orígenes del modo más severo; hasta Vigilio.

[30] Cfr. Sesión VI, *Decreto sobre la Justificación, D. S.*, n. 1582. Cfr. también Concilio de Florencia, *Decreto para los Griegos, D. S.*, 1305.

8.4 Reflexiones teológicas

8.4.1 Existencia del Cielo y la razón natural. Gratuidad y potencia obediencial

La existencia y características de la vida en el Cielo son verdades reveladas. A través de la fe se llega al conocimiento de las mismas y a la profundización sobre su contenido.

No obstante, se puede indagar si la razón natural puede llegar a descubrir esas realidades con solo sus fuerzas. A este respecto, hemos de recordar que la existencia de Dios y algo sobre su naturaleza se puede probar por la sola luz de la razón a partir de su obra de la creación, como se estudia en el tratado de Dios Uno y Trino; no ocurre así con su realidad trinitaria, que es un misterio estrictamente sobrenatural, y por lo tanto, solo cognoscible a través de la Revelación; e incluso, una vez conocido el misterio, nunca podremos entenderlo completamente ni mucho menos.[31] Con respecto al más allá, se puede probar también la inmortalidad del alma humana; pero no así la elevación del alma al mundo de lo sobrenatural, al Cielo. Por lo que, sin la ayuda de la Revelación, lo más que se puede alcanzar es la pervivencia del alma después de muerto el ser humano, aunque en un mundo de almas de orden natural, y no sobrenatural.

Las verdades de la elevación al orden sobrenatural y de la invitación a la vida del Cielo, de visión e intimidad con Dios, son de orden estrictamente sobrenatural. Sin la Revelación, no podrían haber sido deducidas por el pensamiento del hombre; y una vez conocidas, solo se pueden profundizar en las mismas de un modo muy limitado. La gracia y la vida sobrenatural son un don gratuito y libre que Dios quiso regalar al ser humano. No son debidas a la naturaleza. La distancia del orden natural al sobrenatural es infinita, aunque no sean órdenes

---

[31]Cfr. Juan A. Jorge: *Dios Uno...*, cit, págs. 45–120.

8.4. REFLEXIONES TEOLÓGICAS

contradictorios. La sobrenaturaleza supone la naturaleza, lo que tiene como consecuencia lo expresado por el famoso adagio teológico, "per aspera ad astra". En este sentido, hay que rechazar tanto las doctrinas heréticas que sostienen la contraposición de ambos órdenes, como ocurre en el pensamiento protestante; como todas las pretensiones de confusión de ambos órdenes, el natural y el sobrenatural, propios de la herejía modernista, con sus secuelas de las teorías de los cristianos anónimos y de la salvación universal obligatoria para todos los seres humanos.

Ahora bien, una vez conocida la elevación del hombre al orden sobrenatural, y la invitación de Dios a un destino eterno celestial, es competente indagar si hay algún vestigio en la naturaleza humana que dé razón de la conveniencia de esa disposición divina; y, también, si la naturaleza humana es compatible o está preparada para este modo de visión (a esto hace referencia todo el tema de la "potencia obediencial" que se estudia en el tratado de antropología teológica).[32]

* * *

Santo Tomás, desde su punto de vista, que centra lo esencial del Cielo en la visión beatífica, sostiene la sobrenaturalidad estricta de la misma; pero al mismo tiempo, cuando tal visión es revelada y concedida por Dios, no hay una contradicción con la capacidad natural del hombre.

A.- Gratuidad absoluta de la visión beatífica.

En efecto, por un lado sostiene la absoluta gratuidad de la visión beatífica y de todo el orden sobrenatural, porque el hombre podría no haber sido elevado al fin último de la visión de Dios, quedando solo con el fin natural del conocimiento de Dios a través de la analogía a partir de las creaturas, admitiendo claramente la distinción entre dos

---

[32]Cfr. Juan A. Jorge: *Tratado de Creación...*, cit., págs. 1067–1077.

fines en las creaturas, uno que puede alcanzar con las solas fuerzas de su naturaleza y otro que está por encima de la naturaleza de cualquier entendimiento creado:

"Ultima autem perfectio rationalis seu intellectualis naturæ est duplex. Una quidem, quam potest assequi virtute suæ naturæ, et hæc quodammodo beatitudo vel felicitas dicitur. Unde et Aristoteles perfectissimam hominis contemplationem, qua optimum intelligibile, quod est Deus, contemplari potest in hac vita, dicit esse ultimam hominis felicitatem. Sed super hanc felicitatem est alia felicitas, quam in futuro expectamus, qua videbimus Deum sicuti est. Quod quidem est supra cuiuslibet intellectus creati naturam, ut supra ostensum est".[33]

"Pero la naturaleza racional o intelectual tiene dos perfecciones últimas. Una, la que puede alcanzar con sus solas fuerzas naturales, y que, de algún modo, puede llamarse bienaventuranza o felicidad. Por eso dice Aristóteles que el acto más perfecto de la contemplación humana por el que se puede contemplar en esta vida el inteligible supremo, Dios, constituye la suprema felicidad del hombre. Pero por encima de esta felicidad hay otra que esperamos para más adelante, por la que veremos a Dios tal cual es (1 Jn 3:2). Esta, como quedó demostrado (q. 12, a. 4), supera la capacidad de cualquier entendimiento creado".

La gratuidad y transcendencia de lo sobrenatural quedan afirmadas.

---

[33]Santo Tomás de Aquino: *Summ. Theol.*, I^a, q. 62, a. 1, co.; cfr. q. 23, a. 2; *In Sent.*, III, dist. 23, q. 1, a. 4.

8.4. REFLEXIONES TEOLÓGICAS

B.– *Capacidad de la naturaleza humana para recibir lo sobrenatural*.

Por otro lado, Santo Tomás insiste en la capacidad de la naturaleza humana para recibir lo sobrenatural, la "potencia obediencial" mencionada. Se trata, pues, de una capacidad natural de recibir,[34] y no de una exigencia (*exigitive*), una parte (*constitutive*) o un efecto (*consecutive*) de la naturaleza. Dios no daría sus dones sobrenaturales a seres que no estuvieran preparados para recibirlos (como sería el caso, por ejemplo, de dar inteligencia a un diamante).

El ser humano, por tanto, tiene una capacidad natural para recibir la visión beatífica, o el orden de lo sobrenatural:

"...naturaliter anima est gratiæ capax; eo enim ipso quod facta est ad imaginem Dei, capax est Dei per gratiam, ut Augustinus dicit".[35]

"...el alma es naturalmente capaz de Dios; por el hecho mismo que está hecha a la imagen de Dios, es capaz de Dios por la gracia, como dice Agustín".

Aparte de estas consideraciones, hay que recordar que el hombre fue creado por Dios con el deseo natural de conocer las causas de las cosas, y en este sentido, la Causa de las causas es Dios. Sin embargo este deseo se podría haber quedado en el mero conocimiento natural de Dios. La visión de Dios en el Cielo es estrictamente sobrenatural, pero cuando se concede, no repugna a la naturaleza humana, sino

---

[34] Algunos autores incluso, para excluir toda concepción de la misma como "potencia" que esté exigiendo "ser llenada", se la califica más que como capacidad, como *aptitud* para ser elevada.

[35] Santo Tomás de Aquino: *Summ. Theol.*, I^a–II^{æ}, q. 113, a. 10, co.

todo lo contrario, ya que está predispuesta naturalmente a conocer las causas de las cosas. Santo Tomás se expresa así:

"Cum unumquodque sit cognoscibile secundum quod est in actu, Deus, qui est actus purus absque omni permixtione potentiæ, quantum in se est, maxime cognoscibilis est. Sed quod est maxime cognoscibile in se, alicui intellectui cognoscibile non est, propter excessum intelligibilis supra intellectum, sicut sol, qui est maxime visibilis, videri non potest a vespertilione, propter excessum luminis. Hoc igitur attendentes, quidam posuerunt quod nullus intellectus creatus essentiam Dei videre potest. Sed hoc inconvenienter dicitur. Cum enim ultima hominis beatitudo in altissima eius operatione consistat, quæ est operatio intellectus, si nunquam essentiam Dei videre potest intellectus creatus, vel nunquam beatitudinem obtinebit, vel in alio eius beatitudo consistet quam in Deo. Quod est alienum a fide. In ipso enim est ultima perfectio rationalis

"Como quiera que un ser es cognoscible tanto en cuanto está en acto, Dios, que es acto puro sin mezcla alguna de potencialidad, en cuanto tal es cognoscible en grado sumo. Pero lo que en cuanto tal es cognoscible en grado sumo, deja de ser cognoscible por algún entendimiento por sobrepasar su capacidad, Ejemplo: El sol, que es lo más visible, por su exceso de luz no puede ser visto por el murciélago. Partiendo de este principio, algunos dijeron que ningún entendimiento creado puede ver la esencia divina. Pero esto no es aceptable. Pues, como quiera que la suprema felicidad del hombre consiste en la más sublime de sus operaciones, que es la intelectual, si el entendimiento creado no puede ver nunca la esencia divina, o nunca conseguirá la felicidad, o ésta se encuentra en algo que no es Dios. Esto es contrario a la fe. Pues la felicidad última de la criatura racional es-

8.4. REFLEXIONES TEOLÓGICAS

creaturæ, quia est ei principium essendi, intantum enim unumquodque perfectum est, inquantum ad suum principium attingit. Similiter etiam est præter rationem. Inest enim homini naturale desiderium cognoscendi causam, cum intuetur effectum; et ex hoc admiratio in hominibus consurgit. Si igitur intellectus rationalis creaturæ pertingere non possit ad primam causam rerum, remanebit inane desiderium naturæ. Unde simpliciter concedendum est quod beati Dei essentiam videant".[36]

tá en lo que es principio de su ser, ya que algo es tanto más perfecto cuanto más unido está a su principio. Además, es contrario a la razón. Porque cuando el hombre ve un efecto, experimenta el deseo natural de ver la causa. Es precisamente de ahí de donde brota la admiración humana. Así, pues, si el entendimiento de la criatura racional no llegase a alcanzar la causa primera de las cosas, su deseo natural quedaría defraudado. Por tanto, hay que admitir absolutamente que los bienaventurados ven la esencia de Dios".

Sin embargo, jamás el hombre puede conseguirlo sin ser otorgado libremente por Dios, debido a la eminencia del fin estrictamente sobrenatural:

"...Quamvis enim homo naturaliter inclinetur in finem ultimum, non tamen potest naturaliter illum consequi, sed solum

"...Aunque el hombre se inclina naturalmente hacia su fin último, sin embargo no puede conseguirlo naturalmente, sino solo por

---

[36] Santo Tomás de Aquino: *Summ. Theol.*, I^a, q. 12, a. 1, co. Cfr. I^a-II^{ae}, q. 3, a. 8; q. 5, a. 1; *In Sent.*, IV, dist. 49, q. 2, a. 1; *De Verit.*, q. 8, a. 1; *In Math.*, c. 5; *Cont. Gentes*, III, 51.54.57; *Quodl.*, 10, q. 8; *Compend. Theol.*, c. 104; p. 2, c. 9.10; *In Io.* c. 1, lect. 11.

per gratiam, et hoc est propter eminentiam illius finis".[37]

la gracia, y esto se debe a la eminencia de aquel fin".

Con todo, el hombre, en el Cielo ha de recibir una gracia especial para poder llegar a la visión intuitiva de Dios, la "luz de la gloria" de la que se hablará más adelante.

Es solo desde el supuesto de la elevación al orden de la gracia, desde donde se puede sostener que existe un cierto deseo connatural de ver a Dios que procede de la gracia, como de una segunda naturaleza. La gracia es la semilla de la gloria, y esta semilla tiende por su propia naturaleza a llegar a su pleno desarrollo. Desde este punto de vista, nuestro deseo de la visión no es ya un deseo condicional e ineficaz (como sería el propio de la pura "potencia obediencial"), sino un deseo que tiende a su objeto final, y que de hecho lo puede alcanzar, incluso aunque muchos rehusen responder a la llamada divina. Se trata ahora de un deseo connatural y sobrenatural que procede de la gracia, que es como la segunda naturaleza del alma, y que es continuamente renovado en nosotros por las propias palabras de Jesucristo: "pedid y se os dará; buscad y hallaréis..." (Mt 7:7; Lc 11:9). Es el deseo al que se refería San Agustín cuando escribió: "Nos hiciste Señor para ti, y nuestro corazón está inquieto hasta que no descanse en ti"[38]

* * *

---

[37] Santo Tomás de Aquino: *Super De Trinitate*, pars 3, q. 6, a. 4, ad 5.

[38] San Agustín: *Confesiones*, I, 1. Cfr. R. Garrigou–Lagrange: *Life Everlasting...*, cit., pág. 163–167. En el mismo sentido, M. Cuervo: *El Deseo Natural de Ver a Dios y la Apologética Inmanentista*, en "Ciencia Tomista" 37 (1928) 310–340; 39 (1929) 332–349; 45 (1932) 289–317; J. Ibáñez – F. Mendoza: *Dios Consumador...*, cit., págs. 174–176.

8.4. REFLEXIONES TEOLÓGICAS

La posición clásica tomista, y en general de la Escuela medieval, presentaba el problema de cómo conciliar el deseo natural de conocer a Dios, con el hecho de la estricta sobrenaturalidad de la gracia y de la visión beatífica. Creo que la explicación anterior deja aclarados ambos extremos. No obstante, según algunos pensadores, aceptando que esa teología ciertamente afirmaba ambos extremos, sin embargo señalaba que no explicaba la aporía que supondrían. En efecto, la visión de Dios sería algo debido a la naturaleza, creada para conocer las causas de las cosas y por tanto a Dios, y sobrenatural y gratuita por ser tal la realidad de la visión intuitiva de Dios.

Según esos pensadores, Cayetano habría sido el primero en darse cuenta de la contradicción, y la solucionó negando el apetito natural de conocer a Dios: la vida eterna sería don si se concede al ser humano; pero en nada afectaría intrínsecamente al hombre si no se le concede. Solución que se denomina como "concepción extrinsecista de lo sobrenatural". Es la opinión que se extendería en el pensamiento católico después del Concilio de Trento.

Bayo y Jansenio, por su parte, intentarían solucionar la contradicción eliminando lo sobrenatural: el Cielo sería debido al hombre de un modo natural, lo que supone una herejía. En esta línea irían intentos más modernos que vamos a reseñar.

* * *

Esta doctrina es evidentemente distinta de la enseñanza moderna de la "inmanencia vital" según la cual todo lo religioso se desarrolla a partir de las necesidades de la naturaleza humana de un modo puramente natural.

También es distinta del "existencial sobrenatural" de K. Rahner, quien utilizó el concepto de *potencia obediencial* para justificar su famoso "existencial". Sin embargo, su entendimiento de la mencionada potencia, no es en absoluto el tomista, sino el propio de su inmanentismo, no debiéndonos dejar confundir con su particular lenguaje y manera de explicar la teología.

Para entender lo que aquí se afirma es necesario recordar su polémica con H. de Lubac, en torno al sobrenatural, el llamado "estado de naturaleza pura" y la potencia obediencial. Es un hecho que ambos teólogos rechazaron hacer teología sobre la base de la hipótesis de la "naturaleza pura"; lo cual lleva a H. de Lubac a no considerar en principio para nada a la potencia obediencial. Sin embargo, Rahner sí parece encontrar un uso a dicha potencia, aunque más parece un intento de justificar su "existencial sobrenatural" con algún texto del Aquinate, que una verdadera defensa de la misma.[39]

En efecto, H. de Lubac negaba el concepto de "estado de naturaleza pura"[40] por no haberse dado históricamente, y afirmaba que el hombre siempre fue destinado al orden sobrenatural. Si el hombre siempre fue destinado al orden sobrenatural, lo sobrenatural parece algo debido a la naturaleza humana, y por tanto, no se explica bien su gratuidad. El no poder justificar la gratuidad de lo sobrenatural de un modo conveniente fue precisamente la principal crítica que se hizo a su explicación del sobrenatural.[41]

K. Rahner, rechaza también el concepto de "naturaleza pura" por las mismas razones que de Lubac. Según Rahner todo ser humano está naturalmente abierto a Dios, lo cual explica por el "existencial sobrenatural" que está en toda persona humana

---

[39]Es famosa la controversia entre H. de Lubac y K. Rahner con respecto a la conveniencia o no de usar la potencia obediencial para para poder establecer una relación entre los órdenes natural y sobrenatural. Cfr. las posiciones de De Lubac en *Surnaturel*, Paris, 1946 y "El Misterio de lo Sobrenatural" Barcelona, Herder, 1968. Está históricamente comprobado el influjo de Bondel y de Teilhard du Chardin en la teología de De Lubac. J. Laporta: *La Destinée de la Nature Humaine selon Thomas d'Aquin*, Libraire Philosophique, Paris, 1965. La posición de Rahner, en S. Long: *Obediental Potency, Human Knowledge and the Natural Desire to Know*, en "International Philosophical Quarterly", 37 (1997) 45–64.; los artículos de Rahner al respecto son *Eine Antwort*, en Oriëntierung 14 (1950) 141–145; y *Über das Verhälmis von Natur und Gnade*, en "Schriften zur Theologie" I, Einsieldeln, Benzinger, 1958, págs. 323–345.

[40]Este particular se indaga en el Tratado de Creación y Elevación. Baste con recordar ahora que este concepto es fundamental para entender la gratuidad del orden sobrenatural.

[41]Pio XII, en la "Humani Generis" insistió en que Dios podría haber creado a los hombres sin elevarlos al fin sobrenatural, poniendo de relieve el carácter gratuito del orden sobrenatural. De Lubac escribió posteriormente el mencionado "Le Mystère du Surnaturel" (1965), pero sustancialmente siguió con su posición original.

8.4. REFLEXIONES TEOLÓGICAS

por el hecho de serlo. Es la apertura a Dios innata al ser humano. Lógicamente incurre en la misma crítica que se hacía al sobrenatural de H. de Lubac (se olvida la gratuidad del orden sobrenatural y el hombre está siempre abierto a Dios lo quiera o no). Para escapar a la misma, Rahner afirma que en el hombre se da también la "potencia obediencial". Mientras el "existencial sobrenatural" es debido a cualquier ser humano (lo quiera o no, es "incondicional" y no puede rechazarlo), en cambio la "potencia obediencial" sería lo propiamente gratuito (sería algo "condicional" y susceptible de ser rechazado por el ser humano), y en este sentido el hombre podría negarse a recibir la gracia divina. ¿Cuál es la diferencia en la naturaleza del "existencial sobrenatural" y la "potencia obediencial" para Rahner? Él no lo aclara, y a lo más que acierta es a emplear un juego de palabras y de conceptos con contenidos desvaídos, que intentan dar razón de la diferencia, pero que no lo consigue; por el contrario parece más bien lo que se afirmaba antes: un intento de zafarse de la acusación de su negación de la gratuidad de lo sobrenatural mediante malabarismos lingüísticos.[42]

De ahí que en su exposición, no se puede apreciar en realidad diferencia alguna real entre ambos conceptos, con lo que la potencia obediencial acaba interpretándose como una verdadera exigencia de lo sobrenatural por parte del natural. Como dice L. F. Mateo–Seco:

> "...la solución propuesta por K. Rahner causa los mismos problemas que causaría la concepción de la potencia obediencial entendida como una "capacidad positiva" que puede ser llevada a plenitud. El problema que se sigue del planteamiento rahneriano se aprecia con toda claridad en el terreno cristológico, es decir, en el de la elevación que recibe la naturaleza humana de Nuestro Señor por la unión hipostática".[43]

Recordemos que la teoría del cristianismo anónimo se basa fundamentalmente en este "existencial sobrenatural", con todos los efectos de desfonde en la Antropología, Soteriología y Eclesiología.

---

[42]Sobre el particular, cfr. G. Tenpelman: *The Debate on Nature and Grace...*, cit.

[43]L. F. Mateo–Seco: *Obediencial (potencia)*, en "Conceptos Básicos para el Estudio de la Teología", Cristiandad, Madrid, 2010, págs. 361–362. La posición critológica de Rahner es su conocida "Critología Trascendental", que es inaceptable; cfr. F. Ocáriz, L. F. Mateo–Seco, J. A. Riestra: *El Misterio de Jesucristo*, Eunsa, Pamplona, 2004, págs. 301–305 y 338–340.

Se han hecho algunos intentos, más modernamente, de profundización en la relación entre la trascendencia y al inmanencia del orden sobrenatural, pretendiendo superar las posiciones de De Lubac y de Rahner, aunque no me parecen totalmente logrados. Uno de los más conocidos es el de J. Alfaro, al que siguen tanto C. Pozo como J. A. Sayés, por ejemplo.[44] Según Alfaro la creatura es esencialmente acto y potencia, por poseer un ser limitado y participado; su característica es el movimiento.[45] Dios, por el contrario, es puro Acto de Ser, por lo que no tiene movimiento alguno, y su característica es la quietud, aunque entendida correctamente como plenitud de vida.[46] La creatura intelectual apetece naturalmente la visión, por lo que se mueve naturalmente hacia ella. Sin embargo la visión pertenece al estado de quietud que es propio de Dios y no de la creatura. El apetito natural de la visión de Dios supone la exigencia de la naturaleza de simplemente moverse hacia ese fin, pero no pertenece a su naturaleza llegar a la quietud (que solo es propia de Dios); la creatura no puede tener exigencia de salir de los límites de su propia condición de creatura. Esa visión de quietud se le concede por gracia sobrenatural.

Como C. Pozo reconoce, esta explicación parece paradójica, aunque en realidad la paradoja estribaría más bien en que Dios creó un ser finito, pero intelectual y capaz de concebir el Bien Supremo, que es infinito.[47] Sin embargo, tal vez, lo paradójico estribe en que no es posible conciliar las nuevas teorías sobre el sobrenatural con los datos propios de la fe. Al final, surge la paradoja, porque hay que aceptar la existencia de lo natural y del sobrenatural como órdenes diferentes aunque relacionados.

* * *

Si se prefiere considerar que lo fundamental del Cielo es la posesión amorosa de Dios, también se pueden extrapolar los argumentos del

---

[44]Cfr. J. A. Sayés: *La Gracia de Cristo*, Madrid, BAC, 1993; C. Pozo: *Teología...*, cit., págs. 415–416.

[45]J. Alfaro: *Trascendencia e Inmanencia de lo sobrenatural* en "Gregorianum" 38 (1957) 5–50; Id.: *El Problema Teológico de la Transcendencia y de la Inmanencia de la Gracia*, en "Cristología y Antropología", Madrid, 1973, págs. 227–343; Id.: *Lo Natural y lo Sobrenatural. Estudio Histórico desde Santo Tomás a Cayetano*, Madrid, 1952. Un estudio de la teología de J. Alfaro en José María de Miguel: *Revelación y fe: la teología de Juan Alfaro*, Salamanca, Secretariado Trinitario, 1983.

[46]Cfr. Juan A. Jorge: *Dios Uno...*, cit., pág. 308–311.

[47]C. Pozo: *Teología...*, cit., pág. 415.

8.4. REFLEXIONES TEOLÓGICAS

Aquinate, pues el hombre siente su corazón insatisfecho con cualquier clase de amor humano. El hecho de que fuera creado "a imagen y semejanza de Dios" que es Amor, hace que solo pueda realizarse como tal hombre enamorado, cuando ama a Dios "con todo el corazón, con toda el alma y con todo el ser" y cuando se deja amar por Dios con su Amor infinito.[48]

Pero, de nuevo, con las fuerzas de solo su razón natural, puede aspirar a percibir la necesidad de un amor mayor que los de las criaturas, y llegar al amor al Bien Supremo, pero siempre y solo con las relaciones propias de la creatura racional (amor entre Creador y creatura). Es únicamente con la ayuda de la Revelación y de la fe, como el ser humano llega a conocer que Dios dispuso gratuitamente que pudiera gozar de un amor sobrenatural, de intimidad total, de relaciones entre amigos ("ya no os llamaré siervos, sino amigos"), de Padre a hijo ("para que el amor con que Tú me has amado, Padre, esté en ellos y yo en ellos"; "subo a mi Padre y a vuestro Padre, a mi Dios y a vuestro Dios"), de Esposo a esposa (cfr. todo el Cantar de los Cantares, y las expresiones metafóricas sobre el amor esponsal entre Dios y el hombre en el Antiguo y Nuevo Testamentos)... Después de la Revelación, y en estado de naturaleza redimida, el hombre puede y debe aspirar a ver realizado ese amor pleno con Dios en el Cielo, pues a eso ha sido invitado y elevado por el mismo Dios.

8.4.2 La felicidad objetiva del Cielo: Dios, como objeto de la bienaventuranza

Hay que distinguir entre la realidad del objeto de la felicidad del Cielo (Dios), y el modo cómo tal objeto es experimentado por el bienaventurado (visión, amor y gozo). En este sentido, se puede hablar de "felicidad objetiva" y de "felicidad subjetiva" del Cielo.

---

[48] Cfr. toda la metafísica y teología del Amor de A. Gálvez.

El objeto de la bienaventuranza eterna es Dios. Como dice San Agustín: "Dios es el objeto de nuestros deseos, Él es al que nosotros veremos siempre sin fin, al que amaremos sin cansancio, al que glorificaremos por siempre sin fatiga".[49] Santo Tomás, por su parte, expone que el objeto de la felicidad plena del hombre, el "Summum Bonum", es solo Dios. Solo Dios puede llenar las ansias de felicidad del ser creado intelectual:

"Beatitudo intellectualis naturæ consistit in actu intellectus. In quo duo possunt considerari, scilicet obiectum actus, quod est intelligibile; et ipse actus, qui est intelligere. Si igitur beatitudo consideretur ex parte ipsius obiecti, sic solus Deus est beatitudo, quia ex hoc solo est aliquis beatus, quod Deum intelligit; secundum illud Augustini, in V libro Confess., beatus est qui te novit, etiam si alia ignoret. Sed ex parte actus intelligentis, beatitudo est quid creatum in creaturis beatis, in Deo autem est etiam secundum hoc, aliquid increatum".[50]

"La bienaventuranza de la naturaleza intelectual consiste en el acto del entendimiento. En éste hay que distinguir: el objeto del acto, que es lo inteligible; y el acto en sí mismo, que es entender. Así, pues, la bienaventuranza, considerada por parte del mismo objeto, es sólo Dios; pues en este sentido alguien sólo es bienaventurado porque entiende a Dios, siguiendo lo que dice Agustín en el V libro Confess.: Bienaventurado es quien te conoce, aunque ignore todo lo demás. Pero por parte del acto del que entiende, la bienaventuranza es algo creado en las criaturas bienaventuradas; aunque en Dios, también en este sentido, es algo increado".

---

[49]San Agustín: *De Civ. Dei*, 2, 30, 1.

[50]Santo Tomás de Aquino: *Summ. Theol.*, I³, q. 26, a. 3; Cfr. I³-II°°, q. 3, a. 1; *In Sent.*, IV, dist. 49. q. 1, a. 2, q. a1.

8.4. REFLEXIONES TEOLÓGICAS

Por otro lado, después de señalar al insuficiencia de cualquier otro objeto para dar la felicidad plena al ser humano,[51] concluye que solo Dios puede saciar plenamente el apetito humano o el intelecto humano, pues solo Dios el el Sumo Bien y la Verdad infinita:

"impossibile est beatitudinem hominis esse in aliquo bono creato. Beatitudo enim est bonum perfectum, quod totaliter quietat appetitum, alioquin non esset ultimus finis, si adhuc restaret aliquid appetendum. Obiectum autem voluntatis, quæ est appetitus humanus, est universale bonum; sicut obiectum intellectus est universale verum. Ex quo patet quod nihil potest quietare voluntatem hominis, nisi bonum universale. Quod non invenitur in aliquo creato, sed solum in Deo, quia omnis creatura habet bonitatem participatam. Unde solus Deus voluntatem hominis implere potest; secundum quod dicitur in Psalmo CII, qui replet in bo-

"Es imposible que la bienaventuranza del hombre esté en algún bien creado. Porque la bienaventuranza es el bien perfecto que calma totalmente el apetito, de lo contrario no sería fin último si aún quedara algo apetecible. Pero el objeto de la voluntad, que es el apetito humano, es el bien universal. Por eso está claro que sólo el bien universal puede calmar la voluntad del hombre. Ahora bien, esto no se encuentra en algo creado, sino sólo en Dios, porque toda criatura tiene una bondad participada. Por tanto, sólo Dios puede llenar la voluntad del hombree, como se dice en Sal 102:5, 'El que colma de bienes tu

---

[51] Cfr. Santo Tomás de Aquino: *Summ. Theol.*, I^a–II^{ae}, q. 2, aa. 1–8. En estos artículos, el Santo va probando cómo no puede ser el "summum bonum" ni las riquezas, ni los honores, ni la fama o gloria humana, ni el poder, ni ningún bien corporal, ni ningún deleite, ni ningún bien del alma o riqueza suya. Solo Dios es el "Summum Bonum".

nis desiderium tuum. In solo igitur Deo beatitudo hominis consistit".⁵² deseo'. Luego la bienaventuranza del hombre consiste en Dios solo".

8.4.3 La felicidad esencial subjetiva o formal: visión, amor, posesión y gozo celestiales. La *esencia de la beatitudo* del bienaventurado

La teología clásica también se preocupó de indagar sobre el modo cómo el alma de los bienaventurados logra ese Objeto divino, de modo que sea plenamente feliz. Para ello es necesaria la unión del alma beatificada con el Dios beatificante. Esta unión no es substancial o hipostática, caso que solo se da en la Encarnación de la segunda Persona de la Santísima Trinidad, Jesucristo. En los hombres, la unión con Dios entra en la categoría de los accidentes, pero hay que distinguir entre la situación en la vida terrena y en la del Cielo:

- La unión en el presente eón es accidental (por medio de la gracia santificante y las virtudes infusas en el alma del justo), y limitada (además de la necesidad del claroscuro de la fe y de la esperanza, es compatible con el sufrimiento).

- La unión en el Cielo es accidental, pero mucho más perfecta. Y consiste en la posesión de Dios, esto es, la unión "beatificante" con Dios (objeto esencial de la bienaventuranza), a través de tres actos: la visión, el amor y el gozo consiguiente, ninguno de los cuales puede faltar para que sea completa la bienaventuran-

---

⁵²Santo Tomás de Aquino: *Summ. Theol.*, Iª–IIᵃᵉ, q. 2, a. 8, co. Cfr. Iª, q. 12, a. 1; *Cont. Gentes*, IV, 54; *De regim. prínc.* 1, 18; *In Ps.*, 32; *Compend. Theol.*, c. 108; p. 2, c. 9.

8.4. REFLEXIONES TEOLÓGICAS

za esencial. Son actos que no se realizan progresivamente, uno después del otro, pues la bienaventuranza eterna es indivisible.

A esa unión beatificante del alma en el Cielo, se la denomina "felicidad esencial subjetiva o formal".

Ahora bien, en la misma se distinguen, a su vez, la felicidad esencial subjetiva "natural" y la felicidad esencial subjetiva "metafísica". La primera (constituida por todo el conjunto de perfecciones y propiedades que corresponden a una cosa en el orden real) está formada por los tres actos mencionados (visión intuitiva, amor y gozo consiguiente). La segunda (que consiste en señalar la perfección o propiedad de una cosa que se considera fuente y raíz de todas las perfecciones y propiedades de la misma) es objeto de una polémica histórica entre los teólogos.

En efecto, se discute entre los teólogos si la felicidad subjetiva de los bienaventurados, en su aspecto de esencia "metafísica", consiste primariamente en el conocimiento de Dios, o más bien en el amor y la fruición consiguiente. La escuela tomista en general sigue la primera opción; la escuela escotista, en general, sigue la segunda.[53]

Santo Tomás de Aquino expone la objeción directamente: "Videtur quod beatitudo consistat in actu voluntatis". En otras palabras, hace la pregunta: "¿La bienaventuranza es una operación del entendimiento

---

[53] Algunos teólogos, intentaron evitar el problema de un modo ecléctico, optando por un intento de síntesis. Fue el caso de Alejandro de Hales, Suárez y Molina, quienes sostuvieron que la esencia metafísica de la bienaventuranza subjetiva de los justos en el Cielo consistía en un acto de la voluntad y del entendimiento conjuntamente, pues el hombre se une con Dios como fin último por medio de esos dos actos; por su parte, San Buenaventura y Lessio, sostuvieron que consistía en los tres actos de la visión intuitiva, amor y fruición, por que son necesarios los tres para la unión completa con Dios. Creo que es un modo de evitar profundizar en la discusión de fondo, que es de gran interés, entre otras cosas, para la construcción de una teoría del amor. Nos centraremos pues en las dos posiciones antagónicas.

o de la voluntad?" Su posición es a favor de la primera, ya que la bienaventuranza celestial consiste formalmente en la posesión de Dios; pero los santos en el Cielo lo poseen a través de la visión beatífica que es acto del entendimiento; el amor, como acto de la voluntad de los bienaventurados, sigue a esa posesión intelectual. El amor a Dios presupone tal visión cara a cara.

El amor, para Santo Tomás, nos impulsa o bien a conseguir un bien que todavía está ausente, en cuyo caso, lo llamamos deseo; o bien, hacia un bien ya poseído, en cuyo caso le llamamos alegría y reposo. Se presupone pues para que haya amor que se produzca la posesión de Dios, y ésta se tiene por la visión inmediata sin intermediario. Por eso, el amor precede a la posesión (buscándola y deseándola), o sigue a tal posesión (disfrutándola). Pero en cualquier caso, depende de la posesión de Dios, que se produce por la visión. Así pues, la bienaventuranza esencialmente consiste en la visión intuitiva de Dios, y es consumada en el amor que sigue a tal visión:

"Ad beatitudinem, sicut supra dictum est, duo requiruntur, unum quod est essentia beatitudinis; aliud quod est quasi per se accidens eius, scilicet delectatio ei adiuncta. Dico ergo quod, quantum ad id quod est essentialiter ipsa beatitudo, impossibile est quod consistat in actu voluntatis. Manifestum est enim ex præmissis quod beatitudo est consecutio finis ultimi. Consecutio au-

"Para la bienaventuranza se requieren dos cosas: una, lo que es la esencia de la bienaventuranza, y la otra, lo que la acompaña como accidente propio, es decir, la delectación consiguiente. Digo, por tanto, que es imposible que la bienaventuranza consista en un acto de la voluntad, en cuanto a lo que es esencialmente la bienaventuranza, pues se desprende claramente de lo antes dicho (a. 1 y 2; q. 2 a. 1), que la bienaventuranza es la

8.4. REFLEXIONES TEOLÓGICAS

tem finis non consistit in ipso actu voluntatis. Voluntas enim fertur in finem et absentem, cum ipsum desiderat; et præsentem, cum in ipso requiescens delectatur. Manifestum est autem quod ipsum desiderium finis non est consecutio finis, sed est motus ad finem. Delectatio autem advenit voluntati ex hoc quod finis est præsens, non autem e converso ex hoc aliquid fit præsens, quia voluntas delectatur in ipso. Oportet igitur aliquid aliud esse quam actum voluntatis, per quod fit ipse finis præsens volenti. Et hoc manifeste apparet circa fines sensibiles. Si enim consequi pecuniam esset per actum voluntatis, statim a principio cupidus consecutus esset pecuniam, quando vult eam habere. Sed a principio quidem est absens ei; consequitur autem ipsam per hoc quod manu ipsam apprehendit, vel aliquo huiusmodi; et tunc iam delectatur in pecunia habita. Sic igitur et circa intelligibilem finem con-

consecución del fin último. Pero la consecución del fin no consiste en el acto mismo de la voluntad, porque la voluntad se mueve a un fin cuando lo desea si está ausente, y cuando se deleita descansando en él si está presente. Pero es claro que el deseo mismo del fin no es su consecución, sino un movimiento hacia el fin. Ahora bien, la delectación le llega a la voluntad precisamente porque el fin está presente y no al contrario, que algo se haga presente porque la voluntad se deleita en ello. Por tanto, es necesario que haya algo distinto del acto de la voluntad por lo que el fin se haga presente a quien lo desea. Y esto se observa claramente a propósito de los fines sensibles. Pues, si el conseguir dinero fuera un acto de la voluntad, inmediatamente el deseoso lo habría conseguido desde el principio, cuando quiere tenerlo; pero le falta desde el principio, y lo consigue precisamente cuando lo toma con la mano o de alguna otra forma; y es entonces cuando goza de tener el dinero. Y lo mismo ocu-

tingit. Nam a principio volumus consequi finem intelligibilem; consequimur autem ipsum per hoc quod fit præsens nobis per actum intellectus; et tunc voluntas delectata conquiescit in fine iam adepto. Sic igitur essentia beatitudinis in actu intellectus consistit, sed ad voluntatem pertinet delectatio beatitudinem consequens; secundum quod Augustinus dicit, X Confess., quod beatitudo est gaudium de veritate; quia scilicet ipsum gaudium est consummatio beatitudinis".[54]

rre con el fin inteligible, porque desde el principio queremos conseguirlo, pero lo conseguimos precisamente por un acto del entendimiento, y es entonces cuando la voluntad gozosa descansa en el fin ya conseguido. Así, pues, la esencia de la bienaventuranza consiste en un acto del entendimiento; sin embargo, pertenece a la voluntad la delectación consiguiente a la bienaventuranza, como dice Agustín en X Conf. 21, que la bienaventuranza es el gozo de la verdad; porque el gozo mismo es la consumación de la bienaventuranza".

Scoto, apuesta por la posición contraria. Llevado de su voluntarismo, sostiene que la voluntad es superior al entendimiento, por lo que considera que la bienaventuranza eterna es esencialmente un acto de amor, al que la visión se subordina. Scoto considera la bienaventuranza como un todo y no en sus diferentes elementos como hace Santo Tomás. Por otro lado, Scoto se fija que en el presente eón es más perfecto amar a Dios que conocerlo ya que nuestro conocimiento de Dios está medido por nuestras ideas finitas y limitadas, mientras que nuestro amor, libre y meritoriamente, llega hasta Dios.[55]

* * *

---

[54]Santo Tomás de Aquino: *Summ. Theol.*, I^a–II^æ, q. 3, a. 4; I^a, q. 26, a. 2, ad 2; *In Sent.*, IV, dist. 49, q. 1, a. 1, q. a2; *Cont. Gentes*, III, 26; *Quodl.*, 8, q. 9, a. 1; *Compend. Theol.*, c.107.

[55]Cfr. R. Garrigou–Lagrange: *Life Everlasting...*, cit., pág. 171.

8.4. REFLEXIONES TEOLÓGICAS

A. Gálvez ha estudiado las razones de ambas perspectivas, pero se inclina por la segunda, como consecuencia de las exigencias del Amor y de la analogía con la Trinidad.[56] Hay un capítulo en sus *Comentarios al Cantar de los Cantares*[57] dedicado al tema que tiene una particular importancia. Veamos la doctrina de este autor.

Existe una corriente de doctrina multisecular según la cual la *beatitudo* consiste en la contemplación saciativa de la verdad, una contemplación que, como es lógico, no significa otra cosa que la visión de la Suprema Verdad.[58] Es lógico que así se haya visto porque el amor necesita de la contemplación de la persona amada ya que por ahí empieza el amor (Ca 5: 10–11; 1:16; 1 Cor 13:12; 1 Jn 3:2; etc.). Sin embargo para el amor consumado, perfecto y total no parece sea suficiente la mera contemplación de la persona amada, sino que es

---

[56] Cfr. Juan A. Jorge: *Tratado de Creación...*, cit., págs. 1089–1093.

[57] *O. c.*, vol. I, Parte II, capítulo V, "Contemplación y Felicidad," págs. 243–265. Este tema será retomado en varias de sus obras. Cfr. por ejemplo: *Siete...*, cit., pág. 213, n. 139; *Disputationes...*, cit., pág. 10; etc.

[58] Sobre Aristóteles puede verse, por ejemplo, la *Ética a Nicómaco*, X, 6 y 7. San Agustín es claro también: "Neque enim et nos videndo angelum beati sumus; sed videndo veritatem, qua etiam ipsos diligimus angelos, et his congratulamur" (*De vera religione*, 55, 110); sobre el *intelectualismo agustiniano*, cfr. É. Gilson, *Introduction a l'étude de Saint Agustin*, cap. I, Vrin, Paris, 1982. Pieper tiene una visión distinta de la de Gilson en cuanto al primado agustiniano de la voluntad en este punto, y defiende más bien el intelectualismo del Santo por lo que hace a la esencia de la vida feliz (Josef Pieper, *El Ocio y la Vida intelectual*, Rialp, Madrid, 1962, pág. 289). Santo Tomás: "Beatitudo est bonum perfectum naturæ intellectualis, aprehensum per intellectum" (*Summ. Theol.*, I^a, q. 26, a. 1); "Visio Dei per essentiam est tota essentia beatitudinis (I^a, q. 1, a. 4); "Beatitudo nihil aliud est, quam gaudium de veritate" (I^a–II^{æ}, q. 3, a. 4); "Beatitudo consistit in contemplatione veritatis et maxime Dei" (II^a–II^{æ}, q. 176, a. 1, ad 1); "Felicitas contemplativa est actus sapientiæ acquisitæ" (*II Sent.*, d. 41, a. 1). Santo Tomás, sin embargo a veces matiza, "Beatitudo est fruitio Dei" (I^a, q. 95, a. 4); "Ad beatitudinem tria requiruntur: scilicet visio Dei, comprehensio, et delectatio" (I^a–II^{æ}, q. 4, a. 3).

necesario el concepto de mutua posesión, de fruición de amor. Y esto por las siguientes razones:

1. El hombre es inteligencia y voluntad (corazón) y nadie ama con la mera inteligencia.

2. El hombre es imagen y semejanza de Dios, que es Amor (1 Jn 4: 8.16).

3. El amor no se sacia con la contemplación de la persona amada, sino con poseerla y ser poseído por ella (en la Trinidad, el amor es Don recíproco del Padre y del Hijo).

4. En el Cantar de los Cantares hay contemplación, pero sobre todo, mutua posesión (Ca 2:14; 5: 1–2; cfr. las parábolas de la oveja perdida y del Buen Pastor, Mt 18: 12–14; Lc 15: 4–6; Jn 10: 1–17; la entrega total de Jesucristo en la Cruz; etc.).

5. Se ve un equilibrio perfecto entre la contemplación y la mutua posesión en el Sermón de la Última Cena (Jn 17:3; cfr. Jn 17: 23–24.26).

6. Es necesario superar el binomio intelectualismo o voluntarismo en los ámbitos de la antropología, ascética y pastoral.

7. Todo se sustenta sobre la importancia de la doctrina de la persona para el concepto del amor.[59]

La razón última de la diferencia de opinión entre A. Gálvez, Santo Tomás y Scoto, se debe al concepto que tienen de la naturaleza del amor, es decir, de la metafísica del mismo. Remitiéndome a estudios más detallados para la profundización de este tema,[60] baste ahora, sin

---

[59] Sobre esto, cfr. Juan A. Jorge: *Dios Uno...*, cit., págs. 581–697.

[60] Cfr. Juan A. Jorge: *Dios Uno...*, cit., págs. 386–411; Id.: *El Amor en Santo Tomás y en A. Gálvez*, lección inaugural del Curso 2010, Seminario de San Bernardo, Chile.

8.4. REFLEXIONES TEOLÓGICAS

ánimo exhaustivo y solo como indicativo y a modo de resumen, con presentar el siguiente listado de las principales diferencias entre las posiciones que en torno al amor se dan en Santo Tomás y A. Gálvez:

1. Dios es considerado ante todo, como el Ser por Sí (Santo Tomás); Dios es considerado ante todo como el Ser en el que su Ser por Sí y el Amor coinciden (A. Gálvez).

2. El amor se da en todos los seres analógicamente (Santo Tomás); el amor se da solo entre personas, aunque analógicamente en Dios, los ángeles y los hombres (A. Gálvez).

3. El amor es la primera presencia del bien al apetito (Santo Tomás); el amor es relación de entrega total y recíproca entre personas (A. Gálvez).

4. El amor surge ante la presencia del bien en general —o belleza o verdad en general— (Santo Tomás); el amor surge ante la presencia del bien —o belleza o verdad personal— de la persona del amante ofrecido a la persona del amado (A. Gálvez).

5. El amor en el ser humano es un hábito de la voluntad (Santo Tomás);[61] el amor en el ser humano es la actividad propia y más elevada de la persona humana a la que se subordinan y cooperan todas sus potencias y realidades —la persona se puede entender como "potencia activa de amar"— (A. Gálvez).

6. La virtud de la caridad es creada en nuestra alma como segunda naturaleza (Santo Tomás); el amor, en el grado de máximo entre el hombre y Dios, es la misma presencia del Amor de Dios en nosotros, y la inhabitación de la Trinidad en el alma del justo,

---

[61] Aunque Santo Tomás, siguiendo a Aristóteles, no considera la amistad como una virtud, sin embargo al hablar de la Caridad, por ser virtud infusa, entra dentro de los hábitos.

llegando a esa transformación de vidas —Santo Tomás no acepta esta interpretación, pues dice él que se perdería la libertad del hombre— (A. Gálvez).

7. El amor divino–humano ha de ser descrito en términos de amor de concupiscencia y de benevolencia (Santo Tomás); el amor divino–humano supera la clasificación entre el amor de concupiscencia y de benevolencia (A. Gálvez).

Ahora se puede comprender mejor, sobre la base de las características enumeradas, la diferente posición del Aquinate y de A. Gálvez en torno a la esencia de la bienaventuranza subjetiva en el Cielo. Para el primero, la bienaventuranza del Cielo es sobre todo contemplación de la verdad, por la facultad más elevada que tiene cual es la del entendimiento, como ya vimos en un extensa cita.[62] A la que se puede añadir, el siguiente texto:

"Beatitudo, cum sit bonum, est obiectum voluntatis. Obiectum autem præintelligitur actui potentiæ. Unde, secundum modum intelligendi, prius est beatitudo divina, quam actus voluntatis in ea requiescentis. Et hoc non potest esse nisi actus intellectus. Unde in actu intellectus attenditur beatitudo".[63]

"La bienaventuranza en cuanto bien, es el objeto de la voluntad. Pero el objeto es conocido antes del acto de la potencia. Por eso, según nuestro modo de entender, la bienaventuranza divina es anterior al acto de la voluntad que descansa en ella. Y esto no puede darse más que por el acto del entendimiento. Por eso la bienaventuranza está situada en el acto del entendimiento".

---

[62]Santo Tomás de Aquino: *Summ. Theol.*, I^a, q. 26, a. 2, co. Cfr. *In Sent.*, II, dist. 16, a. 2; *In 1 Tim.*, c. 6, lect. 3.

[63]Santo Tomás de Aquino: *Summ. Theol.*, I^a, q. 26, a. 2, ad 2.

8.4. REFLEXIONES TEOLÓGICAS 493

Por eso decía Gilson que es inevitable en el tomismo esta conclusión: La esencia misma de la bienaventuranza consiste, pues, en un acto del intelecto; unicamente la delectación que le acompaña puede considerarse como un acto de la voluntad.[64]

En cambio, para A. Gálvez, la bienaventuranza del Cielo es sobre todo la posesión y gozo del Amado.

"Puesto que el hombre ha sido creado a imagen y semejanza del Dios que es Amor —lo cual equivale a decir que ha sido hecho para amar y para ser amado—, parece legítimo concluir que no puede alcanzar la beatitud de su último fin sino a través de la consumación de un perfecto amor. El corazón humano no se va a sentir saciado hasta que llegue el momento de consumirse en el fuego de un Amor infinito para el cual ha sido creado... Pero el amor tampoco se sacia con la contemplación de la persona amada, pues lo que anhela el amante es la posesión del amado. Y aún más todavía ser poseído por él, puesto que, como viene a decir el mismo Señor, la entrega (donación) es mejor que la recepción (Hech 20:35). Así como en el seno de la Trinidad, o Amor substancial, el Espíritu Santo es esencialmente Don, como donación mutua que es entre Personas —*Qui ex Patre Filioque procedit*—, del mismo modo el amor participado tiene que consistir en una mutua y recíproca entrega que también tiene lugar entre personas. Y, si bien la contemplación cabe ser imaginada

---

[64]Cfr. É. Gilson: *El Tomismo*, cit., págs. 447–477.

meramente como recepción, el amor en cambio no puede ser entendido esencialmente sino como donación."[65]

"La doctrina de la contemplación saciativa de la verdad ha de tener en cuenta que ahora la Verdad es una Persona (Jn 14:6; 17:17; 5:32), la cual ha hecho suya además una naturaleza humana para poder ser amada de la única manera según la cual el hombre es capaz de amar. A su vez la persona no puede ser considerada meramente como objeto último de contemplación, sino como el termino final de la posesión y de la entrega. La capacidad de contemplar a *otra* persona —y de ser contemplado también por ella— culmina con la capacidad de poseerla —y de ser poseído igualmente por ella—. El Dios que es Amor se conoce y se ama a sí mismo, aunque de tal manera que en su absoluta simplicidad se identifican la Inteligencia y la Voluntad infinitas; por lo cual el Padre no es Padre sin el Hijo (*generatio intellectualis*), ni ambos lo son sin el Espíritu Santo (*spiratio amoris*). De parecida manera el hombre, hecho por Dios a imagen y semejanza suyas, ha sido dotado por lo mismo de una inteligencia capaz de conocer... y de una voluntad capaz de amar lo conocido. Y en este caso lo conocido y lo amado es precisamente Dios, o el objeto definitivo y el fin último del conocimiento *y del amor* humanos. Decir que no hay amor sin inteligencia y sin voluntad es lo mismo que decir que no hay amor sin contemplación y sin recíproca entrega y posesión. De ahí que, puesto que el hombre ha sido hecho para el amor, no puede alcanzar

---

[65] Aunque, como todo en el amor es recíproco, la donación de sí, por parte de cada uno de los amantes, se convierte necesariamente en su recepción por parte del otro. A. Gálvez: *Comentarios...*, cit., vol. I, págs. 251–252.

8.4. REFLEXIONES TEOLÓGICAS

su beatitud final sin entregarse al objeto de ese amor y sin poseerlo a su vez.[66] El proceso discurre de manera que primero ha de tener lugar el conocimiento de la cosa digna de ser amada, y solamente después es cuando surge el amor a esa cosa. Y sin que importe aquí mucho que la prioridad sea temporal, atemporal, o meramente de razón o de naturaleza. De este modo puede concluirse, con bastantes visos de aproximación a la verdad, que lo que realmente aparece *al final* de todo —o el fin verdaderamente único— es el amor, y no la mera contemplación."[67]

8.4.4 Conocimiento de Dios en el Cielo. Objeto primario y secundario. El "lumen gloriæ"

Conviene profundizar, en primer lugar, sobre el modo del conocimiento de Dios que tienen los bienaventurados, porque en la teología clásica es el punto fundamental sobre el que pivota la vida de los mismos en el Cielo.

El conocimiento de la naturaleza divina que tienen los bienaventurados en el Cielo es de un modo intuitivo y directo. Es el conocimiento más perfecto al que puede llegar el hombre.[68]

La Santa Biblia habla de este tipo de conocimiento directo, inmediato e intuitivo de Dios: 1 Cor 13:12; 1 Jn 3:2; Mt 5:8; 18:10; 2 Cor 5:7; Ap 22:4; etc. Por su parte, el Magisterio ha proclamado como verdad de fe el hecho de que los bienaventurados en el Cielo

---

[66]El Infierno no consiste fundamentalmente en la privación absoluta de conocimiento de Dios, sino en la carencia total de amor de Dios.

[67]A. Gálvez: *Comentarios...*, cit., vol. I, págs. 256–257, y n. 32.

[68]Sobre toda esta realidad, cfr. Juan A. Jorge: *Dios Uno...*, cit., págs. 80–98.

poseen un conocimiento inmediato e intuitivo de la esencia divina en la Constitución "Benedictus Deus" de Benedicto XII.[69]

Los teólogos hablan de un doble objeto de la visión de Dios: el objeto primario de la visión inmediata de Dios es su esencia divina infinita en la plenitud de vida personal trinitaria; el objeto secundario consiste en las cosas extra–divinas vistas en Dios como el origen de todas ellas, siendo mayor o menor la amplitud del mismo dependiendo del mayor o menor mérito de los bienaventurados. En efecto:

- Objeto primario (Dios).
    - La esencia divina, sus atributos, la Trinidad. Pero no comprehensivamente, "totus sed non totaliter" (Florencia).
    - Los libres decretos de su voluntad.
        * "Entitativamente": sí porque se identifican con la esencia divina.
        * "Terminativamente": algunos sólo por gracia.
- Objeto secundario (las cosas que Dios conoce).
    - No las cosas "posibles," pues supondría comprehender el entendimiento divino.
    - En cuanto a las cosas "actuales," hay que distinguir entre:
        * Los bienaventurados que conocen:
            · No todas las cosas actuales, sino las del pasado, presente y futuro que les afectan.
            · Tienen un conocimiento simultáneo y con visión única.

---

[69]Cfr. *D. S.*, 1000; el Concilio de Florencia también sostiene el mismo principio, *D. S.*, 1305. Son adversarios de este dogma, tanto Eunomio como Gregorio Palamas, como ya se mostró.

8.4. REFLEXIONES TEOLÓGICAS

- Hay diversos grados de conocimiento según su mérito.
- Los males morales y físicos no causan menor gozo porque brillan en ellos la justicia, la misericordia y la providencia divinas.
- La situación de los condenados no disminuye el gozo de los bienaventurados, sino que su gozo es más pleno al comprobar lo contrario; además todo lo juzgan con inteligencia y no con pasión, y comprueban la realidad de la justicia divina, el endurecimiento de los condenados en el pecado y que, en fin, el Infierno es obra de la justicia y del amor divinos (Dante).[70]

* Jesucristo quien:
    - No conocía las cosas posibles.
    - Sí, todas las actuales (pasadas, presentes y futuras), por ser Juez Universal.

Este modo de conocimiento transciende el poder natural del entendimiento del hombre; por lo tanto es estrictamente sobrenatural. El Magisterio así lo ha declarado en varias ocasiones: Concilio de Vienne contra Begardos y Beginas,[71] condena de los errores de Bayo,[72] errores del Sínodo de Pistoya,[73] Vaticano I ("Unum esse Deum... incomprehensibilem... et super omnia quæ præter ipsum sunt et concipi

---

[70]Cfr. la certera crítica a los que niegan la existencia del Infierno o su eternidad debido a su contradicción con la Bondad de Dios, en A. Gálvez: *Siete...*, cit., págs. 163–164; sobre todo en su *El Amigo Inoportuno*, Shoreless Lake Press, New Jersey, 1995, págs. 89–106.

[71]*D. S.*, 895.

[72]*D. S.*, 1903–1905, 1911.

[73]*D. S.*, 2616.

possunt, ineffabiliter excelsus")[74] y Pío XII.[75] La razón de lo mismo es que el modo de conocer se acomoda al modo de ser del cognoscente;[76] como dice Santo Tomás: "La intuición del ser divino, sólo corresponde al ser divino":

"Impossibile est quod aliquis intellectus creatus per sua naturalia essentiam Dei videat. Cognitio enim contingit secundum quod cognitum est in cognoscente. Cognitum autem est in cognoscente secundum modum cognoscentis. Unde cuiuslibet cognoscentis cognitio est secundum modum suæ naturæ. Si igitur modus essendi alicuius rei cognitæ excedat modum naturæ cognoscentis, oportet quod cognitio illius rei sit supra naturam illius cognoscentis. Est autem multiplex modus essendi rerum. Quædam enim sunt,

"Es imposible que un entendimiento creado por su capacidad natural vea la esencia de Dios. Pues el conocimiento se realiza según el modo como lo conocido está en el que conoce. Y lo conocido está en el que conoce según su modo de conocer. De ahí que todo conocimiento se ajuste a la naturaleza del que conoce. Así, pues, si el modo de ser de alguna cosa conocida excede el modo de ser de la naturaleza del que conoce, es necesario que el conocimiento de aquello esté por encima de la naturaleza de aquél. Y hay un múltiple modo de ser de

---

[74] *D. S.*, 3001; "...ad participanda scilicet bona divina, quæ humanæ mentis intelligentiam omnino superant..." (*D. S.*, 3005).

[75] "Alii veram *gratuitatem* ordinis supernaturalis corrumpunt, cum autument Deum entia intellectu prædita condere non posse, quin eadem ad beatificam visionem ordinet et vocet" (*D. S.*, 3891).

[76] Se entiende por "sobrenatural" porque no le corresponde a la naturaleza humana ni constitutivamente (como sí es el cuerpo o el alma), ni exigitivamente (como es la conservación y el concurso divinos), ni consecutivamente (como sí son las facultades del hombre vegetativas, sensitivas y racionales y sus respectivas funciones). Es, pues, estrictamente sobrenatural y no simplemente preternatural.

quorum natura non habet esse nisi in hac materia individuali, et huiusmodi sunt omnia corporalia. Quædam vero sunt, quorum naturæ sunt per se subsistentes, non in materia aliqua, quæ tamen non sunt suum esse, sed sunt esse habentes, et huiusmodi sunt substantiæ incorporeæ, quas Angelos dicimus. Solius autem Dei proprius modus essendi est, ut sit suum esse subsistens. Ea igitur quæ non habent esse nisi in materia individuali, cognoscere est nobis connaturale, eo quod anima nostra, per quam cognoscimus, est forma alicuius materiæ. Quæ tamen habet duas virtutes cognoscitivas. Unam, quæ est actus alicuius corporei organi. Et huic connaturale est cognoscere res secundum quod sunt in materia individuali, unde sensus non cognoscit nisi singularia. Alia vero virtus cognoscitiva eius est intellectus, qui non est actus alicuius organi corporalis. Unde per intellectum connatura-

las cosas. Hay algunas cuya naturaleza no existe más que en la materia individual. Así son todos los seres corporales. Hay otras, sin embargo, cuya naturaleza subsiste en sí misma, no en alguna materia, y que, sin embargo, no son su propio ser, sino que tienen ser. Así son las sustancias incorpóreas llamadas ángeles. El único propio modo de ser es el de Dios, que es su propio ser subsistente. Así, pues, aquellas cosas que no tienen su ser más que en la materia individual, las conocemos por connaturalidad, pero nuestra alma, a través de la que conocemos, es forma de alguna materia. Y, además, tiene dos facultades cognoscitivas. Una, la correspondiente al acto de algún órgano corporal. A éste le corresponde conocer por connaturalidad las cosas tal como están en la materia individual. De ahí que el sentido no conozca más que lo singular. La otra facultad cognoscitiva es el entendimiento, que no es ningún acto de un órgano corporal. De ahí que al entendimiento le co-

le est nobis cognoscere naturas, quæ quidem non habent esse nisi in materia individuali; non tamen secundum quod sunt in materia individuali, sed secundum quod abstrahuntur ab ea per considerationem intellectus. Unde secundum intellectum possumus cognoscere huiusmodi res in universali, quod est supra facultatem sensus. Intellectui autem angelico connaturale est cognoscere naturas non in materia existentes. Quod est supra naturalem facultatem intellectus animæ humanæ, secundum statum præsentis vitæ, quo corpori unitur. Relinquitur ergo quod cognoscere ipsum esse subsistens, sit connaturale soli intellectui divino, et quod sit supra facultatem naturalem cuiuslibet intellectus creati, quia nulla creatura est suum esse, sed habet esse participatum. Non igitur potest intellectus creatus Deum per essentiam videre, nisi inquantum Deus per suam gratiam se inte-

rresponda conocer por connaturalidad las naturalezas que no tienen su ser más que en la materia individual, pero no en cuanto concretadas en la materia individual, sino en cuanto son abstraídas de la materia por el entendimiento. De ahí que por el entendimiento podamos conocer de este modo lo universal, algo que está por encima de la facultad del sentido. Por su parte, connatural al entendimiento angélico es conocer las naturalezas no existentes en la materia, algo que está por encima de la capacidad del entendimiento del alma humana, por cuanto en la presente vida está unida al cuerpo. Consecuentemente, hay que concluir que conocer al mismo ser subsistente es connatural sólo al entendimiento divino, que está por encima de la capacidad natural de cualquier entendimiento creado, porque ninguna criatura es su propio ser, sino que participa del ser. Así, pues, el entendimiento creado no puede ver a Dios en su esencia, a no ser que Dios, por

8.4. REFLEXIONES TEOLÓGICAS

llectui creato coniungit, ut intelligibile ab ipso".[77]

su gracia, se una al entendimiento creado haciéndose inteligible".

Transcendiendo todo entendimiento creado, el hombre sólo puede gozar de este conocimiento con una gracia especial de Dios, que es superior a la simple elevación del entendimiento humano mediante la gracia y los hábitos intelectuales infusos (vgr. la fe, las virtudes intelectuales o los dones intelectivos del Espíritu Santo), porque la visión intuitiva de Dios es, por un lado, incompatible con la fe, y además es de un orden superior y no proporcionado a las virtudes y dones intelectivos. Se requiere pues una ayuda sobrenatural especial que se suele denominar "luz de la gloria" ("lumen gloriæ") desde Santo Tomás y San Buenaventura.[78] El nombre tiene su fundamento en algunos textos bíblicos (Sal 36:10, "porque en ti está la fuente de la vida, en tu luz vemos la luz"; Ap 21:23; 1 Jn 3:2).

Consiste en un perfeccionamiento y elevación permanentes —un hábito— del conocimiento humano operado por Dios, a través del cual es fortalecido internamente para que pueda tener el conocimiento inmediato de la esencia divina. Santo Tomás de Aquino lo define como, "perfectio quædam intellectus confortans ipsum ad videndum Deum".[79] Y S. Ramírez como, "hábito intelectual operativo, infuso de suyo (per se) por el cual el entendimiento creado se hace deiforme y queda inmediatamente dispuesto para la unión inteligible con la misma esencia divina y se hace próximamente capaz de realizar el acto de

---

[77]Cfr. Santo Tomás de Aquino: *Summ. Theol.*, I^a, q. 12, a. 4, co.; cfr. q. 56, a. 3; q. 64, a. 1, ad 2; q. 88, a. 3; I^a–II^{ae}, q. 5, a. 5; q. 62, a. 1; *In Sent.*, II, dist. 4, a. 11; dist. 23, q. 2, a. 1; IV, dist. 49, q. 2, a. 6; *De Verit.*, q. 8, a. 3; *In 1 Tim.*, c. 6, lect. 3; *Cont. Gentes*, I, 3; II, 49.52. *In De Anima* a. 17, ad 10.

[78]Cfr. J. Ibáñez – F. Mendoza: *Dios Consumador...*, cit., págs. 182–183.

[79]Cfr. Santo Tomás de Aquino: *Summ. Theol.*, I^a, q. 12, a. 5, ad 2.

la visión beatífica".[80] La presencia de este "lumen gloriæ," disuelve el "lumen fidei" (la fe por la que conocemos sobrenaturalmente la esencia divina en nuestra vida terrena). Sin el "lumen gloriæ" no podríamos conocer inmediatamente la naturaleza divina, porque sería inaccesible para el hombre (1 Tim 6:16; Jn 1:18; Mt 11:27; Jn 6:46; 1 Cor 2:11; etc.).

El Concilio de Vienne condenó a los Begardos y Beguinas quienes negaron la necesidad de la luz de la gloria para la visión y el gozo del Cielo.[81]

La posibilidad de tal elevación del alma se fundamenta en la capacidad que el alma tiene de ser elevada al orden sobrenatural (potencia obediencial), y en la omnipotencia divina que así lo ha dispuesto.[82] La necesidad de tal elevación está basada en el distinto grado de luz necesita el entendimiento para conocer diferentes objetos: la luz simple de la razón, para las cosas de este mundo; la luz de la fe, para los objetos sobrenaturales en el presente eón; la luz de la gloria para el Cielo:

"Omne quod elevatur ad aliquid quod excedit suam naturam, oportet quod disponatur aliqua dispositione quae sit supra suam naturam, sicut, si aer debeat accipere for-	"Todo aquello que es elevado hasta algo que está por encima de su naturaleza, necesita que se le prepare con alguna disposición que esté por encima de la naturaleza. Ejemplo: Si el aire tiene que tomar

---

[80]S. Ramírez: *De Hominis Beatitudine*, t 3, n. 298, pág. 483; Cfr. J. Ibáñez – F. Mendoza: *Dios Consumador...*, cit., pág. 183.

[81]Según J. Ibáñez – F. Mendoza: *Dios Consumador...*, cit., pág. 183, la existencia y necesidad de esta luz es de fe divina y católica definida. Pero el Concilio no entra a considerar la naturaleza de tal elevación.

[82]Cfr. Santo Tomás de Aquino: *Summ. Theol.*, I^a, q. 12, a. 4, ad 3.

8.4. REFLEXIONES TEOLÓGICAS

mam ignis, oportet quod disponatur aliqua dispositione ad talem formam. Cum autem aliquis intellectus creatus videt Deum per essentiam, ipsa essentia Dei fit forma intelligibilis intellectus. Unde oportet quod aliqua dispositio supernaturalis ei superaddatur, ad hoc quod elevetur in tantam sublimitatem. Cum igitur virtus naturalis intellectus creati non sufficiat ad Dei essentiam videndam, ut ostensum est, oportet quod ex divina gratia superaccrescat ei virtus intelligendi. Et hoc augmentum virtutis intellectivae illuminationem intellectus vocamus; sicut et ipsum intelligibile vocatur lumen vel lux. Et istud est lumen de quo dicitur Apoc. XXI, quod claritas Dei illuminabit eam, scilicet societatem beatorum Deum videntium. Et secundum hoc lumen efficiuntur deiformes, idest Deo similes; secundum illud I Ioan. III, cum apparuerit, similes ei eri-

la forma del fuego, es necesario que se le disponga para ello. Cuando algún entendimiento creado ve a Dios en su esencia, la misma esencia de Dios es la que produce la forma inteligible del entendimiento. De ahí que sea necesario que se le añada al entendimiento alguna disposición sobrenatural para que pueda ser elevado hasta tanta sublimidad. Así, pues, como quiera que la capacidad natural del entendimiento creado no es suficiente para ver la esencia de Dios, algo ya demostrado (a. 4), es necesario que su capacidad de entender aumente por la gracia divina. Este aumento de capacidad intelectiva la llamamos iluminación del entendimiento, como a lo inteligible se le llama luminosidad o luz. Y ésta es la luz de la que se dice en Ap 21:23: La claridad de Dios la iluminará, esto es, iluminará a la comunidad de bienaventurados que ven a Dios. Por esa misma luz se convierten en deiformes, es decir, semejantes a Dios, según aquello de 1 Jn 3:2, 'Cuando aparezca, seremos seme-

mus, et videbimus eum sicuti jantes a Él y le veremos tal como est".[83] es'".

8.4.5 Visión y fijación de los bienaventurados. La libertad y la impecabilidad del bienaventurado

La visión inmediata de Dios por parte de los bienaventurados produce el efecto de la fijación de la voluntad de los mismos en el Bien Supremo que es Dios, de tal manera que ya no pueden querer cambiarlo por ningún otro bien, que siempre sería inferior. Es por eso que los bienaventurados tienen la cualidad, no solo la "impecancia" (esto es, que de hecho no cometen pecado), sino que tienen la "impecabilidad" (de derecho, no pueden pecar).

La teología clásica distingue entre impecabilidad natural, esencial o absoluta (propia y exclusiva de Dios, y de Jesucristo en virtud de la unión hipostática)[84] y participada (la que puede corresponder a las distintas creaturas). Ésta, a su vez, admite diferentes grados: impecabilidad de hecho o consiguiente, en cuanto no pecan en realidad, y de derecho o antecedente, en cuanto no pueden pecar.[85]

La impecabilidad de hecho de los bienaventurados aparece en la Sagrada Escritura en 1 Pe 1: 3ss ("Bendito sea Dios, Padre de nuestro Señor Jesucristo, que por su gran misericordia nos ha engendrado de

---

[83]Cfr. Santo Tomás de Aquino: *Summ. Theol.*, Iª, q. 12, a. 5, co. Cfr. q. 58, a. 6. 7; q. 94, a. 1, ad 3; *In Sent.* III, dist. 14, a. 1, q.a 3; IV, d. 49, q. 2, a. 6; *De Verit*, q. 8, a. 3; q. 18, a. 1, ad 1; q. 20, a. 2; *Quodl.* 7, q. 1, a. l; *Cont. Gentes*, III, 53. 54; *Compend. Theol.*, c. 105.

[84]Cfr. Santo Tomás de Aquino: *Summ. Theol.* IIIª, q. 18, a 1, ad 4.

[85]Se sostiene que la impecabilidad consiguiente o de hecho es verdad de fe divina y católica definida, mientras que la antecedente o de derecho es doctrina teológicamente cierta (cfr. J. Ibáñez – F. Mendoza: *Dios Consumador...*, cit., pág. 190).

8.4. REFLEXIONES TEOLÓGICAS 505

nuevo —mediante la resurrección de Jesucristo de entre los muertos— a una esperanza viva, a una herencia *incorruptible*, inmaculada y que *no se marchita*, reservada en los Cielos para vosotros...") o en Ap 21:27 ("pero no entrará nada profano, ni el que comete abominación y falsedad, sino los que están escritos en el libro de la vida del Cordero"). Verdad que es sostenida a su vez en los Santos Padres.[86]

* * *

Por lo mismo, su libertad con respecto a Dios está condicionada y no es ni como la libertad infinita y perfecta de Dios, ni como la libertad de los seres humanos con respecto a Dios en estado de peregrinación, en el eón presente. De este modo, hacia Dios como objeto de su libertad, los bienaventurados siempre querrán elegirlo, y nunca podrán elegir un bien menor. En efecto, ante Dios, no tienen:

- Libertad de ejercicio, esto es, poner un acto u omitirlo, porque no pueden no pensar en Dios al que ven intuitiva y directamente, a diferencia de lo que ocurre en el *status viatoris*.

- Libertad de especificación, esto es, poder elegir entre un acto u otro diferente, porque Dios es un objeto que es universalmente bueno y bajo todas las consideraciones, por lo que la voluntad necesariamente tenderá hacia Él y no podrá querer otra cosa.

Santo Tomás abunda en esta distinción al indagar si el objeto de la voluntad la mueve necesariamente o no:

---

[86] Cfr. Afraates: "ni los impíos alcanzarán ni entrarán en el Reino de Dios, ni los justos pecarán como para ir al castigo" (*Demostrationes*, P. Sir., I, 911). San Agustín: "la primera libertad de la voluntad fue poder no pecar..., la última (bienaventurados) será mucho más excelente: no poder pecar"(*De Corrept. et Grat.*, P. L., 44, 936).

"Voluntas movetur dupliciter, uno modo, quantum ad exercitium actus; alio modo, quantum ad specificationem actus, quæ est ex obiecto. Primo ergo modo, voluntas a nullo obiecto ex necessitate movetur, potest enim aliquis de quocumque obiecto non cogitare, et per consequens neque actu velle illud. Sed quantum ad secundum motionis modum, voluntas ab aliquo obiecto ex necessitate movetur, ab aliquo autem non. In motu enim cuiuslibet potentiæ a suo obiecto, consideranda est ratio per quam obiectum movet potentiam. Visibile enim movet visum sub ratione coloris actu visibilis. Unde si color proponatur visui, ex necessitate movet visum, nisi aliquis visum avertat, quod pertinet ad exercitium actus. Si autem proponeretur aliquid visui quod non omnibus modis esset color in actu, sed secundum aliquid esset tale, secundum autem aliquid non tale, non ex necessitate visus tale obiectum videret, posset enim intendere in ipsum ex ea parte qua non est coloratum in actu, et sic

"La voluntad se mueve de dos modos: para el ejercicio del acto y para la especificación del acto, que proviene del objeto. En el primer modo, por tanto, ningún objeto mueve a la voluntad con necesidad, pues uno puede no pensar en ningún objeto y, consiguientemente, tampoco quererlo en acto. Pero, en cuanto al segundo modo de moción, unos objetos mueven a la voluntad con necesidad, otros no. En efecto, en el movimiento de cualquier potencia producido por su objeto, hay que tener en cuenta la razón por la que un objeto mueve a la vista bajo la razón de color visible en acto. Por eso, si se presenta un color a la vista, necesariamente la mueve si no se la aparta; esto pertenece al ejercicio del acto. Pero si se presenta a la vista algo que no es color en acto en todos los aspectos, sino que lo es en un aspecto, pero no en otro, entonces la vista no lo ve por necesidad, pues podría mirarlo desde la parte que no tiene color en acto, y entonces no lo vería. Pues

8.4. REFLEXIONES TEOLÓGICAS

ipsum non videret. Sicut autem coloratum in actu est obiectum visus, ita bonum est obiectum voluntatis. Unde si proponatur aliquod obiectum voluntati quod sit universaliter bonum et secundum omnem considerationem, ex necessitate voluntas in illud tendet, si aliquid velit, non enim poterit velle oppositum. Si autem proponatur sibi aliquod obiectum quod non secundum quamlibet considerationem sit bonum, non ex necessitate voluntas feretur in illud. Et quia defectus cuiuscumque boni habet rationem non boni, ideo illud solum bonum quod est perfectum et cui nihil deficit, est tale bonum quod voluntas non potest non velle, quod est beatitudo. Alia autem quælibet particularia bona, inquantum deficiunt ab aliquo bono, possunt accipi ut non bona, et secundum hanc considerationem, possunt repudiari vel approbari a voluntate, quæ potest in idem ferri secundum diversas considerationes".[87]

bien, lo que tiene color en acto es el objeto de la vista, lo mismo que el bien lo es de la voluntad. Por tanto, si se propone a la voluntad un objeto que sea universalmente bueno y bajo todas las consideraciones, necesariamente la voluntad tenderá a él si quiere algo, pues no podrá querer otra cosa. Pero si se le propone un objeto que no sea bueno bajo todas las consideraciones, la voluntad no se verá arrastrada por necesidad. Y, porque el defecto de cualquier bien tiene razón de no bien, sólo el bien que es perfecto y no le falta nada, es el bien que la voluntad no puede no querer, y éste es la bienaventuranza. Todos los demás bienes particulares, por cuanto les falta algo de bien, pueden ser considerados como no bienes y, desde esta perspectiva, pueden ser rechazados o aceptados por la voluntad, que puede dirigirse a una misma cosa según diversas consideraciones".

---

[87]Santo Tomás de Aquino: *Summ. Theol.*, Iª–IIæ, q. 10, a. 2. Cfr. Iª, q. 82, a. 1; *In Sent.* II, dist. 25, a. 2; *De Verit.*, q. 22, a. 6; *De Malo*, q. 6; *In Periherm.*, 1, lect. 14.

R. Garrigou–Lagrange aclara que el amor por el Bien Supremo en el Cielo alcanza tal perfección que se convierte en un amor más alto que la misma libertad, un amor que no puede nunca perderse. Pero, además, este amor que no es libre en el sentido que nosotros experimentamos la libertad en este mundo, sin embargo no es forzado ni obligado; tampoco es algo inferior a la libertad o el mérito, como ocurre en los actos involuntarios de nuestra naturaleza aquí en la tierra. Sino que es algo superior a la libertad y al mérito, como el amor espontáneo que Dios tiene por Sí mismo, el amor que es común a las tres divinas Personas: así como Dios necesariamente ama su infinita bondad, del mismo modo, nuestro amor, que surge de la visión beatífica no puede ser interrumpido o perder nada de su fervor.[88]

El bienaventurado no puede dejar de amar a Dios en el sentido indicado, pero sí conserva su libertad para otras decisiones, con respecto a otros objetos: para amar uno u otro de los bienes finitos, o una u otra alma, o preferir un alma a la otra, o para pedir por ellas, etc. Pero, incluso en estos aspectos, su libertad no se desvía nunca hacia el mal. Su libertad se parece a la libertad propia de Dios, que es al mismo tiempo infinitamente libre e impecable.[89] O también se parece a la libertad humana de Jesucristo, quien teniendo la visión beatífica desde el primer instante de su concepción y tuvo una perfecta libertad humana.[90]

---

[88]R. Garrigou–Lagrange: *Life Everlasting...*, cit., págs. 182–183.

[89]Cfr. Juan A. Jorge: *Dios Uno...*, cit., págs. 350–371.

[90]Sobre el particular y la polémica que existe entre los teólogos actuales, cfr. Juan A. Jorge: *Cristología*, cit., vol. II, págs. 417–446; Id: *La compatibilidad entre los tres modos de la ciencia humana de Jesucristo*, en "III Congreso Internacional de Filosofía Tomista", Santiago de Chile, 19–21 de julio del 2016. La diferencia entre la libertad humana de Jesucristo en la tierra y la de los bienaventurados en el Cielo, estriba que los actos de éstos no son ya meritorios, porque ya llegaron al término de su peregrinación terrena, donde sí podían merecer; pero el alma confirmada en gracia ya no puede merecer (Cfr. R. Garrigou–Lagrange: *Life Everlasting...*, cit., pág. 184).

8.4. REFLEXIONES TEOLÓGICAS

*   *   *

Cuando se pregunta sobre la razón de esta situación, la teología ha dado dos respuestas fundamentales: una la de la escuela tomista; la otra, la de la escotista.

La primera sostiene la impecabilidad intrínseca al bienaventurado. Es para él metafísicamente imposible pecar, debido al modo de ser del entendimiento y de la voluntad humanas; ante la presencia del Bien Supremo directamente conocido, el bienaventurado no puede hacer un juicio indiferente, sino que se adhiere al Bien Supremo de un modo necesario (no puede querer un bien inferior), como acabamos de ver.[91] A la misma conclusión llega Santo Tomás, al estudiar el problema de la impecabilidad de los ángeles, pues ellos, ante la presencia del Bien Supremo, no pueden querer o actuar sino conforme a ese bien:

"Angeli beati peccare non possunt. Cuius ratio est, quia eorum beatitudo in hoc consistit, quod per essentiam Deum vident. Essentia autem Dei est ipsa essentia bonitatis. Unde hoc modo se habet Angelus videns Deum ad ipsum Deum, sicut se habet quicumque non videns Deum ad communem ra-

"Los ángeles bienaventurados no pueden pecar. El porqué de esto radica en que su bienaventuranza consiste en que ven a Dios por esencia. La esencia de Dios es la esencia de la bondad. Por lo tanto, el ángel que ve a Dios, con respecto a Dios se comporta como se comporta con respecto a la razón común de bien quien no ve

---

[91] Hay diferencias dentro de esta corriente, al especificar la causa inmediata de tal imposibilidad: Para Durando, la razón es solo la realidad de la visión beatífica; para Suárez y Medina, estaría en el amor que sigue a la visión beatífica; otros teólogos, afirman ambas razones, aunque haciendo prevalecer la razón de la visión sobre la del amor, pues éste procedería del conocimiento del Bien Supremo.

tionem boni. Impossibile est autem quod aliquis quidquam velit vel operetur, nisi attendens ad bonum; vel quod velit divertere a bono, inquantum huiusmodi. Angelus igitur beatus non potest velle vel agere, nisi attendens ad Deum. Sic autem volens vel agens non potest peccare. Unde Angelus beatus nullo modo peccare potest".[92]

a Dios. Pero es imposible que alguien quiera o haga algo sin su mirada puesta en el bien; como también es imposible que quiera apartarse del bien en cuanto tal. Por lo tanto, el ángel bienaventurado no puede obrar ni querer si no es mirando a Dios. Queriendo y actuando así, no puede pecar. Por lo tanto, el ángel no puede pecar".

Desde otro punto de vista, al estudiar las condiciones para que se dé la bienaventuranza, el Aquinate sostiene que exige la rectitud de la voluntad, esto es amar "cuanto ama bajo la razón común de bien que conoce". Como en el Cielo, la bienaventuranza es conocer el Bien Supremo, así la voluntad del que ve la esencia de Dios necesariamente ama cuanto ama en orden a Dios. Por eso tendrá siempre recta voluntad, no podrá pecar:

"Rectitudo voluntatis requiritur ad beatitudinem et antecedenter et concomitanter... Concomitanter autem, quia, sicut dictum est, beatitudo ultima consistit in visione divinæ essentiæ, quæ est ipsa essen-

"La rectitud de la voluntad se requiere para la bienaventuranza antecedente y concomitantemente... Concomitantemente también, porque, como ya se dijo (q. 3, a. 8), la bienaventuranza última consiste en la visión de la esencia divina,

---

[92]Santo Tomás de Aquino: *Summ. Theol.*, Iª, q. 62, a. 8, co.; cfr. *In Sent.*, II, dist. 7, q. 1, a. 1; *De Verit.*, q. 24, a. 28.

8.4. REFLEXIONES TEOLÓGICAS

tia bonitatis. Et ita voluntas videntis Dei essentiam, ex necessitate amat quidquid amat, sub ordine ad Deum; sicut voluntas non videntis Dei essentiam, ex necessitate amat quidquid amat, sub communi ratione boni quam novit. Et hoc ipsum est quod facit voluntatem rectam. Unde manifestum est quod beatitudo non potest esse sine recta voluntate".[93]

que es la esencia misma de la bondad. Y así la voluntad del que ve la esencia de Dios necesariamente ama cuanto ama en orden a Dios; lo mismo que la voluntad de quien no ve la esencia de Dios necesariamente ama cuanto ama bajo la razón común de bien que conoce. Y esto es lo que hace recta a la voluntad. Por consiguiente, es claro que no puede haber bienaventuranza sin voluntad recta".

La llamada posición escotista sostiene que la razón por la que el bienaventurado no puede pecar es de tipo extrínseco al mismo, pues se debe a un mandato de la Providencia de Dios. El hombre podría hacer un juicio indiferente, pero Dios no se lo permite en el Cielo. Scoto no acepta la falta de libertad humana ante la visión de Dios; la libertad de especificación y de ejercicio permanecen, porque la visión beatífica no impone la necesidad física de amar a Dios. Scoto defiende la libertad del bienaventurado en el Cielo, quien podría suspender la visión intuitiva de la divinidad y desear otro objeto. Esta posición ha sido criticada desde el campo tomista porque:

- No acepta el proceso psicológico evidente que se produce en el bienaventurado.

- No pone de relieve la primordialidad de la visión de Dios entre los elementos de la vida eterna.

---

[93] Santo Tomás de Aquino: *Summ. Theol.*, I^a–II^{ae}, q. 4, a. 4, co.; cfr. q. 5, a. 7; *Cont. Gentes* IV, 92; *Compend. Theol.*, c. 166.

8.4.6 Eternidad del Cielo. Eviternidad de los bienaventurados

Ya se estudió cómo tanto la Sagrada Escritura como la Tradición y el Magisterio solemne[94] afirman la verdad de que la felicidad del Cielo es eterna. Con ello se significa que no acabará nunca. No se entiende eternidad en sentido estricto, que se aplica solo a Dios,[95] sino en sentido amplio y propio de las creaturas en el Cielo, como duración que no tendrá fin ("aevo").[96]

Eternidad y eviternidad

En efecto, eternidad es la duración sin principio ni final, sin un más pronto ni un más tarde, un permanente "ahora." La esencia de la eternidad es la absoluta falta de sucesión.[97] Siendo el tiempo la medida del movimiento y no existiendo movimiento alguno en Dios, no hay tampoco tiempo en la divinidad. Así Santo Tomás:

"Ratio æternitatis consequitur immutabilitatem, sicut ratio temporis consequitur motum, ut ex dictis patet. Unde, cum Deus sit maxime immutabilis, sibi maxime competit	"El concepto de eternidad se deriva de la inmutabilidad, como el de tiempo del movimiento, según ha quedado dicho (a. 1). Como quiera que Dios es lo más inmutable, a Él le corresponde en gra-

---

[94]Cfr. J. Ibáñez – F. Mendoza: *Dios Consumador...*, cit., pág. 185.

[95]Según Boecio: "Interminabilis vitæ tota simul et perfecta possessio" (*De Cons. Phil.*, v, 6 (*P. L.*, 63, 858).

[96]Cfr. Santo Tomás de Aquino: *Summ. Theol.* Iª, q. 10; q. 14, a. 13; F. Suárez: *Disp. Metaph.*, disp. 50; Johannes a S. Thoma: *Curs. Theol.*, in 1am p., d. 9.

[97]Boecio decía: "Æternitas est interminabilis vitæ tota simul et perfecta possessio" (*De Consolatione Philosophiæ*, V, 6). Cfr. Juan A. Jorge: *Dios Uno...*, cit., págs. 311–315.

8.4. REFLEXIONES TEOLÓGICAS

esse æternum. Nec solum est æternus, sed est sua æternitas, cum tamen nulla alia res sit sua duratio, quia non est suum esse. Deus autem est suum esse uniforme, unde, sicut est sua essentia, ita est sua æternitas".[98]

do máximo ser eterno. No sólo es eterno, sino que es su misma eternidad. Por otra parte, ninguna otra cosa es su propia duración, porque ninguna es su propio ser. Dios es su mismo ser uniforme. Por lo cual, lo mismo que es su esencia, así también es su eternidad".

De la eternidad propiamente dicha ha de distinguirse la "eviternidad" (*æviternitas*), que es la duración de los espíritus creados que tienen un principio, pero no tienen final:

"Aævum differt a tempore et ab æternitate, sicut medium existens inter illa. Sed horum differentiam aliqui sic assignant, dicentes quod æternitas principio et fine caret; ævum habet principium, sed non finem; tempus autem habet principium et finem. Sed hæc differentia est per accidens, sicut supra dictum est, quia si etiam semper æviterna fuissent et semper futura essent, ut aliqui ponunt; vel etiam si quandoque deficerent,

"El evo se diferencia del tiempo y de la eternidad como un medio entre ambos. Hay algunos que establecen la diferencia diciendo: la eternidad no tiene ni principio ni fin; el evo tiene principio, pero no fin; el tiempo tiene principio y fin. Pero se trata de una diferencia accidental, como quedó dicho (a. 4). Porque si el evo fue y siempre será, según dicen algunos, o dejara de ser porque Dios puede determinarlo, aun así se distinguiría la perpe-

---

[98] Santo Tomás de Aquino: *Summ. Theol.*, Iª, q. 10, a. 2, co. Cfr. *In Sent.*, I., dist. 19, q. 2, a. 1; *Cont. Gentes*, I, c. 15; *Compend. Theol.*, c. 5.7.8.

quod Deo possibile esset, adhuc ævum distingueretur ab æternitate et tempore. Alii vero assignant differentiam inter hæc tria, per hoc quod æternitas non habet prius et posterius; tempus autem habet prius et posterius cum innovatione et veteratione; ævum habet prius et posterius sine innovatione et veteratione. Sed hæc positio implicat contradictoria. Quod quidem manifeste apparet, si innovatio et veteratio referantur ad ipsam mensuram. Cum enim prius et posterius durationis non possint esse simul, si ævum habet prius et posterius, oportet quod, priore parte ævi recedente, posterior de novo adveniat, et sic erit innovatio in ipso ævo, sicut in tempore. Si vero referantur ad mensurata, adhuc sequitur inconveniens. Ex hoc enim res temporalis inveteratur tempore, quod habet esse transmutabile, et ex transmutabilitate mensurati, est prius et posterius in mensura, ut patet ex IV Physic. Si igitur ipsum æviternum non sit inveterabile nec in-

tuidad del tiempo y de la eternidad. Otros sitúan la diferencia de estas tres cosas diciendo que la eternidad no tiene antes ni después; el tiempo tiene antes y después con novedad y antigüedad; el evo tiene antes y después sin novedad ni antigüedad. Pero esta distribución es contradictoria, resultando evidente si se le aplica la misma medida de la novedad y la antigüedad. Porque así como el antes y el después no son simultáneos, si el evo tiene antes y después es necesario que, concluida una parte del evo, sea sustituida por otra parte y, de este modo, se introduce la novedad en el evo como sucede en el tiempo. Si esta diferencia, en vez de aplicarla a la medida la aplicamos a lo medido, los inconvenientes permanecen. Pues si las cosas temporales envejecen con el tiempo, la razón está en que son mutables; y precisamente por la mutabilidad de lo medido hay antes y después en la medida. Esto se observa en el IV Physic. Por lo tanto, si el mismo evo no está sometido a la no-

8.4. REFLEXIONES TEOLÓGICAS

novabile, hoc erit quia esse eius est intransmutabile. Mensura ergo eius non habebit prius et posterius. Est ergo dicendum quod, cum æternitas sit mensura esse permanentis, secundum quod aliquid recedit a permanentia essendi, secundum hoc recedit ab æternitate. Quædam autem sic recedunt a permanentia essendi, quod esse eorum est subiectum transmutationis, vel in transmutatione consistit, et huiusmodi mensurantur tempore; sicut omnis motus, et etiam esse omnium corruptibilium. Quædam vero recedunt minus a permanentia essendi, quia esse eorum nec in transmutatione consistit, nec est subiectum transmutationis, tamen habent transmutationem adiunctam, vel in actu vel in potentia. Sicut patet in corporibus cælestibus, quorum esse substantiale est intransmutabile; tamen esse intransmutabile habent cum transmutabilitate secundum locum. Et similiter patet de Angelis, quod habent esse intransmutabile cum trans-

vedad o antigüedad, la razón se encontrará en el hecho de ser intransmutable; por eso en su medida no habrá antes y después. Consecuentemente, hay que decir: como quiera que la eternidad es la medida del ser permanente, cuanto más se aleja algo de lo permanente del ser, tanto más se aleja de la eternidad. Hay ciertas cosas que se alejan tanto de la permanencia del ser, que su ser está sometido al cambio, o es el mismo cambio. Por eso son medidos con el tiempo. Esto es lo propio de todo movimiento y también lo propio de todos los seres corruptibles. Por otra parte, hay seres que se alejan mucho menos de la permanencia en el ser, porque su ser no está sometido al cambio, ni es el mismo cambio; sin embargo, de algún modo tienen el cambio, bien en acto, bien en potencia. Esto es lo propio de los cuerpos celestes cuyo ser sustancial es intransmutable. Sin embargo, su ser intransmutable está sometido a la ocupación de un lugar. Algo pareci-

mutabilitate secundum electionem, quantum ad eorum naturam pertinet; et cum transmutabilitate intelligentiarum et affectionum, et locorum suo modo. Et ideo huiusmodi mensurantur ævo, quod est medium inter æternitatem et tempus. Esse autem quod mensurat æternitas, nec est mutabile, nec mutabilitati adiunctum. Sic ergo tempus habet prius et posterius, ævum autem non habet in se prius et posterius, sed ei coniungi possunt, æternitas autem non habet prius neque posterius, neque ea compatitur".[99]

do pasa con los ángeles, que tienen ser intransmutable sometido a la mutabilidad de la elección, algo propio de su naturaleza. Por eso, pueden cambiar con respecto a su elección, pensamiento, afecto y lugar. Y pueden ser medidos por el evo, que es el medio entre la eternidad y el tiempo. En cambio, el ser medido por la eternidad no es mutable ni está sometido a la mutabilidad. Así, pues, el tiempo tiene antes y después; el evo no tiene antes ni después, pero le son aplicables; la eternidad no tiene antes ni después ni le son aplicables."

Dios es el único ser eterno (no "eviterno"). No tiene ni principio ni fin, ni sucesión, sino que vive en un continuo e indivisible presente:

"Respondeo dicendum quod æternitas vere et proprie in solo Deo est. Quia æternitas immutabilitatem consequitur, ut ex dictis patet. Solus autem

Verdadera y propiamente sólo en Dios está la eternidad. Porque, tal como se dijo (a. 1), la eternidad deriva de la inmutabilidad, y sólo Dios es comple-

---

[99]Santo Tomás de Aquino: *Summ. Theol.*, I^a, q. 10, a. 5, co. Cfr. *In Sent.*, I, dist. 8, q. 2, a. 2; dist. 19, q. 2, a. 1; II, dist. 2, q. 1, a. 1; *Quodl.*, 10, q. 2; *De Pot.*, q. 3, a. 14, ad 18.

8.4. REFLEXIONES TEOLÓGICAS

Deus est omnino immutabilis, ut est superius ostensum. Secundum tamen quod aliqua ab ipso immutabilitatem percipiunt, secundum hoc aliqua eius æternitatem participant. Quædam ergo quantum ad hoc immutabilitatem sortiuntur a Deo, quod nunquam esse desinunt, et secundum hoc dicitur Eccle. I de terra, quod in æternum stat. Quædam etiam æterna in Scripturis dicuntur propter diuturnitatem durationis, licet corruptibilia sint, sicut in Psalmo dicuntur montes æterni; et Deuter. XXXIII etiam dicitur, de pomis collium æternorum. Quædam autem amplius participant de ratione æternitatis, inquantum habent intransmutabilitatem vel secundum esse, vel ulterius secundum operationem, sicut Angeli et beati, qui verbo fruuntur, quia quantum ad illam visionem verbi, non sunt in sanctis volubiles cogitationes, ut dicit Augustinus, XV de Trin. Unde et videntes Deum dicuntur habere vitam æternam, secundum illud

tamente inmutable, como quedó demostrado (q. 9, a. 2). Sin embargo, en la medida en que algunos participan de su inmutabilidad participan también de su eternidad. Por otra parte, hay seres que obtienen de Dios la inmutabilidad, pues no dejarán de existir. Así, Eco 1:4 dice que 'la tierra permanece eternamente'. Hay algunas cosas que, por su duración, la Escritura también las llama eternas aunque sean corruptibles. Así, el Sal 75:5 dice, 'montes eternos'; y en Dt 33:15, 'collados eternos'. Otros participan en mayor grado del concepto de eternidad por ser inmutables en cuanto al ser y también en cuanto a la operación, como ocurre en los ángeles y en los santos que ya gozan de la Palabra, porque por lo que respecta a la contemplación de la Palabra, en los santos no hay pensamientos cambiables, como dice Agustín en XV De Trin. De ahí que, de quienes contemplan a Dios, se diga que tienen la vida eterna, siguiendo aquello de Jn 17:3, 'Esta

Ioann. XVII, hæc est vita æterna, ut cognoscant et cetera".¹⁰⁰ es la vida eterna, que conozcan, etcétera' ".

La Biblia atestigua esta verdad: Sal 90:2 (sin principio: "Desde siempre y para siempre Tú eres Dios"); Sal 2:7 (sin sucesión); Jn 8:58 ("Antes de que Abraham existiera, Yo soy"); Sal 102: 27ss.; 2 Pe 3:8 ("Ante el Señor un día es como mil años, y mil años como un día").

La Iglesia siempre profesó esta verdad contra las genealogías de los dioses paganos, y en los Concilios Lateranense IV y Vaticano I.¹⁰¹

El fundamento último de este atributo lo encontramos de nuevo en el "Ipsum Esse Subsistens". Santo Tomás lo estudia como consecuencia de la inmutabilidad, como ya se ha mostrado.¹⁰²

Eviternidad de hecho y de derecho

Se distingue el que "de hecho" la felicidad sea eterna, que es una verdad de fe divina y católica definida, del que "de derecho" sea eterna, lo que sería doctrina católica.

Al preguntar por las razones de la eternidad de la bienaventuranza eterna, "el hecho" de que así sea, es por designio libre de Dios, que conocemos por revelación.

---

¹⁰⁰Santo Tomás de Aquino: *Summ. Theol.*, Iª, q. 10, a. 3, co. Cfr. *In Sent.*, I, dist. 8, q. 2, a. 2; IV, dist. 49, q. 1, a. 2, q. a 3 ad 3; *In De Div. Nom.*, c. 10, lect. 3; *Quodl.*, 10 q. 2; *De causis*, lect. 2.

¹⁰¹*D. S.*, 75 (símbolo *Quicumque*: "...unus æternus"); *D. S.*, 800; *D. S.*, 3001. La tesis "Dios es eterno," es calificada teológicamente por J. Ibáñez y F. Mendoza (*Dios Uno...*, cit., pág. 113), como de fe divina y católica definida, y su censura como herejía.

¹⁰²Santo Tomás de Aquino: *Summ. Theol.*, Iª, q. 10, a. 2, co. En Iª, q. 9, proemium: "Consequenter considerandum est de immutabilitate et æternitate divina, quæ immutabilitatem consequitur..."

8.4. REFLEXIONES TEOLÓGICAS

Pero en cuanto a si "de derecho" la bienaventuranza tiene que ser eterna y la razón de ello, es algo que se ha discutido. Santo Tomás aporta dos criterios para sostener que la bienaventuranza celestial sea "de derecho", necesariamente, eterna. El primero, es por la naturaleza de la felicidad perfecta, que no sería tal, si el que la pretende tener, está seguro de que acabará, o duda de ello, o lo ignora. El segundo, es porque la bienaventuranza eterna carece de principio de corrupción, ni interno (porque sus tres elementos fundamentales —alma, gracia santificante y luz de la gloria— son espirituales y, por tanto, incorruptibles), ni tampoco externo (ni la voluntad de Dios quiere la aniquilación de su obra; ni la voluntad del bienaventurado puede dejar de querer el Bien supremo o cambiarlo por otro, como ya sabemos):

"Si vero loquamur de beatitudine perfecta quæ expectatur post hanc vitam, sciendum est quod Origenes posuit, quorundam Platonicorum errorem sequens, quod post ultimam beatitudinem homo potest fieri miser. Sed hoc manifeste apparet esse falsum dupliciter. Primo quidem, ex ipsa communi ratione beatitudinis. Cum enim ipsa beatitudo sit perfectum bonum et sufficiens, oportet quod desiderium hominis quietet, et omne malum excludat. Naturaliter autem homo desiderat retinere bonum quod habet, et

"Si hablamos de la bienaventuranza perfecta que esperamos después de esta vida, hay que recordar lo que afirmó Orígenes, siguiendo el error de algunos platónicos, que después de la última bienaventuranza el hombre puede llegar a ser miserable. Pero se ve claramente que esto es falso de dos formas. Una, por la misma razón común de bienaventuranza. Pues por ser la bienaventuranza el bien perfecto y suficiente (cf. a. 2, arg. 3), es necesario que aquiete el deseo del hombre y excluya todo mal. Pero el hombre desea naturalmente retener el bien que

quod eius retinendi securitatem obtineat, alioquin necesse est quod timore amittendi, vel dolore de certitudine amissionis, affligatur. Requiritur igitur ad veram beatitudinem quod homo certam habeat opinionem bonum quod habet, nunquam se amissurum. Quæ quidem opinio si vera sit, consequens est quod beatitudinem nunquam amittet. Si autem falsa sit, hoc ipsum est quoddam malum, falsam opinionem habere, nam falsum est malum intellectus, sicut verum est bonum ipsius, ut dicitur in VI Ethic. Non igitur iam vere erit beatus, si aliquod malum ei inest. Secundo idem apparet, si consideretur ratio beatitudinis in speciali. Ostensum est enim supra quod perfecta beatitudo hominis in visione divinæ essentiæ consistit. Est autem impossibile quod aliquis videns divinam essentiam, velit eam non videre. Quia omne bonum habitum quo quis carere vult, aut est insufficiens, et quæritur aliquid sufficientius loco eius, aut ha-

tiene y conseguir la seguridad de retenerlo, de lo contrario, es necesario que se atormente con el temor de perderlo o con el dolor por la certeza de la pérdida. Se requiere, por tanto, para la verdadera bienaventuranza, que el hombre tenga la certeza de que el bien que tiene, nunca lo va a perder. Y si esta certeza es verdadera, nunca se perderá la bienaventuranza. Pero si es falsa, ya es un mal el hecho mismo de tener una opinión falsa, pues lo falso es un mal del entendimiento, del mismo modo que lo verdadero es un bien suyo, como se dice en VI Ethic. Así, pues, ya no será verdaderamente bienaventurado si hay algo malo en él. La segunda concluye lo mismo, si se considera la razón de la bienaventuranza en especial. Pues se demostró antes (q. 3, a. 8) que la bienaventuranza perfecta del hombre consiste en la visión de la esencia divina. Pero es imposible que quien ve la esencia divina quiera no verla. Porque uno desea privarse de un bien que ya tiene cuando es insuficiente y bus-

8.4. REFLEXIONES TEOLÓGICAS

bet aliquod incommodum annexum, propter quod in fastidium venit. Visio autem divinæ essentiæ replet animam omnibus bonis, cum coniungat fonti totius bonitatis, unde dicitur in Psalmo XVI, satiabor cum apparuerit gloria tua; et Sap. VII, dicitur, venerunt mihi omnia bona pariter cum illa, scilicet cum contemplatione sapientiæ. Similiter etiam non habet aliquod incommodum adiunctum, quia de contemplatione sapientiæ dicitur, Sap. VIII, non habet amaritudinem conversatio illius, nec tædium convictus eius. Sic ergo patet quod propria voluntate beatus non potest beatitudinem deserere. Similiter etiam non potest eam perdere, Deo subtrahente. Quia, cum subtractio beatitudinis sit quædam poena, non potest talis subtractio a Deo, iusto iudice, provenire, nisi pro aliqua culpa, in quam cadere non potest qui Dei essentiam videt, cum ad hanc visionem ex necessitate sequatur rectitudo voluntatis, ut supra os-

ca en su lugar otro más completo, o cuando está asociado con alguna incomodidad que provoca hastío. Ahora bien, la visión de la esencia divina llena al alma con todos los bienes, pues la une a la fuente de toda bondad; por eso se dice en Sal 16:15, 'Me saciaré cuando aparezca tu gloria'; y en Sab 7:11, 'Me vinieron todos los bienes juntamente con ella', es decir, con la contemplación de la sabiduría. De igual modo, tampoco tiene asociada ninguna incomodidad, porque de la contemplación de la sabiduría se dice, en Sab 8:16, 'No es amarga su conversación, ni tediosa su convivencia'. Así, por tanto, queda claro que el bienaventurado no puede dejar la bienaventuranza por propia voluntad. De igual modo, tampoco puede perderla porque se la quite Dios. Porque, al ser su sustracción una pena, Dios, que es juez justo, no puede producirla si no hay alguna culpa; y no puede incurrir en culpa quien ve la esencia de Dios, pues acompaña necesariamente a esta visión la rectitud

tensum est. Similiter etiam nec aliquod aliud agens potest eam subtrahere. Quia mens Deo coniuncta super omnia alia elevatur; et sic ab huiusmodi coniunctione nullum aliud agens potest ipsam excludere. Unde inconveniens videtur quod per quasdam alternationes temporum transeat homo de beatitudine ad miseriam, et e converso, quia huiusmodi temporales alternationes esse non possunt, nisi circa ea quæ subiacent tempori et motui".[103]

de la voluntad, como ya se demostró (q. 4, a. 4). Tampoco ningún otro agente puede apartar de ella, porque la mente unida a Dios se eleva sobre todas las demás cosas, y así ningún otro agente puede excluirla de esta unión. En consecuencia, parece inaceptable que a lo largo de ciertas alteraciones de los tiempos el hombre pase de la bienaventuranza a la miseria, y al contrario; porque estas alteraciones temporales sólo pueden afectar a las cosas que están sometidas al tiempo y al movimiento".

8.4.7 Sentido cristológico del Cielo. El papel de la Humanidad de Jesús

Una de las cuestiones más interesantes sobre la realidad de la vida eterna en el Cielo es el papel que en ella tiene la Humanidad de Nuestro Señor Jesucristo; papel que curiosamente ha suscitado problemas para algunos teólogos. ¿Es o no es un constitutivo de la felicidad del Cielo? Algunos sostienen la respuesta negativa en base al hecho de que se ama a la persona y no a la naturaleza, por lo que pareciera que no es necesaria la contemplación de la Humanidad de Cristo para la

---

[103]Santo Tomás de Aquino: *Summ. Theol.*, I^a-II^{ae}, q. 5, a. 4; I^a, q. 64, a. 2; q. 94, a. 1; *In Sent.* I., dist. 8, q. 3, a. 2; IV, dist. 49, q. 1, a. 1, q. a4; *Cont. Gentes*, III, 62; *In Io.*, 10, lect. 5; *Compend. Theol.*, c. 166; p. 2, c. 9.

8.4. REFLEXIONES TEOLÓGICAS

bienaventuranza y el amor divinos. Por otro lado, es doctrina común entre muchos místicos, como San Juan de la Cruz por ejemplo, la de la necesidad de prescindir de tal Humanidad, una vez alcanzados ciertos altos grados de oración contemplativa y de unión con la Divinidad.[104] Así también, San Buenaventura defiende la unión del alma con la divinidad abandonando todo auxilio espiritual del que se ha servido hasta llegar a Ella, siendo el último y más sublime, Jesucristo, que ha de ser superado para llegar hasta la plena unión mística con Dios:

> "Habiendo recorrido, pues, estas seis consideraciones que son como las seis gradas del trono del verdadero Salomón, mediante las cuales se arriba a la paz, donde el verdadero pacífico descansa en la mente ya pacificada, como en una Jerusalén interior, o como las seis alas del querubín que el alma del verdadero contemplativo, llena de la ilustración de la celestial sabiduría, pueden elevarla a lo alto, o como los seis días primeros, en los que debe el alma ejercitarse para por fin llegar al reposo del sábado; habiendo nuestra alma, vuelvo a repetir, co–intuido a Dios fuera de sí misma por los vestigios y en los vestigios, dentro de sí misma por la imagen y en la imagen, y sobre sí misma, no sólo por la semejanza de la luz divina que brilla sobre nuestra mente sino también en la misma luz, según las posibilidades de estado, vía y del ejercicio mental después que ha llegado en el sexto grado, hasta especular en el principio primero y sumo y mediador entre Dios y los hombres, a saber: en Jesucristo, maravillas que no teniendo en manera alguna semejantes en las cosas creadas,

---

[104]Cfr. A. Gálvez: *Esperando...*, cit., pág. 365. Aquí habría que hacerse eco de las diferencias existentes entre la espiritualidad del Santo de Fontiveros y la de Santa Teresa de Ávila, como ya H. U. Von Balthasar —en *Herrlichkeit*— hizo notar.

exceden toda perspicacia de humano entendimiento, esto es lo que le queda todavía: trascender y traspasar, especulando tales cosas [por tanto también el papel mediador sublime de Jesucristo, el sexto escalón, ala o día], no sólo este mundo sensible sino también a sí misma, tránsito en el que Cristo es el camino y la puerta, la escala y el vehículo como propiciatorio colocado sobre el arca y sacramento escondido en Dios desde tantos siglos".[105]

* * *

El problema se suscita cuando se consideran los siguientes elementos:

- Por un lado, en la bienaventuranza eterna "estar con Cristo" es fundamental para el Nuevo Testamento (cfr. Flp 1:23; 1 Tes 4:17).

- Pero la vida eterna consiste esencialmente en la visión intuitiva de la esencia divina y en el gozo pleno correspondiente. Esto llevó a algunos teólogos, siguiendo a Santo Tomás de Aquino, a afirmar que el estar con Cristo constituía solo un "gozo accidental": "Ad aliud dicendum, quod humanitas Christi non est ultimus finis: unde in visione ejus non erit proprie fruitio, sed erit quoddam accidentale gaudium, et non substantialis beatitudo".[106]

- Por otro lado, la Bula *Benedictus Deus* declaró que la visión de Dios se producía "nulla mediante creatura in ratione obiecti visi se habente, sed divina essentia immediate se nude, clare et aperte

---

[105] San Buenaventura: *Itinerarium Mentis in Deum*, VII, 1.
[106] Santo Tomás de Aquino: *In Sent.*, I, dist. 1, q. 1, a. 1, ad 6.

8.4. REFLEXIONES TEOLÓGICAS

eis ostende".[107] Siendo la Humanidad de Cristo, una realidad creada, pareciera que debe excluirse de la visión beatífica.

- Y, sin embargo, es imposible pensar que Cristo no desempeña un papel esencial en la bienaventuranza eterna, o que es solo un aporte "accidental" a la misma.[108]

Para poder profundizar en este misterio y encontrar una explicación, hay que tener en cuenta los siguientes datos:

1. La comparación entre la aporía que aquí se estudia y la analogía que se puede hacer con la psicología de Cristo. En efecto, Cristo necesitaba la visión beatífica en esta vida para poder "ver" su propia Persona, para poder comprenderse a Sí mismo.[109] Las cualidades de su Humanidad (la visión beatífica es propia de su naturaleza humana) le llevaban a su divinidad (la Persona del Hijo). De igual modo, el bienaventurado que posee la visión beatífica, puede contemplar la Humanidad de Cristo y en ella llegar a su Persona, que es divina.

2. El bienaventurado en el Cielo, al ver la Persona de Cristo en su Humanidad, está en la presencia de la divinidad, y en ella, contemplará el misterio Trinitario: Padre, Hijo y Espíritu Santo. La Humanidad de Cristo no es en el Cielo medio interpuesto entre el bienaventurado y la divinidad. Es el modo más apropiado para el ser humano de llegar a la misma.

3. Por otro lado, la relación con la Humanidad y la Persona de Jesucristo, hace resplandecer con nueva luz el aspecto de la felicidad del Cielo, no como mera contemplación saciativa de la

---

[107] *D. S.*, 1000.

[108] Cfr. las consideraciones de C. Pozo: *Teología...*, cit., págs. 407–410, quien sigue sobre todo las opiniones de J. Alfaro: *Cristo Glorioso, Revelador del Padre*, en "Gregorianum" 39 (1958) 222–270.

[109] Cfr. Juan A. Jorge: *Cristología...*, cit., vol. II, págs. 417–436.

Verdad, sino como unión de Amor y posesión de Dios, en una mutua relación amorosa entre las Personas divinas y la persona humana. Se manifiesta de un modo más claro que la visión beatífica es una posesión interpersonal de amor, y no una especie de contemplación aburrida de las "esencias platónicas": el hombre conoce y ama a Dios; Dios conoce y ama al hombre. Dios es un ser tri–personal, y el amor es una relación entre personas. La Persona de Jesucristo captada en su Humanidad juega así un papel esencial.

4. También queda claro el papel de El Mediador de Jesucristo, en todos sus aspectos, tanto en su vida terrena como en su vida celeste:

- En la obra de la Redención.
- En su intercesión por nosotros como Sumo y Eterno Sacerdote (cfr. Ro 8:34; Heb 7:25).
- En su papel de Mediador de la bienaventuranza eterna en el Cielo (cfr. 1 Tim 2:5). Este role lo realiza en ambas fases de la escatología:
  - En la escatología intermedia, como se manifiesta en textos como Flp 1:23 o 2 Cor 5:8.
  - En la escatología definitiva, con más razón todavía, con la resurrección gloriosa del cuerpo humano y su unión con el alma inmortal.

* * *

A. Gálvez ha profundizado sobre este misterio de dos modos. De un lado se ha centrado en resolver las dos principales objeciones contra el sentido cristológico de la visión beatífica; por el otro, ha señalado las razones teológicas que la hacen muy conveniente.

8.4. REFLEXIONES TEOLÓGICAS

A.– *Con relación a las dos objeciones.*

La primera dificultad se basa en el hecho de que el amor se dirige a la persona y no a la naturaleza de la persona amada, por lo que la naturaleza humana de Cristo no tendría tanta importancia a la hora de explicar la bienaventuranza eterna.

Sin embargo, esta objeción desconoce la importancia que tiene la naturaleza de la persona amada en la relación de amor. Es verdad que el amor se da entre personas. Pero a la persona se llega a través de la naturaleza de esa persona. Así pues, aplicando estas ideas al amor en el Cielo, A. Gálvez sostiene que pareciera que el papel de la naturaleza humana de Cristo en la visión beatífica es imprescindible ya que:

- El ser humano, en general, no puede percibir a persona alguna directamente, sino a través de su cuerpo y de su alma.

- El hombre llega a la Persona de Cristo a través de su Humanidad, y desde la Persona de Cristo llega a la divinidad (cfr. Jn 14: 6–7.9; Ro 8:39).

- El ser humano está destinado a amar según su propia condición, lo que implica que ama con su naturaleza completa, cuerpo y alma. Por ello, tal vez, el decreto de la Encarnación se debió no sólo directamente a hacer posible la redención de nuestros pecados con expiación, sino también para hacer al hombre capaz de amar a Dios sobrenaturalmente, y además, del modo que es conforme a la naturaleza humana, aunque elevada por la gracia.

- La visión de Dios por parte de las almas bienaventuradas separadas de sus cuerpos en la escatología intermedia, no es objeción, porque ellas esperan también la resurrección de sus propios cuerpos.

- Tal vez se pueda encontrar aquí una razón de conveniencia de la estancia de los justos del Antiguo Testamento en el seno de Abraham: sin la humanidad de Cristo no habría la posibilidad de una *beatitudo* sobrenatural para el hombre.[110]

La segunda objeción que ha merecido la atención de A. Gálvez, es la respuesta al problema teológico que parece derivarse de la Bula *Benedictus Deus*: ¿Hasta qué punto la visión de la Humanidad de Cristo es compatible con los dictados de la Bula según la cual la visión cara a cara de Dios de los bienaventurados se produce "nulla mediante creatura in ratione obiecti visi se habente"?[111]

El autor es consciente de dicha dificultad:

> "Es evidente que una lectura rápida del Documento [la bula *Benedictus Deus*] produce la impresión de que la Humanidad de Cristo no es necesaria en la visión beatífica. Si se acepta la suposición de que la Humanidad de Cristo, interpuesta entre la Esencia Divina y el alma bienaventurada en el acto de la visión beatífica, ejerce un papel de mediación, tal hipótesis parecería estar en contra de la doctrina definida. Por lo que se impondría la conclusión de la superfluidad (¿tal vez obstáculo?) de la Humanidad del Señor en la visión beatífica".[112]

---

[110] A. Gálvez: *Comentarios...*, cit., vol. I, págs. 248–251. Id.: *Esperando...*, cit., págs. 363–369.

[111] *D. S.*, 1000–1003.

[112] A. Gálvez, en una de sus obras, enfrentará directamente el posible problema que suscite la bula "Benedictus Deus" para su teoría, bajo el epígrafe, '*Donde se intenta recuperar para la Humanidad de Cristo el lugar doctrinal que le corresponde. Acerca de la expresión "nulla mediante creatura in ratione obiecti visi se habente,"* de la Constitución "Benedictus Deus" (A. Gálvez: *Esperando...*, cit., págs. 363–369).

8.4. REFLEXIONES TEOLÓGICAS

Sin embargo, no pareciera ser inconveniente alguno a su posición sobre la visión de la Humanidad de Jesucristo en el Cielo, ya que ésta no aparece como una "interposición" entre Dios y los bienaventurados. En efecto:

1. En primer lugar, hay que subrayar que los textos bíblicos avalan la importancia de la Humanidad de Cristo para la visión de Dios: *Nadie conoce al Padre sino el Hijo y aquel a quien el Hijo se lo quiera revelar...*[113] *Nadie va al Padre sino por mí...*[114] *El Padre está en mí y yo en el Padre...*[115] *Sin mí no podéis hacer nada.*[116] *Philippe, qui vidit me, vidit Patrem.*[117] Etc.

    Y conviene recordar la especial condición y valor de la Escritura, que nos puede llevar a un mejor entendimiento de los dictados del Magisterio:

    "Para Hans Urs von Balthasar, incluso las definiciones de la Iglesia, *aunque son infalibles y asistidas por el Espíritu Santo, no comparten esta especial condición de la Escritura; pues su principal objeto es principalmente el de poner fin a un período de incertidumbre, o resolver un punto controvertido, más bien que el de conducir a una nueva perspectiva.*[118] Urs von Balthasar cita en el mismo lugar a Scheeben, según el cual *una diligente comparación y reflexión*

---

[113] Mt 11:27; Lc 10:22.
[114] Jn 14:6.
[115] Jn 10:38.
[116] Jn 15:5.
[117] Jn 14:9.
[118] *Explorations in Theologia*, I, *The Word Made Flesh*, Ignatius Press, San Francisco, 1989, pág. 25.

> *acerca de las expresiones e indicaciones de la Sagrada Escritura, conduce... a un más profundo y completo entendimiento de la verdad revelada que la que se desprende de la enseñanza de autoridad dogmática de la Iglesia"*.[119]

2. Y, en segundo lugar, en el modo humano de conocer, el cuerpo de la persona amada o conocida no aparece como un "intermediario":

> "Cuando hablamos directamente con alguien que se encuentra ante nosotros, como puede ser por ejemplo un amigo, percibimos *directamente* su cuerpo con nuestros sentidos corporales. Pues efectivamente *no vemos su alma, ni menos aún su persona*. Y sin embargo es precisamente su persona lo que percibimos, de tal manera que no se nos ocurre pensar que su cuerpo representa, con respecto a nosotros, una *razón de objeto intermedio o interpuesto*: algo así como una especie de pantalla u obstáculo *entre él y nosotros*. A nadie se le ocurre decir que ha estado hablando con la boca o los oídos de tal o cual persona; *sino con esa persona*. O que ha visto el rostro de tal o cual persona; sino que ha visto a esa persona. De ahí la dificultad en considerar la Humanidad de Cristo, *interpuesta* entre el alma bienaventurada y la Esencia Divina, como una creatura con razón de objeto visto: *nulla mediante creatura in ratione obiecti visi se habente"*.[120]

---

[119] Scheeben: *Dogmatik*, I, 122. Cfr. A. Gálvez: *Esperando...*, cit., pág. 365.
[120] A. Gálvez: *Esperando...*, cit., pág. 366.

8.4. REFLEXIONES TEOLÓGICAS

B.- *En cuanto a las razones teológicas* que avalan la misma posición, señala las siguientes:

1. Prescindir de la necesidad de la Humanidad de Cristo para la *beatitudo* celestial, es fuente de graves problemas teológicos:

   "Ante todo sería necesario explicar el papel que asume la Humanidad del Señor en el Cielo, después de la Resurrección y Ascensión, donde incluso ha conservado las llagas producidas durante su Pasión. Todo parecería indicar que, una vez llevada a cabo la Redención, su Humanidad quedaría relegada a la función de producir un *cierto aumento* de felicidad en los bienaventurados. De manera que, una vez cumplida la misión que le había sido encomendada por el Padre, no quedaría para ella otro significado que el meramente accidental: como un objeto glorioso, o un trofeo de victoria, al que se le asigna en la casa un lugar visible y de función meramente decorativa.

   Por otra parte, sería más difícil también explicar la permanencia de los justos del Antiguo Testamento en el Seno de Abraham. De donde no fueron liberados para entrar en el Cielo hasta el momento de la Ascensión; en el que lo hicieron juntamente con Jesucristo, ya resucitado y glorioso. La teoría de la necesidad de la Humanidad del Señor, a fin de hacer posible la visión de Dios, facilita la mejor comprensión de este acontecimiento. Por lo demás tan fundamental en la Historia de la Salvación".[121]

---

[121] A. Gálvez: *Esperando...*, cit., págs. 366–367.

2. Tal prevención contra la Humanidad de Jesucristo denotaría un cierto maniqueísmo, donde el cuerpo y la materia aparecerían como malos, olvidando que son creaturas de Dios; además, quedaría infravalorado el significado de la misma Encarnación y Ascensión al Cielo por parte de Nuestro Señor en cuerpo y alma:

> "Sin embargo el Verbo de Dios no consideró bajeza alguna asumir una naturaleza humana: alma y cuerpo, por lo tanto, a los que tomó como algo suyo y enteramente propios de su único Yo divino. San Juan emplea una expresión fuerte para decirlo: *Y el Verbo se hizo carne.*[122] Donde el vocablo carne no permite ninguna duda ni da lugar a sombras docetistas. Y todavía más. Pues el Evangelista llega a decir que, precisamente por eso —porque se hizo carne— *vidimus gloriam eius, gloriam quasi Unigeniti a Patre.* Expresión en la que resulta imposible apreciar resabio alguno de que su Humanidad constituyera obstáculo para que pudiéramos *ver su gloria; la gloria del Unigénito del Padre.* Y también aquí, lejos de apreciarse huella alguna de *interposición*, más bien parece desprenderse de la mente de San Juan el convencimiento de que, gracias a eso, hemos podido ver (directamente) su gloria. La gloria del Hijo Unigénito, que es la misma gloria del Padre (Jn 17: 22.24). E igualmente podrían hacerse consideraciones semejantes con respecto al comienzo de su Primera Carta (1 Jn 1: 1–4)".[123]

---

[122] Jn 1:14.
[123] Cfr. A. Gálvez: *Esperando...*, cit., pág. 368.

8.4. REFLEXIONES TEOLÓGICAS

A. Gálvez, vuelve a sostener su posición, explicando el significado de la cita de la Carta de San Juan:

"Es evidente que, en este último texto, San Juan establece una línea de distinción–paralelismo entre los que vieron con sus propios sentidos corporales al Verbo de Dios hecho Hombre (los Apóstoles y los discípulos), y los que solamente lo han conocido por la fe a través del testimonio prestado por ellos (*ex auditu*). Sin embargo parece integrar a unos y otros dentro del mismo ámbito; como si hubieran sido partícipes de una misma percepción y, por supuesto, de la misma consiguiente alegría (a la que se refiere en plural de primera persona): *Os escribimos esto para que nuestra alegría sea completa*. Se hace difícil interpretar estos textos en el sentido de que la Humanidad de Cristo signifique una mera *interposición* (¡o incluso un obstáculo!) con respecto a la contemplación de la gloria del Unigénito.[124]

3. La importancia de la Humanidad de Cristo en la "beatitudo" del Cielo pareciera más acorde con el dogma de la unión hipostática:

"Por lo demás, Jesucristo resucitado y glorioso no parece considerar ninguna especie de interposición entre su corporalidad y su propio Yo. Ciertamente que, tal como se desprende de la revelación del misterio de la unión hipostática, las dos naturalezas de Jesucristo (la divina y la humana) no se mezclan entre sí, *aunque ambas pertenecen con propiedad e igualmente a*

---

[124]Cfr. A. Gálvez: *Esperando...*, cit., pág. 368.

> *la Persona del Verbo*. En este sentido existe un texto muy expresivo en el que se cuenta una de las apariciones del Señor, ya resucitado, a los Apóstoles, que creían estar viendo un fantasma: *¿Por qué os asustáis, y por qué admitís esos pensamientos en vuestros corazones? Mirad mis manos y mis pies: soy Yo mismo.*[125] Un texto en el que se da la circunstancia de que el último inciso es bastante convincente: *Mirad mis manos y mis pies: 'soy Yo mismo'.*"[126]

8.4.8 Vida eterna como deificación

Los datos de la Sagrada Escritura revelan que la salvación y la vida eterna lograda por Jesucristo en su obra redentora, son a la vez un "ya" que opera en la vida del cristiano, y un "todavía no" porque la plenitud se dará al final de los tiempos. Esta es la razón de la escatología de doble fase.[127]

En este sentido, la vida eterna empieza "ya" en esta vida —en el eón presente— por obra de la gracia. Se llama "deificación": "Mirad qué amor tan grande nos ha mostrado el Padre: que nos llamemos hijos de Dios, ¡y lo somos! Por eso el mundo no nos conoce, porque no le conoció a Él. Queridísimos: ahora somos hijos de Dios, y aún no se ha manifestado lo que seremos. Sabemos que, cuando él se manifieste, seremos semejantes a él, porque le veremos tal como es" (1 Jn 3: 1–2). Si ya somos hijos de Dios por gracia en este mundo, con mayor razón se cumplirá en nosotros esa realidad en el más allá del Cielo.

---

[125] Lc 24: 38–39.

[126] A. Gálvez: *Esperando...*, cit., págs. 368–369.

[127] Ya estudiamos las escuelas "presencialistas" o "escatologistas" del presente tratado sobre las verdades del más allá.

8.4. REFLEXIONES TEOLÓGICAS

Así se concibe la vida eterna en el más allá como deificación. Siguiendo la teología clásica que pone como rasgo esencial del estado de salvación la visión intuitiva de Dios (de la que el resto de las características de la vida celestial no son sino consecuencias), y al mismo tiempo afirma que la visión de Dios es lo propio y característico de Jesucristo, el Hijo de Dios (Jn 1:18; 6:46; Mt 11:27; Lc 10:22), concluye que si los bienaventurados tienen "visión de Dios" es porque son "hijos de Dios", hijos en el Hijo, "hijos adoptivos de Dios" (Ro 8:17), con las características especiales y singularísimas que tiene dicha "adopción".

Si bien, Jesús y nosotros somos hijos de Dios realmente, sin embargo el carácter de nuestra filiación es diferente. Jesús es el Hijo Natural de Dios; nosotros somos hijos adoptivos. Por eso Jesús hablaba de "mi Padre" y de "vuestro Padre" (cfr. Jn 20:17). Cristo es Hijo por naturaleza de Dios tanto en su naturaleza divina como en la humana (en contra de la herejía adopcionista de Elipando de Toledo), y nosotros somos hijos por adopción.

En efecto, la filiación por naturaleza de Cristo se ve en el Nuevo Testamento, porque aparece como "el Hijo" en la Santísima Trinidad, "el único Hijo", "el Hijo predilecto", etc.: Jn 1:18; Lc 22: 66–71; Mt 3:17 (bautismo); Mt 17:5 (transfiguración).

En cambio, nuestra filiación es adoptiva. Somos "hijos en el Hijo", hijos de Dios por gracia: Jn 1:12; 1 Jn 3: 1–2; Ro 8:15 (Abba); Ga 4:7. No nacimos hijos de Dios. Dios nos invita y regala la filiación a través de su único Hijo, por puro amor. Nosotros somos hechos hijos de Dios por el bautismo. Las características de la adopción son las siguientes: entramos a formar parte de la familia de Dios por el bautismo, el sacramento de la regeneración (Jn 3: 3–5); participamos de la misma comida (eucaristía); tenemos la misma vida (gracia santificante); llevamos el mismo "apellido" (cristianos); tenemos todos los derechos y obligaciones de un miembro de la familia divina (las gracias y sacramentos de la Iglesia); poseemos el derecho a la herencia de nuestro Padre (el Cielo).

Siendo nuestra filiación "adoptiva", no por eso deja de ser real; lo cual hace que nuestra filiación con respecto a Dios sea diferente de la filiación adoptiva entre los humanos, pues ésta es una mera ficción legal, es externa, mientras que la filiación divina es real, nos transforma en nuestro ser (1 Jn 3: 1–2), nos da la misma vida de Dios (gracia santificante). En este sentido se parece más a la relación que tenemos con nuestros padres naturales: tanto ellos como nuestro Padre del Cielo nos dan la vida y ambos son nuestros padres de verdad.[128]

La visión intuitiva de Dios no corresponde a nuestra naturaleza creada, sino a nuestro ser de "hijos" (gracia sobrenatural).

Con todo, la vida eterna del Cielo (entendida, como don de Dios que se da a Sí mismo al bienaventurado como objeto directo de visión, amor y fruición), se incoa en la tierra. La persona humana justificada recibe como don la gracia santificante, que es como sello y real presencia especial de Dios en el alma del justo, y donde Dios es poseído de un modo que supera las fuerzas naturales:

- En el intelecto, por la fe.
- En el deseo, amor de concupiscencia, por la esperanza.
- El el amor de benevolencia, por la caridad.

El bienaventurado recibe como don sobrenatural la vida eterna, que es desarrollo y plenitud de la gracia santificante:

- La fe convierte en visión.
- La esperanza se convierte en gozo del bien poseído.
- La caridad se intensifica con la posesión, visión intuitiva y fruición plenas.

8.4.9 Incomprehensibilidad y grados de la visión de Dios

Incomprehensibilidad

Aún con el "lumen gloriæ," la esencia divina es incomprehensible para los bienaventurados del Cielo; ellos nunca podrán abarcar

---

[128]Cfr. Juan A. Jorge: *Dios Uno...*, cit., págs. 136–137.

8.4. REFLEXIONES TEOLÓGICAS

completamente, *comprehender*, a Dios, pues sigue siendo infinito y nosotros finitos y limitados. La eternidad consistirá para nosotros un continuo conocer a Dios que será siempre nuevo. Así aparece en la Sagrada Escritura (Ro 11:33; 1 Cor 2:10; Ef 3:10). Y se encuentra en el "incomprehensibile" de los Concilios IV de Letrán[129] y Vaticano I.[130] La incomprehensibilidad de Dios se fundamenta en la infinitud de Dios y ningún entendimiento creado puede conocerlo de modo infinito, ni siquiera con ayuda sobrenatural:

"Nullus autem intellectus creatus pertingere potest ad illum perfectum modum cognitionis divinæ essentiæ, quo cognoscibilis est. Quod sic patet. Unumquodque enim sic cognoscibile est, secundum quod est ens actu. Deus igitur, cuius esse est infinitum, ut supra ostensum est, infinite cognoscibilis est. Nullus autem intellectus creatus potest Deum infinite cognoscere. Intantum enim intellectus creatus divinam essentiam perfectius vel minus perfecte cognoscit, inquantum maiori vel minori lumine gloriæ perfunditur. Cum igitur lumen

"Ningún entendimiento creado puede llegar a tener un conocimiento perfecto de la esencia divina en lo que tiene de cognoscible. Esto es así por lo siguiente. Cualquier cosa es cognoscible en la medida en que es un ser en acto. Dios, como quiera que es infinito, según quedó demostrado (q. 7, a. 1), es infinitamente cognoscible. Y ningún entendimiento creado puede conocer a Dios infinitamente. Pues un entendimiento creado en tanto conoce más o menos perfectamente la esencia divina en cuanto está inundado de mayor o menor luz de gloria. Como quiera que toda luz de gloria

---

[129] *D. S.*, 800.
[130] *D. S.*, 3001.

gloriæ creatum, in quocumque intellectu creato receptum, non possit esse infinitum, impossibile est quod aliquis intellectus creatus Deum infinite cognoscat. Unde impossibile est quod Deum comprehendat".[131]

creada presente en cualquier entendimiento creado no puede ser infinita, es imposible que algún entendimiento creado conozca a Dios infinitamente. Por lo tanto, es imposible que a Dios se le comprehenda".

Los eunomianos rechazaban esta verdad como ya se explicó, y fueron condenados como herejes. Los Santos Padres refutaron su error.[132]

En consecuencia, los bienaventurados ven a Dios "totum, sed non totaliter"; el entendimiento limitado solamente puede conocer la infinita esencia de Dios de forma finita: "Videt infinitum, sed non infinite". Como dice Santo Tomás:

"Totaliter dicit modum obiecti, non quidem ita quod totus modus obiecti non cadat sub cognitione; sed quia modus obiecti non est modus cognos-

"Totalmente se dice por parte del objeto. No porque todo el modo de ser del objeto no caiga dentro del campo de conocimiento, sino porque el modo del objeto

---

[131]Cfr. Santo Tomás de Aquino: *Summ. Theol.*, I^a, q. 12, a. 7, co. Cfr. I^a–II^æ, q. 4, a. 3, ad 1; III^a, q. 7, a. 10, ad 3; q. 10, a. 1; *In Sent.* I, dist. 1, q. 1, a. 1c; III, dist. 14, q. 2, a. 1; dist. 27, q. 3, a. 2; IV, dist. 49, q. 2, a. 3; q. 4, a. 5, q.a 3 a; *De Verit.*, q. 2, a. 2, ad 5. 6; q. 8, a. 2; q. 20, a. 5; *In De Div. Nom.* a. 1, lect. 1.2; *In Ephes.*, c. 5, lect. 2; *In 1 Tim.*, c. 6, lect.3; *Cont. Gentes* III, 55; *De Caritate*, a. 10, ad 5; *Compend. Theol.*, c. 106; In Io. c.1, lect. 11.

[132]Fue principalmente San Juan Crisóstomo quien defendió la incomprehensibilidad de Dios contra los eunomianos en sus doce homilías, *De Incomprehensibili*. Cfr. por ejemplo 2, 3 (*P. G.*, 48, 712) o 4, 2 (*P. G.*, 48, 729). Cfr. también Socrates: *Hist. Eccl.*, 4, 7 (*P. G.*, 67, 474) y San Agustín: *Serm.*, 113, 3, 5 (*P. L.*, 38, 663).

8.4. REFLEXIONES TEOLÓGICAS

centis. Qui igitur videt Deum per essentiam, videt hoc in eo, quod infinite existit, et infinite cognoscibilis est, sed hic infinitus modus non competit ei, ut scilicet ipse infinite cognoscat, sicut aliquis probabiliter scire potest aliquam propositionem esse demonstrabilem, licet ipse eam demonstrative non cognoscat".[133]

no es el modo del que conoce. Así, pues, quien ve a Dios en su esencia ve en El lo que existe infinitamente y que es infinitamente cognoscible. Pero este modo infinito no le corresponde a él, es decir, que le conozca infinitamente. Esto es lo que le sucede a quien sabe con probabilidad que una proposición es demostrable, pero no la conoce demostrativamente".

Grados de visión de Dios

¿Existen grados de perfección diversos en el modo de la visión de Dios por parte de los bienaventurados? El interrogante surge por la necesidad de coordinar dos textos magisteriales de la máxima autoridad en nuestro tratado, que aparentemente se oponen en sus dictados. En efecto:

- Por un lado la Constitución *Benedictus Deus*, define que la visión de Dios por parte de los bienaventurados es "inmediata e intuitiva". Ahora bien, Dios es absolutamente simple.

  En realidad, la espiritualidad de Dios está presente en todo el Antiguo Testamento como se ve en la contraposición que se hace entre Dios y el hombre, que es "carne" (Is 31:3), o en la continua prohibición de las imágenes idolátricas. Además, la Biblia afirma esta verdad cuando equipara la sustancia divina ("Dios")

---

[133]Cfr. Santo Tomás de Aquino: *Summ. Theol.*, Iª, q. 12, a. 7, ad 3.

a sus atributos. Es el caso de 1 Jn 4: 8.16, "Dios es amor"; o Jn 14:6, "Yo soy el camino, la verdad y la vida". También se presenta este atributo cuando la Revelación habla de Dios como puro espíritu (Jn 4:24, "Dios es espíritu..."; 2 Cor 3:17, "El Señor es espíritu..."). La Iglesia defendió esta verdad de fe en el Concilio Lateranense IV,[134] y en el Vaticano I. [135] Es un atributo relacionado con la pura espiritualidad de Dios. Santo Tomás de Aquino basa ambos aspectos en la "actualidad" del ser divino que es Acto Puro sin mezcla de potencialidad alguna como consecuencia de ser el "Ipsum Esse Subsistens".[136] Además, la imposibilidad de cualquier composición en Dios se fundamenta en tres razones: Dios es causa eficiente primera de todos los seres, pero la causa eficiente es distinta del efecto; Dios es el primer agente que obra por sí mismo, pero si Dios formara parte de un compuesto, éste sería el primer agente; Dios es absolutamente el primer ser, lo que sería imposible si entrara en composición con otro ser.[137]

Pues bien, siendo Dios absolutamente simple, es difícil de entender cómo podrían haber grados diversos de perfección en la visión de los bienaventurados.

> "Animæ sanctorum omnium (hominum)... viderunt et vident divinam essentiam visione intuitiva et etiam faciali, nulla mediante creatura in ratione obiecti visi se habente, sed divina essentia immediate se nude, clare et aperte eis ostendente, quodque sic videntes eadem divina essentia perfruuntur, necnon quod

---

[134] *D. S.*, 800, "...Substantia seu natura simplex omnino..."
[135] *D. S.*, 3001, "...Simplex omnino et incommutabilis substantia spiritualis..."
[136] Santo Tomás de Aquino: *Summ. Theol.*, Iª, q. 3, a. 7, co.
[137] Santo Tomás de Aquino: *Summ. Theol.*, Iª, q. 3, a. 8, co.

8.4. REFLEXIONES TEOLÓGICAS

> ex tali visione et fruitione eorum animæ, qui iam decesserunt, sunt vere beatæ et habent vitam et requiem æternam..."[138]

- Sin embargo, el Concilio de Florencia definió la existencia de diferentes grados de perfección en la visión de Dios en relación a la retribución diferente por la diversidad de los méritos de los bienaventurados. A mayor mérito, mayor grado de perfección en la visión. En efecto:

> "Illorumque animas...in cælum mox recipi et intueri clare ipsum Deum trinum et unum, sicuti est, pro meritorum tamen diversitate alium alio perfectius".[139]

La respuesta a este interrogante, es precisamente la incomprehensibilidad de Dios mencionada. En efecto, siendo Dios así, y las almas humanas limitadas, cada alma se llena plenamente de Dios (la visión de Dios es saciativa), pero siendo cada alma diferente, el efecto comparativo de su "lumen gloriæ" con el de otras almas, es también diferente.

8.4.10 Éxtasis y temporalidad en el Cielo. Felicidad esencial y accidental

Hay que distinguir la eternidad del Cielo, que no acabará nunca, de la percepción y vivencia de la misma por parte del bienaventurado. Para lo cual es necesario tener en cuenta las categorías de eternidad propiamente dicha que corresponde solamente a Dios y de eviternidad, que es una cierta participación en la eternidad de Dios por parte de

---

[138] *D. S.*, 1000.
[139] *D. S.*, 1305.

las creaturas, y que ya mencionábamos al estudiar la característica de la eternidad del Cielo.

El problema se suscita porque:

- Por un lado, la visión del bienaventurado en el Cielo es *saciativa*, como ya se ha mostrado, lo que implica una situación de éxtasis, que se vincula por comparación y analogía con la situación de éxtasis que conocemos en la vida mística de algunos contemplativos, con las ideas de inmovilidad y falta de percepción del tiempo.

- Además, por otro lado, lo que hace que la visión del bienaventurado sea propiamente *sobrenatural e indebida* a la naturaleza humana es precisamente que constituye una cierta participación de algo propio de Dios, que es Acto Puro, e inmutabilidad y quietud infinitas (concepto estricto de eternidad divina).

- Pero el estado de eternidad, inmutabilidad y quietud infinitas propio de Dios no puede ser el que corresponde a la creatura, que es siempre finita, en el Cielo.

Por lo tanto, se trata de determinar si el bienaventurado experimenta de algún modo el movimiento y el paso del tiempo en el más allá; o, con otras palabras, cómo compaginar la visión saciativa que implicaría un grado de quietud, inmovilidad y éxtasis sin tiempo, con la eviternidad propia de la creatura en el más allá (que no es la eternidad propia de Dios); eviternidad donde parece que sí debiera haber una percepción del paso del tiempo aunque sea de duración que nunca acaba.

* * *

8.4. REFLEXIONES TEOLÓGICAS

La teología clásica[140] enfrentaba este problema distinguiendo dos realidades: la *felicidad esencial* objetiva y subjetiva, que es Dios mismo, poseído plenamente por la visión intuitiva saciativa, el amor y la fruición consiguiente; y la *felicidad accidental*. En la primera, se produce el éxtasis, y la consiguiente ausencia de movimiento y de percepción del transcurso del tiempo. En la segunda, se produciría un movimiento de aumento de felicidad que haría posible la percepción de la eviternidad.

El sentido del "accidental" no significa en esta teología que no tenga importancia, o que sea simplemente "accidente", como opuesto a substancia, ya que también la felicidad esencial entra dentro de la categoría de "accidente" para la teología clásica (recuérdese que la gloria es la consumación de la gracia santificante, que tiene esa misma cualidad metafísica de "accidente").

Con ese nombre de "accidental" se indica la felicidad que experimentaría el bienaventurado que no proviene directamente de Dios, sino de otros objetos distintos a Él y que aumenta hasta el día del Juicio final: por la resurrección del cuerpo, y por el conocimiento de realidades gozosas nuevas, como la santificación de la Iglesia militante, o el incremento de la Iglesia triunfante.

El aumento de la felicidad en el Cielo aparece recogido en la Sagrada Escritura: al hablar de la felicidad de los ángeles en el Cielo por los pecadores que se arrepienten (Lc 5: 7.10); o el conocimiento dado sobre la difusión de la Iglesia terrestre: "para que la multiforme sabiduría de Dios sea ahora notificada por medio de la Iglesia a los principados y potestades en los Cielos, conforme al plan eterno que Él ha realizado en Cristo Jesús, nuestro Señor" (Ef 3: 10–11); o el poder de juzgar de los Apóstoles en el Cielo otorgado por Cristo (Mt 19:28).

---

[140]Cfr. las explicaciones de J. Ibáñez y F. Mendoza: *Dios Consumador...*, cit., págs. 205–225.

La enseñanza común apostaba por la existencia de la misma, y pasó a las enseñanzas del *Catecismo Romano* de Trento:

"Bienaventuranza accidental. A esta suprema y perfecta felicidad esencial de los bienaventurados hay que añadir otras perfecciones que, por estar más al alcance de la inteligencia humana, suelen conmover y excitar más vehementemente nuestras almas. A ellas parece aludir San Pablo en su Carta a los Romanos: Gloria, honor y paz para todo el que hace el bien (Ro 2:10).

Los bienaventurados gozaran, en efecto, no solamente de aquella gloria que hemos declarado ser la bienaventuranza esencial o está íntimamente ligada con ella, sino también de la gloria que les producirá el conocimiento claro y preciso que todos y cada uno han de tener del esplendor y dignidad de los demás bienaventurados. Para todos será inmenso honor el sentirse llamados por Dios no ya siervos, sino amigos, hermanos e hijos.[141]

Jesucristo, nuestro divino Salvador, les introducirá en su reino con tan consoladoras y amorosas palabras: "Venid, benditos de mi Padre, tomad posesión del reino preparado para vosotros desde la creación del mundo" (Mt 25:34). Con razón sentirán necesidad de gritar: "¡Cuan sobremanera has honrado a tus amigos, oh Dios!" (Sal 138:17, ed.

---

[141]"Vosotros sois mis amigos si hacéis lo que os mando" (Jn 15:14); "Porque todos, así el que santifica como los santificados, de uno sólo vienen, y, por tanto, no se avergüenza de llamarlos hermanos" (Heb 2:11); "Mas a cuantos le recibieron dióles poder de venir a ser hijos de Dios" (Jn 1:12); "Porque los que son movidos por el Espíritu de Dios, ésos son hijos de Dios" (Ro 8:14).

8.4. REFLEXIONES TEOLÓGICAS

Vulgata). Y el mismo Cristo les alabará delante de su Padre celestial y de sus ángeles y santos.[142]

Si a esto añadimos que, por instinto natural, todos deseamos ser estimados y alabados por personajes ilustres en ciencia, ¿cuan no será el aumento de gloria de los bienaventurados, que tan profunda estima se profesarán los unos a los otros?

Sería también interminable querer enumerar todos los bienes y goces de que estará llena la gloria de los bienaventurados;[143] ni aun siquiera podríamos imaginarlos. Baste apuntar que allí poseeremos y gozaremos todos los bienes, todos los goces posibles y apetecibles de esta vida, lo mismo los bienes de la inteligencia que las perfecciones naturales del cuerpo; y esto en tan supremo grado, que ni el ojo vio, ni el oído oyó, ni puede venir a la mente del hombre lo que Dios tiene preparado para los que le aman (1 Cor 2:9; Is 64:3).

El cuerpo, transformado de terreno en espiritual y de pasible en inmortal, no experimentará allí ninguna de las necesidades de aquí abajo.[144]

---

[142]"Pues a todo el que me confesare delante de los hombres, yo también le confesaré delante de mi Padre, que está en los Cielos" (Mt 10:32).

[143]"Sácianse de la abundancia de tu casa, y los abrevas en el torrente de tus delicias. Porque en ti está la fuente de la vida y en tu luz vemos la luz" (Sal 35: 9–10).

[144]"Pues así en la resurrección de los muertos. Se siembra en corrupción, y resucita en incorrupción. Se siembra en ignominia, y se levanta en gloria. Se siembra en flaqueza, y se levanta en poder" (1 Cor 15: 42–43).

El alma tendrá la suma felicidad y la plena saciedad en el manjar de la gloria, que Dios irá ofreciendo a todos en su banquete celestial.[145]

¿Quién echará allí de menos los vestidos preciosos o los pomposos adornos del cuerpo, inútiles cosas donde todos estarán revestidos de esplendor de inmortalidad (1 Cor 15:53, "Porque es preciso que lo corruptible se revista de incorrupción y que este ser mortal se revista de inmortalidad"; Ap 7:9, "Después de esto miré y vi una muchedumbre grande, que nadie podía contar, de toda nación, tribu, pueblo y lengua, que estaban delante del trono y del Cordero, vestidos de túnicas blancas y con palmas en sus manos"), y adornados con corona de gloria eterna?[146] O ¿quién suspirará allí por palacios espaciosos y suntuosamente amueblados, cuando será suyo el mismo vastísimo y maravilloso Cielo, enteramente iluminado por divino esplendor? Razón tenía el profeta para exclamar cuando contemplaba la belleza de aquella morada del Cielo y ardía en deseos de penetrarla: "¡Cuan amables son tus moradas, oh Yahveh Sebaot! Anhela mi alma y ardientemente desea los atrios de Yahveh. Mi corazón y mi carne saltan de júbilo por el Dios vivo" (Sal 84: 2–3). ¡Ojalá sea también ésta la súplica constante de todos los cristianos!"[147]

* * *

---

[145]"Dichosos los siervos aquellos a Quienes el amo hallare en vela; en verdad os digo que se ceñirá, y los sentará a la mesa, y se prestará a servirles" (Lc 12:37).

[146]"Y quien se prepara para la lucha, de todo se abstiene, y eso para alcanzar una corona corruptible; mas nosotros para alcanzar una incorruptible" (1 Cor 9:25). "Porque la gimnasia corporal es de poco provecho; pero la piedad es útil para todo y tiene promesas para la vida presente y para la futura" (2 Tim 4:8).

[147]*Catecismo Romano*, cap. XII, 3, B.

8.4. REFLEXIONES TEOLÓGICAS

Las razones teológicas principales para aceptar el aumento de la felicidad accidental de los bienaventurados son las siguientes:

1.- La analogía con la visión beatífica de Cristo en la tierra: el Señor tenía una felicidad esencial de la contemplación de Dios, pero fue compatible con el aumento y disminución de la felicidad accidental (penas, padecimientos, privaciones, las alegrías, etc.).[148]

2.- El bienaventurado tiene tendencias y apetencias racionales que son legítimas y que no se satisfacen formalmente en la felicidad esencial. Como la gracia no destruye la naturaleza, parece lógico que esas tendencias deban ser satisfechas en la eternidad.

3.- Santo Tomás distingue entre la "felicidad perfecta" (contemplación de Dios) y el "bienestar" (unión del cuerpo con el alma, o la unión del bienaventurado con otros bienaventurados). En efecto, el alma es más perfecta en su naturaleza unida al cuerpo que sin él, y por tanto, realizará las operaciones propias de la felicidad celestial de un modo más perfecto; además la gloria del alma se transfunde al cuerpo resucitado y así la capacidad sensitiva también participa de la felicidad:

"Nam intellectus ad suam operationem non indiget corpore nisi propter phantasmata, in quibus veritatem intelligibilem contuetur, ut in primo dictum est. Manifestum est autem quod divina essentia per phantasmata videri non potest, ut in primo ostensum est. Un-

"Porque el entendimiento, para su operación perfecta, sólo necesita del cuerpo por las imágenes (*phantasmata*), en las que mira la verdad inteligible, como se dijo en la primera parte (q. 84, a. 7). Pero es evidente que la esencia divina no puede verse mediante imágenes, como se demostró en la pri-

---

[148] Para algunos teólogos, Cristo no tuvo felicidad accidental precisamente por estar sometido a esos padecimientos y privaciones. Pero el argumento se puede utilizar en su contra, como hemos hecho.

de, cum in visione divinæ essentiæ perfecta hominis beatitudo consistat, non dependet beatitudo perfecta hominis a corpore. Unde sine corpore potest anima esse beata. Sed sciendum quod ad perfectionem alicuius rei dupliciter aliquid pertinet. Uno modo, ad constituendam essentiam rei, sicut anima requiritur ad perfectionem hominis. Alio modo requiritur ad perfectionem rei quod pertinet ad bene esse eius, sicut pulchritudo corporis, et velocitas ingenii pertinet ad perfectionem hominis. Quamvis ergo corpus primo modo ad perfectionem beatitudinis humanæ non pertineat, pertinet tamen secundo modo. Cum enim operatio dependeat ex natura rei, quando anima perfectior erit in sua natura, tanto perfectius habebit suam propriam operationem, in qua felicitas consistit".[149]

"Sed si loquamur de perfecta beatitudine quæ erit in

mera parte (q. 12, a. 3). Por consiguiente, la bienaventuranza perfecta del hombre no depende del cuerpo, pues consiste en la visión de la esencia divina. En consecuencia, el alma puede ser bienaventurada sin el cuerpo. Pero hay que tener en cuenta que una cosa pertenece a la perfección de otra de dos modos. Uno, para constituir la esencia de la cosa, como se requiere el alma para la perfección del hombre. Del otro modo, se requiere para la perfección de una cosa lo que pertenece a su bien ser, como pertenecen a la perfección del hombre la belleza del cuerpo y la rapidez de ingenio. Así, pues, aunque el cuerpo no pertenece a la perfección de la bienaventuranza humana del primer modo, sin embargo, pertenece del segundo. Porque la operación depende de la naturaleza de la cosa, cuanto más perfecta sea el alma en su naturaleza, más perfectamente tendrá su operación, en la que consiste la felicidad".

"Pero si hablamos de la bienaventuranza perfecta que habrá en

---

[149]Santo Tomás de Aquino: *Summ. Theol.*, Iª–IIæ, q. 4, a 5, co.

8.4. REFLEXIONES TEOLÓGICAS

patria, non requiritur societas amicorum de necessitate ad beatitudinem, quia homo habet totam plenitudinem suæ perfectionis in Deo. Sed ad bene esse beatitudinis facit societas amicorum. Unde Augustinus dicit, VIII super Gen. ad Litt., quod creatura spiritualis, ad hoc quod beata sit, non nisi intrinsecus adiuvatur æternitate, veritate, caritate creatoris. Extrinsecus vero, si adiuvari dicenda est, fortasse hoc solo adiuvatur, quod invicem vident, et de sua societate gaudent in Deo".[150]

la patria, no se requiere necesariamente la compañía de amigos para la bienaventuranza, porque el hombre tiene toda la plenitud de su perfección en Dios. Pero la compañía de amigos contribuye al bien ser de la bienaventuranza. Por eso dice Agustín en VIII Super Gen. ad Litt.: Para ser bienaventurada, la criatura espiritual sólo es ayudada intrínsecamente por la eternidad, la verdad y la caridad del Creador. Pero extrínsecamente, si podemos hablar de ayudar, quizá únicamente ayude el que se ven mutuamente y se alegran de su compañía en Dios".

La teología clásica discutía sobre la amplitud (negando que el bienaventurado sufriera algún mal, ni dolor espiritual, ni ausencia de la ciencia debida, ni error o ignorancia, ni tristeza, etc.), desigualdad (unos bienaventurados se gozan por unos motivos, y otros, por otros; o por cosas específicamente diferentes; etc.) y aumentos de la felicidad accidental (lo que no puede ocurrir con la felicidad esencial).[151]

*   *   *

---

[150] Santo Tomás de Aquino: *Summ. Theol.*, I^a–II^{ae}, q. 4, a 8, co.

[151] Para el aumento, cfr. la analogía con el aumento de la felicidad de los ángeles por los pecadores que se convierten: *Summ. Theol.*, I^a, q. 62, a. 9, ad 3.

En la enumeración de los bienes accidentales de los bienaventurados, se suele distinguir entre:

1. Bienes accidentales comunes a todos los bienaventurados, que a su vez pueden dividirse entre:

    (a) Bienes referidos al alma.

    i. Con respecto al entendimiento: desaparece la fe, el error, la ignorancia. El bienaventurado conoce todo lo que que se estudió al hablar de la visión de Dios. Permanecen los dones del Espíritu Santo propios del entendimiento (ciencia, sabiduría, consejo) en cuanto perfeccionan al mismo. Conoce, en el Verbo, todo lo que se refiere al propio bienaventurado (familia, amigos, actos por los que se les invocan, culto de dulía que se les da, etc. Conocen a los otros bienaventurados, especialmente con los que estuvieron vinculados en la vida terrena, etc. Tendrán un íntimo conocimiento entre ellos, pues no hay nada que se quiera ocultar ni se piensa mal.

    ii. Con respecto a la voluntad: Permanece la caridad, pero ahora en plenitud, como amor de Dios visto y poseído, y no como en la tierra. Desaparece la esperanza.[152] Existe un cierto temor reverencial.[153] Se espera la resurrección del cuerpo durante la escatología intemedia.[154] Permanecen los dones del Espíritu Santo propios de la voluntad en cuanto a su esencia (piedad, fortaleza y

---

[152]Santo Tomás de Aquino: *Summ. Theol.*, Iª–IIæ, q. 67, a. 4.
[153]Santo Tomás de Aquino: *Summ. Theol.*, Iª–IIæ, q. 67, a. 4, ad. 2.
[154]Santo Tomás de Aquino: *Summ. Theol.*, Iª–IIæ, q. 67, a. 4. ad. 3.

8.4. REFLEXIONES TEOLÓGICAS

temor).[155] No tienen tristeza alguna, ni por los males de la humanidad, ni por los propios pecados, que ya fueron perdonados, ni por los pecados de los demás y sus castigos porque se ve la unidad de la justicia y la misericordia divinas, ni tampoco por la dilación de la unión con sus cuerpos, pues están conformes siempre con la voluntad divina.

(b) Bienes referidos al cuerpo resucitado, de los que se tratará en el capítulo dedicado a la resurrección de los muertos:

　i. Claridad.

　ii. Agilidad.

　iii. Sutileza.

　iv. Impasibilidad.

(c) Otros bienes externos:

　i. Gozo de la compañía de los bienaventurados: de Cristo, de la Santísima Virgen María, de los ángeles y de los demás santos.

　ii. Gozo del lugar del Cielo o Paraíso celestial.

2. Bienes accidentales propios de algunos de los bienaventurados, dispensados por la voluntad liberrima de Dios.

* * *

C. Pozo[156] propone extraer todas las consecuencias al concepto de participación para encontrar una solución que permita conjugar el éxtasis de la visión intuitiva y saciativa de Dios con la percepción de la eviternidad: la inmovilidad y éxtasis del bienaventurado en la visión

---

[155] Santo Tomás de Aquino: *Summ. Theol.*, I^a–II^{ae}, q. 68, a. 6.
[156] C. Pozo: *Teología...*, cit., págs. 419–420.

beatífica, son *participados* de la inmovilidad y eternidad de Dios. No hay identidad, sino *participación*. Esto permitiría que el bienaventurado experimentara un éxtasis e inmovilidad en la visión de Dios, pero tuviera una percepción del tiempo (no en el sentido de eternidad propiamente tal ni del tiempo terrestre, sino como eviternidad) en otros planos de conciencia, donde sí habría actos sucesivos y progresivos, como son:

- En la escatología intermedia, la relación con los otros bienaventurados en la comunión de los santos.

- En la escatología definitiva, la recuperación de la corporalidad que haría más fácil la percepción de la sucesión.

* * *

Tal vez, el problema podría ser iluminado un poco más, si, además de las consideraciones hechas por parte de la teología clásica, se *profundiza en la naturaleza del estado de éxtasis* tal y como es posible conocerlo en el presente eón (por la experiencia y relatos de los místicos cristianos), para, después, aplicarlo analógicamente a la situación del éxtasis celestial. En este sentido son de gran valor las consideraciones que A. Gálvez hace en torno a la naturaleza y desarrollo de la oración mística, que se derivan de su metafísica y teología del amor. Creo que esas reflexiones, unidas a algunos de sus posiciones en torno a la escatología, son de enorme fecundidad teológica para el problema que aquí se debate.

En la teología espiritual y mística se suele asociar los estados más altos de la oración, con la idea de la pasividad total por parte del hombre. Por eso, con frecuencia, se llama a este estadio de la oración, "oración contemplativa", donde se supone que Dios es el que actúa totalmente y el alma es pura recepción y pasividad. La causa estaría

8.4. REFLEXIONES TEOLÓGICAS

en el hecho de la cercanía que se alcanza con Dios y a la infinitud de su gloria, y a la extrema limitación del ser creado del hombre. Sin embargo las cosas pueden ser más complejas y bellas.

En efecto, el estadio supremo de oración coincide con el del máximo amor divino–humano (relatado poéticamente en El Cantar de los Cantares, y descrito muchas veces como de "matrimonio espiritual"). Ahora bien, el amor verdadero, y más aun en sus estados más perfectos, es cualquier cosa menos mera pasividad por parte de cualquiera de los amantes. Todo lo contrario, "el amor es fuego inextinguible que nunca dice basta" (Pr 30:16; cfr. Ca 8: 6–7). En la verdadera situación de éxtasis en la vida de oración mística, la persona humana en absoluto tiene un papel pasivo y meramente receptivo, sino que se vive toda la plenitud de sentimientos y de potencialidades humanas al máximo. Si esto ocurre en arras e intermitentemente en el presente eón, se vive en plenitud en el más allá.

"Por mi parte, siempre mantuve la creencia de que la llamada *oración contemplativa* es el acto más perfecto de amor que la criatura humana es capaz de llevar a cabo en esta vida. Y siendo el acto amoroso el más perfecto de los que puede realizar el alma, y puesto que el amor supone necesariamente bilateralidad y correspondencia entre las partes que se aman, resulta difícil imaginar que el alma humana se limite en ese momento a adoptar una actitud *pasiva* ante Dios; lo cual parece que iría contra la naturaleza de las cosas. Ningún amante adopta una actitud pasiva cuando se halla en contacto con la persona amada, precisamente en el momento en el que la relación amorosa alcanza su grado mayor de intensidad, y cuando las emociones, el diálogo y los sentimientos íntimos son absolutamente *comunes* a ambos amadores. A mi entender, ni Dios ni la criatura pueden permanecer *pasivos* en los momentos de su relación amorosa".[157]

"Sin embargo no puedo evitar seguir pensando que la *oración contemplativa* significa mucho más que una actitud meramente *pasiva* por parte del alma humana. Y ni siquiera me gusta ese nombre referido a la oración, pues pienso que anda lejos de expresar su verdadero contenido. Aunque la Santa haya seguido, como todos los místicos y espirituales clásicos, la doctrina de Santo Tomás sobre la visión beatífica, la cual consiste en *la contemplación saciativa de la Verdad*".[158]

Aplicando analógicamente estos principios a la visión celestial de Dios (que es, además y sobre todo, posesión de Dios, amor totales y fruición máxima), podríamos concluir que en Dios ese fuego y máxima actividad se vive según su modo propio de ser (*Ipsum Esse Subsistens*, eternidad propiamente dicha, inmutabilidad perfecta); en el hombre, se experimenta según su modo propio de ser, creado por Dios; eso sí, en la plenitud de todas sus potencialidades, donde es propio del mismo el "movimiento" en sus modos más sublimes y profundos, lo que permitiría la percepción de la eviternidad.

"Estoy seguro de que, a pesar de mis intemperancias, ambos Santos y Doctores se sentirán contentos de perdonar la osadía de un bisoño como yo, que piensa tozudamente que la Felicidad Perfecta, o el último fin al que estamos destinados, además de *la contemplación saciativa de la Verdad*, habrá de comprender también la de la

---

[157] A. Gálvez: *El Misterio...*, cit., págs. 83–84.
[158] A. Gálvez: *El Misterio...*, cit., págs. 85–86.

8.4. REFLEXIONES TEOLÓGICAS

Belleza Infinita y, sobre todo, *la Posesión del Supremo Bien*".[159]

Esta idea fundamental se sostiene y se perfila sobre el pensamiento escatológico de A. Gálvez, en particular en los siguientes principios:

1. El amor perfecto exige la perennidad para que sea tal. Un amor temporal o condicionado no es de entrega total, y por tanto tampoco es perfecto. No obstante, la perennidad para la creatura no significa la eternidad divina estrictamente dicha. Algo de esto se percibe en los grados más elevados de la oración mística en el presente eón:

> "Estamos en presencia de lo inefable. Aquí es donde el alma, franqueados ya los bordes de la eternidad, se encuentra en camino de transcender el sentido del tiempo. Puesto que la *perennidad* es una de las notas esenciales del amor perfecto, la trascendencia con respecto al sentido del tiempo es una prenda, o arras, de la eternidad en la que va a tener lugar la realidad de tal amor. Y cosa semejante puede decirse, dado que el alma goza también aquí de un adelanto de la Felicidad Perfecta,[160] en cuanto a que también en este punto se vea desatada momentáneamente de las cadenas que la sujetan al tiempo: *Te amé desde antes del tiempo, te he amado en el tiempo, y te amaré más allá del tiempo...* No en vano dice la Carta a los Hebreos

---

[159] A. Gálvez: *El Misterio...*, cit., pág. 86.

[160] La Felicidad Perfecta necesita para ser tal la nota de la perennidad (si se sabe que va a cesar en el tiempo ya no sería perfecta), que solamente puede darse en el tiempo sin tiempo de la Vida Eterna.

que *Jesucristo es el mismo y ayer, y hoy, y por los siglos*[161]".[162]

2. La verdadera concepción de la inmutabilidad divina y su relación con el concepto de eternidad propiamente dicha. La inmutabilidad divina no puede ser concebida como falta de vida, como la situación de un cadaver, sino como plenitud de la misma; se ha de recordar siempre que Dios es el *Ipsum Esse Subsistens*. Es necesario no olvidar que hemos de aplicar la analogía en la consideración de los atributos divinos.

"No es infrecuente que la figura de Dios aparezca como la de un Ser Infinito, digno de ser adorado y contemplado, pero no como un Ser que ama y tiene puestos los ojos en la persona amada. De esa forma Dios es un Ser amado, pero no amante. Suele aparecer como seductor, pero no como seducido. Como quien escucha, pero no como quien habla. Como quien tiene los oídos atentos para toda clase de requiebros o de peticiones, pero no como quien los profiere con palabras encendidas de amor hacia la persona amada. Como Señor, pero no como amigo. Como quien es capaz de enternecer hasta las lágrimas a un alma enamorada, pero no como quien es capaz de derramarlas igualmente por la persona amada...

La Teología mística parece tener miedo de atentar contra la excelsitud de la Divinidad. Con la consecuencia de que el Dios del Antiguo Testamento goza de una cierta primacía, mientras que el Misterio de la

---

[161] Heb 13:8.
[162] A. Gálvez: *El Misterio...*, cit., págs. 72–73.

8.4. REFLEXIONES TEOLÓGICAS

Encarnación pasa a ocupar un segundo término. Sucede en esta Espiritualidad que la naturaleza humana sigue siendo objeto de la influencia del platonismo y de las sospechas contra el cuerpo, y de ahí que la Teología *apofática* predomine sobre la Teología *catafática*. Se sigue escuchando el eco de la voz de San Agustín: *Si lo comprendes, no es Dios*, pero al mismo tiempo se olvida la incuestionabilidad del hecho de que el Verbo se hizo Hombre en Jesucristo: *A Dios nadie lo ha visto jamás, el Hijo Unigénito, el que está en el seno del Padre, Él mismo lo dio a conocer.*[163]".[164]

3. El hecho de que el bienaventurado sea "persona humana" tanto en el estado de escatología intermedia (alma subsistente sin el cuerpo) como en el de escatología final (alma y cuerpo gloriosos unidos tras la resurrección). El Cielo no puede ser entendido como una especie de estado de "nirvana" donde la persona humana se acaba diluyendo en la divinidad. Todo lo contrario: el Cielo es amor en plenitud, y el amor exige la permanencia y existencia de las personas que se aman: "El amor lo entrega todo, menos la propia capacidad de amar". En el momento en que desapareciera una de las personas (en este caso, la humana) de la relación de amor, el amor desaparecería. Y la persona humana conoce y ama también en la situación de Cielo, tanto en la escatología intermedia como en la final.

"La oración mística fundamenta su existencia y desarrollo sobre la base de la intimidad que se deriva del *tú* a *tú* en la relación amorosa divino–humana.

---

[163] Jn 1:18.
[164] A. Gálvez: *El Misterio...*, cit., págs. 153–154.

> Condición indispensable y que, sin embargo, no plantea problema alguno, dado que la naturaleza de la relación amorosa exige necesariamente que cada uno de los que se aman *mantenga en todo momento su propia identidad*. Por otra parte, ya habíamos visto anteriormente que el amor a Dios se concreta para el alma en la Persona de Jesucristo, al cual dirige los afectos de su corazón en un *acto único* por el que lo aprehende a la vez como Verdadero Dios y como Perfecto Hombre".[165]

4. La bienaventuranza eterna es fundamentalmente la plenitud de la relación amorosa con Dios, y no tanto la contemplación saciativa de la verdad.[166]

5. La importancia de la relación con la Humanidad de Jesucristo en la bienaventuranza celestial, donde la relación de amor divino–humana se vive al modo divino y también humano. Esta relación con la Humanidad de Jesucristo haría más fácil la percepción del movimiento y del paso del tiempo en la eviternidad.

> "No ha de olvidarse que Jesucristo se relaciona con al alma en la oración por medio de un amor *al modo humano* a través de su Naturaleza Humana; al mismo tiempo que lo hace igualmente *al modo divino* por medio de su Naturaleza Divina. Todo ello en un *acto único* de amor que ha de atribuirse, en último término, a su Persona divina, puesto que son las personas las que aman y no las naturalezas. Por lo que la operación de amor de Jesucristo a su criatura, realizada en las

---

[165] A. Gálvez: *El Misterio...*, cit., págs. 155.
[166] A. Gálvez: *El Misterio...*, cit., págs. 85–86.

8.4. REFLEXIONES TEOLÓGICAS

condiciones que permite la unión hipostática y la comunicación de idiomas, puede ser considerada a la vez como *amor divino* y como *amor humano*: amor *divino-humano*, por lo tanto (separable en cuanto al modo y al objeto a quien se dirige, aunque no en cuanto a su origen) que abre las posibilidades de que Jesucristo ame a su criatura poniéndose a su misma altura, a saber: amándola también del mismo y único modo en que ella puede hacerlo, el cual no es otro que *al modo humano*".[167]

"Por nuestra parte, estamos convencidos de que una mayor insistencia en la Naturaleza Humana de Jesucristo, por parte de nuestros Místicos, habría hecho más comprensibles, a la vez que más flexibles y *humanas*, sus doctrinas sobre las relaciones divino-humanas. En concreto, sobre todo lo referente a la posibilidad y desarrollo de la oración mística".[168]

8.4.11 Estado y lugar vs. "existir en la memoria de Dios"

Uno de los temas que hoy se dan por aceptados comúnmente, es que el Cielo no es un lugar, sino un estado, con el fin de evitar las representaciones un tanto pueriles que se suelen hacer. Sin embargo la teología clásica enfrentaba este problema de un modo más sutil y profundo. Un buen resumen del problema lo presenta R. Garrigou-Lagrange:

---

[167] A. Gálvez: *El Misterio...*, cit., pág. 168.
[168] A. Gálvez: *El Misterio...*, cit., págs. 118–119.

"Heaven means the place, and especially the condition, of supreme beatitude. Had God created no bodies, but only pure spirits, heaven would not need to be a place; it would signify merely the state of the angels who rejoice in the possession of God. But in fact heaven is also a place. There we find the humanity of Jesus, the blessed Virgin Mary, the angels and the souls of the saints. Though we cannot say with certitude where this place is to be found, or what its relation is to the whole universe, revelation does not allow us to doubt of its existence. (A pure spirit can be in place only so far as it exercises an action on a body in that place, but of itself the spirit lives in an order higher than that of space)".[169]

Es necesario recordar que la sana teología siempre consideró el más allá como un estado; pero al mismo tiempo, afirmó la necesidad de que fuera un lugar, aunque con características propias de un mundo sobrenatural distinto del nuestro, como reclama R. Garrigou–Lagrange en el pasaje citado. El autor del *Suplemento a la Suma Teológica*, indicaba la relación entre "estado" y "lugar" al cuestionarse sobre la existencia de los diferentes moradas del más allá:

"*Receptacula animarum distinguuntur secundum diversos status earum*. Anima autem coniuncta mortali corpori habet statum merendi: sed exuta corpore est in statu recipiendi pro meritis bonum vel ma-	"*Los receptáculos de las almas se distinguen de acuerdo a los diferentes estados*. El alma unida a un cuerpo mortal está en estado de merecer, mientras que el alma separada del cuerpo está en estado de recibir lo bueno o lo malo según sus

---

[169] R. Garrigou–Lagrange: *Life Everlasting*..., cit., pág. 159.

8.4. REFLEXIONES TEOLÓGICAS

lum. Ergo post mortem vel est in statu recipiendi finale præmium, vel est in statu quo impeditur ab illo. Si autem est in statu recipiendi finalem retributionem, hoc est dupliciter: vel quantum ad bonum, et sic est paradisus; vel quantum ad malum, et sic ratione actualis culpæ est infernus, ratione autem originalis est limbus puerorum. Si vero est in statu quo impeditur a finali retributione consequenda, vel hoc est propter defectum personæ, et sic est purgatorium, in quo detinentur animæ ne statim præmia consequantur, propter peccata quæ commiserunt; vel propter defectum naturæ, et sic est limbus Patrum, in quo detinebantur Patres a consecutione gloriæ propter reatum humanæ naturæ, quæ nondum poterat expiari".[170]

méritos; así, (el alma) después de la muerte, está en el estado de recibir su recompensa final, o en el estado de de ser impedida de recibirla. Si está en estado de recibir su retribución final, esto ocurre de dos modos: o con relación al bien, y esto es el Paraíso; o con relación al mal, y entonces, con relación a la culpa actual es el Infierno, y con relación al pecado original es el limbo de los niños. Por otro lado, si se encuentra en estado que le impide recibir la recompensa eterna, esto se debe o bien por defecto de la persona, y así tenemos el Purgatorio donde las almas no pueden recibir la recompensa eterna inmediatamente por los pecados que cometieron, o bien es por un defecto de la naturaleza, y así tenemos el limbo de los Padres, donde los Padres no podían recibir la gloria debido a la culpa de la naturaleza humana que todavía no había sido expiada".

Se han de evitar dos extremos: por un lado, la representación del Cielo como un lugar con las dimensiones y características conocidas

---

[170] *Suppl.*, q. 69, a. 7, co.

de este mundo, y adornado con fantasías o imágenes que no son adecuadas a la verdad de la Revelación escrita u oral; y, por otro lado, prescindir por completo de las categorías de extensión y ubicuidad, para considerarlo tan solo como un estado.

Si bien el Magisterio solemne no ha entrado a hablar de este tema, hay una serie de datos bíblicos y teológicos que demandan la aceptación de que el más allá, además de ser un "estado" es un "lugar" aunque con características propias. A saber:

1. La realidad de los cuerpos resucitados de Jesucristo y de la Virgen María. No entramos ahora a considerar el de algunos casos especiales discutidos de algunos santos del Antiguo Testamento: Henoc, Elías, etc.

2. Las características del único cuerpo resucitado del que conocemos sus características esenciales, el de Nuestro Señor Jesucristo, que es su propio cuerpo con los sagrados estigmas y tiene "carne y huesos", "come", "es palpable", etc., pero al mismo tiempo es "glorioso" y no está sometido a las leyes y dimensiones de este mundo.

3. La realidad de la verdadera resurrección de nuestros cuerpos al fin de los tiempos, que es a la vez "con nuestros propios cuerpos", pero con las características de claridad, agilidad, sutileza e impasibilidad.

4. La realidad de las penas de sentido como distintas y complementarias a las de daño; así como la gloria de los cuerpos de los bienaventurados que experimentarán también la dicha celestial.

5. La realidad del fin del mundo que conocemos y la aparición de "unos Cielos nuevos y una tierra nueva en las que reinará la justicia". El mundo creado no será destruido o aniquilado, sino

8.4. REFLEXIONES TEOLÓGICAS

que será transformado: "La creación entera gime con dolores de parto, esperando su redención".

6. La relación entre lo natural y lo sobrenatural en todo el misterio cristiano. El mundo de lo natural se prolonga y llega a su plenitud en el sobrenatural.

7. Los textos bíblicos en los que habla de "lugares" y no de simples estados para referirse a las realidades del más allá.

Los datos anteriores son manipulados —y, al fin, negados— por la teología neo-modernista, con las herramientas que suele utilizar: la reinterpretación de los dogmas y realidades sobrenaturales según el pensamiento y criterios del mundo moderno, con la consecuencia de que acaban evaporándose o desapareciendo;[171] la apelación al sentido historicista de los dogmas del Magisterio y de toda la Sagrada Escritura; el rechazo a la que llaman "cosificación" o "mitologización" del mundo sobrenatural; la afirmación de una imagen de Dios universal que supera toda descripción o conceptualización por parte de cada una de las religiones y que las abarca a todas (siendo tan solo diferentes representaciones históricas, de la deidad... y, por cierto, todas de valor más o menos idéntico), y que será la única realidad que quedará al final, subsumiendo en sí a lo que pervive de los seres humanos en una especie de existencia que se diluye en Él, como un nuevo nirvana en el Brahman de las religiones orientales.

Es necesario insistir en que la naturaleza de este "lugar" es misteriosa, y no tiene las cualidades del mundo que conocemos. Con todo,

---

[171] Así la resurrección no es la material de un cuerpo, a la que consideran "grosera", sino la permanencia de una cierta "corporalidad" en el momento de la muerte; la Resurrección del Señor como imagen de la continuidad de vida de Jesús creada por la comunidad cristiana primitiva; la Asunción espiritual de la Virgen María, quien también fue virgen en sentido de entrega total de su ser a Dios, y no en sentido físico e histórico; etc.

no puede ser reducido a ser un puro "estado", o "permanencia en la memoria de Dios" que acabe por diluir o reducir a la nada la posibilidad de los dogmas mencionados (resurrección de la carne, Ascensión de Jesucristo a los Cielos en cuerpo y alma, Asunción de Nuestra Señora, etc.).

Por eso, tantos los Padres como los teólogos clásicos, daban por supuesta la realidad del Cielo como lugar y no entraban a probar su existencia, por parecerles innecesaria la prueba. Nadie negaba su existencia. Preferían centrar sus especulaciones en el estudio de la visión intuitiva o en la condición de los cuerpos resucitados. Pero, de hecho, cuando se adentraban en el estudio de la naturaleza del Cielo como lugar, eran muy prudentes, y optaban por dar sus opiniones como hipótesis.[172] Hay dos cuestiones que la teología clásica enfrentó en relación a la naturaleza del Cielo como "lugar" que son iluminadoras de lo que decimos.[173]

La primera de las cuestiones en disputa era sobre el sitio donde se encuentra el Cielo, su ubicación. El tema se centró, en conformidad con la cosmología y filosofía del tiempo, en el llamado *cielo empíreo*: "cælum Empyreum est locus Angelorum, animarum, et hominum".[174] Santo Tomás reconoce, ya desde el primer momento, que su existencia reposa solamente sobre la autoridad de Beda y de Estrabón, junto con el testimonio de San Basilio, remarcando además que sus testimonios son discordantes: todos aceptan que es el lugar de los elegidos, pero difieren en la razón de ello. La razón de conveniencia de su existencia, estribaría en su gigantesca y bella concepción de la finalidad del mundo y de la unidad de los seres: por un lado, Dios habría destinado

---

[172]P. Bernard: *Ciel*, cit., cols. 2503–2504.

[173]Aquí nos centraremos solo en el estudio de la posición de Santo Tomás.

[174]Santo Tomás de Aquino: *In Sent.*, II, dist. 2, q. 2, a. 2, ad 5. Para el estudio detallado del pensamiento de los principales teólogos medievales y post–tridentinos, cfr. P. Bernard: *Ciel*, cit., cols. 2503–2506.

8.4. REFLEXIONES TEOLÓGICAS

a los santos a una doble gloria, espiritual y corporal, para lo cual creó el cielo empíreo; por otro lado, el conjunto de las creaturas materiales y espirituales constituyen un único y solo universo.

La segunda de las cuestiones estribaba en dilucidar las propiedades físicas del cielo empíreo. Santo Tomás rechazaba la idea de que el Cielo tuviera la naturaleza de los cuatro elementos fundamentales de nuestro mundo (agua, tierra, aire y fuego), sino de un quinto elemento, que es más luminoso, noble y formal que todos ellos.[175] Por otro lado, aceptaba una triple propiedad física de ese Cielo (incorruptibilidad, esplendor o luminosidad, e inmobilidad), siguiendo la autoridad de los Padres y pensadores anteriores a él, pero daba como razón de conveniencia la de la armonía que debe de existir entre el estado glorioso de los elegidos y las características de su mansión eterna. El siguiente texto resume muy bien el pensamiento del Aquintate:

"Cælum Empyreum non invenitur positum nisi per auctoritates Strabi et Bedæ, et iterum per auctoritatem Basilii. In cuius positione quantum ad aliquid conveniunt, scilicet quantum ad hoc quod sit locus beatorum. Dicit enim Strabus, et etiam Beda, quod statim factum Angelis est repletum. Basilius etiam dicit, in II Hexæm.,

"El cielo empíreo no se encuentra establecido más que por las autoridades de Estrabón y de Beda, y también por la de Basilio. Y al establecerlo coinciden en algo, y es en que se trata del lugar de los bienaventurados. Pues dice Estrabón, y también Beda, que nada más acabado de hacer fue llenado de ángeles. También Basilio en el II Hexæm. dice: Así como

---

[175]"Et ideo hanc positionem sequens dico quod cœlum non est de natura quatuor elementorum, sed est quintum corpus" (*In Sent.*, II, dist. XIV, q. 1, a. 2; cf. *Quodlib.*, VI, q. xi, a. 19). "Cælum empyreum in natura sua lucem habet eo quod maxime formate est" (*In IV Sent.*, I. II, dist. II, q. 11, a. 2").

sicut damnati in tenebras ultimas abiguntur ita remuneratio pro dignis operibus restauratur in ea luce quæ est extra mundum, ubi beati quietis domicilium sortientur. Differunt tamen quantum ad rationem ponendi. Nam Strabus et Beda ponunt cælum Empyreum ea ratione, quia firmamentum, per quod cælum sidereum intelligunt, non in principio sed secunda die dicitur factum. Basilius vero ea ratione ponit, ne videatur simpliciter Deus opus suum a tenebris inchoasse; quod Manichaei calumniantur, Deum veteris testamenti Deum tenebrarum nominantes. Hæ autem rationes non sunt multum cogentes. Nam quæstio de firmamento quod legitur factum in secunda die, aliter solvitur, ab Augustino et ab aliis sanctis. Quæstio autem de tenebris solvitur, secundum Augustinum, per hoc quod informitas (quæ per tenebras significatur) non præcessit duratione formationem, sed origi-

los condenados son arrojados a las más oscuras tinieblas, así también el premio para las que resplandecieron por sus obras se encuentra en aquella luz que está fuera del mundo, donde los bienaventurados disfrutan en paz de su morada. Sin embargo, hay diferencia entre ellos en cuanto a la razón de establecer el cielo empíreo. Pues Estrabón y Beda ponen el cielo empíreo porque el firmamento por el que entienden el cielo sideral, no fue creado en el principio, sino al segundo día. Basilio, por su parte, lo sitúa para que no parezca que Dios, sin más, empezó su obra creadora con las tinieblas, por lo cual los maniqueos blasfeman llamando al Dios del Antiguo Testamento dios de las tinieblas. Pero estas razones no son de mucho peso. Pues la cuestión sobre el firmamento, del que se lee que fue hecho el segundo día, ha sido resuelta de otra manera por Agustín y otros Santos. Y la cuestión sobre las tinieblas se resuelve, según Agustín, diciendo que el estado informe (indicado con las ti-

8.4. REFLEXIONES TEOLÓGICAS

ne. Secundum alios vero, cum tenebræ non sint creatura aliqua, sed privatio lucis, divinam sapientiam attestatur, ut ea quæ produxit ex nihilo, primo in statu imperfectionis institueret, et postmodum ea perduceret ad perfectum. Potest autem convenientior ratio sumi ex ipsa conditione gloriæ. Expectatur enim in futura remuneratione duplex gloria, scilicet spiritualis, et corporalis, non solum in corporibus humanis glorificandis, sed etiam in toto mundo innovando. Inchoata est autem spiritualis gloria ab ipso mundi principio in beatitudine Angelorum, quorum æqualitas sanctis promittitur. Unde conveniens fuit ut etiam a principio corporalis gloria inchoaretur in aliquo corpore, quod etiam a principio fuerit absque servitute corruptionis et mutabilitatis, et totaliter lucidum; sicut tota creatura corporalis expectatur post resurrectionem futura. Et ideo illud cælum dicitur Empyreum, idest igneum,

nieblas) no precedió a la formación en la duración, sino en el origen. Según otros, como las tinieblas no son criaturas, sino privación de luz, evidencia la sabiduría divina que las produjo de la nada, primero en un estado imperfecto y, después, llevándolas al perfecto. De modo más apropiado puede tomarse la razón de todo esto a partir de la misma condición de gloria. Pues en el premio futuro se espera una doble gloria: la espiritual y la corporal, y no sólo para los cuerpos humanos que serán glorificados, sino para la misma renovación de todo el mundo. La gloria espiritual empezó desde el mismo principio del mundo con la bienaventuranza de los ángeles, cuya igualdad ha sido prometida a los santos (Lc 20:36). Por eso, también fue conveniente que, desde el principio la gloria corporal empezara en algún cuerpo; que también desde el principio no estuviera sometido a la corrupción y a la mutabilidad, y que fuera totalmente luminoso. Tal como se espera para toda criatura corporal después de

non ab ardore, sed a splendore. Sciendum est autem quod Augustinus, X de Civ. Dei, dicit quod Porphyrius discernebat a Dæmonibus Angelos, ut aerea loca esse Dæmonum, aetherea vero vel Empyrea diceret Angelorum. Sed Porphyrius, tanquam Platonicus, cælum istud sidereum igneum esse existimabat, et ideo Empyreum nominabat; vel aethereum, secundum quod nomen aetheris sumitur ab inflammatione, et non secundum quod sumitur a velocitate motus, ut Aristoteles dicit. Quod pro tanto dictum sit, ne aliquis opinetur Augustinum cælum Empyreum posuisse sicut nunc ponitur a modernis".[176]

la resurrección. Por eso, aquel cielo es llamado empíreo, esto es, ígneo, y no por el ardor, sino por el esplendor. Hay que tener presente que Agustín, en el X De Civ., dice que Porfirio distinguía los ángeles de los demonios, atribuyendo a los demonios los lugares aéreos, y a los ángeles los etéreos o empíreos. Pero Porfirio, como platónico que era, estimaba que el cielo sideral era ígneo; y por eso lo llamaba empíreo o etéreo, en cuanto que éter significa llamarada, y no en cuanto que significa velocidad del movimiento, como dice Aristóteles. Dejamos constancia de todo esto para que no se piense que Agustín hablaba del cielo empíreo en el sentido del que hablan ahora los modernos".

La prudencia y equilibrio del pensamiento del Aquinate en estos temas, se manifiesta también en un texto interesante de los *Comentarios a las Sentencias*, donde el Santo insiste en que la razón no puede investigar con solas sus fuerzas la naturaleza del cielo empíreo, pero que la conveniencia de conformarlo como un "corpus" proviene de las

---

[176]Santo Tomás de Aquino: *Summ. Theol.*, Iª, q. 66, a. 3. Cfr. *In Sent.* II, dist. 11, q. 2, a. 1–3.

8.4. REFLEXIONES TEOLÓGICAS

exigencias de disponer de una habitación para los cuerpos resucitados de los bienaventurados. En efecto ante la pregunta de si cielo empíreo puede ser considerado un "corpus",[177] responde:

> "Respondeo dicendum, quod cælum Empyreum ratione investigari non potest: quia quidquid de cælis cognoscimus hoc est aut per visum aut per motum. Cælum autem Empyreum nec motui subjacet nec visui, ut in littera dicitur, unde nec naturali ratione sed per auctoritatem est habitum: et est corpus quod principaliter ordinatum est ut sit habitatio beatorum, et hoc magis propter homines quorum etiam corpora glorificabuntur, quibus locus debetur, quam propter Angelos qui loco non indigent; et quia illa gloria excedit investigationem humanam, ideo etiam et cælum Empyreum".[178]

Las mismas precauciones manifiesta Mangenot al hablar de la naturaleza de los cielos nuevos y la tierra nueva que esperamos.[179]

Precaución o prudencia en las explicaciones, no supone que no haya razones muy poderosas para afirmar la necesidad de que el Cielo deba de estar constituido de manera tal que pueda recibir los cuerpos reales

---

[177]"Utrum cælum Empyreum sit corpus" (*In Sent.*, II, dist. 2, q. 2, a. 1).

[178]Santo Tomás de Aquino: *In Sent.*, II, dist. 2, q. 2, a. 1, co.

[179]"Il demeure prouvé, en effet, que, d'après la révélation divine, interprétée par les Pères de l'Église et les théologiens catholiques, le monde actuel tout entier doit être, à la fin des temps, purifié, transformé et renouvelé par le feu. Sa rénovation ne sera pas une destruction ni une annihilation, mais une amélioration et une adaptation aux conditions des élus, béatifiés au ciel. La révélation ne nous apprend rien de certain sur la nature de la restauration finale du monde actuel, et par suite il est plus prudent de ne faire à ce sujet aucune conjecture, qui courrait risque de n'être pas vérifiée par l'événement". E. Mangenot: *Fin du Monde*, en DTC, vol. V, col. 2549.

y gloriosos de Jesucristo, la Santísima Virgen y de los bienaventurados después de la resurrección de la carne, o hacer realidad la verdad de los "cielos nuevos y la tierra nueva" que esperamos. Por lo que no parecen ajustadas las conclusiones de J. Ibáñez y F. Mendoza, quienes, tras un breve estudio del tema, concluyen que:

> "...dado que la divina Revelación no dice nada claro al respecto, que la Iglesia nada ha declarado en su Magisterio y que los argumentos teológicos no son apodícticos ni en un sentido ni en otro, la conclusión es que no puede afirmarse con certeza si el Cielo es un lugar y dónde está o si simplemente es un estado de suma bienaventuranza".[180]

* * *

A. Gálvez ha resumido muy bien la polémica que aquí nos ocupa con ocasión de la crítica de las teologías que podríamos llamar de la "memoria de Dios", donde se cuestiona que el Cielo pueda ser un "lugar". La ocasión se presenta con la emisión de algunas opiniones vertidas por el Papa Benedicto XVI en alguna de sus homilías, que si bien podrían ser entendidas en un sentido correcto,[181] sin embargo presentan el peligro de la ambigüedad y de ser interpretadas erróneamente:

---

[180] J. Ibáñez y F. Mendoza: *Dios Consumador...*, cit., pág. 143.

[181] Estas categorías están basadas en las consideraciones hechas en su famosa obra *Escatología*, escrita cuando era el profesor J. Ratzinger de la Universidad de Ratisbona, y reeditada y corregida varias veces. Cfr. la edición de Herder, Barcelona, 2007, págs. 47, 205, 250–254.

8.4. REFLEXIONES TEOLÓGICAS

"En una de sus recientes homilías, Su Santidad el Papa Benedicto XVI ha proclamado que cuando hablamos del *Cielo* no aludimos a un lugar determinado: *no nos referimos a un lugar cualquiera del universo, a una estrella o algo parecido.* Y continúa el Papa diciendo que con ese término queremos afirmar que *Dios tiene un lugar para nosotros.* Para explicar lo cual se vale del recuerdo cariñoso que de un fallecido conservan en el corazón sus seres queridos: *Podemos decir que en ellos sigue viviendo una parte de esa persona; aunque es como una "sombra", porque también esta supervivencia en el corazón de los seres queridos está destinada a terminar.* Añade a continuación que, *como Dios no pasa nunca...todos nosotros existimos en los pensamientos y en el amor de Dios. Existimos en toda nuestra realidad, no sólo en nuestra "sombra".* Aclara su explicación diciendo que *en Dios, en su pensamiento y en su amor, no sobrevive sólo una "sombra" de nosotros mismos, sino que en Él, en su amor creador, somos guardados e introducidos, con toda nuestra vida, con todo nuestro ser en la eternidad.*

En suma, que según el Santo Padre, la vida eterna consistirá en que viviremos *en Dios.* En su corazón y en su amor.

Aunque, a decir verdad, lo que se dice vivir *en Él*, en su pensamiento y en su Amor, en realidad ya lo estamos; según proclamaba San Pablo en su Discurso ante el Areópago de Atenas (Hech 17:28). Y hasta podríamos decir que en la mente de Dios *estábamos* ya también desde toda la eternidad; sin que tal cosa nos autorice a pensar, en modo alguno, en la tremenda falsedad de que ya *existíamos* desde siempre.[182]

Tal vez las palabras del Papa puedan ser entendidas en un sentido correcto. Si bien también hubiera sido deseable la exclusión de algunas ambigüedades, además de la necesidad de haber añadido ciertas aclaraciones".[183]

A. Gálvez, propone la necesidad de insistir en el Cielo como plenitud de relación amorosa con Dios, lo que supone un diálogo interpersonal, que exige la total distinción de personas y la reciprocidad. Más que vivir *en Dios*, se trata de vivir *con Dios*, evitando todo riesgo de interpretación panteísta:

"Parece más acertado decir que en la vida eterna viviremos *con Dios*, mejor aún que vivir *en Dios*. Pues allí es donde, por fin, tendrá lugar la plenitud de la relación amorosa Dios–hombre, o el Amor perfecto al que siempre había aspirado nuestro corazón. Un Amor que, no obstante, sólo puede darse en una completa y total distinción de personas, como característica que es esencial en todo Amor; el cual exige siempre la absoluta *reciprocidad* y entera *distinción* de las personas que se aman (sean divinas

---

[182]Homilía pronunciada por el Papa en Castelgandolfo, en la fiesta de la Asunción de la Virgen, 15, Agosto, 2010. El pensamiento del Santo Padre parece indicar que, así como el recuerdo de un ser querido permanece en la memoria y el corazón de parientes y amigos, aunque como tal *sombra* o recuerdo también tiende a desvanecerse, puesto que estos últimos han de desaparecer igualmente..., mas no así en Dios, quien siendo Eterno, en su pensamiento y Amor permaneceremos siempre. Afirmación ambigua que parece contradecir la permanencia en la vida eterna de la *persona como un ser real*, además del peligro que encierra de inducir al panteísmo. Cabe pensar, de todos modos, que no es dable exigir al lenguaje oral la precisión del texto escrito.

[183]A. Gálvez: *El Invierno...*, cit., págs. 256–257.

8.4. REFLEXIONES TEOLÓGICAS

o humanas). Otra cosa podría inducir a alguien a pensar en la posibilidad de caer de lleno en el panteísmo".[184]

Siendo esencial para A. Gálvez la Humanidad de Cristo para el amor y la fruición perfectas del Cielo, la cuestión del Cielo como "lugar" (correctamente entendido) cobra para él especial significación, por lo que recuerda la necesidad de recuperar esta categoría, que es consecuencia de varios dogmas de la Iglesia, ha sido establecida en algunos concilios de la Iglesia y se sostiene sobre los dictados de la Revelación:

> "Por lo demás, es absolutamente cierto que el término *lugar* no puede ser entendido, cuando se refiere a la vida eterna, en el mismo sentido que se le atribuye en ésta. Pero de todos modos habrá de tener un significado *real*. ¿Dónde, si no, se encuentran ahora los *cuerpos humanos* de Jesucristo y de la Virgen María? Por otra parte, la resurrección de los cuerpos es un dogma de Fe; y su situación en la vida eterna no se puede reducir a la condición de un mero estado o de un recuerdo en la mente de alguien (aunque ese alguien sea Dios). A este respecto, quizá sea conveniente recordar lo que dice el Concilio XVI de Toledo (año 693), en el art. 35:
>
> *Dándonos ejemplo* [Jesucristo] *a nosotros con su resurrección que así como Él vivificándonos, después de dos días al tercer día resucitó vivo de entre los muertos, así nosotros también al fin de este siglo creamos que debemos resucitar en todas partes, no con figura aérea, o entre sombras de una visión fantástica, como afirmaba la opinión condenable de algunos, sino en la sustancia de la*

---

[184] A. Gálvez: *El Invierno...*, cit., págs. 257–258.

verdadera carne, en la cual ahora somos y vivimos, y en la hora del juicio presentándonos delante de Cristo y de sus santos ángeles, cada uno dará cuenta de lo propio de su cuerpo...[185]

Ni podemos olvidar tampoco las palabras del mismo Jesucristo: *En la casa de mi Padre hay muchas moradas. De lo contrario, ¿os hubiera dicho que voy a prepararos un lugar? Cuando me haya marchado y os haya preparado un lugar, de nuevo vendré y os llevaré junto a mí, para que donde yo estoy, estéis también vosotros*[186]".[187]

---

[185] *Denzinger–Hünermann*, n. 574. Los Concilios de Toledo fueron considerados siempre en la Iglesia con gran respeto y aprobación, casi equiparados a los Concilios Ecuménicos.

[186] Jn 14: 2–3. Así pues, ¿qué querría decir el Maestro con dichas palabras...?

[187] A. Gálvez: *El Invierno...*, cit., págs. 258–259.

Capítulo 9

El Purgatorio

Con esta palabra se designa el lugar o estado de expiación y purificación ultraterrena de las almas de los justos muertos en gracia y amistad de Dios, pero con pecados veniales o sin haber satisfecho completamente la pena temporal debida por sus pecados.[1]

---

[1]Cfr. L. F. Mateo–Seco: *Purgatorio*, en GER, vol., XIX, págs. 507–511; A. Michel: *Purgatoire*, en DTC vol. XIII, cols. 1163–1326; Id.: *Los Misterios del Más Allá*, San Sebastián, ed. Dinor, 1954; H. Leclercq: *Purgatoire*, en DACL, XIV (II), 1978–1981; CH. Journet: *Le Purgatoire*, Lieja, La pensée catholique, 1932; M. Jugie: *Le Purgatoire et les Moyens de l'éviter*, París, P. Lethielleux, 1940; A. Royo Marín: *Teología de la Salvación*, Madrid, BAC, 1956, págs. 399–473; A. Piolanti: *De Novissimis et Sanctorum Communione*, Torino, Marietti, 1960, págs. 74–96; C. Pozo: *Teología...*, cit., págs. 515–533; Id.: *La Venida...*, cit., págs. 147–164; H. Lennerz: *De Novissimis....* cit., págs. 153–167; J. Sagüés: *De Novissimis...*, cit., nn. 219–259; L. Lercher: *Institutiones...*, cit., págs. 465–471; A. Tanquerey: *Synopsis...*, cit., págs. 796–805; J. Ibáñez – F. Mendoza: *Dios Consumador...*, cit., págs. 229–281; I. B. Alfaro: *Adnotationes in Tractatum de Novissimis*, Roma, 1959, págs. 133–152; J. L. Sánchez de Alva – J. Molinero: *El Más...*, cit., págs. 191–202; J. A. Sayés: *Más Allá...*, cit., págs. 142–148; Id.: *Escatología...*, cit., págs. 123–127; L. Ott: *Manual...*, cit., págs. 707–711; A. Fernández: *Teología...*, cit., págs. 749–756; R. Garrigou–Lagrange: *Life Everlasting...*, cit., págs. 159–206.

9.1 Introducción

La etimología de la palabra "Purgatorio" procede del latín "purgatorium". Su origen es del siglo XI, en el latín de la Escolástica. El término griego correspondiente no aparece ni en la Sagrada Escritura ni en los Santos Padres de los primeros ocho siglos, aunque utilizan otras expresiones, como καθαρισμός, καθαρίζεσαι y también πυρ καθαρτήριον.[2]

El texto dogmático fundamental para la doctrina del Purgatorio es, de nuevo, la Bula "Benedictus Deus":

"...animæ sanctorum omnium (hominum), qui de hoc mundo ante D'ni N. Iesu Christi passionem decesserunt, nec non sanctorum Apostolorum, martyrum, confessorum, virginum et aliorum fidelium defunctorum post sacrum ab eis Christi baptisma susceptum, in quibus nihil purgabile fuit, quando decesserunt, nec erit, quando decedent etiam in futurum, vel si tunc fuerit aut erit aliquid purgabile in eisdem, cum

"...las almas de todos los santos que salieron de este mundo antes de la pasión de nuestro Señor Jesucristo, así como las de los santos Apóstoles, mártires, confesores, vírgenes, y de los otros fieles muertos después de recibir el bautismo de Cristo, en los que no había nada que purgar al salir de este mundos ni habrá cuando salgan igualmente en lo futuro, o si entonces lo hubo o habrá luego algo purgable en ellos, cuando después de su muerte se hubie-

---

[2]Este es el motivo que en el Concilio Unionista de Lyón (a. 1254) pide a los griegos que acepten el nombre de "Purgatorio", a falta de un término propio de ellos: "Nos, quia locum purgationis huiusmodi dicunt non fuisse sibi ab eorum doctoribus certo et proprio nomine indicatum, illum quidem iuxta traditiones et auctoritates sanctorum Patrum 'Purgatorium' nominantes volumus, quod de cetero apud ipsos isto nomine appelletur" (*D. S.*, 838).

9.1. INTRODUCCIÓN

post mortem suam fuerint purgatæ, ac quod animæ puerorum eodem Christi baptismate renatorum et baptizandorum cum fuerint baptizati, ante usum liberi arbitrii decedentium, mox post mortem suam et purgationem præfatam in illis, qui purgatione huius modi indigebant, etiam ante resumptionem suorum corporum et iudicium generale post ascensionem Salvatoris Domini nostri Iesu Christi in cælum, fuerunt, sunt et erunt in cælo, cælorum regno et paradiso cælesti cum Christo, sanctorum Angelorum consortio congregatæ...''[3]

ren purgado; y que las almas de los niños renacidos por el mismo bautismo de Cristo o de los que han de ser bautizados, cuando hubieren sido bautizados, que mueren antes del uso del libre albedrío, inmediatamente después de su muerte o de la dicha purgación los que necesitaron de ella, aun antes de la reasunción de sus cuerpos y del juicio universal, después de la ascensión del Salvador Señor nuestro Jesucristo al Cielo, estuvieron, están y estarán en el Cielo, en el reino de los Cielos y paraíso celeste con Cristo, agregadas a la compañía de los santos Angeles...''

Para entender la necesidad del Purgatorio es necesario recordar que cuando se comete un pecado, se produce el efecto de la *culpa* (mancha que queda en el alma después del pecado) y de la *pena* (el castigo que se merece al haber pecado). Es diferente la situación producida por los pecados mortales (pecados de muerte) y veniales (pecados de no muerte):[4] si un pecado es mortal, la culpa del pecado es grave y la pena es eterna, de duración infinita; si un pecado es venial, la culpa es leve y la pena es temporal, de duración limitada. El sacramento

---

[3] *D. S.*, 1000.
[4] Cfr. 1 Jn 5: 16–17.

de la penitencia, junto con el arrepentimiento del pecador, perdona la culpa, sea grave o leve, y la pena eterna propia del pecado mortal, haciendo desaparecer el estado de enemistad entre Dios y el hombre pecador. Pero no ocurre así con la pena temporal. El sacramento de la penitencia obtiene normalmente el perdón de una parte de esa pena temporal, quedando todavía otra parte por la que purgar o pagar. Se puede hacer en el presente eón, o en el más allá..., en el Purgatorio.

En efecto, después de la muerte, puede ocurrir que las almas que murieron en estado de gracia santificante, todavía tengan algo que purgar, o bien, por residuos de penas temporales debidas a los pecados cometidos mortales y veniales ya perdonados en cuanto a la culpa; o bien, por pecados veniales no perdonados o imperfecciones no purificadas. En esta situación no se puede ir al Cielo, y la bondad divina concede al pecador una nueva oportunidad de purificación en el Purgatorio. Como veremos, su existencia es una verdad de fe divina y católica definida, que no se puede negar sin caer en la herejía.

Es uno de los temas más controvertidos hoy día en la escatología, y muchos niegan su existencia. Por eso, debemos profundizar en este dogma. Lo haremos estudiando sus fundamentos bíblicos, la Tradición de los Santos Padres y el Magisterio de la Iglesia. Luego, nos centraremos en las principales cuestiones teológicas que se debaten sobre el Purgatorio. Recordemos también que la doctrina de Santo Tomás se encuentra repartida en varias de sus obras.[5]

---

[5]La doctrina de Santo Tomás de Aquino, se puede ver en *Summ. Theol.*, Suppl. q. 71 ; In IV Sent., dist 21, q 1, a. 1–8; *Contra Gent.*, IV, 91; *Contra Errores Græcorum*, 32; *De Rationibus Fidei*, c. 9; *Compend. Theol.*, c. 181. Cfr. también, R. Belarmino: *De Ecclesia quæ est in Purgatorio*, en "Opera Omnia", II, Nápoles 1877, págs. 351–414; F. Suárez: *De Poenitentia*, Paris, 1861, disp. 45–48, 53.

9.2 Fundamentos bíblicos

Es necesario recordar que los textos que se proponen para manifestar la realidad y cualidades del Purgatorio tienen dos características:[6]

- Por un lado, no contienen todos y cada uno de los elementos que posee la idea dogmática del Purgatorio, cuya forma definitiva es fruto de un lento progreso dogmático en la materia. Para entenderlo, basta con recordar aquí la naturaleza y características propias de la Sagrada Escritura y su relación con el Magisterio.

- Pero sí se encuentran los datos fundamentales que sostienen el dogma.

9.2.1 Antiguo Testamento

En el Antiguo Testamento, es importante el texto de 2 Mac 12: 39–46,[7] donde Judas Macabeo y los sobrevivientes a la victoria sobre Gorgias ofrecen sacrificios y oraciones para obtener el perdón de los pecados cometidos por los combatientes muertos (pues portaron objetos idolátricos a la batalla), y que así pudieran gozar de la resurrección en el más allá:

> "Al día siguiente, como era necesario, vinieron los de Judas para recoger los cadáveres de los caídos y con sus parientes depositarlos en los sepulcros de familia. Entonces, bajo las túnicas de los caídos, encontraron objetos consagrados a los ídolos de Jamnia, de los prohibidos por la

---

[6]Cfr. J. Ibáñez – F. Mendoza: *Dios Consumador...*, cit., pág. 236; C. Pozo: *Teología...*, cit., págs. 523–524.

[7]A. Michel: *Purgatoire*, cit, col 1063–1066, señala otros textos como imprecisos y confusos, y que fueron utilizados por algunos Santos Padres en sentido acomodaticio para la doctrina del Purgatorio. Muchos de ellos son los ya estudiados antes en relación a la evolución de la idea de "sheol" y de la retribución de ultra–tumba.

Ley a los judíos; siendo a todos manifiesto que por aquello habían caído. Todos bendijeron al Señor, justo juez, que descubre las cosas ocultas. Volvieron a la oración, rogando que el pecado cometido les fuese totalmente perdonado; y el noble Judas exhortó a la tropa a conservarse limpios de pecado, teniendo a la vista el suceso de los que habían caído, y mandó hacer una colecta en las filas, recogiendo hasta dos mil dracmas, que envió a Jerusalén para ofrecer sacrificios por el pecado; obra digna y noble, inspirada en la esperanza de la resurrección; pues si no hubiera esperado que los muertos resucitarían, superfluo y vano era orar por ellos. Mas creía que a los muertos piadosamente les está reservada una magnífica recompensa. Obra santa y piadosa es orar por los muertos. Por eso hizo el sacrificio expiatorio por los muertos, para que fuesen absueltos de los pecados".

Hay que subrayar los siguientes elementos:

1. "Mueren piadosamente" (v. 45), esto es, en amistad con Dios y no en condenación.

2. "Para que fueran absueltos de sus pecados" (v. 46) "para que el pecado cometido les fuese totalmente perdonado" (v. 42), esto es, todavía les falta algo de lo que deben ser librados para gozar de la resurrección.

3. "Pensando en la resurrección" (vv. 43–44), el objetivo es que gocen de la resurrección plena, como los que mueren plenamente piadosos.

9.2.2 Nuevo Testamento

En el Nuevo testamento hay tres textos de particular importancia para la doctrina del Purgatorio:[8]

1. 1 Cor 3: 12–15, "Si alguien edifica sobre este cimiento con oro, plata, piedras preciosas, madera, heno o paja, la obra de cada uno quedará al descubierto. Pues el Día la pondrá de manifiesto, porque se revelará con fuego, y el fuego probará el valor de la obra de cada uno. Si la obra que uno edificó permanece, recibirá el premio; si su obra arde, sufrirá daño; sin embargo, él se salvará, pero como a través del fuego".[9]

El texto aplica distinto valor a las obras realizadas en Cristo en el presente eón. Y se expresan cuatro ideas importantes:

- Se trata en todo caso de almas que no rechazaron a Cristo, pero sí realizaron obras de diferente valor (v. 12).
- En el Juicio se ve el valor diferente de esas obras terrenas. La idea de "fuego", según C. Pozo, no indica el fuego del Purgatorio, sino la imagen del juicio divino (v. 13).[10]
- Algunos reciben recompensa inmediata (v. 14).
- Los que tienen obras imperfectas "se salvarán aunque como a través del fuego" (v. 15).

---

[8] Como dice A. Michel (*Purgatoire*, cit., col. 1170) en estos textos, más que la enseñanza directa de la expiación de ultratumba, lo que se encuentra es el hecho de que presuponen su existencia.

[9] En defensa del texto como propio de la doctrina del Purgatorio, cfr. entre otros, C. Pozo: *Teología...*, cit., pág. 525–527; E. B. Allo: *Première Épître aux Corinthiens*, Paris, Gabalda, 1934, págs. 60–63; S. Cipriani: *Insegna 1 Cor 3: 10–15 la Dottrina del Purgatorio?*, en "Rivista Biblica" 7 (1959) 25–43.

[10] C. Pozo: *Teología...*, cit., pág. 526.

2. Mt 12:32, "A cualquiera que diga una palabra contra el Hijo del Hombre se le perdonará; pero al que hable contra el Espíritu Santo no se le perdonará ni en este mundo ni en el venidero". Se habla de un pecado que no se perdona ni en éste ni en el mundo futuro, luego está implícita la idea de pecados que sí se pueden perdonar en el eón futuro.

3. 1 Cor 15:29, "De no ser así, ¿qué conseguirán los que se bautizan por los muertos? Si los muertos no resucitan de ninguna manera, ¿para qué se bautizan por ellos?" Se manifiesta la existencia de una especie de liturgia en favor de los difuntos, que tendría un valor salvador para ellos. Por lo tanto, sería un indicio de la creencia primitiva en la expiación por los pecados de los difuntos en el más allá.[11]

A estos textos, se les pueden añadir todavía dos más que podrían ser interpretados en favor de la existencia de la purificación de ultratumba:

- Lc 12: 47–48, "El siervo que, conociendo la voluntad de su amo, no fue previsor ni actuó conforme a la voluntad de aquél, recibirá muchos azotes; en cambio, el que sin saberlo hizo algo digno de castigo, recibirá pocos azotes".

- 2 Tim 1: 16–18, "Que el Señor tenga misericordia con la casa de Onesíforo, porque me alivió muchas veces y no se avergonzó de mis cadenas; es más, en cuanto vino a Roma, se apresuró a buscarme hasta que me encontró. ¡Que el Señor le conceda encontrar misericordia aquel día!"[12]

---

[11]Cfr. B. Allo: *Première...*, cit., pág. 413.

[12]Pareciera que Onesíforo ya habría muerto cuando San Pablo escribe esta carta; cfr. 4:19.

9.2. FUNDAMENTOS BÍBLICOS 583

Finalmente, San Roberto Belarmino y F. Suárez, en su defensa del dogma del Purgatorio frente a los protestantes,[13] quienes negaban la revelación de este misterio, aducen todavía otros seis textos más del Nuevo Testamento que confirmarían el dogma. Son los siguientes:

- Mt 5: 25–26, "Ponte de acuerdo cuanto antes con tu adversario mientras vas de camino con él; no sea que tu adversario te entregue al juez y el juez al alguacil y te metan en la cárcel. Te aseguro que no saldrás de allí hasta que restituyas la última moneda".

- Lc 16:9, "Y yo os digo: haceos amigos con las riquezas injustas, para que, cuando falten, os reciban en las moradas eternas".

- Mt 5:22, "Pero yo os digo: todo el que se llene de ira contra su hermano será reo de juicio; y el que insulte a su hermano será reo ante el Sanedrín; y el que le maldiga será reo del fuego del Infierno".[14]

- Lc 23:42, " Y decía: —Jesús, acuérdate de mí cuando llegues a tu Reino".[15]

---

[13]R. Belarmino: *Controverses. De Ecclesia quæ est in Purgatorio*, l. I, cap. i-vi, en "Opera Omnia", paris 1869, t. III, págs. 53ss.; F. Suárez: *De Poenitentia*, Paris, 1861, disp. 45–48, 53, en Opera, Paris 1861, t. III, págs. 53ss. Para su valoración en detalle, cfr. A. Michel: *Purgatoire*, cit., cols. 1170–1179.

[14]Belarmino, construye un argumento sobre la base de que si hay injurias menos graves, no son constitutivas del fuego del Infierno.

[15]Se interpreta por Belarmino, que el buen ladrón jamás habría hecho esta petición, si no estuviera seguro que sus pecados podrían ser perdonados en el más allá.

- Hech 2:24, "Pero Dios le resucitó rompiendo las ataduras de la muerte, porque no era posible que ésta lo retuviera bajo su dominio".[16]

- Flp 2:10, "para que al nombre de Jesús toda rodilla se doble en los Cielos, en la tierra y en los abismos".[17]

9.3 El Purgatorio en los Santos Padres

En el estudio de la Tradición de la Iglesia reflejada en la doctrina de los Santos Padres, hay que distinguir dos realidades. Por un lado, la práctica de las oraciones en favor de los difuntos, que se dan desde el inicio del cristianismo,[18] y que manifiesta la fe en la expiación purificadora por los difuntos en el más allá —y por tanto de la realidad del Purgatorio—. Y, por otro lado, el desarrollo homogéneo del dogma del Purgatorio, sobre el que se va haciendo teología progresivamente. Podemos señalar las siguientes fases en la historia de la patrística:

---

[16]Belarmino interpreta "muerte" por "Infierno", y lo mismo que Cristo bajó a los Infiernos para librar a las almas de los justos del Antiguo Testamento, con más razón puede librar a las almas del Purgatorio.

[17]Aquí Belarmino interpreta "abismos" para designar tanto el Infierno como el Purgatorio.

[18]Cfr. J. Ntedika: *L'evocation de l'au–delà dans la Prière pour les Morts. Études de patristique et de liturgie latines, IVe-VIIIe s.*, Lovaina, Paris, Éditions Nauwelaerts, 1971, págs. 21–30; J. Ibáñez – F. Mendoza: *Dios Consumador...*, cit., pág. 238. Se cita a los mismos protestantes, que negando el Purgatorio, sin embargo aceptaban que la Iglesia siempre había orado por los difuntos: "Hace ya mil trescientos años que se ha introducido la práctica de orar por los difuntos. Todos los antiguos se han dejado inducir al error. Pienso que se han dejado llevar por sentimiento humano y, por eso, no debemos imitarlos en esa costumbre" (J. Calvino: *Inst. Christ.*, l. 3, c. 5, 10). El testimonio litúrgico de la oración por los difuntos es antiquísimo (Cfr. C. Pozo: *Teología...*, cit., págs. 528–529; A. Michel: *Purgatoire*, cit, cols. 1207ss.; J. Ibáñez – F. Mendoza: *Dios Consumador*, cit., pág. 241).

9.3. EL PURGATORIO EN LOS SANTOS PADRES

1. Siglos I–II:

   - Se ora por los difuntos.
   - Se absuelve de los pecados, solo después de una penitencia que se considera plena (quita culpa y reato).
   - No se escribe sobre el Purgatorio. La razón es, precisamente, el modo en el que se practica la penitencia en esta época: la purificación se consideraba que había que hacerla en este mundo, como condición para recibir el perdón. Si la penitencia se consideraba plena en el eón presente, no había lugar a una satisfacción de pena temporal en la otra vida.[19]

2. Siglo III:

   - Se ora por los difuntos.
   - Se absuelve de los pecados, pero con la posibilidad de una penitencia no plena (con lo que el reato se podría expiar en esta vida o en la otra, es decir, en el Purgatorio).
   - Se habla explícitamente de la realidad de la purificación de ultratumba, aunque no se utilice el término "Purgatorio". Basten dos testimonios señeros:
     - Orígenes: en el contexto de sus ideas escatológicas y de la "apokatástasis", el escritor eclesiástico afirma el "bautismo por el fuego" para los propios justos antes de su entrada en el Paraíso,[20] lo que les serviría para la purificación de sus faltas leves en el más allá; posición

---

[19]Cfr. J. Ibáñez – F. Mendoza: *La Praxis Penitencial y su Presupuestos Teológicos en los Historiadores Griegos de la Época Constantiniana*, en "XXX Semana Española de Teología", Madrid, 1970, págs. 197–221.

[20]Orígenes: *In Ps XXXVI*, hom. III, n. 1 (*P. G.*, 12, 1337).

que reflejaría el primer testimonio del dogma católico del Purgatorio.[21] Téngase en cuenta que esta doctrina es diferente de las tesis herética de Orígenes sobre la "apokatástasis", pues en ésta la purificación, se diferencia de la mencionada, por ser más larga, dura y aplicarse a todos los pecadores e incluso a los demonios. Estas ideas influirán mucho en la concepción de la purificación de ultratumba que sostienen otros Santos Padres posteriores.

– San Cipriano: siguiendo la idea de que la visión intuitiva de Dios inmediatamente después de la muerte era para los mártires, se cuestiona qué pasa con los otros cristianos difuntos, hasta la Parusía. Y afirmaba que en el otro mundo se dan diferentes tratamientos a las diferentes almas, y que al final, terminarán todas entrando en el Reino de los Cielos. Entre esos modos de existencia ultraterrena antes de la resurrección final, menciona "ser liberados y purificados de sus pecados por un largo sufrimiento en el fuego..."[22]

3. Siglo IV:

- Se ora por los difuntos, según costumbre inmemorial.
- Se afirma la existencia del Purgatorio tanto por los Santos Padres griegos así como por los latinos, siguiendo diferentes puntos de vista:

---

[21]Cfr. A. Michel: *Purgatoire*, cit., col. 1196.

[22]San Cipriano: *Epist.* 55, n. 20 (*P. L.*, 3, 786). Cfr. A. d'Alès: *La Théologie de Saint Cyprien*, Paris, 1922, p. 35; P. Jay: *Saint Cyprien et la Doctrine du Purgatoire*, en "Recherches de Théologie Ancienne et Médiévale" 27 (1960) 133–136.

9.3. EL PURGATORIO EN LOS SANTOS PADRES

- Griegos: El dogma aparece en las Iglesias orientales bajo dos aspectos. El primero es la idea de la expiación purificadora en el más allá (San Cirilo de Jerusalén,[23] San Basilio,[24] San Gregorio Nacianceno,[25] etc.). El segundo, es la plegaria de los vivos para aliviar el sufrimiento de los muertos (Eusebio de Cesarea,[26] San Juan Crisóstomo,[27] etc.). Se centran muchas de sus reflexiones sobre el texto de 1 Cor 3:15.
- Latinos: Siguen las mismas líneas de pensamiento que los orientales, con ideas arcaicas que se irán perfilando hacia la doctrina definitiva. Así por ejemplo, Lactancio[28] o San Ambrosio, que aunque tiene ideas insuficientes, impregnadas de la teología judía anterior y de Orígenes, sin embargo afirma la purificación de ultratumba y comienza a dar una explicación teológica de la misma.[29]

4. Siglo V:

- Se ora por los difuntos.
- San Agustín habla de "fuego Purgatorio" y de "fuego enmendatorio".[30] Además, el Santo aclara que la suerte eterna queda fijada tras la muerte, sin esperar a la Parusía:

---

[23]San Cirilo de Jerusalén: *Cat.*, XV, n. 21 (*P. G.*, 33, 900).
[24]San Basilio: *De Spiritu Sancto*, c. 15, n. 36 (*P. G.*, 32, 132).
[25]San Gregorio Nacianceno: *In Laudem Athanasii*, n 7 (*P. G.*, 35, 1080).
[26]Eusebio de Cesarea: *Vita Constantini*, l. IV, c. 71 (*P. G.*, 20, 1225).
[27]San Juan Crisóstomo: *In I Epist. ad Cor.*, hom. 41, n. 5 (*P. G.*, 61, 361).
[28]Lactancio: *Institutiones*, l. VII, c. 21 (*P. L.*, 6, 802).
[29]San Ambrosio: *In Lucam*, l. V, n. 61 (*P. L.*, 15, 1738).
[30]Cfr. A. Michel: *Purgatoire*, cit., cols. 1220–1223; J. Ntedika: *L'evolution de la doctrine du purgatoire chez Saint Augustin*, Paris, Etudes augustiniennes, 1966.

las penas para los condenados y la felicidad para los elegidos ocurrirán inmediatamente después de la muerte. No interpreta 1 Cor 3: 11–15 en sentido de que se aplique a todos los cristianos, de modo que todos se salven, como hicieran algunos Padres anteriores a él, pues la fe solo da la salvación a los que les acompañan las buenas obras.[31] Afirma que la existencia de penas purificadoras en la otra vida es una verdad absolutamente cierta.[32] Pero la naturaleza del fuego purificador es todavía para el Santo, incierta, inclinándose a veces por un fuego metafórico y otras por el real.[33] En conclusión, tan exagerado es decir que la doctrina del Purgatorio se sistematiza precisamente por primera vez con San Agustín (pues hemos visto la rica realidad de pensamiento patrístico anterior), como sostener que no la afirma en absoluto sino al final de su vida.[34]

- Es doctrina común entre todos los Santos Padres y Escritores latinos a partir de San Agustín.[35] A partir del siglo IV casi todos los Padres griegos aceptan la existencia del Purgatorio, afirmando que es una verdad que proviene de la época apostólica.[36]

---

[31] San Agustín: *De Civ. Dei*, 21, 26 (*P. L.*, 41, 743); *De Fide et Operibus*, n. 24 (*P. L.*, 40, 213).

[32] San Agustín: *De Fide et Operibus*, n. 27.28 (*P. L.*, 40, 215–216).

[33] San Agustín: *Civ. Dei*, 21, 26, 2 y 4(*P. L.*, 41, 744.745).

[34] A. Michel: *Purgatoire*, cit., col. 1220.

[35] Cfr. por ejemplo, Cesareo de Arlés: "Seremos retenidos en aquel fuego purificador tanto tiempo como sea preciso para que los pecados leves arriba mencionados... sean consumidos... Aquel fuego purificador será más tremendo que cualquier pena que se pueda pensar o ver o sentir en este mundo" (*Serm.*, 104, 4–5, *P. L.*, 39, 1946).

[36] Cfr. San Juan Crisóstomo: *In Epist. ad Phil.* hom. 3, 4. (*P. G.*, 62, 203).

9.4 Magisterio de la Iglesia

9.4.1 Declaraciones magisteriales

La existencia del Purgatorio es doctrina de fe católica y definida en los Concilios de Florencia y Trento. Luego aparecerán declaraciones importantes, siempre sobre la base del Magisterio anterior. La ocasión de las mismas serán los diferentes errores o herejías que se estaban produciendo en cada época.

* * *

Con todo, existe el antecedente de sínodos locales o concilios generales más antiguos, que hacían referencias al tema del Purgatorio, sobre todo con relación al valor de los sufragios por las almas de los difuntos, doctrina que presupone la existencia de ese estado intermedio de purificación. Así, los antiguos concilios de la Iglesia latina ya reiteran el valor de las plegarias y de las misas ofrecidas en favor de las almas de los difuntos. En efecto:

1. Ciertos sínodos regulan la aplicación del sacrificio eucarístico por las almas de los penitentes muertos antes de su completa reconciliación:

    - *Statuta Ecclesiæ Antiqua* (canon 4 del Concilio IV de Cartago), donde se establece que se puede ofrecer la santa misa y rezar por los penitentes que hubieren mostrados celosos, pero mueren por accidente en una travesía o viaje.[37]
    - Sínodo I de Vaison (a. 422): "Si los fieles, antes de haber recibido la penitencia, llevan una vida correcta y cumplen los ejercicios de satisfacción, pero mueren repentinamente

---

[37]Cfr. canon 79, Hefele–Leclerq: *Hist. des Conc.*, t. II, p. 119.

en el campo o en un viaje, sin haber sido admitidos a la comunión, se les debe ofrecer para ellos el santo sacrificio".[38]

- Sínodo II de Arlés (a. 443 o 452): "Por lo que se refiere a aquellos que mueren todavía en estado de penitencia, se decide que no se debe abandonar a ninguno sin la comunión... ya que ha practicado honorablemente la penitencia, se debe aceptar para él la ofrenda del sacrificio".[39]

- Sínodo II de Orleans (a. 533), donde se prescribe recibir oblaciones de difuntos para aquellos que fueron ejecutados a consecuencia de cualquier crimen, con la condición de que no se hayan dado muerte con sus propias manos.[40]

- Concilio XI de Toledo (a. 675), donde, según una de las versiones, se prescribe que para aquellos que hayan recibido la penitencia, pero mueren antes de ser reconciliados, su memoria sea recordada en las Iglesias, y que las ofrendas sean recibidas en favor de sus almas.[41]

2. Otros concilios o sínodos prohíben la aplicación del sacrificio eucarístico a ciertas categorías de criminales. Es el caso del Concilio de Orleans mencionado, o el sínodo II de Braga y el de Auxerre (a. 578) para la misma circunstancia (que se hayan suicidado).[42]

3. También se encuentran prescripciones de algunos sínodos antiguos sobre el modo de decir las misas por los difuntos:

---

[38] Cfr. canon 2, Hefele–Leclerq: *Hist. des Conc.*, t. II, p. 455.

[39] Cfr. Hefele–Leclerq: *Hist. des Conc.*, t. II, p. 466.

[40] Cfr. canon 15. Hefele–Leclerq: *Hist. des Conc.*, t. II, p. 1135.

[41] Cfr. Mansi: *Concil.*, t. VI, col. 458.

[42] Cfr. A. Michel: *Purgatoire*, cit., cols. 1234–1235.

9.4. MAGISTERIO DE LA IGLESIA

- Sínodo de Cartago del finales del siglo IV, donde se regula que solo se recitan simples oraciones en memoria de personas muertas, si no se encuentra a nadie en ayunas para celebrar.[43]
- Sínodo II de Braga (a. 563), donde se prohíben algunas prácticas priscilianistas sobre las misas de difuntos.[44]
- Sínodo II de Vaison (a. 529), donde se regulan detalles sobre las misas de difuntos.[45]
- Sínodo Romano (a. 502), donde se considera impiedad y sacrilegio utilizar los bienes dejados en favor de los pobres, para ofrecerlos en favor del descanso eterno del alma del donador.[46]
- Concilio XVII de Toledo (a. 694), en el que se prohibe que se digan misas de difuntos por vivos con la finalidad de que mueran bien.[47]
- Etc.

* * *

Antes de los Concilios de Florencia y de Trento, ya hay importantes intervenciones magisteriales directamente sobre el tema del Purgatorio, como estado de purificación post–mortem para algunas almas.

1.- El Concilio II de Lyon, en la Profesión de Fe del emperador Miguel Paleologo, con ocasión del primer intento de unificación con

---

[43] Cfr. Mansi: *Concil.*, t. III, col. 885.
[44] Cfr. Hefele–Leclerq: *Hist. des Conc.*, t. III, p. 178.
[45] Cfr. Hefele–Leclerq: *Hist. des Conc.*, t. II, p. 1114.
[46] Cfr. A. Michel: *Purgatoire*, cit., col. 1235.
[47] Cfr. Hefele–Leclerq: *Hist. des Conc.*, t. III, p. 586.

las Iglesias Ortodoxas separadas, enfrenta el desacuerdo existente con la Iglesia católica en varios puntos. Y entre ellos, el del Purgatorio, estableciendo la realidad de este estado escatológico:

"Quod si vere pænitentes in caritate decesserint, antequam dignis pænitentiæ fructibus de commissis satisfecerint et omissis: eorum animas poenis purgatoriis seu catharteriis, sicut nobis frater Iohannes (Parastron O. F. M.) explanavit, post mortem purgari: et ad poenas huiusmodi relevandas prodesse eis fidelium vivorum suffragia, Missarum scilicet sacrificia, orationes et eleemosynas et alia pietatis officia, quæ a fidelibus pro aliis fidelibus fieri consueverunt secundum Ecclesiæ instituta".[48]

"Y si verdaderamente arrepentidos murieren en caridad antes de haber satisfecho con frutos dignos de penitencia por sus comisiones y omisiones, sus almas son purificadas después de la muerte con penas purgatorias o catarterias, como nos lo ha explicado Fray Juan (Parastron o.f.m.); y para alivio de esas penas les aprovechan los sufragios, de los fieles vivos, a saber, los sacrificios de las misas, las oraciones y limosnas, y otros oficios de piedad, que, según las instituciones de la Iglesia, unos fieles acostumbran hacer en favor de otros".

2.– La Bula *Benedictus Deus* de Benedicto XII, en el contexto de la polémica suscitada por las opiniones de su antecesor, Juan XXII, y

---

[48] *Profesión de fe de Miguel Paleólogo*, D. S., 856. Un estudio detallado de la doctrina del Purgatorio en este Concilio, en A. Michel: *Purgatoire...*, cit., cols. 1247-1252.

aclarando varias cuestiones sobre escatología, también recoge el pensamiento tradicional sobre el Purgatorio.[49]

"Aliorum fidelium defunctorum post sacrum ab eis Christi baptisma susceptum, in quibus nihil purgabile fuit, quando decesserunt, nec erit, quando decedent etiam in futurum, vel si tunc fuerit aut erit aliquid purgabile in eisdem, cum post mortem suam fuerint purgatæ... mox post mortem suam et purgationem præfatam in illis, qui purgatione huius modi indigebant, etiam ante resumptionem suorum corporum et iudicium generale post ascensionem Salvatoris Domini nostri Iesu Christi in cælum, fuerunt, sunt et erunt in cælo, cælorum regno et paradiso cælesti cum Christo..."[50]

"Los otros fieles muertos después de recibir el bautismo de Cristo, en los que no había nada que purgar al salir de este mundo ni habrá cuando salgan igualmente en lo futuro, o si entonces lo hubo o habrá luego algo purgable en ellos, cuando después de su muerte se hubieren purgado... inmediatamente después de su muerte o de la dicha purgación los que necesitaron de ella, aun antes de la reasunción de sus cuerpos y del juicio universal, después de la Ascensión del Salvador Señor nuestro Jesucristo al Cielo, estuvieron, están y estarán en el Cielo, en el reino de los Cielos y paraíso celeste con Cristo..."

3.- La *Carta Al Catolicón de los Armenios* de Clemente VI (a. 1351), con ocasión de petición de ayuda de la Iglesia armenia contra

---

[49] La mayoría de los teólogos sostienen que, recogiendo el pensamiento de siempre de la Iglesia, este documento no es dogmático con respecto al Purgatorio, y que el dogma se establece en el concilio de Florencia. La razón es porque el objeto de la Bula era establecer la definición de la visión beatífica *mox post mortem*. Nadie cuestionaba la realidad del Purgatorio. Pero esta posición podría ser matizada.

[50] *D. S.*, 1000.

el Sultán que les amenazaba. El Papa quiso conocer la pureza de la fe, y les pidió una declaración. No quedando satisfecho con la respuesta, les exigió que aceptaran varios enunciados de la fe. Entre ellos, el siguiente:

"Quærimus, si credidisti et credis, purgatorium esse, ad quod descendunt animæ decedentium in gratia, quæ nondum per completam pænitentiam de suis satisfecerunt peccatis. Item si credidisti et credis, quod igne crucientur ad tempus, et quod mox purgatæ, etiam citra diem iudicii, ad veram et æternam beatitudinem perveniant, quæ in faciali Dei visione et dilectione consistit".[51]

"Preguntamos si has creído y crees que existe el Purgatorio, al que descienden las almas de los que mueren en gracia, pero no han satisfecho sus pecados por una penitencia completa. Asimismo, si crees que son atormentadas con fuego temporalmente y, que apenas están purgadas, aun antes del día del juicio, llegan a la verdadera y eterna beatitud que consiste en la visión de Dios cara a cara y en su amor".

* * *

Los dos momentos en que la Iglesia define como dogma la existencia del Purgatorio son, el del Concilio de Florencia, para determinar definitivamente la verdad frente a las posiciones ambiguas de los Ortodoxos, y el del Concilio de Trento, en contra de la negación abierta del Purgatorio por parte de los protestantes.

1.– En efecto, el Concilio de Florencia, es el decimo séptimo concilio ecuménico de la Iglesia. El *Decreto de la Unión con los Griegos* se

---

[51]Ep. *Super quibusdam ad (Mekhithar) Consolatorem, Catholicon Armeniorum*, 29 septiembre 1351 (*D. S.*, 1066–1067).

9.4. MAGISTERIO DE LA IGLESIA

redactó el 28 de junio de 1439, y se firmó el cinco de julio, publicándose al día siguiente. La declaración sobre el Purgatorio dice así:

"Si vere pænitentes in Dei caritate decesserint, antequam dignis pænitentiæ fructibus de commissis satisfecerint et omissis, eorum animas poenis purgatoriis post mortem purgari: et ut a poenis huiusmodi releventur, prodesse eis fidelium vivorum suffragia, Missarum scilicet sacrificia, orationes et eleemosynas, et alia pietatis officia, quæ a fidelibus pro aliis fidelibus fieri consueverunt secundum Ecclesiæ instituta. Illorumque animas, qui post baptisma susceptum nullam omnino peccati maculam incurrerunt, illas etiam, quæ post contractam peccati maculam, vel in suis corporibus, vel eisdem exutæ corporibus, prout superius dictum est, sunt purgatæ, in cælum mox recipi et intueri clare ipsum Deum..."[52]

"Los verdaderos penitentes que salieren de este mundo antes de haber satisfecho con frutos dignos de penitencia por lo cometido y omitido, sus almas son purgadas con penas purificatorias después de la muerte, y para ser aliviadas de esas penas, les aprovechan los sufragios de los fieles vivos, tales como el sacrificio de la misa, oraciones y limosnas, y otros oficios de piedad, que los fieles acostumbran practicar por los otros fieles, según las instituciones de la Iglesia. Y que las almas de aquellos que después de recibir el bautismo, no incurrieron absolutamente en mancha alguna de pecado, y también aquellas que, después de contrær mancha de pecado, la han purgado, o mientras vivían en sus cuerposo después que salieron de ellos, según arriba se ha dicho, son inmediatamente recibidas en el Cielo y ven claramente a Dios..."

---

[52] *D. S.*, 1304-1305. Un estudio detallado de la doctrina del Purgatorio en este Concilio, en A. Michel: *Purgatoire...*, cit., cols. 1254-1264.

2.– Las declaraciones del Concilio de Trento, que enfrentan tesis protestantes, vinieron precedidas por la condena de varias tesis de Lutero que se recogieron en la Bula *Exurge Domine* de León X, del 15 de junio de 1520, urgiendo al heresiarca a que se retractase. Lutero no abandonó sus doctrinas y quemó la Bula públicamente el 10 de diciembre del mismo año. Las tesis condenadas que afectan al tema del Purgatorio son:

"37. Purgatorium non potest probari ex sacra Scriptura, quæ sit in canone. 38. Animæ in purgatorio non sunt securæ de earum salute, saltem omnes: nec probatum est ullis aut rationibus aut Scripturis, ipsas esse extra statum merendi vel augendæ caritatis. 39. Animæ in purgatorio peccant sine intermissione quamdiu quærunt requiem et horrent poenas. 40. Animæ ex purgatorio liberatæ suffragiis viventium minus beantur, quam si per se satisfecissent".[53]

"37. El Purgatorio no puede probarse por Escritura Sagrada que esté en el canon. 38. Las almas en el Purgatorio no están seguras de su salvación, por lo menos todas; y no está probado, ni por razón, ni por Escritura alguna, que se hallen fuera del estado de merecer o de aumentar la caridad. 39. Las almas en el Purgatorio pecan sin intermisión, mientras buscan el descanso y sienten horror de las penas. 40. Las almas libradas del Purgatorio por los sufragios de los vivientes, son menos bienaventuradas que si hubiesen satisfecho por sí mismas".

En el Concilio de Trento,[54] las declaraciones sobre el Purgatorio se encuentran tanto en los anatematismos del Decreto sobre la Justifi-

---

[53] *D. S.*, 1487–1490.

[54] Un estudio detallado de la doctrina del Purgatorio en este Concilio, en A. Michel: *Purgatoire...*, cit., cols. 1264–1282.

9.4. MAGISTERIO DE LA IGLESIA

cación (que tiene el carácter de definitorio), como en el Decreto sobre el Purgatorio (que, aunque de carácter disciplinar por ir dirigido a los obispos para el gobierno de sus diócesis, sin embargo es indirectamente doctrinal, al incluir las enseñanzas sobre el Purgatorio y los sufragios por los difuntos):

"Can. 30. Si quis post acceptam iustificationis gratiam cuilibet peccatori pænitenti ita culpam remitti et reatum æternæ poenæ deleri dixerit, ut nullus remaneat reatus poenæ temporalis, exsolvendæ vel in hoc sæculo vel in futuro in purgatorio, antequam ad regna cælorum aditus patere possit: an. s. (cfr. D. S., 1543)".[55]

"Cum catholica Ecclesia, Spiritu Sancto edocta, ex sacris Litteris et antiqua Patrum traditione in sacris Conciliis et novissime in hac oecumenica Synodo docuerit, purgatorium esse (cfr. D. S., 1580), animasque ibi detentas fidelium suffragiis, potis-

"Can. 30. Si alguno dijere que después de recibida la gracia de la justificación, de tal manera se le perdona la culpa y se le borra el reato de la pena eterna a cualquier pecador arrepentido, que no queda reato alguno de pena temporal que haya de pagarse o en este mundo o en el otro en el Purgatorio, antes de que pueda abrirse la entrada en el reino de los Cielos, sea anatema [cfr. D. S., 1543]".

"Puesto que la Iglesia Católica, ilustrada por el Espíritu Santo apoyada en las Sagradas Letras y en la antigua. tradición de los Padres ha enseñado en los sagrados Concilios y últimamente en este ecuménico Concilio que existe el Purgatorio (cfr. D. S., 1580), y que las almas allí detenidas son ayudadas por los sufragios

---

[55] *Decreto sobre la Justificación*, Cánones, canon 30 (*D. S.*, 1580), en relación con el cap. 14 del Decreto sobre los caídos y su reparación (cfr. *D. S.*, 1543).

simum vero acceptabili altaris sacrificio iuvari (cfr. *D. S.*, 1743. 1753): præcipit sancta Synodus episcopis, ut sanam de purgatorio doctrinam, a sanctis Patribus et sacris Conciliis traditam, a Christifidelibus credi, teneri, doceri et ubique prædicari diligenter studeant. Apud rudem vero plebem difficiliores ac subtiliores quæstiones, quæque ad ædificationem non faciunt (cfr. 1 Tim 1:4), et ex quibus plerumque nulla fit pietatis accessio, a popularibus concionibus secludantur. Incerta item, vel quæ specie falsi laborant, evulgari ac tractari non permittant..."[56]

de los fieles y particularmente por el aceptable sacrificio del altar (cfr. *D. S.*, 1743. 1753); manda el santo Concilio a los obispos que diligentemente se esfuercen para que la sana doctrina sobre el Purgatorio, enseñada por los santos Padres y sagrados Concilios sea creída, mantenida, enseñada y en todas partes predicada por los fieles de Cristo. Delante, empero, del pueblo rudo, exclúyanse de las predicaciones populares las cuestiones demasiado difíciles y sutiles, y las que no contribuyen a la edificación [cfr. 1 Tim 1:4] y de las que la mayor parte de las veces no se sigue acrecentamiento alguno de piedad. Igualmente no permitan que sean divulgadas y tratadas las materias inciertas y que tienen apariencia de falsedad..."

Sobre el alcance de las declaraciones dogmáticas, hay que tener en cuenta dos detalles importantes:

1.– En primer lugar, que con relación a la purificación ultraterrena, no se declara explícitamente que alcance a los pecados veniales, y solo se refiere a la purificación de la pena de reato temporal de los

---

[56] *Decreto sobre el Purgatorio* de 3 de diciembre de 1563, *D. S.*, 1820.

9.4. MAGISTERIO DE LA IGLESIA

pecados ya perdonados en cuanto a la culpa, y si se trataba de pecados mortales, perdonados también en cuanto al reato de pena eterna.

La razón de no incluir explícitamente la situación de los pecados veniales, se debe a que el Concilio no quiso pronunciarse sobre un problema teológico muy difícil: no es sencillo explicar cómo las culpas veniales pueden ser purificadas después de la muerte, pues con la muerte acaba el estado de peregrinación, es decir, la posibilidad de merecer o desmerecer, pues la voluntad queda fija en su decisión final. Sobre este tema, se profundizará con cierto detalle más adelante en las cuestiones teológicas.

Con todo, antes del Concilio, el Papa Inocencio IV aceptaba que el Purgatorio podía purificar el reato de pena temporal y perdonar los pecados veniales:

"Denique cum Veritas in Evangelio asserat, quod si quis in Spiritum Sanctum blasphemiam dixerit, neque in hoc sæculo, neque in futuro dimittetur ei (Mt 12:32); per quod datur intellegi quasdam culpas in præsenti, quasdam vero in futuro sæculo relaxari, et Apostolus dicat, quod 'uniuscuiusque opus, quale sit, ignis probabit', et 'cuius opus arserit, detrimentum patietur; ipse autem salvus erit; sic tamen quasi per ignem' (I Cor 3: 13.15), et ipsi Græci vere ac indubitan-

"Finalmente, afirmando la Verdad en el Evangelio que si alguno dijere blasfemia contra el Espíritu Santo, no se le perdonará ni en este mundo ni el futuro [Mt 12:32], por lo que se da a entender que unas culpas se perdonan en el siglo presente y otras en el futuro, y como quiera que también dice el Apóstol que 'el fuego probará cómo sea la obra de cada uno'; y 'aquel cuya obra ardiere sufrirá daño; él, empero, se salvará; pero como quien pasa por el fuego' [1 Cor 3: 13.15]; y como los mismos griegos se dice que creen y

ter credere ac affirmare dicantur, animas illorum, qui, suscepta pænitentia, ea non peracta, vel qui sine mortali peccato, cum venialibus tamen et minutis decedunt, purgari post mortem, et posse suffragiis Ecclesiæ adiuvari: Nos, quia locum purgationis huiusmodi dicunt non fuisse sibi ab eorum doctoribus certo et proprio nomine indicatum, illum quidem iuxta traditiones et auctoritates sanctorum Patrum 'Purgatorium' nominantes volumus, quod de cetero apud ipsos isto nomine appelletur. Illo enim transitorio igne peccata utique, non tamen criminalia seu capitalia, quæ prius per pænitentiam non fuere remissa, sed parva et minuta purgantur, quæ post mortem etiam gravant, si in vita fuerunt relaxata".[57]

afirman verdadera e indubitablemente que las almas de aquellos que mueren, recibida la penitencia, pero sin cumplirla; o sin pecado mortal, pero sí veniales y menudos, son purificados después de la muerte y pueden ser ayudados por los sufragios de la Iglesia; puesto que dicen que el lugar de esta purgación no les ha sido indicado por sus doctores con nombre cierto y propio, nosotros que, de acuerdo con las tradiciones y autoridades de los Santos Padres lo llamamos 'Purgatorio', queremos que en adelante se llame con este nombre también entre ellos. Porque con aquel fuego transitorio se purgan ciertamente los pecados, no los criminales o capitales, que no hubieren antes sido perdonados por la penitencia, sino los pequeños y menudos, que aun después de la muerte pesan, si bien fueron perdonados en vida".

2.– En segundo lugar, que se afirma que los sufragios de los vivos por los difuntos (misas, oraciones, limosnas, etc.) les aprovechan.

---

[57]Carta *Sub Catholicæ Professione*, y al Obispo de Túsculo, legado de la Sede Apostólica ante los Griegos, de 6 de marzo de 1254 (*D. S.*, 838).

9.4. MAGISTERIO DE LA IGLESIA

* * *

La Iglesia se ha referido a la fe en el Purgatorio en varias ocasiones solemnes después del Concilio de Trento, para reafirmarla o para corregir algunos errores que iban surgiendo. Se apoya siempre sobre el magisterio solemne mencionado.

1. Bula *Iniunctum Nobis*, con la Profesión de Fe Tridentina del Papa Pio IV (13 de noviembre 1564), recoge el siguiente párrafo:

   "Sostengo constantemente que existe el Purgatorio y que las almas allí detenidas son ayudadas por los sufragios de los fieles; igualmente, que los Santos que reinan con Cristo deben ser venerados e invocados, y que ellos ofrecen sus oraciones a Dios por nosotros, y que sus reliquias deben ser veneradas".[58]

2. *Decreto para la Iglesia Greco-Rusa*, Profesión de Fe de Gregorio XIII (1575), donde se recogen los credos del Concilio de Florencia y la Profesión de Fe de Pio IV.[59]

3. Constitución *Nuper ad Nos*, Profesión de Fe de Benedicto XIV impuesta a los Orientales (1743), sobre la base de las profesiones de Fe del Concilio de Florencia y Trento.[60]

4. Constitución *Auctorem Fidei* (1794), con la condena de Pio VI de la proposición 12 del sínodo jansenista de Pistoya, que de-

---

[58]"Constanter teneo purgatorium esse, animasque ibi detentas fidelium suffragiis juvari; similiter et Sanctos una cum Christo regnantes venerandos atque invocandos esse, eosque orationes Deo pro nobis offerre, atque eorum reliquias esse venerandas" (*D. S.*, 1867).
[59] *D. S.*, 1986–1987.
[60] *D. S.*, 2534. 2540.

claraba lamentable e ilusioria la aplicación de las indulgencias a los difuntos.[61]

5. Declaración de León XIII (1888) *Ex Litteris Quod Anniversarius, die Paschatis 1888*, con ocasión del Jubileo.[62]

6. Concilio Vaticano II. *Lumen Gentium*, n. 7:

    - N. 49, Purgatorio como uno de los tres estados eclesiales.
    - N. 50, Validez y bondad de las oraciones por los difuntos (2 Mac 12:46).
    - N. 51, remisión a las doctrinas del Concilio de Florencia y Trento.

7. Credo del Pueblo de Dios, profesión de fe de Pablo VI, quien siguiendo los principios de la *Lumen Gentium*, n. 49, dice, para oponerse a las nuevas teologías que negaban la existencia del Purgatorio:

    > "Creemos que la multitud de aquellas almas que con Jesús y María se congregan en el paraíso, forma la Iglesia celeste, donde ellas, gozando de la bienaventuranza eterna, ven a Dios, como Él es y participan también, ciertamente en grado y modo diverso, juntamente con los santos ángeles, en el gobierno divino de las cosas, que ejerce Cristo glorificado, como quiera que interceden por nosotros y con su fraterna solicitud ayudan grandemente nuestra flaqueza".[63]

8. *Catecismo de la Iglesia Católica* (1997).

---

[61] *D. S.*, 2642.
[62] Cfr. A.A.S. t. XX, p. 418.
[63] Pablo VI: *Credo del Pueblo de Dios*, n. 29.

9.4. MAGISTERIO DE LA IGLESIA

"Los que mueren en la gracia y en la amistad de Dios, pero imperfectamente purificados, aunque están seguros de su eterna salvación, sufren después de su muerte una purificación, a fin de obtener la santidad necesaria para entrar en la alegría del Cielo".[64]

"La Iglesia llama *Purgatorio* a esta purificación final de los elegidos que es completamente distinta del castigo de los condenados. La Iglesia ha formulado la doctrina de la fe relativa al Purgatorio sobre todo en los Concilios de Florencia (cf. *D. S.*, 1304) y de Trento (cf. *D. S.*, 1820; 1580). La tradición de la Iglesia, haciendo referencia a ciertos textos de la Escritura (por ejemplo 1 Cor 3:15; 1 Pe 1:7) habla de un fuego purificador:

'Respecto a ciertas faltas ligeras, es necesario creer que, antes del juicio, existe un fuego purificador, según lo que afirma Aquel que es la Verdad, al decir que si alguno ha pronunciado una blasfemia contra el Espíritu Santo, esto no le será perdonado ni en este siglo, ni en el futuro (Mt 12:31). En esta frase podemos entender que algunas faltas pueden ser perdonadas en este siglo, pero otras en el siglo futuro'[65] ".[66]

"Esta enseñanza se apoya también en la práctica de la oración por los difuntos, de la que ya habla la Escritura: 'Por eso mandó [Judas Macabeo] hacer este sacrificio expiatorio en favor de los muertos, para que

---

[64] *Catecismo de la Iglesia Católica*, nº 1030.
[65] San Gregorio Magno: *Dialogi* 4, 41, 3.
[66] *Catecismo de la Iglesia Católica*, nº 1031.

quedaran liberados del pecado' (2 Mac 12:46). Desde los primeros tiempos, la Iglesia ha honrado la memoria de los difuntos y ha ofrecido sufragios en su favor, en particular el sacrificio eucarístico (cf. *D. S.*, 856), para que, una vez purificados, puedan llegar a la visión beatífica de Dios. La Iglesia también recomienda las limosnas, las indulgencias y las obras de penitencia en favor de los difuntos:

'Llevémosles socorros y hagamos su conmemoración. Si los hijos de Job fueron purificados por el sacrificio de su padre (cf. Job 1:5), ¿por qué habríamos de dudar de que nuestras ofrendas por los muertos les lleven un cierto consuelo?... No dudemos, pues, en socorrer a los que han partido y en ofrecer nuestras plegarias por ellos'[67]."[68]

9.4.2 Errores sobre el Purgatorio

Los documentos magisteriales tienen en cuenta los diferentes errores y herejías que se dieron en torno a la doctrina del Purgatorio. A saber:

Cátaros y albigenses. Sostuvieron que la purificación de los impíos no es de ultra–tumba, sino que las almas malas volvían a encarnarse hasta la purificación plena, cuando volvían al Cielo. La Iglesia condenó en conjunto estas ideas, pero no especificó los alcances sobre el Purgatorio.

Los Orientales separados. Es necesario señalar la evolución que sufrió su pensamiento. En efecto:

---

[67] San Juan Crisóstomo: *In epistulam I ad Corinthios*, homilia 41, 5.
[68] *Catecismo de la Iglesia Católica*, nº 1032.

9.4. MAGISTERIO DE LA IGLESIA

- Sostienen una doctrina igual a la católica hasta el s. XIII.
- en 1231–1232, hubo un coloquio entre un obispo oriental y uno latino, porque el primero no aceptaba la idea de "el fuego" del Purgatorio, pues parecía una secuela de las ideas origenistas del Infierno temporal.
- En el Concilio de Florencia, se discutían dos ideas de la doctrina católica que rechazaban los orientales: el "fuego" como realidad, como concepto aplicable al Purgatorio; y el vocablo "Purgatorio", pues el sustantivo indicaría un lugar más que un estado. En cambio, los ortodoxos sí admitían un estado intermedio temporal para las almas que mueren con pecados leves, y que el reato de los pecados cometidos es condonado por Dios, mediante las oraciones de la Iglesia. El Concilio, en el Decreto "Pro Græcis" (a. 1439), aceptó las discrepancias en cuanto a la doctrina como algo válido y discutible, y eligió hablar solo de "penas purgatorias".[69]
- Solo en el s. XVII, por influencia de la teología protestante, las Iglesias ortodoxas negaron totalmente el Purgatorio.
- No obstante, hoy en día, muchos orientales admiten la existencia de un estado intermedio y la eficacia de la oración y los sufragios por los difuntos; eso sí, entendiendo que las almas no se purifican por las penas, sino por el perdón divino que se otorgaría por las oraciones de la Iglesia.

El protestantismo. El mundo protestante rechaza la existencia del Purgatorio, pues contradice de raíz sus ideas sobre la justificación y el libre examen de la Biblia. También se dan diferentes posturas:

---

[69] *D. S.*, 1304.

- Lutero sufre una evolución progresiva hacia la negación total del Purgatorio hacia el a. 1530.[70] En 1517 solo niega que la existencia del Purgatorio se pudiera probar por las Escrituras; y combate las indulgencias.[71]
- Los demás reformadores, hasta el presente, niegan la existencia de Purgatorio, con algunas mínimas diferencias. Calvino y Zwinglio aceptan prácticamente las tesis de Lutero, mientras que Melanchton defendía la existencia de penas temporales en el más allá, pero de carácter medicinal y no vindicativo, pues en la otra vida ni cabe el mérito ni la posibilidad de cambio. Algunos protestantes liberales modernos aceptan la necesidad de purificación en algunas almas, pero sostienen que ellas pueden borrar con sus propios actos todas sus imperfecciones morales.[72]
- La razón de su oposición radical a este dogma y a la verdad sobre las indulgencias, está en su doctrina de la justificación. En efecto, para esta teología:
  1. No existe la justicia intrínseca al hombre, porque es y permanece intrínsecamente pecador.
  2. La justicia solo es de Jesucristo que se imputa extrínsecamente al hombre, por lo que es "simul iustus et peccator".
  3. El juicio de Dios sobre el hombre solo tiene dos posibilidades:

---

[70]Se ve su claro rechazo en su escrito *Widerruf vom Fegfeuer*, De Wette, t. XXX, 2 parte, págs. 367ss. Y también en los Artículos de Esmalkalda.

[71]Cfr. las proposiciones de la Bula *Exsurge Domine*, citadas.

[72]Esta tesis fue rechazada directamente por el último Lutero: *Epist. ad Melanchthonem*, del 26 de agosto de 1530.

(a) O lo considera en su realidad intrínseca, y entonces es condenado irremisiblemente.

(b) O lo considera imputándole la justicia de Cristo, en cuyo caso, Dios ve la infinita perfección de la justicia de Cristo y el hombre es salvado sin que nada pueda retener su salvación (como ocurriría en caso de la existencia del Purgatorio).

9.5 Razonamientos teológicos

9.5.1 Su existencia: verdad de fe y argumentos de conveniencia

La existencia del Purgatorio es una verdad de fe estrictamente sobrenatural tanto en cuanto a su existencia como a su naturaleza. No hay posibilidad de demostrar racionalmente (por la pura luz de la razón) ninguno de ambos extremos.

Sin embargo, una vez conocida tal verdad, sí se pueden aportar razones de conveniencia para su existencia. Y en este sentido, el pensamiento tomista aduce dos: la congruencia con la santidad de Dios y con la justicia divina.

La santidad de Dios es incompatible con ninguna clase de pecado o reato de pecado:

"Quod ex parte bonorum aliquod impedimentum esse potest, ne animæ statim a corpore absolutæ ultimam mercedem recipiant, quæ in Dei visione consistit. Ad illam enim visionem

"Por parte de los buenos, puede haber algún impedimento para que sus almas no reciban, una vez libradas del cuerpo, el último premio, consistente en la visión de Dios. Efectivamente, la criatura

creatura rationalis elevari non potest nisi totaliter fuerit depurata: cum illa visio totam facultatem naturalem creaturæ excedat. Unde Sap. 7:25, dicitur de sapientia quod 'nihil inquinatum incurrit in illam', et Isaiæ 35:8, dicitur: 'non transibit per eam pollutus'. Polluitur autem anima per peccatum, inquantum rebus inferioribus inordinate coniungitur".[73]

racional no puede ser elevada a dicha visión si no está totalmente purificada, pues tal visión excede toda la capacidad natural de la criatura. Por eso en Sab 7:25, se dice de la sabiduría que 'nada manchado hay en ella'; y en Isaías 35:8, se dice: 'Nada impuro pasará por ella'. Y sabemos que el alma se mancha por el pecado, al unirse desordenadamente a las cosas inferiores".

Por otro lado, la justicia divina demanda que las almas que vayan al Cielo lleguen en plenitud de gracia y caridad, lo que implica haber satisfecho por el reato que quede pendiente por los pecados cometidos. Así se puede leer en el *Suplemento* a la *Suma Teológica*:

"Respondeo dicendum quod ex illis quæ supra determinata sunt, satis potest constare purgatorium esse post hanc vitam. Si enim, per contritionem deleta culpa, non tollitur ex toto reatus poenæ; nec etiam semper venialia, dimissis mortalibus, tolluntur;

"Respondo diciendo que de las conclusiones que han sido realizadas, es suficientemente claro que hay un Purgatorio después de esta vida. Porque si la deuda de la pena no se ha pagado completamente después de que la mancha del pecado ha sido lavada por la contrición, ni los pecados veniales hayan sido removidos cuando se perdonaron los pecados mortales;

---

[73]Santo Tomás de Aquino: *Contra Gent.*, IV, c. 91. n.6.

9.5. RAZONAMIENTOS TEOLÓGICOS

et iustitia Dei hoc exigit ut peccatum per poenam debitam ordinetur: oportet quod ille qui post contritionem de peccato decedit et absolutionem, ante satisfactionem debitam, quod post hanc vitam puniatur. Et ideo illi qui purgatorium negant, contra divinam iustitiam loquuntur..."[74]

y si la justicia de Dios exige que el (efecto) del pecado deba ser vuelto al orden por la pena debida, entonces se sigue que uno que después de la contrición por sus faltas y después de haber sido absuelto, muere antes de haber hecho la debida satisfacción, deba ser castigado después de esta vida. Por lo que los que hablan en contra del Purgatorio hablan en contra de la justicia de Dios..."

La teología clásica también encontraba razones de conveniencia para los creyentes, pues es motivo de sabiduría y consolación para ellos. En efecto, resalta la santidad y la majestad de Dios, al tiempo que fortifica nuestro sentido de la justicia. Muestra el desorden objetivo que producen nuestros pecados veniales, que muchas veces pasa desapercibido. Además nos ayuda y anima a purificarnos en esta vida, sin esperar al Purgatorio. Muestra la relación que existen entre nosotros y los difuntos y nos impulsa a ir en su ayuda. Da una visión más profunda del misterio de la comunión de los santos y de la Unidad de la Iglesia militante con la purgante. Proporciona consuelo cuando llega el momento de la muerte.[75]

9.5.2 Relación entre justificación y Purgatorio

La doctrina del Purgatorio está en perfecta coordinación con la de la justificación que sostiene la verdad católica. En efecto:

---

[74] *Supplem., Quæstio de Purgatorio*, a. 1, co. Cfr. *Contra Gent.*, IV, q. 91.
[75] Cfr. R. Garrigou–Lagrange: *Life Everlasting...*, cit., págs. 122–123.

La naturaleza de la justicia del hombre tiene las siguientes características:

- La justicia del hombre procede de Cristo y de sus méritos, pero es realmente distinta de la que Cristo tiene y por la que es infinitamente justo. Los méritos de Cristo son objetivamente más que suficientes por toda la humanidad; pero es necesario que esos meritos infinitos objetivos se hagan subjetivos mediante la aplicación a cada individuo, lo que ocurre por el bautismo, por los otros sacramentos más los actos meritorios y satisfactorios por parte del hombre cuando se han cometido pecados después del bautismo.

- El hombre tiene una justicia interna y no externa. Es una justificación que es suya, aunque sea limitada e imperfecta. Ésta es la única "causa formal" de su justificación y no va acompañada de una imputación suplementaria de la justicia de Jesucristo, por lo que la teoría llamada de la "doble justificación" sería rechaza por Trento.[76]

Pero siendo una justificación imperfecta (no en el sentido de que a los justificados les falte algo para merecer la vida eterna),[77] el justificado puede ver retrasada su entrada en el Cielo, exigiéndosele un proceso purificador previo a la consecución de la vida eterna.

Las causas de la imperfección de la justicia interna del hombre son dos:

1.– Los pecados veniales, o al menos, semi–deliberados, en los que el estado de justificación puede coexistir, y de hecho coexiste, con ellos.[78]

---

[76]Cfr. *D. S.*, 1529.
[77]Cfr. *D. S.*, 1546.
[78]Cfr. *D. S.*, 1573.

9.5. RAZONAMIENTOS TEOLÓGICOS

2.- El Reato de pena temporal, de pecados ya perdonados en cuanto a la culpa, que también puede coexistir con el estado de justificación. Por eso al reato de pena temporal es como un vestigio del pecado perdonado. Así lo manifiesta el Aquinate:

"Remota macula, sanatum est vulnus peccati quantum ad voluntatem. Requiritur autem adhuc poena ad sanationem aliarum virium animæ, quæ per peccatum præcedens deordinatæ fuerunt, ut scilicet per contraria curentur. Requiritur etiam ad restituendum æqualitatem iustitiæ; et ad amovendum scandalum aliorum, ut ædificentur in poena qui sunt scandalizati in culpa".[79]

"Borrada la mancha, queda curada la herida del pecado en cuanto a la voluntad. Mas se requiere aún la pena para sanar las demás facultades del alma, que quedaron desordenadas por el pecado precedente; a saber: para que se curen con lo contrario. Se requiere también para restablecer la igualdad de la justicia; y para remover el escándalo de los demás, de modo que se edifiquen con la pena quienes se escandalizaron con la culpa".

Santo Tomás explica que el pecado es aversión a Dios y conversión desordenada a las creaturas. El reato se produce como efecto de ambos aspectos: reato eterno (castigo del Infierno) por la aversión a Dios; y reato temporal por la conversión desordenada a las creaturas. En efecto, la injusticia perpetrada por nuestra voluntad contra el orden justo divino, ha de ser reparada con el sufrimiento de algo contrario a la misma voluntad humana, y de este modo, conseguir restablecer la igualdad rota. En el pecado mortal, esta conversión a las creaturas es limitada y no merece pena eterna por este motivo (sí merece tal pena

---

[79] Santo Tomás de Aquino: *Summ. Theol.*, Iª–IIæ, q. 87, a. 6, ad 3.

eterna en su aspecto de aversión a Dios); cuando se perdona la culpa del pecado mortal mediante la gracia, no hay ya aversión del alma a Dios, y desaparece el reato de pena eterna; pero puede quedar algún reato de pena temporal por efecto de la conversión desordenada a las creaturas. En el pecado venial no existe la aversión a Dios, pero sí la conversión desordenada a las creaturas.[80]

Si el reato no se purifica en esta vida terrestre (por las indulgencias, por las obras de satisfacción en esta vida) han de purificarse en el más allá (por la "satispasión" del Purgatorio por las propias almas allí retenidas, o por las indulgencias y sufragios aplicados por los fieles difuntos en favor de las almas del Purgatorio).[81]

La satisfacción de los vivos por las almas del Purgatorio se llama "satisfacción vicaria" y tiene su fundamento en la unidad del Cuerpo Místico de Jesucristo. La razón de la misma se explica por el modo como Jesucristo satisfizo por nuestros pecados: por su pasión y muerte dio "satisfacción vicaria" por los pecados de los hombres, con un valor de condigno o adecuado (reparación total "ex toto rigore iustitiae") debido a su valor intrínseco, y sobreabundante (su valor positivo de reparación es mayor que el valor negativo del pecado de los hombres). En virtud de que los fieles forman parte del Cuerpo Místico de Cristo, ellos también pueden satisfacer vicariamente por otros fieles mediante las obras de penitencia realizadas en estado de gracia en esta vida, produciendo el efecto de la remisión de las penas temporales contraídas por sus pecados. En la misma posibilidad de la satisfacción vicaria se sustenta la realidad del llamado "tesoro de la Iglesia" constituido por las satisfacciones meritorias de la Virgen y de todos los justos, del que la Iglesia hace uso, de variadas formas, entre ellas, en las indulgencias.

---

[80] Santo Tomás de Aquino: *Summ. Theol.*, III^a, q. 86, a. 4.
[81] Cfr. *D. S.*, 1580.

9.5.3 El perdón de los pecados veniales

El perdón del reato de pecado no presenta mayores problemas teológicos. Pero sí supone un desafío el delicado problema del perdón de los pecados veniales en el Purgatorio.[82]

El problema estriba en que:

- El supuesto se produce cuando el alma al morir está en la gracia santificante, pero con pecados veniales por no haberse arrepentido antes de morir.

- Para entrar en el Cielo es necesario estar libre de toda culpa, aun leve.

- El tiempo de merecer y del arrepentimiento se acaba con la muerte.

- Pero las culpas del pecado venial no pueden constituir obstáculo eterno para ir al Cielo.

La solución a la aporía supone determinar cómo pueden ser esas culpas perdonadas. Hay dos posibilidades: o bien, en esta vida antes de ir al más allá, pero por caminos extraordinarios (en cuyo caso, no serían objeto de perdón como tales culpas en Purgatorio); o bien, en la otra vida (donde se otorgaría el perdón también de un modo especial). Se han dado las siguientes posiciones:

1. El perdón se hace en esta vida por efecto de la gracia habitual que se posee en el instante mismo de la muerte, atribuyendo a la gracia de ese momento definitivo la virtud de perdonar pecados veniales sin el previo acto de contrición.[83]

---

[82]Cfr. para este apartado, J. Ibáñez – F. Mendoza: *Dios Consumador*..., cit. págs. 248–251; A. Michel: *Purgatoire*, cit., cols. 1293–1294.

[83]Alejandro de Hales.

2. El perdón se consigue, no por obra de la gracia habitual, sino en atención a los méritos adquiridos a lo largo de la vida.[84]

3. El perdón se otorga en la otra vida, en el Purgatorio, donde sí se podría merecer, no en cuanto a la gracia habitual y gloria que le corresponde, sino sólo con relación a las culpas veniales, *por la libre aceptación* de las penas purgatorias. En efecto, el pecado venial se remite en cuanto a la culpa misma, por el fuego del Purgatorio, a aquél que murió en estado de gracia, porque esta pena purgatoria, siendo de alguna manera voluntaria, tiene la virtud de expiar toda falta incompatible con la gracia santificante.[85]

4. El perdón se produce como consecuencia del encuentro con Dios en la otra vida, en el juicio particular inmediatamente después de morir, estando el alma en estado fundamental de amistad (no tiene pecados mortales). Este encuentro con Dios, estando el alma en gracia habitual y sin las limitaciones que supone el cuerpo, implica un acto perfectísimo de caridad que conlleva la detestación de toda culpa aunque sea levísima. Esta detestación no tiene la naturaleza meritoria o satisfactoria, y no tiene derecho al perdón de Dios. Pero sí produce en el pecador la desaparición de la indisposición culpable del alma con respecto a

---

[84]Escoto.

[85]San Buenaventura y Santo Tomás en sus primeras obras: *In IV Sent.*, dist. XXI, q. 1, a. 1, qu. 1. Cfr. también *Supplem., appendix* 1, q. 2, a. 4, co. También Belarmino: *De Ecclesia quæ est in Purgatorio*, en "Opera Omnia", I, Nápoles 1877, c. XIV, pág. 93.

9.5. RAZONAMIENTOS TEOLÓGICOS

Dios. Y es aquí donde entra la misericordia de Dios, que perdona la culpa leve.[86]

Se discute sobre la causa de ese perdón:

- Para algunos, es por simple condonación gratuita.
- Para otros, es por atención a los méritos pasados.
- Para otros, en atención al derecho a la gloria que tiene el alma en gracia.

Como el perdón se otorgó misericordiosamente por Dios sin mediar arrepentimiento meritorio, quita la culpa, pero no desaparece la pena de reato temporal. Así se expresa el Santo:

> "Et ideo oportet dicere, quod venialia remittuntur eis post hanc vitam etiam quantum ad culpam, eo modo quo remittuntur in hac vita; scilicet per actum caritatis in Deum, repugnantem venialibus in hac vita commissis. Quia tamen post hanc vitam non est status merendi, ille dilectionis motus in eis tollit quidem impedimentum venialis culpæ; non tamen meretur absolutionem vel diminutionem poenæ, sicut in hac vita".[87]

---

[86] Santo Tomás en su madurez —*De Malo*, q. 7, a. 11—, y muchos teólogos tomistas —Lugo, Palmieri, Mazzella, Pesch, Billot, Hugon, etc. También F. Suárez: *De Poenitentia*, Paris, 1861, disp. XI, sec. IV.

[87] Santo Tomás de Aquino: *De Malo*, q. 7, a 11, co. El artículo es muy minucioso y extenso. La conclusión es la citada: "Los pecados veniales se perdonan después de esta vida, incluso en cuanto a la culpa, del mismo modo que se perdonan en esta vida, a saber, por un acto de amor de Dios que rechaza los pecados veniales cometidos en esta vida. Pero como después de esta vida nadie puede merecer por haber terminado el estado de merecimiento, es movimiento de amor les quita ciertamente el pecado venial, pero sin que merezcan la absolución o remisión de la pena, como ocurre en esta vida".

9.5.4 La purificación por amor. Sentido contrario de las penas purgatorias y las del Infierno

Es importante hacer notar que la naturaleza del Purgatorio es completamente distinta de la de la condenación eterna en el Infierno. En efecto, ambos estados son distintos y contrarios, no solo en relación a la temporalidad (el Purgatorio acaba para ir al Cielo), sino también al sentido de las penas que se sufren, ya que el Purgatorio se vive en la espera de un amor y visión plenas retardadas, y en el Infierno se experimenta solo odio, aversión y separación eterna con respecto a Dios.

Por otro lado, a diferencia de lo que ocurre a los condenados en el Infierno, la peculiar naturaleza del Purgatorio hace que las almas benditas, a pesar de su sufrimiento, no pierdan el gozo. En primer lugar, porque están seguras de su salvación, la que esperan y a la que aspiran con ansias. Pero también, por el hecho de saber que se están purificando de los residuos del pecado que las hacen indignas de Dios y contrarias a los planes y al amor que Dios las tiene. Siendo conscientes de sus propias imperfecciones, que les impiden la plenitud del amor y de la visión de Dios, las almas buscan gozosas su purificación, de tal modo que no querrían otra cosa. El conocimiento de que estos son los planes de Dios y su deseo de seguir la voluntad divina, también les supone motivo de gozo. También reconocen con absoluta evidencia que las penas purgatorias son justas y merecidas, y las aceptan en paz y armonía consigo mismas y, principalmente, con Dios.

9.5.5 El "fuego" del Purgatorio

La teología clásica, basada en la dicción de la Sagrada Escritura y la interpretación de los Santos Padres (San Cipriano, San Basilio, San Cesareo, San Gregorio Magno, San Agustín, etc.), solía aplicar al Purgatorio la doble clase de penas que se sufren en el Infierno, aun-

9.5. RAZONAMIENTOS TEOLÓGICOS

que el sentido del sufrimiento en ambos estados sea completamente diferente. Por eso se hablaba de la "pena de daño", que sería el retraso en la visión y amor plenos de Dios (tal como se acaba de explicar); y de la "pena de sentido" que correspondería al llamado "fuego purgatorio". Por supuesto que el fuego purgatorio no puede ser como el fuego terrestre. La teología tomista habla de él del siguiente modo:

"Similiter etiam, cum dolor nos sit læsio, sed læsionis sensus, tanto aliquid magis dolet de aliquo læsivo, quanto magis est sensitivum: unde læsiones quæ fiunt in locis maxime sensibilibus, sunt maximum dolores causantes. Et quia totus sensus corporis est ab anima, ideo si in ipsam animam aliquod læsivum agat, de necessitate oportet quod maxime affligatur. Quod autem anima ab igne corporali patiatur, hoc ad præsens supponimus: quia de hoc infra, dist. XLIV dicetur".[88]

"Así mismo también, como el dolor no se identifica con la herida, sino que es el sentimiento de la herida, algo herido tanto más duele cuanto más sensible se es: de donde se ve que las lesiones que se producen en los sitios máximamente sensibles, son las causantes del máximo dolor. Y como toda la sensibilidad del cuerpo viene del alma, por tanto si algo lesivo le ocurre a la misma alma, conviene necesariamente que le aflija máximamente. Lo que el alma sufre bajo este fuego corporal, suponemos también para el supuesto presente, lo que dijimos en la distinción 44".

El modo de su acción es misterioso, como todo lo que corresponde al mundo del más allá. Es un fuego que tiene el poder de sujetar el

---

[88] *Supplem. Appendix I, q. de Purgatorio*, a. 3. co. Cfr. Santo Tomás de Aquino: *Comm. Sent.* IV, dist. 21, q. 1.

alma, esto es de impedirla de actuar cómo y dónde ella querría hacerlo, infligiéndola la humillación de depender de una creatura material. Se compara a la situación de una persona paralizada que no puede actuar como le gustaría.[89]

Como ya se ha explicado, los ortodoxos rechazaban la idea de un fuego purificador en el Purgatorio porque recordaría a las tesis condenadas de Orígenes sobre el Infierno temporal ("apokatástasis").

Por eso, el Concilio de Florencia, eligió no traer a discusión el tema del "fuego purificador", afirmando solo el concepto más general de "penas purgatorias".

Con todo, el Magisterio ha hecho uso del término "fuego" para indicar las penas purgatorias, sobre la base de su uso en la Tradición y en los vestigios de la Sagrada Escritura:

- Inocencio IV en la Epístola *Sub Catholicæ Professione* (a. 1254): "...Porque con aquel fuego transitorio se purgan ciertamente los pecados..." [90]

- Clemente IV en la Epístola *Super Quibusdam* (a. 1351): "...el Purgatorio, al que descienden las almas de los que mueren en gracia, pero no han satisfecho sus pecados por una penitencia

---

[89]Cfr. R. Garrigou–Lagrange: *Life Everlasting...*, cit., pág. 136; Santo Tomás de Aquino: *Contra Gent.*, IV, c. 90: "Por lo tanto, las substancias incorpóreas sufren a causa del fuego a modo de cierta ligadura; pues los espíritus pueden ser ligados a los cuerpos ya a modo de forma, así como se une el alma al cuerpo humano para darle la vida, o ya sin ser su forma, tal como los nigrománticos unen el espíritu a imágenes o cosas parecidas, en virtud de los demonios. Luego mucho más pueden ser ligados al fuego corpóreo, en virtud divina, los espíritus de los que han de ser condenados. Y esto es para ellos causa de aflicción, pues saben que han sido ligados en castigo a estas cosas bajísimas".

[90]*D. S.*, 838.

9.5. RAZONAMIENTOS TEOLÓGICOS

completa. Asimismo, si crees que son atormentadas con fuego temporalmente..."[91]

- Pablo VI, en su Credo del Pueblo de Dios: "...las que todavía deben ser purificadas con el fuego del Purgatorio..."[92]

El problema de fondo estriba en determinar si es necesario admitir para el Purgatorio la doble clase de pena,[93] que sí existe para el Infierno, teniendo en cuenta que el Concilio dogmático de Florencia no quiso utilizar el término "fuego".

C. Pozo propone dos posibles respuestas:

- Interpretar metafóricamente el "fuego", considerándolo como el sufrimiento ocasionado por la dilación de la posesión y visión de Dios. La consecuencia es que, según esta interpretación, la "pena de daño" y la "pena de sentido" se identificarían para el caso del Purgatorio. Hay que aclarar que, si bien esta interpretación no sería posible para el fuego del Infierno, sin embargo podría ser aceptable para el Purgatorio, debido a la naturaleza contraria de ambos estados.

  Con todo, supone apartarse de todo el pensamiento de la Tradición y del Magisterio ordinario que habla del "fuego purificador"; no se ve tampoco que, incluso aceptando que no es dogma la distinción de ambas penas, no pueda seguir sosteniéndose su realidad diferente, correctamente interpretada en el sentido explicado más arriba. Tampoco creo que las declaraciones de Florencia impidan seguir aceptando la distinción de doble

---

[91] *D. S.*, 1067.

[92] *Credo del Pueblo de Dios*, n. 28.

[93] La pena de daño (dilación de la separación con Dios) y la de sentido (penas sensibles, "fuego").

pena purgatoria. De hecho, San Roberto Belarmino y Suárez, conocedores de ese Concilio, concluían, que:

> "Aunque la existencia del fuego en el Purgatorio es menos cierta que la del fuego en el Infierno, la doctrina que admite fuego real en el Purgatorio puede ser clasificada como sentencia probabilísima. Por lo que la opinión contraria es improbable".[94]

- Tal vez se podría entender el "fuego" ("pena de daño") como diferente de la pena de la dilación de la posesión de Dios ("pena de sentido"), si se entiende como la causada por el sentimiento de dolor del alma por la falta de concordia que tiene con la armonía de la creación de Dios.[95]

9.5.6 El valor de los actos de las almas del Purgatorio: la satispasión

El Papa Leon X condenó, como hemos visto, las tesis de Lutero que sostenían que no estaba probado que las almas del Purgatorio no pudieran merecer o aumentar la caridad; y también, que pecan sin cesar.[96] Lo contrario es doctrina católica y verdad teológicamente cierta, que se deduce del dogma ya estudiado de que con la muerte se termina el estado de peregrinación, de tal modo que, después de ella, el hombre ya no puede decidir en favor o en contra de Dios, ni tampoco puede merecer o pecar.[97]

---

[94]Cfr. A. Michel: *Purgatoire...*, cit., col. 2260; Hugon: *Tractatus Dogmatici, de Novissimis*, 1927, pág. 824.

[95]Tesis de Winklhofer que él aplica a las penas de sentido del Infierno. Cfr. C. Pozo: *Teología...*, cit., pág. 459 y 532.

[96]*D. S.*, 1488–1489.

[97]Cfr. *supra* el capítulo dedicado a la muerte cristiana.

9.5. RAZONAMIENTOS TEOLÓGICOS

Pero además de no poder merecer, las almas benditas del Purgatorio, tampoco pueden satisfacer activamente, lo que es lógico pues la satisfacción es una especie dentro del mérito. En efecto, la satisfacción es merecer el perdón de la pena en virtud de otras penas voluntarias aceptadas en esta vida y que, según justicia y disposición divinas, equivalgan moralmente a aquella pena. Es una compensación voluntaria y libre por la injuria del pecado. Pero como libre que es, solo se puede realizar en esta vida. Con la muerte se acaba para el hombre la posibilidad de elección.

Por eso, el alma purgante no puede satisfacer activamente, no merece, no aumenta su gracia, no se purifica a sí misma, sino que es purificada por penas puramente vindicativas, esto es, de castigo. Por eso, el alma en el Purgatorio se dice que "satispadece" (satisface pasivamente): únicamente padeciendo la pena vindicativa (castigo) puede satisfacer a la justicia divina, librándose mediante estas penas, que son realmente expiatorias, del reato que le quede de pena temporal.

Por eso, las penas del Purgatorio tienen el doble carácter de *vindicativas* (castigo) y de *expiatorias* (pagan por el reato de pecado), pero *no de satisfactorias* por faltarles el carácter de libertad y voluntariedad. Las almas del Purgatorio ya no son libres ni para elegir las penas, ni siquiera para aceptarlas, sino que son solo capaces de soportarlas y sufrirlas. Pero siendo estas penas objetivamente satisfactorias (por su propio carácter con independencia de la voluntad del que las sufre), es por lo que reciben el nombre mencionado: "satispasión".

9.5.7 Intensidad, desigualdad y término de las penas purgatorias

¿Son las penas purgatorias más duras o más leves que los sufrimientos del presente eón? ¿Pueden disminuir progresivamente? ¿Son iguales para todas las almas del Purgatorio? ¿Cuándo se acaba el estado de purgación ultra–terrena? Etc.

Estas son preguntas que se hace la teología clásica, respondiéndolas de modo diferente según las escuelas. Son estrictamente teologúmenos, pues los datos aportados por la Sagrada Escritura, la Tradición o el Magisterio son muy escasos. Además los detalles de la vida de ultratumba han de ser examinados con mucha prudencia. Por otro lado, Santo Tomás no llegó a escribir personalmente la sección de la Suma Teológica dedicada a la escatología, por lo que sus compiladores hicieron el Suplemento en base a escritos anteriores del Aquinate.

Con todo, conviene conocer las principales posiciones en torno a los mencionados interrogantes (sobre todo los de la teología tomista) los que se suelen enmarcar en tres apartados: intensidad, desigualdad y duración de las penas purgatorias.

Intensidad

Se plantean aquí dos cuestiones: si las penas son más intensas que los sufrimientos de la tierra, y si las penas pueden disminuir.

A.– La magnitud de las penas en comparación con las terrestres.

Sobre la intensidad y magnitud de las penas del Purgatorio no hay ninguna declaración magisterial. Las escuelas teológicas se dividen al responder.

1.– San Buenaventura y sus seguidores sostienen que la pena de daño (dilación de la visión y amor de Dios) no es mayor que la mayor pena de alejamiento de Dios en esta vida, porque está suavizada por la certeza de la visión beatífica. En cuanto a la pena de sentido (el "fuego" del Purgatorio), distinguen entre la pena mayor del Purgatorio que sería mayor que cualquiera de esta vida, y la pena más pequeña del Purgatorio que probablemente sería menor que las más duras de esta vida.

9.5. RAZONAMIENTOS TEOLÓGICOS

2.- Santo Tomás y la escuela tomista en general apuestan por un mayor rigor de ambas clases de penas en el Purgatorio que en esta vida, sobre la base de la opinión de algunos Santos Padres y ciertas razones teológicas. En efecto, el hecho de que el deseo de Dios en la otra vida sea mucho más intenso que en esta vida, hace a la pena de daño mucho más dolorosa en el más allá; por otro lado, como el dolor sensible se experimenta más en proporción al grado de sensibilidad que se tiene (lo que es medido por el alma), hay que concluir que la pena de sentido sería mayor en la otra vida, por ser experimentada directamente por el alma:

"In Purgatorio erit duplex poena: una damni, inquantum scilicet retardantur a divina visione; alia sensus, secundum quod ab igne corporali punientur. Et quantum ad utrumque poena purgatorii minima excedit maximam poenam huius vitæ. Quanto enim aliquid magis desideratur, tanto eius absentia est molestior. Et quia affectus quo desideratur summum bonum, post hanc vitam in animabus sanctis est intensissimus, quia non retardatur affectus affectus mole corporis; et etiam quia terminus fruendi summo bono iam advenisset nisi aliquid impediret; ideo de

"En el Purgatorio habrá una doble pena. Una, de daño, es decir, en cuanto que se retarda la visión divina: otra, de sentido, en cuanto se castiga con fuego corporal. Y en cuanto a la una y a la otra, la pena del Purgatorio más pequeña excede a la máxima pena de este mundo. Porque, cuanto más se desea una cosa, tanto más se sufre por su privación. Y como al salir de este mundo, las almas justas desean el soberano Bien con un afecto intensísimo, pues no les impide este impulso la pesadez del cuerpo y ha llegado ya la hora de poderlo gozar si no se lo impidiera la necesidad de purificarse, el retraso obligatorio les causa un sufrimiento gran-

tardatione maxime dolent. Similiter etiam, cum dolor nos sit læsio, sed læsionis sensus, tanto aliquid magis dolet de aliquo læsivo, quanto magis est sensitivum: unde læsiones quæ fiunt in locis maxime sensibilibus, sunt maximum dolores causantes. Et quia totus sensus corporis est ab anima, ideo si in ipsam animam aliquod læsivum agat, de necessitate oportet quod maxime affligatur. Quod autem anima ab igne corporali patiatur, hoc ad præsens supponimus: quia de hoc infra, dist. XLIV dicetur. Et ideo oportet quod poena purgatorii, quantum ad poenam damni et sensus, excedat omnem poenam istius vitæ".[98]

dísimo. Así mismo también, como el dolor no se identifica con la herida, sino que es el sentimiento de la herida, algo herido tanto más duele cuanto más sensible se es: de donde se ve que las lesiones que se producen en los sitios máximamente sensibles, son las causantes del máximo dolor. Y como toda la sensibilidad del cuerpo viene del alma, por tanto si algo lesivo le ocurre a la misma alma, conviene necesariamente que le aflija máximamente. Lo que el alma sufre bajo este fuego corporal, lo suponemos también para el caso presente, lo que dijimos en la distinción 44. Luego es forzoso concluir que las penas del Purgatorio, tanto las de daño como las de sentido, sobrepasan a todas las penas de esta vida".

3.- Finalmente otros optan por evitar la comparación entre las penas del presente eón y las del Purgatorio, pues:

- Son conceptos análogos, y no unívocos.

---

[98] *Supplem. Appendix I, q. de Purgatorio*, a. 3. co. Cfr. Santo Tomás de Aquino: *In Sent.*, IV, dist. 21, q. 1.

9.5. RAZONAMIENTOS TEOLÓGICOS 625

- Son realidades que pertenecen a dos órdenes distintos (el natural elevado por la gracia y el estrictamente sobrenatural), con características que son propias.

- El modo más adecuado de comparación entre unas penas y otras, serían las purgaciones que se viven en la vida mística.

En consecuencia se insiste en la actitud prudente de recordar que solo se puede entrar en el Cielo perfectamente purificados y la conveniencia de hacer la purificación en esta vida.[99]

B.– La disminución de las penas.

¿Se pueden mitigar las penas del Purgatorio? De nuevo nos encontramos con un tema que es propiamente de las escuelas teológicas, pero que no ha sido dilucidado por el Magisterio. Hay tres posiciones principales.

1. Suarez sostiene que se mitiga la duración de las penas, pero no la intensidad, en virtud de los sufragios de la Iglesia. La razón es que parte del supuesto de la divisibilidad de las penas del Purgatorio, por lo que las penas particulares irían desapareciendo a medida que se cumplieran.

2. En cambio, los teólogos que entienden que las penas purgatorias son indivisibles y sostienen que se trata de una sola pena por el conjunto de pecados veniales y del reato temporal, aceptan que se pueda mitigar la intensidad y niegan que se pueda acortar la duración.

3. Otros, sobre la base de que la Iglesia no se ha pronunciado sobre la divisibilidad o no de las penas, y de que el concepto de tiempo en el más allá no es equiparable al terreno, defienden

---

[99] J. Ibáñez – F. Mendoza: *Dios Consumador...*, cit. pág. 255.

que se pueda disminuir la intensidad y el tiempo conforme se va "satispaciendo" por los diferentes pecados o se van aplicando los sufragios de la Iglesia. Lo que parece confirmarse por la costumbre de los sufragios para "aliviar" las almas del Purgatorio. Con todo, se ha de ser muy prudente al considerar el modo como transcurre el tiempo en la "eviternidad" de las almas separadas del cuerpo.[100]

Desigualdad

También en ausencia de Magisterio y de datos concretos de parte de la Sagrada Escritura y la Tradición, se suele sostener la desigualdad de las penas en el Purgatorio, tanto en intensidad como en duración, en base a la clase de reato que tenga cada alma. Hay que distinguir la gravedad (*acerbitas*) o cantidad de culpa, que se castiga con la intensidad de las penas, y la radicación de la culpa en la voluntad del sujeto (*adherentia*), a la que se aplica la duración de las mismas. Por ambos conceptos puede existir desigualdad de penas entre las almas benditas.

Por un lado, como las cosas a las que un alma está más adherida se purifican con más tiempo, se puede producir la desigualdad en el Purgatorio en cuanto a la diferente duración de ese estado, ya que unas almas se purifican más largamente que otras, precisamente por haber estado su voluntad más sumergida en el pecado venial:

"Quædam venialia sunt maioris adhærentiæ quam alia, secundum quod affectus magis ad ea inclinatur et fortius in

"La adherencia del alma a algunos pecados veniales es mayor que la de otras almas, porque el afecto a los mismos se inclina más y se fija

---

[100] J. Ibáñez – F. Mendoza: *Dios Consumador*..., cit. pág. 256.

9.5. RAZONAMIENTOS TEOLÓGICOS

eis figitur. Et quia ea quæ sunt maioris adhærentiæ, tardius purgantur, ideo quidam in Purgatorio diutius quam alii torquentur, secundum quod affectus eorum ad venialia fuit magis immersus".[101]

más fuertemente en ellos. Y como las cosas a las que se está más adherido, se purgan con más tiempo, por eso en el Purgatorio, algunos sufren más largamente que otros, según que su afecto estuviera más inmerso en los pecados veniales".

Por otro lado, también se puede dar la desigualdad de penas en cuanto a su intensidad, porque la "acerbidad" es proporcionada a la cantidad de culpa: a pecados más graves, corresponde un reato de pena de mayor intensidad.

Y ambas situaciones se pueden combinar, ya que como la duración de las penas depende de la radicación de la culpa en el sujeto, puede ocurrir que algunas almas estuvieran acostumbradas y apegadas a pecados veniales menos graves, en cuyo caso, sufrirían más largamente, pero menos intensamente. La viceversa también se puede dar: almas que sufran más intensamente y menos largamente que otras por estar menos adheridas a pecados graves y perdonados. En efecto:

"Acerbitas poenæ proprie respondet quantitati culpæ: sed diuturnitas respondet radicationi culpæ in subiecto. Unde potest contingere quod aliquis diutius moretur qui mi-

"Lo acerbo de las penas responde propiamente a la cantidad de culpa; en cambio, la duración de las penas responde a la radicación de la culpa en el sujeto. Por eso puede ocurrir que alguien pueda sufrir

---

[101] Santo Tomás de Aquino: *In Sent.*, IV, dist. 21, q. 1, a. 3, sol. 3. *Supplem. Appendix* I, q. de Purgatorio, a. 7. co.

nus affligitur, et e converso".[102] mayor duración y que sea menos afligido que otro, y viceversa."

Término de las penas

El Purgatorio no es un estado definitivo. El destino final de las benditas almas es el Cielo. Esto plantea varios problemas con respecto a cada alma y al conjunto de los salvados, relacionados con el final de este estado y la llegada de la escatología final.

Es necesario recordar de nuevo la distinción entre "tiempo terrenal", "eviternidad" del más allá para las creaturas, y la "eternidad" propiamente dicha de Dios, para no confundir unos conceptos con otros cuando hablamos de transcurso de tiempo en el más allá.

De cualquier modo, no son aceptables algunas modernas teorías sobre el Purgatorio que lo rechazan como un estado o proceso de purgación, para entenderlo como un mero instante purificador que se produciría en el momento del encuentro con Dios. La purificación, desde esta perspectiva, se quiere entender como más intensiva que extensiva, como un instante purificador desde la experiencia revolucionaria del encuentro con Cristo. Es la teoría de Ruiz de la Peña,[103] criticada con acierto por J. A. Sayés, en base a que:

- El Purgatorio no es aún el encuentro de visión con Cristo.

- No encaja con la convicción que tiene la Iglesia de la intercesión por los difuntos, no solo al momento de morir sino en un proceso que dura.

---

[102]Santo Tomás de Aquino: *In Sent.*, IV, dist. 21, q. 1, a. 3, sol. 3. *Supplem. Appendix I, q. de Purgatorio*, a. 7. ad 1.

[103]J. L. Ruiz de la Peña: *La Otra Dimensión*, Santander, Sal Terrae, 1986, pág. 321.

9.5. RAZONAMIENTOS TEOLÓGICOS

- La idea de la purificación ultraterrena ha de ser análoga a la del proceso de justificación que se da en la vida terrena, que se concibe como un proceso.[104]

Concebir al Purgatorio como un instante, ha llevado a H. küng a postular el disparate de que la Iglesia abandone la práctica de la oración por los difuntos (en contra de toda la Tradición y el Magisterio), para centrarla solo en los moribundos.[105]

A.– Final del Purgatorio y de la escatología intermedia.

En primer lugar es doctrina cierta en teología que el Purgatorio acabará con el Juicio Final, donde solo permanecerán Cielo e Infierno (incluyendo el caso del Limbo). La razón teológica parece clara: si se ha llegado a la escatología final, no hay compatibilidad con cualquier estado transitorio o provisional, como es el del Purgatorio.

La Sagrada Escritura se refiere a este final, cuando en la parábola del Juicio Final (Mt 25: 31–46) el Señor habla solo de dos estados: el del "Reino preparado para vosotros desde la creación del mundo" (v. 34) o "vida eterna" (v. 46), para los justos; y el del "fuego eterno preparado para el diablo y sus ángeles" (v. 41) o "suplicio eterno" (v. 46), para los condenados. Por su parte, San Pablo al hablar de la resurrección final, afirma que los justos resucitarán con sus cuerpos gloriosos, por lo que no sufrirán más penas (1 Cor 15: 42ss).

El sentir de los Santos Padres también va en esa dirección. Por ejemplo, san Agustín:

> "No se crea que ha de haber penas purgatorias, a no ser antes de aquel último y tremendo Juicio".[106]

---

[104] J. A. Sayés: *Escatología…*, cit., págs. 126–127.
[105] Cfr. H. Küng: *¿Vida Eterna?*, Madrid, Cristiandad, 1983, págs. 235–236.
[106] San Agustín: *De Civ. Dei*, 21, 16.

B.– *Final del Purgatorio para cada alma bendita.*

Como ya se mencionó, la duración de las penas purgatorias son diferentes para cada alma, dependiendo del reato de pena que cada una tenga.

La Iglesia siempre ha tenido la práctica de los sufragios aplicados para siempre, sin límite de tiempo. Por otro lado, en la eternidad propia de la divinidad, Dios puede determinar aplicar los sufragios futuros de nuestro tiempo terrestre a un alma en la eviternidad. De ahí la conveniencia de aplicar generosamente los sufragios por los difuntos.

C.– *La purgación de las personas vivas en el momento de la Parusía.*

¿Cómo se pueden purificar las personas que estén vivas en el momento de la Parusía, puesto que no hay más Purgatorio y ellas pueden estar en necesidad de purgación antes de entrar en el Cielo? El pensamiento de Santo Tomás es que llegarán al Juicio ya purificadas por los sufrimientos de los últimos tiempos:

"Tres sunt causa quare subito illi qui vivi reperientur purgari poterunt. Una est quia in eis pauca purganda inveniuntur: cum terroribus et persecutionibus præcedentibus fuerint purgati. Secunda causa est quia et vivi et voluntarii poenam sustinebunt. Poena autem in hac vita voluntarie suscepta multo plus purgat quam poena post mortem inflicta: sicut patet im

"Existen tres razones por las cuales serán rápidamente purificados los justos que se encuentren vivos cuando sobrevenga el fin del mundo. La primera es que les quedará poco que purgar, ya que les habrá servido de purificación los terrores y persecuciones precedentes. La segunda es que sufrirán aquellas penas vivos y voluntariamente; como aparece claro en los mártires, en los

9.5. RAZONAMIENTOS TEOLÓGICOS

martyribus quod, si quid purgandum in eis invenitur, passionis falce tollitur, ut Augustinus dicit; cum tamen poena martyrii brevis fuit in comparatione ad poenam quæ in Purgatorio sustinetur. Tertia est quia calor ille recuperabit in intensione quantum amittet in temporis abbreviatione".[107]

que si se encontrara algo que purgar, es quitado por su pasión como dice San Agustín; y la pena sufrida voluntariamente en esta vida purifica mucho más que la infligida después de la muerte. La tercera es porque el calor de aquella última conflagración suplirá en intensidad lo que falte en duración."

9.5.8 Confirmación en gracia y certeza de su salvación

Las almas benditas del Purgatorio están salvadas, aunque la plena posesión, amor y visión de Dios estén aplazados para ellas. El tiempo de merecer o de des–merecer acabó con la muerte. Por eso, no están condenadas ni tampoco pueden volver a pecar.

Esta realidad fue, sin embargo, negada por Lutero, quien sostuvo que las almas del Purgatorio no estaban seguras de su salvación y que pecaban continuamente deseando el descanso y la liberación de sus penas. El Papa Leon X, conforme se explicó antes, condenó las siguientes tesis luteranas:

"Animæ in Purgatorio non sunt securæ de earum salute, saltem omnes: nec proba-

"Las almas en el purgatorio no están seguras de su salvación, por lo menos todas; y no está proba-

---

[107]Santo Tomás de Aquino: *In Sent.*, IV, dist. 47, q. 2, a. 3, qc. 2, ad 5; *Suppl.*, q. 78, a. 8, ad 5.

tum est ullis aut rationibus aut Scripturis, ipsas esse extra statum merendi vel augendæ caritatis. Animæ in Purgatorio peccant sine intermissione quamdiu quærunt requiem et horrent poenas".[108]	do, ni por razón, ni por Escritura alguna, que se hallen fuera del estado de merecer o de aumentar la caridad. Las almas en el purgatorio pecan sin intermisión, mientras buscan el descanso y sienten horror de las penas".

Las razones que se suelen aducir para esta imposibilidad de pecar,[109] y en consecuencia, para su confirmación en el estado de gracia, son las siguientes:

1. La imposibilidad de merecer o des–merecer en la otra vida.

2. La irrevocabilidad de la sentencia del juicio particular, que le destinó a la salvación previa purificación de las imperfecciones que le quedaban.

3. La fijación que se produce en el bien o en el mal en el momento de morir.

9.5.9 La relación entre la Iglesia peregrinante y la purgante

Existe una relación profunda entre la Iglesia en la tierra (militante, peregrina) y la del más allá (purgante y triunfante).[110] Esta relación se produce de un doble modo: en la intercesión de las almas benditas por

---

[108]Tesis 38–39, *D. S.*, 1488–1489.

[109]Cfr. Santo Tomás de Aquino: *Summ. Theol.*, Iª, q. 64, a. 2; *De Verit.*, 24, 2c y ad. 4; *Contra Gent.*, IV, c. 95.

[110]Sobre este apartado: J. Ibáñez – F. Mendoza: *Dios Consumador...*, cit. págs. 270–281.

9.5. RAZONAMIENTOS TEOLÓGICOS 633

los seres humanos vivos, y en los sufragios de la Iglesia militante por las almas del Purgatorio. Con todo se presentan algunos problemas teológicos.

A.- *La intercesión de las almas del Purgatorio en favor de la Iglesia militante.*

¿Es posible que las almas benditas oren por los vivos? Hay dos posiciones:

- Algunos teólogos lo rechazan, porque no se enteran de nuestras peticiones ni tampoco están en condición para orar por estar sufriendo las penas purgatorias. Se basan en algún texto de Santo Tomás, interpretado en este sentido, como por ejemplo: "Los que están en este mundo o en el Purgatorio todavía no gozan de la visión del Verbo para que puedan conocer lo que nosotros pensamos o decimos. Y ésta es la causa de que no imploremos en nuestras oraciones sus sufragios. A los vivos, en cambio, se los pedimos en nuestras conversaciones".[111] También, en el hecho de que la Iglesia no apela en su liturgia a la intercesión de las almas benditas del Purgatorio.

- La mayoría de la teología clásica lo acepta por varias razones:
    - El mismo Santo Tomás alude en otra ocasión al cuidado que estas almas pueden tener de los que aún vivimos aquí: "Las almas de los difuntos pueden ocuparse de las cosas de los vivos aun cuando ignoren el estado en que se encuentran, como nosotros nos ocupamos de ellos ofreciendo sufragios en su favor, aunque ignoramos su estado. Pueden también

---

[111]Cfr. Santo Tomás de Aquino: *Summ. Theol.*, II^a–II^{ae}, q. 83, a. 4, ad 3, (Cfr. también I^a, q. 89, a. 8, co.). Sin embargo, el mismo Santo Tomás en otros textos sí que acepta que puedan interceder por nosotros, como veremos seguidamente.

conocer los hechos de los vivos no por sí mismos, sino, bien por las almas de los que de aquí van a ellos, bien por medio de los ángeles o demonios, o bien porque se lo revele el Espíritu Santo, como dice Agustín en el mismo libro".[112]

– La posibilidad de que las almas benditas puedan orar a Dios, ya que la oración no se basa en el mérito de la justicia, sino en la gracia o misericordia divinas; razón por la que los pecadores pueden orar, aunque no lo hagan con mérito de condigno. La intercesión es una forma de oración.[113] Con más razón pueden orar las benditas almas.

– La razón de que no puedan interceder por no estar en estado de merecimiento o viador, no se sostiene, porque tampoco las almas bienaventuradas del Cielo lo están, y sin embargo, interceden por los vivos; y su intercesión es más poderosa en la medida de la altura de su santidad.[114]

– Las almas benditas están en estado de gracia, agradando a Dios, por lo que es sostenible pensar que sus oraciones lleguen a Dios.

---

[112]Cfr. Santo Tomás de Aquino: *Summ. Theol.*, I^a, q. 89, a. 1.

[113]Cfr. Santo Tomás de Aquino: *Summ. Theol.*, II^a–II^{ae}, q. 83, a. 16, ad 2: "el pecador no puede orar piadosamente, como si su oración estuviese informada por el hábito virtuoso de la piedad. Puede, sin embargo, ser piadosa su oración en cuanto que pide algo perteneciente a la piedad, del mismo modo que el que no tiene la virtud de la justicia puede desear una cosa justa, como consta por lo que hemos dicho anteriormente (q. 59, a. 2). Y, aunque su oración no es meritoria, puede, no obstante, ser impetratoria; porque el mérito se basa en la justicia, mientras que la impetración depende de la gracia".

[114]Cfr. Santo Tomás de Aquino: *Summ. Theol.*, II^a–II^{ae}, q. 83, a. 11, ad 1: "A los santos que están en la patria celestial nada les falta sino la glorificación del cuerpo, por la que oran. Pero ruegan también por nosotros a quienes falta la perfección última de la bienaventuranza, y sus oraciones tienen eficacia impetratoria en virtud de sus méritos y de la divina aceptación".

9.5. RAZONAMIENTOS TEOLÓGICOS

- Las almas benditas tienen la condición de personas en el más allá. Y como tales capaces de relacionarse, aunque con las limitaciones propias de su estado de purificación.

B.– *Los sufragios de la Iglesia militante en favor de la purgante.*

En el pago de su deuda temporal, las almas benditas del Purgatorio pueden ser ayudadas por los sufragios de los fieles que aún viven. Sufragio es cualquier ayuda o socorro de una persona en favor de otra.[115] En teología se distingue entre:

1. *Sufragio eclesial a modo de petición*, también llamado sufragio impetratorio o sufragio en sentido amplio, se realiza recurriendo a la misericordia divina mediante una petición formal (oración) o virtual (una obra buena). Este sufragio puede ayudar a las almas del Purgatorio porque procede de quien puede orar y pedir, esto es, de la Iglesia peregrinante y de la triunfante.

    Se suele considerar que su valor para librar de las penas a las almas del Purgatorio no es directo ni infalible, sino indirecto y de congruencia, en cuanto que se acude a la misericordia divina para que aplique las satisfacciones de condigno de Jesucristo y de cuasi–condigno de la Virgen y los santos en favor de esas almas.

2. *Sufragio eclesial a modo de satisfacción vicaria*, o sufragio en sentido estricto, es el favor que ayuda a modo de satisfacción vicaria, como se expuso más arriba: se paga la pena temporal de otra alma que todavía ha de ser expiada ante Dios después de

---

[115] Pagar los gastos ocasionados por cierta cosa: "Con lo que gana en horas extraordinarias sufraga sus vicios". Costear, subvenir. Mantener, sostener. Frecuentemente, implica ayuda a otra persona: "Sufraga de su bolsillo una beca. Él le sufraga la carrera a su hermano" (Dicc. María Moliner).

que Él perdonó la culpa. Este sufragio puede ayudar a las almas del Purgatorio en cuanto procede de quien puede satisfacer. Y esta procedencia de quien puede satisfacer puede ser:

- De Jesucristo solo, en su satisfacción sobreabundante. Es satisfacción "ex opere operato", caso que ocurre, por ejemplo, en la aplicación del valor satisfactorio de la Santa Misa.
- De Jesucristo juntamente con los santos. Es satisfacción "quasi ex opere operato", caso que ocurre, por ejemplo, en la aplicación de las indulgencias tomadas del *Tesoro de la Iglesia*.
- De los fieles vivos que están en gracia. Es satisfacción "ex opere operantis", en cuyo caso se ofrece a Dios por los difuntos, confiando que Dios la acepte.

Su valor estriba en que, cuando se ofrece con las debidas condiciones, se hace con carácter de condigno —a diferencia del sufragio impetratorio—, esto es con fuerza para hacer las veces ante Dios de verdadera satisfacción por las penas que otro debía padecer. Este sufragio a modo de satisfacción vicaria se puede aplicar "inter vivos" y también en favor de un alma del Purgatorio.

El Magisterio ha sancionado la verdad de que los sufragios de los fieles que aun viven aprovechan a las almas del Purgatorio para librarse de las penas que padecen, como de fe divina y católica definida en los Concilios ya mencionados (II de Lyon, Florencia, Trento, etc.). Como es sabido, los sufragios por los difuntos fueron rechazados por los protestantes. La oración por los difuntos es recogida por la Tradición, la doctrina de los Santos Padres, latinos y orientales, y los monu-

9.5. RAZONAMIENTOS TEOLÓGICOS

mentos de la liturgia, como también se explicó antes. La referencia escriturística más comentada fue el texto de 2 Mac 12: 38-42.

Los sufragios principales son:

- La Santa Misa. Es el principal de todos los sufragios por el carácter especialísimo de la misma. Tiene un valor latreutico, eucarístico, impetratorio y satisfactorio. Su efecto impetratorio y satisfactorio es infalible, por las gracias y satisfacciones infinitamente obtenidas en el Sacrificio de la Cruz e infinitamente aplicadas y disponibles por virtud de la Santa Misa; pero su recepción puede encontrar impedimento por parte del que ofrece la misa o por el de las personas por las que se ofrece, según sean su devoción personal y sus disposiciones en el momento presente (para los vivos) o en el de su muerte (para las almas del Purgatorio). De los tres efectos de la Santa Misa —*propio* e intransferible del sacerdote, *especial* de la persona por la que se aplica la Misa, y *general* que beneficia a toda la Iglesia—, pueden afectar a las almas del Purgatorio los dos últimos.

- La oración. Tiene un triple valor: meritorio (por ser acto de la virtud de la piedad), impetratorio (ante la misericordia divina) y satisfactorio (en cuanto supone atención y esfuerzo). Los dos últimos valores se pueden aplicar a los difuntos.

- La limosna, cuyo valor satisfactorio se puede aplicar a los difuntos, como aparece en varios lugares de la Sagrada Escritura (Tob 12:9; Dan 4:24; Eco 3:30; Lc 11:41; etc.).

Capítulo 10

El limbo: el problema de las almas que mueren con solo el pecado original

En la presente economía de salvación, la condición indispensable para gozar de la visión beatífica es el poseer la gracia santificante; como el que muere con pecado no la tiene, no puede gozar de la visión beatífica. Lo mismo ocurre con el pecado original, que excluye la gracia santificante y, por tanto, impide la visión de Dios.

El pecado original se limpia por el bautismo, que es necesario para la salvación con necesidad de medio, como aparece en la Sagrada Escritura y ha sido definido por el Magisterio.

En efecto, la Sagrada Escritura sostiene ese principio con toda claridad:

- Jn 3:5, en conexión con Mt 25: 27 y 46. "Respondit Iesus: 'Amen, amen dico tibi: Nisi quis natus fuerit ex aqua et Spiritu, non potest introire in regnum Dei'".

- Ap 21:27, "Nec intrabit in ea aliquid coinquinatum et faciens abominationem et mendacium, nisi qui scripti sunt in libro vitæ Agni".

Por ello Jesucristo mandó a sus discípulos a anunciar el Evangelio y bautizar a todas las naciones (Mt 28: 19–20). Por lo tanto, el bautismo es absolutamente necesario para la salvación en aquéllos a los que el Evangelio ha sido anunciado y han tenido la posibilidad de pedir este Sacramento (Mc 16:16).

El Concilio de Trento lo expresó con claridad:

"Cap. 4. Quibus verbis iustificationis impii descriptio insinuatur, ut sit translatio ab eo statu, in quo homo nascitur filius primi Adæ, in statum gratiæ et 'adoptionis filiorum' (Ro 8:15) Dei, per secundum Adam Iesum Christum Salvatorem nostrum; quæ quidem translatio post Evangelium promulgatum sine lavacro regenerationis (can. 5 de bapt.) aut eius voto fieri non potest, sicut scriptum est: 'Nisi quis renatus fuerit ex aqua et Spiritu Sancto, non potest introire in regnum Dei' (Jn 3:5)".[1]

"Cap. 4. Por las cuales palabras se insinúa la descripción de la justificación del impío, de suerte que sea el paso de aquel estado en que el hombre nace hijo del primer Adán, al estado de gracia y de adopción de hijos de Dios [Ro 8:15] por el segundo Adán, Jesucristo Salvador nuestro; paso, ciertamente, que después de la promulgación del Evangelio, no puede darse sin el lavatorio de la regeneración [Can. 5 sobre el bautismo] o su deseo, conforme está escrito: Si uno no hubiera renacido del agua y del Espíritu Santo, no puede entrar en el reino de Dios [Jn 3:5]".

---

[1] *Decreto sobre la Justificación*, D. S., 1524.

"Can. 5. Si quis dixerit, baptismum liberum esse, hoc est non necessarium ad salutem: an. s. (cfr. *D. S.*, 1524)".[2]

"Can. 5. Si alguno dijere que el bautismo es libre, es decir, no necesario para la salvación, sea anatema (cfr. *D. S.*, 1524)".

Éste es normalmente el bautismo sacramental, por el que el bautizado es perdonado de todo pecado (original o actual que pudiera tener), es hecho hijo de Dios y miembro de la Iglesia (los bautizados entran dentro de las llamadas por la teología, "fronteras visibles" de la Iglesia).

El bautismo sacramental puede ser suplido por formas extraordinarias, en los seres humanos con uso de razón (entrando en la Iglesia, en las denominadas "fronteras invisibles" de la misma). Es el caso del bautismo de sangre (el de los catecúmenos que daban la vida martirialmente por Cristo); o el de deseo (el de los paganos que sin su culpa no conocen a Cristo ni a su Iglesia, pero obran conforme a su conciencia y siguen la Ley Natural, pudiendo hacer un acto de caridad perfecta). Ambos tipos de "bautismo" producen la gracia santificante.

El bautismo de sangre, además de perdonar el pecado original y los pecados mortales actuales, remite usualmente todos los pecados veniales y la pena temporal.[3]

En el bautismo de deseo, la contrición, o caridad perfecta, en unión con un deseo implícito por el bautismo, toma en los adultos el lugar

---

[2] *Canones De sacramento baptismi, D. S.*, 1618.

[3] Cfr. P. D. Prummer, O.P.: *Moral Theology*, Cork, Ireland, The Mercier Press, 1956: "El bautismo del deseo, que es un acto de caridad perfecto que incluye, al menos implícitamente, el deseo del bautismo de agua... El bautismo de sangre, que significa el martirio sobrellevado por Cristo antes de la recepción del bautismo de agua... En cuanto a los efectos del bautismo de sangre y del deseo... ambos producen la gracia santificante. El bautismo de sangre remite usualmente todos los pecados veniales y la pena temporal..."

del bautismo de agua por lo que respecta al perdón de los pecados. En efecto, un deseo implícito por el bautismo, esto es, uno que se incluye en un propósito general de guardar todos los mandamientos de Dios, es, según el consentimiento de todos, suficiente para el invenciblemente ignorante de la ley del bautismo; e igualmente, según la opinión más común, en quien sabe de la necesidad del bautismo. En cuanto a los efectos del bautismo de deseo hay que sostener que la caridad perfecta, en unión con el deseo del bautismo, perdona el pecado original y el actual, y, por tanto, infunde la gracia santificante; pero no imprime el carácter bautismal y no remite por sí misma la totalidad del castigo temporal debido al pecado; de donde se infiere que, cuando se ofrezca la oportunidad, la obligación de recibir el bautismo de agua aún permanece en el que ha sido santificado de esta manera.[4]

Ambas formas extraordinarias del bautismo no se aplican ni a los niños sin uso de razón, ni a los adultos que por su deficiencia mental son incapaces del uso de la razón y por tanto de cometer un pecado personal. En el caso de que no alcancen a ser bautizados y mueren con solo el pecado original, ¿cuál es su suerte eterna? La Iglesia respondió a esta interrogante con la doctrina tradicional del Limbo de los niños. Últimamente se ha propuesto otra vía: Dios podría concederles la salvación de un modo extraordinario por caminos no revelados a la Iglesia y solo de Él conocidos, lo que ha suscitado una nueva controversia; se trata del documento de la Comisión Teológica Internacional: *La esperanza de salvación para los niños que mueren*

---

[4]A. Tanquery: *Dogmatic Brevior*, Art. IV, sección I, II – 1945 (1024–1): Cfr. también Concilio de Trento: canon 4 sobre los sacramentos en general (*D. S.*, 1604), y cap. 4 del Decreto sobre la Justificación (*D. S.*, 1524); Inocencio III: *Apostolicam* (*D. S.*, 741), *Debitum Pastoralis Officii* (*D. S.*, 788); S. Pio V, *Ex omnibus afflictionibus* (*D. S.*, 1931–1933); *Catecismo de la Iglesia Católica*, nn. 1257–1259; etc.

sin bautismo, publicado el 20 de Abril, 2007.[5] En este capítulo se examinarán ambas respuestas, cuya problemática tiene una enorme actualidad.

10.1 El limbo de los niños muertos sin bautizar

10.1.1 Término

El término latino "limbus" es palabra de etimología incierta, que significa algo que sujeta. De ahí pasó a expresar en teología un lugar y estado que detiene la consecución del destino plenario que Dios ha preparado para el hombre. Otros, basándose en que la palabra tiene también el sentido de orla del vestido, hacen derivar su uso teológico de una perspectiva geográfica: lugar frontero del Infierno. Supone, en teología, el estado de aquéllos que están al borde de la condenación: tienen un pecado propio pero no es personal (el original y no fueron limpios por el bautismo).

El limbo en teología no coincide con el Seno de Abraham donde los justos del Antiguo Testamento aguardaban la Redención de Cristo.[6]

---

[5] El Documento había sido discutido por la Comisión Teológica Internacional después de dos reuniones generales, en 2005 y 2006. Posteriormente, el Cardenal William Levada, presidente de la Comisión, con el "consentimiento" del Papa Benedicto XVI, aprobó la publicación del texto.

[6] *El Catecismo Romano*, promulgado después del Conc. de Trento, al explicar los lugares donde están detenidas después de la muerte las almas privadas de gloria, enseña que "hay una tercera clase de cavidad, en donde residían las almas de los Santos antes de la venida de Cristo Señor Nuestro, en donde, sin sentir dolor alguno, sostenidos con la esperanza dichosa de la redención, disfrutaban de pacífica morada. A estas almas piadosas que estaban esperando al Salvador en el seno de Abraham, libertó Cristo Nuestro Señor al bajar a los Infiernos" (parte 1, cap. 6, n. 3).

10.1.2 Historia del problema

Los Santos Padres antes de la herejía pelagiana casi no se refieren al problema de los niños muertos sin bautizar. Sí se atestigua la costumbre de bautizarlos desde el origen del cristianismo, tanto en Oriente como en Occidente, práctica, que según Orígenes y San Agustín, es de Tradición apostólica.[7]

Los hitos más importantes son los siguientes:[8]

1.— San Gregorio Nacianceno y San Gregorio Niseno afirmaron que los niños muertos sin bautizar tenían una recompensa no completa.[9]

2.— Pelagio distinguía entre "Reino de los Cielos" que sería para los bienaventurados, y "vida eterna" reservada para los niños muertos sin el bautismo, aunque también sin el pecado original —según Pelagio—, lugar de una felicidad natural.[10]

3.— San Agustín rechaza esta división pelagiana y afirma que no hay lugar intermedio entre el Cielo y el Infierno, rechazando las ideas

---

[7]Orígenes: *Commentaria in Epistolam B. Pauli ad Romanos* (P. G., 14, 1047); S. Agustín: *De Genesi Ad Litteram Imperfectus Liber*, (P. L., 34, 426); id.: *De Peccatorum Meritis Et Remissione Et De Baptismo Parvulorum*, (P. L., 44, 131).

[8]Cfr. para más detalles: P. Toner: *Limbo*, en "The Catholic Encyclopedia", Vol. 9, Robert Appleton Company, New York, 1910.

[9]Cf. Gregorio de Nisa: *De infantibus prameture abreptis libellum*, ab H. Polack ad editionem præparatum in colloquio Leidensi testimoniis instructum renovatis curis recensitum edendum curavit H. Hörner, in J.K. Downing – J.A. McDonough – H. Hörner (ed. cur.), Gregorii Nysseni opera dogmatica minora, Pars II, W. Jaeger – H. Langerbeck – H. Hörner (eds.), Gregorii Nysseni opera, volumen III, Pars II, Leiden – New York – Kobenhavn – Köln, 1987, 65-97; Gregorio Nacianceno: *Oratio XL. In sanctum baptisma*, 23 (P. G., 36, 389BC); Anastasio del Sinaí: *Quæstiones et responsiones*, q. 81 (P. G., 89, 709C).

[10]Cf. Pelagio: *Expositio in Epistolam ad Romanos*, en "Expositiones XIII epistolarum Pauli", A. Souter (ed.), Cambridge, 1926.

10.1. EL LIMBO DE LOS NIÑOS

de Pelagio. Por tanto, los niños sin bautizar y con pecado original van al Infierno, aunque con "una pena más ligera que todas".[11]

4.— Las ideas de San Agustín son recogidas en el canon 3 del XVI Concilio de Cartago:

"Can. 3. Item placuit, ut si quis dicit, ideo dixisse Dominum: 'In domo Patris mei mansiones multæ sunt' (Jn 14:2), ut intelligatur, quia in regno cælorum erit aliquis medius aut ullus alicubi locus, ubi beati vivant parvuli qui sine baptismo ex hac vita migrarunt, sine quo in regnum cælorum, quod est vita æterna, intrare non possunt, an. s. Nam cum Dominus dicat: 'Nisi quis renatus fuerit ex aqua et Spiritu Sancto, non intrabit in regnum cælorum' (Jn 3:5), quis catholicus dubitet participem fore diaboli eum, qui coheres esse non meruit Christi? Qui enim dextra caret, sinistram procul dubio partem incurret".[12]

"Can. 3. Igualmente plugo que si alguno dijere que el Señor dijo: 'En la casa de mi Padre hay muchas moradas' (Jn 14:2), para que se entienda que en el reino de los Cielos habrá algún lugar intermedio o lugar alguno en otra parte, donde viven bienaventurados los niños pequeños que salieron de esta vida sin el bautismo, sin el cual no pueden entrar en el reino de los Cielos que es la vida eterna, sea anatema. Pues como quiera que el Señor dice: 'Si uno no renaciere del agua y del Espíritu Santo, no entrará en el reino de los Cielos' (Jn 3:5), ¿Qué católico puede dudar que será partícipe del diablo el que no mereció ser coheredero de Cristo? Porque el que no está a la derecha, irá sin duda alguna a la izquierda".

---

[11] Agustín: *Epistula* 156 (CSEL 44,448s); 175,6 (CSEL 44,660-662); 176,3 (44,666s); *De peccatorum meritis et remissione et de baptismo parvulorum* 1,20,26; 3,5.11-6.12 (CSEL 60, 25s; 137-139); *De gestis Pelagii* 11, 23-24 (CSEL 42,76-78).

[12] *D. S.*, 224.

5.— Abelardo concebía el pecado original como privación de la justicia original, por lo tanto los niños con pecado original sufrirían solo la pena de la privación de la visión beatífica y vivirían eternamente en un lugar de felicidad natural.[13]

6.— Pedro Lombardo difundió la opinión de Abelardo: los niños no sufren más pena que la privación de la visión de Dios.[14]

7.— Santo Tomás de Aquino sistematizará las ideas que proviniendo de San Anselmo llegan hasta Abelardo, afirmando que una condición de felicidad natural es compatible con la carencia de la visión de Dios:

"Respondeo. Dicendum quod aliqui posuerunt quod pueri sentient aliquem dolorem vel afflictionem interiorem ex carentia visionis divinæ, licet iste dolor non habeat in eis rationem vermis conscientiæ: quia non sunt sibi conscii quod in eorum potestate fuerit culpam originalem vitare. Sed nulla ratio videtur esse quare subtrahatur eis exterior poena sensus, si attribuitur eis interior afflictio, quæ est multo magis poenalis, et magis opponitur mitissimæ poenæ, quam Augustinus eis attribuit.

"Respondo, diciendo que algunos afirmaron que los niños sienten algún dolor o aflicción interior por la carencia de la visión divina, aunque este dolor no tiene en ellos la razón de dolor de conciencia: porque no son conscientes de que en ellos hubiera potestad de evitar la culpa original. Pero no hay razón aparente para sustraerles a ellos el sentido de la pena exterior, si se atribuye a ellos la aflicción interior, que es mucho más penosa, y más se opone a la pena mitigada que les atribuye Agustín. Y, por eso, a

---

[13]Cf. Pedro Abelardo: *Commentaria in Epistolam Pauli ad Romanos*, liber II [5,9] (Corpus Christianorum, Continuatio Mediævalis 11,169–170).

[14]Cf. Pedro Lombardo: *Sententiæ*, lib. II, dist. 33, cap. 1, I (I. Brady [ed.], t. I/2, Grottaferrata 1971, 520).

10.1. EL LIMBO DE LOS NIÑOS

Et ideo aliis videtur et melius, quod nullam afflictionem etiam interiorem sentiant. Et huius rationem aliqui diversimode assignant. Quidam enim dicunt, quod animæ puerorum cum originali decedentium sunt in tantis tenebris ignorantiæ constitutæ quod nesciunt se ad beatitudinem esse factas, nec aliquid circa hoc cogitant, et ideo nullam patiuntur de hoc afflictionem. Sed hoc non videtur convenienter dici. Primo quidem, quia cum in pueris non sit peccatum actuale quod est proprie peccatum personale non debetur eis ut detrimentum aliquod patiantur in naturalibus bonis secundum rationem supra assignatam. Est autem naturale animæ separatæ, ut non minus, sed magis in cognitione vigeat quam animæ quæ sunt hic; et ideo non est probabile quod tantam ignorantiam patiantur. Secundo, quia secundum hoc illi qui sunt damnati in Inferno, melioris conditionis essent quantum ad nobiliorem sui partem, scilicet intellectum, in minoribus

algunos les pareció mejor que no sintieran ninguna aflicción ni siquiera interior. Y la razón para lo cual, la explican de modo diferente. Algunos dicen que las almas de los niños con pecado original descienden constituidas en tal grado de tinieblas de ignorancia que no saben que fueron hechas para la beatitud, ni piensan nada acerca de ella, y por tanto no sufren nada de esta aflicción. Pero esto no parece que se pueda decir convenientemente. En primer lugar, porque como en los niños no hay pecado actual que sea propio pecado personal, no les corresponde sufrir algún detrimento en los bienes naturales según la razón sostenida antes. Y es natural a las almas separadas el que tengan mayor conocimiento que las almas de acá, y no uno menor; y por eso, que sufran tanta ignorancia. En segundo lugar, porque según esta posición, las almas condenadas en el Infierno tendrían mejor condición, en relación a su parte más noble, esto es su intelecto, por existir con

ignorantiæ tenebris existentes; et nullus est, ut Augustinus dicit, qui non mallet dolorem pati cum sana mente quam gaudere insanus. Et ideo alii assignant causam huius quod non affliguntur, ex dispositione voluntatis ipsorum. Non enim post mortem in anima mutatur dispositio voluntatis neque in bonum neque in malum. Unde cum pueri ante usum rationis non habeant actum inordinatum voluntatis, neque etiam post mortem habebunt. Non est autem absque inordinatione voluntatis quod aliquis doleat se non habere quod nunquam potuit adipisci; sicut inordinatum esset, si aliquis rusticus doleat de hoc quod non esset regnum adeptus. Quia ergo pueri post mortem sciunt se nunquam potuisse illam gloriam cælestem adipisci, ex eius carentia non dolebunt. Possumus tamen utrumque coniungentes mediam viam tenere, ut dicamus quod animæ puerorum naturali quidem cognitione non carent, qualis debe-

unas tinieblas de ignorancia menores; y, como dice Agustín, nadie hay que guste más bien sufrir el dolor con la mente lúcida que alegrarse con la mente enferma. Y por eso, algunos asignan la causa de que no se aflijan, a la disposición de su voluntad. Pues después de la muerte no se cambia la disposición de la voluntad ni para el bien ni para el mal. De donde, los niños antes del uso de su razón no tienen el acto de su voluntad desordenado, ni tampoco lo tendrán después de la muerte. Sin embargo no se da que, sin voluntad desordenada, alguien se duela de no tener lo que nunca pudo conocer; como no sería adecuado que alguien rústico se duela de lo que no es adecuado al rey. Y como, los niños después de la muerte no saben que nunca podrán tener aquella gloria celeste que no han conocido, de esa carencia no se duelen. Podemos, sin embargo, seguir una vía intermedia, diciendo que las almas de los niños no carecen de conocimiento natural, el que corresponde a

10.1. EL LIMBO DE LOS NIÑOS

tur animæ separatæ secundum suam naturam, sed carent supernaturali cognitione, quæ hic in nobis per fidem plantatur, eo quod nec hic fidem habuerunt in actu, nec sacramentum fidei susceperunt. Pertinet autem ad naturalem cognitionem quod anima sciat se propter beatitudinem creatam, et quod beatitudo consistit in adeptione perfecti boni; sed quod illud bonum perfectum, ad quod homo factus est, sit illa gloria quam sancti possident, est supra cognitionem naturalem. Unde apostolus dicit, I ad Cor. II, 9, quod 'nec oculus vidit, nec auris audivit, nec in cor hominis ascendit quæ præparavit Deus diligentibus se': et postea subdit: 'nobis autem revelavit Deus per spiritum suum': quæ quidem revelatio ad fidem pertinet. Et ideo se privari tali bono, animæ puerorum non cognoscunt, et propter hoc non dolent; sed hoc quod per naturam habent, absque dolore possident".[15]

las almas separadas según su naturaleza, pero sí carecen del conocimiento sobrenatural, que se implanta aquí en nosotros por la fe, porque no tuvieron fe en acto ni la recibieron por el sacramento de la fe. Pertenece, sin embargo, al conocimiento natural que el alma sepa que fue creada para la beatitud, y que la beatitud consiste en la recepción del bien perfecto; pero que ese bien perfecto, para el cual el hombre fue hecho, sea aquella gloria que los santos poseen, está sobre el conocimiento natural. De donde el Apóstol dice en 1 Cor 2:9, que 'ni ojo vio ni oído oyó, ni el corazón del hombre sospecha, lo que Dios ha preparado para los que le aman'; y después añade: 'a nosotros, sin embargo, nos lo reveló Dios por su Espíritu'. La cual revelación pertenece a la fe. Y, por eso, las almas de los niños no conocen que están privadas de tal bien, y por eso, no se duelen; y lo que les pertenece por naturaleza, lo poseen sin dolor".

---

[15] Santo Tomás de Aquino: *De Malo*, 5, a. 3, co.

La pena del solo pecado original es la daño (es decir, la aversión a Dios que conlleva la pena de daño como consecuencia de ser un "propio pecado;" en otras palabras, esas almas están privadas de la visión y unión de Dios de los bienaventurados). Pero no sufren la pena de sentido, porque esta pena corresponde a la "conversión a las creaturas" que sí se da en el pecado personal propio, pero no en el pecado original:

"Respondeo dicendum, quod poena debet esse proportionata culpæ, ut dicitur Is. 27:8: in mensura contra mensuram, cum abjecta fuerit, judicabis eam. Defectus autem qui per originem traducitur, rationem culpæ habens, non est per subtractionem vel corruptionem alicujus boni quod naturam humanam consequitur ex principiis suis; sed per subtractionem vel corruptionem alicujus quod naturæ superadditum erat: nec ista culpa ad hunc hominem pertinet, nisi secundum quod talem naturam habet, quæ hoc bono quod in eo natum erat esse et possibile conservari, destituta est; et ideo nulla alia poena sibi debetur nisi privatio illius finis ad quem donum subtractum

"Respondo diciendo que la pena debe ser proporcionada a la culpa, como se dice en Is. 27:8: 'Te querellaste con ella y la echaste, la despediste; la echó con su aliento áspero'. El defecto que se træ desde el origen, tiene razón de culpa, y no se produce por la sustracción o corrupción de algún bien que corresponda a la naturaleza humana según sus principios; sino que es por sustracción o corrupción de algo que estaba sobreañadido a la naturaleza; y tampoco esta culpa pertenece a este hombre sino en cuanto posee una tal naturaleza, y que aquel bien con el que nació y podía conservarlo, le fue quitado. Y, por tanto, ninguna otra pena se debe sino la privación de aquel fin al que se dirigía el don sustraído, esto es, aquello que la

10.1. EL LIMBO DE LOS NIÑOS

ordinabat; ad quod per se natura humana attingere non potest. Hoc autem est divina visio; et ideo carentia hujus visionis est propria et sola poena originalis peccati post mortem. Si enim alia poena sensibilis pro peccato originali post mortem infligeretur, puniretur iste non secundum hoc quod culpam habuit: quia poena sensibilis pertinet ad id quod personæ proprium est: quia per passionem hujus particularis, talis poena est. Unde sicut culpa non fuit per operationem ejus, ita nec poena per passionem ipsius esse debet; sed solum per defectum illius ad quod natura de se insufficiens erat. In aliis autem perfectionibus et bonitatibus quæ naturam humanam consequuntur ex suis principiis, nullum detrimentum sustinebunt pro peccato originali damnati".[16]

naturaleza humana no podía adquirir por sí. Y esto es la visión divina; y por tanto, la carencia de tal visión es la pena propia y única del pecado original después de la muerte. Si se infringe alguna otra pena sensible por el pecado original después de la muerte, se castiga no en razón de lo que tenga de culpa, porque la pena sensible corresponde a lo que la persona ha hecho como propio, porque tal pena ocurre por la pasión de algo particular. Por lo que, como la culpa (original) no fue por operación propia, no corresponde la pena por la pasión, sino solo la sustracción de aquello para lo cual la naturaleza era por sí insuficiente. En todas aquellas perfecciones o bondades que se siguen de los propios principios de la naturaleza humana, no sufren detrimento los condenados por el pecado original".

Por otro lado, el Santo aclara que los niños que mueren sin bautizar, al carecer de la fe, desconocen la existencia del mundo sobrenatural y de la bienaventuranza eterna, y por eso no sienten pena

---

[16] Santo Tomás de Aquino: *In Sent.*, II, dist. 33, q. 2, a. 1, co.; Id.: *De Malo*, q. 5, a. 2.

de haberla perdido, porque nadie siente tristeza de lo que nunca ha conocido.[17] La razón por la que se quita a estas almas la tristeza es porque el dolor de la pena en los condenados se corresponde con el deleite que tuvieron en el pecado; pero estas almas no tuvieron deleite alguno en el pecado original.[18]

Además tienen una relación con Dios: la propia de las creaturas que no han sido elevadas al orden sobrenatural, y gozan de él por el conocimiento y amor naturales, aunque no por el propio de la unión con Él en la gloria.[19]

10.1.3 Magisterio

El Magisterio de la Iglesia se ha referido con frecuencia al estado de las almas que mueren con solo el pecado original.

1.– Papa Inocencio III (a. 1201), en su carta *Maiores Ecclesiæ causas*, señalando una doble clase de penas del Infierno según se trate de condenados por pecados personales o por solo el pecado original, establece el principio por el que se rechaza la tesis de San Agustín y se constituye teológicamente el limbo:

"Asserunt enim, parvulis inutiliter baptisma conferri... Respondemus, quod baptisma circumcisione successit... Unde, sicut anima circumcisi de populo suo non peribat (Ge	"Afirman, en efecto, que el bautismo se confiere inútilmente a los niños pequeños... Respondemos que el bautismo ha sucedido a la circuncisión... De ahí que, así como el alma del circunciso no era

---

[17]Santo Tomás de Aquino: *De Malo*, q. 5, a. 3, y *In Sent.*, II, dist. 33, q. 2, a. 2, co.

[18]Santo Tomás de Aquino: *In Sent.*, II, dist. 33, q. 2, a. 2.

[19]Santo Tomás de Aquino: *De Malo*, q. 5, a. 3, ad 4; *In Sent.*, II, dist. 33, q. 3, a. 2, ad 5.

10.1. EL LIMBO DE LOS NIÑOS

17:14), sic, qui ex aqua fuerit et Spiritu sancto renatus, regni cælorum introiturn obtinebit (Jn 3:5)... Etsi originalis culpa remittebatur per circumcisionis mysterium, et damnationis periculum vitabatur, non tamen perveniebatur ad regnum cælorum, quod usque ad mortem Christi fuit omnibus obseratum; sed per sacramentum baptismi Christi sanguine rubricati culpa remittitur, et ad regnum cælorum etiam pervenitur, cuius ianuam Christi sanguis fidelibus suis misericorditer reseravit. Absit enim, ut universi parvuli pereant, quorum quotidie tanta multitudo moritur quin et ipsis misericors Deus, qui neminem vult perire, aliquod remedium procuraverit ad salutem... Quod opponentes inducunt, fidem aut caritatem aliasque virtutes parvulis, utpote non consentientibus, non infundi, a plerisque non conceditur absolute... aliis asserentibus per virtutem baptismi par-

borrada de su Pueblo [Ge 17:14], así el que hubiere renacido del agua y del Espíritu Santo, obtendrá la entrada en el reino de los Cielos [Jn 8:5]... Aun cuando por el misterio de la circuncisión, se perdonaba el pecado original y se evitaba el peligro de condenación; no se llegaba, sin embargo, al reino de los Cielos, que hasta la muerte de Cristo estaba cerrado para todos; mas por el sacramento del bautismo, rubricado por la sangre de Cristo, se perdona la culpa y se llega también al reino de los Cielos, cuya puerta abrió misericordiosamente a todos los fieles la sangre de Cristo. Porque no van a perecer todos los niños, de los que cada día muere tan grande muchedumbre, sin que también a ellos el Dios misericordioso, que no quiere que nadie se pierda, les haya procurado algún remedio para su salvación. Lo que aducen los contrarios, que a los párvulos, por falta de consentimiento, no se les infunde la fe y la caridad y las demás virtudes, la mayoría de los autores no lo concede en absoluto... otros

vulis quidem culpam remitti, sed gratiam non conferri; nonnullis vero dicentibus, et dimitti peccatum, et virtutes infundi, habentibus illas quoad habitum (cfr. *D. S.*, 904), non quoad usum, donec perveniant ad ætatem adultam... Dicimus distinguendum, quod peccatum est duplex: originale scilicet et actuale: originale, quod absque consensu contrahitur, et actuale, quod committitur cum consensu. Originale igitur, quod sine consensu contrahitur, sine consensu per vim remittitur sacramenti; actuale vero, quod cum consensu contrahitur, sine consensu minime relaxatur... Poena originalis peccati est carentia visionis Dei, actualis vero poena peccati est gehennæ perpetuæ cruciatus..."[20]

afirman que, en virtud del bautismo, se perdona a los párvulos la culpa, pero no se les confiere la gracia; pero otros dicen que no sólo se les perdona la culpa, sino que se les infunden las virtudes, que ellos tienen en cuanto al hábito [cfr. *D. S.* 904], no en cuanto al uso, hasta que lleguen a la edad adulta... Decimos que ha de distinguirse. El pecado es doble: original y actual. Original es el que se contræ sin consentimiento; actual el que se comete con consentimiento. El original, pues, que se contræ sin consentimiento, sin consentimiento se perdona en virtud del sacramento; el actual, empero, que con consentimiento se contræ, sin consentimiento no se perdona en manera alguna... La pena del pecado original es la carencia de la visión de Dios; la pena del pecado actual es el tormento del Infierno eterno..."

2.– Concilio II de Lyon (a. 1274), en la profesión de fe propuesta al Emperador Miguel Paleologo:

---

[20]Carta a Imbertum archiep. Arelat., *D. S.*, 780.

10.1. EL LIMBO DE LOS NIÑOS

"Illorum autem animas, qui in mortali peccato vel cum solo originali decedunt, mox in infernum descendere, poenis tamen disparibus puniendas".[21]

"Las almas, empero, de aquellos que mueren en pecado mortal o con solo el original, descienden inmediatamente al Infierno, para ser castigadas, aunque con penas desiguales".

3.– Concilio de Florencia (a. 1439–1445), recoge el texto del Concilio II de Lyon.[22]

4.– Pio VI contra el Sínodo de Pistoya y los jansenistas (a. 1794), quienes interpretando a San Agustín condenaban a los niños muertos sin bautizar y rechazaban el limbo. El Papa insiste que la negación del limbo es una sentencia falsa, temeraria e injuriosa contra las escuelas católicas:

"Doctrina, quæ velut fabulam Pelagianam explodit locum illum inferorum (quem limbi puerorum nomine fideles passim designant), in quo animæ decedentium cum sola originali culpa poena damni citra poenam ignis puniantur; perinde ac si hoc ipso, quod, qui poenam ignis removent,

"La doctrina que reprueba como fábula pelagiana el lugar de los Infiernos (al que corrientemente designan los fieles con el nombre de limbo de los párvulos), en que las almas de los que mueren con sola la culpa original son castigadas con pena de daño sin la pena de fuego; como si los que suprimen en él la pena del fuego, por este mero he-

---

[21] D. S., 858.
[22] D. S., 1306.

inducerent locum illum et statum medium expertem culpæ et poenæ inter regnum Dei et damnationem æternam, qualem fabulabantur Pelagiani: — falsa, temeraria, in scholas catholicas iniuriosa".[23]

cho introdujeran aquel lugar y estado carente de culpa y pena, como intermedio entre el reino de Dios y la condenación eterna, como lo imaginaban los pelagianos: — es falsa, temeraria e injuriosa contra las escuelas católicas".

5.– El Concilio de Trento:

"Si quis parvulos recentes ab uteris matrum baptizandis negat, etiam si fuerint a baptizatis parentibus orti, aut dicit, in remissionem quidem peccatorum eos baptizari, sed nihil ex Adam trahere originalis peccati, quod regenerationis lavacro necesse sit expiari ad vitam æternam consequendam, unde fit consequens, ut in eis forma baptismatis in remissionem peccatorum non vera, sed falsa intelligatur: an. s. Quoniam non aliter intelligendum est id, quod dicit Apostolus: 'per unum hominem peccatum intravit in mun-

"Si alguno niega que hayan de ser bautizados los niños recién salidos del seno de su madre, aun cuando procedan de padres bautizados, o dice que son bautizados para la remisión de los pecados, pero que de Adán no contraen nada del pecado original que haya necesidad de ser expiado en el lavatorio de la regeneración para conseguir la vida eterna, de donde se sigue que la forma del bautismo para la remisión de los pecados se entiende en ellos no como verdadera, sino como falsa: sea anatema. Porque lo que dice el Apóstol: Por un solo hombre entró el pecado en el mundo, y por el pe-

---

[23]Const. *Auctorem fidei* ad univ. fideles. Errores Synodi Pistoriensis *D. S.*, 2626.

10.1. EL LIMBO DE LOS NIÑOS

dum, et per peccatum mors, et ita in omnes homines mors pertransiit, in quo omnes peccaverunt' (Ro 5:12), nisi quemadmodum ecclesia catholica ubique diffusa semper intellexit. Propter hanc enim regulam fidei, ex traditione Apostolorum, etiam parvuli, qui nihil peccatorum in semetipsis adhuc committere potuerunt, ideo in remissionem peccatorum veraciter baptizantur, ut in eis regeneratione mundetur, quod generatione contraxerunt (cfr. *D. S.*, 102). Nisi enim quis renatus fuerit ex aqua et Spiritu Sancto, non potest introire in regnum Dei' (Jn 3:5)".[24]

cado la muerte, y así a todos los hombres pasó la muerte, por cuanto todos habían pecado [Ro 5:12], no de otro modo ha de entenderse, sino como lo entendió siempre la Iglesia Católica, difundida por doquier. Pues por esta regla de fe procedente de la tradición de los Apóstoles, hasta los párvulos que ningún pecado pudieron aún cometer en sí mismos son bautizados verdaderamente para la remisión de los pecados, para que en ellos por la regeneración se limpie lo que por la generación contrajeron [cfr. *D. S.*, 102]. Porque si uno no renaciere del agua y del Espíritu Santo, no puede entrar en el reino de Dios [Jn 3:5]".

6.– Pio XII, Alocución del 29–X–1951:

"Si lo que hasta ahora hemos dicho toca a la protección y el cuidado de la vida natural, con mucha mayor razón debe valer de la vida sobrenatural que el recién nacido recibe con el Bautismo. En la presente economía no hay otro medio para comunicar esta vida al niño, que no tiene todavía uso de razón. Y, sin embargo, el estado de gracia en el momento de la muerte es absolutamente necesario para la

---

[24] *D. S.*, 1514.

salvación: sin él no es posible llegar a la felicidad sobrenatural, a la visión beatífica de Dios. Un acto de amor puede bastar al adulto para conseguir la gracia santificarte y suplir el defecto del Bautismo; al que todavía no ha nacido o al niño recién nacido no está abierto este camino".[25]

Donde se recuerda que:

- El único medio para comunicar la vida divina al niño es el bautismo.

- El estado de gracia es necesario para la visión sobrenatural.

- En el niño no cabe el bautismo de deseo, por lo que ha de ser bautizado cuanto antes. Un acto de amor puede bastar en el adulto para conseguir la gracia santificante y suplir el defecto del bautismo: camino que no está abierto al no nacido o al que acaba de nacer.

- Con todo, no menciona el limbo directamente.

10.1.4 Calificación teológica

Es de fe que el bautismo es necesario para conseguir la salvación, según se comprueba en el Concilio de Trento.[26] Por lo mismo, es de fe que las almas que mueren con solo el pecado original están privadas de la visión beatífica de Dios.[27]

---

[25] *A. A. S.*, 43 (1951) 841.

[26] *D. S.*, 1524 y 1618.

[27] J. Ibáñez y F. Mendoza (*Dios Creador...*, cit., pág. 344) califican la tesis "las almas de los que mueren con sólo el pecado original están privadas de la visión beatífica de Dios" como de fe divina y católica definida, y su censura como herejía. Así también L. Ott: *Manual...*, cit., pág. 191.

10.1. EL LIMBO DE LOS NIÑOS

¿Es la suerte de las almas sin el bautismo pero sin pecados personales, la condenación eterna? No hay definición dogmática a esta pregunta; y ante el Magisterio mencionado y el que hace distinción entre las penas del condenado por sus pecados personales y las del que solo tiene el pecado original, la doctrina concluyó con toda razón la existencia del llamado Limbo. Por eso, J. Sancho Bielsa afirmaba que la Iglesia no ha definido la existencia del Limbo, pero sí ha confirmado los presupuestos y principios de los que se deduce su existencia.[28]

10.1.5 Teorías que intentan buscar otros medios de salvación

Con el fin de aunar, por un lado, la necesidad de sostener los dogmas de fe —el pecado original como muerte del alma, la necesidad del bautismo para la salvación y la privación de la visión beatífica para las almas que mueren con solo el pecado original—, y, por otro lado, encontrar al mismo tiempo un medio de proporcionar la gracia santificante para los niños sin bautizar, que les permitiera la visión beatífica, los teólogos desde hace siglos han intentando sustituir el bautismo de agua por otra clase de equivalente, parecido al modo extraordinario ya aceptado del bautismo de deseo o de sangre (a los que antes se hizo mención). De este modo, se propusieron varias hipótesis que, sin embargo, no satisfacen los presupuestos dogmáticos y los datos teológicos a tener en consideración. Las propuestas más conocidas son:[29]

---

[28] J. Sancho Bielsa: *Limbo*, en GER, vol. XIV, pág. 384.

[29] Cfr. J. Sancho Bielsa: *o. c.*, pág. 384. A. Gaudel: *Limbes*, en DTC 9,760-772; N. López Martínez: *El Más Allá de los Niños*, Aldecoa, Burgos, 1955. Para nuevas soluciones propuestas antes del Concilio Vaticano II, cf. Y. Congar, *Morts avant l'aurore de la raison*, en "Vaste monde ma paroisse: Verité et dimensions d Salut", Paris 1959, 147-183; G.J. Dyer: *Limbo. Unsettled Question*, New York 1964, 93–182 (con una amplia bibliografía en las pp. 192–196); W.A. van Roo: *Infants Dying*

- Aplicar a los niños el voto o deseo en la fe de los padres (Heris y Cayetano).

- Voto real de bautismo (Sauras).

- Solidaridad con Cristo (Boudes).

- Bautismo basado en el voto o deseo de la Iglesia (Galot).

- Opción personal del propio niño antes de la muerte (Laurenge).

- Iluminación extraordinaria que les permite a los niños hacer un acto de caridad perfecta (García–Plaza).

- La propia muerte del niño, unida a la Pasión de Cristo, tendría sentido expiatorio (Shell).

- Etc.

10.1.6 Valoración

Todas las anteriores teorías presentan algún aspecto que no concuerda con los datos teológicos que han de ser mantenidos.[30] Y ciertamente no se puede intentar resolver un problema teológico por motivos

---

without Baptism: a Survey of Recent Literature and Determination of the State of the Question, en Gregorianum 35 (1954) 406-473; A. Michel: *Enfants morts sans baptême*, Paris 1954; C. Journet: *La volonté divine salvifique sur les petits enfants*, Paris 1958; L. Renwart: *Le baptème des enfants et les limbes*, en "Nouvelle Revue Théologique" 80 (1958) 449-467 ; H. de Lavalette: *Autour de la question des enfants morts sans baptême*, ib. 82 (1960) 56-69 ; P. Gumpel, *Unbaptized Infants: May They be Saved*, en "The Downside Review" 72 (1954) 342-358 ; Id., Unbaptized *Infants : A Further Report*, en ib. 73 (1955) 317-346 ; V. Wilkin, *From Limbo to Heaven : An Essay on the Economy of Redemption*, New York 1961. Después del Vaticano II: E. Boismard: *Réflexions sur le sort des enfants mots sans baptême*, Paris 1974.

[30] J. Ibáñez y F. Mendoza: *Dios Creador...*, cit., pág. 347.

10.1. EL LIMBO DE LOS NIÑOS

"sentimentales" o estadísticos, sino teniendo presentes todos los datos de la fe.

Cualquier solución que se avance no puede poner en peligro los dogmas de la fe y datos teológicos siguientes:

- El pecado original es muerte del alma.
- El bautismo es el único medio ordinario de salvación.
- Distinción esencial entre lo natural y lo sobrenatural.
- Herencia universal del pecado original y sus consecuencias.
- Gratuidad de la salvación.
- Canalización de la gracia salvífica a través de los sacramentos, y en este caso, a través del bautismo, que es necesario con necesidad de medio para salvarse.
- Voluntad salvífica universal de Dios.

Teniendo en cuenta todos estos datos, así como los de la misericordia y la justicia divinas, es como los Padres de la Iglesia y los teólogos llegaron a la conclusión de que el Limbo es la solución inevitable como el estado de aquéllos que habiendo muerto antes del uso de la razón y sin bautismo, y por tanto con pecado original pero sólo con él, son privados de la visión de Dios, que es don gratuito y sobrenatural, aunque no sean castigados con penas aflictivas, sino que pueden gozar de la felicidad natural que hubiese alcanzado el hombre en el estado de naturaleza pura.[31]

Como dicen J. Ibáñez y F. Mendoza:

---

[31] Cfr. J. A. Sayés: *Pecado original...*, cit., capítulo: "Apéndice. El Limbo. La suerte de los niños muertos sin bautismo".

"En resumen, Dios quiere, indudablemente la salvación de los niños, y por eso instituyó el bautismo para que se salven, e impuso a los padres y a la Iglesia la obligación de proporcionárselo, pero al mismo tiempo, respeta la voluntad de los hombres que puede oponerse a esa salvación, unas veces por ignorancia y otras por mala voluntad, y asimismo, respeta las leyes de la naturaleza que, en ocasiones (niños muertos antes de nacer), impiden que a los niños se les pueda administrar el bautismo. Por lo demás, bautizados o no, los niños nunca sufrirán; irán al Cielo si están bautizados, o si no lo están, aunque privados de la visión beatífica, no sufrirán..."[32]

10.2 Documento de la Comisión Teológica Internacional titulado "La esperanza de salvación para los niños que mueren sin bautismo"

10.2.1 El documento

El año 2007 se publicó por parte de la Comisión Teológica Internacional un documento que enfrenta el problema del destino de los niños muertos sin bautizar, bajo el título "La esperanza de salvación para los niños que mueren sin bautismo" (fue publicado el 20 de Abril, 2007).[33]

---

[32] J. Ibáñez y F. Mendoza: *Dios Creador...*, cit., págs. 347–348.

[33] Como ya se ha dicho, el Documento había sido discutido por dicha Comisión después de dos reuniones generales, en los años 2005 y 2006. En el año 2007, el Cardenal William Levada, presidente de la Comisión, con el "consentimiento" del Papa Benedicto XVI, aprobó la publicación del texto.

10.2. UNA NUEVA EXPLICACIÓN

Es un texto de estudio, que procede de un organismo de la Iglesia que no tiene capacidad magisterial, aunque utilice documentos del Magisterio y haya sido publicado con el consentimiento del Papa. El mismo documento se ofrece como texto para la reflexión, y en ningún caso se opone a que sea aceptable la doctrina del Limbo para aquéllos que así la consideren oportuna.

Básicamente expone el documento que no hay revelación alguna ni doctrina de fe sobre la suerte de los niños que mueren sin bautizar.

> "Se ha de reconocer claramente que la Iglesia no tiene un conocimiento cierto de la salvación de los niños que mueren sin Bautismo. Conoce y celebra la gloria de los Santos Inocentes, pero en general el destino de los niños no bautizados no nos ha sido revelado, y la Iglesia enseña y juzga solamente en relación con lo que ha sido revelado. Pero lo que sabemos de Dios, de Cristo y de la Iglesia nos da motivos para esperar en su salvación, como tenemos que explicar a continuación".[34]

Sí había declaraciones magisteriales sobre el pecado original, la necesidad del bautismo y la privación de la visión beatífica como pena por el pecado original. Pero no se dice directamente que los niños muertos sin bautizar no alcancen la gracia de la salvación en modo alguno. Es cierto que tradicionalmente se concluyó de los dogmas anteriores, que estos niños no gozaban de la visión beatífica aunque no sufrían por tener la felicidad natural propia del estado de naturaleza pura (Limbo). Es pues una conclusión teológica y doctrina común, pero no es doctrina de fe. Es una posición válida para aquéllos que les guste.

---

[34]CTI: *La Esperanza...*, cit., n. 79.

> "Es sabido que la enseñanza tradicional recurría a la teoría del limbo, entendido como un estado en el que las almas de los niños que mueren sin bautismo no merecen el premio de la visión beatífica, a causa del pecado original, pero no sufren ningún castigo, ya que no han cometido pecados personales. Esta teoría, elaborada por los teólogos a partir de la Edad Media, nunca ha entrado en las definiciones dogmáticas del Magisterio, aunque el mismo Magisterio la ha mencionado en su enseñanza hasta el concilio Vaticano II. Sigue siendo por tanto una hipótesis teológica posible".[35]

Sin embargo, según la CTI, la doctrina del Limbo no es fácil de aceptar hoy en día. El mundo contemporáneo y la nueva Pastoral demandan una nueva reflexión:

> "En nuestros tiempos crece sensiblemente el número de niños que mueren sin haber sido bautizados. En parte porque los padres, influenciados por el relativismo cultural y por el pluralismo religioso, no son practicantes, en parte también como consecuencia de la fertilización in vitro y del aborto... Los padres experimentan un gran dolor y sentimientos de culpa cuando no tienen la certeza moral de la salvación de sus hijos, y las personas encuentran cada vez más difícil aceptar que Dios sea justo y misericordioso si excluye a los niños, que no han pecado personalmente, de la salvación eterna, sean cristianos o no".[36]

> "Además, la idea de que los niños que mueren sin bautismo se encuentren privados de la visión beatífica, idea

---

[35] CTI: *La Esperanza...*, cit., Introducción.
[36] CTI: *La Esperanza...*, cit., n. 2.

10.2. UNA NUEVA EXPLICACIÓN

que ha sido considerada durante tanto tiempo doctrina común de la Iglesia, suscita numerosos problemas pastorales, hasta tal punto que muchos pastores de almas han pedido una reflexión más profunda sobre los caminos de la salvación".[37]

El documento intenta probar que sustentando los dogmas de fe que ya hemos mencionado, los niños muertos sin bautizar podrían obtener la gracia santificante por medios desconocidos a la Iglesia. Esto abre una esperanza de salvación para esos seres humanos, que se sustentaría sobre el análisis de los siguientes datos teológicos:

1. Una nueva interpretación de los textos de la Sagrada Escritura, que, sobre la base de su silencio sobre nuestro tema, no se incline a una salvación restrictiva sino a una visión generosa de la voluntad salvífica de Dios:

    "Es necesario por tanto interpretar el silencio de la Escritura sobre este tema a la luz de los textos que tratan del designio universal de salvación y de los caminos de la misma. En resumen, el problema, tanto para la teología como para la pastoral, es cómo salvaguardar y armonizar dos grupos de afirmaciones bíblicas: las que se refieren a la voluntad salvífica universal de Dios (cf. 1 Tim 2:4), y las que conciernen a la necesidad del Bautismo como la vía para ser liberados del pecado y conformados con Cristo (cf. Mc 16:16; Mt 28: 18–19)".[38]

2. El principio de la *Lex orandi, lex credendi*. Este principio nos enseña que no solo no hay mención del Limbo en el conjunto de la

---

[37]CTI: *La Esperanza...*, cit., n. 3.
[38]CTI: *La Esperanza...*, cit., n. 4.

liturgia de la Iglesia, sino que hay liturgias para los niños muertos sin bautizar, lo que abre la esperanza de que, por caminos desconocidos a la Iglesia, ellos puedan llegar a la salvación:

> "En segundo lugar, teniendo presente el principio *lex orandi, lex credendi*, la comunidad cristiana tiene en cuenta que no hay ninguna mención del limbo en la liturgia. Esta comprende la fiesta de los Santos Inocentes, venerados como mártires, aunque no habían sido bautizados, porque fueron muertos 'por Cristo'.[39] Ha habido un importante desarrollo litúrgico con la introducción de los funerales por los niños muertos sin bautismo. No rezamos por los condenados. El *Misal Romano* de 1970 introdujo una misa funeral por los niños no bautizados cuyos padres deseaban presentarlos para el Bautismo. La Iglesia confía a la misericordia de Dios a los niños que mueren sin Bautismo. En la *Instrucción sobre el Bautismo de los niños* de 1980 la Congregación para la Doctrina de la Fe ha reafirmado que 'en cuanto a los niños muertos sin Bautismo la Iglesia sólo los puede confiar a la misericordia de Dios, como hace en el rito de los funerales por ellos'.[40] El *Catecismo de la Iglesia Católica* (1992) añade que 'la gran misericordia de Dios, que quiere que todos los hombres se salven (1 Tim 2:4)

---

[39]"Belén, no estés triste, anímate ante la muerte de los santos niños, porque ellos, como víctimas perfectas, han sido ofrecidos a Cristo Soberano, inmolados por él, reinarán con él": Exapostiliarion del Orthros (Maitines) de la liturgia bizantina del 29 de diciembre (Memoria de los santos niños muertos por Herodes), en *Anthologion di tutto l'anno*, vol. 1, Roma 1999, 1199.

[40]Congregación para la Doctrina de la Fe: *Pastoralis Actio*, nº 13, en AAS 72 (1980) 1144.

10.2. UNA NUEVA EXPLICACIÓN

>y la ternura de Jesús con los niños, que le hizo decir: *Dejad que los niños se acerquen a mí, no se lo impidáis* (Mc 10:14), nos permiten confiar en que haya un camino de salvación para los niños muertos sin Bautismo'.[41]"[42]

3. Un desarrollo de la antropología de la solidaridad, de la unión de todos los hombres en Cristo tras su Encarnación y de la salvación universal querida por Dios. Se cita con profusión la Constitución *Gaudium et Spes* 22,[43] interpretada en este sentido:

>"...A la luz de una antropología de la solidaridad,[44] reforzada por una comprensión eclesial de la personalidad corporativa, la Iglesia reconoce la ayuda que puede dar la fe de los creyentes. El evangelio de Marcos narra precisamente un episodio en el que la fe de algunos ha sido eficaz para la salvación de otra persona (cfr. Mc 2:5). Aun siendo bien consciente de que el medio normal para alcanzar la salvación en Cristo es el Bautismo *in re*, la Iglesia espera que existan otras vías para conseguir el mismo fin. Puesto que, por su encarnación, el Hijo de Dios 'se ha unido en un cierto modo' a todo ser humano, y puesto que Cristo ha muerto por todos y 'la vocación última del hombre es efectivamente una sola, la divina', la Iglesia sostiene que 'el Espíritu Santo ofrece a todos la posibilidad de

---

[41] *Catecismo de la Iglesia Católica*, nº 1261.

[42] CTI: *La Esperanza...*, cit., n. 5.

[43] Nótese que este texto del Concilio es citado numerosas veces en nuestro Documento (especialmente en los nn. 6, 31, 77, 81, 85, 88, 93, 96).

[44] Cf. Ge 22:18; Sab 8:1; Hech 14:17; Ro 2: 6–7; 1 Tim 2:4; Sínodo de Quiercy. Cfr. también *Nostra ætate* 1.

ser asociados, del modo que Dios conoce, al misterio pascual' (*Gaudium et spes* 22)".

4. La necesaria re–interpretación de los textos magisteriales (atendiendo también al *sensus fidelium* que parece desarrollarse en la misma dirección),[45] que hasta ahora se habían entendido de modo que se sostenía la idea del Limbo, y que ahora han de abrirse a una generosa interpretación de caminos extraordinarios de salvación para los niños muertos sin bautizar:

> "Si la necesidad del bautismo es *de fide*, la tradición y los documentos del Magisterio que han reafirmado esta necesidad tienen que ser interpretados. Es verdad que la voluntad salvífica universal de Dios no se opone a la necesidad del bautismo, pero también es verdad que los niños no oponen ningún obstáculo personal a la acción de la gracia redentora".[46]

> "Es posible identificar varios signos de nuestros tiempos modernos que impulsan a una renovada conciencia de aspectos del Evangelio que tienen especial significación para el tema que consideramos. De alguna manera, ofrecen un nuevo contexto para su consideración al comienzo del siglo XXI".[47]

---

[45] CTI: *La Esperanza...*, cit., n. 78.

[46] CTI: *La Esperanza...*, cit., n. 7.

[47] CTI: *La Esperanza...*, cit., n. 71. Cfr. "...Cuando en la historia del pensamiento cristiano se ha comenzado a suscitar la pregunta sobre la suerte de los niños muertos sin bautismo tal vez no se conocía exactamente la naturaleza y todo el alcance doctrinal implícito en esta cuestión. Solamente en el desarrollo histórico y teológico que ha tenido lugar en el curso de los siglos y hasta el concilio Vaticano II se ha caído en la cuenta de que esta pregunta específica debía ser considerada en un horizonte cada vez más amplio de las doctrinas de fe, y que el problema puede ser repensado

10.2. UNA NUEVA EXPLICACIÓN

El Documento tiene tres partes y 103 parágrafos. En la primera parte ofrece una historia de la doctrina teológica sobre el Limbo y la situación en la que se encontraba antes y después del Concilio Vaticano II:

- Fundamentos bíblicos.
- Los Padres Griegos.
- Los Padres Latinos.
- La Escolástica medieval.
- La era post–tridentina.
- Del Vaticano I al Vaticano II.
- Problemas de naturaleza hermenéutica.[48]

En la segunda parte profundiza en los principios teológicos y dogmáticos que han de ser tenidos presentes para continuar la reflexión sobre el tema y para explorar si tiene sentido seguir hablando del limbo:

- La voluntad salvífica universal de Dios realizada a través de la única mediación de Jesucristo en el Espíritu Santo.
- La universalidad del pecado y la necesidad universal de salvación.
- La necesidad de la Iglesia.

---

poniendo en relación explícita el punto en cuestión con el contexto global de la fe católica y observando el principio de la jerarquía de las verdades mencionado en el decreto *Unitatis Redintegratio* del concilio Vaticano II..." (*Ibidem*: introducción).

[48] CTI: *La Esperanza...*, cit., n. 8–41.

- La necesidad del bautismo sacramental.

- La esperanza y oración por la salvación universal.[49]

En la tercera parte se elabora una respuesta conclusiva y se muestran los motivos de esperanza que existen para pensar que la salvación de Cristo también llega, por caminos que no conocemos, a estos niños. Podemos esperar que alcanzan, también ellos, la visión beatífica:

- El nuevo contexto.

- La filantropía misericordiosa de Dios.

- La solidaridad con Cristo.

- La Iglesia y la comunión de los santos.

- *Lex orandi, lex credendi.*

- Esperanza.[50]

10.2.2 Polémica

Las ideas del documento han sido objeto de polémica. El propio documento se adelanta a las razones que se pueden esgrimir en contra de su posición respondiendo a las posibles objeciones. Con todo, para muchos, estas explicaciones no terminan de satisfacer por las siguientes razones:

1. Es un documento que es ambiguo en algunos aspectos. Utiliza un lenguaje de la pretendida "hermenéutica de la continuidad", pero objetivamente se están proponiendo interpretaciones que

---

[49]CTI: *La Esperanza...*, cit., n. 42–69.
[50]CTI: *La Esperanza...*, cit., n. 70–103.

10.2. UNA NUEVA EXPLICACIÓN 671

son absolutamente nuevas. Clásicamente se había discutido sobre la gravedad de la situación de estos infantes (con penas o simplemente en estado de naturaleza pura) dentro del principio de que no podrían tener la visión beatífica por estar con el pecado original. Modernamente se intentó buscar un medio extraordinario de salvación con diferentes propuestas que, sin embargo, no satisfacían los presupuestos dogmáticos. Ante esta imposibilidad, se afirma en el documento la realidad de esta salvación, sin explicación alguna, como no sea la de unos principios generales que se interpretan según el presupuesto de que tiene que haber una salvación como sea para esos niños.

2. Por lo mismo, no parece como evolución progresiva del dogma, sino más bien algo nuevo cuya motivación es claramente la de adecuarse a las necesidades de los signos de los tiempos, del cambio de sensibilidad del mundo moderno o de las expectativas del hombre actual. Lo correcto sería explicar la doctrina imperecedera de la Iglesia a este nuevo mundo, pero no cambiarla para hacerla aceptable. Por otro lado, lo propio de la Iglesia es ir a la raíz de los problemas y no, como vulgarmente se dice, a poner parches: la realidad del aborto, de la fertilización en vitro, de los padres que no bautizan a sus hijos, etc., hay que enfrentarlas denunciándolas como pecados; e invitando a la verdadera conversión y al seguimiento de las leyes de Dios. De otro modo, no solo sus hijos sin bautizar van a perder la visión de Dios, sino se pueden condenar esos adultos que propiciaron y permitieron tales enormidadades.

Por otro lado, cuando se ha dado una evolución en el dogma en la historia de la Iglesia, tal cosa ocurre, por así decir, dentro del campo de la teología, para hacerla comprender mejor, o para explicar alguna consecuencia teológica, o para dar luz ante alguna aporía..., pero no para adecuarse a un nuevo modo de vivir del mundo o a una supuesta mentalidad o sensibilidad que no puede comprender los designios de Dios.

3. Una de las principales razones que se aducen para sostener la tesis fundamental del Documento es la "filantropía misericordiosa de Dios"[51] como hemos visto, interpretada sobre la base de la voluntad salvífica de Dios que se une a todos los hombres en la Encarnación y los salva.[52]

---

[51]Esta es la clave del Documento: esperar y confiar en la "filantropía misericordiosa de Dios" (cf. *La esperanza...*, cit., nn. 80-87), que puede actuar la salvación en esos niños por "otras vías", distintas del bautismo pero con los mismos efectos propios de todo encuentro salvador con Cristo: quedan libres del pecado original y pueden, así, acceder a la visión de Dios, pueden entrar en el Cielo (cfr. *La esperanza...*, cit., n. 41). cfr. P. F. Pascual: *Esperanza para los niños muertos sin bautizar* en Análisis digital (con permiso del autor) http://www.autorescatolicos.org/fernandopascual348.htm.

[52]"...El énfasis debido que hay que dar a la relación de todos los hombres a Cristo. Hay que citar, en este sentido, una parte de Gaudium et spes n. 22: 'En realidad, el misterio del hombre sólo se esclarece en el misterio del Verbo encarnado. Porque Adán, el primer hombre, era figura del que había de venir, es decir, Cristo nuestro Señor, Cristo, el nuevo Adán, en la misma revelación del misterio del Padre y de su amor, manifiesta plenamente el hombre al propio hombre y le descubre la sublimidad de su vocación. Nada extraño, pues, que todas las verdades hasta aquí expuestas encuentren en Cristo su fuente y su corona.

El que es imagen de Dios invisible (Col 1:15) es también el hombre perfecto, que ha devuelto a la descendencia de Adán la semejanza divina, deformada por el primer pecado. En él, la naturaleza humana asumida, no absorbida, ha sido elevada también en nosotros a dignidad sin igual. El Hijo de Dios con su encarnación se ha unido, en cierto modo, con todo hombre.'

En otras palabras: los hombres y las mujeres de todos los tiempos estamos unidos no sólo por los lazos de sangre y por una misma humanidad (Adán), sino también por haber sido alcanzados por el Amor de Dios manifestado en Jesucristo, el Hombre perfecto que recapitula y explica plenamente nuestra condición humana. Más aún, la solidaridad humana con Cristo debe ser vista como prioritaria respecto de la so-

10.2. UNA NUEVA EXPLICACIÓN

Nótese que se hace un uso repetido del texto de la *Gaudium et Spes* 22, que es muy frecuentemente utilizado por las teologías que sostienen la salvación de todo el género humano de un modo objetivo y universal por el hecho de la unión del Verbo con la Humanidad en la Encarnación,[53] con independencia de la muerte y Resurrección redentora de Cristo y de cualquier tipo de aceptación personal y subjetiva de la salvación objetiva. En otras palabras: con independencia de que se acepte o no el misterio de Cristo, o bien crean en cualquier otra religión o en ninguna religión en absoluto (teorías del "cristianismo anónimo" en sus diferentes variedades); todo hombre, por el hecho de serlo, tras la Encarnación, ya está salvado. Por tanto, también los niños que no han sido bautizados.

Cabe preguntar si, en el Documento, esta solidaridad humana con Cristo se entiende de esa manera o no. El Documento intenta hacer ver que la solidaridad de los hombres en Cristo no se debe interpretar en sentido de despreciar o rechazar la importancia de la aceptación personal de la salvación objetiva operada por Jesucristo:

> "Existe una unidad y solidaridad fundamentales entre Cristo y todo el género humano. Mediante su encarnación, el Hijo de Dios se ha unido, de alguna manera (*quodammodo*), a todo ser humano (cf. *Gau-*

---

lidaridad humana con Adán, y a esta luz hay que considerar el tema del destino de los niños que mueren sin haber recibido el bautismo (cfr. *La esperanza...*, cit., nn. 91, 95)". P. F. Pascual: *Esperanza...*, cit.

[53]En este sentido es bien clara la obra de Fr. J. Dörmann: *Pope John Paul II Theological Journey*, 3 vols., Kansas City, USA, 2007.

dium et spes 22).⁵⁴ Por consiguiente, no existe ninguna persona que no esté afectada por el misterio del Verbo hecho carne. La humanidad, e incluso la creación entera, han sido objetivamente cambiadas por el hecho de la encarnación, y objetivamente salvados por el sufrimiento, la muerte y la Resurrección de Cristo.⁵⁵ Sin embargo, hace falta apropiarse subjetivamente de esta salvación objetiva (Hech 2,37–38; 3:19), normalmente mediante el ejercicio personal de la voluntad libre a favor de la gracia en los adultos, con o sin el Bautismo sacramental, o, en el caso de los niños, por la recepción del Bautismo sacramental. La situación de los niños no bautizados es problemática precisamente porque se presume su falta de voluntad libre.⁵⁶

---

⁵⁴Los Padres de la Iglesia se complacen en la reflexión acerca de la asunción de parte de Cristo de la humanidad entera; por ejemplo, Ireneo, *Adv. Hær.* III 19,3 (SCh 211,380); *Epideixis* 33 (SCh 406,130-131); Hilario de Poitiers, *In Mt.* 4,8 (SCh 254, 130); 18,6 (SCh 258, 80); *Trin.* II 24 (CCL 62,60); *Tr. Ps.* 51,17; 54,9 (CCL 61, 104;146), etc.; Gregorio de Nisa, *In Cant. Or. II* (Opera, ed. Jaeger VI 61), *Adv. Apol.* (Opera III/1, 152): Cirilo de alejandría, *In Joh. Evang.* I 9 (*P. G.*, 73,161-164); León Magno, *Trac.* 64,3; 72,2 (CCL 138 A, 392; 442s).

⁵⁵Algunos Padres daban un valor salvífico a la encarnación misma, por ejemplo Cirilo de Alejandría, Comm. in Joh. 5 (*P. G.*, 73,753).

⁵⁶Acerca de la posibilidad de un *votum* por parte del niño, el desarrollo hacia el libre arbitrio podría tal vez concebirse como un desarrollo progresivo, que parte en el primer momento de la existencia y llega hasta la madurez, más que como un repentino salto cualitativo que conduce al ejercicio de una decisión madura y responsable. La existencia del niño en el seno materno es un *continuum* de crecimiento y de vida humana; no se hace repentinamente humana en un momento dado. De ahí se sigue que los niños podrían ser capaces efectivamente de ejercitar alguna forma de *votum* rudimentario en analogía con el de los adultos no bautizados. Según algunos teólogos la sonrisa de la madre mediaría el amor de Dios hacia el niño, por lo cual se ha visto en la respuesta del niño a esta sonrisa una respuesta a Dios mismo. Algunos psicólogos y neurólogos modernos están convencidos de que el niño en el seno materno

10.2. UNA NUEVA EXPLICACIÓN

Su situación suscita el interrogante acerca de la relación entre la salvación objetiva obtenida por Cristo y el pecado original, y también la pregunta acerca del alcance exacto del término conciliar *quodammodo*".[57]

Sin embargo da la impresión de que, una vez repetida la teología tradicional al respecto, el Documento parece concluir sobre la base de esa salvación universal objetiva sin necesidad de aceptación personal subjetiva. Lo que se demuestra por la tesis que se propugna (los niños son salvados sin necesidad de consentimiento alguno)[58], y por el uso del expediente tan habitual en cierta teología de usar expresiones ambiguas y dejar las cuestiones abiertas a la discusión ("Su situación suscita el interrogante acerca de la relación entre la salvación objetiva obtenida por Cristo y el pecado original, y también la pregunta acerca del alcance exacto del término conciliar *quodammodo*").[59]

4. Cabe también preguntarse hasta qué punto se están sosteniendo los mismos fundamentos que han llevado a algunos teólogos a

---

es ya de alguna manera consciente y dispone de una cierta medida de libertad. Cf. V. Frankl, *Der unbewusste Gott. Psychotherapie und Religión*, München 1973; D. Amen, *Healing the Hardware of the Soul*, New York 2002. (N. B. esta cita es literal del documento que se estudia).

[57] CTI: *La Esperanza...*, cit., n. 88. Cfr. n. 93.

[58] Por no mencionar también lo hipotético de la solución que se aporta en nota citada anteriormente sobre la "sonrisa de la madre"; o sobre el significado de la frase, "no se hace repentinamente humana en un momento dado".

[59] Se puede ver otro ejemplo de interrogante de este tipo en el n. 93 del Documento: "...La opinión tradicional es que sólo mediante el bautismo sacramental estos niños se encuentran en solidaridad con Cristo y por ello pueden acceder a la visión de Dios. Si no están bautizados, la solidaridad con Adán tendría la prioridad. Pero podemos preguntarnos cómo se vería modificada esta teoría si se restableciera la prioridad de nuestra solidaridad con Cristo (es decir, de la solidaridad de Cristo con nosotros)".

la afirmación de las teorías del "Infierno como mera posibilidad real" o a la del "Infierno vacío", sobre la base se la interpretación sesgada de:

- La voluntad salvadora universal de Dios en un sentido objetivo y obligatorio para todo ser humano, aunque éste en teoría rechazara la oferta de salvación de Dios.
- La Bondad de Dios entendida como contrapuesta a la Justicia divina.
- Una concepción del Amor de Dios que no necesita ni espera la respuesta por parte del hombre.

Este tipo de teologías han sido llamadas por A. Gálvez como "teologías de la bondad", y criticadas porque más allá de su aparente buena intención, en el fondo, acaban con la realidad más fundamental que existe: la del Amor.[60]

5. Se utiliza en todo el documento la técnica de la re–interpretación de los datos bíblicos y magisteriales para hacerlos concordar con lo que se siente como nueva necesidad en nuestro mundo y cultura actuales. Se acepta la validez de esos textos en su época. Ahora tienen que ser profundizados y re–interpretados para la nuestra. Ahora bien, esta profundización y re–interpretación que conduce a conclusiones contradictorias (los niños sin bautizar no tienen la visión de Dios, o sí la tienen) supone que no hay nada estable en las verdades que creemos. Todo depende de la interpretación que se les dé en cada momento histórico. Esto puede dar lugar a entender que se está cayendo en un historicismo hermenéutico, que lógicamente aplicado, nos llevaría a la conclusión

---

[60]Por su importancia, y cuando se estudie el Infierno, se dedica un apartado final a las mismas.

10.2. UNA NUEVA EXPLICACIÓN

de que lo que el mismo Documento propugna, no dejaría de ser sino otra interpretación histórica más que podría cambiar en el futuro.

6. Es un documento de la C.T.I, que no tiene el rango de los documentos conciliares y papales que sí sostienen la explicación del Limbo.

7. La gratuidad de la salvación y de lo sobrenatural no parece respetada. Lo mismo que la distinción entre el natural y el sobrenatural no aparece clara. Es verdad que el hombre fue creado de hecho con un destino sobrenatural, pero tal destino no es debido a la naturaleza humana; es absolutamente gratuito de parte de Dios, quien no se lo debe a nadie. De este modo brilla también su amor por nosotros. La explicación en base al Limbo deja clara esta distinción entre lo gratuito y lo debido a la naturaleza humana, entre lo sobrenatural y lo natural. No aparece tal distinción de forma tan clara en la hipótesis que ahora se evalúa.

8. Puede dar lugar a perder el sentido y la importancia del:
   - El dogma del pecado original.
   - La necesidad del bautismo de los niños.
   - La importancia del bautismo en general como medio de salvación.
   - De la enormidad del pecado de aborto.

Aunque el Documento insista en que en absoluto quiere dejar en cuestionamiento tales verdades,[61] sin embargo, el más somero conocimiento de la naturaleza humana concluye que tales

---

[61] CTI: *La Esperanza...*, cit., introducción y n. 103. Cfr. *Catecismo de la Iglesia Católica*, nº 1257.

deseos por parte del Documento pueden quedar en simples buenas intenciones. De hecho el aborto es una realidad monstruosa y sangrante en el mundo actual, y es un hecho que cada vez se cuestiona más la práctica del bautismo de los niños, precisamente por esa mentalidad moderna a la que se quiere satisfacer con esta nueva perspectiva (dejar que el niño elija la religión que quiera; no imponer a los niños ninguna idea religiosa preconcebida; respetar su libertad; etc.).

Capítulo 11

El Infierno

El Señor habla de la resurrección para condenación de los que obran el mal: "...y los que hicieron el bien saldrán para la resurrección de la vida; y los que practicaron el mal, para la resurrección del juicio" (Jn 5:29). Hay pues un más allá de condenación para los impíos, que se denomina "Infierno".

*   *   *

La palabra latina *infernus* (*inferum*, *inferi*), la griega "hades" (ᾅδης) y la hebrea "sheol" corresponden a la palabra Infierno. *Infernus* deriva de la raíz *in*; por lo tanto designa al Infierno como un lugar dentro y debajo de la tierra. La palabra "hades" (ᾅδης), formada a partir de la alfa privativa ἀ y la raíz ἰδ (ἰδεῖν) que significa "ver", y denota un lugar invisible, escondido y oscuro. La derivación de "sheol" es dudosa; generalmente se supone que viene de la raíz hebrea cuyo significado es "estar hundido en, estar vacío". En consecuencia, etimológicamente, denota una cueva o un lugar debajo de la tierra.[1]

---

[1] J. Hontheim: *Hell*, en "The Catholic Encyclopedia", vol. VII, New York, 1910, pág. 207; M. Richard: *Enfer*, en DTC, vol. V, col. 28.

En su uso teológico, Infierno (*infernus*) es un lugar de castigo después de la muerte. Los teólogos distinguen cuatro significados del término Infierno:

- *Infierno, en el sentido estricto del término*, o el lugar de castigo para los condenados, sean estos demonios u hombres.

- *El Limbo de los infantes* (*Limbus parvulorum*), donde son confinados y padecen cierto tipo de castigo aquellos que murieron con solo el pecado original y sin pecado mortal.

- *El Limbo de los Padres* (*Limbus patrum*), en donde las almas de los justos que murieron antes de Cristo esperaban su admisión al Cielo; pues, mientras tanto, el Cielo estaba cerrado para ellos como castigo por el pecado de Adán.

- *El Purgatorio*, donde los justos que mueren en pecado venial, o que aún tienen una deuda de la pena temporal por el pecado, son limpiados por el sufrimiento antes de su admisión al Cielo.

El presente capítulo trata solamente del Infierno en el sentido estricto del término.[2]

11.1 Introducción: una realidad "incómoda"

La existencia del Infierno, de la realidad de los condenados eternamente, es una verdad de fe divina y católica definida. Realidad que muchos intentan negar, pero que en su tremenda realidad ha sido revelada por Dios. El misterio del Infierno, sin embargo, no procede sino del gran misterio del Amor de Dios. Esto plantea muchos interrogantes que van a intentar ser presentados y explicados, dentro de los límites indudables de nuestro entendimiento, en este capítulo.

---

[2] J. Hontheim: *Hell*, cit., pág. 207.

11.1. INTRODUCCIÓN: UNA REALIDAD "INCÓMODA"

Como dice A. Gálvez, pensar y conocer la realidad del Infierno es una necesidad para cada hombre:

"Ante la posibilidad de cometer la *equivocación* de elegir el camino que conduce a la perdición eterna, es necesario que cada hombre piense en la realidad del Infierno. El cual está incluido dentro del ámbito de la eternidad en el cual *no existe el tiempo*, por lo que ni siquiera se puede hablar con respecto a él como de un tiempo inacabable. Tampoco se plantea en ese lugar la posibilidad de un *final* dado que tampoco existe la de un *comienzo*, los cuales son factores que necesariamente dependen del concepto *tiempo*. Sino que se trata de un simple *estar ahí*, en total abstracción de realidades que allí son inexistentes, como son la de *antes*, la de *después*, la de *comienzo* o la de *final*. Y al haber desaparecido toda posibilidad de esperanza, al condenado no le resta sino considerar su vida pasada como una posibilidad malgastada, ahora convertida en insufrible maldición que *durará sin consideración alguna de la idea de duración*.

Por supuesto que son muchos los hombres que tratan de engañarse a sí mismos negando la existencia del Infierno".[3]

* * *

Dentro de la crisis teológica que padece la Iglesia actual, en gran parte sumida en los principios del Modernismo, una de las verdades que han sido más cuestionadas es, precisamente, la del Infierno. Cuestionamiento, que está vinculado al del rechazo a creer en el Demonio.

Hay sectores de la teología que, separándose de la ortodoxia, afirman que o bien el demonio no es un ser personal, o simplemente no existe. Ya decía Charles Baudelaire,

---

[3] A. Gálvez: *Sermones...*, cit., págs. 47–48.

que "el mayor engaño del diablo es hacernos creer que no existe". En su tiempo, Pío XII señalaba en su *Humani Generis* (1950) el error de los que dudaban si los ángeles eran seres personales. El cardenal Jorge Medina en 1999, durante la presentación del *Nuevo Rito de Exorcismo* reconocía la existencia de esta tendencia en contra de la fe en la existencia del demonio: "Sabemos que hay católicos que no han recibido una buena formación y dudan de la existencia del diablo".

Así por ejemplo, para el teólogo R. Bultmann las figuras como ángeles o demonios no les compete una realidad, pues las considera unas figuras míticas. Para este teólogo el pecado es puramente un asunto del hombre. Cuando la Biblia, dice él, habla de "la esclavitud bajo el pecado" (Jn 8:34) quiere decir "esclavitud bajo el diablo" (1 Jn 3:8). Para Bultmann el pecado y el diablo son sinónimos. Es decir, cuando uno peca, uno se convierte en diablo. El diablo según él es nuestro pecado, o nuestra desobediencia a Dios. Por su parte, P. Schoonenberg siguiendo las ideas de Bultmann no habla de poderes personales, sino de poderes "personalizados" del pecado y de la muerte. Schoonenberg usa como sinónimos la "esclavitud del pecado" y "esclavitud del diablo" como lo planteó Bultmann. Su influencia llegó hasta el *Catecismo Holandés*, como ya se ha señalado, y tuvo que ser corregido por Roma (*Las Correcciones al Catecismo Holandés*, BAC, Madrid, 1969, pág. 8). Por su parte, Herbert Haag, en su obra famosa "Adiós al Demonio" (Trad. castellana H. Haag: *El diablo. Su Existencia Como Problema,* Herder, Barcelona, 1978), sostuvo que el diablo es la personificación del mal. Él escribe: "Satanás es la personificación del mal, del pecado. En todos los pasajes del Nuevo Testamento en los que aparece el nombre de Satanás o del diablo, podemos tranquilamente cambiar esos términos por 'el pecado' o por 'el mal'... La misma función queda resuelta en el vocabulario de Juan con el término 'mundo' (Jn 15:18; 17:14). El Nuevo Testamento utiliza, en fin, alternativamente y con el mismo significado los términos Satanás, diablo, mundo, pecado, mal".

Posteriormente la Sagrada Congregación de la Doctrina de la Fe publicó el 26 de junio de 1975 un documento con el título "Fe cristiana y demonología" donde afirmaba: "La existencia del mundo demoníaco se revela como un dato dogmático en la doctrina del Evangelio y en el corazón de la fe vivida". Y el *Catecismo de la Iglesia Católica*, n° 391, vuelve a recordar la enseñanza ortodoxa: "La Escritura y la tradición de la Iglesia ven en este ser a un ángel caído, llamado Satán o diablo... la Iglesia enseña que primero fue un ángel bueno, creado por Dios". Por eso el cardenal Medina advierte que la existencia del demonio "es un artículo de la fe y parte de la

11.1. INTRODUCCIÓN: UNA REALIDAD "INCÓMODA"

doctrina de la Iglesia católica. Alguien que dice que el diablo no existe ya no es un creyente".[4]

Su presencia en el mundo se deja sentir con claridad. Como dice J. Medina:

> "No [conviene]... que se olvide la más dura de las frases de la Sagrada Escritura, cuando el Apóstol San Juan dice: 'sabemos que somos de Dios y que el mundo entero yace en el Maligno' (1 Jn 5:19). Otros traducen 'yace' por 'está bajo el poder'. La palabra 'mundo' tiene en las Sagradas Escrituras varios sentidos y en ciertas ocasiones posee una connotación claramente negativa: lo que es ajeno o incluso contrario a los designios de Dios. En todo caso la afirmación es muy grave y la realidad no la desmiente: la mentira generalizada; las violencias de todo tipo; la idolatría del dinero, con las consecuencias que están a la vista; el asesinato, cada año, de millones de creaturas en el vientre de sus madres, con la complicidad de las autoridades y de las legislaciones; el desenfreno en el ejercicio de la sexualidad; la corrupción en el manejo de los bienes públicos y privados; el socavamiento de la institución familiar a través de la legalización del divorcio, de la protección legal a las uniones de hecho e incluso a las de personas homosexuales; la persecución religiosa; las diversas formas de tiranías, ante las cuales se calla porque quienes las ejercitan son poderosos; el silenciamiento de Dios y de su santa ley... Sería una gran ingenuidad ignorar la pavorosa presencia del mal, fruto de la acción, directa o indirecta del Maligno".[5]

La influencia del demonio para intentar destruir a la propia Iglesia, ya anunciada por Jesucristo (Lc 22: 31-32, "Simon, Simon, ecce Satanas expetivit vos, ut cribraret sicut triticum; ego autem rogavi pro te, ut non deficiat fides tua. Et tu, aliquando conversus, confirma fratres tuos"; Mt 16:18, "Et ego dico tibi: Tu es Petrus, et super hanc petram ædificabo Ecclesiam meam; et portæ inferi non prævalebunt adversum eam"), fue denunciada, en su día, ya por el Papa Pablo VI:

> "A través de una fisura el humo de Satanás entró en el templo de Dios".[6]

---

[4]Cfr. Juan A. Jorge: *Tratado de Creación...*, cit., págs. 581-589; J. A. Sayés: *El Demonio, ¿Realidad o Mito?*, Madrid, San Pablo, 1997; Id.: *Pecado original y redención de Cristo*, Madrid, Edapor, 1988.

[5]Cardenal J. A. Medina Estévez: *Satanás y su Obra*, en Cuaderno Humanitas 22, Santiago de Chile, 2010, págs. 4-6.

[6]Pablo VI, 29 de junio 1972, en ocasión su noveno aniversario de su coronación.

"El mal que existe en el mundo es el resultado de la intervención en nosotros y en nuestra sociedad de un agente oscuro y enemigo, el Demonio. El mal no es ya sólo una deficiencia, sino un ser vivo, espiritual, pervertido y pervertidor. Terrible realidad. Misteriosa y pavorosa. Se sale del marco de la enseñanza bíblica y eclesiástica todo aquel que rehúsa reconocerla como existente; e igualmente se aparta quien la considera como un principio autónomo, algo que no tiene su origen en Dios como toda creatura; o bien quien la explica como una pseudo–realidad, como una personificación conceptual y fantástica de las causas desconocidas de nuestras desgracias".[7]

A. Gálvez ha insistido sobre esta influencia del demonio en miembros de la Iglesia, de toda condición y estado.[8]

En efecto, el mundo contemporáneo secularizado y de cultura materialista, o bien rechaza directamente todo lo divino y sobrenatural (y por tanto toda existencia de ultra–tumba) siguiendo los postulados ateos o agnósticos, o bien niega toda idea de pecado o castigo al hombre por parte de la divinidad, por lo que el Infierno es considerado como un mito sin fundamento alguno. En la base de estas ideas se encuentran el antropocentrismo y la soberbia de la cultura y sociedad actuales que no aceptan, o son radicalmente opuestas, a ninguna "amenaza divina" para el más allá; a lo mismo contribuye la difusión de un nuevo pelagianismo, que rechaza que el hombre sea pecador, o necesitado de salvación divina: o bien no peca, o si peca, el propio hombre puede auto–redimirse en este mundo (se ha perdido el sentido del pecado en buena parte de la sociedad); por su parte, el relativismo y escepticismo cultural, rechaza toda idea de sentido absoluto de la realidad, del tiempo o la eternidad, y de las categorías de bien o mal, premio y castigo (la verdad y el bien son conceptos relativos y cam-

---

[7] Alocución de Pablo VI, del 15 de noviembre de 1972.
[8] Cfr. A. Gálvez: *El Invierno Eclesial*, Shoreless Lake Press, New Jersey, 2011, págs. 199–225 (capítulo: "El Diablo reza Maitines").

11.1. INTRODUCCIÓN: UNA REALIDAD "INCÓMODA"

biantes, por eso se extienden las preguntas del tipo "¿quién es digno de premio o de castigo?" o "¿quién soy yo para juzgar?").

Estas ideas han penetrado la pastoral, la predicación y la fe deformada del pueblo sencillo. Por eso, el tema del Infierno, del pecado, de la necesidad de la conversión, del Sacrificio redentor de Jesucristo para salvarnos de los pecados, la práctica de la confesión etc. está ausente de muchas predicaciones y textos magisteriales actuales. Por lo mismo, en las celebraciones de las exequias, solo se habla de la salvación de la persona difunta, y nunca se mencionan los estados de purgación o condenación. Además, muchos católicos ya no creen en el Infierno, sino solo en un Dios misericordioso que salva a todo el mundo con independencia de la voluntad de ser salvados de cada ser humano, un Dios "abuelo" más que "Padre" al que no le importan los pecados de los hombres. Incluso, para algunos que sí aceptan la realidad del Infierno, sin embargo no creen que pueda ser eterno, pues sería injusto por parte de Dios no perdonar a los hombres después de haber sido purificados. Etc.

Para integrar los datos innegables de la Revelación y el Magisterio, pero haciéndolos compatibles con el modo de pensamiento de la cultura del momento, cierta parte de la teología contemporánea ha propuesto nuevas formas de entender la realidad de la retribución del impío, entre las que se pueden mencionar:

- A veces, se silencia el tema y se procura no hablar del mismo.

- Se defiende la teoría de los cristianos anónimos y de la salvación universal (no solo objetiva sino también subjetiva, sin necesidad de aceptación por parte del hombre).

- Por lo mismo se considera que toda religión es instrumento de salvación, incluso las más burdas y demoniacas.

- Se considera que el Infierno es solo una posibilidad real para animar a los fieles a ser buenos, pero sin existencia real.

- El Infierno existe, pero está vacío.

- Dios concede a todos los hombres una última posibilidad de salvación ultraterrena, según la teoría de la "decisión final" ya estudiada.

- El Infierno no puede ser eterno. Es una especie de Purgatorio prolongado.

- Etc.

Como dice A. Fernández:

> "Al tema de la condenación, se proponen objeciones añadidas (a las generales de toda la escatología), pues a la complejidad en sí, se suma la falta de sensibilidad en amplios sectores de la cultura actual por este tema. Se reparten en dos grandes grupos: los que prescinden de este futuro incierto y, simplemente niegan la existencia postmortal y los que recurren a la bondad de Dios–Padre que no puede condenar a sus hijos a una pena eterna. En todo caso es una cuestión sobre la que se pasa de puntillas y se la mira a cierta distancia y con sospecha".[9]

Ante este panorama es más necesario que nunca, conocer los fundamentos de las verdades en que creemos. Y esto por tres razones fundamentales:

1. Porque es absolutamente innegable que la enseñanza del Nuevo Testamento sobre la condenación eterna, es constante en todos

---

[9]A. Fernández: *Teología...*, cit., pág. 724.

11.1. INTRODUCCIÓN: UNA REALIDAD "INCÓMODA"

los escritos y, además, se repite con enorme frecuencia. Así el Infierno se menciona 80 veces, 36 veces se subraya su eternidad, y 18 se menciona la clase de castigo. Las enseñanzas de Jesús son claras y determinantes, y alcanzan a todos los géneros y estilos literarios (parábolas, discursos, advertencias, consejos, amenazas, etc.).[10] Lo mismo ocurre con toda la Tradición y el Magisterio de veintiún siglos.

2. Porque mucha gente está olvidando esta verdad, o la malinterpreta, siendo de extraordinaria ayuda para conducir a los hombres por el camino de la salvación, sin percatarse de que la meditación sobre el Infierno es muchas veces el inicio de la sabiduría auténtica y el principio de la conversión. Es una verdad que, en este sentido, ha salvado a muchas almas.[11]

3. Porque muchas veces se oponen a la fe en el Infierno objeciones muy superficiales y sin peso, pero que a muchos parecen más sólidas que las verdades de nuestra fe. Es necesario mostrar con penetración y madurez la inconmensurable grandeza de la verdadera Justicia y Amor divinos que se encuentran en este misterio.[12]

---

[10] Solo los prejuicios y la falta de fe, pueden llegar a sostener que "Jesus de Nazareth no predicó sobre el Infierno, por mucho que hablara del Infierno y compartiese las ideas apocalípticas de sus coetáneos: en ningún momento se interesa Jesús directamente por el Infierno" (H. Küng: *Credo*, Madrid, Ed. Trotta, 2004, pág. 174). Por su parte E. Schillebeeckx, afirma que "No hay ningún reino de sombra infernal junto al reino de Dios de la felicidad eterna... El 'esjaton', es decir, lo que es último, es exclusivamente positivo. No hay ningún 'esjaton' negativo. El bien, no el mal, tiene la última palabra. Éste es el mensaje y la característica de la praxis humana de Jesús de Nazaret, a quien por ello confiesan los cristianos como Cristo" (E. Schillebeeckx: *Los Hombres, Relato de Dios*, Salamanca, Sígueme, 1994, pág. 215).

[11] R. Garrigou–Lagrange: *Life Everlasting*, cit., pág. 76.

[12] *Ibidem*.

* * *

Siguiendo la sistemática clásica, se hará una presentación de los datos que sobre la condenación eterna aportan la Sagrada Escritura, la Tradición y el Magisterio, para, después, proceder a la profundización y sistematización teológica de los mismos.[13]

11.2 La Sagrada Escritura

Se puede dividir el estudio de la revelación bíblica sobre el misterio del Infierno entre el Antiguo Testamento y el Nuevo.[14]

---

[13] Cfr. J. Capmany Casamitjana: *Infierno. III. Teología*, en GER, vol., XII, págs. 705–711; J. Guillén Torrealba: *Infierno. II. Sagrada Escritura*, en GER, vol. XII, págs. 703–705; M. Richard: *Enfer*, cit., cols. 28–120; J. Hontheim: *Hell*, cit. págs. 207ss.; A. Piolanti: *Infierno*, en "Enciclopedia Cattolica", vol. VI, Ciudad del Vaticano, 1951, págs. 1941–1951; Id.: *De Novissimis et Sanctorum Communione*, Torino, Marietti, 1960; C. Spicq: *El Infierno en la Escritura*, en AA.VV., "El Infierno", Buenos Aires 1955; H. Rondet: *Les Peines de l'Enfer*, en "Nouvelle Revue Théologique" 67 (1940) 397–427; Id.: *L'Enfer et la Conscience Moderne. Peut-on être damné pour un seul péché mortel?*, en "Problèmes pour la Réflexion Chrétienne", Paris, 1945, págs. 99–124; H. Bremond: *La Conception Catholique de l'Enfer*, Paris, 1907; C. Pozo: *Teología...*, cit., págs. 423–462; H. Lennerz: *De Novissimis....* cit., págs. 43–100; J. Sagües: *De Novissimis...*, cit., nn. 141–218; L. Lercher: *Institutiones...*, cit., págs. 510–528; A. Tanquerey: *Synopsis...*, cit., págs. 806–828; J. Ibáñez – F. Mendoza: *Dios Consumador...*, cit., págs. 295–340; I. B. Alfaro: *Adnotationes in Tractatum de Novissimis*, Roma, 1959, págs. 39–88; J. L. Sánchez de Alva – J. Molinero: *El Más...*, cit., págs. 157–178; J. A. Sayés: *Más Allá...*, cit., págs. 148–160; Id.: *Escatología...*, cit., págs. 127–143; L. Ott: *Manual...*, cit., págs. 703–707; A. Fernández: *Teología...*, cit., págs. 723–748; R. Garrigou–Lagrange: *Life Everlasting...*, cit., págs. 76–114.

[14] Sigo aquí a C. Pozo: *Teología...*, cit., págs. 424–439, y un estudio mucho más detallado, M. Richard: *Enfer*, cit., cols. 30–47. C. Spicq: *El Infierno en la Escritura* cit.; J. Capmany Casamitjana: *Infierno. II. Sagrada Escritura*, cit.

11.2. LA SAGRADA ESCRITURA

11.2.1 El Antiguo Testamento

Las verdades sobre el más allá de los condenados que aparecen en el Antiguo Testamento, se desarrollan en un doble ámbito. Por un lado, en el de la preparación de la idea del Infierno, sobre todo en la búsqueda de la respuesta al modo como el impío es castigado a pesar de su aparente éxito en la vida, y, además, en el de la evolución del concepto del "sheol" desde una concepción como estado indiferenciado para los espíritus de los malos y los buenos, al estratificado, con espacios diferentes para cada clase de espíritus. Por otro lado, también se encuentra en el Antiguo Testamento una preparación literaria, con imágenes y metáforas que tendrán pleno sentido en el Nuevo Testamento.

Es necesario descartar todas las teorías racionalistas que pretendían hacer derivar las ideas bíblicas del Infierno de las escatologías paganas de los pueblos que rodeaban a Israel. Las propuestas que se hicieron en este sentido fueron muy variadas: origen egipcio en tiempos de la cautividad, o asirio y babilonio en la época del destierro, o persas, u origen griego en la época de la dominación helénica, etc. La multitud de diferentes propuestas ya indican lo contradictorio de las mismas. Además esas ideas son incompatibles con el yahvismo y los grandes principios de la religión revelada bíblica.[15] Como dice Richard:

> "La evolución de la doctrina del Infierno judía es una marcha segura hacia la luz plena sin jamás caer en el error; y así como jamás hay una fantasía mitológica o ensoñación

---

[15]Cfr. un estudio detallado y su refutación en M. Richard: *Enfer*, cit., cols. 38–41; J. Guillén Torrealba: *Infierno. Religiones no Cristianas*, en GER, vol. XII, págs. 701–703; F. Köning: *Cristo y las Religiones de la Tierra*, Madrid, BAC, 1968, II, págs. 161–163, 375–377; III, 461–462, 500–501, 599–613.

quimérica, tampoco hay en la enseñanza de los libros santos nada de corrientes materialistas o negadoras de sanciones de ultra–tumba. Poco a poco el problema de las sanciones definitivas se precisará con la reflexión y la Revelación, tanto para los justos como para los malvados, hasta llegar a las sublimes explicaciones de los deuterocanónicos, preludio del Evangelio".[16]

Preparación ideológica

A.– La retribución del impío como problema.

Hay un problema, que es a la vez humano y universal, que deja al hombre perplejo: el hecho del éxito mundano del impío y, en contraposición, el sufrimiento del justo en esta vida. ¿Cómo lo permite Dios? ¿No es acaso una terrible injusticia?

El Antiguo Testamento presenta una gama de respuestas a este interrogante, sin llegar a la solución definitiva, que será aportada por la Revelación definitiva de Jesucristo. Veamos algunas de ellas:

- Una primera respuesta es que más allá de las apariencias, el justo es finalmente recompensado y el impío castigado..., pero ambos en esta vida terrena. Se ve claramente en el Sal 37:

    - En el v. 25 se manifiesta la experiencia de que el justo siempre gana: "Nun. Mozo fui y ya soy viejo, y no vi abandonado al justo, ni a su prole mendigar el pan".
    - Y en el v. 35 y 36, se declara que, a pesar de su aparente éxito, el impío al final es castigado en esta vida: "Resh. He visto al impío prepotente y extenderse como cedro del Líbano; y he pasado, y ya no era; le busqué, y no le hallé".

---

[16]M. Richard: *Enfer*, cit., col. 40.

11.2. LA SAGRADA ESCRITURA

Sin embargo, es una solución insatisfactoria.

- Y de esa respuesta insuficiente se hace cargo el Sal 39, sin por otro lado, dar una respuesta adecuada, como no sea pedir más años y sabiduría a Dios para ver al impío castigado:

  – En el v. 2, se dice que el impío triunfa, y el salmista no quiere proferir palabras pecaminosas: "Velaré sobre mi conducta para no pecar con mi lengua; pondré freno a mi boca mientras tenga al impío frente a mí".

  – En el v. 14, el salmista pide vivir más años para ver la destrucción terrestre del impío, aunque él no ve otra cosas sino su triunfo en este mundo: "Aparta de mí tu mirada (airada), para que yo respire antes de que me vaya y ya no sea".

- En el libro de Job es donde se llega a la solución más avanzada antes de Jesucristo: confiar en la sabiduría y providencia inescrutables de Dios, que nosotros nunca podremos llegar a comprender. Con todo, hay ya un primer atisbo de retribución escatológica en Job 19:25ss.

  – En la primera parte del libro (caps. 3–31) dedicado a los diálogos con Elifaz, Bildad y Sofar, se achaca la causa del sufrimiento al pecado del aparente justo: "sufres porque has pecado". Pero Job rechaza esta primera solución, porque su conciencia no le acusa de pecado alguno.

  – En la segunda parte (caps. 32–37) hace su aparición un nuevo personaje Elihú, quien apela al misterio de la divina providencia: no se le pueden pedir razones a Dios porque Él es más grande que nuestra inteligencia.

- En la tercera parte (caps. 38–42) aparece Yahveh con la solución final a la aporía en base a las razones aportadas en la segunda parte, esto es, la inescrutable providencia divina.

Es lo máximo a lo que llega la revelación progresiva de Dios en el Antiguo Testamento. Se dejan las bases para la solución definitiva que revelará Jesucristo.

B.- *La evolución del concepto de "sheol".*

Por otro lado, en paralelo con las ideas sobre el problema de la retribución del injusto —y a medida que se sobrenaturaliza la retribución de justos e impíos, pasándola del presente eón al más allá—, se produce la evolución y profundización de la naturaleza del lugar de los muertos, del "sheol". En efecto, como ya se estudió, los primeros estadios de la revelación presentan un "sheol" indiferenciado para justos y pecadores, pues ellos recibieron su recompensa en esta vida. Pero al tiempo que se manifiesta la experiencia de que aparentemente hay impíos que no son castigados en el presente eón y justos que no son recompensados con bienes, éxitos y larga vida terrenal, la retribución se aplaza hasta la vida eterna, donde ya aparece un "sheol" estratificado, lugar superior de paz para los justos y lugar inferior de tormento para los impíos. Imagen que aparecerá reflejada ya en el Nuevo Testamento, por ejemplo, en la parábola del rico y el pobre Lázaro (Lc 16: 19–31).

Con esta evolución, el "sheol" se va transformando propiamente en el lugar de la condenación eterna, pues el justo espera poder vivir con Dios:

- En los salmos místicos (16, 49 y 73) el justo espera verse liberado del "sheol" por Dios.

11.2. LA SAGRADA ESCRITURA

- En el libro de la Sabiduría, el "sheol" aparece como el lugar propio de los impíos (4:19, "Y después de esto vendrán a ser como cadáveres sin honor, y serán entre los muertos oprobio sempiterno; porque los quebrantará, reduciéndolos al silencio, y los sacudirá en sus cimientos, y serán del todo desolados, y serán sumergidos en el dolor, y perecerá su memoria"). En cambio, el justo tiene la vida eterna en comunión con Dios: "Las almas de los justos están en las manos de Dios, y el tormento no los alcanzará" (3: 1ss).

- Da 12:2 manifiesta claramente la diferente suerte ultraterrena de justos e impíos: "Las muchedumbres de los que duermen en el polvo de la tierra se despertarán, unos para la eterna vida, otros para eterna vergüenza y confusión".

Los detalles de esta evolución del concepto de "sheol" se pueden ver en el capítulo dedicado a la inmortalidad y resurrección.

Preparación literaria

También el Antiguo Testamento va preparando las imágenes que serán utilizadas en el Nuevo Testamento para describir el Infierno, en particular, el nombre de "gehenna" usado por Cristo.

Un primer hito se encuentra en la grandiosa visión de Isaías sobre la restauración mesiánica de Israel (Jerusalén) (Is 66: 18ss). Al final de la visión se describe la situación de los cadáveres de hombres que fueron rebeldes a Yahveh: "y al salir verán los cadáveres de los que se rebelaron contra mí, cuyo gusano nunca morirá y cuyo fuego no se apagará, y serán horror a toda carne" (v. 24). Aunque no es propiamente un relato del Infierno, sino solo de unos cadáveres sin vida, sin embargo Jesucristo utilizará la imagen para describir el destino escatológico de los condenados (Mc 9: 44.46.48).

Por otro lado, aunque no se da el nombre al sitio donde se encuentran esos cadáveres, parece que se puede identificar con el Valle de Hinnom, un sitio donde se daba culto al dios "Baal Melek" (cfr. 2 Re 16:3; 2 Cron 28:3, donde se narra que Ajaz fue el primero que ofreció a sus hijos, quemándolos, a este ídolo en el valle de "Ben–Hinnom"). Parece que el significado de ese nombre ("hinnom") era "gemido"; por lo tanto, el lugar se acabaría entendiendo como el "valle del gemido".

Encontramos un segundo hito en el profeta Jeremías, donde con toda claridad habla del valle con el nombre de "Ben–Hinnom", lugar donde se encuentran los cadáveres de los idólatras quemados en honor de sus ídolos (Jer 7: 31ss, "pues hicieron los hijos de Judá la maldad ante mis ojos, oráculo de Yahveh. Han instalado sus abominaciones en la casa en que se invoca mi nombre, profanándola. Y edificaron los altos de Tofet, que está en el valle de Ben-Hinnom, para quemar allí a sus hijos y a sus hijas, cosa que ni yo les mandé ni pasó siquiera por mi pensamiento"; 19: 4–7, "por haberme dejado a mí y haber enajenado este lugar, ofreciendo incienso en él a dioses ajenos, que no conocían ni ellos, ni sus padres, ni los reyes de Judá, llenando este lugar de sangre de inocentes, y edificando los altos lugares a Baal, para quemar a sus propios hijos como holocausto a Baal, lo que yo no había mandado ni me había venido a la mente. Por eso, he aquí que vendrán días —oráculo de Yahveh— en que no se llamará ya a este lugar 'Tofet' y 'Valle de Ben–Hinnom', sino 'Valle de la mortandad'"). Aquí tenemos el origen del nombre de "Ben–Hinnom" o "Ge–henna".

Jesucristo utilizará los conceptos de Isaías (gusanos y fuego) y el nombre de Jeremías ("Gehenna") al describir el Infierno.

11.2.2 Nuevo Testamento

Transición del Antiguo al Nuevo Testamento

San Juan Bautista ha sido denominado el "profeta bisagra" entre el Antiguo y el Nuevo Testamento[17]: es el último de los profetas y el precursor del Mesías. Jesucristo lo manifestó con su conocida alabanza a su primo: "¿Pues a qué habéis ido? ¿A ver un profeta? Sí, yo os digo que más que un profeta. Este es de quien está escrito: 'He aquí que yo envío a mi mensajero delante de tu faz. Que preparará tus caminos delante de ti'. En verdad os digo que entre los nacidos de mujer no ha aparecido uno más grande que el Bautista. Pero el más pequeño en el reino de los Cielos es mayor que él" (Mt 9: 9–11).

---

[17]La figura de San Juan el Bautista, el Precursor de Jesucristo, ha constituido un tema frecuente de meditación y estudio para A. Gálvez, sobre todo como el testigo más idóneo de Jesucristo (que llega a su plenitud en su "martirio" en la fortaleza de Maqueronte), su papel "bisagra" entre el Antiguo y el Nuevo Testamento, sus extraordinarias virtudes, y como uno de los que entendieron y revelaron mejor la figura de Jesucristo como "el Esposo", aplicando claramente al Señor todo el misterioso contenido que sobre las relaciones de amor divino–humanas se encuentra en el Cantar de los Cantares. Cfr. A. Gálvez: *La Fiesta del Hombre...*, cit., págs. 211–223; Id: *Homilías*, cit., págs. 45–87; y, entre otras, las siguientes charlas: 1977.12.11H; 1978.12.10M; 1981.01.18H; 1981.04.15H; 1981.04.17L; 1981.04.18L; 1981.08.29H; 1984.012.06H; 1982.06.24L; 1982.12.05H; 1984.06.24M; 1985.08.29H; 1986.12.14M; 1987.01.02H; 1988.06.24H; 1988.12.04M; 1988.12.11M; 1989.01.03H; 1989.06.24H; 1989.08.05H; 1989.12.10M; 1990.01.14M; 1990.06.24M; 1990.12.09M; 1991.01.12H; 1991.08.03H; 1992.01.03H; 1992.06.24H; 1992.12.06M; 1992.12.13M; 1993.01.17H; 1993.06.24H; 1993.07.31H; 1993.12.05M; 1993.12.12M; 1994.01.03H; 1994.06.24H; 1994.12.04M; 1994.12.11M; 1995.06.24H; 1995.12.10M; 1995.12.17M; 1996.01.14M; 1996.06.24H; 1998.06.24H; 1998.06.24L; 1998.06.24L; 1998.12.06M; 1998.12.13M; 1999.04.15L; 1999.06.24H; 1999.12.12H; 1999.12.12M; 2000.06.24L; 2000.12.10M; 2000.12.17H; 2001.06.24M; 2001.12.09M; 2001.12.16M; 2001.12.16H; 2002.01.12H; 2001.01.20M; 2002.06.24H; 2002.12.15M; 2003.01.03H; 2003.06.24H; 2003.08.02H; 2004.06.24H; 2005.06.24H; 2006.01.02H; 2006.06.24L; 2007.12.15H; 2011.12.04M; 2011.12.11M; 2012.06.24H; 2012.12.16H; etc.

En su predicación sobre el Infierno, hace una superposición de planos entre la llegada del Mesías y el castigo escatológico, como algo inminente. Jesucristo aclarará la doctrina al distinguir su doble venida, en la humildad de la carne para la Redención y en la gloria de la Parusía, aplazando para ésta última el Juicio final de la Historia y de la humanidad.

Así pues, San Juan el Bautista anuncia el "castigo escatologíco" utilizando metáforas recogidas algunas del Antiguo Testamento:

- El árbol malo cortado y echado al fuego de Mt 3:10, "Ya está el hacha puesta junto a la raíz de los árboles. Por tanto, todo árbol que no da buen fruto se corta y se arroja al fuego".

- El fuego inextinguible (cfr. Is 66:24) de Mt 3:12, "Él tiene en su mano el bieldo y limpiará su era, y recogerá su trigo en el granero; en cambio, quemará la paja con un fuego que no se apaga".

Y este juicio escatológico será operado por el Mesías que viene: "Convertíos, porque está al llegar el Reino de los Cielos" (Mt 3:2). Ambas imágenes serán utilizadas por Jesucristo para describir el Infierno.

Doctrina

En general y en comparación con los alcances del Antiguo Testamento, hay que decir que el Nuevo tiene dos grandes características:

- No se atenúa la severidad de los castigos escatológicos para los impíos. Es rasgo de continuidad con la doctrina veterotestamentaria.

- Pero se aporta el dato nuevo de que hay dos venidas del Mesías, y el aplazamiento del castigo escatológico para la Parusía.

11.2. LA SAGRADA ESCRITURA

Ya, más en concreto, se han de destacar las siguientes enseñanzas sobre el Infierno:

1. *Distinción radical entre el destino escatológico de justos e impíos.*

   - Parábola de la red barredera (Mt 13: 49ss), donde se dice que las cosas malas serán tiradas fuera: "Así será al fin del mundo: saldrán los ángeles y separarán a los malos de entre los justos y los arrojarán al horno del fuego. Allí habrá llanto y rechinar de dientes". No se puede sostener que esta interpretación es metafórica, pues la explicación de una metáfora (parábola) no puede ser otra metáfora.

   - Discurso escatológico del Señor (Mt 24: 30–31), en el que se habla de la congregación, hecha por los ángeles, de los elegidos en la Parusía: "Y verán al Hijo del Hombre que viene sobre las nubes del cielo con gran poder y gloria. Y enviará a sus ángeles que, con trompeta clamorosa, reunirán a sus elegidos desde los cuatro vientos, de un extremo a otro de los cielos".

   - Discurso escatológico sobre la diferente suerte de los sobrevivientes en la Parusía (Mt 24: 39–41): "así será también la venida del Hijo del Hombre. Entonces estarán dos en el campo: uno será tomado y el otro dejado. Dos mujeres estarán moliendo en el molino: una será tomada y la otra dejada".

   - Diferente suerte de los hombres en el juicio final (Mt 25: 33–34. 41): "y pondrá las ovejas a su derecha, los cabritos en cambio a su izquierda. Entonces dirá el Rey a los que estén a su derecha: 'Venid, benditos de mi Padre, tomad posesión del Reino preparado para vosotros desde la creación del mundo'... Entonces dirá a los que estén a la izquierda:

'Apartaos de mí, malditos, al fuego eterno preparado para el diablo y sus ángeles'".

2. *El destino de los impíos es la exclusión de la situación de "vida eterna".*

   - A los condenados se les aparta de Cristo (cfr. Mt 25:41 "¡Apartaos de mí, malditos!"), es decir, su condena es no estar con Cristo, opuesto al "estar con Cristo" que predica San Pablo (Flp 1:23).

   - Los condenados no podrán conocer ni ser conocidos por Cristo:
     - Mt 7:23, a los que no hacen la voluntad de Dios, "yo declararé ante ellos: 'Jamás os he conocido: apartaos de mí, los que obráis la iniquidad'".
     - Mt 25:12, a las vírgenes que no prepararon sus lámparas, "él les respondió: 'En verdad os digo que no os conozco'".

   - Los impíos son excluidos de la "Cena" (gozo) de bodas (amor) celestial:
     - Mt 25:10, excluidos de las bodas del Esposo: "Mientras fueron a comprarlo vino el esposo, y las que estaban preparadas entraron con él a las bodas y se cerró la puerta".
     - Lc 14:24, excluidos de la gran cena de bodas: "Porque os aseguro que ninguno de aquellos hombres invitados gustará mi cena"; Mt 22: 8.12–13 "Luego les dijo a sus siervos: 'Las bodas están preparadas pero los invitados no eran dignos'...y le dijo: 'Amigo, ¿cómo has entrado aquí sin llevar traje de boda?' Pero él se calló. Entonces

11.2. LA SAGRADA ESCRITURA

el rey les dijo a los servidores: 'Atadlo de pies y manos y echadlo a las tinieblas de afuera; allí habrá llanto y rechinar de dientes'".

- Los impíos son excluidos del Reino de Dios:
    - 1 Cor 6: 9–10, "¿Es que no sabéis que los injustos no heredarán el Reino de Dios? No os engañéis: ni los fornicarios, ni los idólatras, ni los adúlteros, ni los afeminados, ni los sodomitas, ni los ladrones, ni los avaros, ni los borrachos, ni los injuriosos, ni los rapaces heredarán el Reino de Dios".
    - Ga 5: 19–21, "están claras cuáles son las obras de la carne: la fornicación, la impureza, la lujuria, la idolatría, la hechicería, las enemistades, los pleitos, los celos, las iras, las riñas, las discusiones, las divisiones, las envidias, las embriagueces, las orgías y cosas semejantes. Sobre ellas os prevengo, como ya os he dicho, que los que hacen esas cosas no heredarán el Reino de Dios".
    - Ef 5:5, "Porque debéis tener bien claro y aprendido esto: que ningún fornicario o impúdico, o avaro, que es como un adorador de ídolos, puede heredar el Reino de Cristo y de Dios".

Las declaraciones de la Revelación neotestamentaria son tan claras y determinantes que hacen imposible una interpretación en la línea de la origenista "apokatástasis" final, con un pretendido perdón y reconciliación universal al final de los tiempos.

3. *Habrá un dolor sensible (descrito como "fuego") que será eterno.* Este "fuego" presenta nombres variados, pero todos tienen co-

mo fundamento literario la figura de la "Gehenna" del Antiguo Testamento (Is 66:24):

- Es "Gehenna": Mt 5: 29ss, "Si, pues, tu ojo derecho te escandaliza, sácatelo y arrójalo de ti, porque mejor te es que perezca uno de tus miembros que no que todo tu cuerpo sea arrojado a la Gehenna"; Mt 23:33, Cristo a los fariseos: "Serpientes, raza de víboras, ¿cómo escaparéis al juicio de la Gehenna?".

- Es "Gehenna de fuego": Mt 5:22, "Pero yo os digo que todo el que se irrita contra su hermano será reo de juicio, el que le dijere 'raca' será reo ante el Sanedrín, y el que le dijere 'loco' será reo de la Gehenna de fuego".

- Es "horno de fuego": Mt 13: 41–42, en la parábola de la cizaña: "Enviará el Hijo del hombre a sus ángeles y recogerán de su Reino todos los escándalos y a todos los obradores de iniquidad, y los arrojarán en el horno del fuego, donde habrá llanto y crujir de dientes"; Mt 13: 49ss, en la parábola de la red barredera: "Así será a la consumación del siglo: saldrán los ángeles y separarán a los malos de los justos, y los arrojarán al horno de fuego; allí habrá llanto y crujir de dientes".

- Afecta al cuerpo y al alma, al hombre todo (Mt 10:28), y no como en Isaías que afectaba solamente al cadaver: "No tengáis miedo a los que matan el cuerpo, que el alma no pueden matarla; temed más bien a aquel que puede perder el alma y el cuerpo en la Gehenna".

- En la Gehenna "el gusano no muere, ni el fuego se extingue", en una imagen que se parece a la de Is 66:24. Así en Mc 9: 43–48, "Si tu mano (pie, ojo) te escandaliza, córta-

11.2. LA SAGRADA ESCRITURA

tela; mejor te será entrar manco en la vida que con ambas manos ir a la gehenna, al fuego inextinguible, donde ni el gusano muere ni el fuego se apaga".

- Es un "fuego eterno" (Mt 25:41): "Y dirá a los de la izquierda: Apartaos de mí, malditos, al fuego eterno, preparado para el diablo y para sus ángeles".

4. *El Infierno es eterno.* Así se describe con toda claridad:

- En las expresiones mencionadas en torno al "fuego".
- En la expresión "por los siglos de los siglos" (Ap 14:11): "y el humo de su tormento subirá por los siglos de los siglos, y no tendrán reposo día y noche aquellos que adoren a la Bestia y a su imagen y los que reciban la marca de su nombre". El vocablo "siglo" en el griego original significa "eternidad". Pero cuando el término original perdió, con la evolución del lenguaje, su sentido de eternidad para designar solo la idea de "larga duración", entonces se pone en plural ("siglos") para indicar la eternidad. Y con la misma intención se usa el hebraísmo "por el siglo del siglo" indicando eternidad. En la cita del Apocalipsis se utilizan ambas correcciones: plural y reduplicación de la palabra "siglo".
- En el uso del término "eterno" para designar:
  - Al fuego, Mt 25:41 "Apartaos de mí, malditos, al fuego eterno".
  - Al castigo o a la pena, Mt 25:46, "E irán al suplicio eterno,"; 2 Te 1: 8–9: "tomando venganza con llamas de fuego sobre los que desconocen a Dios y no obedecen al Evangelio de nuestro Señor Jesús. Esos serán castigados a eterna ruina, lejos de la faz del Señor y de la gloria de su poder".

11.3 Los Santos Padres

Los Santos Padres confirman la doctrina sobre la existencia y características del Infierno que es transmitida por la Revelación bíblica, aun cuando, a veces, presenten ciertas inexactitudes propias de la falta de elaboración teológica y de declaraciones magisteriales sobre el tema.[18] Progresivamente se van decantando los principios de la recta doctrina en temas de detalle, manteniendo en todo caso la fe inquebrantable sobre la realidad y existencia del Infierno. Es cierto que se producirá un *impasse* con las doctrinas origenistas de la "apokatástasis" y las conocidas controversias origenistas, que servirán para reafirmar la doctrina ortodoxa.[19]

1. *Los Padres Apostólicos*: utilizan las expresiones del Nuevo Testamento, pacíficamente aceptadas por todos.

   - San Ignacio de Antioquía: "Ese tal (perturbadores de la familia, herejes y falsos maestros, etc.), estando manchado, irá al fuego inextinguible".

     "Hermanos míos, no os engañéis, los adúlteros no heredarán el Reino de Dios. Pues si los que obraron esto según la carne murieron ¡Cuánto más si corrompe en mala doctrina la fe de Dios por la que Jesucristo fue crucificado! Éste, por ser impuro, irá al fuego inextinguible, así como el que lo escucha. Por eso el Señor tomó ungüento sobre su cabeza para inspirar a la Iglesia incorrupción.

---

[18] C. Pozo: *Teología...*, cit., págs. 439–444; M. Richard: *Enfer*, cit., cols. 47–83; G. Bardy: *Les Pères de l'Église en Face des Problèmes Posés par l'Enfer*, en "L'Enfer" cit., págs. 145–239.

[19] M. Richard distingue tres épocas en la doctrina patrística sobre el Infierno: época de pacífica posesión de la fe; época de lucha contra la herejía; definición del dogma.

11.3. LOS SANTOS PADRES

> No os unjáis con la fétida doctrina del príncipe de este mundo para que no os lleve cautivos lejos de la vida que ha sido propuesta como recompensa. ¿Por qué no somos todos prudentes después de haber alcanzado el conocimiento de Dios que es Jesucristo? ¿ Por qué perecemos neciamente al desconocer la gracia que el Señor verdaderamente ha enviado?"[20]

- El Martirio de San Policarpo: los mártires "despreciaban los tormentos mundanos, liberándose de ellos, en una hora, de la pena eterna..., porque tenían ante sus ojos el fuego que es eterno y nunca se extinguirá".

  "Fiándose de la gracia de Cristo, despreciaban los tormentos terrenos, librándose del castigo eterno, por medio de una hora. El fuego de los crueles verdugos les era indiferente, pues tenían ante sus ojos el escapar del (fuego) eterno que nunca se apaga, y contemplaban con los ojos de su corazón los bienes que aguardan a los que sufren pacientemente, los cuales ni el oído oyó, ni el ojo vio, ni al corazón del hombre subieron, pero el Señor se los mostró a ellos, porque ya no eran hombres, sino ángeles".[21]

- Segunda Carta a los Corintios del Pseudo–Clemente: "son castigados con tormentos terribles y fuego inextinguible los que erraron y negaron a Jesús con palabras y obras".[22]

---

[20]San Ignacio de Antioquía: *Ad. Ephes.* 16–17.
[21]*Martyrium S. Polycarpi*, 2, 3.
[22]Pseudo–Clemente: *II Ep. ad Corinth.*, 17, 5ss.

2. *Los Padres Apologetas*: frente a las tesis erróneas de los gentiles y de otras religiones orientales, reafirman la creencia en el más allá y en la condena de los impíos.

- Y así San Justino manifiesta la importancia de tener en cuenta la retribución de ultratumba para vivir bien en el presente eón: "Porque si estas cosas fueran conocidads por todos los hombres, nadie elegiría el vicio para un breve tiempo, sabiendo que iría a la condenación eterna del fuego; sino que se contendría totalmente y se adornaría de virtud, ya para obtener los bienes que están prometidos por Dios, ya para huir de los suplicios".[23] Las penas del fuego del Infierno son eternas tanto para los demonios como para los condenados, rechazando las teorías de una duración de mil años.[24]

    "Porque entre nosotros, el príncipe de los malos demonios se llama serpiente y Satanás y diablo o calumniador, como os podéis enterar, si queréis averiguarlo, por nuestras Escrituras; y que él y todo su ejército juntamente con los hombres que le siguen haya de ser enviado al fuego para ser castigado por eternidad sin término, cosa es que de antemano fue anunciada por Cristo".[25]

    "Y no se nos objete lo que suelen decir los que se tienen por filósofos, que no son más que ruido y espantajos lo que nosotros afirmamos sobre el

---

[23]San Justino: *Apol.* I, 12 (*P. G.*, 6, 341).
[24]San Justino: *Apol.*, I, 8 (*P. G.*, 6, 337).
[25]San Justino: *Apol.*, I, 28.

11.3. LOS SANTOS PADRES

castigo que los inicuos han de sufrir en el fuego eterno".[26]

- Atenágoras defiende a los cristianos de la acusación de ser criminales, sobre la base de que creen en el juicio severo de Dios y en la condenación; por lo que no imitan las costumbres de los paganos que serán condenados en el suplicio del fuego:

> "Porque si creyéramos que no hemos de vivir más que la vida presente, cabría sospechar que pecáramos sometidos a la servidumbre de la carne y de la sangre, o dominados por el lucro y el deseo. Pero sabiendo como sabemos que Dios vigila nuestros pensamientos y nuestras palabras de noche como de día, y que Él es todo luz y mira aun dentro de nuestro corazón; creemos que, salidos de esta vida, viviremos otra mejor, a condición de que permanezcamos con Dios y por Dios inquebrantables y superiores a las pasiones, con alma no carnal, aun en la carne, sino con espíritu celeste; o (creemos que) cayendo con los demás nos espera vida peor en el fuego (porque Dios no nos creó como rebaños o bestias de carga, de paso, y sólo para morir y desaparecer); con esta fe, decimos, no es lógico que nos entreguemos voluntariamente al mal y nos arrojemos a nosotros mismos en manos del gran juez para ser castigados".[27]

---

[26] San Justino: *Apol.*, II, 9.
[27] Atenágoras: *Legatio Pro Christianis*, 31 (*P. G.*, 6, 964). Cfr. 12 (*P. G.*, 6, 916).

- Teófilo de Antioquía afirma que los escritores paganos robaron la doctrina de los suplicios futuros para los incrédulos e impíos de los libros inspirados de los cristianos.[28]

3. *Padres del s. II–III*: Reafirman tanto la eternidad de las penas del Infierno, como el carácter de "sentido" que también tienen esas penas. Algunos sostuvieron la teoría de la dilación de las penas hasta el día del Juicio, como ya estudiamos.

- San Ireneo, sostiene sus principios teológicos sobre la Tradición y los textos de la Sagrada Escritura. Desde allí afirma la eternidad de la pena:

    "En el Nuevo Testamento creció la fe de los seres humanos en Dios, al recibir al Hijo de Dios como un bien añadido a fin de que el hombre participara de Dios. De modo semejante se incrementó la perfección de la conducta humana, pues se nos manda abstenernos no sólo de las malas obras, sino también de los malos pensamientos (Mt 15:19), de las palabras ociosas, de las expresiones vanas (Mt 12:36) y de los discursos licenciosos (Ef 5:4): de esta manera se amplió también el castigo de aquellos que no creen en la Palabra de Dios, que desprecian su venida y se vuelven atrás, pues ya no será temporal sino eterno. A tales personas el Señor dirá: 'Apartaos de mí, malditos, al fuego eterno' (Mt 25:41), y serán para siempre condenados. Pero también dirá a otros: 'Venid, benditos de mi Padre, recibid en herencia el reino preparado para vosotros desde siempre' (Mt 25:34), y éstos recibi-

---

[28]Teófilo de Antioquía: *Ad Autolycum*, I, 14.36–38 (*P. G.*, 6, 1045.1109ss.).

11.3. LOS SANTOS PADRES

rán el Reino en el que tendrán un perpetuo progreso. Esto muestra que uno y el mismo es Dios Padre, y que su Verbo siempre está al lado del género humano, con diversas Economías, realizando diversas obras, salvando a quienes se han salvado desde el principio —es decir, a aquellos que aman a Dios y según su capacidad siguen a su Palabra—, y juzgando a quienes se condenan, o sea a quienes se olvidan de Dios, blasfeman y transgreden su Palabra".[29]

Al mismo tiempo, propone soluciones para las aporías que puedan enfrentar esta verdad con la bondad de Dios, rechazando las posturas dualistas y heréticas de Marción. Sin embargo enseña claramente la tesis de la dilación de la pena.[30]

- Epístola a Diogneto: contrapone el sufrimiento temporal de los mártires a los sufrimientos eternos de los impíos: "...la muerte verdadera, que es reservada para aquellos que serán condenados en el fuego eterno, que será suplicio hasta el fin para los que le son entregados".[31]

- San Hipólito de Roma dedica bastante atención a la escatología de los impíos. Sostiene una idea de un Infierno de fuego y un hades subterráneos; en lo más profundo del Infierno se encuentra el terrible lago de fuego al que irán las almas después del día del Juicio; más arriba está el Hades, donde las almas de los impíos son castigadas hasta el día del Juicio con penas diferentes, pero no tan severas como

---

[29] San Ireneo de Lyon: *Adv. Hær.*, 4, 28, 2 (*P. L.*, 7, 1062).
[30] San Ireneo de Lyon: *Adv. Hær.*, 5, c. 26, 31 y 35 (*P. G.*, 7, 1194ss. y 1208ss.).
[31] *Epist. ad Diogn.*, 10, 7.

las definitivas. En cualquier caso, el fuego del Infierno es eterno.[32]

- Entre los escritores latinos, Tertuliano sobresale por su escatología arcaica y realista. En efecto insiste de muchas maneras en el carácter eterno de la pena, de un fuego que, sin embargo, concibe como realista y corporal: "fuego continuo", "fuego eterno", "fuego perpetuo", "fuego eterno de la Gehenna para la pena eterna", etc.[33] Es partidario de una cierta dilación de las penas para los demonios y para los impíos hasta el día del Juicio.[34] Describe con fuerza los sentimientos de dolor íntimo de los condenados[35] y, en sus controversias con Marción, indagará sobre la relación entre los atributos divinos y la realidad del Infierno.[36] Para quienes rechazan la penitencia describe la condenación eterna en el Infierno, castigo de quienes no quisieron arrepentirse y confesar sus pecados:

> "Si rehúsas la penitencia pública, medita en tu corazón acerca de la Gehenna que para ti ha de ser extinguida mediante la penitencia. Imagínate ante todo la gravedad de la pena, a fin de que no vaciles en asumir el remedio. ¿Cómo debemos considerar esta caverna del fuego eterno, cuando a través de algunas de sus chimeneas se producen tales erupciones de vigorosas llamas, que han hecho

---

[32]San Hipólito de Roma: *In Prov.*, 11, 30 (*P. G.*, 10, 630); *Comment. in Dan* 12, 2 (*P. G.*, 10, 685); *Adv. Græcos*, 1.

[33]Tertuliano: *Apolog.*, 48,13.15 (*P. L.*, 1, 527–528); *De Præscript. Hæret.*, 13, 5 (*P. L.*, 2, 31.); *De Resurrect.*, 35, 6 (*P. L.*, 2, 845).

[34]Tertuliano: *De Anima*, 55–58 (*P. L.*, 2, 795.).

[35]Tertuliano: De Spectaculis, 30 (*P. L.*, 1, 736ss.).

[36]Tertuliano: *Adv. Marcion*, I, c. 26 y 28 (*P. L.*, 2, 277ss.).

11.3. LOS SANTOS PADRES

> desaparecer las ciudades cercanas o están a la espera de que esto les ocurra cualquier día? Montes altísimos saltan hechos pedazos a causa del fuego que encierran, y resulta para nosotros un indicio de la perpetuidad de este fuego el hecho de que, por más que estas erupciones quebranten y destrocen las montañas, nunca cesa esta actividad. ¿Quién ante estas conmociones de los montes podrá dejar de considerarlas como un indicio del amenazante juicio? ¿Quién podrá pensar que tales llamaradas no sean una especie de armas arrojadizas que provienen de un fuego colosal e indescriptible?"[37]

- San Cipriano, contemporáneo a Orígenes, junto con la mayoría de los Padres de la época, sostiene la doctrina ortodoxa de la eternidad de las penas del Infierno: "La Gehenna siempre ardiente quemará a los que le son entregados, y una pena voraz con llamas vivaces; ni habrá posibilidad de que los tormentos tengan alguna vez descanso o fin... infinitos tormentos de dolor... lloro, vacío y petición ineficaz". Y también:

> "Qué gloria para los fieles habrá entonces, qué castigo para los no creyentes, qué dolor para los infieles no haber querido creer en otro tiempo en este mundo y no poder volverse ahora atrás y creer. La Gehenna siempre en llamas y un fuego devorador abrasará a los que allí vayan, y no tendrán descanso sus tormentos ni fin en ningún momento. Serán conservadas las almas con los cuerpos para sufrir con inacabables suplicios. Allí veremos siempre al

---

[37]Tertuliano: *De Poenit.*, 12 (*P. L.*, 1, 1247).

que aquí nos miró por un tiempo, y el breve placer que tuvieron los ojos crueles en las persecuciones será contrapesado por el espectáculo sin fin, según el testimonio de la Sagrada Escritura, cuando dice: 'Su gusano no morirá, y su fuego no se extinguirá, y servirán de espectáculo a todos los hombres'. Entonces será baldío el arrepentimiento, vanos los gemidos y sin eficacia los ruegos. Tarde creen en la pena eterna los que no quisieron creer en la vida eterna".[38]

4. La *Escuela de Alejandría* de los siglos III y IV. Los rudimentos de la teología del Infierno de San Ireneo y de Tertuliano, son desarrollados en extensión y metodología teológica por esta escuela. Lamentablemente, nace en ella la primera gran crisis teológica, en torno a las posiciones de Orígenes. Parece que los inicios de las tesis universalistas de Orígenes se encuentran en San Clemente de Alejandría.

5. *Crisis origenista*. Orígenes, bajo la influencia neoplatónica, sostendrá una doctrina escatológica que acabará siendo condenada post–mortem. Orígenes no tuvo conciencia de que sus teorías eran heréticas, ya que no había ningún Magisterio anterior, y las elaboraciones teológicas de los pensadores cristianos anteriores eran muy sencillas o primitivas debido a las condiciones en que se desenvuelven los cristianos en los primeros tiempos, sin tranquilidad por la persecución y la expansión de la nueva religión.

Orígenes defendió la *apocatástasis* (αποκατάστάση), esto es, la restauración universal de todas las cosas a su estado original,

---

[38]San Cipriano: *Ad Demetrianum*, 24 (*P. L.*, 4, 561ss.).

11.3. LOS SANTOS PADRES

puramente espiritual, después de un periodo de purificación de todo pecado y de toda clase de pecadores y de demonios. Y por eso:

- Las almas de los pecadores son purificadas con fuego después la muerte. Hay penas, pero son temporales.
- El Infierno no es eterno. Se interpretan las expresiones de "eternidad" como "amenazas" solamente. El Infierno se concibe más bien como un Purgatorio.
- Los demonios también serán purificados por el "Logos".

Cuando todos se hayan purificado, será la Parusía y la resurrección de todos los hombres, no en sus cuerpos materiales sino espirituales, y, entonces, Dios será todo en todos.

Con todo, la "apocatástasis" no será el fin del mundo, sino solamente de una fase transitoria. Por influencia de Platón, Orígenes enseñó que antes de que empezara a existir este mundo, existieron otros mundos; y cuando deje de existir el presente mundo, surgirán otros en sucesión ilimitada. Apostasía de Dios y retorno a Dios se van sucediendo ininterrumpidamente.[39] De este modo explica lo que hacía Dios antes de la creación del mundo presente.

Estas teorías están relacionadas con su concepto de creatura espiritual: la voluntad libre, le permite apostatar del bien e inclinarse al mal siempre que quiera hacerlo. La recaída de los espíritus hace necesario un nuevo mundo corpóreo; de este modo, a un mundo sigue otro, y la creación del mundo viene a ser un acto eterno.

---

[39]Orígenes: *De Princ.*, 3, 5 ,3.

La importancia y la profundidad del pensamiento de Orígenes dejará su huella en muchos de los Padres posteriores, quienes se dividirán en torno a sus doctrinas, lo que causó la famosa controversia origenista.[40] En efecto, después de su muerte, algunos aspectos de su teología suscitaron una viva polémica. Además, se dio la circunstancia de que los arrianos se apoyaron en él para sostener sus doctrinas.[41]

Entre los obispos que repudiaron la teología de Orígenes estuvieron S. Epifanio de Constanza o de Salamina, en Chipre (escribió su *Armario farmaceutico* y el *Anchoratus*); Epifanio conquistó a su causa a San Jerónimo que, al principio, era un gran admirador de Orígenes; a favor de Orígenes estaba Rufino de Aquilea. También fue contrario a la teología de Orígenes, Teófilo de Alejandría, que persiguió a los monjes de Nitria (Egipto) que seguían a Orígenes. En el año 400 convoca un sínodo que condena el origenismo.

Por otra parte, a principios del siglo V, San Juan Crisóstomo protegió a cincuenta de los trescientos monjes origenistas que huyeron de la persecución que se había desatado en su contra. Son dignos de notar los cuatro "grandes hermanos" famosos por su piedad y fortaleza física. En el Sínodo de la Encina (*Synodus ad Quercum*), el 403, Teófilo (acompañado por su sobrino S. Cirilo) con veintinueve obispos egipcios, apoyados por Eudoxia, deponen al Crisóstomo y lo destierran a Bitinia. El pueblo lo reclama, pero fue nuevamente desterrado, y en el camino muere (14–IX–407).

A principios del s. VI, los monjes de Palestina (con San Sabas) se oponen a Orígenes. Entonces, Efren de Antioquía condena el origenismo. Pedro de Jerusalén (542) levanta una querella ante Justiniano contra los origenistas. Justiniano también se opone a los origenistas, y en un edicto de 552 condena nueve proposiciones del *De Principiis* y se pone entre los libros de los herejes. Esta condena se confirma en el V Concilio Ecuménico, tenido en Constantinopla (año 553). Todos se adhieren condenando a Orígenes del modo más severo; hasta Vigilio.

6. *El Siglo de Oro de la Patrística.* Sus reflexiones sobre el Infierno son mucho más matizadas y profundas que las de sus antecesores. Algunos sufrirán la influencia de las doctrinas origenistas.

---

[40]Cfr. Juan A. Jorge: *Apuntes de Patrología*, Santiago de Chile, 2016, págs. 277–282.

[41]Cfr. B. Mondin: *Storia...*, cit., vol. 1, págs. 227–230.

11.3. LOS SANTOS PADRES

Pero se llega a determinar con precisión la doctrina íntegra sobre el castigo de los impíos. Sobresalen los siguientes Santos Padres:

- San Basilio. Habla de la pena de sentido con descripciones imaginativas que proceden de su labor como predicador popular:

  "Es evidente que las obras son la causa de que uno acabe por ser condenado al suplicio, puesto que somos nosotros mismos los que nos disponemos para ser merecedores de la combustión, de modo que los vicios del alma son como chispas de fuego que producimos para encender las llamas de la Gehenna, como en el caso de aquel rico que se quemaba en el fuego de sus propios placeres que lo abrasaban. En efecto, la intensidad del fuego devorador será mayor o menor, según sean los dardos lanzados sobre cada uno por el maligno".[42]

  San Basilio describe bien la pena de daño y la realidad del Juicio:

  "...no está presente en el Infierno quien alabe, ni en el sepulcro quien se acuerde de Dios, porque tampoco está presente el auxilio del Espíritu. ¿Cómo se puede, pues, pensar que el juicio se efectúa sin el Espíritu Santo, siendo así que la Palabra muestra que él mismo será también la recompensa de los justos cuando, en vez de las arras, se entregue a la totalidad, y que será la primera con-

---

[42]San Basilio de Cesarea: *Comentario a Isaías* 1, 64 (P. G., 30, 229).

denación de los pecadores cuando se les despoje de lo mismo que parecían tener?"[43]

Rechaza directamente la "apokatástasis" final, por ir en contra de los textos de la Biblia; porque la mayoría de los hombres no se restringirían de hacer el mal si saben que al final se van a salvar; porque si el Infierno es temporal, también lo sería el Cielo, etc.[44]

- San Gregorio de Nisa. Utiliza varias veces las expresiones de "fuego inextinguible" y de la inmortalidad del "gusano", que indicarían la realidad de las sanciones eternas, y de las amenazas al pecador de sufrimientos y castigos tan grandes:

    "Y la vida dolorosa de los pecadores tampoco tiene comparación con las sensaciones de los que sufren acá. Pero incluso en el caso de que se aplique a algún castigo de allá el nombre con que se le conoce acá, la diferencia no es pequeña. Efectivamente, al escuchar la palabra fuego, has aprendido a pensar algo distinto del fuego de acá, porque en él se encuentra una cualidad que no hay en éste: aquel, efectivamente, no se extingue, mientras que éste de acá puede ser extinguido por los múltiples medio que enseña la experiencia, y la diferencia es grande entre un fuego que se extingue y otro que es inextinguible. Por tanto, es otro, y no el mismo que el de acá. Y también cuando uno oye la palabra gusano, que por la semejanza del nombre no se deje arrastrar a pensar que este animalito terrestre, porque la añadidura del calificativo 'eterno'

---

[43]San Basilio de Cesarea: *De Spiritu Sancto*, 16, 40 (*P. G.*, 32, 175–176).
[44]San Basilio de Cesarea: *Regulæ Breviter Tractatæ*, q. 268 (*P. G.*, 31, 1264).

11.3. LOS SANTOS PADRES

supone que se ha de pensar en otra naturaleza diferente de la que conocemos".[45]

Con todo, hay una controversia sobre su origenismo, pues muchas veces el Santo da al término "eterno" el significado de una larga sucesión de siglos con un final en la salvación de los malos, siendo la opinión más general de los patrólogos que, al igual que Orígenes, cae en el error de pensar que las penas del Infierno no son eternas.[46]

- San Gregorio de Nacianzo. Aunque su posición es, también, objeto de controversia entre sus estudiosos, parece que defendió la eternidad de las penas del Infierno, como se aprecia en el siguiente texto:

    "Conozco el temblor, la agitación, la inquietud y el quebranto del corazón, la vacilación de las rodillas y otras penas semejantes con que son castigados los impíos. Voy a decir, en efecto, que los impíos son entregados a los tribunales de la otra vida por la justicia parsimoniosa de este mundo, de modo que resulta preferible ser castigados y purificados ahora, que ser remitidos a los suplicios del más allá, cuando sea ya el tiempo del castigo y no de la purificación".[47]

- San Jerónimo. Fue partidario de Orígenes en su juventud, y se volvió un furibundo antiorigenista en su madurez, en lucha contra Rufino. Habla con claridad de las penas de daño y de sentido:

---

[45]San Gregorio de Nisa: *Orat. Catech.* 40, 7–8 (*P. G.*, 45, 105).

[46]B. Salmona: *Origene e Gregorio di Nissa sulla Resurrezione de Corpi a l'Apocatastasi*, en "Augustinianum" 18 (1978) 383–388.

[47]San Gregorio Nacianceno: *Oratio*, 16, 7 (*P. G.*, 35, 944).

"Son muchos los que dicen que en el futuro no habrá suplicios por los pecados ni se les aplicarán castigos que vengan del exterior, sino que la pena consistirá en el pecado mismo, y en el tener conciencia del delito, no muriendo el gusano en el corazón y ardiendo el fuego en el alma, de un modo semejante a la fiebre, que no atormenta al enfermo desde fuera, sino que, apoderándose de los cuerpos, castiga sin emplear ningún instrumento externo de tortura. Estas persuasiones son lazos fraudulentos, palabras vacuas y sin valor, que deleitan como flores a los pecadores, pero que les infunden una confianza que les conduce a los suplicios eternos".[48]

Sostiene la eternidad del Infierno, en contra de los origenistas. Pero parece que le quedó un resabio de su primera fascinación por Orígenes, pues distinguió entre las penas eternas para los demonios y los infieles; en cambio, parece que aceptó que los cristianos pecadores pudieran redimirse con las penas del más allá.[49]

- San Juan Crisóstomo no cesa de predicar la verdad de la eternidad del Infierno. Con San Basilio, es el que acaba disipando en Oriente la idea de la "apokatástasis".[50] Desarrolla una teología especulativa del Infierno muy importante, haciendo descripción de ciertos detalles de la condenación siguiendo el método de exégesis literal:

---

[48]San Jerónimo: *Comentario a la Carta a los efesios*, 3, 5,6 (*P. L.*, 26, 522).

[49]Cfr. San Jerónimo: *In Is. LXVI*, 24 (*P. L.*, 24, 678); *Apol. vs. Ruf.*, II, 7; *Dial. vs Pelag.* I, 28 (*P. L.*, 23, 522); etc.

[50]Y esto, a pesar de defender a los monjes origenistas, como se señaló antes.

11.3. LOS SANTOS PADRES

"La doble pena del Infierno: El fuego y la privación de Dios. Aparentemente no hay aquí más que un solo castigo, que es el ser quemado por el fuego; sin embargo, si cuidadosamente lo examinamos, veremos que son dos, porque el que es quemado es juntamente desterrado para siempre del reino de Dios. Y este castigo es más grave que el primero. Ya sé que muchos sólo temen al fuego del Infierno, pero yo no vacilo en afirmar que la pérdida de la gloria eterna es más amarga que el fuego mismo. Ahora, que eso no lo podamos expresar con palabras, nada tiene de extraño, pues tampoco sabemos la naturaleza de los bienes eternos para podernos dar cabal cuenta de la desgracia que es vernos privados de ellos... Cierto, insufrible es el Infierno y el castigo que allí se padece. Sin embargo, aun cuando me pongas mil Infiernos delante, nada me dirás comparable con la perdida de aquella gloria bienaventurada, con la desgracia de ser aborrecido de Cristo, de tener que oír de su boca 'no te conozco'. De que nos acuse de que le vimos hambriento y no le dimos de comer. Mas valiera que mil rayos nos abrazaran, que no ver aquel manso rostro que nos rechaza, y que aquellos ojos serenos no pueden soportar mirarnos".[51]

- San Agustín es, como en otros campos, el Santo Padre que resume toda la controversia anterior, aclara puntos debatidos y hace una teología bastante completa sobre el Infierno. Prueba la existencia del Infierno por la Sagrada Escritura

---

[51] Juan Crisóstomo: *In Matth. hom. XXIII*, 8 (*P. G.*, 57, 317ss.).

sobre todo, pero añade algunos argumentos de razón; examina su relación con la providencia y atributos divinos; disipa los restos de universalismo origenista; estudia la naturaleza de las penas del Infierno: de daño (*alienatio a vita Dei*) y de sentido (gusano en sentido metafórico, fuego real torturador); graduación de las penas en el Infierno, desde la de los infantes muertos sin bautismo a las propias de Satanás; etc.

Hay algunos puntos difíciles y discutidos de su teología del Infierno: la situación de las almas hasta el día del Juicio final; si algunos pecados podrían ser remitidos en la otra vida; situación del Infierno de los niños muertos sin bautizar; etc.

Se opuso fuertemente a la interpretación de las palabras del Señor sobre los suplicios eternos como si fueran solo amenazas, y reafirmó la eternidad del Infierno.[52]

> "Habéis oído, pues, en el Evangelio que hay dos vidas: una presente, otra futura. La presente la poseemos: en la futura creemos. Nos encontramos en la presente; a la futura aún no hemos llegado. Mientras vivimos la presente, hagamos méritos para adquirir la futura, pues aún no hemos muerto. ¿Acaso se lee el Evangelio en los Infiernos? Si de hecho fuera así, en vano le oiría el rico aquel, porque no podría haber ya penitencia fructuosa. A nosotros se nos lee aquí y aquí lo oímos, donde,

---

[52] San Agustín: *De Civ. Dei*, 21:33 (*P. L.*, 41, 735ss.); *De Hæres*. 43 (*P. L.*, 42, 33ss.).

mientras vivimos, podemos ser corregidos para no llegar a aquellos tormentos".[53]

"Por esto que sucede aquí, pudiera el entendimiento del hombre hacerse una idea de lo que nos está reservado en lo por venir. Sin embargo, ¡qué gran desproporción! Vive, no quiere morir; de ahí el amor a la vida inacabable, al querer vivir, al no querer morir nunca. Con todo eso, los que hayan de ir a las torturadoras penas del Infierno han de querer morir y no podrán".[54]

11.4 Magisterio y errores

La Iglesia irá enfrentando los diferentes desafíos que se hagan contra las verdades reveladas en torno a la retribución de los impíos. Antes de estudiar los principales documentos del Magisterio, es necesario conocer los errores y herejías que se han dado en la Historia en torno al Infierno.

11.4.1 Errores

Se pueden distinguir siete clases de errores, según la verdad sobre el Infierno que se niegue. En efecto:

1. *Contra la existencia del Infierno eterno*, que veremos en detalle.

2. *Contra el modo de duración de las penas*, con dos modalidades:

---

[53]San Agustín de Hipona: *Sermón*, 113-A, 3: BAC 441, 829-830.
[54]San Agustín de Hipona, *Sermón* 127, 2: BAC 443, 106-107.

- Los mitigacionistas.[55] Es la creencia en la mitigación de las penas de los condenados en el Infierno por medio de los sufragios de la Iglesia, o bien, directamente otorgado por la divina misericordia (algunos días no serían castigados, o se irían mitigando progresivamente con el paso del tiempo y el cumplimiento de las penas más duras). Ya existían estas creencias entre los judíos del s. III, pero se difunden en algunos escritores de la Iglesia latina a partir del s. IV. San Agustín los enfrentará.[56] Se aducen en favor de este error algunos textos de San Juan Crisóstomo, San Basilio y San Juan Damasceno; pero son equivocadamente interpretados por los teólogos modernos. En el s. XVII (P. Petau) y en el XIX (M. Émery) intentaron resucitar este error.[57]

- Los que dilatan el inicio del Infierno al Juicio final. Un error en el que cayeron varios Santos Padres y escritores eclesiásticos: San Justino, Tatiano, Minucio Felix, Tertuliano, San Ireneo, San Hipólito, San Cipriano, San Ambrosio, etc.

3. *Sobre los diferentes clases de condenados*: paganos y bautizados. A éstos se les aplica misericordia de Dios en el Infierno y se salvan; no ocurre así con los paganos.

4. *Sobre el lugar del Infierno*: los ubiquistas o ubicuaterianos, secta protestante del tiempo de Lutero y cuyo principal defensor fue J. Brentz, sostenían que el Infierno está en todos lados.

---

[55]Cfr. todos los detalles en A. Michel: *Mitigation des Peines de la Vie Future*, en DTC, vol. X, cols. 1997–2009.

[56]San Agustín: *Enchiridion*, n. 112 (*P. L.*, 40, 284–285); *De Civ. Dei*, 21, 24, 3 (*P. L.*, 41, 739.). Cfr. A. Lehaut: *L'Éternité des Peines de l'Enfer dans Saint Augustin*, Paris, G. Beauchesne, 1912.

[57]Cfr. M. Émery: *Dogmata Theologica. De Angelis*, III, c. 8, n. 18.

11.4. MAGISTERIO Y ERRORES

5. *Sobre la naturaleza de las penas.* Si bien no se registra ningún error o herejía en cuanto a la pena de daño, sin embargo sí se produce en relación a la de sentido: bien porque se negara su existencia (J. Scoto Erígena), o bien por considerarla solo como intencional: sueño o pensamiento de sufrir (algunos teólogos del S. XI y XII).

6. *Sobre la negación de la graduación de las penas*: los que afirmaron la igualdad de todos los castigos en el más allá, porque todos los pecados son iguales y de la misma naturaleza (estoicos, jovinianos, Lutero).

7. *Sobre la causa del Infierno*, negando que Dios infrinja penas vindicativas y aceptando solo las medicinales (Vásquez), o negando que sea consecuencia del amor y de la misericordia infinitas de Dios.

* * *

Dejando para más adelante el desarrollo de algunos de los mencionados errores, cuando se traten diferentes aspectos de la naturaleza de la retribución del impío, y siendo la herejía más importante la negación de la existencia del Infierno eterno, conviene detenerse en particular sobre la misma. Esta herejía presenta a su vez, tres variantes: condicionalismo, universalismo y aterminismo.

Condicionalismo

Este error sostiene que la pervivencia eterna está sometida a la condición de que el hombre, al morir, se encuentre en estado de justicia. El impío no sobrevive. Caben dos modalidades:

- El impío es simplemente aniquilado, con lo que el Infierno no existe.

- El impío es aniquilado después de sufrir un tormento en un Infierno que es temporal.

Estas teorías consideran que la vida es un don divino que no se impone, sino que se ofrece para que cada uno elija: prepararse una inmortalidad haciendo el bien en esta vida, actuando virtuosamente; o renunciar a ella, viviendo viciosamente. El castigo por las iniquidades de esta vida es la aniquilación, el retiro del don divino de la vida. Así, la vida eterna es condicional y facultativa. De este modo el mal finito del hombre, no se convertiría en el mal infinito del Infierno que sería incompatible con la bondad infinita de Dios, y en el fondo, un insulto a Él. La teoría de la "apokatástasis" sería inmoral porque los malos acabarían burlándose de la bondad divina. El condicionalismo sería, finalmente, la explicación escatológica más acorde con las teorías científicas modernas sobre la naturaleza del alma y de la evolución de la vida.[58]

Este error se presenta a lo largo de la Historia en diversos momentos:

1. *Gnosticismo*: sostuvo, en concordancia con su idea de la destrucción final de la materia que es mala, que se aniquilan por el fuego los hombres "hílicos", y los hombres "psíquicos" que no han querido ser salvados por la Sabiduría que trae el Cristo.

2. *Las Homilías Pseudo-Clementinas* del s. IV, cuando manifiesta que "los que no se conducen por la penitencia recibirán su fin por el suplicio del fuego, aunque en todas las demás cosas sean santísimos; pero, como he dicho, vejados en gran manera por el fuego eterno, se extinguirán tras cierto tiempo. No pueden ya

---

[58]Cfr. M. Richard: *Enfer*, cit., col. 85.

11.4. MAGISTERIO Y ERRORES

ser sempiternos después de haberse comportado impíamente con respecto al eterno y solo Dios".[59]

3. *Arnobio* también del s. IV, quien sostenía el condicionalismo partiendo del hecho de que todas las almas son mortales por naturaleza, y reciben la inmortalidad por gracia de Cristo que se otorgará solo a las almas de los justos. Hay dos muertes: la primera que es la natural en esta vida, y la segunda para los impíos que será una verdadera aniquilación, que ocurrirá después de un tiempo muy largo de suplicios y tormentos.[60]

4. Los *socinianos* en el s. XVI.[61]

5. Protestantismo liberal del s. XIX, en alguno de sus teólogos (Rothe, Plitt, Drummond, Byse, etc.).

6. Algunas *sectas adventistas del s. XX,* con dos versiones: o bien, los impíos son aniquilados al morir; o bien, resucitarán al final del Reino milenarista de Jesucristo, para ser aniquilados entonces, mientras que los justos se salvan.[62]

7. Los *testigos de Jehová,* quienes afirman la resurrección de todos los hombres para vivir en el milenio del Reino de Cristo, y tras sufrir una última prueba, que casi todos superarán, algunos pocos que no lo hagan serán aniquilados. En realidad ni los Testigos ni los Adventistas creen en el Infierno.

8. *Algunos teólogos católicos actuales* también lo defienden, a pesar de ser tan claramente contrario a la doctrina católica (A.

---

[59] *Homilía* 3, 6 (*P. G.*, 2, 116).
[60] Arnobio: *Adv. Nationes,* 2, 14 (*P. L.*, 5, 832).
[61] Cfr. L. Cristiani: *Socianisme,* en DTC, XIV, 2332.
[62] Cfr. F. P. Havey: *Adventists,* en The Catholic Enciclopedia, New York, 1907, t. 1 págs. 166–167.

Schmied, Th. Sartory y G. Riedick, N. Scholi).[63] De algún modo también podrían entenderse que caen en este error, los teólogos que afirman el Infierno como una mera hipótesis y no como una realidad existencial.

Universalismo o "apokatástasis"

Esta doctrina afirma que todas las inteligencias creadas se salvan. En el caso de los seres humanos: los justos, directamente; los impíos, después de un proceso purificador. De este modo, el Infierno o no existe o queda reducido a una situación purgatoria y temporal.

Son varios los momentos en que se defendió este error:

1. *Algunos Santos Padres*, bajo la influencia de la teología de Orígenes (quien, en realidad, no era universalista, sino que defendía el "aterminismo" un continuo retorno de ciclos de pecado y conversión). Ya vimos algunos ejemplos en la sección dedicada a los Santos Padres.[64]

2. *Los albigenses*, para los que todos los hombres se salvan, purificándose de sus pecados a través de sucesivas re-encarnaciones. Por lo tanto, el Infierno no existe.

3. *Algunos anabaptistas* del s. XVI, quienes defendieron la "apokatástasis".

4. *Muchos teólogos liberales* del s. XIX, bajo la influencia de Schleiermacher.

5. *Algunos teólogos protestantes del s. XX*, como W. Michaelis o K. Barth, quien afirma que no se puede excluir esta posibilidad.

---

[63]C. Pozo: *Teología...*, cit., pág. 446.
[64]Cfr. por ejemplo, Dídimo de Alejandría o San Gregorio de Nisa.

11.4. MAGISTERIO Y ERRORES

Aterminismo

Es la tesis propiamente dicha de Orígenes, ya que, a diferencia del universalismo que sostiene el final bueno y eterno de todo, el aterminismo sostiene que no hay un término final, sino que es un eterno ciclo, entre separación de Dios, purificación y "apokatástasis" para volver a repetirse indefinidamente.

11.4.2 Magisterio

El Magisterio ha proclamado la existencia y naturaleza del Infierno en diferentes ocasiones. A veces como simple profesión de fe; otras veces, para definir la verdad frente a las herejías. Veremos en primer lugar las principales intervenciones del Magisterio, para luego determinar las verdades de fe católica definidas.

Textos magisteriales principales

En sucesión histórica, las principales intervenciones son las siguientes:

1. *Símbolo "Quicumque" o Atanasiano* (s. V), donde se define la eternidad de la pena de sentido: "et qui bona egerunt, ibunt in vitam æternam, qui vero mala, *in ignem æternum*... Hæc est fides catholica: quam nisi quisque (quis) fideliter firmiterque crediderit, salvus esse non poterit".[65]

2. *Sínodo Endemousa de Constantinopla* (a. 543), donde se condena las tesis de la "apokatástasis" y otras ideas origenistas, y afirma la eternidad del Infierno: "Can. 9. Si quis dicit aut sentit, ad tempus esse dæmonum et impiorum hominum supplicium,

---

[65] *D. S.*, 76.

eiusque finem aliquando futurum, sive restitutionem et redintegrationem esse (fore) dæmonum aut impiorum hominum, an. sit".[66]

3. *IV Concilio de Letrán* (a. 1215), contra los cátaros y albigenses, donde se define la eternidad del Infierno: "... qui omnes cum suis propriis resurgent corporibus, quæ nunc gestant, ut recipiant secundum opera sua, sive bona fuerint sive mala, illi cum diabolo poenam perpetuam, et isti cum Christo gloriam sempiternam".[67]

4. *II Concilio de Lyon* (a. 1274), de unión con las Iglesias ortodoxas, donde se habla de "penas desiguales" en el Infierno: "Illorum autem animas, qui in mortali peccato vel cum solo originali decedunt, mox in infernum descendere, poenis tamen disparibus puniendas".[68] Estas penas "desiguales" hacen referencia a la pena de daño (que es la común para las almas que mueren con solo el pecado original y las que lo hacen con pecado mortal actual) y la pena de sentido, "tormento de la Gehenna perpetua" (solo para las almas que se condenan con pecado mortal actual; pena que se le añade a la de daño).[69]

---

[66]"Can. 9. Si alguno dice o siente que el castigo de los demonios o de los hombres impíos es temporal y que en algún momento tendrá fin, o que se dará la reintegración de los demonios o de los hombres impíos, sea anatema", *D. S.*, 411.

[67]"...todos los cuales resucitarán con sus propios cuerpos que ahora llevan, para recibir según sus obras, ora fueren buenas, ora fueren malas; aquéllos, con el diablo, castigo eterno; y éstos, con Cristo, gloria sempiterna", *D. S.*, 801.

[68]"Las almas, empero, de aquellos que mueren en pecado mortal o con solo el original, descienden inmediatamente al Infierno, para ser castigadas, aunque con penas desiguales", *Profesión de Fe de Miguel Paleólogo, D. S.*, 858.

[69]Cfr. esta interpretación de "penas desiguales", hecha anteriormente al Concilio, de Inocencio III, Ep. *Maiores Ecclesiæ Causas ad Ymbertum Archiep. Arelat.*, (a. 1201): "Poena originalis peccati est carentia visionis Dei, actualis vero poena peccati est gehennæ perpetuæ cruciatus", *D. S.*, 780.

11.4. MAGISTERIO Y ERRORES

5. *Constitución Benedictus Deus* de Benedicto XII (a. 1306), sobre la visión o castigo de las almas de los bienaventurados o de los condenados "mox post mortem"; se utiliza el plural para referirse a las penas del Infierno, indicando así la existencia de diferentes clases de penas: "Diffinimus insuper, quod secundum Dei ordinationem communem animæ decedentium in actuali peccato mortali mox post mortem suam ad inferna descendunt, ubi poenis infernalibus cruciantur, et quod nihilominus in die iudicii omnes homines 'ante tribunal Christi' cum suis corporibus comparebunt, reddituri de factis propriis rationem, 'ut referat unusquisque propria corporis, prout gessit, sive bonum sive malum' (2 Cor 5:10)".[70]

6. *Concilio de Florencia* (a. 1439), de unión con las Iglesias ortodoxas, reiterando la doctrina del II Concilio de Lyon.[71]

7. *Constitución Lumen Gentium* (a. 1964), c. 7, n. 48, donde se reitera la pena eterna del Infierno (Mt 25: 26.30.41; 22:13) y la resurrección de condenación (Jn 5:29): "...y no nos mandarán ir, como siervos malos y perezosos (cfr. Mt 25:26) al fuego eterno (cfr. Mt 25:41), a las tinieblas exteriores, donde habrá llanto y rechinar de dientes (Mt 22:13; 25:30)... Al fin del mundo 'los que hicieron el mal resucitarán para el juicio' (Jn 5:29; Cfr. Mt 25:46)".[72]

---

[70]"Definimos además que, según la común ordenación de Dios, las almas de los que salen del mundo con pecado mortal actual, inmediatamente después de su muerte bajan al Infierno donde son atormentados con penas infernales, y que no obstante en el día del juicio todos los hombres comparecerán con sus cuerpos ante el tribunal de Cristo, para dar cuenta de sus propios actos, a fin de que cada uno reciba lo propio de su cuerpo, tal como se portó, bien o mal (2 Cor. 5:10)", *D. S.*, 1002.

[71]Bula de Unión con los Griegos *Lætentur cæli* de 6 julio 1439, *D. S.*, 1306.

[72]*D. H.*, 4168.

8. *Profesión de Fe* (a. 1968), de Pablo VI, confesando la recta doctrina frente a diferentes errores del momento, afirma la eternidad del Infierno al declarar que la pena de daño es para toda la eternidad: "Subió al Cielo, de donde ha de venir de nuevo, entonces con gloria, para juzgar a los vivos y a los muertos, a cada uno según los propios méritos: los que hayan respondido al amor y a la piedad de Dios irán a la vida eterna, pero los que los hayan rechazado hasta el final serán destinados al fuego que nunca cesará".[73]

9. *El Catecismo de la Iglesia Católica* (a. 1997) recoge la doctrina fundamental sobre el Infierno en cinco puntos:

    - Nº 1033: Descripción del estado de condenación, su causa por la muerte del hombre en pecado mortal sin estar arrepentido ni acoger el amor misericordioso de Dios, y su naturaleza como estado de autoexclusión definitiva de la comunión con Dios y con los bienaventurados. El nombre de "Infierno".
    - Nº 1034: Doctrina bíblica sobre el Infierno.
    - Nº 1035: La enseñanza de la Iglesia que afirma la existencia, eternidad, "mox post mortem", clases de penas, siendo la principal la separación eterna de Dios.
    - Nº 1036: Llamamiento a la responsabilidad, conversión y vigilancia en nuestra vida terrena para no condenarnos.
    - Nº 1037: No hay predestinación para la condenación. El que se condena es por por propia voluntad. La Iglesia ora suplicando la misericordia de Dios por los pecadores en esta vida.

---

[73]Num. 12, *A. A. S.*, 60 (1968) 438.

11.4. MAGISTERIO Y ERRORES

Verdades definidas

Haciendo acopio de los diferentes datos examinados, la doctrina teológica concluye que son verdades de fe católica definida las siguientes:

- Existencia[74] y eternidad[75] del Infierno, en el IV Concilio de Letrán.

- Existencia y eternidad de las penas de sentido, en el símbolo *Quicumque*.[76]

- Existencia y eternidad de la pena de daño, en la Constitución *Benedictus Deus*, pues se encuentra implícitamente definida por contraposición al estado de los bienaventurados.[77]

- La verdadera distinción entre las penas de daño y las de sentido, que aunque no están explícitamente definidas, sí aparece en el

---

[74] J. Ibáñez – F. Mendoza: *Dios Consumador...*, cit., pág. 296 califica a la proposición: "Las almas de los que mueren con pecado mortal actual, inmediatamente después de su muerte, son atormentadas con penas infernales", como de fe divina y católica definida: y su censura, herejía. También L. Ott: *Manual...*, cit., pág. 703, y C. Pozo: *Teología...*, cit., pág. 452.

[75] J. Ibáñez – F. Mendoza: *Dios Consumador...*, cit., pág. 317 califica a la proposición: "Los condenados al Infierno recibirán con el Diablo suplicio eterno", como de fe divina y católica definida; y su censura, herejía. También L. Ott: *Manual...*, cit., pág. 705, y C. Pozo: *Teología...*, cit., pág. 452.

[76] J. Ibáñez – F. Mendoza: *Dios Consumador...*, cit., pág. 312 califica a la proposición: "Además de la pena de daño, en el Infierno existe la llamada pena de sentido, que atormenta a las almas de los condenados", como de fe divina y católica definida; y su censura, herejía.

[77] J. Ibáñez – F. Mendoza: *Dios Consumador...*, cit., pág. 308 califica a la proposición: "La pena de daño del Infierno consiste en la privación de la visión beatífica y de todos los bienes que de ella se derivan", como de fe divina y católica definida; y su censura, herejía.

Magisterio ordinario y el modo de expresarse del extraordinario ("penas"); por lo cual su negación sería error en doctrina católica. Por eso, no se puede reducir la pena de sentido a la mera aflicción psicológica proveniente de la pena de daño, porque no habría distinción real entre las penas de daño y las de sentido.

El núcleo de su enseñanza es señalado por el *Catecismo de la Iglesia Católica*:

"La enseñanza de la Iglesia afirma la existencia del Infierno y su eternidad. Las almas de los que mueren en estado de pecado mortal descienden a los Infiernos inmediatamente después de la muerte y allí sufren las penas del Infierno, 'el fuego eterno' (cf. *D. S.* 76; 409; 411; 801; 858; 1002; 1351; 1575; *Credo del Pueblo de Dios*, 12). La pena principal del Infierno consiste en la separación eterna de Dios en quien únicamente puede tener el hombre la vida y la felicidad para las que ha sido creado y a las que aspira".[78]

11.5 Cuestiones teológicas

11.5.1 La realidad del Infierno y los atributos divinos

La existencia del Infierno es una verdad estrictamente sobrenatural que conocemos por Revelación divina. No obstante, la razón iluminada por la fe, puede encontrar razones de conveniencia o manifestar la congruencia con otras verdades de la fe, es decir, que no hay contradicción entre las mismas.

En este sentido, puede parecer que la existencia de un estado de condenación eterna estaría en contradicción con la realidad de un Dios

---

[78]*Catecismo de la Iglesia Católica*, nº. 1035.

11.5. CUESTIONES TEOLÓGICAS

que es infinita bondad, misericordia y amor substancial. También parece contradecir también a la omnipotencia divina que no podría ver realizados sus designios de salvación (cfr. 1 Tim 2:4, "Dios quiere que todos los hombres se salven y lleguen al conocimiento de la verdad"). Por lo mismo, el atributo de la infinita justicia parece estar en entredicho, porque un castigo eterno puede parecer excesivo para una falta "finita" del ser humano (sería injusto castigar eternamente una acción que se hizo en un instante o un tiempo breve). Etc.

Estas aporías se presentaron a los pensadores cristianos desde el principio y dio lugar a la aparición de numerosos errores y herejías sobre el Infierno (negación de su existencia, de su eternidad, mitigación de las penas, posibilidad de rezar por los condenados, posible arrepentimiento de los bautizados, etc.), que pretendían de un modo u otro, "salvar" la bondad de Dios al permitir la realidad de la condenación eterna. En los tiempos más recientes se han puesto de moda, con la misma intención, las teorías del Infierno vacío o como mera posibilidad real, que examinaremos con más detalle.

Hay que sostener con toda claridad que el Infierno no se opone a ningún atributo divino; todo lo contrario, los confirma. Con una gran percepción teológica y una alta poesía, ya lo decía el Divino Poeta, cuando imaginaba a la puerta del Infierno una inscripción que rezaba:

> " 'Per me si va ne la città dolente,
> per me si va ne l'etterno dolore,
> per me si va tra la perduta gente.
>
> Giustizia mosse il mio alto fattore;
> fecemi la divina podestate,
> la somma sapïenza e'l primo amore.
>
> Dinanzi a me non fuor cose create
> se non etterne, e io etterno duro.
> Lasciate ogne speranza, voi ch'intrate'.

Queste parole di colore oscuro1 vid'ïo scritte al sommo d'una porta..."⁷⁹

Santo Tomás enfrenta esas aporías en varios lugares.

En primer lugar, hace ver la relación necesaria entre justicia y castigo. El castigo no es crueldad, sino necesidad de reparar el daño producido por el delito, lo que es exigencia de la justicia. Además corresponde al gobernante restablecer el orden roto por el delito mediante el castigo al transgresor; orden que el propio gobernante había establecido en primer lugar. Y así actúan los gobernadores y jueces con las transgresiones al orden humano, y Dios con las transgresiones a la ley divina:

"Ex rebus naturalibus ad res humanas derivatur ut id quod contra aliquid insurgit, ab eo detrimentum patiatur. Videmus enim in rebus naturalibus quod unum contrarium vehementius agit, altero contrario superveniente, propter quod aquæ calefactæ magis congelantur, ut dicitur in I Meteor. Un-

"De las cosas naturales pasa a las humanas que lo que se levanta contra algo sufra algún daño del agraviado. Pues vemos en las cosas naturales que un contrario obra más vehementemente al sobrevenir su contrario: por lo que, como se dice en el libro I de los Meteor., las aguas calentadas se congelan más (rápidamen-

---

[79]Dante Alighieri: *La Divina Comedia, El Infierno*, canto 3, "*Por mi se va a la ciudad del llanto; por mi se va al eterno dolor; por mi se va hacia la raza condenada; la justicia animó a mi sublime arquitecto; me hizo la divina potestad, la suprema sabiduria y el primer amor. Antes que yo no hubo nada creado, a excepción de lo eterno, y yo duro eternamente. ¡Oh vosotros los que entráis, abandonad toda esperanza!* Vi escritas estas palabras con caracteres negros en el dintel de una puerta..."

de in hominibus hoc ex naturali inclinatione invenitur, ut unusquisque deprimat eum qui contra ipsum insurgit. Manifestum est autem quod quæcumque continentur sub aliquo ordine, sunt quodammodo unum in ordine ad principium ordinis. Unde quidquid contra ordinem aliquem insurgit, consequens est ut ab ipso ordine, vel principe ordinis, deprimatur. Cum autem peccatum sit actus inordinatus, manifestum est quod quicumque peccat, contra aliquem ordinem agit. Et ideo ab ipso ordine consequens est quod deprimatur. Quæ quidem depressio poena est. Unde secundum tres ordines quibus subditur humana voluntas, triplici poena potest homo puniri. Primo quidem enim subditur humana natura ordini propriæ rationis; secundo, ordini exterioris hominis gubernantis vel spiritualiter vel temporaliter, politice seu oeconomice; tertio, subditur universali ordini divini regiminis. Quilibet autem horum

te). Pues en los hombres se da esto (mismo) por inclinación natural: que cada uno humilla al que se levanta contra él. Mas es evidente que todas las cosas que están bajo un orden, en cierto modo, son una sola cosa respecto al principio de su orden. De ahí que, si se levanta alguien contra ese orden, es lógico que sea humillado por el orden mismo o por el que lo preside. Ahora bien, siendo el pecado un acto desordenado, es evidente que quienquiera que peca obra contra algún orden. Y por eso es lógico que sea humillado por ese mismo orden. Esta humillación es el castigo. Por consiguiente, el hombre puede ser castigado con una triple pena, según los tres órdenes a los que la voluntad está sometida. Pues la naturaleza humana está sometida primero al orden de la razón propia; segundo, al orden de otro hombre de fuera, que gobierna en lo espiritual o en lo temporal, en lo político o económico; tercero, está sometida al orden universal del régimen divino. Mas por el pecado se pervierte cada

ordinum per peccatum pervertitur, dum ille qui peccat, agit et contra rationem, et contra legem humanam, et contra legem divinam. Unde triplicem poenam incurrit, unam quidem a seipso, quæ est conscientiæ remorsus, aliam vero ab homine, tertiam vero a Deo".[80]

uno de estos órdenes: en cuanto que el pecador obra contra la razón, contra la ley humana y contra la ley divina. Por consiguiente, incurre en una triple pena: una, por cierto, de sí mismo, que es el remordimiento de la conciencia; otra, de los hombres; y la tercera, de Dios".

Ya más en concreto, el Aquinate profundizará en varios extremos de la relación del Infierno con el castigo eterno y la Justicia divina. El compilador del *Suplemento a la Suma Teológica* recogió el pensamiento del Santo sobre el particular, en la cuestión 99, en cinco artículos, basados en sus obras anteriores.[81] De todos ellos, el artículo más importante es el primero, donde se pregunta si la divina justicia puede infligir un castigo eterno a los pecadores. Las razones por las que la Justicia divina y el castigo eterno no se oponen son, fundamentalmente, las siguientes:

1. Así como la recompensa se corresponde con el mérito, la pena lo hace con la culpa. Pero según la justicia divina, a un mérito temporal le corresponde una recompensa eterna (Jn 6:40, "Porque ésta es la voluntad de mi Padre: que todo el que ve al

---

[80]Cfr. Santo Tomás de Aquino: *Summ. Theol.*, I^a–II^{æ}, q. 87, a. 1; *In Sent.*, II, dist. 32, q. 1, a. 1; IV, dist. 14, q. 2, a. 1, q^a 2; *Contr. Gent.* III, cap. 140; *De Malo*, q. 7, a. 10.

[81]Cfr. Santo Tomás de Aquino: *Summ. Theol.*, I^a–II^{æ}, q. 87, a. 3; III^a, q. 86, a. 4; *In Sent.*, II, dist. 42, q. 1, a. 5; *In Sent.*, IV, dist. 21, q. 1, a. 2, qu^a 3; *Contr. Gent.*, III, c. 144; *De Malo*, q. 7, a. 10; *Compend. Theol.*, c. 183; *In Matth.*, c. 25; *Ad Rom.*, c. 11, lect. 11.

11.5. CUESTIONES TEOLÓGICAS

Hijo y cree en El tenga la vida eterna, y yo le resucitaré en el último día"). Luego, también según la misma justicia a un culpa temporal, le corresponde una pena eterna.

2. El castigo se mide con relación a la dignidad de la persona, como reconoce el mismo Aristóteles.[82] El que golpea a una persona constituida en autoridad, recibe más castigo que si fuera otra persona. El que comete un pecado mortal, peca contra Dios, cuyos mandamientos quebranta y cuyo honor se da a otra realidad a la que se coloca por encima de Él. Como la majestad de Dios es infinita, el que peca mortalmente merece una pena infinita, por lo que el hombre debiera ser castigado infinitamente; como el hombre no puede ser castigado infinitamente en intensidad, lo es en duración.

3. San Agustín observa que, a veces, la duración de la pena no se corresponde con la duración de la falta, como se ve, por ejemplo, en el caso del adulterio, que se comete en un breve espacio de tiempo, pero su pena no es breve.[83]

4. Por otro lado, la duración de un castigo depende de la disposición del pecador; y así, en ocasiones, una persona que comete un delito en una ciudad, es castigada con la exclusión total de la compañía de sus conciudadanos, por exilio perpetuo o por la muerte. En otras ocasiones, sin embargo, no se le considera punible con la total exclusión de esa compañía de sus conciudadanos, y con el fin de que vuelva a ser un miembro adecuado de la comunidad, se le prolonga o acorta el castigo según su progreso en su enmienda y cambio, hasta que pueda vivir como un miembro adecuado y pacífico de esa ciudad. Del mismo

---

[82] Aristóteles: *Ethic*, cap. 5, v. 4.
[83] San Agustín: *De Civ. Dei*, cap. 2 (*P. L.*, 41, 725).

modo, según la justicia divina, el pecado convierte al pecador en alguien que debe ser separado por completo de la compañía de la Ciudad de Dios; y este es el efecto de cada pecado que se comete contra la caridad, que es el vínculo que mantiene unida a esa Ciudad. Por eso, por el pecado mortal, que es contrario a la caridad, el pecador es condenado a la expulsión para siempre de la compañía de los santos, y condenado al castigo eterno. San Agustín dice que "así como los hombres son separados de esta ciudad perecedera por el castigo de la primera muerte, del mismo modo son excluidos de la ciudad imperecedera por el castigo de la segunda muerte".[84] Pero si el hombre peca de modo que no merece ser separado para siempre de la compañía de los santos, como ocurre con el pecado venial, su castigo será más o menos largo según necesite mayor o menor reparación, lo que ocurre en los castigos de este mundo y en el Purgatorio.

5. Es de justicia, según San Agustín, que una persona se haga merecedora de un mal eterno, cuando destruyó en sí misma un bien que podría llegar a ser eterno (al pecar en contra del bien eterno, despreciando la vida eterna).[85]

6. El hombre que comete pecado mortal pone su finalidad en una creatura y no en Dios; como toda la vida se gobierna en orden a la finalidad elegida, se sigue que el pecador dirige toda su vida hacia ese pecado, y desearía permanecer en él si pudiera hacerlo con impunidad.[86]

7. La culpabilidad mortal permanecería para siempre en el hombre abandonado a sus propios recursos, porque solo puede ser

---

[84]San Agustín: *De Civ. Dei*, 21, 11 (*P. L.*, 41, 726).
[85]San Agustín: *De Civ. Dei*, 21, 12 (*P. L.*, 41, 7267).
[86]Cfr. San Gregorio Magno: *Dialog.*, 4, 44 (*P. L.*, 77, 404).

11.5. CUESTIONES TEOLÓGICAS

perdonado por la gracia de Dios; pero los hombres no pueden recibir gracia después de muertos. Si ocurre esto, permaneciendo la culpa, debe de permanecer el castigo para siempre.

También se han aducido otras razones de congruencia entre el pecado de los hombres, su castigo eterno y la infinita justicia y misericordia. Así se recuerda la concordancia entre la gravedad del pecado y el dogma de la Redención, que ha exigido por parte de Dios un precio de valor infinito para resarcir la deuda contraída por el hombre (cfr. 1 Cor 7:23, "habéis sido comprados a un gran precio..."). Pecado que exige tal redención, merece, si no hay arrepentimiento, tal castigo.[87]

Por otro lado, el Infierno es una autoexclusión del perdón y de la misericordia de Dios. Son condenados los que por su soberbia no quieren arrepentirse de sus pecados. Dios hace milagros con una persona que quiere arrepentirse, pero no puede salvar al que no quiere ser salvado.[88] En palabras del *Catecismo de la Iglesia Católica*:

> "Morir en pecado mortal sin estar arrepentido ni acoger el amor misericordioso de Dios, significa permanecer separados de Él para siempre por nuestra propia y libre elección. Este estado de autoexclusión definitiva de la comunión con Dios y con los bienaventurados es lo que se designa con la palabra 'Infierno'".[89]

Con todo, la razón más convincente para manifestar la congruencia del Infierno con la Bondad de Dios se encuentra en el mismo misterio del Amor. Los aportes de A. Gálvez en esta dirección son decisivos, y

---

[87] J. Ibáñez – F. Mendoza: *Dios Consumador...*, cit., pág. 307. J. A. Sayés: *Escatología*, cit., págs. 131–132.

[88] J. A. Sayés: *Escatología*, cit., págs. 131–132.

[89] *Catecismo de la Iglesia Católica*, nº 1033.

de ellos nos ocuparemos en la última sección, al estudiar sus críticas a las que él denomina "teologías de la bondad".

11.5.2 Realidad existencial

El Infierno es una realidad, como ya se ha visto de múltiples maneras.

Esta verdad se opone no solo a los que directamente niegan su existencia, sino a las nuevas teologías que sosteniendo la teoría de la salvación universal de todos los hombres, en vinculación con la de los cristianos anónimos, acaban afirmando que el Infierno estaría vacío porque no habría condenados. Es el caso de H. Küng,[90], E. Schillebeeckx,[91] o V. Borragán Mata,[92] etc.

Una posición que parece más matizada, pero que llega a igual resultado, es la que concibe el Infierno como una mera posibilidad real para cada hombre, puesto que podemos esperar que todos se salven. El principal exponente de ese modo de pensar es H. Urs von Balthasar,[93] quien, negando sostener la tesis de un Infierno vacío, sin embargo sí

---

[90]Cfr. "Jesus de Nazareth no predicó sobre el Infierno, por mucho que hablara del Infierno y compartiese las ideas apocalípticas de sus coetáneos: en ningún momento se interesa Jesús directamente por el Infierno" (H. Küng: *Credo*, Madrid, Ed. Trotta, 2004, pág. 174)

[91]E. Schillebeeckx, por ejemplo, afirma: "No hay ningún reino de sombra infernal junto al reino de Dios de la felicidad eterna...El 'esjaton', es decir, lo que es último, es exclusivamente positivo. No hay ningún 'esjaton' negativo. El bien, no el mal, tiene la última palabra. Éste es el mensaje y la característica de la praxis humana de Jesús de Nazaret, a quien por ello confiesan los cristianos como Cristo" (*Los Hombres, Relato de Dios*, Salamanca, Sígueme, 1994, pág. 215).

[92]Quien, siguiendo los criterios de von Balthasar que exponemos a continuación, llega a la convicción de que nadie se condena (*¿Nos salvaremos todos? ¿Se Condenará Alguno?: Gratuidad de la Salvación*, Madrid, Edibesa, 2004, pág. 65).

[93]H. U. von Balthasar: *¿Qué Podemos Esperar?*, en "Tratado sobre el Infierno", Valencia, Guada Litografía S. L., 1999

11.5. CUESTIONES TEOLÓGICAS

afirma poder probar la esperanza de que todos los hombres se salven. Distinción que resulta difícil de entender, por cierto. Sea como sea, el pensamiento de von Balthasar se basa en el presupuesto de que en la Biblia existirían dos tipos de afirmaciones: las pre–pascuales, en las que Cristo habla de un doble resultado (salvación y condenación como Mt 25: 31ss. y los textos citados habitualmente sobre el estado de condenación en la predicación de Jesucristo), y las post–pascuales, en las que se habla de una salvación dada a todos por la Redención de Cristo (1 Tim 2: 4–5; 4:10; Ro 11:32; Ef 1:10; 2 Pe 3:9). Así pues, frente a los textos de amenaza de Cristo, hay otros que se centran directamente en esperar la salvación para todos:

> "Nosotros no negamos en absoluto que la serie de amenazas pierda su fuerza; negamos tan solo que la serie de amenazas quite su fuerza a las citadas expresiones de carácter universal. Y no afirmamos más que esto: que las expresiones nos dan derecho a esperar un favor de todos los hombres, que es como decir que nosotros no nos vemos constreñidos a dar el paso de las amenazas a la posición de un Infierno lleno de nuestros hermanos y hermanas con lo que destruiríamos nuestra esperanza".[94]

J. A. Sayés ha mostrado cómo von Balthasar no prueba su tesis del doble conjunto de textos pre y post–pascuales con características tan diferentes.[95] Son discutibles las interpretaciones que hace el autor

---

[94]H. U. von Balthasar: *Un Pequeño Discurso sobre el Infierno*, en "Tratado sobre el Infierno" cit., pág. 149.

[95]Se puede ver las críticas en concreto a la hermenéutica de los diferentes textos aducidos por von Balthasar, en J. A. Sayés: *¿Cómo Hablar del Infierno? Diálogo con H. U. von Balthasar*, en "Revista Agustiniana" 53 (2002) 141–171; Id.: *Escatología*, cit., págs. 137–141. Id.: *La esencia del cristianismo: diálogo con K. Rahner y H.U. von Balthasar*, Madrid, Cristiandad, 2005, págs. 298–308.

suizo de Ro 5:12–21 y Jn 12:32, además de olvidar estudiar textos pre–pascuales como Lc 13:22 y post–pascuales como 1 Cor 6: 6–10. Como dice Sayés:

> "La tesis de von Balthasar va más allá de ese legítimo deseo (el de que todos se salven), sosteniendo que en la Biblia hay frases de las que se podría inferir la esperanza de una salvación fáctica para todos, lo cual contradice las palabras de Cristo y de san Pablo".[96]

Ya en general, podemos decir que las razones que todas esas teorías aducen en su defensa, no son sostenibles. Hay abundantes motivos para rechazarlas:

1. Son teorías que lleva al extremo las doctrinas origenistas de la "apokatástasis", ya que si en ésta las almas acaban saliendo del Infierno después de su purificación, en aquéllas ni siquiera entran en él. Todas las críticas que mereció esa antigua herejía con aplicables a las nuevas teorías.

2. El Nuevo Testamento, al hablar de la condenación de los impíos, utiliza los verbos en futuro y no en condicional: "irán" y no "irían", lo que implica que alguien debe de acabar allá.[97]

3. El Magisterio sí puede actuar para declarar verdades de condenación, al igual que lo hace para las verdades de salvación. En efecto:

---

[96] J. A. Sayés: *Escatología*, cit., pág. 141.

[97] En las discusiones del Concilio Vaticano II, no se quiso explicitar la existencia de hecho de condenados en el Infierno, porque ya estaría supuesta en el uso futuro de los verbos de condenación. Cfr. C. Pozo: *Teología...*, cit., pág. 454; J. Ibáñez – F. Mendoza: *Dios Consumador...*, cit., págs. 329–330.

11.5. CUESTIONES TEOLÓGICAS

- Lo ha hecho históricamente al hablar del Infierno.

- No obsta el que la Iglesia no haya reconocido la condena eterna de ninguna persona, mientras que sí ha declarado sobre la santidad de otras, ya que la infalibilidad al canonizar tiene unos fundamentos que no pueden aplicarse para ser usados en una hipotética línea de declaración de condenación.

4. Dios toma en serio la libertad humana y el amor verdaderos. Si Dios obligara a salvarse a los impíos estaríamos en presencia de la tesis de la potencia absoluta de Dios, quien podría hacer que lo que ahora es pecado, al final no lo fuera.

5. Lo característico del Cielo es el amor supremo en íntima unión con Dios. Y el amor se ofrece, no se impone. Un amor obligado a la fuerza, jamás sería amor, como A. Gálvez ha probado abundantemente.[98]

11.5.3 Estado o lugar

El Antiguo Testamento, al hablar del Infierno, utiliza expresiones de lugar (valle de "Ben–Hinnom") y de estado (lejanía de Dios, fuego, etc.). Ambos tipos de expresión se vuelven a usar en el Nuevo Testamento:

- Expresiones de "estado":

    - *Muerte*: Ro 6:21, "¿Qué fruto obteníais entonces de esas cosas que ahora os avergüenzan? Pues su final es la muerte".

---

[98] Sobre este particular volveremos al final del capítulo, al exponer el pensamiento de A. Gálvez que critica profundamente este modo de concebir el Infierno, al que él llama "teologías de la bondad".

- *Muerte segunda*: Ap 20:6, "Bienaventurado y santo el que tiene parte en la resurrección primera. Sobre éstos la muerte segunda no tiene poder, sino que serán sacerdotes de Dios y de Cristo, y reinarán con Él mil años".

- *Fuego eterno, inextinguible*: Mt 25:41, "Entonces dirá a los que estén a la izquierda: Apartaos de mí, malditos, al fuego eterno preparado para el diablo y sus ángeles". Fuego inextinguible, Mc 9:43, "Y si tu mano te escandaliza, córtatela. Más te vale entrar manco en la Vida que con las dos manos acabar en el Infierno, en el fuego inextinguible".

- *Perdición*: Mt 7:13, "Entrad por la puerta angosta, porque amplia es la puerta y ancho el camino que conduce a la perdición, y son muchos los que entran por ella".

- *Corrupción*: Ga 6:8, "El que siembra en su carne, de la carne cosechará corrupción; y el que siembra en el espíritu, del espíritu cosechará la vida eterna".

- Expresiones de "lugar":

  - *Lugar de tormentos*: Lc 16:28, "...porque tengo cinco hermanos, para que les advierta y no vengan también a este lugar de tormentos".

  - *Abismo*: Lc 8:31, "Y le suplicaban (los demonios que poseían al geraseno) que no les ordenase ir al abismo".

  - *Horno de fuego*: Mt 13:42, "Y los arrojarán en el horno del fuego. Allí habrá llanto y rechinar de dientes".

  - *Gehenna*: Mc 9: 45.47–48, "Pues es mejor para ti entrar cojo en la vida que ser arrojado con los dos pies a la gehenna... Y si tu ojo te escandaliza, sácatelo. Más te vale entrar tuerto en el Reino de Dios que con los dos ojos ser arrojado al Infierno, donde su gusano no muere y el fuego no se apaga".

11.5. CUESTIONES TEOLÓGICAS

¿Qué concluir? ¿Es solamente un "estado" o también supone una extensión en algún "lugar"? La respuesta ya se dio al hablar del mismo problema en el estudio sobre el Cielo.[99] Sus conclusiones son, *mutatis mutandis*, aplicables aquí.

11.5.4 Eternidad y endurecimiento de los condenados

El dogma de que el Infierno es eterno conlleva la necesidad de aceptar que los condenados no pueden convertirse en el más allá. De otro modo, el Infierno no sería eterno, y estaríamos aceptando las tesis de la "apokatástasis" origenista.

Por tanto, un condenado no puede realizar en el más allá, ni:

- Actos sobrenaturales de salvación.

- Ni tampoco actos naturales de salvación, esto es aquéllos actos que no tienen un valor positivo en orden a la salvación, pero sirven para pedir a Dios misericordia.

* * *

Admitiendo que el Infierno es eterno, se puede indagar sobre la razón última del endurecimiento de los condenados. Hay dos teorías que intentan avanzar una posible explicación:

A.– Por determinación de la voluntad divina, que en su sabiduría inescrutable determinó que los hombres pudieran merecer y ejercer su libertad solo en la vida terrena.[100] Con la muerte acaba el periodo de prueba.

---

[99]Cfr. *supra*, cap. 8.4.11.

[100]Es la posición de muchos teólogos de la Escuela. Cfr. M. Premm: *Katholische Glaubenskunde*, t. 4, Wien, 1953, págs. 656, cit. por C. Pozo: Teología..., cit., pág. 461.

Esta tesis parte de la realidad del Cielo y de la salvación como gracia sobrenatural de Dios, quien no está obligado a otorgarla a nadie. Pero en su bondad la ofrece libremente a sus creaturas racionales (ángeles o seres humanos) para que puedan elegirla hasta el momento del final de su periodo de prueba.

Por lo mismo que es don libre, Dios no está obligado a otorgar esa gracia eternamente, a pesar de que la creatura la haya rechazado en el tiempo de prueba. Y, de hecho, Dios puso un límite temporal a esa libertad de elección.

En consecuencia, cuando el hombre ha rechazado esa oportunidad y se condena:

- Es castigado con la pena de daño, que consiste en la no admisión a la amistad con Dios.

- Como la creatura racional conoce con toda claridad que ya no tiene ninguna oportunidad de salvarse, reconoce la inutilidad de todo conato de conversión. De esta conciencia, surge el odio a Dios y el endurecimiento del condenado en su pecado.

- También tiene pena de sentido, porque separado de Dios, se convirtió a las creaturas.

- Es conveniente que la pena de sentido dure eternamente, porque la medida del pecado es infinita en razón de la persona ofendida (Dios) no por la persona del pecador.

B.– *Por exigencias de la naturaleza de la voluntad del condenado.* El endurecimiento del alma condenada es propio del alma separada del cuerpo, cuya condición se parece a la de los espíritus puros (ángeles o demonios): por ley psicológica natural, su voluntad queda fija en favor

11.5. CUESTIONES TEOLÓGICAS

o en contra de Dios, según fuera su disposición en el momento de la muerte, cuando se separó de su cuerpo.[101]

En consecuencia, al condenarse:

- Recibe la pena de daño por toda la eternidad, al no estar con Dios, amándolo, poseyéndolo y viéndolo.

- El endurecimiento es consecuencia natural del hombre que muere en pecado mortal, y no es por decisión de la voluntad divina.

- La pena de sentido es también consecuencia del endurecimiento natural del alma separada: el hombre quería ser el centro del universo, y ahora se encuentra aislado y solitario en su terrible y eterno egoismo.

- La pena de sentido también dura eternamente, como consecuencia de que su actitud hacia las creaturas ha quedado también endurecida.

Santo Tomás defendió esta posición. Para él, el alma separada del cuerpo no es libre para revocar la elección del objeto del último fin (aunque sí lo podría ser para los medios, lo que no afectaría para nada al mérito o demérito de la elección hecha ya en la vida mortal), porque adquiere una condición de ser y de entender semejante a la del espíritu puro, por lo cual el entendimiento no es movible, y, en consecuencia, tampoco la voluntad:

---

[101]Esta explicación es asumida por Ch. Journet: *Le mal*, págs. 210–224; F. X. Remberger: *Zum Problem des Höllenfeuers: Christus vor uns*, págs. 75–83; H. Rondet: *Les Peines de l'Enfer*, en "Nouvelle Revue Catholique" 67 (1940) 397–427. Cfr. C. Pozo: *Teología...*, cit., págs. 460–462, quien manifiesta los problemas de esta tesis, que parte de algunos presupuestos que no prueba, como es el hecho de que las almas separadas no puedan cambiar de decisión, o que tomen una decisión irrevocable cuando en la vida terrena podían cambiarla, etc.

"Causam autem huius obstinationis oportet accipere, non ex gravitate culpæ, sed ex conditione naturæ status. Hoc enim est hominibus mors, quod Angelis casus, ut Damascenus dicit. Manifestum est autem quod omnia mortalia peccata hominum, sive sint magna sive sint parva, ante mortem sunt remissibilia; post mortem vero, irremissibilia, et perpetuo manentia..."[102]

"En cuanto a la causa de dicha obstinación, no se ha de buscar en la gravedad de la culpa, sino en la condición del estado natural. Esto es así porque, como dice el Damasceno, lo que para los hombres es la muerte, esto es para los ángeles la caída. Es evidente que todos los pecados mortales, grandes o pequeños, de los hombres son remisibles antes de la muerte. Después de la muerte, son irremisibles y duran siempre..."

"Sed post statum viæ anima separata non intelliget accipiendo a sensibus, nec erit in actu potentiarum appetitivarum sensibilium. Et sic anima separata Angelo conformatur et quantum ad modum intelligendi, et quantum ad indivisibilitatem appetitus, quæ erant causa obstinationis in Angelo peccante; unde per eamdem rationem in anima separata obstinatio erit. In

"Pero después del estado de vía, el alma separada no entiende por los datos que le proporcionan los sentidos, y ni siquiera existirán las potencias apetitivas sensibles. Y de este modo el alma separada se asemeja a los ángeles en cuanto al modo de entender y en cuanto a la indivisibilidad del apetito, que son la causa de la obstinación del ángel pecador. Luego, por la misma razón, el alma separada estará también obstinada. En la resurrección,

---

[102]Santo Tomás de Aquino: *Summ. Theol.*, Iª, q. 64, a. 2; *In Sent.*, II, dist. 7, q. 1, a. 2; *De Verit.*, q. 24, a. 10; *De Malo*, q. 16, a. 5.

11.5. CUESTIONES TEOLÓGICAS

resurrectione autem corpus sequetur animæ conditionem; et ideo non redibit anima ad statum in quo modo est, in quo a corpore necesse habet accipere, quamvis corporeis instrumentis utatur. Et ita tunc eadem obstinationis ratio manebit".[103]	el cuerpo seguirá la condición del alma, y por lo mismo, no volverá el alma al estado en que actualmente se encuentra, en el que necesita recibir sus impresiones del cuerpo, aunque use instrumentos corpóreos; y así permanecerá también entonces la misma causa de la obstinación".

* * *

Como en la antigüedad cristiana, la posibilidad de salvación de los condenados en el Infierno fue un tema debatido, y tiene relación con la aparente aporía entre Justicia y Misericordia divinas, Santo Tomás enfrentó este tema con claridad. Sus principios fueron recogidos en el *Suplemento* a la *Suma Teológica* en la q. 99, aa 2–3.[104] Sus principales argumentos fueron los siguientes:

1. Admitir la conversión iría contra la Revelación (Mt 25:41; Ap 20: 9–10) y las condenas de las tesis origenistas.[105]

2. Si la condena de los impíos pudiera acabar y no ser eterna, también podría ocurrir lo mismo en relación con la felicidad de los bienaventurados, lo que es imposible, como ya vimos (de hecho y de derecho no pueden pecar por la visión intuitiva de Dios).[106]

---

[103]Santo Tomás de Aquino: *De veritate*, q. 24, a. 11, co.

[104]Recogen el pensamiento del Aquinate en *Summ. Theol.*, I^a, q. 64, a. 2; *In Sent.*, III, dist. 46, q. 2, a. 3, q^a 2; *In Sent.*, IV, dist. 22, q. 2, a. 2, q^a 2; *Contr. Gent.*, III, c. 144; *In Matth.*, c. 25.

[105]*Suppl.*, q. 99, a. 2, co.

[106]*Suppl.*, q. 99, a. 2. sed c.

Orígenes, con lógica interna, afirmaba que los bienaventurados podrían volver a pecar, de ahí su atemporalismo.

3. La misericordia de Dios encuentra un lugar en el Infierno eterno, porque castiga en mucho menos de lo que merecerían de condigno los réprobos por sus pecados.[107]

4. La voluntad de salvación de Dios con respecto a las creaturas sería ineficaz solo en caso de que todo el género humano o angélico se hubieran condenado eternamente, pero no si ocurre con algunos de sus individuos.[108]

5. No es aceptable distinguir una posible salvación para los bautizados y una condenación eterna para los demonios —como sostuvieron algunos Santos Padres—. En efecto, los que sostenían tal distinción, pensaban que así explicaban la misericordia de Dios sin tener que aceptar la herejía de la "apokatástasis", puesto que el Infierno existiría eternamente, aunque solo para los demonios, que nunca podrían alcanzar la salvación. En cambio, tal misericordia divina brillaría al ejercerse con los bautizados, que eventualmente podrían ser perdonados. Esta distinción no es razonable, porque el estado de obstinación es común a los demonios y a los condenados, lo que hace que no puedan ser salvados.[109]

En el artículo cuarto, se rechazan en detalle las posiciones de algunos Santos Padres y escritores eclesiásticos que sostuvieron la posibilidad de que los cristianos solamente (no todos los hombres muertos

---

[107] *Suppl.*, q. 99, a. 2. ad 1; cfr. *Summ. Theol.*, Iª, q. 2, a. 3, ad 1.
[108] *Suppl.*, q. 99, a. 2. ad 3.
[109] *Suppl.*, q. 99, a. 3. co.

11.5. CUESTIONES TEOLÓGICAS

en pecado mortal) pudieran ser salvados del Infierno.[110] Hubo tres errores:

- Los que sostuvieron que, con solo recibir el bautismo, los cristianos quedaban inmunes al castigo eterno. Pero esto es rechazable porque hay personas que se bautizaron y no tienen fe, sin la cual es imposible agradar a Dios (Heb 11:6).

- Los que afirmaron que quedan inmunes a la condenación eterna los cristianos que se bautizaron y profesaron la fe alguna vez. Pero eso es insostenible, porque algunos que profesaron la fe en un momento, posteriormente la abandonaron; caso en que la Revelación dice que son más culpables y merecen mayor castigo (2 Pe 2:21), como es el caso de los heresiarcas.

- Los que afirmaron que quedan inmunes los que recibieron los sacramentos de la fe y perseveraron en ella hasta la muerte, aunque murieran con otros pecados mortales. Pero esto vuelve a ser contrario a la fe, ya que la Revelación dice que la fe sin obras está muerta (San 2:20).

Por tanto, solo los cristianos que perseveran en su fe hasta el final y están libres de otros crímenes en la hora de la muerte, estarán exentos del castigo eterno, porque no irán al Infierno.

En el artículo quinto, se enfrentan las opiniones de aquéllos que afirmaron que los que ejercieron obras de misericordia y mantuvieron la fe hasta su muerte, aunque estuvieran en estado de pecado mortal por otros motivos, se podían salvar del Infierno. Lo cual es inaceptable porque no bastan solo las obras de misericordia para salvarse. Hay personas de fe y misericordiosas que cometen otros pecados mortales

---

[110] *Suppl.*, q. 99, a. 4. co. Se cita a San Agustín: *De Civ. Dei*, 21, 19 (*P. L.*, 41, 733). Cfr. *In Sent.*, IV, dist. 46, q. 2, a. 3, qª 3.

que excluyen del Reino (1 Cor 6: 9–10; San 2:10). Esos otros pecados mortales hacen que no tengan caridad, sin la cual no se puede entrar en el Reino. Se pueden hacer obras de misericordia extraordinarias, y, por no tener caridad, no sirvan de nada (1 Cor 13: 1–3). Por eso se concluye:

> "Debemos de concluir que quienquiera que muera en pecado mortal, ni la fe ni las obras de misericordia les pueden librar de la condenación eterna, ni incluso después de cualquier largo tiempo".[111]

11.5.5 La condición de los condenados

La situación de condenación afecta a los condenados de variadas maneras. La teología clásica se preguntaba sobre el modo en que el entendimiento y la voluntad son ejercidos en el Infierno, afectados y experimentando las penas de daño y de sentido. Siguiendo los principios de la teología tomista, habría que distinguir entre el ejercicio de la inteligencia y el de la voluntad.

La voluntad de los condenados

Su voluntad natural, creada por Dios permanece "buena" porque su naturaleza no es destruida en el Infierno; pero la voluntad deliberativa y libre, siempre es mala porque están totalmente apartados del fin último de la recta voluntad. Es un caso parecido al de los demonios: su voluntad natural se conserva, pero su voluntad electiva siempre tiende libremente al mal.[112]

---

[111] *Suppl.*, q. 99, a. 5. co. Se cita a San Agustín: *De Civ. Dei*, 21, 22 (*P. L.*, 41, 735). Cfr. *In Sent.*, IV, dist. 46, q. 2, a. 3, q^a 4.

[112] *Supplem.*, q. 98, a. 1. Cfr. Santo Tomás de Aquino: *Summ. Theol.*, I^a, q. 64, a. 2; I^a–II^{ae}, q. 85, a. 1, ad. 3; *De Anima*, a. 17, ad 7; *In Sent.*, II, dist. 7, q. 1, a. 2; *Contra Gent.*, IV, c. 93; *Comp. Theol.*, c. 174.

11.5. CUESTIONES TEOLÓGICAS

Su voluntad está fijada en el mal y no se arrepentirán, como ya se ha explicado.[113]

Sin embargo la obstinación en el mal no incrementará sus penas, porque el hombre no es capaz de merecer o demerecer en el más allá. Hay una diferencia entre la situación de ángeles y demonios, quienes pueden sufrir un incremento accidental de gozo o de castigo hasta el día del Juicio final, por su labor con los seres humanos: se alegran de un pecador que se arrepiente, o incrementan su pena por un hombre que cae en la tentación y se condena. Pero en los seres humanos no se produce el mismo efecto.[114]

Por otro lado, los condenados preferirían no existir antes que seguir sufriendo eternamente (Mt 26:24; Jer 20:14). La no existencia no puede elegirse en sí misma, pues sería pura privación y carece en absoluto de razón de bien, pero sí puede elegirse como medio para suprimir una vida penosa y miserable.[115]

Los condenados desearían que todos los seres humanos se hubieran condenado porque los condenados viven en un odio perfectísimo, lo que les hace dolerse de todos los bienes posibles.[116]

---

[113] *Supplem.*, q. 98, a. 2. Cfr. Santo Tomás de Aquino: *Summ. Theol.*, I^a–II^{ae}, q. 13, a. 4; III^a, q. 86, a. 1; *In Hebr.*, c. 12; *In Sent.*, IV, dist. 14, q. 1, a. , q^a 4; *Compend. Theol.* c. 175.

[114] Santo Tomás de Aquino: *Summ. Theol.*, I^a, q. 62, a. 9, ad. 3; II^a–II^{ae}, q. 13, a. 4, ad 2. Parece que hubo un cambio de opinión en Santo Tomás, pues en las obras de su juventud, sí parece aceptar la posibilidad de un incremento accidental (no en cuanto a lo esencial, donde no puede haber cambio alguno) de penas en los condenados o de alegrías en los bienaventurados hasta el día del Juicio final (*Supplem.*, q. 98, a. 6; *In Sent.*, IV, dist. 50, q. 2, a. 1, q^a 5).

[115] *Supplem.*, q. 98, a. 3. Cfr. Santo Tomás de Aquino: *Summ. Theol.*, I^a, q. 5, a. 2, ad 3; *De Verit.*, q. 22, a. 1, ad 7; *In Math.*, c. 26; *In Sent.*, IV, dist. 50, q. 2, a. 1, q^a 3.

[116] *Supplem.*, q. 98, a. 4. Cfr. Santo Tomás de Aquino: *Quodl.*, VIII, q. 7, art. 2; *In Sent.*, IV, dist. 50, q. 2, a. 1, q^a 4.

Por lo mismo, tienen odio a Dios, no en Sí mismo —lo que sería imposible por ser la suprema bondad—; pero los condenados no pueden percibir a Dios en Sí mismo. Solo lo pueden percibir en sus efecto, en particular en cuanto que los castiga por sus pecados: perciben a Dios en el efecto de su justicia, que es el castigo, y le tienen odio lo mismo que a los castigos que padecen.[117]

La inteligencia de los condenados

Pueden utilizar la ciencia adquirida en este mundo, pero solo para tristeza y no para el gozo.[118]

Pueden pensar en Dios, pero, de nuevo, ese pensamiento redunda en mayor tristeza. Como el pensamiento sobre la esencia divina no puede hacerse sino con gozo, pues se le percibe como principio de toda bondad, los condenados no pueden entenderlo de esa manera; lo comprenden por alguno los efectos divinos, como la justicia o el castigo, y de este modo aumenta su tristeza.[119]

Los condenados conocen la situación de los bienaventurados en el Cielo (cfr. Lc 16:23) hasta el día del Juicio, sin llegar a comprehenderla. Después del Juicio, son privados totalmente de tal visión de los bienaventurados, pero el recuerdo de lo que vieron antes del Juicio, les causará mayor pena.[120]

---

[117] *Supplem.*, q. 98, a. 5. Cfr. Santo Tomás de Aquino: *Summ. Theol.*, I^a, q. 60, a. 5, ad 5; II^a-II^{ae}, q. 34, a. 1; *De Verit.*, q. 22, a. 2, ad 3; *In Sent.*, IV, dist. 50, q. 2, a. 1, q^a 5.

[118] *Supplem.*, q. 98, a. 7. Cfr. Santo Tomás de Aquino: *In Sent.*, IV, dist. 50, q. 2, a. 2, q^a 1.

[119] *Supplem.* q. 98, a. 8. Cfr. Santo Tomás de Aquino: *In Sent.*, IV, dist. 50, q. 2, a. 2, q^a 2.

[120] *Supplem.* q. 98, a. 9. Santo Tomás de Aquino: *Quodl.*, VIII, q. 7, art. 1; *In Sent.*, IV, dist. 50, q. 2, a. 2, q^a 3.

11.5. CUESTIONES TEOLÓGICAS

11.5.6 La pena de daño del Infierno

Como hemos visto hay dos clases de penas que sufren los condenados en el Infierno, que se denominan "de daño" (perjuicio, pérdida o privación, entendidos como carencias de algo que se podía y se debía tener —presuponiendo la gracia divina y el orden sobrenatural regalado por Dios—, que en este caso es la posesión, amor, gozo y visión intuitiva de Dios) y "de sentido" (sufrimiento que se produce por acción de un agente externo, normalmente material o sensible). La primera corresponde al apartamiento voluntario de Dios que supone el pecado; la segunda, a la conversión desordenada a la creatura, que también supone el pecado.

El condenado en el Infierno sufre como pena de daño, la privación de la visión beatífica y la posesión de Dios y de todos los bienes que de ella se derivan.[121] Es propiamente la esencia del castigo en el Infierno, porque constituye la privación de un bien infinito, mientras que todas las otras penas son de bienes finitos. Por eso decía Santo Tomás que la pena de daño es infinita ya que es la pérdida de un bien infinito como es Dios:

"Poena proportionatur peccato. In peccato autem duo sunt. Quorum unum est aversio ab incommutabili bono, quod est infinitum, unde ex hac parte peccatum est infinitum. Aliud	"El castigo es proporcionado al pecado. Mas en el pecado hay dos cosas. Una de ellas es la aversión con respecto al bien inmutable, que es infinito; y así, por esta parte, el pecado es infinito. La

---

[121] J. Ibáñez – F. Mendoza: *Dios Consumador...*, cit., pág. 308 califican a la proposición: "La pena de daño del Infierno consiste en la privación de la visión beatífica y de todos los bienes que de ella se derivan", como de fe divina y católica definida; y su censura, herejía.

quod est in peccato, est inordinata conversio ad commutabile bonum. Et ex hac parte peccatum est finitum, tum quia ipsum bonum commutabile est finitum; tum quia ipsa conversio est finita, non enim possunt esse actus creaturæ infiniti. Ex parte igitur aversionis, respondet peccato poena damni, quæ etiam est infinita, est enim amissio infiniti boni, scilicet Dei. Ex parte autem inordinatæ conversionis, respondet ei poena sensus, quæ etiam est finita".[122]

otra cosa que hay en el pecado es la conversión desordenada al bien transitorio. Y por esta parte el pecado es finito, ya porque el mismo bien transitorio es finito, ya porque la misma conversión (a él) es finita, pues los actos de una criatura no pueden ser infinitos. Por razón, pues, de la aversión al pecado le corresponde la pena de daño, que también es infinita, pues es la pérdida del bien infinito, es a saber, de Dios. Mas por razón de la conversión (a las criaturas, finitas) le corresponde la pena de sentido, que también es finita".

Siendo el mayor tormento desde el punto de vista objetivo, también lo es desde el subjetivo. En efecto, el condenado tiene en esta pena un dolor más intenso que cualquier otro de tipo material, ya que la sensibilidad al dolor del alma es mucho más intensa que la de cualquier parte del cuerpo:

"Tanto aliquis magis dolet de aliquo læsivo, quanto magis est sensitivum; unde læsiones quæ fiunt in locis maxime sensibi-

"Una cosa dolorosa duele tanto más cuanto más sensibles somos al dolor. Por lo que las lesiones que se sufren en los lugares

---

[122]Santo Tomás de Aquino: *Summ. Theol.*, I^a–II^æ, q. 87, a. 4. Cfr. *In Sent.*, II, dist. 47, q. 1, a. 5, ad 2; IV, dist. 46, q. 1, a. 3.

11.5. CUESTIONES TEOLÓGICAS 755

libus, sunt maximum dolorem causantes. Et quia totus sensus corporis est ab anima; ideo si in ipsam animam aliquod læsivum agat, de necessitate oportet quod maxime affligatur..." [123]

más sensibles, son las que causan más dolor. Ahora bien, como la sensibilidad del cuerpo éste la recibe del alma,, si se causa algo que lesione la misma alma, es forzoso que sea lesivo en grado máximo..."

A. Gálvez profundiza sobre la realidad de la pena de daño desde el punto de vista de su naturaleza, y desde el de la experiencia subjetiva por parte del alma del condenado. Para ello, acude a la aplicación de su teoría del Amor, extrayendo las consecuencias que se producen en la creatura cuando tal Amor se ha rechazado o perdido para siempre. En efecto:

- En cuanto a la naturaleza de la pena de daño, es necesario entenderla analógicamente con la que experimenta el demonio. En su opción por la Mentira, vive en oposición radical al Ser (Dios como "Ipsum Esse Subsistens"), que se identifica con la Verdad y con el Amor. Ahora bien, la oposición al Ser, es la opción por la Nada. El problema que se suscita estriba en determinar una pena de daño que está basada en lo que es Nada: ¿qué clase de entidad se puede reconocer a una postura contraria al Ser? Pero la pena, tiene que consistir en algo. La respuesta es que Dios es el Ser, pero también el Amor Substancial. Rechazar a Dios, es rechazar el Amor, es vivir en lo Opuesto–al–Amor, es decir el Odio. Siendo la creatura hecha para el ser, la verdad y el amor, la pena de daño produce en el ser humano un estado de vivir

---

[123]Santo Tomás de Aquino: *In Sent.*, IV, dist. 21, q. 1, a. 1, qc. 3 co.; dist. 48, a. 3, q. 3; *Contra Gent.*, III, c. 141.

des–naturalizado, o incluso vivir "contra natura", en una eterna contradicción y Absurdo:

"Así es como el hombre perverso o Mentiroso (que viene a ser la misma cosa), mediante su enemiga y guerra declarada al *Ser*, ha optado definitivamente por lo *Opuesto–al–Ser*. Sin embargo hasta aquí llega la contradicción y el Absurdo; pues siendo el Ser lo contrario de la Nada, la Nada en cambio no puede ser lo contrario al Ser, por la simple y sencilla razón de que no es nada. De donde quien ha hecho su opción por la Mentira[124] se encuentra en la línea divisoria entre la Nada y lo Opuesto al Ser; aunque para ello sea preciso suponer que existe tal delimitación. Si pues la actitud de quien ha elegido la Mentira anda lejos de ser una mera ilusión, será preciso reconocer en ella una realidad, de la especie que sea. ¿Y qué clase de entidad habrá que reconocer en una postura contraria al Ser? Puesto que parece indudable que la tiene. Para cuya respuesta quizá sea posible encontrar un principio de solución en el hecho de que el Ser (Infinito) es Dios; y Dios, como se sabe, además de la Verdad Infinita, es Amor Infinito, o sencillamente Amor. Luego lo más contrario y opuesto al Ser será seguramente lo Opuesto–al–Amor, mejor conocido como el Odio, con lo que quedaría explicado el aborrecimiento del malvado a todo lo divino. Dado que el *Ser* como tal es Dios, se comprende el odio del hombre perverso a lo divino. Con lo que queda reducido el problema a la necesidad de atribuirle una entidad al Odio: cuestión

---

[124] *Cambiaron la verdad de Dios por la mentira* (Ro 1:25).

> seguramente insoluble para el ser humano, en cuanto que se trata de un Misterio abismal enmarcado en otro Misterio aún mayor y contenido dentro del ámbito de lo llamado por la Biblia *profundidades de Satán* (Ap 2:24). Llegar hasta su fondo supondría algo así como llegar a alcanzar las profundidades de su contrario, que es el Amor Infinito".[125]

Todo lo cual se hace todavía más doloroso, por el hecho de que el condenado se ve obligado a aceptar la Verdad de su Mentira, y con ello, a vivir eternamente consciente de esa realidad, del absurdo de su oposición al Ser–Verdad–Amor, sin poderse auto–engañar y aliviar de alguna manera la realidad del fracaso total de su existencia:

> "Nada tiene de extraño que parte del castigo que corresponde a la pena de daño, a sufrir en la condenación eterna del Infierno, consista en eso: en obligar al réprobo, que siempre optó por la Mentira, a que admita y reconozca una inflexible Verdad: la de que ahora se encuentra él mismo, y para siempre, rechazado y fracasado hasta el paroxismo y obligado a reconocerlo así como su *Única Verdad*, sin poder ya *jamás* acogerse a la Mentira. Sobrecogedor y espantoso castigo para aquél a quien soportar la Verdad supone un tormento mucho mayor que el de sufrir el Fuego. Ahora comprende el réprobo que *su verdad* no era sino *su Mentira*, que es lo más contrario al Ser, para deducir que su vida no ha sido tal vida y que su existencia tampoco ha sido tal existencia. En cuanto a la realidad de

---

[125] A. Gálvez: *Siete Cartas...*, cit., págs. 355–356.

ese algo que es lo contrario–al–ser, y puesto que no es
la Nada, ¿en qué puede consistir y cuál es su propia
entidad? Pero evidentemente, sea cual fuere, tendrá
que ver con el Odio y solamente con el Odio. Odio
que, *ratione termini* (puesto que es contra Dios), es
también infinito; para el que no queda sino decir que
su misterio es tan imposible de explicar, *sensu contrario*, como el misterio del Amor Infinito. ¿Y en qué
consistirá una existencia eterna alimentada por la llama inextinguible de un Odio Infinito? Por supuesto
que no es posible saberlo, aunque algo se puede afirmar con seguridad; pues dado que el Odio Infinito es
también el Anti–Amor, y puesto que el Amor consiste
en salir de sí mismo para entregarse al otro y recibirlo
a su vez, tal existencia habrá de consistir necesariamente en una cárcel de máxima seguridad en la que
el condenado jamás podrá salir ya de sí mismo, ni ser
capaz de dirigirse a alguien para pronunciar un *tú*".[126]

Finalmente, esta contradicción e incapacidad de relacionarse con un *tú*, produce el que, sin poder perder su realidad de persona, sin embargo esa entidad metafísica última quede prácticamente desnaturalizada también.

"Incluso ha quedado encerrado en una eterna soledad en la que ni siquiera podrá pensar en sí mismo como un *yo*, el cual, como persona, o bien no exis-

---

[126] A. Gálvez: *Siete Cartas...*, cit., págs. 356–357.

11.5. CUESTIONES TEOLÓGICAS

te ya como tal, o bien ha quedado enteramente des–naturalizado.[127],[128]

- En relación al modo cómo experimenta el condenado subjetivamente esa situación, A. Gálvez hace una comparación interesante para dar a entender la magnitud y significado de este tormento. Así como el enamorado siente un ansia incontenible y dolorosa por la ausencia del Amado, que se le hace casi imposible de soportar, el condenado en el Infierno, experimenta esa misma ansia pero al revés, rechazando y huyendo de Dios, y además con una intensidad infinita aunque sea en cuanto a la eterna duración:

> "Mientras que la esposa, incluso durante el sueño, mantiene su corazón en estado de vigilia anhelando escuchar la voz del Esposo: *Yo duermo, pero mi corazón vela...* Antes de haber oído esa Voz, la esposa se encontraba relegada a la condición de vivir *en las hendiduras de las rocas y en las grietas de las peñas escarpadas*. ¿Y de qué otra manera podría afrontar la posibilidad de vivir en ausencia del Esposo? Sólo el Amor puede proporcionar la fuerza para sobrellevar una existencia, por lo demás en extremo precaria, cuando falta la presencia de la persona amada... Ante tal ausencia la vida transcurre como entre rocas y peñas, en el más desolado de los yermos o en el

---

[127] La cuestión de la personalidad de los condenados es más que dudosa, en cuanto que la persona fue hecha para amar. Pero, aun sin negarla, es evidente que habrá de consistir en una entidad contrahecha, o *contra natura*, en la que hablar de desgarramiento o de esquizofrenia aún sería hacerle favor.

[128] A. Gálvez: *Siete Cartas...*, cit., pág. 357.

más solitario de los eriales. Un profundo misterio de cuya realidad solamente los enamorados son capaces de percatarse ([nota] La pena de daño en el infierno no es otra cosa que esta misma ansiedad pero vuelta del revés. Donde alcanza cotas de intensidad infinita, siquiera sea expresadas en la eternidad de la duración)".[129]

Por otro lado, la pena de daño es objetivamente la misma para todos los condenados (la pérdida de Dios), pero admite varios grados de apreciación subjetiva, según la mayor o menor culpabilidad. A mayores pecados, mayor apartamiento de Dios y la pena de daño tiene más efectos subjetivos. Así como se sostiene que hay grados de visión beatífica diferente entre los bienaventurados según sus méritos, también se supone diversos grados de apreciación subjetiva de la pena de daño en los condenados según el grado y número de pecados que cometieron en esta tierra.

La pena de daño también incluye la privación de todos los bienes que se consiguen con la visión beatífica. Al perder ésta, no se reciben los otros bienes que ella conlleva y que el condenado nunca tendrá. Esos bienes perdidos son los siguientes:

- Ausencia eterna de la mansión celeste: conjunto de todos los bienes sin mezcla de mal alguno.

- La compañía de la Virgen, ángeles, santos y de todos los bienaventurados.

- Privación del "lumen gloriæ".

- Privación de todos los bienes sobrenaturales, como la gracia santificante, virtudes y dones.

---

[129] A. Gálvez: *Siete...*, cit., pág. 91.

11.5. CUESTIONES TEOLÓGICAS

- Privación de las dotes del cuerpo glorioso después de la resurrección final.

Ya se han mencionado en abundancia los textos de la Revelación escrita y oral, así como los del Magisterio que recogen esta verdad de fe.

11.5.7 El "fuego" del Infierno

La Revelación habla del "fuego" en el que serán castigados los condenados por toda la eternidad. ¿Cómo ha de ser entendido ese "fuego" del más allá? ¿Es un fuego real o metafórico? ¿Tiene características especiales? ¿Es análogo al de este mundo? La dilucidación de este aspecto es importante para determinar el dogma de las penas de sentido, al que el término "fuego" hace referencia, como distintas de las de daño.

No se puede entender en sentido metafórico simplemente, como lo hizo Orígenes, para el cual, el fuego indicaría tan solo el remordimiento ardiente que surge en las almas de los condenados por la privación de Dios. Si esa es su cualidad, no habría distinción real con la pena de daño. Por eso, fueron muy pocos los Padres que le siguieron en este punto.[130]

Para acercarnos a una respuesta correcta hemos de tener en cuenta los datos que aporta la Sagrada Escritura y la Tradición:

- La Revelación escrita del Nuevo Testamento cuando se refiere al fuego del Infierno, lo considera como:

    – Una realidad preexistente al condenado.

---

[130]Cfr. detalles en A. Michel: *Feu de l'Enfer*, en DTC, V, cols. 2199–2212. A. Gálvez parece inclinarse a una interpretación parecida al afirmar que "El fuego del infierno es en realidad el fuego de una sed infinita de amor que alguien no quiso apagar" (*Comentario al Cantar...*, cit., vol. 1, pág. 92).

– Una realidad a la que el condenado es enviado.

- Por su parte la Tradición, tal y como nos llega por la doctrina patrística, se esforzó por explicar cómo un fuego material podría afectar a las almas y a los espíritus demoniacos. San Agustín lo considera un misterio que aceptamos por fe, sin saber explicarlo.[131] La solución más depurada fue la de San Gregorio Magno,[132] quien afirmaba que este "fuego" del más allá, puede afectar a las almas de dos maneras:

    – O por influjo físico, porque el alma unida al cuerpo puede percibir dolorosamente las vibraciones de su propio cuerpo.
    – O por influjo psíquico, porque el alma tendría conciencia del contacto con el fuego, y sentiría angustia por ello.

De estos datos debemos deducir que la naturaleza de este "fuego" es algo real y no metafórico, pero no es de la misma naturaleza que el fuego terrestre que nosotros conocemos. En efecto, la pena de sentido es un tormento infligido mediante una acción positiva operada por un agente exterior y que afecta no solamente al cuerpo resucitado de los condenados al fin de los tiempos, sino también al alma separada condenada en la escatología intermedia. Por eso tiene que tener unas características especiales, pues es capaz de atormentar a las almas separadas que son espíritus, y además, cuando atormente a los cuerpos resucitados quemará pero no consumirá.[133]

Para adentrarnos más a fondo en la investigación del mismo, es necesario conservar como criterio fundamental la verdad de fe de que tiene que haber distinción entre la pena de daño (separación eterna de

---

[131]San Agustín: *De Civ. Dei*, 21, 10, 1 (*P. L.*, 41, 724).
[132]San Gregorio Magno: *Dialogorum*, I, 4, 30, 2s (*P. L.*, 77, 368).
[133]J. Ibáñez – F. Mendoza: *Dios Consumador...*, cit., págs. 312 y 315.

11.5. CUESTIONES TEOLÓGICAS

Dios) y la de sentido ("fuego"). De este modo, alguna teología moderna[134] ha señalado que, si la pena de daño consiste en la privación de la visión de Dios, la de sentido tiene que tener otra causa, que podría ser el dolor psicológico de verse como enemigo de toda la creación; toda la creación ejercería un influjo doloroso sobre el condenado a través de la percepción psicológica que el hombre tiene de su situación.

J. A. Sayés se inclina a pensar que, presuponiendo que no es un fuego material al estilo del terrestre y que no puede ser confundido con la pena de daño,[135] habría que entenderlo como la frustración total de la existencia del hombre bajo el dominio definitivo de Satanás, ya que el ser humano no puede en el Infierno ni amar ni ser amado, ni siquiera buscar el fin natural del hombre (verdad, bien y belleza).[136]

11.5.8 Desigualdad de las penas

Es de fe la distinción entre pena de daño y de sentido. Pero cabría indagar si esas penas pueden ser sufridas en mayor o menor intensidad en el Infierno dependiendo de la mayor o menor vida de pecado de los condenados mientras estuvieron en esta tierra. Para la mayoría de los teólogos clásicos la respuesta era afirmativa, ya que parece conveniente con la justicia divina que castigue con distinta intensidad a los que pecaron en grado y en número de pecados muy distintos.

A esta conclusión parecen conducir tanto la Sagrada Escritura, como la tradición de los Santos Padre y el Magisterio de la Iglesia.[137] En efecto:

---

[134]Cfr. C. Pozo: *Teología...*, cit., págs. 459–460, quien cita a A. Winklhofer, Ch. Journet, F. X. Remberger y H. Rondet.

[135]Tal parece la posición de J. J. Alviar: *Escatología*, cit., (ed. 2004) págs. 250ss. al interpretar la pena de sentido como la consecuencia de la falta de visión de Dios.

[136]J. A. Sayés: *Escatología*, cit., pág. 136.

[137]J. Ibáñez – F. Mendoza: *Dios Consumador...*, cit., pág. 323 califican a la proposición: "Las penas del Infierno son desiguales según número y gravedad de los pecados"

1. **Sagrada Escritura.** Se encuentran textos que parecen indicar la graduación de las penas de los condenados: Mt 10:15 "En verdad os digo que en el día del Juicio la tierra de Sodoma y Gomorra será tratada con *menos rigor* que esa ciudad"; Mt 11:22, "Sin embargo, os digo que en el día del Juicio Tiro y Sidón serán tratadas con *menos rigor* que vosotras"; Mt 16:27, "Porque el Hijo del Hombre va a venir en la gloria de su Padre acompañado de sus ángeles, y entonces *retribuirá a cada uno según su conducta*"; Lc 12:47, "El siervo que, conociendo la voluntad de su amo, no fue previsor ni actuó conforme a la voluntad de aquél, recibirá *muchos azotes*"; Ro 2: 5–6, "Tú, sin embargo, con tu dureza y con tu corazón que no se quiere arrepentir, atesoras contra ti mismo ira para el día de la ira y de la revelación del justo juicio de Dios, el cual *retribuirá a cada uno según sus obras*"; 1 Cor 3:8, "El que planta y el que riega son una misma cosa; pero cada uno recibirá su propia *recompensa según su trabajo*"; 2 Cor 5:10, "Porque todos debemos comparecer ante el tribunal de Cristo, para que *cada uno reciba conforme* a lo bueno o malo que hizo durante su vida mortal"; Ap 18:6, "Devolved con arreglo a lo que ella dio; pagadle el doble de *lo que merecen sus obras*; y en la copa que os preparó, preparadle el doble"; 20:12, "Vi a los muertos, grandes y pequeños, en pie ante el trono, y fueron abiertos los libros. También fue abierto otro libro, el de la vida. Y los muertos fueron juzgados por lo que estaba escrito en los libros, *según sus obras*".

---

como de doctrina católica; y su error, error en doctrina católica. L. Ott: *Manual...*, cit., pág. 706, la considera como doctrina común.

11.5. CUESTIONES TEOLÓGICAS

2. Algunos Santos Padres y Escritores eclesiásticos sostuvieron también la desigualdad de penas del Infierno: Afraates,[138] San Basilio,[139] San Agustín,[140] San Gregorio Magno,[141] etc.

3. También pueden entenderse en este sentido las declaraciones magisteriales que hacen referencia a "penas diferentes" o "dar a cada uno según sus obras": II Concilio de Lyon, "Las almas, empero, de aquellos que mueren en pecado mortal o con solo el original, descienden inmediatamente al Infierno, para ser castigadas, *aunque con penas desiguales*";[142] IV Concilio de Letrán, "...y ha de *dar a cada uno según sus obras*, tanto a los réprobos como a los elegidos";[143] Constitución Benedictus Deus, " en el día del juicio todos los hombres comparecerán con sus cuerpos ante el tribunal de Cristo, para dar cuenta de sus propios actos, *a fin de que cada uno reciba lo propio* de su cuerpo, tal como se portó, bien o mal".[144]

La variación de la pena de daño no se da en cuanto a su objeto, ya que la privación de la visión beatífica no admite variedad, pero sí en cuanto a la apreciación subjetiva de los diferentes condenados, donde sí puede haber grados diversos, como ya se explicó.

---

[138] Afraates, cfr. *P. Syr.*, 1, 1031.
[139] San Basilio: *Regulæ Brev.* (*P. G.* 31, 1264).
[140] San Agustín: *De Civ. Dei*, 21, 16 (*P. L.*, 41, 728); *Enchiridion*, 93 (*P. L.*, 40, 275).
[141] San Gregorio Magno: *Dial.*, (*P. L.*, 77, 401).
[142] *D. S.*, 858.
[143] *D. S.*, 801.
[144] *D. S.*, 1002.

La variación de la pena de sentido se puede explicar porque el fuego del Infierno actúa como instrumento de la justicia divina y puede actuar de modo diferente conforme la justicia divina le ordene.[145]

11.5.9 Una crítica de fondo de A. Gálvez a las "teologías de la bondad"

En medio de una cultura y un mundo que rechaza la idea del Infierno y su eternidad, y piensa que es incompatible con la imagen de un Dios bueno y cuya esencia es el amor, y considerando que la negación de su existencia es teológicamente imposible por la abundancia de datos de la Revelación y el Magisterio, algunos teólogos, como vimos, han intentado propugnar la idea de que todos los hombres se salvan por lo que el Infierno estaría vacío y su sentido teológico no sería sino el de una mera posibilidad real para los hombres.

Como ya se adelantaba, A. Gálvez ha profundizado en las graves falencias de este modo de pensar, y que él denomina "teologías de la bondad". En el fondo, más allá de toda apariencia de "bondad", esas teología destruyen la verdadera Bondad y el auténtico Amor divinos. De ahí que la crítica de A. Gálvez es contundente, pues descubre el problema de raíz que obliga a desechar esas teorías. Su razonamiento sirve como colofón de este capítulo porque muestra la congruencia enorme de la existencia del Infierno con la Bondad de Dios, y, cuando se descubre tal congruencia, entonces desaparecen la mayor parte de las razones que sostenían muchos de los errores y herejías sobre la retribución del impío.

A. Gálvez parte su razonamiento teológico describiendo las "teologías de la bondad":

---

[145] *Supplem.*, q. 97, a. 5, ad. 3.

11.5. CUESTIONES TEOLÓGICAS

> "...las teologías a las que yo suelo llamar *teologías de la bondad*. Estas teologías, propugnadoras de que el Infierno es una mera posibilidad real, del llamado *cristianismo anónimo* y de la salvación para todo el mundo —porque Dios es bueno y quiere la salvación de todos—, no estarán seguramente de acuerdo con esta doctrina."[146]

> "Ahora se comprende mejor la razón por la que llamo *teologías de la bondad* a estas doctrinas que, por otra parte, gozan de enormes posibilidades de ser aceptadas. Parecen satisfacer mejor las exigencias del corazón humano, que desea a toda costa la felicidad, a ser posible sin esfuerzo y sin estar pendiente del temor al castigo. También parecen acomodarse mejor al carácter de la bondad divina, la cual quiere que todos los hombres se salven; y hasta a las exigencias de la justicia divina, pues no parece justo que una simple creatura se pueda condenar para toda la eternidad a pesar de que haya pecado. Todo lo cual hace que estas teologías aparezcan a la vista de todo el mundo como más cristianas, más progresistas, más humanas, y más conformes al Mensaje de Salvación."[147]

Este tipo de pensamiento no respeta ni la Sagrada Escritura, ni la Tradición ni el Magisterio auténtico de la Iglesia:

> "Por otra parte, para estas teologías no significa mucho que el Señor hable en el Evangelio con frecuencia del fuego del Infierno, o de los que serán arrojados a ese fuego y del

---

[146] Se refiere el autor a la revelación neotestamentaria por la que parece que es más fácil perderse que salvarse eternamente. Cfr. A. Gálvez: *El Amigo...*, cit., págs. 89–91.

[147] A. Gálvez: *El Amigo...*, cit., pág. 94.

Juicio Final. Tampoco se sienten inquietas por la doctrina clara que contienen sobre el tema los restantes libros del Nuevo Testamento; y menos aún por la circunstancia de que el Magisterio la haya enseñado ininterrumpidamente a lo largo de toda la historia de la Iglesia...

A pesar de lo cual insisto en que las *teologías de la bondad* deben ser rechazadas, puesto que no están de acuerdo con la doctrina, bien clara por otra parte y avalada por el Magisterio, del Nuevo Testamento y de la Tradición.

La doctrina contenida en el Nuevo Testamento, interpretada y enseñada por la Iglesia durante veinte siglos, es indudablemente una doctrina revelada. Las buenas escuelas de exégesis, que tanto han contribuído al mejor conocimiento de la Biblia gracias a una ardua tarea de investigación, cumplen una misión importante y son insustituíbles.[148] Pero los trabajos y avances de la exégesis no pueden ser un obstáculo que nos impida seguir creyendo, con toda tranquilidad, que la Biblia ha sido escrita *para que la gente la entienda* —y además sin necesidad de romperse la cabeza—, y que lo que en ella se contiene *es sencillamente la verdad*. Lo definitivamente cierto, en último término, es la palabra de Dios, *y no la de los eruditos*. En todo caso una Palabra de Dios interpretada por la Iglesia, cuando haya necesidad de hacerlo, por la sencilla razón de que es a ella a quien le corresponde esa tarea y la que tiene que decidir en última y suprema instancia.

---

[148] De hecho, los avances de la verdadera exégesis, además de los logros conseguidos en la depuración del texto bíblico en los últimos años, son muy consoladores. Ahí están, por ejemplo, los trabajos que han concluído en el texto de la *Neovulgata*.

11.5. CUESTIONES TEOLÓGICAS

Nada de lo cual está claro para estas teologías. Arrogándose el juicio último sobre la Revelación, y sustituyendo la doctrina de la Iglesia por la de los teólogos,[149] se han reconocido a sí mismas como la suprema instancia de toda exégesis. Por lo que hace a la *fe del carbonero*, que en otros tiempos era considerada como algo venerable, ahora es objeto de ironías y de sospechas. Han llegado las cosas a tal punto que, cualquier acto de fe sin más ni más —del carbonero o de quien sea—, es catalogado con la poca estima que merece todo lo que no es *científico* o no es *racional*."[150]

En el fondo, las "teologías de la bondad" se sustentan sobre un pensamiento idealista, subjetivista, historicista y antropocéntrico, que es el que alimenta la nueva herejía del Neo–modernismo que tanto está influyendo en la teología contemporánea:

"Las *teologías de la bondad* practican lo que se dice que hace el avestruz cuando se encuentra ante el cazador: dejan de ver las cosas como son para imaginarlas al gusto propio. Aunque en este caso no se trata tanto de imaginar las cosas cuanto de crearlas, siguiendo los dictados de la mejor línea de las filosofías idealistas. Es bastante grande el número de los que se empeñan en que las cosas no sean como son en realidad, sino como ellos desean imaginarlas. De ahí pasan en seguida a crear una extraña ficción, que consiste en considerar como real lo que es puramente imaginario y olvidar que no es sino un producto de su propia fantasía. Con lo que se llega a la conclusión de que las cosas no sean

---

[149] O sea, por la de los mismos que han elaborado esas teologías.
[150] A. Gálvez: *El Amigo...*, cit., págs. 91–93.

sino lo que piensan los partidarios de estas ficciones, sin posibilidad de que exista ninguna otra realidad.

En el fondo de todo esto yace el convencimiento de que las cosas están mal hechas y de que, por lo tanto, tendrían que ser de otra manera. O mejor dicho: puesto que *deben ser* de otra manera, *lo son efectivamente*. El sol, por ejemplo, podría salir por el oeste, o por el sur, en vez de hacerlo siempre por el este, con una monótona regularidad que parece maníaca; además podría salir por la tarde, o tal vez por la noche, siquiera de vez en cuando: los primeros jueves del mes, o los terceros martes, digamos por caso. Y si el ejemplo parece disparatado se puede echar mano de otros muchos más verosímiles. ¿Quién va a ponerse a dudar de que si el Infierno fuera una simple posibilidad y estuviera vacío sería mucho mejor? En este sentido es evidente que es más conforme con la bondad divina que todo el mundo se salve y que nadie se condene. ¿O acaso es mejor que la gente vaya a parar al Infierno...? Está claro, por lo tanto, que el Infierno no puede existir. A lo más, por si alguien se empecina en lo contrario, puede dejarse en una simple posibilidad real; o incluso concederse la existencia del Infierno, para los obstinados que se empeñen en mantenerla, con tal de que se admita que está vacío. Que es lo verdaderamente conforme con la infinita bondad de Dios y con su voluntad salvífica universal..."[151]

La gravedad de este modo de pensar es que se rechaza la verdad y el ser, para sustituirlo por el punto de vista, la opinión o el parecer del teólogo de turno:

---

[151] A. Gálvez: *El Amigo...*, cit., págs. 93-94.

11.5. CUESTIONES TEOLÓGICAS

"Sin embargo tropiezan con una dificultad tan grave que es más que suficiente para descalificarlas: no se ajustan a la verdad. Lo cual, por sí solo, haría inútil e innecesario continuar discutiendo el problema...

Para estas teologías no se trata ya de cómo son las cosas en la realidad, sino de cómo deben ser *según lo que ellas piensan que deben ser*. El paso siguiente consiste en decidir que son efectivamente así y que no pueden ser de otra manera. Según la Revelación, por ejemplo, está bastante claro que existe el Infierno y que hay gente que va a parar a él. Estas doctrinas estiman, sin embargo, que las exigencias del amor y de la justicia divinos hacen imposible tal cosa. Hay que buscar por lo tanto una explicación satisfactoria. Tarea que intentan llevar a cabo cumplidamente, pues para algo son las teologías de la bondad, del amor, de la comprensión, de la paz de la conciencia y de la exaltación de la dignidad humana.

Pero el problema no es tan sencillo. Podría suceder que la necesidad de que todo el mundo se salve, proclamada por estas teologías y fundamentada en unas supuestas exigencias de la justicia y del amor divinos, fuera desmentida por el hecho de que el amor y la justicia de Dios *no son como los imaginan* los promotores de las teologías de la bondad. Puesto que la Revelación y la doctrina de la Iglesia son bastante claras en este sentido, hay que admitir al menos la posibilidad de que las cosas no sean como las explican estos teólogos de avanzada. Si el problema de la salvación es también un problema de posible condenación —en cuanto que la salvación ha de ser aceptada libremente, existiendo por lo tanto la posibilidad de que también

> sea rechazada libremente—, y si de hecho resultara que Dios hubiera creado efectivamente el Infierno y permitido la condenación, nadie podría tener la arrogancia de juzgar a Dios y de decidir que las cosas han de ser de otra manera. Porque eso equivaldría a la fatua pretensión de pensar que el hombre sabe hacer las cosas mejor que Dios. Pretender que la condenación *no puede existir*, en contra de lo que dice claramente la Revelación, no es sino sustentar la vana creencia de que se le puede enmendar a Dios la plana."[152]

Estos teologías suponen una profunda crisis de fe y un rechazo, en el fondo, de Dios mismo, pues estos teólogos llegan a considerarse más sabios y buenos que el mismo Señor, y desean ocupar su lugar, en una actitud que recuerda a la del mismo demonio:

> "Como he dicho antes, aparte de lo que suponga la crisis de fe, existe el deseo inconfesado de que Dios *no sea* y de que, consiguientemente, las cosas *tampoco sean lo que son*. Una vez que el hombre se ha erigido en árbitro de todo, después de haber desplazado a Dios, es natural que quiera que las cosas sean como él las piensa y solamente como él las piensa. Y tal como lo desea, así lo dispone. Desde ahora, lo que es justo o injusto, bueno o malo, y hasta lo que es o no es, solamente lo decide el hombre. Con lo que se llega a la situación en la que el hombre decide, por ejemplo, si es justo o no es justo que exista el Infierno, después de haber determinado si tal cosa es o no conforme con la verdadera bondad y el auténtico sentido de la justicia. Puestas así las cosas, la cuestión de hecho —la conformidad con la verdad— ya no tiene relevancia alguna, una vez que se ha

---

[152] A. Gálvez: *El Amigo...*, cit., págs. 94–96.

11.5. CUESTIONES TEOLÓGICAS

decidido que no hay más hechos ni más verdades que los que el hombre considera como tales.

No se trata por lo tanto de que estas teologías pretendan haber elaborado unos conceptos, acerca de la bondad y de la justicia, más acordes con la verdad que los que Dios mismo posee. Eso sería una tontería propia de ingenuos. De lo que se trata ahora es de que ya no existen otra justicia, ni otra bondad, y ni siquiera otra verdad, que las que estas doctrinas determinan. Con lo que llegamos definitivamente a tocar fondo en las últimas consecuencias del idealismo: Para Hegel, el único Absoluto (fuese lo que fuese el Absoluto para Hegel) dependía enteramente del pensamiento del hombre. De ahí la consecuencia de que, en el caso de que exista algo que pueda ser llamado Dios, ese Dios no puede ser otro que el hombre."[153]

Estas teologías contienen además profundos errores teológicos sobre extremos importantísimos de la Revelación y del Magisterio, como son una falsa concepción de la justicia, de la misericordia divinas o del amor divinos, que más allá de desenfocarlos acaban en realidad negándolos y destruyéndolos:

"Aparte de eso, que ya es bastante, ciertas doctrinas como las del cristianismo anónimo o la del Infierno como mera posibilidad real, por ejemplo, a pesar de su aparente progresismo aperturista a la bondad y a la justicia, cometen un estrepitoso error con respecto al concepto del amor. Un error grave que suele escapar, por desgracia, a la apreciación del hombre de la calle, poco ilustrado por lo

---

[153] A. Gálvez: *El Amigo...*, cit., pág. 97.

general; e incluso a los que, siendo más cultos, están empeñados en vivir una moral propia de libertinaje y olvidados de la molesta sombra de un castigo eterno. Sin embargo, la concepción de unos conceptos mucho más avanzados de la bondad y de la justicia —fabricación de una nueva Torre de Babel—, no solamente acaba con toda idea del Amor, sino también con todo vestigio de auténtica bondad y de verdadera justicia. ¿Justicia y bondad sin amor...?"[154]

La crítica fundamental a las "teologías de la bondad" es que acaban destruyendo el concepto, central para todo el cristianismo y verdadera clave de toda la teología católica, del verdadero amor, con sus notas esenciales, entre otras, las de reciprocidad, entrega total, libertad y eternidad:

"Porque el concepto de condenación, debido a sus justas y evidentes connotaciones negativas, tiende a dejar en un segundo plano la realidad en la que radica su verdadera esencia, la cual consiste precisamente en el *rechazo de un amor que previamente se había ofrecido a sí mismo para ser aceptado.*[155] Pertenece a la esencia del amor que el que ama se ofrezca a sí mismo, *libérrimamente,* a la persona amada; y de tal manera el amor tiene que realizarse en la libertad que *nadie absolutamente puede ser constreñido a amar.*[156] Pero, si se ofrece en libertad, y debido a la con-

---

[154]A. Gálvez: *El Amigo...*, cit., págs. 97–98.

[155]Pongo deliberadamente la palabra *amor* con minúscula, a pesar de que aquí tendría que haberla escrito con mayúscula. Lo hago así para evitar el equívoco de que alguien pueda creer que me estoy refiriendo directamente a Dios; porque lo que interesa hacer ver aquí es la corrupción del concepto del amor (del amor como tal, y concretamente del amor creado, prescindiendo ahora de su fuente y de que Dios es el Amor perfecto e increado) al que han llegado estas doctrinas.

[156]*Donde está el Espíritu del Señor, allí está la libertad* (2 Cor 3:17).

11.5. CUESTIONES TEOLÓGICAS

dición de *total reciprocidad* que es igualmente esencial al amor, *también tiene que ser aceptado en la libertad*. La conclusión entonces es patente: dada la innegable condición de libertad imperfecta que le es propia, el hombre solamente puede aceptar libremente el amor en la medida en que también puede rechazarlo libremente.[157] La condenación, por lo tanto, es la situación a la que se llega cuando el Amor, que se había ofrecido de una manera libérrima, total y definitiva, es rechazado también de una manera libérrima, total y definitiva. Dentro de este plan-

---

[157] Dios se ama a sí mismo necesariamente, pero con una necesidad que no es más que la expresión de su infinita libertad. El Espíritu Santo *procede* necesariamente del Padre y del Hijo, sin que eso obste para que el Padre y el Hijo se amen en infinita libertad. De hecho el Espíritu Santo es libertad. La voluntad de Dios es su misma esencia, en identificación plena. Pero la naturaleza de Dios es necesaria (en el sentido de que no podría ser de otra manera: el Ser no puede ser sino Ser, y nada es diferente del Ser), al mismo tiempo que su voluntad es soberanamente libre. La infinita perfección de su voluntad se traduce también en que no podría ser sino libre, y por eso se ama *necesariamente en libertad perfecta*. En cuanto a las criaturas, dado que no gozan de la condición de necesariedad, el amor que Dios les tiene depende de su libre determinación de crearlas. Pero, una vez que decide crearlas, la condición de libertad en su amor por ellas se manifiesta también en el hecho de que pudo no haberlas creado. Aquí hay sin duda una elección, no solamente entre la nada y el ser, sino también entre una serie de infinitas posibilidades, entre las cuales se ha escogido. Y así es como aparece otra condición esencial al amor creado o al que se refiere a las criaturas: la elección, la cual no tendría sentido alguno si no se lleva a cabo en la libertad; porque elegir es escoger (o decidirse libremente) entre varios y diversos posibles. Dios elige libremente a su criatura, la crea libremente, y luego la ama también libremente. En justa reciprocidad (porque se trata de un negocio de amor) a la criatura se le concede la posibilidad de que pueda elegir también a su Dios o rechazarlo; pero de tal manera que, puesto que ha sido hecha para el amor, necesariamente tiene que elegirlo o rechazarlo (volviéndose a otra cosa): *Nadie puede servir a dos señores*. De este modo, si el que ama lo hace *porque quiere*, es sin duda porque existe también la posibilidad de que *no quiera*. El idioma español, con feliz intuición, emplea el verbo *querer* para expresar también la idea de amar.

teamiento, hay que reconocer que la palabra *condenación* implica unas connotaciones negativas —de castigo y penalización vindicativa— que, aunque verdaderas, pueden impedir una visión serena del problema. Podría decirse, empleando un lenguaje quizá no demasiado preciso pero verdadero, que no se trata tanto de un castigo cuanto de poner las cosas en su lugar: el condenado recibe lo que quiere, y es puesto para siempre en la situación que él ha elegido libremente *y que continúa eligiendo*. En este sentido se trata menos de decretar un castigo que de llevar a cabo un acto de justicia. El desenfoque, y consiguiente rechazo, del concepto de condenación, son la consecuencia de la corrupción del concepto de amor. No existe la posibilidad de dar una respuesta *a medias* a un Amor que se ofrece de un modo tan categórico y absoluto.[158] El Amor que se ofrece en totalidad solamente puede ser aceptado o rechazado en totalidad.[159] Ahora bien, este amor, puesto que es el Amor Perfecto, en el caso de que decidiera

---

[158] *Nadie puede servir a dos señores; porque, o bien tendrá aversión a uno y amará al otro, o bien se allegará a uno y despreciará al otro* (Mt 6:24).

[159] Con una totalidad que, como es lógico, incluye también el tiempo y el más allá del tiempo. Ya el mero amor humano intuye de alguna manera estas realidades cuando dice cosas como las de *te amaré siempre*, o *no me separaré jamás de ti*, por ejemplo, que son expresiones no catalogables fácilmente en la categoría de simples metáforas. La dificultad con que tropieza el mundo moderno para entender todo esto se debe a que ha perdido de vista el concepto del amor. A este respecto, creo que la única defensa (con posibilidades de éxito) de la indisolubilidad del matrimonio hay que hacerla desde esta perspectiva; lo que equivale a decir que el divorcio debe ser combatido partiendo de la base de una revalorización del verdadero concepto del amor... Si llegara a producirse el desconocimiento u olvido del auténtico concepto del amor, se habría llegado a una situación en la que el olvido o el desconocimiento de Dios serían ya una realidad: *El que no ama no conoce a Dios, porque Dios es amor* (1 Jn 4:8). Lo que aquí está en juego es algo mucho más importante aún que el sacramento

11.5. CUESTIONES TEOLÓGICAS

ofrecerse (o darse, que es lo mismo), parece que habría de hacerlo *en la totalidad*. ¿Y de qué otro modo podría darse el Amor Perfecto sino perfecta y totalmente? ¿Ha de verse sometido y limitado el Amor Perfecto, en su decisión de entregarse (de entregarse a su modo, que es lo mismo que decir *perfectamente*) a la persona amada, por las barreras del tiempo? ¿Podemos nosotros imaginar siquiera lo que es un amor destinado a acabarse y perecer? Y si podemos imaginarlo así, ¿no será porque desconocemos lo que es el amor...? Por eso he dicho antes que al ofrecimiento del amor, hecho en estas condiciones, solamente se le puede dar una respuesta, de aceptación o de rechazo, *en las mismas condiciones.*"[160]

"De manera que el Infierno y su eternidad, que tanto escandalizan a las *teologías de la bondad*, solamente pudieron ser hechos por un Supremo y Primer Amor que decidió ofrecerse y entregarse al hombre. Sólo el Perfecto Amor, entregándose en totalidad, y por lo tanto también para siempre, es susceptible de recibir un rechazo *perfecto*, que es lo mismo que decir total y definitivo. Una vez más nos tropezamos con la reciprocidad absoluta del amor. Por eso la eternidad del Infierno no es sino la otra cara de un amor perfecto que, habiéndose ofrecido en totalidad y para siempre, ha sido rechazado también en totalidad y para siempre. La perfección del Amor la pone Dios, mientras que la totalidad del rechazo (y por lo tanto la eternidad del Infierno) la pone el hombre; que se hace así capaz de

---

del matrimonio. Lo que está en juego ahora es la idea del amor e incluso la de Dios mismo.

[160] A. Gálvez: *El Amigo...*, cit., págs. 97–98.

una obra de eternidad precisamente porque le ha sido ofrecido un amor de eternidad. En este sentido, el Infierno es obra del poder de Dios en cuanto que solamente Él pudo ofrecerse de esa manera. Pero, una vez que el hombre ha rechazado definitivamente el Amor, el Infierno no es sino la eclosión de esa situación. Y resulta difícil imaginar que el problema pueda tener una salida más lógica, o más justa, que la que le ha señalado la misma sabiduría divina. Es comprensible el sentimiento de asombro de Dante ante la inscripción esculpida en las puertas del Infierno: *Me hicieron la divina potestad, la suma sabiduría y el amor primero.*"[161]

Ahora bien, rechazar el verdadero amor, supone en realidad, el rechazo de Dios, y con Él, la negación de la Verdad y de la Bondad. Los hombres quisieron buscar una verdad y una bondad mejores que las de Dios, y acabaron en la mentira y la malicia:

"El rechazo del Infierno, como he dicho antes, no es sino la consecuencia de la corrupción (o quizá del olvido) del concepto del verdadero Amor. Así es como se ha llegado a una situación en la que el Infierno resulta incomprensible. Como el Amor primero es Dios, resulta de ahí que el olvido o desconocimiento de tal Amor equivale al olvido o desconocimiento de Dios. Y como Dios es también la suma Verdad, la ausencia de Dios conduce igualmente a la privación de la verdad. No en vano el Nuevo Testamento relaciona tan estrechamente a la verdad y al Amor: El mismo Espíritu Santo es llamado allí Espíritu de Verdad; el cual, según San Juan, no puede ser recibido por el mundo,

---

[161] A. Gálvez: *El Amigo...*, cit., págs. 102–103.

11.5. CUESTIONES TEOLÓGICAS

porque ni lo ve ni lo conoce (Jn 14:17). Si se tiene en cuenta que San Juan también contrapone el espíritu de la verdad al espíritu del error (1 Jn 4:6),[162] puede suponerse, con bastante fundamento, que no poseer el primero equivale a caer en el segundo. San Juan no se limita a contraponer simplemente la verdad al error, sino que enfrenta *el espíritu de verdad con el espíritu del error*; como si quisiera indicar que, tanto la verdad como la mentira, son algo más que un simple y concreto acto humano. Parece que, para el apóstol del amor, la verdad y la mentira son como un espíritu, o como un hálito, que envuelven al hombre y se hacen para él como el aire que respira, convirtiendo todas las obras que realiza en verdad o en mentira. Unos espíritus que incluso pueden ser personificados como el Espíritu de Verdad o el Espíritu del mal, considerado este último por el Señor como el padre de toda mentira (Jn 8:44). De manera que a la verdad se llega por el camino del amor, mientras que a la mentira se llega por el del desamor (o rechazo del amor). La *divina potestad* no habría creado el Infierno si no hubiera sido también, y al mismo tiempo, *el Amor primero*, pues el Amor rechazado ha sido antes el Amor ofrecido."[163]

Como consecuencia de la pérdida o el rechazo del Amor (por y para el que el ser humano había sido creado), el hombre pierde el sentido de su vida, que queda vacía y sin sentido, sin alegría ni ideales gigantescos, sin nada que esperar ni nada que lo llene de verdad. El ser humano se habrá encontrado en esta vida con un adelanto de la

---

[162] *Ninguna mentira viene de la verdad* (1 Jn 2:21).
[163] A. Gálvez: *El Amigo...*, cit., págs. 103–104.

soledad y el vacío inmensos y eternos del propio Infierno que quería rechazar:

"Con lo cual la vida cristiana se queda vacía y sin sentido. Ahora ya todo es fácil. No hay nada que buscar ni nada que desear. La aventura del amor ha dejado de ser una aventura en la que el hombre podía arriesgar su existencia...

Si no hay nada que encontrar, ¿para qué buscar? Si no hay nada que entregar, ¿qué sentido tiene ya la vida? Si no hay nada que perder, ¿qué sentido tiene el arriesgar? Si el cristianismo ya no supone esfuerzo, y si el Reino de los Cielos no sufre ya violencia ni es de los violentos (Mt 11:12), ¿para qué sirve y en qué consiste...? Las *teologías de la bondad* habrán quizá tranquilizado las conciencias; pero han vaciado de sentido la vida del hombre. Habrán desterrado, tal vez, del horizonte de las preocupaciones del hombre moderno el temor del Infierno; pero han dejado también a ese hombre sin el Amor. Colocándose a sí mismas la etiqueta de progresistas y de avanzadas, han hecho retroceder al hombre a la época oscura en la que aún no le había sido anunciado el misterio del Amor Perfecto y la posibilidad de poseerlo. A las *teologías de la bondad* les ocurre con su mensaje lo mismo que a las *teologías de la liberación*. Éstas últimas, que pretenden liberar al hombre de la opresión y de la injusticia (social), ¿qué clase de libertad es la que propugnan en realidad? Puesto que su única filosofía es la marxista, es de suponer que se trata de la libertad y de la justicia que existen en los países comunistas; por cierto bien conocidas en todo el mundo. Pero volviendo a las *teologías de la bondad*: ¿qué clase de bondad y de feli-

11.5. CUESTIONES TEOLÓGICAS

cidad pueden proporcionarle al hombre desde el momento en que le han privado del verdadero Amor?"[164]

---

[164] A. Gálvez: *El Amigo...*, cit., págs. 105–106.

Parte IV

ESCATOLOGÍA COLECTIVA O FINAL

Una vez que se ha presentado la escatología individual o intermedia, y recordando que el Cielo y el Infierno ya estudiados son eternos y por tanto también son parte del misterio de la escatología final, quedan cuatro temas específicos de la llamada escatología final o colectiva: la Segunda Venida de Jesucristo en gloria (Parusía), la resurrección de los muertos, el juicio final universal y el final del mundo. A ellos van dedicados los cuatro últimos capítulos de esta obra.

Capítulo 12

La Parusía

12.1 Introducción

Con este término indicamos nuestra fe en la Segunda Venida del Señor en gloria, al final de los tiempos, para juzgar a vivos y muertos.[1] El término proviene del griego παρουσία que proviene del verbo

---

[1]Cfr. A. M. Artola Arbiza: *Parusía I. Sagrada Escritura*, en GER, vol., XVII, págs. 871–875; J. L. Illanes Maestre: *Parusía II. Teología Dogmática*, en GER, vol. XVII, págs. 875–877; J. Chaine: *Parousie*, en DTC, vol. XI, cols. 2043–2054; A. Romeo: *Parusia*, en "Enciclopedia Cattolica", vol. IX, Ciudad del Vaticano, 1951, págs. 875–882; B. Rigaux, *Parusia*, en "Enc. Bibl." vol. V, Cols. 891–895; C. Pozo: *Teología...*, cit., págs. 93–164; Id.: *La Preparazione della Parusia*, en "A. Marranzini: Correnti Teologiche Postconciliari", Roma, 1974, págs. 389–412; L. Lercher: *Institutiones...*, cit., págs. 529–547; J. Ibáñez – F. Mendoza: *Dios Consumador...*, cit., págs. 343–358; J. Alfaro: *Cristo glorioso, Revelador del Padre*, en "Gregorianum", 39 (1958) 222–270; A. Janssens: *La signification sotériologique de la parousie et du jugement dernier*, en "Divus Thomas" (Piac.), 36 (1933) 25–38; J. L. Sánchez de Alva – J. Molinero: *El Más...*, cit., págs. 43–53; J. A. Sayés: *Más Allá...*, cit., págs. 161–179; Id.: *Escatología...*, cit., págs. 143–162; L. Ott: *Manual...*, cit., págs. 711–715; A. Fernández: *Teología...*, cit., págs. 687–691; AA.VV: *La Venue du Messie. Messianisme et Eschatologie*, Bruges, Desclée de Brouwer, 1962; J. J. Alviar: *Escatología*, cit., págs. 52–93.

πάρειμι ("estar presente", "llegar"). Desde el s. III a. JC., tenía una triple significación:

- Llegada triunfal del príncipe.
- Para visitar una provincia.
- Y que introduce una nueva era en esa provincia.

12.2 Sagrada Escritura

El tema de la Parusía en la Sagrada Escritura,[2] se va a desarrollar partiendo de la preparación del Antiguo Testamento, para centrarnos en la doctrina del Nuevo.

---

[2]B. Rigaux: *Parusia*, cit.; A. Feuillet: *Le Sens du Mot Parousie dans l'Ev. de Mt.*, en "The Background of the N. T. and its Eschatology", Cambridge, 1956, 261–280; B. M. Hagebaert: *L'Époque du Second Avènement du Christ*, en "Revue Biblique" (1894) 71–92; T. Colani: *Iesus-Christ et les Croyances Messianiques de son Temps*, Estrasburgo, 1864; M. J. Lagrange: *L'Avéneinent du Fils de L'homme*, en "Revue Biblique" (1906) 382–441 y 561–574; A. Feuillet: *Le Venue du Régne de Dieu et du Fils de l'homme (Lc 17,20-18,3)*, en "Recherches de Sciences Religieuses" (1948) 544–564; Id.: *Le Discours Eschatologique sur la Ruine du Temple*, en "Revue Biblique" (1948) 481–502; (1949) 340–364; (1950) 62–91, 180–211; Id.: *Le Triomphe Eschatologique de Iésus d'aprés Quelques Textes Isoles des Ev.*, en "Nouvelle Revue Théologique" (1949) 701–722 y 806–822; Id.: *Comparaison entre Mt 24 et lo 5,1-11*, en "The Background ol the N. T. and its Eschatology", Cambridge 1956, 261–280; F. Spadafora: *Gesú e la fine di Gerusalemme*, Rovigo, 1950; W. Drum: *S. Paul and the Parousia*, "Ecles. Rew" (1914) 616–621; L. Murillo: *La Parusía en el Apóstol San Pablo*, en "Estudios Bíblicos" (1929) 264–282; (1930) 264–282; V. Cavalla: *Il Tempo della Parusia nel Pensiero di S. Paolo*, en "Scuola cattolica" (1937) 463–480; M. Ollers: *San Pablo y la segunda venida del Señor*, en "Cultura Bíblica" (1945) 75–77; J. Dupont: *Sym christol. L'umon avec le Christ Suivant S. Paul. 1. Avec le Christ dans la vie Future*, París-Lovaina, 1952; B. Vawter: *And he shall Come Again with Glory, Paul and Christian Apocalyptic*, en "Stud. Paul. Congness. Int. Cath." 1961, Roma 1963, I, 143–150; A. Feuillet: *Essai d'interprétation du chap. XI de l'Apoc.* en "New Testament Studies" (1958) 183–200; Id.: *Le chap. XI de l'Apoc.*, en "Sacra Pagina", París, 1959.

12.2. SAGRADA ESCRITURA

12.2.1 Preparación Veterotestamentaria

En el Antiguo Testamento no encontramos un término parecido a "parusía", aunque sí está el concepto. La razón es que el lenguaje bíblico veterotestamenteario es hebraico y más que conceptos abstractos utiliza un lenguaje "concreto".[3] Por eso hay que buscar términos parecidos a los de "venir" o "descender". Y en este sentido se pueden encontrar los siguientes rasgos:

1. *"Yahveh viene"*. Es la base de la idea en el Antiguo Testamento. El Señor "viene" para librar a su pueblo, en medio de su gloria (teofanía del Sinaí), a inaugurar una nueva era que es la Antigua Alianza en Egipto (Ex 3:8; 19: 18.20).

2. *"Yahveh sigue viniendo"*, porque el Señor no ha abandonado a su pueblo, y lo sigue salvando en las circunstancias difíciles que le sobrevienen en Babilonia.

3. *El culto hace presente la "venida de Yahveh"*. No solo recordaba la "venida de Yahveh" en el pasado, sino que lo hacía presente en cada momento de la Historia (Ex 20:24).

4. *"Yahveh vendrá" a inaugurar el Reino mesiánico*, en paralelismo a lo ocurrido con su venida en Egipto. Esto se desenvuelve en medio de la expectación escatológica del pueblo. Hay dos ideas fundamentales de esta llegada futura del Señor:

    (a) Su llegada futura será "el día de Yahveh", que se convierte en el concepto central del evento (Jl 1:15; Am 5:18; Is 2: 12–22), con los siguientes rasgos:

---

[3] Por ejemplo, el concepto de cosmos griego es expresado por "cielos y tierra"; el de "eternidad" por el "por los siglos de los siglos".

- Supondrá la liberación del pueblo, su restauración y libertad definitiva.
- Será día del juicio sobre los gentiles (Is 2: 12–22, tema anti–idolátrico, como tema anti–pagano)..., y también juicio sobre Israel, basado no en la pertenencia externa y material al pueblo sino en la fidelidad al Señor (Am 5: 15–18).
- El día es descrito con elementos apocalípticos, de dos tipos:
  - Elementos negativos: destrucción, fuego (Jl 3:4), catástrofes (Am 2:5).
  - Elementos positivos: "cielos nuevos y una tierra nueva" (Is 65:17; cfr. 40:5; Jl 4:18).

(b) Conexión con la "esperanza mesiánica": el Mesías vendrá en el "día de Yahveh". Hay una fuerte superposición del planos entre ambas ideas, típico del lenguaje profético. Se puede vislumbrar tal superposición en Ge 3:15, donde el Mesías vencerá sobre la serpiente; en Ge 49:10, donde por primera vez se utiliza la idea de "venir" con respecto al Mesías; en Zac 9: 9ss, donde el Mesías viene montado sobre un pollino para proclamar la paz y establecer su Reino. Llega a su punto más álgido con Da 7: 13ss., donde el Hijo del hombre viene de entre las nubes para recibir del Anciano un Reino eterno y universal.

12.2.2 Parusía en el Nuevo Testamento

El término "parusía" se utiliza con frecuencia: Mt. 24:3, "Καθημένου δὲ αὐτοῦ ἐπὶ τοῦ ὄρους τῶν ἐλαιῶν προσῆλθον αὐτῷ οἱ μαθηταὶ κατ' ἰδίαν λέγοντες· εἰπὲ ἡμῖν, πότε ταῦτα ἔσται καὶ τί τὸ σημεῖον τῆς σῆς παρουσίας καὶ συντελείας τοῦ αἰῶνος"; Flp 1:26, "ἵνα τὸ καύχημα ὑμῶν

12.2. SAGRADA ESCRITURA 791

περισσεύῃ ἐν Χριστῷ Ἰησοῦ ἐν ἐμοὶ διὰ τῆς ἐμῆς *παρουσίας* πάλιν πρὸς ὑμᾶς"; 2 Tes. 2:1, "Ἐρωτῶμεν δὲ ὑμᾶς, ἀδελφοί, ὑπὲρ *τῆς παρουσίας* τοῦ κυρίου ἡμῶν Ἰησοῦ Χριστοῦ καὶ ἡμῶν ἐπισυναγωγῆς ἐπ᾽ αὐτὸν"; 2 Te 2:8, "καὶ τότε ἀποκαλυφθήσεται ὁ ἄνομος, ὃν ὁ κύριος [Ἰησοῦς] ἀνελεῖ τῷ πνεύματι τοῦ στόματος αὐτοῦ καὶ καταργήσει τῇ ἐπιφανείᾳ τῆς *παρουσίας* αὐτοῦ"; San 5:7, "Μακροθυμήσατε οὖν, ἀδελφοί, ἕως τῆς *παρουσίας* τοῦ κυρίου. ἰδοὺ ὁ γεωργὸς ἐκδέχεται τὸν τίμιον καρπὸν τῆς γῆς μακροθυμῶν ἐπ᾽ αὐτῷ ἕως λάβῃ πρόϊμον καὶ ὄψιμον"; 2 Pe 3:4, "καὶ λέγοντες· ποῦ ἐστιν ἡ ἐπαγγελία τῆς *παρουσίας* αὐτοῦ; ἀφ᾽ ἧς γὰρ οἱ πατέρες ἐκοιμήθησαν, πάντα οὕτως διαμένει ἀπ᾽ ἀρχῆς κτίσεως"; etc.

La gran novedad del Nuevo Testamento sobre la venida del Mesías, estriba en separar los dos planos anteriormente superpuestos, mediante la *introducción de la idea de las dos venidas mesiánicas*, como se ve con toda claridad en:

- El anuncio del ángel a los Apóstoles en el día de la Ascensión: "Este mismo Jesús que os ha sido arrebatado al cielo volverá de la misma manera que le habéis visto irse al cielo" (Hech 1:11).

- En las expresiones de Jn 21: 22–23, "Jesús le respondió: —Si yo quiero que él permanezca hasta que yo vuelva, ¿a ti qué? Tú sígueme. Por eso surgió entre los hermanos el rumor de que aquel discípulo no moriría. Pero Jesús no le dijo que no moriría, sino: 'Si yo quiero que él permanezca hasta que yo vuelva, ¿a ti qué?'"

- En el discurso de Pedro en el Pórtico de Salomón, "...de modo que vengan del Señor los tiempos de la consolación, y envíe al Cristo que ha sido predestinado para vosotros, a Jesús" (Hech 3:20).

- En los discursos escatológicos de Jesús: "Dinos cuándo ocurrirán estas cosas y cuál será la señal de tu venida y del final del mundo...De la misma manera que el relámpago sale del oriente y brilla hasta el occidente, así será la venida del Hijo del Hombre...Lo mismo que en los días de Noé, así será la venida del Hijo del Hombre..., y no se dieron cuenta sino cuando llegó el diluvio y los arrebató a todos, así será también la venida del Hijo del Hombre" (Mt 24: 3.22.37.39; cfr. Mt 24: 1–25.46; Mc 13; Lc 21: 5–36).

- Las declaraciones ante el Sanhedrin de la llegada futura del Hijo del hombre (según la figura de Daniel): "Yo soy —respondió Jesús—, y 'veréis al Hijo del Hombre sentado a la diestra del Poder y venir sobre las nubes del cielo'. " (Mc 14:62; cfr. Mt 26:64; Lc 22:69).

* * *

Esta separación en dos venidas del Mesías —en humildad la primera, en gloria la segunda—, plantea el problema del tiempo intermedio entre las dos venidas. La respuesta es que es:

- El tiempo de la Iglesia.

- El tiempo de la misión de los Apóstoles y sus sucesores para predicar el Evangelio por toda la tierra (cfr. sobre todo en las obras de San Lucas).

- El tiempo de la posesión mística de los bienes mesiánicos que son ya vida eterna, aunque su manifestación y desarrollo llegará con los tiempos mesiánicos (cfr. sobre todo en las obras de San Juan).

Esta realidad generará un problema típicamente cristiano: el de la suerte de los difuntos antes de la Parusía, como se ve en 1 Te 4: 13–18.

12.2. SAGRADA ESCRITURA

La separación entre las dos venidas del Mesías, es consecuencia de la teología de la Encarnación, donde el Hijo toma "la condición de esclavo" para realizar su misión salvadora de la humanidad caída (Flp 2:7). Por tanto, ambas venidas tienen características diferentes:

- La primera venida del Mesías:

    - *No concuerda* con las profecías del "día de Yahveh", que quedará para el fin de los tiempos. Tampoco concuerda con la instauración definitiva del Reino Mesiánico (Jn 2:11).

    - La gloria de Cristo se manifiesta en momentos especiales: milagros, transfiguración, apariciones post–pascuales (1 Pe 1:21, inicio de la gloria; Flp 3: 21, cuerpo de la gloria).

- La segunda venida del Mesías concuerda con la manifestación permanente de la gloria de Resucitado, y con las profecías del "día de Yahveh" del Antiguo Testamento. Así se habla de:

    - "Manifestación de la gloria" (Tit 2:13): "ἐπιφάνειαν τῆς δόξης".

    - "Manifestación de la Parusía" (2 Te 2:8): "τῇ ἐπιφανείᾳ τῆς παρουσίας αὐτοῦ".

    - "Manifestación" (1 Tim 6:14): "μέχρι τῆς ἐπιφανείας".

* * *

El concepto de "parusía" (παρουσία) en el Nuevo Testamento auna las ideas del concepto griego pagano, con las del Antiguo Testamento, adquiriendo una gran riqueza de significado.

En efecto, por un lado en los textos del Nuevo Testamento aparecen las ideas helénicas sobre la "parusía" sobre la venida en gloria del Rey:

1. *Es el Rey el que llega*: así en el texto de Lc 23:42, "Jesús, acuérdate de mí cuando llegues a tu Reino".

2. *Es una venida en gloria*: así en la parábola del juicio final de Mt 25: 31–40, "Cuando venga el Hijo del Hombre en su gloria y acompañado de todos los ángeles, se sentará entonces en el trono de su gloria".

3. La entrada del Rey es *una procesión triunfal*: los supervivientes a la Parusía serán arrebatados al encuentro del Señor, como es expresa en 1 Te 4: 16–17, "el Señor mismo descenderá del cielo, y resucitarán en primer lugar los que murieron en Cristo; después, nosotros, los que vivamos, los que quedemos, seremos arrebatados a las nubes junto con ellos al encuentro del Señor en los aires, de modo que, en adelante estemos siempre con el Señor".

4. Y es la *inauguración de una nueva era, un nuevo eón*, como se aprecia en Heb 9:28, "así también Cristo, que se ofreció una sola vez para quitar los pecados de todos, por segunda vez, sin relación ya con el pecado, se manifestará a los que le esperan para llevarlos a la salvación"; o en Hech 3: 20–21, "de modo que vengan del Señor los tiempos de la consolación, y envíe al Cristo que ha sido predestinado para vosotros, a Jesús, a quien es preciso que el cielo lo retenga hasta el tiempo de la restauración de todas las cosas, de las que Dios habló por boca de sus santos profetas desde antiguo".

5. Es un acontecimiento que *no se puede confundir con la primera venida* del Señor en kenosis (el Nuevo Testamento no se aplica la palabra "Parusía" para indicar la primera venida del Mesías en humildad). Así, en 1 Cor 15: 22–24, "en Cristo todos serán

12.2. SAGRADA ESCRITURA

vivificados. Pero cada uno en su propio orden: como primer fruto, Cristo; luego, con su venida, los que son de Cristo. Después llegará el fin, cuando entregue el Reino a Dios Padre, cuando haya aniquilado todo principado, toda potestad y poder".

Pero, además, por otro lado, en el concepto neotestamentario de "Parusía" aparecen las notas que los profetas atribuyen al "día de Yahveh":

1. *Se le llama "el día del Señor"* como en 1 Te 5:2, "porque vosotros mismos sabéis muy bien que *el día del Señor* vendrá como un ladrón en la noche"; 2 Te 2:2, "que no se inquiete fácilmente vuestro ánimo ni os alarméis: ni por revelaciones, ni por rumores, ni por alguna carta que se nos atribuya, como si fuera inminente *el día del Señor*"; 1 Cor 1: 8, "que no se inquiete fácilmente vuestro ánimo ni os alarméis: ni por revelaciones, ni por rumores, ni por alguna carta que se nos atribuya, como si fuera inminente el día del Señor"; y 1 Cor 5:5, "que ése sea entregado a Satanás para castigo de la carne, y así el espíritu se salve en el día del Señor". En texto más claro todavía San Pedro habla de la "Parusía del día del Señor" ("τὴν παρουσίαν τῆς τοῦ θεοῦ ἡμέρας", 2 Pe 3:12).

2. *Cristo destruirá a todos sus enemigos*, el último de los cuales será la muerte, "Pues es necesario que él reine, hasta que ponga a todos los enemigos bajo sus pies. Como último enemigo será destruida la muerte" (1 Cor 15:26).

3. *Cristo hará el juicio definitivo* sobre la humanidad, con la doble posibilidad de condenación y de salvación (Mt 25: 31–46).

4. Su segunda venida está rodeada de *elementos apocalípticos*, con doble significado:

- Negativos: "habrá en aquellos días una tribulación, como no la hubo igual desde el principio de la creación que hizo Dios hasta ahora, ni la habrá" (Mc 13:19. Cfr. 14–27).
- Positivos: "cielos nuevos y tierra nueva" (2 Pe 3:13 y Ap 21:1).

12.3 Santos Padres

El testimonio de los Santos Padres es unánime.[4] No podría ser de otra manera ante la abundancia de textos de la Revelación y la espera ansiosa escatológica que se vive en los primeros siglos de la Iglesia. Basten algunos textos como ejemplo.

En la Didaché, o Doctrina de los Apóstoles, hay una amplia referencia a la escatología y al día final. Aparece el llamado *maranathá* del culto cristiano: "Venga la gracia y pase este mundo. Hosanna al hijo de David. El que sea santo, que se acerque. El que no lo sea, que

---

[4] J. Ibáñez – F. Mendoza: *Dios Consumador...*, cit., pág. 350; L. Ott: *Manual...*, cit., pág. 712; cfr. G. Florowsky: *Eschatology in the Patristic Age*, Berlin, 1957; M. Bordoni: *La Parusia del Cristo nel Pensiero Patristico*, en "Gesù di Nazaret", 3, 347–359. A. Fernández: *La Escatología en el siglo II*, Burgos, 1979; F. F. Bruce: *Eschatology in the Apostolic Fathers*, en D. Neiman y M. Schatkin: "The Heritage of the Early Church. Essays in Honor of the V. R. G. Vasilievich Florowsky on the Occasion of his Eightieth Birthday", Roma, 1973, págs. 77–89; J. Galot: *Eschatologie Patristique*, en M. Villier et Al., "Dictionnaire de Spiritualité, Ascétique et Mystique", IV-1, Paris, 1960, cols. 1042–1049. No obstante se puede detectar un triple desarrollo en la doctrina patrística (cfr. J. J. Alvial: *Escatología*, cit., págs. 61–68). En líneas generales se puede decir que en la Iglesia primitiva y en los primeros momentos de persecución, hasta la Paz de Constantino, predomina una visión positiva de la Parusía, como evento anhelado. En un segundo momento, tras esa Paz, comienza a decaer el anhelo por la Venida del Señor. Finalmente, hacia el fin de la era patrística continua decayendo el interés por la escatología final y los aspectos más sombríos de esa escatología cobran especial interés, al tiempo que se desarrolla la escatología intermedia e individual.

12.3. SANTOS PADRES

haga penitencia. *Maranathá*, Amén".[5] Además, el último capítulo de la Didaché está dedicado a la Parusía del Señor y a los deberes de los cristianos a partir de la misma, con expresiones que recuerdan a las de la Biblia.[6]

En otros textos, como el Discurso de Diogneto y en el Pastor de Hermas, se emplea la palabra "Parusía" con un sentido más técnico y completo, "es el tiempo que falta para su venida". Se emplea como sinónimo de venida de Cristo. El Pastor se pregunta sobre la causa de la dilación de la Parusía respondiendo con el argumento de que los penitentes tienen que convertirse todavía; Dios garantiza un tiempo de penitencia para la conversión del mayor número de pecadores.[7]

En San Ignacio de Antioquía se afirma la Parusía con el mismo significado que en el Nuevo Testamento; pero considera que la realidad presente de la historia está llena del acontecimiento escatológico realizado con la venida del Señor, y que la Parusía anunciada por los profetas se realiza ya en su Encarnación y en su Pasión y la Resurrección.[8]

San Justino sigue las ideas que se encuentran en San Ignacio, empleando el término en un sentido semejante. Pero en el diálogo entre judíos y cristianos, San Justino, habla de "dos Parusías" de Cristo: una humilde y otra gloriosa,[9] enfatizando la relación entre la pasión y la gloria, mientras que con respecto a la segunda venida habla de un milenarismo, idea que se había difudido en el pensamiento escato-

---

[5] *Didajé*, 10, 6.

[6] *Didajé*, 16.

[7] Pastor de Hermas: *Sim.* 9, 5.1.

[8] San Ignacio de Antioquía: *Ad Philad.*, 9, 2; *Ad Phil.*, 2, 9; *Ad Magn.*, 9, 2. Cfr. M. Bordoni – N. Ciola: *Jesús, Nuestra Esperanza: Ensayo de Escatología en Prospectiva Trinitaria*, Salamanca, Secretariado Trinitario, 2002, págs. 126–127.

[9] San Justino: *Dial.*, 14, 8.

lógico de los siglos II y III.[10] La razón del retraso de la Parusía es un tiempo dado por Dios al hombre libre para que practique la justicia.[11]

También San Ireneo hace esta distinción, en su teología acepta como tradición de la Iglesia la fe en la Parusía, cuyo término emplea más ampliamente de lo que inicialmente se utilizaba.

Orígenes interpreta la Parusía en clave espiritualista y dentro de su concepción de la "apokatástasis" como proceso de conversión de toda las creaturas a Dios: la Parusía gloriosa de Cristo, coincidiría con la consumación de todas las cosas, con la resurrección escatológica de todos los hombres. Este es también el motivo de la dilación de la Parusía. La Parusía es la manifestación de Cristo a todos los hombres, no ya en un lugar determinado, sino en todas partes.[12]

San Cirilo de Jerusalén contrapone la "Parusía del Señor" a la "llegada del Anticristo".[13]

San Agustín, vuelve a la misma idea de contraponer la venida de Cristo a la del Anticristo: "Una cosa es cierta e indudable: que San Pablo dice que Cristo no vendrá a juzgar a los vivos y a los muertos si antes no viniere su enemigo, el anticristo".[14] San Agustín ve que el juicio de Dios sobre la historia de la humanidad es una constante que la atraviesa por entero,[15] de un modo invisible, realizando ya en ese juicio la Parusía de Cristo; sin embargo habrá una manifestación final esplendorosa con la Parusía escatológica del final de los tiempos, que tendrá un significado a la vez cristológico y eclesiológico, cumplimiento final de la Historia de la Salvación: la Parusía nos introducirá en la etapa final de la vida eterna, en la que "Dios será el fin de nuestros

---

[10]San Justino: *Dial.*, 40, 51.
[11]San Justino: *Dial.*, 102, 5.
[12]Orígenes: *De Princip.*, 3, 5, 7.
[13]San Cirilo de Jerusalén: *Cathech.*, 15, 11–12 (*P. G.*, 33, 884).
[14]San Agustín: *De Civ. Dei*, 20, 19, 4.
[15]San Agustín: *De Civ. Dei*, 20, 1.

deseos, el que será contemplado sin descanso, amado sin saturación y alabado sin cansancio".[16]

En este tiempo, la Iglesia fija en la liturgia y en sus numerosas manifestaciones la expresión "Ven, Señor Jesús", conservada y repetida, como afirmación en lo que se cree y espera. Se usa de un modo reiterado en la liturgia eucarística.[17]

12.4 Magisterio

La realidad de la Parusía se plasmó en los diferentes credos de la Iglesia con expresiones en las que se profesaba que Cristo de nuevo vendrá con gloria a juzgar a vivos y muertos.[18]

Así, el Símbolo Apostólico dice: "Y desde allí (los cielos) vendrá a juzgar a los vivos y a los muertos".[19] Esta idea pasará a las fórmulas de fe posteriores, como el Símbolo Niceno[20] o el *Quicumque*.[21] A veces explicitan también que el juicio será según las obras, distinguiendo a los réprobos de los elegidos, como en el caso del Sínodo XI de Toledo,[22] el del IV Concilio de Letrán,[23] o el del II Concilio de Lyon.[24]

---

[16]San Agustín: *De Civ. Dei*, 22, 30, 1.

[17]Estas expresiones se han conservado en las aclamaciones litúrgicas, después de la consagración: "Anunciamos tu muerte proclamamos tu resurrección. ¡Ven Señor Jesús!"; "Cada vez que comemos de éste pan y bebemos de éste cáliz, anunciamos tu muerte Señor, hasta que vuelvas".

[18]Expresión que es considerada como de fe divina y católica por J. Ibáñez – F. Mendoza: *Dios Consumador*..., cit., pág. 347; L. Ott: *Manual*..., cit., pág. 711.

[19]*D. S.*, 10.
[20]*D. S.*, 125.
[21]*D. S.*, 76.
[22]*D. S.*, 540.
[23]*D. S.*, 801.
[24]*D. S.*, 852.

En el Símbolo Niceno–Constantinopolitano, se introduce la expresión "cum gloria".[25] Expresión que se encuentra también en las profesiones de fe de San Epifanio,[26] del Concilio de Trento[27] o el Credo del Pueblo de Dios.[28]

12.5 Reflexiones teológicas

12.5.1 Momento de la Parusía. Expresiones de proximidad

Uno de los problemas que han suscitado polémicas en la teología clásica y contemporánea es la explicación de las declaraciones de la Revelación sobre la proximidad de la Parusía. Son innegables esas expresiones bíblicas:

- Mc 9:1, "En verdad os digo que hay algunos de los aquí presentes que no sufrirán la muerte hasta que vean el Reino de Dios que ha llegado con poder".

- Mt 16:28, "En verdad os digo que hay algunos de los aquí presentes que no sufrirán la muerte hasta que vean al Hijo del Hombre venir en su Reino".

- Mc 13:30, "En verdad os digo que no pasará esta generación sin que todo esto se cumpla".

Se han dado explicaciones que son insuficientes o erróneas, como por ejemplo:

---

[25] *D. S.*, 150.
[26] *D. S.*, 44.
[27] *D. S.*, 1862.
[28] *Credo del Pueblo de Dios*, n. 12.

12.5. REFLEXIONES TEOLÓGICAS 801

- Cristo erró en su ciencia humana; simplemente se equivocó... Pero esta teoría es imposible de sostener por la inerrancia de la ciencia humana de Jesucristo.

- El significado es idéntico al de otros dichos del Señor en el que "esta generación" tiene el sentido de la humanidad que durará hasta el fin del mundo. Es el caso de la expresión en contextos, como el de Mt 12:39 ("Él les respondió: —Esta generación perversa y adúltera pide una señal, pero no se le dará otra señal que la del profeta Jonás"), o Mt 17:17 ("Jesús contestó —¡Oh generación incrédula y perversa! ¿Hasta cuándo tendré que estar con vosotros? ¿Hasta cuándo tendré que soportaros?") donde "generación" se refiere a todo el pueblo judío que se negará a creer hasta el fin del mundo, cuando se convertirá (Ro 11: 25ss); lo mismo pasaría con los que verán la Parusía, que coincide con la humanidad sobreviviente hasta el fin del mundo... Sin embargo, esta interpretación no parece acertada, porque en los textos de inminencia citados, claramente se está refiriendo Jesús a sus "contemporáneos", como se aprecia en el de Mt 16:28, que se refiere a la venida majestuosa de Cristo para el juicio rodeado de sus ángeles (cfr. v. 27) y que, aparentemente, contemplarían sus contemporáneos.

- Se trataría de una alusión a la Transfiguración... Pero no parece tampoco aceptable esta exégesis porque la Transfiguración no aparece en los Evangelios en relación con el tema de la llegada del Reino de Dios escatológico.

La explicación que parece más convincente es que el Señor está utilizando un lenguaje profético, que usa expresiones de duración abreviada, como es el caso de Mc 1: 14–15 ("Vino Jesús a Galilea... diciendo: —El tiempo se ha cumplido y el Reino de Dios está al llegar; convertíos y creed en el Evangelio"), o Lc 10: 9–11 ("Curad a los enfermos que haya en ella y decidles: 'El Reino de Dios está cerca de vosotros'... 'Hasta el polvo de vuestra ciudad que se nos ha pegado a los pies lo sacudimos contra vosotros; pero sabed esto: el Reino de Dios está cerca'").

Por otro lado, hay que tener en cuenta las características de la escatología cristiana:

- Es una escatología de doble fase, donde los acontecimientos finales son "ya" una realidad con la Resurrección de Jesús, aunque su plenitud se dará al final de los tiempos. Es el sentido de 1 Jn 2:18 ("Hijitos, es la última hora. Habéis oído que tiene que venir el Anticristo: pues bien, ya han aparecido muchos anticristos. Por eso sabemos que es la última hora"). Por eso decía San Agustín: "Esta última hora es larga; sin embargo, es la última hora".[29]

- Es una escatología que vive en la esperanza cierta de lo que sucederá. En este contexto, las expresiones de cercanía manifiestan la seguridad de que la venida del Señor se realizará de hecho.

- Es una escatología de consolación que recuerda a los cristianos (muchos perseguidos y mártires), la bienaventuranza que les aguarda como premio por sus tribulaciones en esta tierra. Y toda comunidad cristiana de cualquier siglo debe de contar con la posibilidad real de que esos acontecimientos liberadores se puedan producir en su tiempo.

Por lo tanto no hay crisis en la comunidad primitiva al comprobar la dilación de la Parusía, que todos esperarían como inminente, sino solo una mejor comprensión del misterio y de las palabras de Jesús.

---

[29] San Agustín: *In Epist. Ioann. Tract.*, 3, 3 (*P. L.*, 35, 1998).

12.5. REFLEXIONES TEOLÓGICAS

Los teólogos que afirman esta supuesta crisis,[30] no tienen en cuenta todos los datos de la Biblia. En efecto:

- Jesús mismo insiste en que la fecha concreta de la Parusía no iba a ser revelada (Mc 13:32, "Pero nadie sabe de ese día y de esa hora: ni los ángeles en el cielo, ni el Hijo, sino el Padre").

- San Pablo, manifiesta a la vez, dos ideas complementarias. Por un lado, su esperanza de vivir la Parusía él mismo, sin enseñar que de hecho él la hubiera de experimentar (1 Te 4:17, "...después, nosotros, los que vivamos, los que quedemos, seremos arrebatados a las nubes junto con ellos al encuentro del Señor en los aires, de modo que, en adelante estemos siempre con el Señor"), ... esperar no es certeza de que ocurra). Y, por otro lado, en la misma carta, confiesa su ignorancia sobre la fecha (1 Te 5: 1–2, "Sobre el tiempo y el momento, hermanos, no necesitáis que os escriba, porque vosotros mismos sabéis muy bien que el día del Señor vendrá como un ladrón en la noche").

- San Pedro, por su parte, aclara lo relativo del tiempo humano para el Dios eterno: "En los últimos días vendrán hombres que se burlan continuamente de todo y que viven según sus propias concupiscencias, que dirán: '¿Dónde está la promesa de su venida? Porque desde que los padres murieron, todo continúa como desde el principio de la creación'... Pero hay algo, queridísimos, que no debéis olvidar: que para el Señor un día es como mil años, y mil años como un día" (2 Pe 3: 3–4.8).

- San Juan también desmiente esas ideas erróneas, con su famoso "presentismo", tan típico de sus escritos, donde los acontecimien-

---

[30] Crisis que, según ellos, provocarían el cambio de las estructuras organizativas primitivas en instituciones preparadas para durar largamente, e incluso a cambiar aspectos esenciales de la verdadera fe de Jesucristo.

to escatológicos se viven, a la vez, en el "ya" (Jn 6: 54, "El que come mi carne y bebe mi sangre *tiene* [ya] vida eterna..."); y, al mismo tiempo, en el "aun no" de la espera futura (ibidem Jn 6:54, "...y yo le *resucitaré* [todavía no] en el último día"; cfr. 1 Jn 2:28; 3:2). Recuérdese que el "presentismo" es también paulino: con–crucificados, con–sepultados, con–resucitados, co–reinantes, etc. (cfr. Col 3:1; Ef 2:6).

Por tanto, los textos desmienten con toda claridad, la interpretación de la existencia de una crisis escatológica en la comunidad cristiana primitiva: en primer lugar, porque no hay registro de la misma; y, en segundo lugar, porque los textos neotestamentarios denuncian que la crítica al retraso de la Parusía proviene de "hombres ajenos a la fe" y explican que fueron respondidas por San Pedro, por San Pablo y por San Juan.

El pensamiento del Aquinate sobre el desconocimiento de la fecha de la Parusía se explica porque será un acontecimiento debido a la acción inmediata de Dios, sin intervención de causa creada alguna, como fue también la creación. Por eso, el conocimiento de tal momento también corresponde solo a Dios:

"Deus per scientiam suam est causa rerum. Utrumque autem creaturis communicat: dum et rebus tribuit virtutem agendi alias res, quarum sunt causæ; et quibusdam etiam cognitionem rerum præbet. Sed in utroque aliqua sibi reservat: operatur enim quæ-

"Dios es la causa de las cosas por su conocimiento. Ahora bien, Dios comunica estas dos cosas a sus creaturas, cuando les otorga a algunas de ellas el poder de hacer otras cosas, de las que son su causa; y otorga a otras el conocimiento de las cosas. Pero en ambos casos, Él se reserva algo para

12.5. REFLEXIONES TEOLÓGICAS

dam in quibus nulla creatura ei cooperatur; et similiter cognoscit quædam quæ a nulla pura creatura cognoscuntur. Hæc autem nulla alia magis esse debent quam illa quæ soli divinæ subiacent potestati, in quibus nulla creatura ei cooperatur. Et hiuiusmodi est finis mundi, in quo erit dies iudicii: non enim per aliquam causam creatam mundus finietur; sicut etiam mundus esse incoepit immediate a Deo. Unde decenter cognitio finis mundi soli Deo reservatur. Et hanc rationem videtur ipse Dominus assignare, Act. 1: 'Non est, inquit, vestrum nosse tempora vel momenta quæ Pater posuit in sua potestate': quasi diceret, 'quæ soli potestati eius reservata sunt".[31]

Sí, porque Él obra ciertas cosas en las que no coopera creatura alguna, y también Él conoce ciertas cosas que son desconocidas para cualquier creatura. Ahora esto debería aplicarse sobre todo a las cosas que están sujetas solamente a su poder divino, en las que no coopera creatura alguna. Tal es el caso del fin del mundo, cuando ocurrirá el Juicio final. Porque el mundo llegará a su final no por causa alguna creada, como también debe su existencia inmediatamente a Dios. Por eso, el conocimiento del fin del mundo se reserva adecuadamente a Dios. Y el Señor mismo parece afirmar esa misma razón cuando dice en Hech 1:7, 'No es cosa vuestra conocer los tiempos o momentos que el Padre ha fijado con su poder', como si dijera, 'que es reservado a su solo poder' ".

---

[31] *Supplem.*, q. 88, a. 3, co. Cfr. *supra*, q. 77, a. 2; *Summ. Theol.*, III\u1d43, qu. 10, a. 2, ad 1; *In Sent.*, IV, dist. 43, a. 3, q. 2; *De Pot.*, q. 5, a. 6; *Compend, Theol.*, cap. 243; *In Matth.*, cap. 24.

12.5.2 Los signos de la Parusía

Otro de los temas polémicos a lo largo de la Historia y en la teología contemporánea es el de la interpretación correcta de los signos de los tiempos que anunciarán la llegada inminente de la Parusía.

Estos signos son de dos clases, apocalípticos y teológicos:

1. Signos apocalípticos. Son descritos de variadas maneras en los textos bíblicos: guerras y rumores de guerras, hambres y pestes y catástrofes naturales (Cfr. Is 66, Mt 24: 29ss, Mc 13: 24ss y Lc 21: 25ss).

   La teología clásica los dividía en cuatro signos principales:[32]

   - Signos en el Sol, la luna y las estrellas.
   - Estruendo del mar y de las olas.
   - En la tierra, angustia de las gentes, consternadas...y los hombres perderán el aliento a causa del terror y de la ansiedad que sobrevendrán a toda la tierra.
   - La aparición del signo del Hijo del hombre en el cielo.

2. Signos teológicos. Suelen citarse cuatro: predicación del Evangelio a todo el mundo, la conversión de Israel, el enfriamiento en la fe con la apostasía general y la aparición y éxito del anticristo. El *Catecismo Romano* de Trento enumera tres de ellos: "Tres son las señales principales que según la Sagrada Escritura precederán al juicio divino: la predicación del Evangelio en todo el mundo, la apostasía y el anticristo. Jesucristo dijo: 'Será predicado este Evangelio del reino en todo el mundo, testimonio para todas las naciones, y entonces vendrá el fin' (Mt 24:14). Y el Apóstol nos amonesta: 'Que nadie en modo alguno os engañe,

---

[32]Cfr. L. Lercher: *Institutiones...*, cit., págs. 544–545.

12.5. REFLEXIONES TEOLÓGICAS

porque antes ha de venir la apostasía y ha de manifestarse el hombre de la iniquidad, el hijo de la perdición' (2 Te 2:3)".[33] A éstas hay que añadir la conversión del pueblo judío, según profetiza San Pablo (Ro 11: 25–26). Por su importancia merecerán un tratamiento más detallado.

Antes de entrar a considerar la interpretación que ha de hacerse sobre estos signos según la teología tradicional, es conveniente tener en cuenta la criteriología general que sostiene A. Gálvez, quien aceptando que el momento exacto del final de los tiempos no ha sido revelado, rechaza la idea de que sean señales crípticas y oscuras, tan difíciles de determinar, que perdieran la categoría de signos reconocibles. Pareciera que la revelación no quiere en realidad revelar nada, lo que parece un absurdo. Por otro lado, Cristo mismo advirtió de que serían reconocibles como signos escatológicos: "Aprended de la higuera esta parábola: cuando sus ramas están ya tiernas y brotan las hojas, sabéis que está cerca el verano. Así también vosotros, cuando veáis todas estas cosas, sabed que es inminente, que está a las puertas. En verdad os digo que no pasará esta generación sin que todo esto se cumpla" (Mt 24: 32–34).[34] En efecto:

---

[33] *Catecismo Romano*, cap. 8, VII, 121. P. Pedro Martín Hernández, comentando este inciso recuerda que "Según testimonio explícito de la Sagrada Escritura, nadie sabe, ni sabrá, cuándo tendrá lugar el fin del mundo (Mt 24:36). Pero son los mismos libros sagrados quienes nos ofrecen algunas señales por las que de alguna manera podrá conjeturarse su mayor o menor proximidad. No se nos prohibe examinar esas señales, pero es preciso tener en cuenta que son muy vagas e inconcretas y se prestan a grandes confusiones, sobre todo por el carácter evidentemente metafórico y ponderativo de muchas de ellas" (*El "Catecismo Romano" Del Concilio De Trento*, Madrid, BAC, 1951, nota 123).

[34] Cfr. también Mc 13: 28–29; Lc 21: 29–30. Y Mt 16: 2–3, en otro contexto.

"...aun partiendo de la base de que el momento de la *Parusía* sólo de Dios es conocido, el Nuevo Testamento, sin embargo, especialmente por boca del mismo Jesucristo y del Apóstol San Pablo, contiene suficiente número de *señales* proféticas cuyo cumplimiento ha de preceder a la Segunda Venida del Señor. Se trata de profecías que abarcan un variado y abundante conjunto de *indicios* que, según la Revelación, señalarán a los hombres la inminencia del acontecimiento. Y es de suponer que la Palabra revelada ha sido puesta ahí para decir *algo*, cuyo significado exacto desconocemos pero que evidentemente tiene por objeto proporcionar *claves* o pautas de conocimiento. Pues Dios no se dedica a cultivar las florituras literarias ni a burlarse de los hombres. Es cierto que los anuncios de lo que va a suceder están envueltos en cierta imprecisión, como siempre sucede en el lenguaje profético, pero cuyo contenido es suficiente para poner en guardia a quien desee aprovecharse de ellos.

...algunas de las cosas anunciadas en tales profecías, o bien ya se han cumplido, o bien parece que están en vías de realizarse. Como la Gran Apostasía, anunciada por San Pablo (2 Te 2:3) y por el mismo Jesucristo (Lc 18:8); o las guerras, rumores y peligrosas amenazas de guerra, además de hambres y terremotos en diversos lugares (Mt 24: 6–7). En cuanto a la misteriosa *abominación de la desolación que se sentará en el lugar santo*,[35] quizá sea suficiente con citar un texto del Papa Benedicto XVI cuando todavía era el Cardenal Ratzinger: *Nos referimos a otros muchos fenómenos típicos de nuestro tiempo que constituyen una real*

---

[35] Mc 13:14.

12.5. REFLEXIONES TEOLÓGICAS

amenaza para los cristianos, a saber: el paganismo dentro de la misma Iglesia, "la abominación de la desolación puesta en el lugar santo (Mc 13:14)[36]*".*[37]

Señales de tipo apocalíptico

Los teólogos suelen considerar que los signos apocalípticos han de ser interpretados prudentemente, como propios del género apocalíptico, y dentro de lo que es el fenómeno de la profecía. L. F. Mateo–Seco[38] ha señalado los criterios a tener en cuenta para su interpretación correcta. En concreto:

- Lo predicho no es solo algo venidero, sino un acontecimiento religioso con el que lleva a plenitud la salvación operada por Cristo.

- Lo predicho no es algo basado en la experiencia ni un pronóstico basado en el acontecer presente. No es una plenitud de la Historia, sino algo que está más allá de la historia.

- Lo predicho es algo cierto como hecho, pero envuelto en oscuridad en cuanto a los detalles y fechas. Pero hay tres coordinadas ciertas:

    – No es aniquilamiento, como se estudia en el tratado de Creación, al tratar de la libertad divina de anihilación, y la preservación del mundo creado.

---

[36] En su libro *El Nuevo Pueblo de Dios*.

[37] A. Gálvez: *El Invierno...*, cit., págs. 151–152. Cfr. págs. 267–274; Id.: *Siete Cartas...*, cit., pág. 3–4, 15–20.

[38] Cfr. L. F. Mateo–Seco: *Mundo III. Mundo y Escatología*, en GER, t. XVI, págs. 442–450.

- Ha de entenderse como una misteriosa transformación del mundo creado.
- Es la consumación de la acción redentora de Cristo.

Como sostiene Santo Tomás, no conocemos la extensión concreta ni la intensidad de las imágenes y signos de la conflagración final y la renovación del mundo, que son solo conocidas por Dios. Sí han de ser interpretadas en conexión con la imagen del "fuego purificador" de 2 Pe 3: 7–13, que indica que no es aniquilamiento, sino purificación de toda la creación que también llegará los seres materiales.[39]

San Juan Crisóstomo los interpreta como la introducción de un mundo nuevo que se implanta sobre el antiguo, un modo de dar a entender que Dios va a intervenir de un modo inmediato:

> "Mas, ¿cómo aparecerá el Señor? Transformada ya toda la creación. Porque *el sol se oscurecerá*; no porque desaparezca, sino vencido por la claridad de su presencia. Y *las estrellas del cielo caerán*. Porque, ¿qué necesidad habrá de ellas, cuando ya no habrá noche? Y *las potencias del cielo se conmoverán*. Y con mucha razón, pues han de ver tamaña transformación".[40]

Santo Tomás se muestra cauto a la hora de interpretar estos signos apocalípticos. Por un lado, considera que son convenientes para preparar la aparición gloriosa de Cristo como Juez universal, porque es propio de la dignidad del poder judicial que venga rodeada de ciertos signos que induzcan al pueblo a sentir reverencia y sujeción; por eso, habrá muchos signos que precederán a la llegada de Cristo en su Parusía para que los corazones de los hombres sean movidos a la

---

[39] Cfr. *Supplem.*, q. 74.
[40] San Juan Crisóstomo: *Hom. in Matth.*, 76, 3 (*P. G.*, 58, 697–698).

12.5. REFLEXIONES TEOLÓGICAS

sujeción del Juez que va a llegar y prepararlos para tal juicio, siendo prevenidos por esos signos. Sin embargo, por otro lado, no es fácil de conocer en concreto en qué consistirán esos signos. En efecto:

"Quæ autem sint ista signa, de facili sciri non potest. Signa enim quæ in Evangeliis leguntur, ut Augustinus dicit, ad Hesychium de Fine Mundi, non solum pertinent ad adventum Christi ad iudicium, sed etiam ad tempus destructionis Ierusalem, et ad adventum quo Christus continue Ecclesiam suam visitat. Ita quod forte, si diligenter advertatur, nullum eorum invenitur ad futurum adventum pertinere, ut ipse dicit: quia signa quæ in Evangeliis tanguntur, sicut pugnæ et terrores et huiusmodi, a principio humani generis fuerunt; nisi forte dicatur quod tunc temporis magis invalescent. Sed secundum quam mensuram crescentia vicinum adventum denuntient, incertum est. Signa vero quæ Hieronymus ponit, non asserit, sed in annalibus Hebræorum se ea scripta re-

"Sin embargo no es fácil conocer lo que esos signos puedan ser: porque las señales que leemos en los Evangelios, como Agustín dice, escribiendo a Hesychicus sobre el fin del mundo, se refieren no solo a la llegada de Cristo para juzgar, sino también al tiempo de la caída de Jerusalén y a la venida de Cristo sin cesar para visitar su Iglesia. Por tanto, quizás si los consideramos cuidadosamente, encontraremos que ninguno de esos signos se refiere a la llegada, como él señala, porque estos signos que son mencionados en los Evangelios, tal como guerras, miedos y cosas parecidas, han existido desde el inicio de la raza humana, salvo que digamos que quizá en ese tiempo serán más prevalentes. Aunque es incierto en qué grado ese incremento anunciará la inminencia de la llegada. Los signos que menciona Jerónimo no los afirma él mismo, sino que meramente los encontró escritos en

perisse dicit. Quæ etiam valde parum verisimilitudinis habent".⁴¹ los anales de los hebreos, y, por supuesto, tienen muy poco de verosimilitud".

Como aparece en el texto citado, es necesario tener en cuenta, la superposición de planos que se dan en los apocalipsis de los sinópticos entre el tema de la caída de Jerusalén y los acontecimientos del fin del mundo. S. Tomás expone así la cuestión, al mismo tiempo que resume las diversas interpretaciones:

> "Había dicho (Jesús) que el Templo sería destruido. Por esta razón preguntan tres cosas: primero, sobre el Templo; después, sobre su venida: finalmente, sobre el fin del mundo. Por esto dicen: 'Dinos cuándo sucederán estas cosas' , es decir, la consumación de tu amenaza y de tu venida; y cuál será la señal de tu venida; de igual forma, sobre el fin del mundo y de la consumación del mundo".
>
> "Estos discípulos preguntaron sobre su venida, y ésta es doble: La última, que es para juzgar y tendrá lugar al final del mundo. De ella se habla en Hechos 1:11: 'Como le visteis subir al cielo, así vendrá'. Otra es la venida que conforta la mente de los hombres, a los que viene espiritualmente: 'Verán al Hijo del hombre venir en las nubes', es decir, en los predicadores, porque por medio de los predicadores viene el Señor a las mentes de los hombres. Por

---

[41] *Supplem.*, q. 73, a. 1, co. Cfr. *In Sent.*, IV, dist. 47, q. 1, a. 1, quª 3, ad 2. La referencia a San Jerónimo es de quince signos (movimientos de aguas, animales, seres marinos, efectos en la tierra, etc.) que precederían al Juicio final en un escrito cuyo original no se conserva, pero que aparecen en una referencia que hace San Pedro Damián (*De Novissimis et Antichristo*, cap 4, *P. L.*, 145, 840) y repiten Pedro Comestorem y San Buenaventura *In Sent.* IV, dist. 48, dub. 3.

12.5. REFLEXIONES TEOLÓGICAS

lo cual es dudoso a cuál de las dos venidas deba referirse. Sin embargo, dice Agustín que todo debe referirse a la venida espiritual. Otros que a su segunda venida. Otros aplican este pasaje a la destrucción de Jerusalén y a la última venida".[42]

Señales de tipo teológico

Son señales que hacen referencia a acontecimientos de tipo religioso y teológico. Son señales seguras. Pero su interpretación, el modo de su cumplimiento y el tiempo de su realización no son fáciles de determinar. Ya establecimos que el tiempo exacto de la Parusía no ha querido ser revelado por Dios (Mt 13:32). Pero no por eso, dejan de ser en cualquier caso verdaderas señales, que por tanto pueden ser reconocibles, si bien nadie puede asegurar que el momento de la Parusía ya está ahí, pues la Parusía tendrá también un carácter inesperado, como dijo el Señor:

> "Entonces, si alguien os dijese: 'Mirad, el Cristo está aquí o allí', no os lo creáis. Porque surgirán falsos mesías y falsos profetas, y se presentarán con grandes señales y prodigios para engañar, si fuera posible, incluso a los elegidos. Mirad que os lo he predicho. Y si os dijeran que está en el desierto, no vayáis; o que está en un lugar oculto, no os lo creáis. De la misma manera que el relámpago sale del oriente y brilla hasta el occidente, así será la venida del Hijo del Hombre" (Mt 24: 23–27).

En general se han dado dos interpretaciones sobre su carácter:

---

[42] Santo Tomás de Aquino: *Super Evangelium Sancti Matthei*, Lectura, 24, Turín 1951, 296.

- Se trata sobre todo de una exhortación a la vigilancia del tipo de Mc 13: 28ss.[43]

- Son en realidad condiciones previas "sine quam non", pero no indican inmediata sucesión de la Parusía.[44] El hecho de que, por ejemplo, el Anticristo, anunciado para el final de los tiempos ya hubiere aparecido en los tiempos apostólicos en forma de muchos anticristos (1 Jn 2:18) y la gradualidad en el cumplimiento de otros signos, haría difícil conocer su cumplimiento efectivo.

Ambas posiciones parecen insostenibles. La primera porque las profecías sobre los signos de los tiempos tienen un nivel de concreción y de verdaderas señales que no pueden ser reducidas a meros avisos de vigilancia; en el Nuevo Testamento hay muchos consejos del Señor a andar vigilantes, pero las señales de los últimos tiempos tienen otra intencionalidad y naturaleza. La segunda posición tampoco parece sostenible, pues serían señales de un final que se espera que en realidad no señalarían nada, ya que no se puede hablar de que exista proximidad o no a los acontecimientos finales en base a los mismos.

Por lo tanto, parece mucho más acertado el criterio de A. Gálvez ya referido: aunque no se ha querido revelar el momento exacto del fin del mundo, sin embargo son signos que no pueden ser considerados tan oscuros y crípticos, tan difíciles de determinar, que pierdan su categoría de signos reconocibles, como sí los consideraba Cristo (Mt 24: 32–34).[45]

Veamos en concreto esas señales teológicas. Como ya se señaló son las siguientes:

---

[43] Es la posición de F. Mussner.

[44] C. Pozo: *Teología...*, cit., págs. 117–118, quien sigue la propuesta de Rahner.

[45] A. Gálvez: *El Invierno...*, cit., págs. 151–152. Cfr. págs. 267–274; Id.: *Siete Cartas...*, cit., págs. 3–4, 15–20.

12.5. REFLEXIONES TEOLÓGICAS

A.– Predicación del Evangelio a todo el mundo. Así aparece en Mt 24:14, "Y se predicará este Evangelio del Reino en todo el mundo en testimonio para todas las gentes, y entonces vendrá el fin" (cfr. Mc 13:10).

Hay que tener en cuenta que en la interpretación de esta señal:

- No está profetizado que cada hombre tenga que oír la predicación del Evangelio, sino todos los pueblos o grupos de hombres. Así lo interpreta San Agustín, como fe predicada a la totalidad moral de todos los pueblos.[46] Algunos exégetas sostuvieron que la expresión "mundo entero" en otros pasajes solo indicaría el mundo greco–romano (Lc 2:1; Hech 11:28; 24:5; Ro 10:18; Col 1:6). Sin embargo, en el envío final de sus Apóstoles, Cristo les manda "predicar el Evangelio a toda la creación" (Mc 16:15), y "seréis mis testigos en Jerusalén, en toda Judea y Samaría, y hasta los confines de la tierra" (Hech 1:8).

- Tampoco está señalada la extensión que deba de tener un pueblo ni tampoco la profundidad del mensaje predicado.

- Se trata del anuncio del Evangelio, y no de su acogida efectiva. De hecho está previsto que el número de verdaderos creyentes al final de los tiempos será muy reducido (cfr. Lc 18:8, "Pero cuando venga el Hijo del Hombre, ¿encontrará fe sobre la tierra?").

- Tampoco está revelado el tiempo que transcurra entre esa predicación y la llegada de la Parusía, aunque esté cercana.

B.– La conversión del pueblo judío. Es la profecía de Ro 11: 25–27, "Porque no quiero que ignoréis, hermanos, este misterio, para

---

[46] San Agustín: *Epist.*, 199, 48 (*P. L.*, 33, 923).

que no os consideréis sabios a vuestros ojos: que la ceguera de Israel fue parcial, hasta que entrara la plenitud de los gentiles, y así todo Israel se salve, como está escrito: 'De Sión vendrá el libertador', 'apartará de Jacob las impiedades'; 'y ésta será mi alianza con ellos', 'cuando haya borrado yo sus pecados'". San Agustín también se hacía eco de este vaticinio:

> "Es una creencia muy extendida y arraigada en el corazón de los fieles que al fin del mundo, antes del juicio, los judíos creerán en el verdadero Mesías, es decir, en nuestro Cristo".[47]

En este caso, hay que insistir en que no está revelado:

- La extensión de dicha conversión.
- La distancia de tiempo entre ella y la Parusía.

C.– *Aparición y éxito del Anticristo*. Según 2 Te 2: 1–4, "En cuanto a la venida de nuestro Señor Jesucristo y de nuestro encuentro con él, os rogamos, hermanos, que no se inquiete fácilmente vuestro ánimo ni os alarméis: ni por revelaciones, ni por rumores, ni por alguna carta que se nos atribuya, como si fuera inminente el día del Señor. Que de ningún modo os engañe nadie, porque primero tiene que venir la apostasía y manifestarse el hombre de la iniquidad, el hijo de la perdición, que se opone y se alza sobre todo lo que lleva el nombre de Dios o es adorado, hasta el punto de sentarse él mismo en el templo de Dios, mostrándose como si fuera Dios".

Es necesario la aparición del "hombre de la iniquidad" (San Pablo también le llama "hijo de la perdición" y "adversario de

---

[47]San Agustín: *De Civ. Dei*, 20, 29 (*P. L.*, 41, 763–764)

12.5. REFLEXIONES TEOLÓGICAS

Dios"), que parece debe identificarse con el Anticristo del que hablan los textos joánicos (1 Jn 2: 18.22; 4:3; 2 Jn 7). Lo mismo se podría decir de la "abominación de la desolación la anunciada por el profeta Daniel (Da 12:11), instalada en el lugar santo —entiéndalo bien el que lee—..." (Mt 24:15; cfr. Mc 13:14).[48] Sobre la profecía de la aparición del *Dragón* (Satanás), precedida por sus dos adlátares, el *Falso Profeta* (que se suele identificar con un líder religioso que corromperá la Iglesia) y la *Bestia* (caracterizado con frecuencia como autoridad de tipo político que someterá el poder mundial), se puede ver el libro del Apocalipsis capítulos 12, 13 y 17. A los efectos del presente capítulo, los podemos considerar todos como manifestaciones de la profecía del Anticristo.

Los Santos Padres hablaron desde el inicio de este personaje. Así la *Didajé* decía: "Aparecerá el seductor del mundo cual Hijo de Dios y realizará signos y prodigios, y la tierra se entregará a sus manos y llevará a cabo iniquidades que jamás se hicieron".[49]

Los exégetas se dividen a la hora de considerar si el anticristo es o no un personaje concreto:[50] puede ser un personaje individual y concreto que aparecería antes de la Parusía y provocaría

---

[48] Sobre la interpretación de la *abominación de la desolación* relacionada con el acontecimiento histórico de la caída de Jerusalén, cfr. F. Gigot: *The Abomination of Desolation*, en "The Catholic Encyclopedia", Vol. 1. New York, Robert Appleton Company, 1907.

[49] *Didajé*, 16, 4. San Hipólito de Roma escribió un tratado sobre el anticristo (*P. G.*, 10, 728ss.).

[50] Para un estudio detallado de cómo ha sido identificado históricamente este personaje de variados modos (Mahoma y el Islam en el medioevo; el Papado y la Iglesia católica como Ramera, por Lutero; la masonería y el filosofismo del s. XVIII por el P. Lacunza; etc.) en L. Castellani: *El Apokalypsis de San Juan*, Buenos Aires, Vortice, 2005, págs. 154–161, 163–178, 271–278; Alfredo Sáenz: *El Apocalipsis según Leonardo Castellani*, Pamplona, Fundación Gratis Date, 2005.

la gran apostasía;[51] o bien, una colectividad de fuerzas anticristianas, que al final de los tiempos pueden encarnarse en un dirigente concreto.[52] Tampoco es posible determinar la extensión de la apostasía, pero sera "general", aunque no total ("las puertas del infierno no preveleceran contra ella", Mt 16:18.). Tampoco está profetizado el tiempo exacto entre este acontecimiento y el final de la Historia.

El *Catecismo de la Iglesia Católica* describe la figura del anticristo de los últimos tiempos en los siguientes términos:

> "Antes del advenimiento de Cristo, la Iglesia deberá pasar por una prueba final que sacudirá la fe de numerosos creyentes (cf. Lc 18:8; Mt 24:12). La persecución que acompaña a su peregrinación sobre la tierra (cf. Lc 21:12; Jn 15: 19–20) desvelará el 'misterio de iniquidad' bajo la forma de una impostura religiosa que proporcionará a los hombres una solución aparente a sus problemas mediante el precio de la apostasía de la verdad. La impostura religiosa suprema es la del Anticristo, es decir, la de un pseudo–mesianismo en que el hombre se glorifica a sí mismo colocándose en el lugar de Dios y de su Mesías venido en la carne (cf. 2 Te 2: 4-12; 1 Te 5: 2–3; 2 Jn 7; 1 Jn 2: 18.22).

---

[51]Es la posición de Rigaux, Tillmann y Cerfaux. Así parece ser en 2 Te 2: 3–4, al describirlo como "el hombre de pecado, el inicuo, el hijo de la perdición, que contraría y se levanta contra todo cuanto se dice Dios o culto, hasta llegar a sentarse en el templo de Dios; presentándose como Dios".

[52]Posición de Bonsirven, Prado–Dorado. Así parece indicarlo la definición de San Juan en 1 Jn 4:3 como "espíritu del anticristo", esto es un espíritu, un modo de ser que informa a cantidad de personas. También, E. B. Allo: *Saint Jean, l'Apocalypse*,Paris, J. Gabalda, 1933, 126–131; F. Amiot en "Verbum Salutis", 14 (1946) 274–278, 370ss., cit. por L. Lercher: *Institutiones...*, cit., pág. 544.

12.5. REFLEXIONES TEOLÓGICAS

Esta impostura del Anticristo aparece esbozada ya en el mundo cada vez que se pretende llevar a cabo la esperanza mesiánica en la historia, lo cual no puede alcanzarse sino más allá del tiempo histórico a través del juicio escatológico..."[53]

Aunando las descripciones que el Apocalipsis hace de él, junto con los otros textos del Nuevo Testamento, P. Castellani lo describe como el que "reducirá a la Iglesia a su extrema tribulación, al mismo tiempo que fomentará una falsa Iglesia. Matará a los Profetas y tendrá de su lado una manga de profetoides, de vaticinadores y cantores del progresismo y de la euforia de la salud del hombre por el hombre, hierofantes que proclamarán la plenitud de los tiempos y una felicidad nefanda. Perseguirá sobre todo la predicación y la interpretación del Apokalypsis; y odiará con furor aun la mención de la Parusía. En su tiempo habrá verdaderos monstruos que ocuparán cátedras y sedes, y pasarán por varones píos, religiosos y aun santos, porque el Hombre del Pecado tolerará y aprovechará un Cristianismo adulterado".[54]

A. Gálvez ha dedicado un estudio a la profecía de la aparición de la "abominación de la desolación" (Mt 24: 15–18; Mc 13:14), en el que se describe los rasgos de este misterioso personaje de los últimos tiempos.[55] Con respecto a dicha figura, rechaza la idea de identificación con algún personaje histórico concreto, pues supone caer en un reduccionismo histórico y teológico. Esta figura es algo mucho más seria y terrible que

---

[53] *Catecismo de la Iglesia Católica*, nn. 675–676.

[54] P. Castellani: *El Apokalipsis de San Juan*, cuad. III, visión 11.

[55] A. Gálvez: *El Invierno...*, cit. págs. 265–285. Cfr. también: *Siete Cartas...*, cit. págs. 168, 324; *El Invierno...*, cit., págs. 29, 163.

cualquiera de los impíos que ha conocido la Historia.[56] Tiene la siguientes características:

- No se podrá caracterizar con los parámetros de la imaginación que lleven a considerarlo como un personaje extravagante y absurdo, propio de novelas o comics.[57]
- Su maldad y peligrosidad es tal que estará en juego la salvación o condenación eterna de muchos.[58]
- Su arma principal de devastación y perdición será la mentira, con tanta fuerza que hasta los mismos elegidos estarían expuestos a ser inducidos a engaño.[59]
- Tendrá un éxito enorme y toda la tierra le seguirá admirada.[60]
- Al ser "erigida en el lugar santo" se indica que se situará en el lugar más preeminente y significativo para la Iglesia, y el más apto para recibir la veneración y el culto de sus seguidores. Por lo que el personaje misterioso se mostrará bajo la máscara de la santidad.[61] Los fieles se sentirán inclinados a tributarle el más completo testimonio de sumisión y alabanza.[62]
- Precederá a los grandes cataclismos y guerras de los últimos tiempos.[63]

---

[56] A. Gálvez: *Siete Cartas...*, cit. págs. 6–11.
[57] A. Gálvez: *El Invierno...*, cit. págs. 274–275.
[58] A. Gálvez: *El Invierno...*, cit. pág. 275.
[59] A. Gálvez: *El Invierno...*, cit. pág. 276.
[60] A. Gálvez: *El Invierno...*, cit. pág. 276.
[61] A. Gálvez: *El Invierno...*, cit. pág. 283.
[62] A. Gálvez: *El Invierno...*, cit. pág. 277.
[63] A. Gálvez: *El Invierno...*, cit. pág. 276.

12.5. REFLEXIONES TEOLÓGICAS

- Su labor, que se extenderá por todo el mundo, afectará directa y principalmente a la Iglesia,[64] por lo que poseerá un carácter religioso que le ayudará a su labor devastadora.[65]
- La gran mayoría no descubrirá la su naturaleza malvada, ni la considerará ni como abominación ni como desolación.[66] Todo lo contrario: la cristiandad creerá encontrarse en el mejor momento de su historia, y su ánimo será de euforia.[67]
- Será el punto culminante de la gran Apostasía, donde la Iglesia habrá alcanzado el mayor grado de descomposición de toda su Historia.[68]
- Será una señal indudable del final de los tiempos y el comienzo de los dolores.[69]
- Supondrá el punto más álgido del poder de Satanás, el Príncipe de este mundo y Príncipe de las Tinieblas. Su origen satánico será indudable, supondrá el momento de su apogeo y la esencia de la iniquidad misma.[70]

---

[64] A. Gálvez: *El Invierno...*, cit. pág. 277.

[65] A. Gálvez: *El Invierno...*, cit. pág. 278. A. Gálvez en sus consideraciones de 2017.09.17, aporta una explicación sobre el nombre de la Bestia (666, cfr. Ap 13:18), según la cual, el número está compuesto de tres cifras. Vueltas del revés, es 999, y el 9 es la cifra máxima de la serie de números simples del 0–9. Es señal de plenitud en la Biblia. Puede ser interpretado por la realidad de Dios, y la repetición por tres veces, como significando la Trinidad. El número de la Bestia es el 999 puesto al revés, en señal de desprecio y de rechazo de Dios. Es una tendencia en las actuaciones del Demonio, el poner los signos cristianos al revés, como el de la cruz invertida.

[66] A. Gálvez: *El Invierno...*, cit. pág. 279.
[67] A. Gálvez: *El Invierno...*, cit. pág. 280.
[68] A. Gálvez: *El Invierno...*, cit. pág. 280.
[69] A. Gálvez: *El Invierno...*, cit. págs. 278–279.
[70] A. Gálvez: *El Invierno...*, cit. pág. 282.

D.- La Gran Apostasía. San Pablo en 2 Te 2:3, anunciaba entre los acontecimientos previos al fin de los tiempos, la llegada de la Gran Apostasía: "Que de ningún modo os engañe nadie, porque primero tiene que venir la apostasía...", vinculada con el "hombre de la iniquidad, el hijo de la perdición" que acabamos de ver.

A. Gálvez explica que la Gran Apostasía es algo que pareciera estar sucediendo en estos momentos, donde se contempla la aparición de una *Nueva Iglesia*, por completo diferente a la nacida de Jesucristo, tal y como aparece reflejada en la Revelación escrita y oral, y defendida por veinte siglos de auténtico Magisterio de la Iglesia. La *Nueva Iglesia* ha relativizado y re–inventado todo el dogma, la moral, los sacramentos y la liturgia anteriores, suplantándolos por novedades desconocidas hasta ahora, que no solo son diferentes, sino que parecen contrarias a las de siempre. La Nueva Iglesia no niega nada de lo vivido y creído anteriormente por los católicos: simplemente lo interpreta con el historicismo como manifestaciones históricas de una realidad que debe continuamente adaptarse a las nuevas circunstancias de cada momento. El motor ideológico de estas novedades es la teología del Modernismo y Neo–Modernismo que han invadido la Iglesia. Sorprende la facilidad con el que una inmensa mayoría de católicos han aceptado el nuevo *status quo*, así como el silencio de los Pastores, o su firme adhesión a la Nueva Iglesia; es misteriosa el papel fundamental de la jerarquía en este proceso.[71]

---

[71]Este es un tema muy frecuente en los escritos y charlas de A. Gálvez, una de sus más importantes denuncias. Sobre todo se pueden consultar con mucho aprovechamiento las siguientes obras: *El Invierno Eclesial*, cit., págs. 31–34, 152–153, 156, 243, 246–248, 262, 277–278, 280; Id.: *El Amigo...*, cit., págs. 85ss.; Id.: *Siete...*, cit., págs. Id: *Sermones...*, cit., págs. 56, 75, 108, 118, 142, 159, 175, 201, 207–208, 213, 234, 236, 279, 314, 316; y muchas de sus homilías.

12.5. REFLEXIONES TEOLÓGICAS

"Y sin embargo, se quiera reconocer o no, la realidad apunta a que nos encontramos ante un momento de apostasía generalizada en la Iglesia. Acerca de la cual deben ser anotadas dos cosas por lo demás evidentes:

La primera tiene que ver con el hecho de que, llegado el momento, cuando ya se encuentre próxima la aparición del Hijo de la Perdición para cerrar la Historia, *se producirá una apostasía que abarcará a la casi totalidad de la Iglesia*. Se tratará, por lo tanto, de una gran apostasía, puesto que así es como lo dicen claramente los textos. Por ejemplo, San Pablo en la *Segunda a los Tesalonicenses*, capítulo dos, verso tres, hablando del momento de los últimos Tiempos dice que primero tiene que venir la apostasía. Y en cuanto a que será absolutamente general, lo indica con palabras inquietantes el mismo Jesucristo: *Cuando venga el Hijo del Hombre, ¿encontrará fe sobre la tierra?* (Lc 18:8).

La segunda tiende a coincidir extrañamente con la presente situación, *cuyos síntomas en general se parecen bastante a los descritos en la Escritura como que precederán inmediatamente al Final*. La desertización de la Iglesia y la paganización de los cristianos, la rebelión del Mundo y la persecución contra todo lo que signifique un valor cristiano, son cosas que están ahí; se quieran o no se quieran ver. Y además, como todo el mundo sabe, los hechos verdaderamente importantes y graves suelen tener causas profundas que los motivan, *aunque a menudo no se quiera, o no se pueda, hablar de ellas*".[72]

La verdadera Iglesia permanece, según la voluntad divina, pero es "catacumbal", sobreviviendo en medio de incomprensiones y persecuciones desde varios frentes y casi oculta o desconocida. Es una especie de "archipiélago" de la auténtica fe que se conserva en diferentes lugares:

> "...también es cierto que *la Iglesia quedará reducida a su mínima expresión*. Cosa que sabemos con absoluta certeza por las palabras del mismo Jesucristo (Mt 24:22; Lc 18:8). No desaparecerá la Iglesia, por lo tanto. Cosa tan cierta como la de que quedará reducida, en cuanto al número de sus fieles, a la condición del nivel más bajo de toda su Historia. En realidad, por doloroso que resulte reconocerlo, y según la Revelación lo expresa claramente, *no serán muchos los elegidos* (Mt 22:14)".[73]

12.5.3 Parusía como objeto de esperanza

La Parusía, en la Revelación, aparece como un acontecimiento que se espera con ansia y alegría, algo deseable para el cristiano que ama a Cristo, y a quien desearía ver cuanto antes, incluso que su llegada ocurriera mientras el discípulo está vivo. Los primeros cristianos vivieron en una verdadera expectación escatológica, que les llevó, a veces, a errores sobre los últimos tiempos.

Hoy en día, se ha extendido el sentimiento contrario de miedo a la llegada del fin del mundo y la vuelta gloriosa de Jesucristo, y se

---

[72] A. Gálvez: *El Invierno...*, cit. págs. 33–34.
[73] *El Invierno...*, cit., pág. 154.

12.5. REFLEXIONES TEOLÓGICAS

percibe como algo muy lejano en el tiempo. En cualquier caso, un acontecimiento que se desea que no ocurra durante el transcurso de la propia vida.

En cambio, los textos del Nuevo Testamento son de gran claridad:

- Se percibe como un ideal el ser transformados en vida y no tras la muerte: "Realmente mientras moramos en esta tienda, gemimos oprimidos, porque no queremos ser desvestidos, sino revestidos, para que lo mortal sea absorbido por la vida" (2 Cor 5:4); "Mirad, os declaro un misterio: no todos moriremos, pero todos seremos transformados" (1 Cor 15:51).

- La venida gloriosa de Cristo es "para salvación": "...así también Cristo, que se ofreció una sola vez para quitar los pecados de todos, por segunda vez, sin relación ya con el pecado, se manifestará a los que le esperan para llevarlos a la salvación" (Heb 9:28).

- El Señor manifiesta el sentido positivo y de esperanza de los acontecimientos finales: "Entonces verán al Hijo del Hombre que viene sobre una nube con gran poder y gloria. Cuando comiencen a suceder estas cosas, erguíos y levantad la cabeza porque se aproxima vuestra redención" (Lc 21: 27–28).

Por eso es propio del cristiano hacer por adelantar la Parusía viviendo una esperanza activa y dinámica. El modo de hacerlo es doble:

- Subjetivamente: preparándose espiritualmente mediante la separación "espiritual" del Mundo. No se trata del odio a las cosas creadas, sino de la vivencia del espíritu de pobreza, que lleva a un correcto entendimiento y valoración de las cosas de esta vida. San Pablo es muy claro: "Hermanos, os digo esto: el tiempo es corto. Por tanto, en lo que queda, los que tienen mujer, vivan como si no la tuviesen; y los que lloran, como si no llorasen; y los que se alegran, como si no se alegrasen; y los que compran, como si no poseyesen; y los que disfrutan de este mundo, como si no disfrutasen. *Porque la apariencia de este mundo pasa"* (1 Cor 7: 29–31).

- Objetivamente: acelerando la llegada de la Parusía mediante la oración. Un aspecto que está incluido en la oración dominical por voluntad de Cristo: "venga a nosotros tu Reino" (Mt 6:10; Lc 11:2).

Los primeros cristianos en sus liturgias utilizaban la expresión "marána thá" o "marán atá" (1 Cor 16:22; Ap 22: 17.20): μαράνα θά ("Señor nuestro, ¡Ven!", que tiene un sentido de la fe en la Parusía) o μαρὰν ἀθά ("El Señor nuestro ha venido", que tiene un sentido de la fe en la Encarnación).[74]

El caso es que los cristianos olvidaron pronto el sentido alegre de la Parusía para sentirla con temor. C. Pozo apunta varias causas explicativas de la metanoia:[75]

- Olvido del significado profundo de las fórmulas del padrenuestro.

---

[74]No sabemos la fórmula aramea. La mayoría prefiere la primera versión porque está más acorde con el espíritu del Nuevo Testamento, con el Apocalipsis y con el uso de la primera generación post–apostólica, como se manifesta en la expresión cuando se recoge en la *Didajé*.

[75]C. Pozo: *Teología...*, cit., págs. 123–128. Por su parte, K. Adam apuntaba como causa la desaparición de la idea de Cristo como Mediador en las oraciones populares (K. Adam: *Cristo Nuestro Hermano*, Barcelona, 1979, págs. 46–75). J. J. Alvial, siguiendo a Gozzelino y a Delameau, señala también de la pérdida del sentido filial sobrenatural, optimista y esperanzado, como consecuencia de las vicisitudes y sufrimientos de la vida y de la historia (J. J. Alvial: *Escatología*, cit., pág. 70). Otras explicaciones no parecen sostenibles, como la de J. L. Ruiz de la Peña sobre la entrada de una mentalidad juridicista en la reflexión teológica (J. L. Ruiz de la Peña: *La Pascua de la Creación*, Madrid, 2000, pág. 144).

12.5. REFLEXIONES TEOLÓGICAS

- Interpretación excesivamente literalista de los signos apocalípticos. Se olvidó que estos signos eran para dar esperanza a los cristianos en medio de las persecuciones.[76] Así por ejemplo, el texto de Mc 13: 24–27: "Pero en aquellos días, después de aquella tribulación, el sol se oscurecerá y la luna no dará su resplandor, y las estrellas caerán del cielo, y las potestades de los cielos se conmoverán. Entonces verán al Hijo del Hombre que viene sobre las nubes con gran poder y gloria. Y entonces enviará a los ángeles y reunirá a sus elegidos desde los cuatro vientos, desde el extremo de la tierra hasta el extremo del cielo". En el v. 26 se indica la venida del Señor en poder (μετὰ δυνάμεως) y en gloria (δόξης), que ofuscará el poder del mal.

- Diversa acentuación de la espiritualidad. En efecto, la liturgia romano–carolingia, por influjo de la controversia arriana y del monofisismo, consideró a Cristo más en su divinidad que en su papel de Mediador; y, así, no se pensaba a Cristo cerca del que ora, sino en el término de la oración, como aquél al que se dirigía la misma, preteriendo su papel mediador entre el Padre y los seres humanos. La figura subyugante y encantadora del Señor se fue difuminando en el espíritu de muchos cristianos.

Sin negar la posible influencia de esas causas, sin embargo, la razón última de la pérdida del ansia y la tensión escatológica, del deseo profundo de la llegada del Señor, ha sido señalada por A. Gálvez: la pérdida del enamoramiento del Señor.[77] Solo los enamorados esperan

---

[76] En el tiempo de la composición de los Evangelios, los cristianos vivían la persecución de Nerón; y en el del Apocalipsis, la de Domiciano.

[77] Aunque es un tema que está en todas sus obras, se puede encontrar desarrollado especialmente en sus *Comentarios al Cantar...*, cit., vols. I y II, así como en *El Misterio de la Oración*, cit. y *Esperando d Don Quijote*, cit. Cfr. supra las consideraciones sobre la esperanza cristiana en A. Gálvez, cap. 5.3.3.

con ansia y con angustia. El amor no soporta la distancia con la persona amada. Un cristianismo que ha perdido el ímpetu y "el fuego del primer amor" (Ap 2:4), ya no siente la necesidad y la nostalgia de la Persona Amada. Y es una realidad que, con la tardanza del esposo, se "durmieron" las vírgenes que esperaban al Esposo (Mt 25:5). Con la extensión del cristianismo y el paso del tiempo, los seguidores de Jesucristo perdieron el apelativo de "santos" para convertirse tan solo en "cristianos". Véase este significativo texto:[78]

"La búsqueda ansiosa y apasionada del Esposo por parte de la esposa está contemplada en el Libro inspirado ya desde apenas su comienzo:

Dime tú, amado de mi alma,
dónde pastoreas, dónde sesteas al mediodía,
no venga yo a extraviarme
tras de los rebaños de tus compañeros.[79]

Una búsqueda que, al no ser coronada por el éxito, alcanza momentos de profundos y afligidos sentimientos tan amargos como angustiosos. En realidad todo viene a ser un reflejo de lo que sucede en un alma que sinceramente busca a Dios, la cual ve transcurrir su vida como si su destino fuera el buscarlo pero no encontrarlo; aunque siempre animada por la esperanza de que se trata de en un *por ahora* destinado a convertirse en un *hasta aquí*. Y

---

[78] A. Gálvez ha insistido mucho sobre la importancia de la esperanza cristiana, como virtud de la alegría desbordante, y en relación con el amor y la fe. Las ansias por el encuentro con el Amado es una de las fuerzas que dan vida a la oración mística y que llegan a hacer al ser humano "desfallecer de amor".

[79] Ca 1:7.

12.5. REFLEXIONES TEOLÓGICAS

así hemos llegado en esta exposición a uno de los instantes más *trágicos* e inexplicables de los sentimientos que inundan el alma enamorada de Dios. La cual experimenta su dolorosa e insufrible ausencia, y de ahí que se vea empujada a una tarea en la que trata ansiosamente de hallarlo cuanto antes".[80]

Una de las ideas más atrevidas y sugerentes de A. Gálvez, es afirmar que las mismas ansias del encuentro definitivo con la Persona amada que siente el verdadero cristiano, se encuentran también en el Corazón del Amante divino; lo que no es sino una exigencia lógica de la reciprocidad, nota esencial del amor verdadero. Este extremo queda manifiesto en los textos mismos del Antiguo (Cantar de los Cantares) y del Nuevo Testamento:

"Uno de los puntos esenciales de la relación amorosa, ya sea meramente humana o divino–humana, es la *reciprocidad*. Por lo que es también un factor importante a tener en cuenta en la oración mística.

De ahí se desprende que el deseo y la ansiedad de la esposa por encontrar al Esposo son correspondidos por la ansiedad y el deseo, aún mayores, del Esposo por encontrar a la esposa.

El Esposo incluso llega en su búsqueda hasta golpear la puerta en su afán por encontrar a la esposa: *He aquí que estoy a la puerta y llamo. Si alguno escucha mi voz y me abre...*[81] O como se dice en *El Cantar*, también lo hace a través de alguna llamada cuyo carácter implorante evidencia sus deseos de reunirse con la esposa:

---

[80] A. Gálvez: *El Misterio...*, cit., págs. 51–52.
[81] Ap 3:20.

> *Ábreme, hermana mía, esposa mía,*
> *paloma mía, inmaculada mía.*
> *Que está mi cabeza cubierta de rocío*
> *y mis cabellos de la escarcha de la noche.*[82]

Es interesante notar que la reciprocidad en la relación amorosa divino–humana es uno de los puntos más olvidados en los escritos de los místicos y de los autores de Espiritualidad.

No es infrecuente que la figura de Dios aparezca como la de un Ser Infinito, digno de ser adorado y contemplado, pero no como un Ser que ama y tiene puestos los ojos en la persona amada. De esa forma Dios es un Ser amado, pero no amante. Suele aparecer como seductor, pero no como seducido. Como quien escucha, pero no como quien habla. Como quien tiene los oídos atentos para toda clase de requiebros o de peticiones, pero no como quien los profiere con palabras encendidas de amor hacia la persona amada. Como Señor, pero no como amigo. Como quien es capaz de enternecer hasta las lágrimas a un alma enamorada, pero no como quien es capaz de derramarlas igualmente por la persona amada..."[83]

---

[82] Ca 5:2.
[83] A. Gálvez: *El Misterio...*, cit., págs. 152–154.

12.5.4 Controversia entre *escatologistas* y *encarnacionistas*

El problema

Uno de los temas más controvertidos hoy en día, dentro de la teología católica, es el de la relación entre la historia humana y la realización de las realidades escatológicas. Se trata de indagar si la acción humana de este mundo contribuye o no a la llegada de la Parusía; y si lo hace, conocer la naturaleza de esa relación.

Es una controversia intra–católica, porque los protestantes, al considerar que la naturaleza está corrompida, concluyen no solo con la negación de la analogía entre razón y fe, o de cualquier clase de mérito que el hombre pueda tener en orden a la salvación personal, o de la justificación intrínseca del hombre, sino que extrapolan lógicamente estas ideas a cualquier concepción de la relación entre el mundo caído y la eternidad, negando que las actividades humanas puedan afectar de algún modo positivo a las realización de las realidades sobrenaturales. Solo queda la fe fiducial y la esperanza de que la intervención de Dios acabe con el mundo creado, que está totalmente corrompido.

Sin embargo, la teología católica basada en la Revelación y en el Magisterio, ha sostenido siempre la relación entre el orden natural y el sobrenatural, reconociendo la realidad tanto de la caída de la naturaleza humana por el pecado original que afecta a toda la creación aunque no produjo su corrupción total, como la justificación intrínseca, o la analogía entre la razón y la fe, etc. Por eso, sí que existe una relación entre el orden creado temporal y el orden sobrenatural del más allá.

En efecto, la tradición cristiana siempre sostuvo los siguientes puntos, al examinar textos como el de Ro 8: 18–23:

1. La relación profunda e íntima entre el hombre y el cosmos respecto al pecado original, pues éste afectó profundamente a ambos.

2. El mundo se encuentra en una situación de violencia, no por sí mismo, sino por el agente externo que es el pecado del hombre, que lo ha conducido a tal situación.

3. El cosmos entero ha de ser liberado de esa violencia, pues gime como mujer en dolores de parto esperando y anhelando su liberación en el momento oportuno.[84]

Sea notado, de paso, que esta controversia manifiesta la gran diferencia entre el pensamiento y la teología protestante y la católica, como dos universos bastante diferentes.[85]

* * *

Posiciones en el catolicismo

Ya centrados en el pensamiento católico, hay que afirmar la relación entre el mundo presente y el futuro de muchas maneras; y, en concreto, entre las actividades de este mundo y el adelanto de la Parusía: "Si todas estas cosas se van a destruir de ese modo, ¡cuánto más debéis llevar vosotros una conducta santa y piadosa, mientras aguardáis y apresuráis la venida del día de Dios..." (2 Pe 3: 11–12).

---

[84]Cfr. A. Fernandez: *Teología...*, cit., pág. 715; G. Aranda: *Dimensión Escatológica de la Tierra*, en "Scripta Theologica", 32 (2000) 543–563.

[85]Por más que se insista en que no hay diferencias radicales, sino solo perspectivas diversas que pueden ser integradas en una unidad, llevados de un falso irenismo, de una mal entendida teología ecuménica, y, en el fondo, de un desconocimiento intencional de la realidad.

12.5. REFLEXIONES TEOLÓGICAS

Ahora bien, hubo dos modos de entender la naturaleza de la preparación de la Parusía a través de las acciones humanas en el presente eón:

- La escuela o tendencia que se denominó "escatologismo",[86] donde la preparación sería:

    - Interior.
    - Personal.
    - Invisible.

Según esta teoría, el cristiano trabaja para hacer un mundo mejor. Los méritos que desarrolla en este esfuerzo, invisibles a los ojos de los hombres, están contribuyendo al advenimiento del Reino de Dios. Pero esta contribución positiva no es perceptible externamente; incluso, en ocasiones, lo único que se ve es el fracaso humano. Reivindican con fuerza la realidad de la *Theologia crucis*.

Se fundamentan en textos de la Revelación que afirman, por un lado la expectación de la creación caída que espera su parte en la Redención ("la creación entera gime con dolores de parto, esperando su propia redención"); pero, por otro lado, también tienen en cuenta los textos en los que se afirma la desaparición de estos cielos y esta tierra ("mientras aguardáis y apresuráis la venida del día de Dios, cuando los cielos se disuelvan ardiendo y los elementos se derritan abrasados", 2 Pe 3:12), y la llegada de

---

[86]Teólogos pertenecientes a esta tendencia son, Bouyer, Danielou (cfr. sus obras *Santidad y Acción Temporal*, Barcelona, Nova Terra, 1963; *Misterio de la Historia. Ensayo Teológico*, San Sebastián, Dinor, 1957; *El Cristianismo y el Mundo Moderno*, Barcelona, Herder, 1963; *Iglesia y Secularización*, Madrid, BAC, 1973), Congar, Henri de Lubac.

los cielos nuevos y la tierra nueva ("Nosotros, según su promesa, esperamos unos 'cielos nuevos' y una 'tierra nueva', en los que habita la justicia", 2 Pe 3:13).

- La escuela o tendencia que se llamó "encarnacionismo",[87] donde la preparación sería:

    - Extrínseca.
    - Social.
    - Con estructuras visibles.

Esta posición sostuvo que el mero cambio de las estructuras sociales, tendría influjo directo en el advenimiento del Reino, independientemente de la intención con la que tal cambio se hiciera. Además afirmaban un optimismo histórico, que les lleva a sostener que los cambios de estructuras en la historia de la humanidad siempre habían sido progresivos, por dos razones: a) porque Dios es más fuerte que el mal; y b) porque todo cambio es obra del Espíritu. Este modo de pensar aceptaba los presupuestos, sobre todo, del pensamiento de Theilhard de Chardin, quien sostenía que el cosmos y la Historia van progresando siempre hacia un punto Ω de perfección total (el Cristo Ω).[88] Ideas que se aplican también a la teología, sosteniendo en base a criterios historicistas, que el pensamiento del hombre siempre avanza hacia niveles superiores.

---

[87]Teólogos pertenecientes a esta tendencia son, Montclard, Dubarle, Thils (cfr. sus obras, *¿Apostol o Testigo? ¿Transcendencia o Encarnación?*, Barcelona, Nova Terra, 1963; *¿Teología o Realidad Social?*, San Sebastián, Dinor, 1955), Solages.

[88]Cfr. Telihard de Chardin: *El Medio Divino. Ensayo de Vida Interior*, Madrid, Taurus, 1979.

12.5. REFLEXIONES TEOLÓGICAS

Desde esta perspectiva, eran promotores del diálogo con el marxismo, aunque decían rechazar su principio de que "la religión es el opio del pueblo".

Esta teología reinterpreta los textos bíblicos según su pensamiento, y así:

– "Los cielos nuevos y la tierra nueva" de 2 Pe 3:13 y de Ap 21:1, se entienden, no como novedad absoluta, sino solo como novedad en el modo de ser (sobre la base de que no se utiliza el adjetivo νεος, que indica novedad absoluta, sino καινός, que indicaría novedad en modo de ser).

– "Pues sabemos que la creación entera gime y sufre con dolores de parto hasta el momento presente" de Ro 8: 19–22, se interpreta en el sentido de que la creación es el cosmos total, entendido como un gigantesco seno materno que contendría de antemano, en sus principios, el cosmos futuro.

La polémica llegó a las discusiones dentro del Concilio Vaticano II, donde no se quiso tomar partido por ninguna de las posiciones y se dejó abierto el problema teológico. En los esquemas originales de la Constitución *Lumen Gentium* (c. 7, n. 48) había una dicción que podría ser entendida como favorecedora de la posición "encarnacionista"; pero en las discusiones sobre el esquema, tal dicción se cambió para no zanjar la mencionada controversia. Así, además de mencionar Ef 1:10 y Col 1:20, se añadieron los vv. 10–11 (de sabor "escatologísta") al texto de 2 Pe 3:13 (de gusto "encarnacionista"). La misma intención de no definir la controversia se encuentra en la Constitución *Gaudium et Spes* (n. 39), y posteriormente, en el *Credo del Pueblo de Dios* de Pablo VI. El *Catecismo de la Iglesia Católica* sigue la misma pauta de actuación:

"En cuanto al cosmos, la Revelación afirma la profunda comunidad de destino del mundo material y del hombre:

> 'Pues la ansiosa espera de la creación desea vivamente la revelación de los hijos de Dios...en la esperanza de ser liberada de la servidumbre de la corrupción...Pues sabemos que la creación entera gime hasta el presente y sufre dolores de parto. Y no sólo ella; también nosotros, que poseemos las primicias del Espíritu, nosotros mismos gemimos en nuestro interior...anhelando el rescate de nuestro cuerpo' (Ro 8: 19–23).

Así pues, el universo visible también está destinado a ser transformado, 'a fin de que el mundo mismo restaurado a su primitivo estado, ya sin ningún obstáculo esté al servicio de los justos', participando en su glorificación en Jesucristo resucitado.[89]

'Ignoramos el momento de la consumación de la tierra y de la humanidad, y no sabemos cómo se transformará el universo. Ciertamente, la figura de este mundo, deformada por el pecado, pasa, pero se nos enseña que Dios ha preparado una nueva morada y una nueva tierra en la que habita la justicia y cuya bienaventuranza llenará y superará todos los deseos de paz que se levantan en los corazones de los hombres'.[90]

'No obstante, la espera de una tierra nueva no debe debilitar, sino más bien avivar la preocupación de cultivar esta tierra, donde crece aquel cuerpo de la nueva familia

---

[89] San Ireneo de Lyon: *Adversus hæreses* 5, 32, 1.
[90] *Gaudium et Spes*, 39.

12.5. REFLEXIONES TEOLÓGICAS

humana, que puede ofrecer ya un cierto esbozo del siglo nuevo. Por ello, aunque hay que distinguir cuidadosamente el progreso terreno del crecimiento del Reino de Cristo, sin embargo, el primero, en la medida en que puede contribuir a ordenar mejor la sociedad humana, interesa mucho al Reino de Dios'.[91]

'Todos estos frutos buenos de nuestra naturaleza y de nuestra diligencia, tras haberlos propagado por la tierra en el Espíritu del Señor y según su mandato, los encontraremos después de nuevo, limpios de toda mancha, iluminados y transfigurados cuando Cristo entregue al Padre el reino eterno y universal'.[92] Dios será entonces 'todo en todos' (1 Cor 15:22), en la vida eterna:

> 'La vida subsistente y verdadera es el Padre que, por el Hijo y en el Espíritu Santo, derrama sobre todos sin excepción los dones celestiales. Gracias a su misericordia, nosotros también, hombres, hemos recibido la promesa indefectible de la vida eterna'.[93]"[94]

Después del Concilio, la controversia siguió, si bien estuvo centrada en Alemania. De nuevo se enfrentan las dos posiciones:

1. El "encarnacionismo" encontraría su mejor representante en J. Metz, con su "escatología creadora": las realizaciones en el mejoramiento del mundo van "creando" (en cuanto que la acercan) la venida del Reino de Dios.

---

[91] *Gaudium et Spes*, 39.
[92] *Gaudium et Spes*, 39.; cf. *Lumen Gentium*, 2.
[93] San Cirilo de Jerusalén: *Catecheses illuminandorum*, 18, 29.
[94] *Catecismo de la Iglesia Católica*, nn. 1046–1050.

Los cambios que propone tienen un carácter marcadamente político. Estas ideas alimentarían las "teologías políticas" en el mundo europeo, y las "teologías de la liberación" en el iberoamericano.

2. El "escatologismo" tenía su máximo defensor en H. urs von Balthasar, quien enfrentó decididamente las raices teilardhianas del movimiento contrario. Su posición fue clara:

- Rechazo de las categorías "biológicas" del continuo perfeccionamiento para la historia humana, que no se basa en leyes mecánicas, sino en la libertad humana que puede fallar.
- Necesidad de reivindicar la libertad humana en las relaciones con Dios, con la debida ponderación de las relaciones entre la libertad y la gracia.
- Reivindicación de la libertad divina para decidir el momento de la Parusía.
- Rechazo de que el progreso técnico equivalga necesariamente a progreso humano (cfr. holocausto nuclear, clonación humana, sociedades modernas inhumanas, problemas ecológicos, etc.).
- Afirmación de que el "escatologismo" no es pesimismo, sino la correcta interpretación e integración de todos los datos revelados y magisteriales.

* * *

Posición protestante

Por otro lado, dentro del campo protestante, comenzó una cierta reflexión sobre el tema de la relación entre la acción humana en

12.5. REFLEXIONES TEOLÓGICAS

este mundo y el adelanto de la Parusía; relación que hasta este momento se negaba, como se ha dicho. La voz más destacada fue la de Moltmann y su "Teología de la Esperanza", que podría encuadrarse además, en la corriente "encarnacionista". Moltmann divide a las religiones en dos grupos: las religiones de promesa y las religiones de epifanía. Las primeras están representadas sobre todo por la religión bíblica y su historia de la salvación; las segundas, por todas aquellas que se basan en un logos ideológico de doctrinas y en un culto correspondiente. La religión cristiana, como religión que es de promesa, no debería tener un conjunto de doctrinas (logos) ni un culto particular (culto propiamente tal), sino que la misión de la Iglesia consistiría en inyectar en la humanidad su propia esperanza de futuro (el ser una comunidad en "éxodo", un pueblo que vive su angustia presente esperando un futuro mejor). Esta esperanza debe ser dinámica porque se concentra en luchar contra todo elemento de muerte en el mundo actual (1 Cor 15:26, la muerte es el último enemigo de Dios destruido antes de la Parusía).

La posición de Moltmann es cercana a la teología "encarnacionista" católica, pero lejana al prístino pensamiento protestante. En efecto, el mundo reformado enfrentó a Moltmann y a su "Teología de la Esperanza" considerándola inaceptable por ir en contra de los principios de la *sola gratia* y la *sola fides*; sobre todo, el valor que da Moltmann a las obras en lucha contra los elementos de "muerte" para ayudar al advenimiento escatológico.

A raíz de esas críticas, y de la experiencia de los desastres a los que está conduciendo una técnica y un mundo des–moralizado, Moltmann, en una obra posterior, abandona su posición primera para volver al más genuino pensamiento protestante.[95]

* * *

Posición de C. Pozo

¿Qué postura tomar? C. Pozo[96] sostiene en primer lugar que hay que centrar y comprender bien, el problema que se debate:

- Las dos posiciones aceptan:

    - La resurrección del hombre, afectará también al cosmos, de modo que el cosmos futuro pueda corresponder a las características del hombre resucitado.
    - Hay una relación entre el cosmos actual y el futuro en una dialéctica de continuidad, pero también de ruptura.

- El debate se centra apostar porque no se puede conocer en qué situación hallará la Parusía al cosmos actual (escatologísmo); o si, por el contrario, se puede afirmar que el mundo presente se habrá preparado previamente a la Parusía por un proceso creciente de humanización (encarnacionismo).

En segundo lugar, C. Pozo[97] afirma que los textos bíblicos elegidos para apoyar una u otra posición no son definitivos. Para ello sigue las conclusiones del estudio de A. Vögtle,[98] quien afirma:

---

[95]Véase la crítica en detalle, textos y bibliografía en C. Pozo: *Teología...*, cit., págs. 150–161. Cfr. también J. Danielou – C. Pozo: *Iglesia y Secularización*, Madrid, BAC, 1973, págs. 179–199.

[96]C. Pozo: *Teología...*, cit., págs. 146–147.

[97]C. Pozo: *Teología...*, cit., págs. 146–150.

[98]A. Vögtle: *Das Neue Testament und die Zukunft des Kosmos*, Dusserdorf, Patmos–Verl, 1970.

12.5. REFLEXIONES TEOLÓGICAS 841

- Los textos que hablan de la destrucción del universo pertenecen al género literario apocalíptico y no se pueden tomar al pie de la letra.

- Por otro lado, los textos que hablan de continuidad no se refieren exactamente al tema objeto de la polémica. Según Vögtle:

    - 2 Pe 3: 13, en relación con vv. 11 y 12, y Ap 21:1. Los "cielos nuevos y la tierra nueva" se encuentran en los profetas en el contexto de la llamada *vuelta escatológica al Paraíso* de los tiempos mesiánicos (cfr. Is 65: 17.25). Ahora bien, *el Paraíso* es un concepto teológico y no cosmológico, que significa la vuelta al estado de amistad con Dios que se dio con Adán y Eva antes de la caída.

    - Ro 8: 19–22. El v. 20 habla del estado de sujeción posterior al pecado en el Paraíso. Esto no fue un cambio cosmológico introducido por el pecado de Adán; tampoco lo será la liberación cósmica del mundo actual del v. 21.

Pozo, finalmente, extrae cinco conclusiones de la controversia sobre la preparación para la Parusía:[99]

1. Resaltar la importancia de rescatar un tema olvidado pero que vio la luz de nuevo a raíz de la mencionada disputa teológica.

2. Constatar que la teología "encarnacionista" va perdiendo terreno en cuanto a sus adherentes.

3. Recordar a la posición "escatologista" la importancia de luchar por un mundo mejor, aunque no sepamos con certeza la suerte de este mundo nuestro en el momento de la Parusía. La esperanza debe ser dinámica: activa en mejorar el mundo.

---

[99] C. Pozo: *Teología...*, cit., págs. 163–164.

4. Subrayar, ante el declinar del "encarnacionismo", la importancia de la preparación religiosa y moral de la Parusía, acercándonos a la tradición original cristiana, que veía en la oración el elemento más importante para adelantar la segunda Venida del Señor.

5. Afirmar que los valores morales que preparan la Parusía no son solo los de la última generación, sino la suma de todos los esfuerzos de la historia (Col 1:24).

* * *

Teología de A. Gálvez

Creo que las conclusiones de C. Pozo son un tanto optimistas, sobre todo, en la afirmación de que la posición "encarnacionista" está declinando en el horizonte teológico. Tal vez, se tuvo esa impresión en el último tercio del siglo XX, con la caída del Comunismo en Rusia y algunas tímidas condenas oficiales a las teologías de la liberación,[100] que distinguieron entre las "buenas" y las "malas" teologías de la liberación. Lógicamente, la conclusión por parte de los afectados fue que la teología de la liberación que cada uno defendía entraba a formar parte de "las buenas teologías de la liberación".

No obstante la ideología marxista no ha abandonado nunca la teología contemporánea, sobre todo mezclada con el Modernismo.[101] En

---

[100] Cfr. Comisión Teológica Internacional: *Promoción Humana y Salvación Cristiana*, en "Documentos 1969-1976" Madrid, BAC, 1998, págs. 147-165.

[101] "No hay que olvidar que el desarrollo y enorme difusión que alcanzó en toda la Iglesia universal, especialmente en la América Hispana y algunos países de Europa, la *Teología de la Liberación*, fue principalmente obra de la *Compañía* [los jesuitas]. Así se hizo posible la *marxistización* de un ancho campo de la teología católica y de una buena parte de la vida de la Iglesia. Lo cual no fue sino un paso más en el camino hacia la implantación, en el mundo católico, de las corrientes neomodernistas" (A. Gálvez: *Esperando...*, cit., pág. 436).

12.5. REFLEXIONES TEOLÓGICAS

la segunda década del siglo XXI, incluso se ha visto un reforzamiento de las teologías de la liberación, con apoyo de las más altas jerarquías de la Iglesia y la reivindicación de los teólogos que habían sido ligeramente cuestionados hasta esa fecha. Como dice A. Gálvez:

> "Lo que ya no es tan conocida es la realidad indudable de que la filosofía marxista sigue viva, de forma más o menos latente, e infuyendo en la vida de Occidente. Y todavía pasa más desapercibido el hecho de que su praxis, después de haber incidido en el Catolicismo durante bastante tiempo,[102] sigue gozando de relevancia en la vida de la Iglesia, tanto doctrinal como práctica. Lo demuestra el hecho, entre otros, de que la mentira es utilizada como instrumento también en el campo doctrinal. Y de forma descarada a veces".[103]

Por otro lado, la tendencia horizontalista invade la Iglesia, así como la aceptación del modo de pensamiento secular. Se defienden, como principio de actuación, la cooperación y la aceptación del pensamiento y la ideología de la modernidad y de la post–modernidad, en una aceleración lógica de los principios que se establecieron en torno al Concilio Vaticano II sobre las relaciones entre la Iglesia y el mundo moderno.

Además se detecta un olvido de los temas del "más allá", que quedan olvidados y no mencionados en los discursos y programas oficiales de la Iglesia actual. Nadie parece preocupado con el tema de adelantar la Segunda Venida del Señor, pues pareciera que ya son muy pocos los que la esperan o les preocupa tal advenimiento. Y, en cambio, da

---

[102] A través de la *Teología de la Liberación* sobre todo, aunque no solamente por ella.

[103] A. Gálvez: *Siete...*, cit., pág. 273.

la impresión de que muchos solo creen en un reino de Dios terrenal, porque no hay ningún otro en el que esperar.

"La Edad de Oro, proyectada hacia el pasado o supuestamente realizada en el presente, no es más que una tremenda mentira. Pero por lo que hace al futuro, será realidad algún día. Aunque no ahora; ni nunca antes de la segunda y definitiva venida del Señor: *Nosotros, según su promesa, esperamos unos cielos nuevos y una tierra nueva, en los que habitará la justicia*.[104] La Edad de Oro solamente es una utopía, o bien cuando se intenta instalarla en el presente, o bien cuando se pretende suponerla en el pasado. Pero si en esa Edad Feliz, todavía por llegar, habitará por fin la justicia, según San Pedro, es que entonces el Apóstol reconoce que ahora *no existe la justicia entre los hombres*. Y lo mismo Jesucristo, como hemos visto antes, el cual también promete que, llegado ese momento, *hará justicia a sus elegidos*. No pretendamos encontrar ahora, por lo tanto, aquellas cosas que nos han sido prometidas sólo para el futuro.

...De ahí el tremendo error de los que pretenden hacer un Cristianismo sólo para este mundo porque no creen en otro. Han dejado de elevar sus ojos al Cielo, creyendo haber llegado por fin al final del camino, cuando en realidad sólo se encuentran todavía en un albergue de paso".[105]

En conclusión, lo que está en alza es la teología "encarnacionista". Y, además, radicalizada más todavía.

---

[104] 2 Pe 3:13; cf Ap 21:1.
[105] A. Gálvez: *Esperando...*, cit., págs. 382–383.

12.5. REFLEXIONES TEOLÓGICAS

Por eso, es necesario insistir en el auténtico modo de preparar la Parusía del Señor, que es el espiritual, con la oración y la santidad de vida. Aceptando los sufrimientos y persecuciones profetizados para los momentos anteriores a la llegada del Señor, con los sentimientos que aconsejaba el mismo Señor: "Cuando comiencen a suceder estas cosas, erguíos y levantad la cabeza porque se aproxima vuestra redención" (Lc 21:28).

Dentro de esta actitud del verdadero cristiano, se encuadra su labor en este mundo, que tiene toda la importancia de ser criterio decisivo para su vida en la eternidad. Su deseo de fidelidad a la vocación recibida de Dios de trabajar la tierra y someterla (cfr. Ge 1:28, "Procread y multiplicaos, y henchid la tierra; sometedla y dominad sobre los peces del mar, sobre las aves del cielo y sobre los ganados, y sobre todo cuanto vive y se mueve sobre la tierra"), de trabajar mientras vuelve el Señor (cfr. Lc 19:13), no le hace olvidar lo relativo y pasajero del mundo presente, porque "la apariencia de este mundo pasa" (1 Cor 7:31); y por lo mismo vive en la espera ansiosa de "los cielos nuevos y la tierra nueva, donde reinará la justicia". Como dice A. Gálvez:

> "La Edad de Oro es ciertamente una realidad, aunque futura. Y por eso el cristiano vive en la espera y en la impaciencia que se convierten en ansiedad con respecto al que ha de venir: *Qui est et qui erat et qui venturus est...*[106] Por eso grita: *¡Ven, Señor Jesús!*[107] El Apóstol, en un texto que evidentemente se refiere a la Parusía, interpreta la llegada de esa futura Edad como el momento de la definitiva glorificación del que viene: *Cum Christus apparuerit, vita vestra...*, aunque conjuntamente con la nuestra: *tunc*

---

[106] Ap 1:4.
[107] Ap 22:20.

et vos apparebitis cum ipso in gloria.[108] Será entonces, y sólo entonces, cuando tendrá lugar *el cumplimiento y la consumación definitiva del Plan de Dios, establecido y determinado desde toda la eternidad*.[109] Mientras tanto, continúa diciendo el Apóstol, *si habéis resucitado con Cristo, buscad las cosas de arriba... saboread las cosas de arriba, no las de la tierra*.[110]

Exhortación ésta última que induce al cristiano a vivir en tensión. Porque, ¿acaso son despreciables las cosas creadas?... ¿O estamos de nuevo quizá ante el *contemptus mundi*?...

Todas las cosas creadas son buenas. Dios las dispuso como regalo de bodas preparado para la esposa. Sin ellas la esposa no podría ofrecerlas a su vez al Esposo. ¿Cómo podría de otra manera entregarlo todo por amor? ¿O hacerse enteramente pobre sin estar primero rodeada de riquezas? En la relación amorosa, la pobreza nunca es una condición establecida o *a priori*; sino que es más bien *una situación, voluntariamente buscada y querida* (en realidad una *virtus*), por la que el que ama lo ha entregado todo a la persona amada".[111]

---

[108] Col 3:4.

[109] De ahí que la Parusía no se refiera tanto a lo que podrían ser aumentos accidentales o esenciales de la Beatitudo, alcanzada como fin último del hombre, cuanto a la suprema y última glorificación de Cristo. Y con ella la del hombre, definitivamente identificado con Él y ahora también en su cuerpo. Y juntamente con ambas, la de toda la Creación, la cual ha estado sufriendo dolores de parto hasta este momento de su total liberación: y ahí está, ni más ni menos, todo el transcendental significado de la Parusía.

[110] Col 3: 1–2.

[111] A. Gálvez: *Esperando...*, cit., págs. 383–384.

12.5. REFLEXIONES TEOLÓGICAS

Es la posición de A. Gálvez:

"Los intentos de *reduccionismo* con respecto a las revelaciones del *Apocalipsis*, tal como hemos dicho más arriba, se han hecho más frecuentes en los tiempos modernos. Quizá el más importante de todos gira en torno al misterioso anuncio de *unos cielos nuevos y una tierra nueva*. En realidad, lo que yace en el fondo de tal proyecto se reduce al deseo de edificar un Paraíso terrenal y olvidarse para siempre del Paraíso Celeste, en el que por cierto ya no se cree. Dicho con otras palabras, se trata de dejar de pensar en la *utopía* del Cielo, y comenzar a construir la *realidad* de una tierra a la medida del hombre. Como es lógico, las cosas no se dicen en la moderna Teología *progre* de forma tan ruda y descarnada; sería una torpeza que manifestaría fácilmente las huellas de Marx y de Engels, además de las pertenecientes a la multitud de epígonos, continuadores, discípulos y seguidores que han venido apareciendo después. Llegará un momento —es lo que suele decirse— en el que el hombre podrá gozar de una *tierra nueva*; la misma en la que, por fin, se verá establecida definitivamente *la justicia*. Una vez aireada de esta forma la proclama, sin otros aditivos ni añadidos, basta luego dejar que se difunda por sí sola. Efectivamente *suena bien*, sin que le falte un agradable sabor de puesta al día, de modernidad y hasta de revolucionaria. De ahí que no sea probable que nadie se atreva a oponerse a ella; pues tal cosa supondría adoptar una actitud que fácilmente sería tachada de escandalosa, recalcitrante, conservadora y, pese a todo, también de guerrillera.

El problema, que no es pequeño, se plantea con respecto a lo que la teología *progre* suele entender por *justicia*. Sucede que podría elaborarse una larga lista de conceptos, extraídos todos ellos de lo más medular del Cristianismo (todos los auténticos valores, naturales o sobrenaturales, se fundamentan en Cristo), pero que han sido *rebajados* a categorías puramente humanas, una vez despojados de su proyección y alcance sobrenaturales. En realidad habría que asegurar que han sido vaciados de contenido, mejor que contentarse con decir que han sido falsificados o remedados. Es lo que ocurre con ideas tan elevadas como la justicia, la naturaleza humana, los derechos humanos, la paz, la caridad (ahora solidaridad), la generosidad con el prójimo (ahora compromiso social), la libertad (ahora exoneración de toda ley humana y sobre todo divina), etc. Ya puede comprenderse que nadie va a acusar a la moderna Pastoral de descreimiento. Aunque por el hecho de ir a la zaga, más o menos conscientemente, de una teología impregnada de modernismo, se sitúa con frecuencia en posiciones ambiguas que podrían resultar peligrosas. Es así como viene a desembocar en lugares en los que, como avanzada y motor del Cristianismo que se supone que es, no puede pretender para los fieles sino lo que es conforme a un mundo mejor, a saber: una mayor madurez humana, según suele decirse. Con lo que se coloca a un paso de manejar únicamente aquellos conceptos que pueden resultar más afines al Cristianismo: como la justicia, por ejemplo; la paz, o tal vez la solidaridad..., aunque entendidos casi siempre de un modo tan ambiguo —o en clave *progre*— como para dar ocasión al peligro de malentendidos. Con la

12.5. REFLEXIONES TEOLÓGICAS 849

consiguiente posibilidad de que algunos cristianos se queden, con respecto a tales conceptos, *a ras de tierra*.

Por desgracia para la Teología modernista, la Biblia nunca ha demostrado interés en coincidir con ella. Un concepto tan importante como el de *justicia*, por ejemplo, posee connotaciones muy diversas en una y otra. La reducción del concepto de justicia a la justicia social, entendida además al modo marxista, no tiene nada que ver con la Biblia.[112] Aunque así se dio paso a la idea de imaginar la implantación definitiva de la justicia en este mundo, *y solo para este mundo*. Las consecuencias se deducen solas: los cielos nuevos y la tierra nueva que esperan los cristianos no significan un universo *nuevo*, sino un mundo meramente *transformado*. Donde ya no se trata de esperar un cambio, sino de la simple transformación que ocasiona una mejora. Dicho de otro modo, nada que se refiera a un cambio sustancial, sino únicamente al paso de lo menos a lo más, o de lo bueno a lo mejor; aunque permaneciendo siempre dentro de parámetros exclusivamente humanos. Al fin una tierra *transformada* en la que se habrán hecho realidad definiti-

---

[112]La moderna Pastoral católica es bastante permeable al concepto socialista de justicia. De ahí que el sentido sobrenatural de esta virtud se haya difuminado en esa Pastoral, dando paso en su lugar a un reduccionismo en cuanto a su significación bíblica. Es probable que haya influido en el hecho el fenómeno que ha estado afectando a la Iglesia desde finales del siglo XIX y durante todo el XX: la abundancia y extraordinaria proliferación, a todos los niveles, de Documentos eclesiásticos sobre *Doctrina Social*. Incluso hubo un tiempo en el que cualquier Obispo se creyó obligado a hacer su propia aportación al problema, con la intención tal vez de completar las Encíclicas sociales de los Papas, ya de por sí prolijas. Consecuencia todo ello de la monomanía de socialismo que invadió el mundo occidental durante esa época, provocada probablemente por un complejo de inferioridad cuyos antecedentes habría que buscarlos en una crisis de Fe.

vamente los valores de la justicia social, de los derechos humanos y, en general, de todo lo que conduzca al bienestar del hombre. Pero sin consideración alguna a fantasías sobrenaturales que no existen sino en la imaginación de los soñadores. En pocas palabras: la utopía marxista, que ha dejado de ser tal para convertirse en realidad.[113]

Con todo, los datos que se contienen en la Revelación discurren por caminos distintos. Sin necesidad de insistir en que el concepto bíblico de *justicia* nada tiene que ver con el correspondiente concepto marxista,[114] lo que se dice en la Escritura acerca de *los cielos nuevos y la tierra nueva* es ajeno a los presupuestos del modernismo. San Pedro es claro al respecto, y no parece referirse a una mera *trasformación* o simple cambio, de corte horizontalista, en las condiciones de vida de los hombres: *Los cielos y la tierra de ahora, por la misma palabra, están reservados para el fuego y guardados para el día del Juicio y de la perdición de los impíos... Pero como un ladrón llegará el día del Señor. Entonces los cielos se desharán con estrépito, los elementos se disolverán abrasados, y lo mismo la tierra con lo que hay en ella. Si todas estas cosas se van a des-*

---

[113]Ya puede comprenderse que la moderna Pastoral modernista no puede mostrarse a sí misma de forma tan cruda y radical, como se ha insinuado antes. Pero si se examina atentamente su trasfondo, pronto se descubre la realidad de su contenido.

[114]Como se sabe, uno de los trucos más frecuentemente utilizados por las filosofías idealistas (y más concretamente las marxistas) consiste en hacer uso de vocablos cristianos atribuyéndoles un contenido y significado diferentes del original. Debido a que la gente adolece de cierta tendencia a prescindir de análisis y distinciones, acepta sencillamente lo que se le dice, aunque de la forma en que siempre lo había interpretado; muy pronto, sin embargo, de manera más o menos consciente, acaba por asimilar el significado pretendido por la falsa ideología. Una debilidad que el Sistema siempre ha sabido aprovechar.

12.5. REFLEXIONES TEOLÓGICAS

truir de ese modo, ¡cuánto más debéis llevar vosotros una conducta santa y piadosa, mientras aguardáis y apresuráis la venida del día de Dios, cuando los cielos se disuelvan ardiendo y los elementos se derritan abrasados! Nosotros, según su promesa, esperamos unos "cielos nuevos" y una "tierra nueva", en los que habita la justicia.[115]

Ya la primera afirmación, en la que se refiere a los cielos y la tierra de ahora —*reservados para el fuego y guardados para el día del Juicio*—, no es fácil de armonizar con la idea de un mundo meramente mejor a la medida humana. Si carece de algo la afirmación, es precisamente del optimismo babélico y fácil que piensa que puede prescindir de Dios. Ante los acontecimientos que han de suceder, San Pedro no insiste en la consigna de trabajar por establecer definitivamente la Ciudad Terrenal (sin esperar a ninguna otra), sino que aconseja conducirse según *una vida santa y piadosa, aguardando y apresurando la venida del Señor*. En cuanto a los cielos nuevos y la tierra nueva que han de venir, cuida de puntualizar que en ellos por fin *habitará la justicia*. Aunque es muy dudoso que la justicia petrina tenga algo que ver con la justicia social entendida al modo *progre*, si se tiene en cuenta también la claridad con que los textos bíblicos excluyen a la auténtica virtud del presente eón.[116] En cuanto al *Apocalipsis*, lo mejor que se puede

---

[115] 2 Pe 3: 7.10–13.

[116] Es interesante notar el modo como las Bienaventuranzas plantean el problema. La pobreza, el sufrimiento, la limpieza de corazón, la mansedumbre, etc., son para el presente eón: *Bienaventurados los pobres..., los que lloran..., los limpios de corazón...* No sucede lo mismo con la justicia, para la que no queda otra cosa por ahora que *esperarla* con ansiedad y esperanza: *Bienaventurados los que tienen "hambre y sed" de justicia*.

decir es que es más contundente todavía en cuanto al tema: *Vi un cielo nuevo y una tierra nueva, pues el primer cielo y la primera tierra desaparecieron, y el mar ya no existe.*[117] Si efectivamente la creación entera gime y sufre con dolores de parto, en espera de ser liberada de la esclavitud de la corrupción (Ro 8: 21–22), es preciso reconocer que resulta bastante engorroso esforzarse en imaginar tal liberación al modo modernista (marxista)".[118]

---

[117] Ap 21:1.
[118] A. Gálvez: *Siete...*, cit., págs. 11–15.

Capítulo 13

La Resurrección de los muertos

Es verdad esencial del cristianismo que los cuerpos de los seres humanos serán resucitados por Cristo en el último día, al final de los tiempos: los hombres recuperarán su corporeidad y las almas se unirán de nuevo a sus cuerpos estableciéndose en el estado en que permanecerán por toda la eternidad.

El *Catecismo de la Iglesia Católica* define la resurrección corporal gloriosa del siguiente modo:

> "¿Qué es resucitar? En la muerte, separación del alma y el cuerpo, el cuerpo del hombre cae en la corrupción, mientras que su alma va al encuentro con Dios, en espera de reunirse con su cuerpo glorificado. Dios en su omnipotencia dará definitivamente a nuestros cuerpos la vida incorruptible uniéndolos a nuestras almas, por la virtud de la Resurrección de Jesús".[1]

---

[1] *Catecismo de la Iglesia Católica*, nº 997.

Verdad fundamental cristiana.[2] De hecho, fue piedra de escándalo para los gentiles cuando San Pablo les predicó la buena nueva, como se ve con toda claridad en la brusca interrupción que sufrió en su discurso en el Areópago: "Cuando oyeron lo de 'resurrección de los muertos', unos se echaron a reír y otros dijeron: —'Te escucharemos sobre eso en otra ocasión'" (Hech 17:32). Sin embargo constituye pieza clave de toda la teología cristiana: "Si no hay resurrección de los muertos, tampoco Cristo ha resucitado. Y si Cristo no ha resucitado, inútil es nuestra predicación, inútil es también vuestra fe. Resultamos ser además falsos testigos de Dios, porque, en contra de Dios, testimoniamos que resucitó a Cristo, a quien no resucitó, si de verdad los muertos no resucitan..." (1 Cor 15: 13–15).

Por eso Tertuliano resumía con su habitual habilidad: "La esperanza de los cristianos es la resurrección de los muertos".[3]

---

[2]Cfr. P. Rodríguez: *Resurrección de Cristo. II. Teología*, en GER, vol. XX, págs. 167–171; L. Gorostiza González: *Resurrección de los Muertos*, en GER, vol. XX, págs. 171–175; A. Michel: *Résurrection des Morts*, en DTC, vol. XIII, cols. 2501–2571; Id.: *Les Mystères de l'Au-de Là*, Paris, 1953, págs. 136–153; A. Royo Marin: *Teología de la Salvación*, Madrid, BAC, 1956, 522–545 y 574–598; M. Schmaus: *Teología Dogmática*, t. 7..., cit., § 297–298, 194–234; M. J. Scheeben: *Los Misterios del Cristianismo*, 4 ed. Barcelona, Herder, 1964, § 94–97, 711–744; J. Daniélou: *La Resurrección*, Madrid, Studium, 1971; A. Orozco Delclós: *Resurrección*, Madrid, Rialp, 1970; F. Refoule: *Immortalité de l'âme et Résurrection de la Chair*, en "Rev. d'histoire et de Philosophie Religieuse" (1963) 11–52; F. Segarra: *De Identitate Corporis Mortalis et Corporis Resurgentis*, Madrid, Razón y fe, 1929; ; C. Pozo: *Teología...*, cit., págs. 324–377; Id.: *La Venida...*, cit., págs. 53–71; H. Lennerz: *De Novissimis...* cit., págs. 178–209; J. Sagües: *De Novissimis...*, cit., págs. 994–1016; L. Lercher: *Institutiones...*, cit., págs. 472–509; A. Tanquerey: *Synopsis...*, cit., págs. 831–843; J. Ibáñez – F. Mendoza: *Dios Consumador...*, cit., págs. 359–384; J. L. Sánchez de Alva – J. Molinero: *El Más...*, cit., págs. 68–101; J. A. Sayés: *Más Allá...*, cit., págs. 115–133; Id.: *Escatología...*, cit., págs. 39–112; L. Ott: *Manual...*, cit., págs. 715–720; A. Fernández: *Teología...*, cit., págs. 699–713.

[3]Tertuliano: *De Resurrectione Carnis*, 1 (*P. L.*, 2, 795).

13.1. SAGRADA ESCRITURA

La afirmación de la resurrección de los muertos es, pues, obligada para los teólogos, y la proclaman tanto los que defienden la correcta escatología de doble fase, como los que solo aceptan la de fase única. Con todo, éstos, al presentar una resurrección "diluida", "espiritualizada" y en el momento de la muerte, prácticamente la hacen perder su realismo profundo.

Examinaremos, pues, este tema tan importante, siguiendo el ya esquema clásico de recabar los datos de la Revelación y el Magisterio auténtico, para luego adentrarnos en las diferentes cuestiones teológicas.

13.1 Sagrada Escritura

El tema de la resurrección de los muertos es central en la Revelación bíblica,[4] pero aparece tardíamente, como ya se constataba al hablar del tema de la inmortalidad del alma.[5] Dios siguió una lenta pedagogía en la enseñanza de la resurrección. No faltan razones para entender la conveniencia de este modo de actuar. El pueblo elegido se encontraba rodeado de falsas religiones de pueblos muy poderosos y avanzados culturalmente, que tenían unas concepciones escatológicas muy pintorescas y extrañas a la verdad bíblica. Convenía afianzar al Pueblo escogido en la verdad del más allá, evitando la tentación y el peligro de caer en la idolatría y el error al aceptar tales doctrinas

---

[4]Cfr. A. Michel: *Résurrection...*, cit., cols. 2504–2520; L. Simeone: *Resurrectionis Iustorum Doctrina in Epistolis S. Pauli*, Roma 1938; M. E. Dahl: *The Resurrection of the Body. A Study of I Corinthians 15*, Londres, SCM Press, 1962; A. Feuillet: *Le Mystére Pascal et Id Résurrection des Chrétiens d'aprés les Epítres Pauliniennes*, en "Nouvelle Rev. Théologique" 79 (1957) 337–354; A. Diez Macho: *La Resurrección de Cristo y el Hombre en la Biblia*, Madrid, Fe Católica, 1977.

[5]Inmortalidad, que en cambio, es una doctrina que aparece desde los primeros libros de la Biblia.

paganas. Y uno de los temas más delicados era, precisamente, el de la resurrección escatológica de los cuerpos.

Examinemos esa pedagogía reveladora.

13.1.1 Antiguo Testamento

Siguiendo a C. Pozo se puede estudiar la resurrección en el Antiguo Testamento, a través de tres perspectivas.[6]

A. Preparación ideológica

La revelación veterotestamentaria de la resurrección de los muertos se va preparando, insistiendo en algunas ideas fundamentales que acabarán manifestando la verdad de la resurrección corporal individual del hombre al fin de los tiempos.

Estas ideas preparatorias son las siguientes:

1. *El poder de Yahveh sobre el "sheol".*

   - El hombre no puede salir del "sheol" (Job 7:9, "Como se deshace una nube y se va, así el que baja al 'sheol' no sube más"). Pero el poder de Yahveh llega hasta allí:
     – Am 9:2, "Aunque se oculten en el 'sheol', de allí los tomará mi mano; aunque subiesen hasta los cielos, de allí los haría bajar".
     – Job 38:17. Cuando Yahveh le increpa a Job el desconocimiento de su poder, menciona precisamente el que tiene sobre el "sheol": "¿Se te han abierto las puertas de la muerte? ¿Has visto las puertas de la región tenebrosa?"

---

[6]Cfr. C. Pozo: *Teología...*, cit., págs. 326–341.

13.1. SAGRADA ESCRITURA

- Sal 139:8, "Si subiere a los cielos, allí estás tú; si bajare al 'sheol', allí estás presente".
- Is 7:11, "Pide a Yahveh, tu Dios, una señal en las profundidades del 'sheol' o arriba en lo alto".

- La extensión del poder de Dios sobre el "sheol" puede hacer que libere a los "refaim":
    - 1 Sam 2:6, "que Yahveh da la muerte y da la vida, hace bajar al sepulcro y subir de él".
    - Sab 16: 13–14, "Que tú tienes el poder de la vida y de la muerte y llevas a los fuertes al hades y sacas de él. Por su maldad puede el hombre dar la muerte, pero no hacer que torne el espíritu que se fue ni hacer volver al alma ya encerrada en el hades".

- El espíritu del justo tiene la esperanza de que Yahveh lo saque del "sheol" y lo lleve junto a Sí; y esto, con la idea de liberación del "sheol" en forma de resurrección corporal. Es un tema recurrente en los Salmos místicos:
    - Sal 16: 9–10, "Por eso se alegra mi corazón y jubila mi lengua, y aun mi carne descansa segura, pues no abandonarás mi alma al 'sheol' ni permitirás que tu fiel vea la fosa".
    - Sal 49: 14–16, "Tal es el camino de los que confían en sí mismos, y el fin de los que se complacen en su boca. Selah. Como rebaño son echados al 'sheol', la muerte los pastorea, los justos los dominan. A la mañana, su figura se desvanece en el 'sheol', lejos de su morada. Pero Dios rescatará mi alma de las manos del 'sheol', pues me tomará".
    - Sal 73: 27–28, "Porque los que se alejan de ti perecerán; arruinas a cuantos te son infieles. Pero mi bien es estar

apegado a Dios, tener en el Señor Yahveh refugio para poder anunciar todas tus obras (en las puertas de la hija de Sión)".

2. *Yahveh es el Dios de la vida* y el dador de la vida.

   - La muerte entró en la tierra contra la voluntad de Dios, esto es, por el pecado.
     - Ge 2:17; 3;19 (relato del árbol de la vida y amenaza de muerte si se come de él; castigo del hombre "al polvo volverás...").
     - Sab 2: 23–24, "Dios creó al hombre para la inmortalidad y le hizo a imagen de su propia naturaleza; mas por envidia del diablo entró la muerte en el mundo, y la experimentan los que le pertenecen".
   - Ejemplos del poder de Dios de dar la vida, se encuentran en las narraciones veterotestamentarias de resurrecciones; aunque son un volver a la vida, para volver a morir más tarde y regresar al "sheol":
     - 1 Re 17: 22ss. Elías resucita a un niño.
     - 2 Re 4: 34ss. Eliseo resucita a un niño.
     - 2 Re 13: 21ss. Resurrección de un muerto arrojado en la tumba de Eliseo.
   - Ejemplos de profetas que van con Dios sin morir:
     - Henoc, en Ge 5:24.
     - Elías, en 2 Re 2: 9ss.

3. *El deseo místico de la intimidad* con Yahveh que experimenta el justo, como se ve en el Sal 16.

13.1. SAGRADA ESCRITURA

4. *La retribución que hace un Dios justo.* Es diferente la suerte del justo y del impío. Esto se explica (en los momentos más primitivos de la Revelación) con la idea del "sheol" estratificado; en la Revelación más próxima al Nuevo Testamento, se unen las ideas de retribución y resurrección, como se estudió al considerar la inmortalidad del alma.

B. Preparación literaria

La imagen de la muerte y resurrección corporal es utilizada en el Antiguo Testamento, para indicar la resurrección nacional del pueblo de Israel.

- Os 6: 1–2, "En su angustia me buscarán (diciendo): Venid y volvamos a Yahveh; Él desgarró, Él nos curará, Él hirió, Él nos vendará. Él nos dará vida en dos días y al tercero nos levantará y viviremos ante Él". Como se ve, se trata más de la imagen de la curación de un herido que la de resurrección.

- Ez 37: 1–14. Es la imagen de los huesos áridos que resucitan. Se refiere a la "nación" (v. 11). Dios tiene poder de resucitar los cuerpos, y por ello, de restaurar a Israel. La imagen se construye con un paralelismo de la historia de la creación del hombre, en el que Dios modela el cuerpo y crea el alma: también en Israel, Dios restituye en el v. 8, primero la carne; y luego en el v. 9 s., el espíritu ("ruah").

- Is 25:8, donde Yahveh suprime la muerte: "Y destruirá la muerte para siempre, y enjugará el Señor las lágrimas de todos los rostros, y alejará el oprobio de su pueblo, lejos de toda la tierra, porque Yahvé ha hablado".

- Is 26:19, donde está la imagen de la tierra que echa fuera a los "refaim": "Revivirán tus muertos, mis cadáveres se levantarán; despertad y cantad los que yacéis en el polvo, porque rocío de luces es tu rocío, y la tierra parirá sombras".

C. Resurrección personal en el Antiguo Testamento

- Sal 16: 10–11, "pues no abandonarás mi alma al 'sheol' ni permitirás que tu fiel vea la fosa. Tú me enseñarás el sendero de la vida, la hartura de alegría ante ti, las delicias a tu diestra para siempre".

- Dan 12: 1ss, "En aquél día se alzará Miguel, el gran príncipe, el defensor de los hijos de tu pueblo, y será un tiempo de angustia, tal como no lo hubo desde que existen las naciones hasta ese día. Entonces se salvarán los que de tu pueblo estén escritos en el libro. Las muchedumbres de los que duermen en el polvo de la tierra se despertarán, unos para la eterna vida, otros para eterna vergüenza y confusión". Detalles importantes:

    - "Las muchedumbres" o "muchos".

    - "Para vida eterna..., para eterna vergüenza": retribución diferenciada.

    - "En aquél día" en sentido profético: significando los tiempos mesiánicos y el fin del mundo.

- 2 Mac 7: 1–29, donde la idea de resurrección corporal es clara. En efecto: "Estando para exhalar el postrer aliento, dijo: 'Tú, criminal, nos privas de la vida presente; pero el Rey del universo nos resucitará a los que morimos por sus leyes a una vida eterna'" (v. 9); "y animosamente extendió las manos, diciendo: 'Del cielo tenemos estos miembros, que por amor de sus leyes yo

13.1. SAGRADA ESCRITURA

desdeño, esperando recibirlos otra vez de El'" (v. 11); "y estando para morir, dijo así: 'Más vale morir a manos de los hombres, poniendo en Dios la esperanza de ser de nuevo resucitado por El. Pero tú no resucitarás para la vida'" (v. 14); "No temas a este verdugo, antes muéstrate digno de tus hermanos y recibe la muerte, para que en el día de la misericordia me seas devuelto con ellos" (v. 29).

- 2 Mac 14:46, en la muerte heroica de Razías: "Allí, totalmente exangüe, se arrancó las entrañas con ambas manos y las arrojó contra la tropa, invocando al Señor de la vida y del espíritu que de nuevo se las devolviera. Y de esta manera acabó".

- 2 Mac 12: 43–45. "Y mandó hacer una colecta en las filas, recogiendo hasta dos mil dracmas, que envió a Jerusalén para ofrecer sacrificios por el pecado; obra digna y noble, inspirada en la esperanza de la resurrección; pues si no hubiera esperado que los muertos resucitarían, superfluo y vano era orar por ellos. Mas creía que a los muertos piadosamente les está reservada una magnífica recompensa".

13.1.2 Resurrección en el Nuevo Testamento

En el Nuevo Testamento hay que tener en cuenta dos ideas que encuadran la doctrina sobre la resurrección:

1. Cristo introduce un tiempo intermedio entre la venida mesiánica en humildad, y la Parusía final con resurrección de los cuerpos, como ya se ha estudiado.

2. Hay dos modos de hablar de la resurrección de los muertos:

    (a) Como resurrección universal, para todos, justos e impíos, previa a la condición del Juicio.

(b) Como resurrección de los justos estrictamente hablando, que es el objeto supremo de la esperanza cristiana, basada en la Resurrección de Jesucristo.

Conviene estudiar las nociones neotestamentarias de la resurrección, primero en los Evangelios y luego en San Pablo.

A. Los Evangelios

Siguiendo el doble modo de hablar de la resurrección, encontramos:

1. ***Resurrección universal***: Jn 5: 28–29, "No os maravilléis de esto, porque llega la hora en que cuantos están en los sepulcros oirán su voz y saldrán: los que han obrado el bien, para la resurrección de la vida, y los que han obrado el mal, para la resurrección del juicio". Téngase en cuenta los siguientes detalles:

    - Base de esta idea: Dan 12: 1ss.
    - Es universal: Todos cuanto están en los sepulcros.
    - Es con doble destino: para la vida o para el juicio.

2. ***Resurrección de los justos*** estrictamente hablando. A ésta se refieren textos como:

    - Jn 6: 39–40.54. "Ésta es la voluntad de Aquel que me ha enviado: que no pierda nada de lo que Él me ha dado, sino que lo resucite en el último día. Porque ésta es la voluntad de mi Padre: que todo el que ve al Hijo y cree en él tenga vida eterna, y yo le resucitaré en el último día... El que come mi carne y bebe mi sangre tiene vida eterna, y yo le resucitaré en el último día".
    - Lc 14:14, recompensa por invitar a los que no pueden compensarle en la tierra: "y serás bienaventurado, porque no

tienen para corresponderte. Se te recompensará en la resurrección de los justos".

B. San Pablo

También encontramos la doble dicción.

1. ***La resurrección universal*** aparece en sus discursos que trae el libro de los Hechos, debido a que aquí se dirige a un auditorio pagano (mientras que en las Cartas los recipientes son "los santos", y, lógicamente, el Apóstol se concentra en la perspectiva propia de ellos que es la resurrección de los justos).

    (a) Hech 17: 31–32, en el discurso a los filósofos paganos del Areópago de Atenas: "...puesto que ha fijado el día en que va a juzgar la tierra con justicia, por mediación del hombre que ha designado, presentando a todos un argumento digno de fe al resucitarlo de entre los muertos. Cuando oyeron lo de 'resurrección de los muertos', unos se echaron a reír y otros dijeron: —Te escucharemos sobre eso en otra ocasión".

    (b) Hech 24:15, en el discurso ante el tribunal pagano de Felix: "Y tengo en Dios la esperanza, que ellos mismos tienen, de que habrá una resurrección tanto de justos como de pecadores".

2. ***Resurrección de los justos***. Su doctrina es muy detallada y rica.

    (a) La Resurrección de Cristo es el *punto de referencia constante* para la nuestra. Ro 10:9, "...porque si confiesas con tu boca: 'Jesús es Señor', y crees en tu corazón que Dios le resucitó de entre los muertos, te salvarás".

(b) La Resurrección de Cristo *no es un hecho puntual y pasado, sino que es principio de un proceso* que va a continuar, envolviendo también a los cristianos. Su Resurrección es "primicia" (1 Cor 15: 14.17–20.23ss); es "primogénito de entre los muertos" (Col 1:18).

(c) Nuestra resurrección tiene el sentido de *prolongación de la Resurrección de Cristo* (Ro 8: 29ss, "primogénito de muchos hermanos"; Col 1:18, "primogénito de entre los muertos").

(d) De las dos ideas anteriores, surge la idea de concebir nuestra resurrección en *paralelismo con la Resurrección de Cristo*. Y así, para explicar el problema de la relación entre nuestro cuerpo actual y el glorioso al fin de los tiempos (1 Cor 15:35), el Apóstol manifiesta la plena identidad corporal pero con transformación (1 Cor 15: 53ss.), como ocurrió con Cristo resucitado del sepulcro (1 Cor 15:45).

(e) Nuestra resurrección gloriosa *ha comenzado ya en algún sentido*, porque Cristo ya ha resucitado:

- Ef 2: 5ss, "nos resucitó con Él".
- Col 3: 1–4. "Así pues, si habéis resucitado con Cristo, buscad las cosas de arriba, donde Cristo está sentado a la derecha de Dios; sentid las cosas de arriba, no las de la tierra. Pues habéis muerto, y vuestra vida está escondida con Cristo en Dios. Cuando Cristo, vuestra vida, se manifieste, entonces también vosotros apareceréis gloriosos con él".

(f) La resurrección ya comenzada tiene *un sentido real* y no puede ser interpretada meramente en sentido moral (para nosotros, mientras que sería ontológica para Cristo), sino que también es ontológica para nosotros. La razón la mues-

13.1. SAGRADA ESCRITURA

tra San Pablo en que depende de un evento personal y concreto: el bautismo.

- Col 2:12, "Sepultados con él por medio del Bautismo, también fuisteis resucitados con él mediante la fe en el poder de Dios, que lo resucitó de entre los muertos".
- Ro 6: 3–11, "Pues fuimos sepultados juntamente con él mediante el bautismo para unirnos a su muerte, para que, así como Cristo fue resucitado de entre los muertos por la gloria del Padre, así también nosotros caminemos en una vida nueva" (v. 4).

(g) *La consecuencia es que el cristiano debe vivir una vida ascética*, descrita como la configuración con la Pasión de Jesucristo, y poder llegar así a la resurrección gloriosa:

- Flp 3: 10ss. "Y, de este modo, lograr conocerle a él y la fuerza de su resurrección, y participar así de sus padecimientos, asemejándome a él en su muerte, con la esperanza de alcanzar la resurrección de entre los muertos".
- Ro 8:17. "Y si somos hijos, también herederos: herederos de Dios, coherederos de Cristo; con tal de que padezcamos con él, para ser con él también glorificados".

(h) *Temporalmente, la resurrección gloriosa ocurrirá el día de la Parusía*, donde los muertos resucitarán, y los que queden vivos se transformarán sin resurrección: "Porque si creemos que Jesús murió y resucitó, de igual manera también Dios, por medio de Jesús, reunirá con Él a los que murieron. Así pues, como palabra del Señor, os transmitimos lo siguiente: nosotros, los que vivamos, los que quedemos hasta la venida del Señor, no nos anticiparemos a los que hayan muerto;

porque, cuando la voz del arcángel y la trompeta de Dios den la señal, el Señor mismo descenderá del cielo, y resucitarán en primer lugar los que murieron en Cristo; después, nosotros, los que vivamos, los que quedemos, seremos arrebatados a las nubes junto con ellos al encuentro del Señor en los aires, de modo que, en adelante estemos siempre con el Señor" (1 Te 4: 14–17).

Conviene señalar con J. A. Sayés[7] que algunos teólogos que niegan la escatología de doble fase, como es el caso de Ruiz de la Peña,[8] interpretan los textos de 1 Cor 15 en el sentido de que el sujeto que experimenta la transformación de la resurrección, no será el cuerpo humano como distinto del alma sino el "yo" humano, porque σόμα significaría en 1 Cor 15 no el cuerpo material sino el hombre entero.

Esta exégesis hace caer a Ruiz de la Peña en una clara contradicción. Afirma que entre la vida terrena y la celestial se mantiene un idéntico y mismo "yo", bajo forma terrestre primero, y celestial después. Este "yo" se manifiesta ahora como "cuerpo psíquico", y luego como "cuerpo espiritual".

Pero si esto es así, ¿dónde estaría la distinción entre el "yo psíquico" y el "yo espiritual"? La respuesta dada por Ruiz de la Peña en base a que aquél estaría dominado por la "psiqué" y éste por el "pneuma", supone una doble contradicción: en primer lugar, porque, como antes ha interpretado σόμα como "yo" (y no como cuerpo material), nos encontraríamos con que el hombre en este mundo tendría dos "yo" (del del σόμα y el de la "psiqué"); y, en segundo lugar, en el más allá, el "pneuma" espiritualizaría el aspecto más espiritual del hombre (el que en vida correspondería a la "psiqué") y no propiamente el σόμα que, sin embargo, antes se identificó con el "yo" humano.

Por otro lado, en las investigaciones que ha hecho sobre la antropología de San Pablo, Díaz Macho ha probado que σόμα tiene ambos sentidos: el sentido bíblico de persona en su aspecto débil y como hombre que vive para el mundo ("vivir según la carne"); y también, el sentido de elemento físico, parte del hombre diferente del alma (Ga 6:17; 1 Cor 9:27; 1 Cor 13:3; 5:3; Col 2:5, etc.).[9]

---

[7] J. A. Sayés: *Más Allá...*, cit., págs. 124–135; Id.: *Escatología*, cit., pág. 64.

[8] J. L. Ruiz de la Peña: *La Otra Dimensión*, Santander, Sal Terrae, 1986, pág. 192.

[9] A. Diaz Macho: *La Resurrección...*, cit., págs. 115ss.

13.2 Santos Padres

Es doctrina unánime y general entre los Santos Padres. Los testimonios son abundantísimos.[10]

*   *   *

Muchos de ellos dedicaron tratados enteros al tema de la resurrección de la carne. Por ejemplo:

- San Justino. Su perspectiva era la defensa de la recta doctrina contra los gnósticos, quienes rechazaban la materia y el cuerpo. San Justino sostendrá que la resurrección afecta a la carne que ha muerto, porque nada es imposible para Dios. Utiliza la comparación de la concepción humana, donde de unas células, se constituye un hombre nuevo. Más fácil es hacer cualquier cosa por la omnipotencia divina.[11]

- Atenágoras. Insiste con toda claridad en el hecho de la resurrección, así como su posibilidad gracias al poder infinito divino.

---

[10] Cfr. C. Pozo: *Teología...*, cit., págs. 351–359; A. Michel: *Résurrection*, cit., cols. 2520–2544; P. Th. Camelot: *Les Pères Latins* en "La Résurrection de la Chair", Paris, Éditions du Cerf, 1962, págs. 263–279; H. Cornélis: *Doctrine des Pères*, en "La Résurrection de la Chair", Paris, Éditions du Cerf, 1962, págs. 165–262; A. Fernández: *La Escatología del siglo II*, Burgos, Publicaciones de la Facultad de Teología del Norte de España, Sede de Burgos, 1979, págs. 41–49, 110–114, 193–199, 251–256, 348–360, 427–430; A. Fierro: *Las Controversias sobre la Resurrección en los Siglos III-V*, en "Revista Española de Teología" 28 (1968) 3–21; H. Leclercq: *Résurrection de la Chair*, en "Dictionnaire d'Archéologie Chrétienne et de Liturgie", vol. XIV, 2393–2398; H. I. Marrou: *La Résurrection des Morts et les Apologistes des Premiers Siècles*, en "Lumière et Vie" 3 (1952) 83–92; T. H. C van Eijk: *La Résurrestion des Morts chez les Pères Apostoliques*, Paris, Beauchesne, 1974.

[11] San Justino: *De Resurrectione* (*P. G.*, 6, 1572–1592). Hay controversia sobre la autenticidad de esta obra.

Hay cuatro razones para justificarla: el destino del hombre, creado para vivir eternamente; su naturaleza, compuesta de alma y cuerpo; el juicio divino final que se aplica a todo el compuesto humano; y el fin último del hombre que no se puede conseguir en esta vida terrenal.[12]

- San Ireneo. Es una de sus tesis principales, que defiende contra el error del gnosticismo de que la materia es esencialmente mala y, por tanto, no puede ser obra de un Dios bueno. Por el contrario, el mundo de los cuerpos pertenece al señorío del Verbo y la materia es susceptible de salvación. La resurrección es obra tanto del poder como de la justicia divinas. Aporta los datos incuestionables de la Sagrada Escritura como prueba de la voluntad divina de resucitar a los cuerpos.[13]

- Tertuliano. En tres de sus obras, defiende la verdad de la resurrección frente a sus detractores.[14] Su tratado principal es *De Resurrectione Carnis*, donde refuta las ideas de unos herejes gnósticos, semi–saduceos, que negaban la resurrección aunque aceptaban la inmortalidad del alma. Tertuliano hace una especie de panegírico de la carne desde el punto de vista teológico y filosófico. Muestra que el poder de Dios es la garantía de la resurrección, pues si creó el mundo de la nada, más puede operar la resurrección de los cuerpos. El argumento decisivo en favor de la resurrección es la justicia divina, que debe ser perfecta en

---

[12] Atenágoras: *De Resurrectione Mortuorum* (*P. G.*, 6, 973–1024).

[13] San Ireneo: *Adv. Hær.*, libro 5 (*P. G.*, 7, 1119–1224).

[14] Tertuliano: *Apologeticum*, c. 48 (*P. L.*, 1, 523ss.); *De Resurrectione Carnis*, (*P. L.*, 2, 795–886); *Adv. Marcionem*, libro 5 (*P. L.*, 2, 491–501). Cfr. P. Fuente Santidrián: *Sobre la Terminología de la Resurrección en Tertuliano*, en "Burgense" 19 (1978) 361–374; P. Siniscalco: *Ricerche sul 'De Resurrectione' di Tertulliano*, Roma, Studium, 1966.

13.2. SANTOS PADRES

su juicio al hombre, y abarca al alma y al cuerpo. Todos los anteriores argumentos de razón son el prefacio a la prueba escriturística, que ocupara dos tercios del tratado, mostrando los textos del Antiguo y del Nuevo Testamento. Dedica el final del tratado al tema de la identidad de los cuerpos resucitados, a pesar de la transformación de la que habla San Pablo.

- Orígenes. Escribió dos tratados sobre la resurrección, de los que se conservan solo fragmentos citados por otros escritores sagrados. También respondió a las burlas y críticas de Celso al respecto.[15] Se discute entre los patrólogos, sobre el modo en que Orígenes concebiría la naturaleza del cuerpo resucitado, que según algunos sería excesivamente espiritualista. A. Michel sostuvo que Orígenes fue incomprendido en este punto, puesto que lo que intentó fue mantenerse distante de la interpretación materialista grosera de la resurrección como un volver al cuerpo terreno, y el espiritualismo gnóstico que negaba al resurrección corporal.[16]

- San Cirilo de Jerusalén.[17] Manifiesta la importancia de esta verdad que nos anima a conservar la pureza del cuerpo que va a resucitar. Enfrenta las dificultades clásicas contra la resurrección y apela a la omnipotencia divina para hacerla posible. También elucubra sobre la transformación de los cuerpos: gloriosos en los justos, revestidos de propiedades sobrenaturales para gozo

---

[15] Orígenes: *Contra Celsum*, (P. G., 11, 1181–1288, 1521–1632).

[16] Cfr. A. Michel: *Résurrection*, cit., cols. 2528–2531; C. Pozo: *Teología...*, cit., pág. 352; W. L. Knox: *Origen's Conception of the Resurrection Body*, en "The Journal of Theological Studies" 39 (1938) 247ss.; H. Chadwick: *Origen, Celsus and the Resurrection of the Body*, en "Harvard Theological Review" 41 (1948) 83–102.

[17] San Cirilo de Jerusalén: *Catechesis* 18 (P. G., 33, 1017–1060). Esta catequesis está dedicada toda ella al tema de la resurrección.

eterno; y en los condenados, haciéndolos capaces de poder sufrir el fuego eterno.

- San Gregorio de Nisa. Sigue en general las ideas de Orígenes sin aceptar la pre–existencia de las almas.[18]

- San Juan Crisóstomo. Afirma el dogma, pero no hace un aporte original a la explicación del mismo.[19]

- San Agustín. Reafirma los datos dogmáticos: la resurrección se hará al final de los tiempos (en su primera época afirmó la doctrina del milenarismo, para interpretarla de un modo alegórico en su madurez), por lo que la "primera resurrección" de la que habla el Apocalipsis se refiere a la aceptación de la Redención de Cristo y la llamada a vivir la existencia cristiana, mientras que la "segunda resurrección" es la de la carne al final de los tiempos. Afirma que es un dogma de la fe cristiana el hecho de la resurrección final de todos los hombres; que aunque habrá transformación corporal, se salvaguardará la identidad con el cuerpo de la vida terrena; la causa del milagro es el poder divino; el cuerpo recuperará su integridad perfecta, desprovisto de todo defecto y de condición espiritual como afirma San Pablo. Finalmente hace frente a los ataques paganos a nuestra fe.[20]

* * *

---

[18]San Gregorio de Nisa: *De Anima et Resurrectione Dialogus* (*P. G.*, 46: 12–160); *Oratio III* (*P. G.*, 46, 652–681). Cfr. J. Daniélou: *La Résurrection des Corps chez Grégoire de Nysse*, en "Vigiliæ Christianæ" 7 (1953) 154–170.

[19]San Juan Crisóstomo: *De Resurrectione Mortuorum Homilia* (*P. G.*, 50, 417–432).

[20]San Agustín: *De Civ. Dei*, 22 (*P. L.*, 41, 751–804); *De Cura pro Mortuis Gerenda* (*P. L.*, 40, 591–610). Cfr. P. Goñi: *La Resurrección de la Carne según San Agustín*, Washington, Catholic University of America, 1961

13.2. SANTOS PADRES

La doctrina de los Padres enfrentó a un mundo pagano que rechazaba totalmente la idea (cfr. Hech 17:32; 26:24), influido por las ideas neoplatónicas y gnósticas sobre la maldad e inutilidad de la materia. Los Padres responden a los argumentos paganos, como ya se ha mencionado (cfr. los casos de Orígenes, Tertuliano, San Agustín, etc.), y son conscientes de las diferentes reacciones que la verdad católica suscita entre ellos. Como dice C. Pozo:

> "La oposición pagana tomaba, con frecuencia, la forma de burla, como testifican ya el Nuevo Testamento (Hech 17:32; 26:24) y, para tiempos posteriores Orígenes.[21] Tertuliano confesaba, hablando de sí mismo antes de su conversión: 'También nosotros nos reímos de estas cosas en otro tiempo'.[22] No siempre los cristianos sabían sustraerse de todo impacto de estos ataques: la burla provocaba, a veces, en el espíritu de algunos cristianos la tentación de la duda.[23] Realmente, el ataque era tal que San Agustín pudo escribir: 'En ninguna otra cosa se contradice tanto a la fe cristiana como en la resurrección de la carne'[24]".[25]

Entre los ataques paganos a la resurrección de la carne, sostenidos con burla con aparentes argumentos "ad hominem", destacan los de:

---

[21] Orígenes: *Contra Celsum*, 1, 7 (*P. G.*, 11, 668): "Y el misterio de la resurrección ¿no está también en la boca de los infieles, para los que resulta ridículo, porque no lo entienden?"

[22] Tertuliano: *Apologeticum*, 18, 4 (*P. L.*, 1, 378).

[23] Todavía afirmaba San Gregorio Magno: "Multi etenim de resurrectione dubitant, sicut et nos aliquando fuimos". *Homiliæ in Evangelia*, l. 2, hom. 26, n. 12. (*P. L.*, 76, 1203). Para explicar la existencia de esta duda se debe tener en cuenta la dificulta que la cosa tien e si misma; Tertuliano había escrito: 'Durius creditur resurrectio carnis, quam un divinitas'. *De Resurrectione*, 2, 8, (*P. L.*, 2, 797).

[24] *Enarratio 2 in Psalm.*, 88, 5 (*P. L.*, 37, 1134.).

[25] C. Pozo: *Teología...*, cit., pág. 353.

- Celso, quien afirmó la locura de tal creencia, expresando la imposibilidad de descubrir los restos del cuerpo humano en casos como los del ahogado devorado por los peces; peces que son pescados y devorados por los hombres; hombres que mueren y son devorados por los perros; perros que son devorados por las aves de rapiña; etc.[26]

- Porfirio, quien sosteniendo la idea platónica del cuerpo como cárcel del alma de la que uno desea liberarse, afirma la contradicción de volver a retomar como premio esa misma cárcel al final de los tiempos.[27]

- La filosofía y teología gnóstica argumentaba que la carne y lo material no servía para nada, y no se podía salvar (cfr. la suerte de los hombres "hílicos" a diferencia de los "psíquicos" y los "pneumáticos"). Por eso, algunos afirmaron que se resucita con

---

[26]Como dice J. Quasten: "La obra de Celso se ha perdido, pero se puede reconstruir casi completamente con las citas de Orígenes, que forman las tres cuartas partes del texto de su libro. Celso se proponía convertir a los cristianos al paganismo haciéndoles avergonzarse de su propia religión. No se hace eco de las calumnias del vulgo. Él había estudiado el asunto, había leído la Biblia y gran número de libros cristianos. Conoce la diferencia que existe entre las sectas gnósticas y el cuerpo principal de la Iglesia. Es un adversario lleno de recursos, que da muestras de gran habilidad y a quien no se le escapa nada de lo que pueda decirse contra la fe. La ataca primeramente desde el punto de vista de los judíos en un diálogo en el que un judío formula sus objeciones contra Jesucristo. Se adelanta luego Celso y dirige por su cuenta un ataque general contra las creencias judías y cristianas. Se burla de la idea del Mesías, y ve en Jesús un impostor y un mago. Como filósofo platónico, afirma la neta superioridad del culto y de la filosofía de los griegos. Somete el Evangelio a una crítica severa, especialmente en todo lo que atañe a la resurrección de Cristo; y afirma que fueron los Apóstoles y sus sucesores los que inventaron esta superstición" (J. Quasten: *Patrología*, cit., vol. I, pág. 366).

[27]Porfirio: *De Platoni Vita*, 1 y 2.

13.2. SANTOS PADRES

la carne de Cristo, y no con la propia, o hablaban de una "carne aerea" que se tomaba en el momento mismo de la muerte.[28]

La respuesta de los Santos Padres contra esas posiciones fue la siguiente:

- Contra Celso y su tesis de la imposibilidad de la resurrección,[29] se arguyen tres razones principales:

    - La omnipotencia divina todo lo puede: es más difícil "crear de la nada" que "resucitar" "...reconstruyendo al hombre desde el polvo".[30]
    - El hecho ocurrido y testimoniado de las resurrecciones realizadas por Jesucristo, que son prenda de nuestra resurrección futura y manifestación de su poder.[31]
    - La realidad de las semejanzas de fenómenos naturales que dan verosimilitud a la idea de la resurrección: sol que nace de nuevo cada día, semilla que da fruto si muere, etc.[32]

---

[28] Cfr. J. A. Sayés: *Más Allá...*, cit., págs. 126ss.

[29] Cfr. lo que queda de su obra en la refutación de Orígenes: Κατά Κέλσοις, *Contra Celsum*, es una apología escrita hacia el año 246, donde crítica del "Discurso verdadero" (Ἀληθής λόγο) de Celso (año 178). El método de Orígenes fue refutar punto por punto los argumentos de Celso, con una profunda convicción de la verdad de la religión cristiana y, al mismo tiempo, una sabiduría que supo conjugar la fe con la ciencia.

[30] Cfr. San Gregorio Magno: *Homiliæ in Evangelia*, 2, hom. 26, n. 12 (*P. L.*, 76, 728s.); Tertuliano decía que era más difícil hacer que rehacer, crear que resucitar (*De Resurrectione*, 11, 3.10, *P. L.*, 2, 809s.).

[31] Cfr. Epitafio de San Dámaso para su propia tumba, que es particularmente humilde y lleno de fe. Recuerda la resurrección de Lázaro por Cristo y termina con esta hermosa frase: "De entre las cenizas hará resucitar a Dámaso, porque así lo creo".

[32] Cfr. Minucio Felix: *Octavius*, 34 (*P. L.*, 3, 347).

- Contra la concepción platónica de Porfirio, sostienen tres principios:

    - El sistema antropológico no es dualista ni monista, sino "dual": cuerpo + alma.[33]
    - El cuerpo tiene una nueva valoración en la Biblia:
        * Fue creado por Dios, quien vio que "era muy bueno".[34]
        * Dios se encarnó en un cuerpo humano: "si la carne no tuviera que ser salvada, el Verbo no se hubiera encarnado".[35]
    - La resurrección es parte de la retribución para el hombre: "la media pervivencia, sería media retribución" (Tertuliano). El hombre que mereció con su cuerpo y con su alma, debe de ser retribuido en su cuerpo y en su alma.[36]

* * *

Un testimonio clarísimo de la Tradición se presenta en la iconografía y arqueología paleocristiana.[37] En efecto, desde los primeros momentos del cristianismo nos encontramos con la fe en la resurrección en:

---

[33]Cfr. entre otros, Tertuliano: *De Resurrectione*, 14, 11 (*P. L.*, 2, 813.); San Justino: *De Resurrectione*, 8 (*P. G.*, 6, 1585); Atenágoras: *De Resurrectione*, 15 (*P. G.*, 6, 1004s.).

[34]Cfr. Tertuliano: *De Resurrectione*, 6, 3 y 5; 7, 7 (*P. L.*, 2, 802 y 804).

[35]Cfr. Tertuliano: *De Resurrectione*, 63, 1, (*P. L.*, 2, 802); San Ireneo: *Adv. Hær.*, 5, 14, 1 (*P. G.*, 7, 1161).

[36]Cfr. Tertuliano: *De Resurrectione*, 2, 2 y 34, 3 (*P. L.*, 2, 796.842); *Apologeticum*, 48, 4 (*P. L.*, 1, 523); San Justino: *De Resurrectione*, 8 (*P. G.*, 6, 1585).

[37]Para más detalles, C. Pozo: *Teología...*, cit., págs. 358–359; A. Michel: *Résurrection*, cit., cols. 2544–2546.

- El lenguaje utilizado. A los cadáveres se les aplica el término "dormición" (de ahí el cambio que se opera para el lugar del enterramiento humano, que pasa de ser denominado "necrópolis" —ciudad de los muertos— a "cementerio" —dormitorio). El cadaver es un "depósito" (término jurídico opuesto a "donación") que se va a recuperar algún día.

- La iconografía, que abunda en los temas de la resurrección de Lázaro, Jonás y la ballena que devuelve al profeta a la playa sano y salvo, la regeneración de la carne en la visión de los huesos secos de Ezequiel, etc.

- La simbología cristiana también se llena de imágenes de la resurrección: el ave fenix que renace de sus cenizas, el "sol invictus" que renace cada día, el ciclo de las estaciones, etc.

- El modo de sepultar cambia poco a poco: de la cremación a la inhumación, que es más adecuada a la creencia en la resurrección de la carne.

13.3 Magisterio

El Magisterio es constante y firme en torno al dogma de la resurrección de los cuerpos. Veamos primero las herejías y negaciones que enfrentará el Magisterio, para luego centrarnos en sus principales intervenciones.

13.3.1 Herejías y errores

Siguiendo un criterio histórico podemos distinguir tres épocas en cuanto a los que niegan o tergiversan la doctrina de la resurrección de los muertos:

1. *En el Nuevo Testamento.* Aparecen tres modos:

    - Los saduceos, quienes rechazaban la resurrección, apegados al Pentateuco como único canon bíblico (por eso, creían en una escatología muy primitiva, al no aceptar el desarrollo de la misma que se produce en los libros posteriores del Antiguo Testamento). Aparece su pensamiento varias veces en el Nuevo Testamento:

        – En la disputa con Jesucristo, manipulando el argumento de la ley del levirato: "Se le acercaron algunos de los saduceos —que niegan la resurrección— y le preguntaron..." (Lc 20:27; cfr. Mt 22:23; Mc 12:18).

        – En la argucia de San Pablo ante el Sanedrín: "Porque los saduceos dicen que no hay resurrección, ni ángeles ni espíritus; los fariseos, en cambio, confiesan una y otra cosa" (Hech 23:8).

    - Los atenienses, por influjo de la filosofía de cuño platónico: "Cuando oyeron lo de 'resurrección de los muertos', unos se echaron a reír y otros dijeron: —Te escucharemos sobre eso en otra ocasión" (Hech 17:32).

    - Algunos cristianos que caían en dos errores, reflejados en los escritos neotestamentarios:

        – Los que negaban por completo la resurrección: "Pero si se predica que Cristo ha resucitado de entre los muertos, ¿cómo es que algunos de entre vosotros dicen que no hay resurrección de los muertos?" (1 Cor 15:12).

        – Los que la consideraban ya realizada espiritualmente: "[Himeneo y Fileto] que se han desviado de la verdad al decir que ya ha tenido lugar la resurrección, y echan por tierra la fe de algunos" (2 Tim 2:18).

13.3. MAGISTERIO

2. *La historia del cristianismo hasta nuestros días,* presenta tres grandes herejías:

- El pensamiento gnóstico: con la distinción entre las tres clases de seres humanos y su suerte eterna:
    - Los "pneumáticos": se salvan siempre.
    - Los "psíquicos", que se salvan solo si quieren aniquilar los elementos materiales que llevan en sí.
    - Los "hílicos" que serán aniquilados.[38]
- La secta maniquea: la materia pertenece al reino y al dios del mal, y al final de los tiempos, se separará totalmente del espíritu y del Dios bueno.[39]
- Cátaros y albigenses: quienes sustituyen la idea de la resurrección corporal, con la de la transmigración de las almas, influenciados por las ideas de los dos grupos anteriores.[40]

3. *Pensamiento contemporáneo.*

- El existencialismo ateo que afirma que el hombre es un ser para la nada. La realidad de la muerte es final total para el hombre, y su recuerdo, causa de angustia y de nausea.
- El racionalismo, que solo acepta lo que puede entender con las solas fuerzas de la razón.
- El materialismo en sus diversas formas, que rechaza lo espiritual y la divinidad.
- En general, todo ateísmo, en base a todos los supuestos anteriores.

---

[38] Cfr. E. de Faye: *Gnostiques et Gnosticisme*, Paris, Geuthner, 1925, págs. 453–467.

[39] Cfr. G. Bardy: *Mani. Manichéisme*, en DTC, vol. IX, cols. 1841–1895, especialmente, 1872–1879 y 1882–1885.

[40] Cfr. V. Vernet: *Albigeois*, en DTC, vol. I, cols. 677–687.

13.3.2 Magisterio

Frente a todas las negaciones de la resurrección, la Iglesia ha defendido la fe constantemente. Es uno de los artículos que aparece en los principales credos de la Iglesia;[41] es verdad de fe divina y católica definida.[42]

Los datos que quedan afirmados son los siguientes:

1. *En el día de la Parusía.* Se utilizan varias expresiones:

   - "En la Parusía": "Ad cuius adventum omnes homines resurgere habent (in) corporibus suis".[43]
   - "El último día": "die novissima".[44]
   - "El día del Juicio": "in die iudicii omnes homines 'ante tribunal Christi' cum suis corporibus comparebunt".[45]

---

[41]Símbolo Apostólico (*D. S.*, 20); Símbolo de San Epifanio (*D. S.*, 44); *Fides Damasi* (*D. S.*, 72); Símbolo *Quicumque* (*D. S.*, 76); Simbolo del I Concilio de Toledo (*D. S.*, 190); Sínodo I de Braga (*D. S.*, 462); Concilio XI de Toledo (*D. S.*, 540); Profesión de fe de León XI (*D. S.*, 684); Profesión de fe a los Valdenses de Inocencio III (*D. S.*, 797); Concilio IV de Letrán (*D. S.*, 801); Concilio II de Lyon, Profesión de Fe a Miguel Paleologo (*D. S.*, 859); Bula *Benedictus Deus* (*D. S.*, 1002); etc.

[42]J. Ibáñez – F. Mendoza: *Dios Consumador...*, cit., pág. 361 califican a la proposición: "En el último día todos los hombres, réprobos y elegidos, resucitarán con sus propios cuerpos que ahora llevan para recibir según sus obras" como de fe divina y católica definida; y su censura como herejía. En el mismo sentido, L. Ott: *Manual...*, cit., pág. 715 y C. Pozo: *Teología...*, cit., pág. 365. El *Catecismo de la Iglesia Católica* (n° 991) recuerda también este principio: "Creer en la resurrección de los muertos ha sido desde sus comienzos un elemento esencial de la fe cristiana. 'La resurrección de los muertos es esperanza de los cristianos; somos cristianos por creer en ella' (Tertuliano, *De resurrectione mortuorum* 1, 1)".

[43]Símbolo *Quicumque* (*D. S.*, 76).

[44]*Fides Damasi* (*D. S.*, 72).

[45]Bula *Benedictus Deus* (*D. S.*, 1002).

13.3. MAGISTERIO

- "Al fin del mundo": "in fine mundi 'procedent qui bona fecerunt in resurrectionem vitæ, qui vero mala egerunt, in resurrectionem iudicii'".[46]

2. *Universal.* Lo que supone las siguientes conclusiones:

   - Será tanto para justos como para impíos:
     - "Ad cuius adventum omnes homines resurgere".[47]
     - "Omnes homines ante tribunal Christi cum suis corporibus comparebunt".[48]
     - "Omnes homines 'ante tribunal Christi' cum suis corporibus comparebunt".[49]
     - Etc.
   - Sin embargo no resucitarán:
     - Ni los que estén vivos en el momento de la Parusía (1 Cor 15:51).
     - Ni los que hayan resucitado ya antes, como el caso de la Santísima Virgen (dogma de la Asunción).
   - Existe la duda sobre la situación final de las almas en el Limbo. Como es una situación de felicidad natural, su resurrección corporal dependerá de cómo se considere la resurrección, si como algo debido a la naturaleza o si es estrictamente gracia divina; extremo que se verá más adelante.

3. *En base a una antropología dual y una escatología de doble fase.* Es lo que supone el dogma de la resurrección *en el último día.* Es

---

[46] *Lumen Gentium*, c. 7, n. 48.
[47] Símbolo *Quicumque* (*D. S.*, 76).
[48] Concilio II de Lyon, Profesión de Fe a Miguel Paleologo (*D. S.*, 859).
[49] Bula *Benedictus Deus* (*D. S.*, 1002).

la restitución del cuerpo humano muerto en esta vida terrenal, mediante la unión con su alma inmortal.[50]

4. *Identidad de los cuerpos resucitados* con los terrenos. Identidad específica (un cuerpo verdaderamente humano) y numérica (este cuerpo que ahora tengo) con lo que se niega cualquier clase de metempsícosis o de transmigración de las almas. El modo concreto de realizar la identidad no está definido y caben varias hipótesis teológicas que se examinarán más tarde.

- "In suis corporis".[51]
- "Cum suis corporibus".[52]
- "Omnes cum suis propriis resurgent corporibus, quæ nunc gestant".[53]

13.4 Cuestiones teológicas

13.4.1 Sobrenaturalidad del misterio

La resurrección de la carne es un misterio de fe. Los misterios de fe, son de dos clases: de primer orden (realidad sobrenatural cuya existencia solo se conoce por revelación, pero una vez revelada sigue siendo misterio en cuanto a su substancia), y de segundo orden (realidad sobrenatural cuya existencia solo se conoce por revelación, pero una vez revelada, su substancia es comprensible para el hombre, por lo que deja de ser misteriosa).

---

[50]Cfr. *Profesión de Fe* de Pablo VI: "...el día de la resurrección, en el que estas almas se unirán con sus cuerpos".

[51]Símbolo *Quicumque* (*D. S.*, 76).

[52]Concilio II de Lyon, Profesión de Fe a Miguel Paleologo (*D. S.*, 859); Bula *Benedictus Deus* (*D. S.*, 1002).

[53]*Profesión de fe propuesta a los Valdenses*, Concilio IV de Letrán (*D. S.*, 801).

13.4. CUESTIONES TEOLÓGICAS

Hay dos clases de resurrección: la milagrosa, en el presente eón, de un muerto en concreto que vuelve a la vida, para al final de su peregrinar en la tierra volver a morir; y la resurrección de todos los muertos al final del mundo, para no volver a morir nunca más. En cuanto al grado de sobrenaturalidad de ambos misterios hay que distinguir.

Las resurrecciones milagrosas de personas concretas muertas en presente eón y que están destinadas a volver a morir más tarde (caso de las tres resurrecciones operadas por Jesucristo —hijo de la viuda de Naim, hija de Jairo y Lázaro—, o de las resurrecciones hechas por profetas en el Antiguo Testamento, o por los Apóstoles en el Nuevo Testamento), son un misterio sobrenatural de segundo orden: las conocemos por revelación, pero comprendemos su realidad; son misterio en cuanto al modo, pero no en cuanto al término.

En cambio, la resurrección de la carne al final de los tiempos es un misterio sobrenatural de primer orden, porque es sobrenatural en cuanto al modo y en cuanto al término, ya que las características del cuerpo resucitado nos son desconocidas en cuanto a su substancia. Por ejemplo, el don de inmortalidad del cuerpo resucitado no es comparable al don preternatural de la inmortalidad de Adán y Eva en el Paraíso, ya que ésta era una inmortalidad gratuita y accidental (poder no morir, si se mantenían en la gracia); en cambio aquélla es una inmortalidad gratuita sustancial (no poder morir, sin condición alguna). Por lo tanto, al ser un misterio de primer orden, es absolutamente indeducible por la sola razón, y una vez conocido, solo se pueden dar razones de su conveniencia.

El compilador del *Suplemento* a la *Suma Teológica* de Santo Tomás explica así la razón de que la resurrección sea algo sobrenatural y no meramente natural:

"Resurrectionis autem principium natura esse non potest, quamvis ad vitam naturæ resurrectio terminetur. Natura enim est principium motus in eo in quo est: vel activum...; vel passivum... Nullum autem principium activum resurrectionis est in natura: neque respectu coniunctionis animæ ad corpus; neque respectu dispositionis quæ est necessitas ad talem coniunctionem... Unde, etsi ponatur esse etiam aliqua potentia passiva ex parte corporis, seu etiam inclinatio quæcumque ad animæ coniunctionem, non est talis quod sufficiat ad rationem motus naturalis. Unde resurrectio, simpliciter loquendo, est miraculosa, non naturalis, nisi secundum quid, ut ex dictis patet".[54]

"La naturaleza no puede ser el principio de la resurrección, aunque la resurrección termine dando la vida propia a esa naturaleza. Porque la naturaleza es el principio del movimiento de la cosa cuya naturaleza es, bien sea principio activo... o principio pasivo... Pero en la naturaleza no existe un principio activo de resurrección, ni en relación a la unión del alma con el cuerpo, ni como disposición que es la exigencia de tal unión... Por eso, incluso concediendo que haya una potencialidad pasiva de parte del cuerpo, o cualquier clase de inclinación a su unión con el alma, esto no basta para que sea condición de un movimiento natural [a la resurrección]. Por tanto, la resurrección, estrictamente hablando, es milagrosa y solo natural en un sentido restringido".

Una vez establecida la sobrenaturalidad de la resurrección final, se pueden dar razones de su conveniencia. Hay cinco razones de conveniencia aceptadas generalmente.

---

[54] *Supplem.*, q. 75, a. 3, co. Cfr. Santo Tomás de Aquino: *In Sent.*, II, dist. 18, q. 1, a. 3, ad 3; *Cont Gent.*, IV, cap. 81, ad 6; *Compend. Theol.*, cap. 154; *Ad Rom.*, cap. 9 , lect. 3, in fine; *I ad Cor.*, cap. 15, lect. 5.

13.4. CUESTIONES TEOLÓGICAS

1.– *La primera se basa en la consideración de la naturaleza del alma como forma substancial del cuerpo*; su separación es "contra natura", y nada que sea contra natura puede durar perpetuamente. Como el alma no puede morir, es conveniente que de nuevo se una al cuerpo. Santo Tomás así lo sostiene:

"Ostensum est enim... animas hominum immortales esse... Manifestum est etiam... quod anima corpori naturaliter unitur: est enim secundum suam essentiam corporis forma. Est igitur contra naturam animæ absque corpore esse. Nihil autem quod est contra naturam, potest esse perpetuum. Non igitur perpetuo erit anima absque corpore. Cum igitur perpetuo maneat, oportet eam corpori iterato coniungi: quod est resurgere. Immortalitas igitur animarum exigere videtur resurrectionem corporum futuram".[55]

"Se probó... que las almas de los hombres son inmortales... Y es manifiesto también... que el alma se une naturalmente al cuerpo: porque es esencialmente su forma. Por lo tanto, estar sin cuerpo es contra su naturaleza. Pero nada que sea contrario a la naturaleza puede durar para siempre. Por tanto, el alma no estará separada del cuerpo perpetuamente. Ahora bien, como el alma permanece perpetuamente conviene que vuelva a unirse al cuerpo: lo que es la resurrección. La inmortalidad del alma por tanto, parece exigir la futura resurrección de los cuerpos".

El *Catecismo Romano* adopta ésta, como primera de tres, razones de conveniencia:

---

[55] Santo Tomás de Aquino: *Contr. Gent.*, IV, cap. 79 n. 10.

"Siendo las almas inmortales por naturaleza, y teniendo una inclinación natural, como parte del hombre, a unirse con los cuerpos, el permanecer eternamente separadas de ellos sería algo contrario a su misma naturaleza.

Y como todo lo violento y contrario a la naturaleza no puede ser perdurable, parece muy lógico se unan de nuevo a los cuerpos. Luego se impone la resurrección de los mismos.

De este argumento se sirvió el mismo Jesucristo cuando, disputando con los saduceos, dedujo la resurrección de los cuerpos de la inmortalidad de las almas[56]".[57]

2.– *En segundo lugar, en razón de la infinita justicia divina y de la naturaleza del mérito o del de–mérito de los hombres, que se obtiene a través del cuerpo y del alma en esta vida*; parece lógico que también el premio o el castigo en la otra vida deberían de afectar tanto al alma... como al cuerpo. Como sostiene el Aquinate:

"Ex divina providentia peccantibus poena debetur, et bene agentibus præmium. In hac autem vita homines ex anima et corpore compositi peccant vel recte agunt. Debetur igitur hominibus et secundum animam et secundum corpus præmium vel poena. Manifestum est autem quod

"Según lo dispuesto por la divina Providencia, se debe dar castigo a los que pecan y premio a quienes obran bien. Pero en esta vida los hombres, compuestos de alma y cuerpo, pecan u obran rectamente. En consecuencia, se debe dar a los hombres premio o castigo en cuanto al alma y en cuanto al cuerpo. Y consta también que el premio de

---

[56] Cfr. Mt 22: 31–32.
[57] *Catecismo Romano* del Concilio de Trento, cap. XII, V, 177.

in hac vita præmium ultimæ felicitatis consequi non possunt... Multoties etiam peccata in hac vita non puniuntur: quinimmo, ut dicitur Iob 21:7: hic impii vivunt, confortati sunt, sublimatique divitiis. Necessarium est igitur ponere iteratam animæ ad corpus coniunctionem, ut homo in corpore et anima præmiari et puniri possit".[58]

la felicidad última no pueden conseguirlo en esta vida... Además, en esta vida quedan los pecados frecuentemente sin castigar. como se dice en Job 21:7, '¿Cómo es que viven los impíos, envejecen y se acrecienta su fortuna?' Por consiguiente, es necesario afirmar que el alma y el cuerpo volverán a unirse para que el hombre pueda ser premiado y castigado en su alma y en su cuerpo".

Es la segunda razón de conveniencia de la resurrección de la carne para el *Catecismo Romano*, que la vincula con la teología de San Pablo:

> "Dios justo ha establecido en la otra vida castigos para los malos y premios para los buenos. Muchos hombres mueren sin haber pagado las penas merecidas o sin haber recibido el premio de sus virtudes. Es justo, pues, y necesario que las almas se junten de nuevo con los cuerpos, para que también éstos, con quienes estuvieron unidas para el bien y para el mal, reciban el merecido premio o castigo.
>
> Este argumento fue ampliamente desarrollado por San Juan Crisóstomo en una espléndida homilía al pueblo antioqueno.[59] Y San Pablo había escrito también a propósito de lo mismo: 'Si sólo mirando a esta vida tenemos la esperanza puesta en Cristo, somos los más miserables de los hombres' (1 Cor 15:19).

---

[58]Santo Tomás de Aquino: *Contr. Gent.*, IV, cap. 79 n. 12.
[59]San Juan Crisóstomo: *Hom. 44 in Ioannem* (*P. G.*, 59, 247–250).

La miseria de que habla el Apóstol, evidentemente no se refiere al alma, que, siendo inmortal, podría gozar siempre de la bienaventuranza en la vida futura, aunque no resucitaran los cuerpos. San Pablo se refiere al hombre total, que sería la más miserable de todas las criaturas si su cuerpo no recibiera premio por tantos trabajos y sufrimientos como padecieron, por ejemplo, los apóstoles en esta vida.

Más claramente desarrolló el mismo San Pablo este pensamiento en su Carta a los Tesalonicenses (2 Te 1: 4–8.)".[60]

3.– *La tercera razón, estriba en la naturaleza de la felicidad perfecta*, que no puede darse si a un ser le falta algo para su perfección propia. El alma separada del cuerpo es en cierto modo imperfecta, como toda parte que no existe sin su todo; y el alma es parte de la naturaleza humana. Para la felicidad perfecta del cielo, parece conveniente la resurrección de la carne, pues como dice Santo Tomás:

"Naturale hominis desiderium ad felicitatem tendere. Felicitas autem ultima est felicis perfectio. Cuicumque igitur deest aliquid ad perfectionem, nondum habet felicitatem perfectam... Anima autem a corpore separata est aliquo modo

"El deseo natural del hombre tiende hacia la felicidad. Pero la felicidad última es la perfección de lo feliz. Según esto, quien carezca de algo para su perfección, todavía no tiene la felicidad perfecta... Ahora bien, el alma separada del cuerpo es en cierto modo im-

---

[60] *Catecismo Romano* del Concilio de Trento, cap. XII, V, 178.

13.4. CUESTIONES TEOLÓGICAS

imperfecta, sicut omnis pars extra suum totum existens: anima enim naturaliter est pars humanæ naturæ. Non igitur potest homo ultimam felicitatem consequi nisi anima iterato corpori coniungatur: præsertim cum ostensum sit quod in hac vita homo non potest ad felicitatem ultimam pervenire".[61]

perfecta, como toda parte que no existe con su todo, pues el alma es por naturaleza una parte de la naturaleza humana. Por lo tanto, el hombre no puede conseguir la última felicidad si el alma no vuelve a unirse al cuerpo, máxime habiendo demostrado que el hombre no puede llegar a la felicidad última en esta vida".

El *Catecismo Romano* señala esta razón como tercera razón de conveniencia:

> "Por último, el hombre no puede conseguir la felicidad perfecta mientras el alma esté separada del cuerpo. Como toda parte separada del todo es imperfecta, así también el alma que no está unida al cuerpo. Es, pues, necesaria la resurrección de los cuerpos para que nada falte a la plena felicidad del alma".[62]

4.- *En cuarto lugar, en razón de la obra redentora de Cristo y su victoria total sobre el pecado y la muerte.* Siendo la muerte corporal castigo por el pecado, una vez destruido el pecado, parece conveniente que el cuerpo no sufra el castigo de la muerte:

---

[61] Santo Tomás de Aquino: *Contr. Gent.*, IV, cap. 79 n. 11. Cfr. *Supplem.*, q. 75, a. 2, co.

[62] *Catecismo Romano* del Concilio de Trento, cap. XII, V, n. 178.

"Donum Christi est maius quam peccatum Adæ, ut patet Rom. v. Sed mors per peccatum introducta est: quia, si peccatum non fuisset, mors nulla esset. Ergo per donum Christi a morte reparabitur ad vitam".[63]

"El don de Cristo es mayor que el pecado de Adán, como se manifiesta en Ro 5. Pero la muerte se introdujo por el pecado: porque si no hubiera habido pecado, no habría muerte. Luego, por el don de Cristo [el hombre] será restablecido de la muerte a la vida".

5.– *Finalmente, como miembros del Cuerpo místico de Cristo, estamos llamados a compartir el destino de nuestra Cabeza*:

"Membra debent esse capiti conformia. Sed caput nostrum vivit, et in æternum vivet, in corpore et anima: quia resurgens ex mortuis iam non moritur, ut patet Rom. vi. Ergo et homines qui sunt eius membra, vivent in corpore et anima. Et sic oportet carnis resurrectionem esse".[64]

"Los miembros deben conformarse con la cabeza. Pero nuestra Cabeza vive, y vive eternamente, en cuerpo y alma, porque habiendo resucitado de los muertos, ya no vuelve a morir, como es claro en Ro 6. Por lo tanto, también los hombres que son sus miembros, viven en cuerpo y alma. Por tanto, conviene que haya resurrección de la carne".

---

[63] *Supplem.*, q. 75, a. 1, s. c. Cfr. Santo Tomás de Aquino: *Contr. Gent.*, IV, c. 79; *Compend. Theol.*, cap. 151; *I ad Cor.*, cap. 15, lect. 2.

[64] *Supplem.*, q. 75, a. 1, s. c.

13.4.2 El problema de la resurrección "natural"

Sabemos que nuestra resurrección futura tal y como está en la presente Historia de la Salvación, es *obra de la gracia divina* en conexión con la Resurrección de Jesucristo. Pero podemos hacer una pregunta: ¿qué habría ocurrido en estado de naturaleza pura, esto es, si Adán y Eva no hubieran sido elevados al orden sobrenatural y tampoco hubieran pecado?

La respuesta, en base a lo que ya se ha expuesto, es que siendo "anti–natural" que el alma inmortal viva separada del cuerpo, del que es su forma substancial, en el supuesto del estado de naturaleza pura, habría también una resurrección *exigida por la naturaleza*.

Esta conclusión es de gran importancia para iluminar dos teologúmenos:

1. Consiste el primero, en encontrar la razón de conveniencia de la resurrección de los impíos, que difícilmente puede ser puesta en conexión con la de Cristo, como primicia de todos los difuntos, pues los réprobos eligieron excluirse de la salvación de Cristo.

    Ahora bien, si la resurrección es algo "natural" para el ser humano, los réprobos resucitarían por exigencias de la naturaleza humana. Con lo cual se respondería a la objeción sobre la razón de su resurrección.

    Esta solución les parece a algunos, mejor que las clásicas, según las cuales, los impíos resucitarían por libre decreto de la voluntad divina (pero esto parece difícil de compaginar con la justicia divina, porque recibirían un castigo mayor a lo debido, suponiendo una pena accidental añadida a las penas propias del alma); otras explicaciones, como veremos, justificaban la resurrección de los impíos como consecuencia de las exigencias de la retribución por el de–mérito (si éste se produce en la vida terrena por medio de las obras del alma y del cuerpo, parece lo más conveniente que su retribución deba afectar a ambas realidades, por lo que la resurrección del cuerpo del impío sería justa, para que también el cuerpo reciba la retribución merecida).

2. Además, la tesis de la resurrección "natural" serviría para explicar mejor la resurrección corporal de los niños en situación de Limbo por haber muerto con el pecado original y sin bautizar. Sin bautizo ni de agua ni de deseo, estos niños no estarían vinculados con los efectos de la Resurrección de Cristo; pero, no obstante, resucitarían de todas formas, para gozar máximamente en estado de naturaleza, por efecto de la condición "natural" de la resurrección.

13.4.3 Identidad del cuerpo resucitado con el del presente eón

El Magisterio ha declarado la identidad numérica (este cuerpo que tengo ahora) y específica (un cuerpo verdaderamente humano) del cuerpo resucitado con el terreno, al mismo tiempo que sostiene su transformación.[65] Hay pues un elemento de continuidad del cuerpo y otro de ruptura. Sin embargo el magisterio no ha entrado en la polémica sobre la naturaleza de dicha identidad. En la historia de la teología se han dado tres posibles respuestas:

1. *Teoría de la identidad material.* El cuerpo resucitado está compuesto de la misma materia que tuvo el cuerpo terreno. Es la teoría de la gran mayoría de los Santos Padres.

---

[65] J. Ibáñez – F. Mendoza: *Dios Consumador...*, cit., pág. 371 lo consideran verdad de fe. En el mismo sentido, L. Ott: *Manual...*, cit., pág. 717; y C. Pozo: *Teología...*, cit., pág. 367.

13.4. CUESTIONES TEOLÓGICAS

- Fue muy criticada, ya desde Celso con su hipotético caso del hombre devorado, cuyos depredadores son a la vez pasto de otros animales, etc. Los Santos Padres, como sabemos, apelaban a que esa crítica no se sostenía ante la realidad del poder infinito de Dios.

- No carece de problemas: nuestro cuerpo terrenal está sujeto a continuo cambio a lo largo de la existencia en el presente eón, donde se regeneran todas las células varias veces. Y, sin embargo, sigue siendo nuestro propio cuerpo. Por lo tanto, parece que podría haber identidad del mismo ser humano aunque cambiara la materia del cuerpo.

2. *Teoría de la identidad formal.* No importa qué clase de materia es la que es resucitada, con tal de que tenga la misma alma, ya que quien especifica el cuerpo humano es la forma (el alma).

    - Esta teoría tiene su origen en Durando de San Porciano (s. XIV).[66] Sus seguidores sostienen que siguen los principios de la teología tomista, con el principio de que la materia prima recibe actualidad e individualidad al ser informada por la forma sustancial, convirtiéndose así en cuerpo determinado; por eso el alma, como única forma sustancial del cuerpo humano, determina cualquier materia que asuma, constituyéndola en su propio cuerpo. En mi opinión, esta posición no interpreta bien a Santo Tomás, como veremos un poco más adelante.

    - Es criticada, porque con este supuesto, no habría diferencia entre resurrección y transmigración de las almas. Además,

---

[66]Durando de San Porciano: *In Sent. Theol. Petri Lombardi,* IV, dist. 44, q. 1, a. 6. También Juan de Nápoles. Más modernamente, Billot (*Quæstiones de Novissimis,* págs. 154–163) y E. Krebs (*El Más Allá,* Barna, 1953, págs. 92ss.).

se pierde el paralelismo con la Resurrección de Jesucristo (Lc 24:39; Jn 20: 20.27; 1 Jn 1:1). Finalmente, se construye sobre la base de que el alma es la única forma sustancial del cuerpo, lo que es negado por los escotistas, quienes defienden una forma especial de corporeidad para el cuerpo humano, distinta del alma.

- Se podría corregir esta posición, haciéndola aceptable, si se exige que en la resurrección corporal haya, al menos, algo de las "reliquias" del cuerpo de la tierra.[67] Esta es una buena razón, que se sustenta sobre la veneración a las reliquias de los santos, al tiempo que ayuda a entenderla.

3. *Teoría de la identidad substancial.* La identidad se sustentaría sobre la substancia del cuerpo y no en los accidentes, a ejemplo de lo que ocurre en la Eucaristía.

- El origen de esta posición está en Winklhofer.[68]
- En la muerte, Dios sustrae y conserva esa sustancia corporal del cadaver (que se corrompe) sin conservar sus accidentes. En la resurrección final, Dios reconstruye el cuerpo, y la permanencia de esa sustancia corporal conservada, garantizaría la identidad del cuerpo resucitado con el de la tierra.
- Esta teoría parece que harían innecesarias y contraindicadas todas las ceremonias y actitudes reverenciales de la liturgia de difuntos de la Iglesia.[69] Tiene el peligro de poder

---

[67]Cfr. más abajo, la posición de Santo Tomás de Aquino.

[68]A. Winklhofer: *Das Kommen seines Reiches*, Franckfurt, 1959, págs. 251–258. 341ss.

[69]Así lo piensan J. Ibáñez – F. Mendoza: *Dios Consumador...*, cit., pág. 373. En el mismo sentido, L. Ott: *Manual...*, cit., pág. 717.

13.4. CUESTIONES TEOLÓGICAS

ser interpretada en sentido de resurrección "espiritual" inmediatamente después de la muerte física, en un esquema de escatología de fase única, lo que sería rechazable.

* * *

Siendo un tema abierto a la investigación teológica, hay libertad para seguir una u otra posición.[70]

Santo Tomás sostiene una tesis, que es la más acertada. Su posición es la de identidad formal (segunda teoría vista), pero con la necesidad de que haya también participación en la resurrección de alguna "reliquia" del cuerpo material terreno (primera tesis).[71] El Santo comienza por rechazar las ideas filosóficas y heréticas (son los origenistas) de su época sobre la confusión de la resurrección con cualquier tipo de reencarnación o transmigración de las almas (en cuerpos de diferentes animales, para los impíos dependiendo del vicio prevalente en ellos, por ejemplo, en un perro cuando se cayó en el pecado de la lujuria; o en cuerpos celestes y sutiles, para los buenos), por ser contrarias a la noción filosófica de la unión substancial del alma y el cuerpo, y porque no es verdadera resurrección. Para que haya resurrección es necesario que el alma inmortal retome su propio cuerpo: resucitar es surgir de

---

[70]C. Pozo: *Teología...*, cit., págs. 368–372 prefiere no tomar parte por ninguna de las teorías, pues todas tienen sus puntos a favor y en contra. J. A. Sayés adopta una posición intermedia entre la teoría de la identidad material y la substancial (*Escatología*, cit., págs. 155–156). El *Catecismo de la Iglesia Católica* tampoco entra a considerar el *cómo*, sosteniendo la realidad del misterio: "Este 'cómo ocurrirá la resurrección' sobrepasa nuestra imaginación y nuestro entendimiento; no es accesible más que en la fe. Pero nuestra participación en la Eucaristía nos da ya un anticipo de la transfiguración de nuestro cuerpo por Cristo" (nº 1000).

[71]El pensamiento de Santo Tomás se encuentra en varios artículos del *Suplemento* a la *Suma Teológica* (qq. 75–81), que recogen su pensamiento del *Comentario al Libro de las Sentencias*, IV, en las distinciones 43 y 44. También en la *Suma Contra Gentiles*, IV, caps. 80–81.

nuevo (*resurrectio est iterata surrectio*) aquello que cayó y es elevado de nuevo. La resurrección concierne, en este sentido, más al cuerpo que cayó muerto que al alma inmortal. Y así, si un alma no retomara su propio cuerpo terrenal no debería hablarse de resurrección, sino de asunción de un nuevo cuerpo:

> "Non enim resurrectio dici potest nisi anima ad idem corpus redeat: quia resurrectio est iterata 'surrectio'; eiusdem autem est surgere et cadere. Unde resurrectio magis respicit corpus, quod post mortem cadit, quam animam, quæ post mortem vivit. Et ita, si non est idem corpus quod anima resumit, non dicetur resurrectio, sed magis novi corporis assumptio".[72]

Santo Tomás solo estima aceptable la opinión que le parece conforme a la fe y a la sana filosofía, y es que el alma, en la resurrección retoma los elementos numéricamente idénticos a los que, antes de la muerte, constituían el cuerpo por ella informado.[73]

Para comprender la posición del Santo hay que separar las cuestiones "metafísicas" (el recto entendimiento del alma como única forma substancial del cuerpo), de las consideraciones "físicas" (qué clase de materia es necesario asumir para la resurrección).

A.– *En efecto, el aspecto metafísico esencial del problema* es comprender que después de la muerte, permanece en el alma separada del cuerpo una forma corporal con la que el alma informó al cuerpo en la vida terrena (no es obstáculo el hecho de que el alma sea inmaterial e inmortal). Esta forma corporal del alma es la única realidad que le da al cuerpo humano su ser de cuerpo. Y es la clave de la explicación de la resurrección del mismo: aunque la materia del cuerpo se corrompa o

---

[72] *Supplem.*, q. 79, a. 1.
[73] *Supplem.*, q. 79, a. 1, ad. 4.

13.4. CUESTIONES TEOLÓGICAS

sufra desmembramiento o disminución, en el momento de la resurrección, el alma que es inmortal y conserva su forma corporal, le otorga a la materia asumida su ser de cuerpo y su unidad e identidad con el hombre que fue en la existencia terrena.

La realidad de esta permanencia en el alma de la única realidad que le da al cuerpo su ser de cuerpo, y de cuerpo humano, es la que está en la base de toda la explicación tomista de la resurrección:

"Sicut est de anima rationali, quæ esse quod sibi in corpore acquirit, etiam post corpus retinet, et in participationem illius esse corpus per resurrectionem adducitur; cum non sit aliud esse corporis et aliud animæ in homine, alias esset coniunctio animæ et corporis accidentalis. Et sic interruptio nulla facta est in esse substantiali hominis, ut non possit idem numero redire homo propter interruptionem essendi: sicut accidit in aliis rebus corruptis, quarum esse omnino interrumpitur, forma non remanente, materia autem sub alio esse remanente".[74]

"Como ocurre con el alma racional, que incluso después de la separación de su cuerpo, retiene el ser que le advino cuando estaba en su cuerpo; y al cuerpo se le hace que participe de ese ser en la resurrección, puesto que el ser del cuerpo y el ser del alma en el hombre no se distinguen el uno del otro, porque de otra manera, la unión del cuerpo y del alma sería accidental. Por lo tanto, no ha habido interrupción en el ser substancial del hombre, lo que haría imposible volver a la identidad del mismo hombre debido a la interrupción de su ser; como es el caso de otras cosas que se corrompen y cuyo ser se interrumpe por completo porque su forma no permanece y su materia permanece bajo otra clase de ser".

---

[74] *Supplem.*, q. 79, a. 2, ad 1.

Con este razonamiento, se comprende la identidad del hombre resucitado. Pero tal identidad no puede ser solo algo que venga del alma, sino que también ha de haber una cierta identidad en el cuerpo, en lo material; de otro modo, la realidad del ser humano sería solo su ser alma, y no ser alma y cuerpo como en verdad es. Santo Tomás es consciente de esta necesidad de encontrar una cierta identidad numérica también en la materia que resucita. ¿Cómo hay que considerar esa identidad numérica material?

Después de descartar varias explicaciones sobre la identidad material (sobre todo la de Pedro Lombardo) que distinguían entre un elemento material principal inmutable constitutivo de la humanidad, de otros elementos materiales advenedizos y secundarios que son necesarios solamente para la integridad del cuerpo, como la nutrición y asimilación de los alimentos (elementos accidentales en comparación con el elemento inmutable constitutivo de la humanidad). En base a esa distinción, sostenían que para la identidad del cuerpo resucitado, bastaría con que el alma recuperara solo el elemento inmutable de la humanidad, y no los elementos accidentales y secundarios.

Santo Tomás critica estas posturas porque se sustentan sobre la base de la existencia de ese elemento material inmutable y esencial, que es inverificable e inconcebible.[75]

Por eso, Santo Tomás prefiere otra explicación. Rechaza la existencia de elementos materiales esenciales propios de la naturaleza humana y elementos materiales accidentales para la conservación del cuerpo. Por el contrario, todo lo que existe en el hombre que es conforme a la naturaleza humana, pertenece a la verdad de esa naturaleza. Ahora bien, a la hora de señalar los elementos que constituyen el cuerpo humano en su integridad (que serían los necesarios para la identidad del hombre resucitado), hay que considerarlos desde el punto de vista

---

[75] Cfr. *Supplem.*, q. 80, a 4, co.

13.4. CUESTIONES TEOLÓGICAS

de la especie humana, y no desde la perspectiva física de la materia. Es desde el primer punto de vista como estos elementos persisten; bajo el aspecto propiamente material y físico estos elementos fluyen y refluyen indiferentemente.[76]

B.- *El aspecto físico del problema de la resurrección*, es consecuencia inmediata de las consideraciones metafísicas expuestas. El alma, forma específica del hombre, reconstruirá la materia necesaria para el cuerpo humano, asumiendo no una cantidad de materia igual a toda la que ella habría informado a lo largo del curso de la vida terrestre, sino solo asumiendo una cantidad de materia suficiente para la integridad e identidad del individuo resucitado. Para ello utilizará principalmente los elementos que ya fueron informados por ella pertenecientes a su humanidad. Si estos elementos faltaran por muerte prematura o por mutilación o por cualquier otra hipótesis, supliría la omnipotencia divina esa falta, para hacer posible la resurrección. Tal intervención divina no consistiría en dar un cuerpo diferente del que realmente tuvo en la tierra, como no hace ser un hombre diferente la transformación de un niño en adulto. Los mismos principios se aplican a las objeciones clásicas de los paganos sobre los hombres comidos por animales o por antropofagia.

"Quod enim non impedit unitatem secundum numerum in homine dum continue vivit, manifestum est quod non potest impedire unitatem resurgentis. In corpore autem hominis, quandiu vivit, non semper sunt eædem par-

"Mas en el cuerpo del hombre, mientras vive, no siempre están las mismas partes según la materia, sino sólo según la especie; pues según la materia, desaparecen y vuelven a aparecer; cosa que no impide que el hom-

---

[76]Cfr. *Supplem.*, q. 80, a 4, co.

tes secundum materiam, sed solum secundum speciem; secundum vero materiam partes fluunt et refluunt: nec propter hoc impeditur quin homo sit unus numero a principio vitæ usque in finem. Cuius exemplum accipi potest ex igne, qui, dum continue ardet, unus numero dicitur, propter hoc quod species eius manet, licet ligna consumantur et de novo apponantur. Sic etiam est in humano corpore. Nam forma et species singularium partium eius continue manet per totam vitam: sed materia partium et resolvitur per actionem caloris naturalis, et de novo adgeneratur per alimentum. Non est igitur alius numero homo secundum diversas ætates, quamvis non quicquid materialiter est in homine secundum unum statum sit in eo secundum alium. Sic igitur non requiritur ad hoc quod resurgat homo numero idem, quod quicquid fuit materialiter in eo secundum totum tempus vitæ suæ resumatur: sed tantum ex eo quantum sufficit ad complementum debitæ quantita-

bre sea el mismo numéricamente desde el principio al fin de su vida. Pudiendo servir de ejemplo el fuego, que, mientras arde, se dice uno numéricamente, porque permanece su especie, aunque se consuma la leña y se añada nuevamente. Tal sucede con el cuerpo humano. Pues la forma y la especie de sus partes especiales permanecen por toda la vida; mas la materia de las mismas se resuelve por la acción del calor natural y se engendra de nuevo por el alimento. Luego el hombre no es otro numéricamente según las diversas edades, aunque lo que está materialmente en el hombre según una no lo esté según otra. Así, pues, para que resucite el mismo hombre numéricamente, no se requiere que todo cuanto estuvo materialmente en él durante la vida se tome de nuevo, sino solamente lo suficiente para completar su debida cantidad; y principalmente parece se ha de tomar nuevamente lo que fue más perfecto, comprendido

13.4. CUESTIONES TEOLÓGICAS

tis; et præcipue illud resumendum videtur quod perfectius fuit sub forma et specie humanitatis consistens. Si quid vero defuit ad complementum debitæ quantitatis, vel quia aliquis præventus est morte antequam natura ipsum ad perfectam quantitatem deduceret, vel quia forte aliquis mutilatus est membro; aliunde hoc divina supplebit potentia. Nec tamen hoc impediet resurgentis corporis unitatem: quia etiam opere naturæ super id quod puer habet, aliquid additur aliunde, ut ad perfectam perveniat quantitatem, nec talis additio facit alium numero; idem enim numero est homo et puer et adultus."[77]

bajo la forma y la especie de la humanidad. Pero si faltó algo para completar la debida cantidad, ya porque alguien murió prematuramente antes de que la naturaleza alcanzara el perfecto desarrollo, o porque casualmente sufrió la mutilación de algún miembro, esto lo suplirá la potencia divina. Y esto tampoco impedirá la unidad del cuerpo resucitado; porque incluso por obra de la naturaleza se añade a lo que tiene el niño lo que le falta para llegar a su perfecta cantidad, y tal adición no hace otro ser numéricamente distinto. Luego el hombre niño y adulto es el mismo numéricamente".

13.4.4 Cualidades del cuerpo resucitado

La teología clásica[78] defendía que la resurrección se produce en un cuerpo con integridad total, pero libre de deformaciones, mutilaciones y achaques.[79] En el *Suplemento* de la *Suma* se afirma que el "hombre

---

[77]Santo Tomás de Aquino: *Contra Gent.*, IV. cap. 81 n. 12.
[78]Cfr. L. Ott: *Manual...*, cit., pág. 719.
[79]Cfr. *Supplem.*, q. 80, aa. 1–4. Cfr. Santo Tomás de Aquino: *De Pot.*, q. 5, a. 10, ad 9; *Compend. Theol.*, cap. 157; *Quodl.* VII, q. 5, a. 2.

resucitará en su mayor perfección natural" y por tanto, tal vez, en edad madura.[80] Pertenecen a la integridad del cuerpo, también, todos los órganos de la vida vegetativa y sensitiva, incluso las diferencias sexuales (contra las sentencias de los origenistas, *D. S.*, 407).[81] Pero no se ejercerán las funciones reproductivas (Mt 22:30 "serán como ángeles del cielo").

El *Catecismo Romano* resumía esta doctrina, y apelaba sobre todo al testimonio de San Agustín:

> "Y no solamente resucitará el cuerpo. Resucitará también todo aquello que pertenece a la realidad de la naturaleza corpórea y todo aquello que exige el decoro y perfección del hombre.
>
> San Agustín tiene a este propósito un insigne testimonio: 'No tendrán entonces los cuerpos defecto alguno. Si algunos fueron en vida demasiado gruesos y obesos, no volverán a tomar toda aquella corpulencia excesiva; será considerado como superfluo cuanto exceda la proporción normal. Y al contrario, todo aquello que se hubiere consumido en el organismo por enfermedad o vejez, será reintegrado por el divino poder de Cristo. Como en el caso de delgadez, raquitismo, etc. Porque Cristo no sólo reparará nuestro cuerpo, sino que además reformará todo aquello que perdimos por las miserias y deficiencias de la vida'. Y más adelante: 'El hombre no volverá a tomar los cabellos que tenía, sino únicamente los que le convengan,

---

[80] *Supplem.*, 81, 1. Cfr. Santo Tomás de Aquino: *Summ. Theol.*, III^a, q. 46, a. 9, ad 4; *Contr. Gent.*, IV, cap. 88; *Ad Ephes.*, cap. 4, lect. 4.

[81] Cfr. *Supplem.*, q. 81, a. 3. Cfr. Santo Tomás de Aquino: *Contr. Gent.*, IV, cap. 88; *In Matth.*, cap. 12; *Ad Ephes.*, cap. 4, lect. 4.

13.4. CUESTIONES TEOLÓGICAS

según aquello del Evangelio: Todos los cabellos de vuestra cabeza están contados'.[82]

En primer lugar serán restituidos todos los miembros del cuerpo, por ser todos ellos partes integrantes de la naturaleza del hombre. Y así, los que por nacimiento o enfermedad estuvieron privados de la vista, los cojos, los mancos y los defectuosos en cualquier otro miembro, resucitarán con un cuerpo íntegro y perfecto. En caso contrario, no quedaría totalmente satisfecho el deseo natural del alma de unirse con su cuerpo; deseo que creemos con certeza ha de ser cumplido en la resurrección.

Es manifiesto, por otro lado, que la resurrección de los cuerpos, como la creación de los mismos, se encuentra entre las más estupendas obras divinas. Y así como en el principio hizo Dios todas las cosas perfectas, así también sucederá en la última resurrección.

A propósito de los mártires escribía San Agustín: 'No estarán privados de aquellos miembros que les fueron amputados en el martirio. Semejante mutilación no dejaría de ser un defecto en sus cuerpos. De otra manera, los mártires que fueron decapitados deberían resucitar sin cabeza. Pero permanecerán en sus miembros las cicatrices gloriosas de la espada, más resplandecientes que todo el oro y piedras preciosas, como lo son las cicatrices de las llagas de Cristo'.[83]

Y no solamente los mártires. También los pecadores resucitarán con todos sus miembros aun cuando éstos les hubieran sido amputados por su culpa. La acerbidad y

---

[82] San Agustín: *De Civ. Dei*, l. 22, c. 19, 20 y 21 (*P. L.*, 41, 780–784).
[83] San Agustín: *De Civ. Dei*, l, 22 c. 20 (*P. L.*, 41, 782).

agudeza de su suplicio estará en proporción con los miembros que poseen; por consiguiente, la íntegra restitución de los mismos no redundará para ellos en ventaja, sino en desgracia y miseria. Los méritos no se atribuyen a los miembros, sino a la persona con cuyo cuerpo están unidos; y así, a quienes hicieron penitencia, se les restituirán para premio, y a los malos para su suplicio".[84]

* * *

Las consideraciones anteriores son para todos los cuerpos resucitados, tanto de los bienaventurados como los de los réprobos.

Pero el cuerpo de los salvados tendrá unas cualidades especiales, porque serán transformados a imagen del de Cristo resucitado. Clásicamente se habla de cuatro: la impasibilidad, sutileza o penetrabilidad, agilidad y claridad.[85]

Esta doctrina está basada en varios textos paulinos que así lo sugieren:

- Flp 3: 20–21, "...esperamos al Salvador y Señor Jesucristo, que transformará nuestro cuerpo miserable, conforme a su cuerpo glorioso, en virtud del poder que tiene para someter a sí todas las cosas".

- Ro 6:5, "Porque, si han sido hechos una misma cosa con El por la semejanza de su muerte, también lo seremos por la de su resurrección".

---

[84] *Catecismo Romano*, cap. 12, IX–X, nn. 182–183.

[85] Seguimos la teología escolástica. J. Ibáñez – F. Mendoza: *Dios Consumador...*, cit., pág. 374, califican la proposición: "Los cuerpos de los elegidos serán transformados y glorificados según el modelo del cuerpo resucitado de Cristo" como doctrina católica; y su censura como error en doctrina católica. L. Ott: *Manual...*, cit., pág. 719 la considera como sentencia cierta.

13.4. CUESTIONES TEOLÓGICAS

- Ro 8:11, "Y si el Espíritu de aquel que resucitó a Cristo Jesús de entre los muertos habita en vosotros, el que resucitó a Cristo Jesús de entre los muertos dará también vida a vuestros cuerpos mortales por virtud de su Espíritu, que habita en vosotros".

- 1 Cor 15: 21–22, "...como por un hombre vino la muerte, también por un hombre vino la resurrección de los muertos. Y como en Adán mueren todos, así también en Cristo serán todos vivificados".

- 1 Cor 15: 42–44, "Pues así en la resurrección de los muertos. Se siembra en corrupción, y se resucita en incorrupción. Se siembra en ignominia, y se levanta en gloria. Se siembra en flaqueza, y se levanta en poder. Se siembra cuerpo animal, y se levanta un cuerpo espiritual. Pues si hay un cuerpo animal, también lo hay espiritual".

- 1 Cor 15:53, "Porque es preciso que este ser corruptible se revista de incorruptibilidad y que este ser mortal se revista de inmortalidad".

Impasibilidad

La Sagrada Escritura excluye de la bienaventuranza eterna la existencia de lágrimas, duelo, gritos o muerte: "y enjugará las lágrimas de sus ojos, y la muerte no existirá más, ni habrá duelo, ni gritos, ni trabajo, porque todo esto es ya pasado" (Ap 21:4).[86] Y el Señor afirma que en el Cielo los bienaventurados "ya no pueden morir" (Lc 20:36). A esta realidad se la denomina "impasibilidad".

---

[86]Cfr. Ap 7: 16–17, "Ya no tendrán hambre, ni tendrán ya sed, ni caerá sobre ellos el sol, ni ardor alguno, porque el Cordero, que está en medio del trono, los apacentará y los guiará a las fuentes de aguas de vida, y Dios enjugará toda lágrima de sus ojos".

Tal propiedad consiste en que los bienaventurados no podrán sufrir mal físico de ninguna clase (sufrimiento, enfermedad o muerte). Se trata de imposibilidad (de derecho, "non posse pati, mori"), no de infactibilidad (de hecho, "posse non pati, mori"), lo que la diferencia de la impasibilidad como don preternatural de los primeros padres en el Paraíso, que dependía de su fidelidad a la amistad con Dios. La razón es que el cuerpo estará perfecta y permanentemente sujeto a las cualidades del alma, la cual se encontrará, a su vez, inmutablemente sujeta a Dios por toda la eternidad:

"Sed in sanctis post resurrectionem omnino anima dominabitur supra corpus: nec illud dominium aliquo modo poterit auferri, quia ipsa erit immutabiliter Deo subiecta, quod non fuit in statu innocentiæ. Et ideo in corporibus illis manet eadem potentia ad formam aliam quæ nunc inest, quantum ad substantiam potentiæ: sed erit ligata per victoriam animæ supra corpus, ut nunquam in actum passionis exire possit".[87]

"Pero en los santos, después de la resurrección, el alma dominará totalmente sobre el cuerpo y tal dominio jamás desaparecerá, pues ella estará inmutablemente sujeta a Dios, lo cual no sucedió en el estado de inocencia. Luego en aquellos cuerpos permanece la potencia de otra forma distinta de la que tienen ahora en cuanto a la sustancia de la potencia: sino que estará ligada por la victoria del alma sobre el cuerpo, no pudiendo pasar jamás a un acto de pasión".

Santo Tomás subraya que el alma, que sujeta al cuerpo resucitado, tendrá todo el deseo completo en cuanto a la adquisición de todo

---

[87] *Supplem.*, q. 82, a. 1, ad 2. Cfr. Santo Tomás de Aquino: *Summ. Theol.*, I\ufeffa, q. 97, a. 3; *Contr. Gent.*, IV, cap. 86; *Compend. Theol.*, cap. 168; *I ad Cor.*, cap. 15, lect. 6.

13.4. CUESTIONES TEOLÓGICAS

bien y a la remoción de todo mal, pues ante la realidad de Dios Bien Supremo no cabe ninguna clase de mal, ni actual (porque no habrá corrupción, deformidad o defecto alguno) ni posible (nada podrá sufrir que le moleste). Esta impasibilidad no excluye las pasiones esencialmente sensibles (sentidos, para gozar de lo que no repugna al estado de incorrupción):

"Sicut autem anima Deo fruens habebit desiderium adimpletum quantum ad omnis boni adeptionem, ita etiam eius desiderium impletum erit quantum ad remotionem omnis mali: quia cum summo bono locum non habet aliquod malum. Et corpus igitur perfectum per animam, proportionaliter animæ, immune erit ab omni malo, et quantum ad actum et quantum ad potentiam. Quantum ad actum quidem, quia nulla in eis erit corruptio, nulla deformitas, nullus defectus. Quantum ad potentiam vero, quia non poterunt pati aliquid quod eis sit molestum. Et propter hoc impassibilia erunt. Quæ tamen impassibilitas non excludit ab eis passionem quæ est de ratione sensus: utentur enim sensibus ad delectationem secundum illa quæ statui incorruptio-

"Así como el alma que disfruta de Dios tendrá el deseo completo en cuanto a la adquisición de todo bien, así también lo tendrá en cuanto a la remoción de todo mal, porque donde está el sumo bien no cabe mal alguno. Luego también el cuerpo, perfeccionado por el alma y en proporción con ella, será inmune de todo mal, no sólo actual, sino incluso posible. Del actual, porque en ambos ni habrá corrupción, ni deformidad, ni defecto alguno. Del posible, porque nada podrán sufrir que les moleste. Y por esto serán 'impasibles'. Pero esta impasibilidad no excluirá en ellos las pasiones esencialmente sensibles, porque usarán de los sentidos para gozar de aquello que no repugna al estado

nis non repugnant. Ad hanc igitur eorum impassibilitatem ostendendam apostolus dicit: seminatur in corruptione, surget in incorruptione".[88]

de incorrupción. Y para demostrar dicha impasibilidad dice el Apóstol: 'Se siembra en corrupción y resucita en incorrupción' ".

Esta doctrina se recoge esencialmente en el *Catecismo Romano*:

> "La impasibilidad, la cual es un dote que hará no puedan padecer molestia, dolor o incomodidad alguna aquellos cuerpos. Porque ni el rigor del frío, ni el ardor de la llama, ni el ímpetu de las aguas les podrán causar la menor molestia. 'Se enterró, el cuerpo corruptible, dice el Apóstol, mas resucitará incorruptible' (1 Cor 15:42). Y el haber llamado los escolásticos a esta dote impasibilidad o incorrupción, fue a fin de significar lo que es propio de los cuerpos gloriosos; porque la impasibilidad no les será común a ellos con los condenados, cuyos cuerpos, aunque sean incorruptibles, serán abrasados, sufrirán el frío y otros varios tormentos".[89]

Sutileza

El cuerpo resucitado de Cristo podía penetrar cuerpos sin experimentar lesión alguna. En efecto:

- Jn 20:19, " La tarde del primer día de la semana, estando cerradas las puertas del lugar donde se hallaban reunidos los discí-

---

[88] Santo Tomás de Aquino: *Contr. Gent.*, IV, cap. 86, n. 4. Esta capacidad de sentir en el Cielo con las pasiones esenciales sensibles está explicada en *Supplem.*, 82, 3.

[89] *Catecismo Romano*, cap. 12, XIII, n. 186.

pulos por temor de los judíos, vino Jesús y, puesto en medio de ellos, les dijo: 'La paz sea con vosotros'".

- Jn 20:26, "Pasados ocho días, otra vez estaban dentro los discípulos y Tomás con ellos. Vino Jesús cerradas las puertas y, puesto en medio de ellos, dijo: 'La paz sea con vosotros'".

Y a pesar de ser capaz de tal acción, sin embargo el cuerpo del Señor no se había transformado en ninguna substancia espiritual, ni la materia se convertía en una especie de cuerpo etéreo. Por eso, Jesús insiste a sus discípulos en su realidad corporal: "Aterrados y llenos de miedo, creían ver un espíritu. Él les dijo: '¿Por qué os turbáis y por qué suben a vuestro corazón esos pensamientos? Ved mis manos y mis pies, que yo soy. Palpadme y ved, que el espíritu no tiene carne ni huesos como veis que yo tengo'" (Lc 24: 37–39). Así lo señala también Santo Tomás:

"Et propter hoc dicit apostolus: seminatur corpus animale, surget corpus spirituale. Spirituale quidem corpus resurgentis erit: non quia sit spiritus, ut quidam male intellexerunt, sive per spiritum intelligatur spiritualis substantia, sive aer aut ventus: sed quia erit omnino subiectum spiritui; sicut et nunc dicitur corpus animale, non quia sit anima, sed quia animalibus passio-

"Y por esto dice el Apóstol: 'Se siembra un cuerpo animal y resucita un cuerpo espiritual'. El cuerpo del resucitado será ciertamente espiritual, no porque sea espíritu, como mal entendieron algunos, ya se tome por espíritu la substancia espiritual o bien el aire o el viento; sino porque estará totalmente sujeto al espíritu, tal como ahora decimos cuerpo animal, no porque sea alma, sino

nibus subiacet, et alimonia indiget".⁹⁰

porque está sujeto a las pasiones animales y necesita alimentos".

A esta cualidad se le llama "sutileza" o "penetrabilidad", por la cual el cuerpo se hará semejante a los espíritus en cuanto que podrá penetrar los cuerpos sin lesión alguna: el cuerpo estará sometido en todo al imperio del alma y la servirá y obedecerá perfectamente.⁹¹

Santo Tomás estudia detenidamente esta característica, rechazando el modo de explicarla de otros autores, tanto ortodoxos como herejes⁹², y sosteniendo que la causa de esta propiedad es el dominio completo del alma glorificada sobre el cuerpo, en cuanto que es forma substancial del mismo:

"Et ideo alii dicunt quod dicta completio, ex qua corpora humana subtilia dicuntur, erit ex dominio animæ glorificatæ, quæ est forma corporis, super ipsum, ratione cuius corpus gloriosum spirituale dicitur, quasi omnino spiritui subiectum... Unde Gregorius dicit, XIV Moral., quod corpus

"Y por eso otros dicen que dicha perfección, por la cual los cuerpos humanos se llaman sutiles, provendrá del dominio del alma glorificada, que es forma del cuerpo, sobre el mismo; en virtud de la cual, el cuerpo glorioso se llama espiritual, como sujeto al espíritu totalmente... Por eso dice también San Gregorio en Moral. 14, que el

---

[90]Santo Tomás de Aquino: *Contr. Gent.*, IV, cap. 86, n. 5.

[91]Cfr. *Catecismo Romano*, cap. 12, XIII, n. 188.

[92]Vgr. cuerpo transformado en un espíritu, o sometido a un proceso de rarefacción para convertirlo en algo parecido al aire o al viento, o espiritualizado por el quinto elemento o esencia celestial.

13.4. CUESTIONES TEOLÓGICAS

gloriosum dicitur subtile per effectum spiritualis potentiæ".[93]

cuerpo glorioso se llama sutil por efecto del poder espiritual".

Agilidad

En la Resurrección de Jesucristo se produce el fenómeno de la traslación de su cuerpo a distintos lugares, con gran rapidez. Así se puede comprobar en el modo, lugar y tiempo de sus diferentes apariciones. Por ejemplo, cuando llegan los discípulos de Emaús a anunciar la resurrección del Señor, los Apóstoles les replican que ya se había aparecido también a Pedro: "les dijeron: 'El Señor en verdad ha resucitado y se ha aparecido a Simón'. Y ellos contaron lo que les había pasado en el camino y cómo le reconocieron en la fracción del pan" (Lc 24: 34–35); o el encargo de los ángeles a la Magdalena y a la otra María que están en el sepulcro de Jerusalén: "No está aquí, ha resucitado, según lo había dicho. Venid y ved el sitio donde fue puesto. Id luego y decid a sus discípulos que ha resucitado de entre los muertos y que os precede a Galilea; allí lo veréis. Es lo que tenía que deciros" (Mt 28: 6–7). A esta característica se la llama "agilidad".

Como dice el *Catecismo Romano*, recordando la misma característica en la descripción que hace San Pablo del cuerpo resucitado:

"...el otro dote que se llama de agilidad; por el cual se librará el cuerpo del peso que ahora le oprime, y se moverá muy fácilmente a cualquiera parte que el alma quiera con tanta presteza que no pueda haber cosa más veloz que su movimiento, como claramente lo enseñaron San Agustín

---

[93] *Supplem.*, q. 83, a. 1. Cfr. infra q. 84 a. 1; Santo Tomás de Aquino: *In Sent.*, IV, dist. 49, q. 4, a. 5, qª 3; *Compend. Theol.*, cap. 168; *I ad Cor.*, cap. 15, lect. 6.

en el libro de la Ciudad de Dios,[94] y San Jerónimo sobre Isaías.[95] Por lo cual dijo el Apóstol: 'Se entierra el cuerpo innoble, pero resucitará vigoroso' (1 Cor 15:43)."[96]

Santo Tomás distingue la "agilidad" de la "sutilidad", porque ésta somete el cuerpo como a su forma, mientras que aquélla, lo somete como a su motor perfecto sin que ofrezca resistencia alguna. En efecto:

"Corpus gloriosum erit omnino subiectum animæ glorificatæ : non solum ut nihil in eo sit quod resistat voluntati spiritus, quia hoc fuit etiam in corpore Adæ; sed etiam ut sit in eo aliqua perfectio effluens ab anima glorificata in corpus, per quam habile redditur ad prædictam subiectionem, quæ quidem perfectio dos glorificati corporis dicitur. Anima autem coniungitur corpori non solum ut forma, sed etiam ut motor. Utroque autem modo oportet quod corpus gloriosum animæ glorificatæ sit summe subiectum. Unde, sicut per dotem subtilitatis subiicitur ei

"El cuerpo glorioso estará completamente sometido al alma glorificada, no solo para que no haya en él nada que resista a la voluntad del espíritu, porque esto lo tuvo también el cuerpo de Adán, sino además para que haya en él alguna perfección que fluye del alma glorificada en el cuerpo por la que se vuelve hábil para dicho sometimiento; y esta perfección se llama dote del cuerpo glorificado. Mas el alma se une con el cuerpo no sólo como forma, sino también como motor; por lo tanto, de ambos modos conviene que el cuerpo glorioso esté del todo sometido al alma glorificada. De aquí, que así como por la dote de la sutileza es-

---

[94]San Agustín: *De Civ. Dei*, c. 18 (*P. L.*, 41, 390–391).
[95]San Jerónimo: *In Isaiam*, C. 40 (*P. L.*, 24, 413–424).
[96]*Catecismo Romano*, cap. 12, XIII, n. 188

13.4. CUESTIONES TEOLÓGICAS

totaliter inquantum est forma corporis dans esse specificum, ita per dotera agilitatis subiicitur ei inquantum est motor: ut scilicet sit expeditum et habile ad obediendum spiritui in omnibus motibus et actionibus animæ".[97]

tá sometido a ella totalmente en cuanto que es forma que le da el ser específico, así por la dote de la agilidad se le somete en cuanto motor, para que esté expedito y hábil para obedecer al espíritu en todos los movimientos y acciones del alma".

Algún autor señaló como causa de la agilidad la "quinta esencia que domina a los cuerpos gloriosos". Pero Santo Tomás se inclina por la solución ya mencionada para otras cualidades: la gloria que irradia del alma y la sujeción total del cuerpo a la misma.[98]

Esta agilidad será más fácil que la propia de los cuerpos celestes ya que la gloria a la que es elevada el alma humana excede la capacidad natural de los espíritus celestes, lo mismo que la gloria de los cuerpos de los resucitados excede la natural perfección de los cuerpos celestes:

"Sicut autem gloria in quam humana anima sublevatur, excedit naturalem virtutem cælestium spirituum, ut in tertio est ostensum; ita gloria resurgentium corporum excedit naturalem per-

"Y así como la gloria a la que es elevada el alma humana excede la capacidad natural de los espíritus celestes, como se demostró en el libro tercero (c. 53), igualmente, la gloria de los cuerpos de los resucitados excede la natural perfección

---

[97] *Supplem.*, q. 84, a. 1. Cfr. Santo Tomás de Aquino: *Summ. Theol.*, III^a, q. 57, a. 3; *In Sent.*, IV, dist. 49, q. 4, a. 5, q^a 3; *Compend. Theol.*, cap. 168; *l ad Cor.*, cap. 15, lect. 6.

[98] *Ibidem.*

fectionem cælestium corporum, ut sit maior claritas, impassibilitas firmior, agilitas facilior et dignitas naturæ perfectior".[99]	de los cuerpos celestes, para que la claridad sea mayor, la impasibilidad más consistente, la agilidad más fácil y la dignidad de naturaleza más perfecta".

Claridad

De nuevo, la referencia para esta cualidad del cuerpo resucitado, es Cristo: Flp 3: 20–21, "Porque nuestra ciudadanía está en los cielos, de donde esperamos al Salvador y Señor Jesucristo, que transformará nuestro cuerpo miserable, conforme a su cuerpo glorioso, en virtud del poder que tiene para someter a sí todas las cosas".

A esta cualidad hacen referencia varios textos de la Sagrada Escritura:

- Mt 13:43, "Entonces los justos brillarán como el sol en el reino de su Padre".

- Mt 17:2, "Y se transfiguró ante ellos; brilló su rostro como el sol, y sus vestidos se volvieron blancos como la luz".

- 1 Cor 15:43, "Se siembra en ignominia, y se levanta en gloria".

- Ex 34:29, "Cuando bajó Moisés de la montaña del Sinaí, traía en sus manos las dos tablas del testimonio, y no sabía que su faz se había hecho radiante desde que había estado hablando con Yahveh".

---

[99] Santo Tomás de Aquino: *Contra Gent.*, IV, cap. 86, n. 6

13.4. CUESTIONES TEOLÓGICAS

El *Catecismo Romano* explica su causa por la comunicación de la felicidad plena del alma que recibe de su intuición y posesión de Dios, al cuerpo glorificado:

> "En virtud de esta dote, los cuerpos de los santos resplandecerán como el sol... Consiste esta claridad en un resplandor que rebasará al cuerpo de la íntima y perfecta felicidad del alma; una especie de comunicación de esa misma felicidad que goza el alma, del mismo modo que el alma será bienaventurada por una comunicación de la felicidad de Dios".[100]

Santo Tomás rechaza como causa de la claridad la tesis que considera absurda de su participación en el quinto elemento o esencia celeste que sería la predominante en el cuerpo humano glorificado, y la adscribe a la sobreabundancia de la gloria del alma que se derrama sobre el cuerpo; esa gloria o claridad, que en el alma es espiritual, se manifiesta en el cuerpo glorioso como corporal:

"Claritatis huius causam quidam attribuunt quintæ essentiæ, quæ tunc dominabitur in corpore humano. Sed quia hoc est absurdum, ut sæpe dictum este, ideo melius est uf dicatur quod claritas illa causabitur ex redundantia gloriæ animæ in corpus. Quod enim recipitur in	"Algunos atribuyen la causa de esta claridad a la quinta esencia, que dominará el cuerpo humano allá. Pero como esto es absurdo, como se dice con frecuencia, por tanto es mejor decir que aquella claridad es causada por la redundancia del alma sobre el cuerpo. Lo que se recibe en al-

---

[100] *Catecismo Romano*, cap. 12, XIII, n. 187.

aliquo, non recipitur per modum influentis, sed per modum recipientis. Et ita claritas, quæ est in anima spiritualis, recipitur in corpore ut corporalis..."[101]

guien, no se recibe al modo del que lo emite, sino al modo del que lo recibe. Y así, la claridad que en el alma es espiritual, se recibe en el cuerpo como corporal..."

El texto de la *Contra Gentiles* insiste sobre la misma relación entre la sujeción general del alma al cuerpo, y en la correspondiente relación entre la gloria del alma y del cuerpo:

"Sed ex claritate et virtute animæ ad divinam visionem elevatæ, corpus sibi unitum aliquid amplius consequitur. Erit enim totaliter subiectum animæ, divina virtute hoc faciente, non solum quantum ad esse, sed etiam quantum ad actiones et passiones, et motus, et corporeas qualitates. Sicut igitur anima divina visione fruens quadam spirituali claritate replebitur, ita per quandam redundantiam ex anima in corpus, ipsum corpus suo modo claritatis gloriæ induetur. Unde dicit apostolus, I Cor 15:43: 'seminatur cor-

"Mas, por la claridad del alma elevada a la visión de Dios, el cuerpo unido a ella alcanzará algo más. Pues estará totalmente sujeto a ella, por efecto de la virtud divina, no sólo en cuanto al ser, sino también en cuanto a las acciones y pasiones, movimientos y cualidades corpóreas. Por lo tanto, así como al disfrutar el alma de la visión divina se llenará de cierta claridad espiritual, así también, por cierta redundancia del alma en el cuerpo, se revestirá éste a su manera de la 'claridad' de la gloria. Por eso dice el Apóstol: 'Se siembra el cuerpo en ignomi-

---

[101] *Supplem.*, q. 85, a. 1. Cfr. Santo Tomás de Aquino: *Summ. Theol.*, III^a, q. 45, a. 2; *In Sent.*, IV, dist. 49, q. 4, a. 5, q^a 3; *Contra Gent.*, cap. 86; *I ad Cor.*, cap. 15, lect. 6.

13.4. CUESTIONES TEOLÓGICAS

pus in ignobilitate, surget in gloria: quia corpus nostrum nunc est opacum, tunc autem erit clarum'; secundum illud Matth. 13:43: 'fulgebunt iusti sicut sol in regno patris eorum'".[102]

nia y resucitará con gloria'; porque nuestro cuerpo, que ahora es opaco, entonces será transparente, según el dicho de San Mateo: 'Los justos brillarán como el sol en el reino de su Padre'".

Por esa razón, el grado de gloria corporal de los bienaventurados dependerá del grado de gloria de sus almas, que es diferente según la clase de sus méritos.[103]

13.4.5 Resurrección de los réprobos

Las cualidades especiales de los bienaventurados para mayor gloria y gozo de ellos, que son consecuencia de la comunicación y sujeción de sus cuerpos a sus almas bienaventuradas, no son otorgadas a los cuerpos de los condenados, que sí resucitarán y serán incorruptibles, íntegros e inmortales, pero para el sufrimiento y la condenación eternas.

Por eso dice el *Catecismo Romano*:

"También los pecadores resucitarán con todos sus miembros aun cuando éstos les hubieran sido amputados por su culpa. La acerbidad y agudeza de su suplicio estará en proporción con los miembros que poseen; por consiguiente, la íntegra restitución de los mismos no redundará para ellos en ventaja, sino en desgracia y miseria. Los méritos no se atribuyen a los miembros, sino a la persona con

---

[102]Santo Tomás de Aquino: *Contra Gent.*, IV, cap. 86 n. 1–2.
[103]*Supplem.*, q. 85, a. 1.

cuyo cuerpo están unidos; y así, a quienes hicieron penitencia, se les restituirán para premio, y a los malos para su suplicio...

Como era igualmente muy conforme a la justicia divina que los buenos pudieran gozar para siempre de una vida bienaventurada, y que los pecadores, en cambio, sufriendo penas eternas, buscasen la muerte, sin encontrarla; deseasen morir, y la muerte huyera de ellos. Y esta inmortalidad será, sin ninguna duda, común a los buenos y a los malos".[104]

En cuanto a la integridad de la resurrección de los réprobos, Santo Tomás distingue entre los defectos y deformidades de la vida terrena que son debidos a la corrupción, debilidad de la naturaleza o derivados (como es el caso de la fiebre, ceguera, etc), y los que son resultado natural de los principios de su naturaleza, como el peso, la pasibilidad, etc. Los primeros serán totalmente removidos en la resurrección para que pueda ser efectivo el sufrimiento debido a sus culpas; los segundos permanecen por la misma razón, y son eliminados de los cuerpos bienaventurados debido a que ellos son beneficiados por la gloria de la resurrección:

"Auctor qui naturam condidit, in resurrectione naturam corporis integre reparabit. Unde quidquid defectus vel turpitudinis ex corruptione vel debilitate naturæ si-	"El Autor que creó la naturaleza, en la resurrección reparará la naturaleza del cuerpo íntegramente. Por lo que cualquier defecto o torpeza que hubiere en el cuerpo debido a la corrupción o a la de-

---

[104] *Catecismo Romano*, cap. 12, XI–XII, nn. 185–186.

13.4. CUESTIONES TEOLÓGICAS

ve principiorum naturalium in corpore fuit, totum in resurrectione removebitur, sicut febris, lippitudo et similia; defectus autem qui ex naturalibus principiis in humano corpore naturaliter consequuntur, sicut ponderositas, passibilitas et similia, in corporibus damnatorum erunt, quos defectus ab electorum corporibus gloria resurrectionis excludet".[105]

bilidad natural o de los principios naturales, será removido totalmente en la resurrección, como será el caso de la fiebre, enfermedad de los ojos o similares. Sin embargo, el defecto que sigue naturalmente de los principios naturales del cuerpo humano, como el peso, la pasibilidad o similares, permanecerá en el cuerpo de los condenados; defecto, que será excluido de los cuerpos de los elegidos por al gloria de la resurrección".

La incorrupción de sus cuerpos se explica porque los condenados son castigados en sus almas y en sus cuerpos con castigo eterno, lo que no podría ocurrir si los cuerpos fueran corruptibles:

"Damnati punientur in anima et corpore poena perpetua: Matth. xxv, 'Ibunt hi in supplicium æternum'. Sed hoc esse non posset si eorum corpora corruptibilia essent. Ergo eorum corpora erunt incorruptibilia".[106]

"Los condenados son castigados en su cuerpo y en su alma con pena perpetua, como dice Mt 25, 'Irán éstos al suplicio eterno'. Pero esto no puede ser si sus cuerpos fueran corruptibles. Por lo tanto, sus cuerpos serán incorruptibles".

---

[105] *Supplem.*, q. 86, a. 1. Cfr. Santo Tomás de Aquino: *Contra Gent.*, cap. 89; *Compend. Theol.*, cap. 176; *Quodl.* VII, q. 5, a. 2.

[106] *Supplem.*, q. 86, a. 2; Cfr. Santo Tomás de Aquino: *Contr. Gent.*, IV, cap. 89; *Compend. Theol.*, cap. 177; *Quodl.*, VII, q. 5, a. 1.

Sin embargo, sí tendrán cuerpos pasibles, pues el mérito o el demérito se logra y se recompensa con el alma y con el cuerpo:

"Sicut corpus cooperatur animæ ad meritum, ita cooperatur ei ad peccatum. Sed propter cooperationem prædictam non solum anima, sed et corpus post resurrectionem præmiabitur. Ergo simili ratione damnatorum corpora punientur. Quod non esset si impassibilia forent. Ergo erunt passibilia".[107]

"Así como el cuerpo coopera al mérito del alma, del mismo modo coopera con ella al pecado. Pero debido a la mencionada cooperación, no solo es premiada el alma después de la resurrección, sino también el cuerpo. Por lo tanto, por una razón similar, son castigados los cuerpos de los condenados. Lo cual no sería posible, si fueren impasible; por lo tanto son pasibles".

13.4.6 Aumento de felicidad

La importancia de la resurrección de los cuerpos es fundamental en la escatología cristiana, tal y como se ha podido observar en el estudio de los datos revelados y del Magisterio.

Sin embargo, es de fe, que el alma es plenamente bienaventurada "mox post mortem", porque disfruta ya de la visión intuitiva y de la posesión de Dios sin intermedio alguno (Bula *Benedictus Deus*). Esto plantea el problema que ya estudiamos al hablar del recto entendimiento de la escatología de doble fase.[108] La felicidad aportada por el

---

[107] *Supplem.*, q. 86, a. 3; Cfr. Santo Tomás de Aquino: *In Sent.*, II, dist. 33, q. 11, a. 1, ad 3, 5; IV, dist. 50, q. 2, a. 3, q^a 1, ad 3; *Contr. Gent.*, IV, cap. 89 ; *Compend. Theol.*, cap. 177; *Quodl.*, VII, q. 5, a. 1; VIII, q. 8.

[108] Cfr. *supra*, cap. 6.1.6 y 6.1.7.

13.4. CUESTIONES TEOLÓGICAS

trascendental acontecimiento de la resurrección corporal ¿de qué clase es? ¿cuál es su naturaleza? ¿es un simple añadido accidental a la felicidad substancial que ya se tiene desde el momento de la muerte? Allí estudiamos las tres posiciones básicas que existen sobre la naturaleza de tal felicidad:

- La teología clásica se decanta por describirlo como "aumento accidental" de la felicidad del cielo.
- C. Pozo y seguidores, por un "aumento intensivo".
- A. Gálvez, por un "aumento trascendental o fundamental".

Baste por ahora con referirnos a lo ya expuesto para recordar esta polémica teológica.

13.4.7 Milenarismo, milenismo o quilianismo

Estos términos designan una creencia muy antigua que sostenía la existencia de un Reino temporal, social y triunfal de Cristo con sus elegidos, que duraría mil años (milenarismo, milenismo, quiliasmo —χιλιασμός—), abarcando el espacio de tiempo que comenzaría con la Segunda Venida de Cristo y una primera resurrección solo de sus seguidores, por un extremo; y el día del Juicio Universal con la resurrección de todos los hombres, buenos y malos, por el otro.[109]

Esta creencia está basada en la interpretación de los datos del capítulo veinte del Apocalipsis, donde se profetiza el encadenamiento

---

[109]Cfr. I. F. Sagüés: *Tractatus de Novissimis* cit. en "Sacræ Theologiæ Summa", t. IV, 4.ª ed. (Madrid: B.A.C., 1962), Thesis 14: "Millenarismus omnis reiciendus est", págs. 1022–1027. Cfr. J. Ibáñez – F. Mendoza: *Dios Consumador...*, cit., págs. 382–384; J. A. Sayés: *Escatología*, cit., págs. 161–162; C. Mielgo: *Milenarismo*, en GER, vol. XV, págs. 819ss.; G. Bardy: *Millénarisme*, en DTC, vol. X, 1760–1763; A. Piolanti: *Millénarismo*, en "Enciclopedia Cattolica", vol. VIII, Ciudad del Vaticano 1953, 1008–1011; A. Gelin: *Millénarisme*, DB (Suppl.) vol. V, 1289–1294.

de Satanás por mil años, al cabo de los cuales sería soltado por poco tiempo. Al mismo tiempo aparecen tronos de los justos ("almas de los que habían sido degollados por el testimonio de Jesús y por la palabra de Dios, y cuantos no habían adorado a la bestia, ni a su imagen, y no habían recibido la marca en su frente ni en su mano"), que vivirán y reinarán con Cristo durante mil años. Esta es la primera resurrección. El resto de los muertos no resucitan hasta terminados los mil años. Después de los cuales, Satanas es soltado de su prisión y con sus ejércitos atacan a los santos y a la ciudad amada. Pero en poco tiempo son devorados por un fuego que baja del Cielo, y son arrojados al estanque de fuego y azufre para ser atormentados eternamente. Es entonces cuando se produce la resurrección final de todos los hombres que no habían resucitado todavía (resurrección segunda) y el Juicio final de todos los hombres según sus obras.

Esta profecía fue interpretada de varios modos a lo largo de la historia. Resumiendo, caben tres posiciones:

- *El milenarismo craso y materialista.* Existirá el reino de mil años de Cristo y de sus seguidores, que consiste en toda clase de placeres materiales.

- *El milenarismo mitagado o espiritual.* Existirá ese reino, pero será de gozos y bienes espirituales en medio de una bondad universal.

- *El milenarismo como imagen profética.* El reino de los mil años de Jesucristo y los elegidos es una imagen profética, que significa que antes de la Resurrección final y la Parusía, en el tiempo de la Iglesia, muchos serán santos (resurrección primera) mientras que muchos se condenarán (muerte primera); al fin de los tiempos resucitarán todos con sus propios cuerpos (resurrección segun-

13.4. CUESTIONES TEOLÓGICAS

da) para ser juzgados. Los condenados irán al infierno (muerte segunda).

El cristianismo siempre rechazó el milenarismo craso y materialista, sostenido entre otros herejes, por Cerinto y los Ebionitas a partir de finales del siglo I, y, desde el último tercio del siglo II, por Montano y los montanistas.[110]

Pero durante mucho tiempo hubo una gran polémica católica entre la interpretación del Reino de los mil años de Cristo. Unos, lo entendían en sentido real aunque espiritual, como lo supone el capítulo XV de la Epístola del Pseudo–Bernabé, y lo aceptan San Papías,[111] San Justino.[112], San Ireneo, [113] Tertuliano,[114] San Hipólito, Nepos Obispo alejandrino, Commodiano, Victorino Petavionense; en el siglo IV San Metodio Olimpo, Lactancio, Apolinar de Laodicea, El Ambrosiaster, y tal vez San Ambrosio; por último en el siglo V Sulpicio Severo, San Agustín en su primera época, el cual sin embargo retractó posteriormente esta opinión y propuso la explicación del texto del Apocalipsis 20 que después resultó la explicación común. A partir del s. XIV, se difunde la idea en varios ámbitos: entre los católicos, R. Eyzaguirre, C. Morrondo, E. A. Chabauty, Rohling, etc. Entre los protestan-

---

[110] Cerinto y los ebionitas, según Eusebio, participaron de esta creencia (*Historia Eclesiástica*, III, 28, en *P. G.*, 20, 275). Algunos libros apócrifos del judaísmo precristiano, como el libro III de los Oráculos sibilinos, el libro de Enoc etiópico, el libro de los Jubileos y el Apocalipsis de Baruc, hablan de los tiempos venideros, en los cuales las fieras salvajes se amansarán, los hombres gozarán de toda clase de bienes materiales, vivirán tantos o más años que los patriarcas antediluvianos y serán de estatura gigante. Esta concepción, que unas veces va unida a bienes espirituales y a la presencia del Mesías y otras nada tiene que ver con éste, presenta en los diversos libros duración distinta.

[111] Cf. Funck: *Patrum Apostolicorum opera*, vol. 2, *Papiæ Frag.*, I.

[112] San Justino: *Dial. cum Tryph.* 80–81 (*P. G.*, 6, 664–669).

[113] San Ireneo: *Adversus hæreses*, V, 32–35 (*P. G.*, 7, 1210–1221).

[114] Tertuliano: *Adversus Marción*, III, 24 (*P. L.* 2, 355).

tes hay muchísimos, como las sectas de los Anabaptistas, Mormones, los Irvingianos, los Adventistas, Mennonitas, Pentecostales, Testigos de Jehová, etc. Mención aparte merece el jesuita M. De Lacunza.[115] Otros, lo consideraban simplemente como una imagen profética que tenía que ser interpretada como una metáfora de la escatología de doble fase. Ya San Justino, en el lugar citado, decía que muchos católicos no admitían el milenarismo. Y así lo rechazaron expresamente Eusebio,[116] Orígenes,[117] Dionisio Alejandrino,[118] San Basilio,[119] S. Gregorio Nacianceno,[120] S. Epifanio,[121] Teodoreto,[122] San Jerónimo[123] y San Agustín en su madurez.[124]

La polémica subió de tono en torno al primer tercio del siglo XX, con grandes defensores de una u otra posición. Finalmente la Sagrada Congregación del Santo Oficio hizo dos declaraciones con las que se quería cerrar la polémica en favor de la interpretación alegórica:

---

[115]M. de Lacunza: *La venida del Mesías en gloria y majestad*; cfr. B. Villegas: *El milenarismo y el A. T. a través de Lacunza*, Valparaíso, Imprenta Victoria, 1951, que tiene una gran preeminencia entre los milenaristas más modernos a causa del gran influjo que ejerció en autores posteriores, incluso en los Protestantes.

[116]Eusebio de Cesarea: *Historia eclesiástica*, III, 28 (*P. G.*, 20, 247ss.).

[117]Orígenes: *De Principiis* 2, 11 (*P. G.*, 11, 251ss.); *In Mattheum* 17, 35 (*P. G.*, 13, 1595).

[118]Cfr. Eusebio: *o. c.* VII, 24 (*P. G.*, 20, 691 s.).

[119]San Basilio: *Epist.*, 263, 4 (*P. G.*, 32, 979).

[120]San Gregorio Nacianceno: *Epist.*, 102, 37 (*P. G.*, 198).

[121]San Epifanio: *Adv. Hær.*, III, 36ss. (*P. G.*, 42, 695ss.).

[122]Teodoreto: *Hær Fab.* 3, 6 (*P. G.*, 83, 407).

[123]San Jerónimo: *In Is.*, 9 (*P. L.*, 24, 350); *ib.* 18, 627.

[124]San Agustín: *De Civ. Dei*, XX, 7 en (*P. L.*, 41, 667–668); cuyo argumento principal es que la Iglesia sólo admite en el Símbolo una doble venida de Cristo: la primera a redimirnos y la segunda a juzgarnos.

13.4. CUESTIONES TEOLÓGICAS

- Año 1941: "Palacio del Santo Oficio, 11 julio 1941... El sistema del milenarismo aun mitigado —o sea, del que enseña que, según la revelación católica, Cristo Nuestro Señor ha de venir corporalmente a reinar en la tierra antes del juicio final, previa la resurrección de muchos justos o sin ella— no se puede enseñar sin peligro. Así, pues, apoyándose en esta respuesta y en la condenación ya hecha por este Santo Oficio de la obra del P. Lacunza, V. E. procurará vigilar cuidadosamente para que dicha doctrina bajo ningún pretexto se enseñe, propague, defienda o recomiende, sea de viva voz, sea por cualquier escrito. Para conseguirlo podrá emplear V. E. los medios necesarios no sólo de persuasión, sino también de autoridad, dando, si fuere oportuno, las instrucciones que fueren necesarias a los que enseñan en el seminario y en los institutos. Y si surgiere algo de mayor gravedad, no omita V. E. comunicárselo al Santo Oficio. Aprovecho la ocasión para testimoniarle el sentimiento de mi estimación y quedo de V. E. afectísimo, F. Card. Marcchetti Selvaggiani. - Excmo. y Revdmo. Sr. D. José M. Caro Rodríguez, arzobispo de Santiago de Chile".

- Año 1944: "Propuesto el asunto a examen en la reunión plenaria del miércoles 19 de julio de 1944, los eminentísimos y reverendísimos señores cardenales encargados de la tutela de la fe y de las costumbres, oído previamente el voto de los reverendos consultores, decretaron responder que el sistema del milenarismo mitigado no se puede enseñar con seguridad. Y el día siguiente, jueves 20 del mismo mes y año, nuestro Santísimo Padre Pío, por la divina Providencia Papa XII, en la acostumbrada audiencia concedida al excelentísimo y reverendísimo asesor del Santo Oficio, aprobó, confirmó y mandó publicar esta respuesta de los eminentísimos Padres. Dado en Roma, desde el Palacio del Santo Oficio, a 21 de julio de 1944. – J. Pepe, notario de la Suprema Sagrada Congregación del Santo Oficio".[125]

La Sagrada Escritura une con la Segunda Venida de Jesucristo la resurrección universal de los muertos y el juicio final, al cual le sigue en verdad inmediatamente la ejecución de la sentencia, de tal modo que no deja lugar alguno al reino milenario (cfr. vgr. Mt 24: 3.27–31 y 25: 31–46; Jn 5: 27–29; Mt 16:27; 2 Tim 4:1).

Tampoco después del juicio se otorga a los justos un reino milenario, sino un reino eterno: Mt 25:34. Después de la resurrección en el último día (Jn 6:39) acontece en el último día el juicio (Jn 14:48), al cual sigue la inmediata retribución del premio o del castigo (Mt 24–25; 1 Te 4: 15ss).

El reinado de Cristo visible por mil años en la tierra es una idea incompatible con la teología de Santo Tomás de Aquino:[126]

"Occasione illorum verborum (Ap. 20), ut Augustinus narrat, 20 Lib. de Civit. Dei, quidam hæretici posuerunt primam resurrectionem futuram	"Con ocasión esas palabras del Apocalipsis [Apoc. 20], como relata San Agustín (Ciudad de Dios, libro XX), algunos herejes afirmaron que habrá una primera resu-

---

[125]Cfr. AAS 36, 1944, 212 (D. S., 3839). El milenarismo craso es considerado por los teólogos como herético, y ciertamente con toda razón en cuanto que es opuesto a la Sagrada Escritura (Mt 22:30; 1 Cor 15:50; Rom 14:17). El milenarismo mitigado es una opinión por lo menos temeraria.

[126]Para el Aquinate la palabra "reino" del Padrenuestro nunca se relaciona con el supuesto reino milenario de Cristo, como se puede comprobar en los comentarios del Santo al padrenuestro y al avemaría. Por otro lado, el *Catecismo del Concilio de Trento* y el *Catecismo de San Pío X*, cuando explican la segunda petición del Padrenuestro ("Venga a nos tu Reino"), nunca se refieren a un supuesto reino milenario de Cristo.

esse mortuorum, ut cum Christo mille annis in terra regnarent; unde vocati sunt Chiliastæ, quasi millenarii; et Augustinus ibidem ostendit verba illa (Ap 20) aliter esse intelligenda, scilicet de resurrectione spirituali, per quam homines a peccatis dono gratiæ resurgunt. Secunda autem resurrectio est corporum. Regnum autem Christi dicitur Ecclesia, in qua cum ipso non solum martyres, sed etiam alii electi regnant... Millenarius autem non significat aliquem certum numerum, sed designat totum temporis quod nunc agitur, in quo sancti cum Christo regnant..."[127]

rrección de los muertos para reinar con Cristo en la tierra durante mil años: de donde se les llama quiliastas o milenaristas, y ahí San Agustín muestra que hay que entender de otra cosa esas palabras (de Ap 20), a saber, de la resurrección espiritual, por la cual los hombres resucitan del pecado por el don de la gracia. La segunda resurrección es la de los cuerpos. Mientras que por Reino de Cristo se entiende a la Iglesia, en la que reinan con Él no sólo los mártires, sino también los demás elegidos... Y milenario no significa un determinado número, sino que significa todo el tiempo que ahora transcurre, en el que los santos reinan con Cristo..."

13.4.8 Resurrección vs. reencarnación

Una de las consecuencias de la doctrina de la resurrección es que es incompatible con cualquier idea reencarnacionista (metempsicosis o transmigración de las almas).

---

[127]Santo Tomás de Aquino: *In Sent.*, IV, dist. 43, q. 1, a. 3, qc 1. Cfr. *Supplem.*, q. 77, a. 1, ad 4. Nótese la calificación del milenarismo como herejía.

El hombre resucita con el mismo cuerpo que tuvo en su vida mortal.

Ya tuvimos ocasión de estudiar este tema al tratar de la muerte cristiana como final del estado de peregrinación y del mérito.[128] Baste con remitirnos a aquellas consideraciones.

---

[128] Cfr. *supra*, cap. 7.5.7.

Capítulo 14

Juicio final universal

En el capítulo dedicado a estudiar la realidad de la escatología intermedia, se analizaba el "juicio particular" que ocurre, para cada persona, en el momento de su muerte y decide su suerte en el más allá.[1]

En este capítulo nos concentramos en el llamado "Juicio Universal".[2] Es una verdad de fe que afirma que en la Parusía todos los hombres con sus cuerpos comparecerán ante el tribunal de Cristo pa-

---

[1] Cfr. *supra*, cap. 6.3.

[2] J. Rivière: *Jugement (Particulier et Général)*, en DTC, vol. VIII, cols. 1721–1828; J. Apecechea Perurena: *Juicio Particular y Universal. I. Sagrada Escritura*, en GER, vol. XIII, págs. 641–643; J. Sancho Bielsa: *Juicio Particular y Universal. II. Teología Dogmática*, en GER, vol. XIII, págs. 643–647; R. Garrigou–Lagrange: *Life Everlasting...*, cit., págs. 60–70; A. Royo Marin: *Teología de la Salvación*, cit., págs. 280–297; M. Schmaus: *Teología Dogmática, t. VII...*, cit., § 299–302. 235–242; J. Ibáñez – F. Mendoza: *Dios Consumador...*, cit., págs. 385–397; L. Lercher: *Institutiones...*, cit., págs. 529–533; A. Tanquerey: *Synopsis...*, cit., págs. 844–849; J. L. Sánchez de Alva – J. Molinero: *El Más...*, cit., págs. 56–66; J. A. Sayés: *Más Allá...*, cit., págs. 173–175; L. Ott: *Manual...*, cit., págs. 721–723; A. Fernández: *Teología...*, cit., págs. 699–713.

ra dar cuenta de sus actos, a fin de que reciba cada uno según hiciera bien o mal con su cuerpo.[3]

Estudiaremos su fundamentación en los datos de la Revelación y del Magisterio, así como las cuestiones teológicas que suscita.

14.1 Sagrada Escritura

La doctrina del Antiguo Testamento muestra una progresión en este tema, como ya tuvimos ocasión de estudiar en el capítulo dedicado a la inmortalidad y a la resurrección con la evolución del concepto de "sheol".[4] En los primeros estadios de la revelación, aparece clara la idea de la justicia de Dios (cfr. desde la historia del pecado de Adán y Eva, castigo de Caín, etc.), que se aplica a nivel individual y a nivel nacional, premiando la fidelidad a Dios y a sus leyes y castigando la desobediencia y la idolatría. Siendo el "sheol", en la concepción antigua, un lugar indiferenciado para justos y pecadores, los premios y castigos se realizaban en la vida terrena.[5] Poco a poco, se va revelando que la justicia divina y la retribución se realiza también en el más allá, tanto a nivel individual como colectivo, y se aplica a todas las naciones.[6]

Con relación al Juicio Final estrictamente hablando, hay doctrina clara en el libro segundo de los Macabeos (2 Mac 7:36, "Mis hermanos,

---

[3]J. Ibáñez – F. Mendoza: *Dios Consumador*..., cit., pág. 385, califican la proposición: "En el día del Juicio comparecerán todos los hombres con sus cuerpos ante el tribunal de Cristo para dar cuenta de sus actos, a fin de que reciba según hiciera bien o mal con su cuerpo" como de fe divina y católica definida; y su censura como herejía. También L. Ott: *Manual*..., cit., pág. 721.

[4]Cfr. *supra*, cap. 6.1.3.

[5]Cfr. J. Rivière: *Jugement*..., cit., cols. 1734–1738. Y el capítulo 6.1.3 de la presente obra.

[6]J. Rivière: *Jugement*..., cit., cols. 1738–1751.

14.1. SAGRADA ESCRITURA

después de soportado un breve tormento, beben el agua de la vida eterna en virtud de la alianza de Dios; pero tú pagarás en el juicio divino las justas penas de tu soberbia"), y en el Libro de la Sabiduría, donde se manifiesta la verdad sobre tal Juicio, a realizarse para los justos y los impíos, y que tendrá lugar al final de los tiempos:

> "Y después de esto vendrán a ser como cadáveres sin honor, y serán entre los muertos oprobio sempiterno; porque los quebrantará, reduciéndolos al silencio, y los sacudirá en sus cimientos, y serán del todo desolados, y serán sumergidos en el dolor, y perecerá su memoria. Verán llenos de espanto sus pecados, y sus crímenes se levantarán contra ellos, acusándolos. Entonces estará el justo en gran seguridad en presencia de quienes le persiguieron y menospreciaron sus obras... ¡Cómo son contados entre los hijos de Dios y tienen su heredad entre los santos!... Pero los justos viven para siempre, y su recompensa está en el Señor, y el cuidado de ellos en el Altísimo. Por eso recibirán un glorioso reino, una hermosa corona de mano del Señor, que con su diestra los protege y los defiende con su brazo..."[7]

Esta idea vendrá preparada por la revelación de la realidad de retribución ultraterrena (y ya no solo en la vida presente temporal como en los momentos más primitivos de la Revelación), tanto para los pueblos como para los individuos. La enseñanza profética es muy rica en este sentido:

> "Los profetas anuncian a menudo un juicio punitivo de Dios sobre este mundo designándolo con el nombre de 'Día

---

[7] Sab 4: 19–20 y 5.

de Yahvé'. En ese día, Dios juzgará a los pueblos gentílicos y librará a Israel de las manos de sus enemigos; cfr. Ioel 3 (M 4), 1 ss). Pero no sólo serán juzgados y castigados los gentiles, sino también los impíos que vivan en Israel; cf. Am 5: 18–20. Se hará separación entre los justos y los impíos; cf. Sal 1:5; Pr 2: 21ss; Is 66: 15ss".[8]

La doctrina del Nuevo Testamento es totalmente clara, como corresponde a su carácter de plenitud de la Revelación.[9] Destacan los siguientes puntos:

- *Realidad.* Jesucristo predica con frecuencia sobre el día del Juicio:

  - Mt 7: 22ss, "Muchos me dirán aquel día: 'Señor, Señor, ¿no hemos profetizado en tu nombre, y hemos expulsado los demonios en tu nombre, y hemos hecho prodigios en tu nombre?' Entonces yo declararé ante ellos: 'Jamás os he conocido: apartaos de mí, los que obráis la iniquidad'".

  - Mt 11: 22.24, "Sin embargo, os digo que en el día del Juicio Tiro y Sidón serán tratadas con menos rigor que vosotras

---

[8] L. Ott: *Manual...*, cit., pág. 721. Cfr. J. Ibáñez – F. Mendoza: *Dios Consumador...*, cit., pág. 387–388; J. Rivière: *Jugement...*, cit., cols. 1734–1751; R. Pautrel: *Jugement*, en DB (Suppl.) IV, 1321–1344; P. Heinisch: *Teología del Vecchio Testamento*, Turín 1950, 329–344.

[9] J. Rivière: *Jugement...*, cit., cols. 1751–1765; J. Apecechea Perurena: *Juicio Particular y Universal...*, cit., págs. 642–643; D. Mollat: *Le Jugement dans le Nouveau Testament*, en DB (Suppl.) IV, 1362–1374; A. Descamps: *Les Justes el la Justice dans les Évangiles el le Christianisme Primitif Hormis la doctrine Proprement Paulienne*, Lovaina, Editions J. Deculot, 1950; S. Lyonnet: *Justification, jugement, rédemption, principalement dans l'épître aux Romains*, in "Littérature et théologie pauliniennes" (Recherches bibliques, 5), Bruges–Paris, DDB, 1960, págs. 166–184; M. Meinertz: *Teología del Nuevo Testamento*, Madrid, Fax, 1966, 66ss. y 508ss.; A. Royo Marín: *Teología de la Salvación*, cit., págs. 599–624.

14.1. SAGRADA ESCRITURA

[Corazín y Betsaida]... En verdad os digo que en el día del Juicio la tierra de Sodoma será tratada con menos rigor que tú [Cafarnaún]".

- Mt 12: 36ss, "Os digo que de toda palabra vana que hablen los hombres darán cuenta en el día del Juicio".

- Mt 12: 41ss, "Los hombres de Nínive se levantarán contra esta generación en el Juicio y la condenarán: porque se convirtieron ante la predicación de Jonás, y daos cuenta de que aquí hay algo más que Jonás. La reina del Sur se levantará contra esta generación en el Juicio y la condenará: porque vino de los confines de la tierra para oír la sabiduría de Salomón, y daos cuenta de que aquí hay algo más que Salomón".

- *Passim*.

• *El autor del juicio*: el Juez será Cristo, que es "el Hijo del Hombre" (cfr. la profecía de Dan 7: 13–14), es decir el Mesías celeste:

- Mt 16:27, "Porque el Hijo del Hombre va a venir en la gloria de su Padre acompañado de sus ángeles, y entonces retribuirá a cada uno según su conducta".

- Jn 5: 22ss, "El Padre no juzga a nadie, sino que todo juicio lo ha dado al Hijo... En verdad, en verdad os digo que el que escucha mi palabra y cree en el que me envió tiene vida eterna, y no viene a juicio sino que de la muerte pasa a la vida".

- Jn 5: 26–27, "Como el Padre tiene vida en sí mismo, así ha dado al Hijo tener vida en sí mismo. Y le dio la potestad de juzgar, ya que es el Hijo del Hombre".

Por eso, el Juicio Final será "el día de Jesucristo":

- Flp 1:6, "...convencido de que quien comenzó en vosotros la obra buena la llevará a cabo hasta el día de Cristo Jesús".
- 1 Cor 1:8, "Él os confirmará hasta el final, para que seáis hallados irreprochables el día de nuestro Señor Jesucristo".
- 1 Cor 5:5, "...que ése sea entregado a Satanás para castigo de la carne, y así el espíritu se salve en el día del Señor".

- *Sujetos del Juicio.* Será un Juicio de vivos y muertos:
  - Hech 10:42, "...y nos mandó predicar al pueblo y atestiguar que a Él es a quien Dios ha constituido juez de vivos y muertos".
  - 1 Pe 4:5, "Pero tendrán que rendir cuentas al que está ya preparado para juzgar a vivos y muertos".
  - 2 Tim 4:1, "En la presencia de Dios y de Cristo Jesús, que va a juzgar a vivos y muertos".

- *Un Juicio universal*, de todo el orbe:
  - Hech 17:31, "...puesto que ha fijado el día en que va a juzgar la tierra con justicia, por mediación del hombre que ha designado, presentando a todos un argumento digno de fe al resucitarlo de entre los muertos".
  - Ro 2: 5–11, "Tú, sin embargo, con tu dureza y con tu corazón que no se quiere arrepentir, atesoras contra ti mismo ira para el día de la ira y de la revelación del justo juicio de Dios... Tribulación y angustia para todo hombre que obra el mal, primero para el judío y luego para el griego. Gloria, en cambio, honor y paz a todo el que obra el bien, primero para el judío, luego para el griego; porque delante de Dios no hay acepción de personas".[10]

---

[10] Cfr. también vv. 12–16.

14.1. SAGRADA ESCRITURA

- 2 Cor 5:10, "Porque todos debemos comparecer ante el tribunal de Cristo, para que cada uno reciba conforme a lo bueno o malo que hizo durante su vida mortal".

- *Objeto del juicio*: Seremos juzgados según las obras de cada uno:

    - Ap 20: 10–15.
    - Mt 25: 31ss, Parábola del Juicio final.
    - Ro 2: 6–8, "El cual retribuirá a cada uno según sus obras: la vida eterna para quienes, mediante la perseverancia en el buen obrar, buscan gloria, honor e incorrupción; la ira y la indignación, en cambio, para quienes, con contumacia, no sólo se rebelan contra la verdad, sino que obedecen a la injusticia".
    - 2 Cor 5:10, "Porque todos debemos comparecer ante el tribunal de Cristo, para que cada uno reciba conforme a lo bueno o malo que hizo durante su vida mortal".

- *Efecto moral del Juicio*. Estando todos avocados al Juicio eterno, nuestras vidas deben de estar preparadas para ese momento:

    - No debemos juzgar a los prójimos:

        * Ro 14:10, "Tú, ¿por qué juzgas a tu hermano? ¿O por qué desprecias a tu hermano? Todos compareceremos ante el tribunal de Dios".
        * 1 Cor 4:5, "Por tanto, no juzguéis nada antes de tiempo, hasta que venga el Señor: él iluminará lo oculto de las tinieblas y pondrá de manifiesto las intenciones de los corazones; entonces cada uno recibirá de parte de Dios la alabanza debida".

– Tener paciencia en las tribulaciones: 2 Te 1: 5–9, "Esto es señal del justo juicio de Dios, en el que sois estimados dignos del Reino de Dios, por el que ahora padecéis. En efecto, a los ojos de Dios es justo castigar con aflicción a quienes os afligen, y a vosotros, que ahora sois atribulados, premiaros con el descanso en compañía nuestra, cuando el Señor Jesús se manifieste desde el cielo con los ángeles de su poder, 'en medio de llamas de fuego, y tome venganza de los que no conocen a Dios' ni obedecen el Evangelio de nuestro Señor Jesús. Éstos serán castigados con una pena eterna, 'alejados de la presencia del Señor y de la gloria de su poder'".

14.2 Tradición

Los Santos Padres dan un testimonio claro y unánime del Juicio Universal, siguiendo una doctrina tan repetidamente expuesta en la Sagrada Escritura. Es verdad que, siendo conscientes de los datos bíblicos sobre la escatología, sin embargo muchos estaban empezando una labor teológica de exploración y sistematización, lo que produce que el resultado final no siempre sea acabado o completo; además tienen que utilizar como instrumentos, el modo de pensar religioso y filosófico en el que vivieron, por lo que, a veces, no aciertan en la exposición de todos los detalles de la escatología cristiana, como ya se ha examinado en relación a diferentes verdades de este tratado. Pero sí transmiten las verdades de nuestra fe con una unanimidad moral. Una de esas verdades, transmitida por todos con las características mencionadas, es la del Juicio final.

Se pueden recabar testimonios desde los primeros tiempos. Expondremos tan solo algunas líneas generales. En el exhaustivo estudio de Rivière, se distinguen varios periodos:

14.2. TRADICIÓN

1. *Periodo de simple afirmación de los datos revelados: los Padres Apostólicos.*[11] Se conservan solo algunos escritos de orden parenético, donde no se van a encontrar estudios sistemáticos, sino tan solo la fe común de la Iglesia naciente en torno al Juicio. Se proclama su existencia, se basa sobre las exigencia se la justicia divina que se despliega en los decretos de su providencia en este mundo, y alcanza su plenitud en el futuro, con el Juicio, que será realizado por Jesucristo quien "debe venir a juzgar a vivos y muertos" según al fórmula de fe que ya se repetía por aquél entonces. El Juicio ocurrirá después de la resurrección. También se encuentran las primeras indicaciones sobre el juicio particular, aunque sean muy someras. Basten algunas citas:

   - San Policarpo: "Todo el que niegue la resurrección y el juicio es hijo predilecto de Satanás".[12] Los cristianos se diferencian de los paganos, en que éstos "ignoran el Juicio del Señor".[13]

   - El Pastor de Hermas: La justicia divina se manifiesta sobre todo en la vida futura, donde se descubrirá el valor de cada uno, como cuando pasa el invierno y se percibe la realidad de las clases diferentes de árboles, que hasta ese momento parecían todos secos.[14] Cristo es el hombre de gran estatura que viene en medio de una multitud, para controlar los materiales de la torre mística.[15]

---

[11] J. Rivière: *Jugement...*, págs. 1766–1768.
[12] San Policarpo: *Ad Phil.*, 7, 1 (*P. G.*, 5, 102).
[13] San Policarpo: *Ad Phil.*, 11, 2.
[14] El Pastor de Hermas, *Sim*, 6, 6.
[15] El Pastor de Hermas, *Sim*, 9, 5, 2.

- Epístola de Bernabé: "Cristo es Juez de vivos y muertos".[16] Entre los tres dogmas del Señor, está la esperanza de la vida eterna, la justicia del juicio, que es el comienzo y el fin de nuestra fe.[17]

2. *Periodo de las primeras sistematizaciones: siglo II*.[18] A partir de este momento, el cristianismo entra en contacto más estrecho con el helenismo; por un lado, la fe escatológica encontrará adversarios entre los filósofos racionalistas y estoicos que negaban la justicia divina y, por tanto, el Juicio; y, por otro lado, se enfrentará a un cierto sincretismo religioso de tipo gnóstico, que propugnaba la auto–liberación del hombre por el rechazo de la materia y relegaba al olvido el papel de la Redención de Jesucristo y la amenaza de su justicia.

   Frente a estas tendencias, los Santos Padres opondrán la doctrina cristiana, que apoyarán también sobre las ideas veterotestamentarias del "sheol", la retribución intra–terrena y la justicia del más allá en el Juicio final. En la lucha contra las ideas milenaristas y para resaltar la importancia de la resurrección de la carne, insistirán en que el Juicio será al final de los tiempos con la Parusía y la resurrección de los cuerpos. Sin embargo, con cierta frecuencia, dejan en la sombra o niegan la idea del juicio particular inmediatamente después de la muerte.

   - San Justino. Se enfrenta sobre todo contra los adversarios de fuera de la Iglesia. Defiende la idea del Juicio final, contra los paganos, como una consecuencia de la verdadera

---

[16] *Epístola de Bernabé*, 7, 2. Cfr. el mismo título en *Epístola de San Clemente*, 1, 1.

[17] *Epístola de Bernabé*, 1, 6.

[18] J. Rivière: *Jugement...*, págs. 1768–1774.

libertad del hombre y de la Justicia divina; y, contra los judíos, como una función propia de Jesucristo que fue constituido en "Juez de vivos y muertos".[19] En su lucha contra los gnósticos (rechazo del cuerpo y lo material) y contra el milenarismo (reino de Jesucristo y los suyos antes del Juicio final) solo reconoce la acción judicial de Cristo que ocurre después de la Parusía y la resurrección de la carne, y rechaza como un error la doctrina de que las almas serían recibidas en el Cielo después de la muerte.[20] Sí reconoce una cierta distinción en la situación de las almas buenas y de las impías en el infierno a la espera de la resurrección.[21]

- San Ireneo de Lyon. Este Santo Padre, enfrenta sobre todo a los adversarios de dentro de la Iglesia, en particular, los errores gnósticos, insistiendo en la importancia suprema y en la relación existente entre la venida de Cristo "en la carne" y su retorno a la Gloria; y ante su tribunal celestial convoca duramente a todas las sectas que alteran su doctrina.[22] Por eso rechaza las ideas de Marción: el Juicio es obra del Dios creador y de su Hijo Jesús, aplicándole a Cristo los principales textos de la Escritura sobre la justicia y el Juicio divinos: tanto los del pasado, como el Diluvio o el castigo de Sodoma, como el Juicio Final en el más allá.[23] El juicio es obra de la Providencia divina y de la misión de Cristo, que vino a comenzar a distinguir entre los fieles

---

[19] San Justino: *Dial.*, 118 (*P. G.*, 4, 749). Cf. *ibid.*, 36, 47, (*P. G.*, 4, 124); y *Apol.*, 1, 53.

[20] San Justino: *Dial.*, 80.

[21] San Justino: *Dial.*, 5, 488.

[22] San Ireneo de Lyon: *Adv. Hær.*, 4, 33, 1–3 (*P. G.*, 7, 1072–1082).

[23] San Ireneo de Lyon: *Adv. Hær.*, 4, 36, 3–6 y 40, 2 (*P. G.*, 7, 1092–1097 y 1112–1113).

y los infieles en este mundo, para completar su obra en el futuro. San Ireneo conecta las verdades escatológicas a los principios fundamentales del dogma cristiano.[24] El Juicio se hará al final de los tiempos: mientras, las almas de los fieles buenos y malos esperan en el infierno, a imitación del Maestro, que una vez muerto, descendió a los infiernos. Solo los mártires gozan inmediatamente del Cielo.[25]

- Tertuliano: "Es norma de fe... aquella por la que se cree... que [Jesucristo] ha de venir con esplendor para llevarse a los santos a que reciban el fruto de la vida eterna y de las promesas celestes, y para destinar a los impíos al fuego eterno".[26] Repite la ideas de San Ireneo en contra de Marción, insistiendo en que la justicia y la bondad son dos atributos inseparables del Dios legislador, que no es malo y que coincide con el Dios bueno del Nuevo Testamento.[27] Siendo el Hijo de Dios, es a Cristo al que pertenece la realización del Juicio, y quien también realizó las obras de justicia divina en el Antiguo Testamento.[28] Sostendrá que el Juicio se hará el día de la Resurrección, y no hay bienaventuranza eterna inmediata despues de la muerte, salvo para los mártires.[29]

---

[24]San Ireneo de Lyon: *Adv. Hær.*, 5, 27, 1 y 4, 6, 5–7 (*P. G.*, 7, 1195–1196 y 989–990).

[25]San Ireneo de Lyon: *Adv. Hær.*, 5, 31, 1 y 2 (*P. G.*, 7, 1208–1209).

[26]Tertuliano: *De Præcript.*, 13 (*P. L.*, 2, 26); *De Test. Animæ*, 2 y 6 (*P. L.*, 1, 684–685 y 692).

[27]Tertulinao: *Adv. Marc*, 1, 26 (*P. L.*, 2, 303).

[28]Tertuliano: *Adv. Marc.*, 4, 29 (*P. L.*, 2, 464); cfr. 39, (*P. L.*, 2, 488–190) y 5, 4 (*P. L.*, 2, 507).

[29]Tertuliano: *De anima*, 55 (*P. L.*, 2, 788–790). Una posición más matizada en *Adv. Marc.*, 4, 34 (*P. L.*, 2, cols 474–475).

14.2. TRADICIÓN

3. *Periodo de discusión y crítica: siglo III.*[30] La escatología de los Padres Apologetas que sufre la influencia de la escatología arcaica judaica y presenta desenfoques, sería objeto de correcciones por parte de la siguiente generación de Padres, a veces, con una reacción que se va al extremo opuesto, cayendo también en error, sobre todo en la parte oriental del Imperio. Así por ejemplo, frente a la importancia que dan los Padres Apologetas a la resurrección de la carne en su lucha contra las ideas gnósticas y que les llevan a concebir que la entrada en el Cielo de las almas bienaventuradas se retrasa hasta la Parusía, la Escuela de Alejandría de signo espiritualista, reivindicará la bienaventuranza inmediata después de la muerte, pues la ausencia del cuerpo no parece un obstáculo para la felicidad. Se afirman, pues, los principios del juicio particular y de la escatología intermedia en sentido católico. Pero ese espiritualismo y la grandeza del poder divino, llevará al extremo de afirmar la doctrina de la "apokatástasis". En el occidente, no se da una reacción tan fuerte, y se siguen algunas líneas de la patrística anterior.

- Oriente:
  - San Clemente de Alejandría: Es filósofo y apologista, y trata de aplicar la filosofía de su tiempo, neoplatónica, a los principios cristianos. Rechaza la ideas milenaristas y también las ideas arcaicas de una escatología intermedia en el infierno o hades, a la espera de entrar en el Cielo solo después del Juicio final y la resurrección de la carne.[31] Esto hace que no se valore la importancia

---

[30] J. Rivière: *Jugement...*, págs. 1774–1780.
[31] San Clemente de Alejandría: *Strom.*, 4, 11 (*P. G.*, 8, 1288); cfr. 4, 18 (*P. G.*, 8, 1321).

del acontecimiento de la Parusía, con alusiones vagas al fin de los tiempos.[32]

– Orígenes: Sigue el mismo modo de hacer teología de San Clemente, pero sin embargo y a pesar de sus errores en otras verdades de la escatología, se atuvo más a la Tradición de la Iglesia en el tema del Juicio Final. El Juicio es un artículo de la fe católica, que ayuda a vivir una vida virtuosa y prueba nuestra verdadera libertad.[33] Refuta las ideas de Celso, como ya vimos.[34] Acepta el Juicio particular, rechazando las ideas milenaristas y siguiendo su teología espiritualista: el alma después de la muerte va a la presencia de Dios para recibir su felicidad o castigo según haya sido su conducta en la tierra. Sin embargo, para preparar su destino eterno, las almas pasan por un estado intermedio, una especie de escuela probatoria, con una estadía mayor o menor según el grado de pureza que ellas tengan.[35] Ya sabemos que Orígenes defenderá la "apokatástasis", pero antes de ella, claramente sostiene el estado de escatología intermedia antes de la resurrección corporal.

En cuanto al Juicio Universal, tendrá lugar al fin del mundo, en unión con la Parusía que afectará a todos los pueblos,[36] donde cada uno será juzgado según sus obras, por lo que el juicio se reserva a Dios, el único que en verdad puede hacer justicia a los hombres

---

[32] San Clemente de Alejandría: *Quis dives salvetur*, 42 (*P. G.*, t. 9, 649–652).
[33] Orígenes: *De Princ.*, 3, 1, 1 (*P. G.*, 11, 249).
[34] Orígenes: *Contra Celsum*, 4, 9 (*P. G.*, 11, 1040). Cfr. 3, 16 (*P. G.*, 11, 940).
[35] Orígenes: *De Princ.*, 2, 9, 6 (*P. G.*, 9, 246).
[36] Orígenes: *In Gen.*, hom. 17, 6 (*P. G.*, 12, 259).

sin equivocación alguna.³⁷ El juicio será espiritual: la luz de Cristo inundará el conocimiento propio de cada hombre y verá con toda claridad su propia situación escatológica.

Encontramos en Orígenes, por un lado, la defensa de la fe tradicional; pero, por otro lado, un ensayo de sistematización que tiene lados brillantes y otros criticables.

- Occidente: a diferencia de las innovaciones que se dan en el Oriente cristiano, el Occidente se mantiene más o menos firme en las doctrinas esbozadas en el siglo anterior.
  – San Hipólito: Sigue las mismas ideas que desarrolla su contemporáneo Tertuliano. El Juicio Final tendrá lugar en la Parusía. Antes, todas las almas estarán en el Hades; no obstante los ángeles infringirán a los pecadores un castigo provisorio dependiendo del grado de su maldad; y también los justos tienen un adelanto de felicidad en la parte del Hades denominada "seno de Abraham".³⁸ Así pues, en San Hipólito hay algún tipo de retribución en el estado intermedio. Con todo, la escatología final es la importante: "Todos, hombres, ángeles y demonios... estarán presentes ante el Juicio de éste [el Verbo] y la retribución que se haga a unos pone de manifiesto la equidad de su voz; toda vez que a los que han obrado bien se les retribuye en justicia

---

[37] Orígenes: *In Rom.*, 2, 1–2 (*P. G.*, 14, 870–872). Cf. 2, 4 (*P. G.*, 14, 878–879); 9, 41 (*P. G.*, 14, 1244–1245 et *In Matth.*, 19, 8 (*P. G.*, 13, 1204).

[38] San Hipólito de Roma: *De Antichr.*, 64, (*P. G.*, 10, 784) y *Contra Noet.*, 18 (*P. G.*, 10, 828–829).

la eterna felicidad, a los afanosos del mal se les da el suplico eterno..."[39]

- San Cipriano de Cartago: solo trata de la escatología desde un punto de vista práctico, debido a su carácter principalmente pastoralista: "¡Oh que día tan grande será, hermanos amadísimos, cuando el Señor pase revista y examine con su ciencia divina los méritos de cada uno, y envíe a la gehenna a los culpables y condene a nuestros perseguidores al fuego perpetuo de las llamas vengadoras, y a nosotros nos pague la recompensa de la fe y de nuestra entrega a Él!"[40] Mantiene la correcta fe de la Iglesia, y así desconoce la escatología intermedia de todas las almas en el Hades, afirmando que no solo los mártires, sino también todos los justos entran en la posesión de Dios después de la muerte.[41]

4. *Periodo de fijación de la doctrina: siglos IV–VIII.*[42] Después de todas las vicisitudes anteriores, se llega a la pacífica determinación de la correcta teología del Juicio, que no ocupará el primer lugar de las preocupaciones teológicas de los Santos Padres, pero sí se presenta con la claridad que hasta este periodo no tenía. Se pueden dividir la teología de los Santos Padres de este periodo por las zonas geográficas: siriaca, griega y latina

- La patrística siriaca manifiesta el defecto de un pensamiento que no ha sido profundizado teológicamente (a diferencia de lo que ocurre con la patrística griega), y por tanto

---

[39] San Hipólito de Roma: *Adv. Græcos*, 1–3 (*P. G.*, 10, 796–801).

[40] San Cipriano de Cartago: *Epist.*, 58, 10, 1.

[41] San Cipriano de Cartago: *De Mortalit.*, 20, 26 (*P. L.*, 4, 596 y 601–602); *De Bono Pat.*, 10 (*P. L.*, 4, 620).

[42] J. Rivière: *Jugement...*, págs. 1781–1804.

14.2. TRADICIÓN

conserva los rasgos y defectos de las concepciones más primitivas. En este sentido, por ejemplo, Afraates cae en el error de no reconocer ninguna retribución de buenos y malos post–mortem hasta la Parusía y la resurrección de los muertos: "Los muertos resucitarán con estrépito... Todos los hijos de Adán se reunirán para el juicio y cada uno irá al lugar que le está preparado. La resurrección de los justos culminará en la vida, mientras que la resurrección de los impíos los entregará a la muerte".[43] Una retribución anterior a la Parusía, le parecía a Afraates que ponía en peligro el dogma de la resurrección de los muertos.[44]

- La patrística griega: representa la teología más profunda de su tiempo, lo que beneficia a la escatología. Se pueden resaltar los siguientes puntos:

    – Razón del Juicio universal: la justicia divina. San Cirilo de Jerusalén es claro: "si no hubiera juicio ni retribución, se podría acusar a Dios de injusticia".[45] San Juan Crisóstomo insiste en el mismo argumento: "Si Dios es como es en realidad, se sigue que es justo; porque si no fuera justo, no sería Dios. Y si Él es justo, dará a cada uno según su mérito".[46] Es el modo justo de tratar Dios a los pecadores, como dice San Basilio,[47] o San Juan Crisóstomo.[48]

---

[43] Afraates: *Demostrat.*, 22, 15 (*P. S.*, 1, 1023).

[44] Afraates: *Demostrat.*, 8, 3, (*P. S.*, 1, p. 366) y 22–23 (*P. S.*, p. 402–403). Cf. 6, 14, p. 291–296.

[45] San Cirilo de Jerusalén: *Cat.*, 18, 4 (*P. G.*, 33, 1021).

[46] San Juan Crisóstomo: *De Diab.*, hom. 1, 8 (*P. G.*, 49, 258). Cfr. *De Lazaro*, hom. 4, 4 (*P. G.*, 48, 1011).

[47] San Basilio: *In Ps. VII*, 3 (*P. G.*, 29, 237).

[48] San Juan Crisóstomo: *De Laz.*, hom. 4, 1–2 (*P. G.*, 48, 1007–1009).

- Cualidad: según verdadera justicia, a diferencia de los juicios humanos.[49] Sin acepción de personas.[50] Estrictamente personal, sin que nadie pueda venir en nuestra ayuda: si obramos mal personalmente, seremos condenados personalmente, como dicen el Crisóstomo o San Gregorio Nacianceno.[51]

- Existe un Juicio Universal, del que se habla en singular como de una realidad absoluta conocida de todos.[52] El autor del Juicio universal será Jesucristo, privilegio dado por el Padre para glorificarlo y que toda rodilla se doble ante Él.[53] Será parte de la Parusía.[54] Normalmente se hacen descripciones muy gráficas a auditorios populares, que siguen muy de cerca las narraciones bíblicas.[55]

- También está presente el juicio particular después de la muerte del individuo, aunque con menos uniformidad y unanimidad, pero sí mucho más desarrollado que en los Padres de la época anterior. Así se encuentran tes-

---

[49] Cfr. San Juan Crisóstomo: *De Cruce et Latr.*, hom. 1, 3 (*P. G.*, 49, 402–403).

[50] San Gregorio Nacianceno: *Orat.*, 19, 15 (*P. G.*, 35, 1061).

[51] San Juan Crisóstomo: *In 2 Cor.*, hom. 9, 4 (*P. G.*, 61, 465); San Gregorio Nacianceno: *Orat.*, 16, 9 (*P. G.*, t. 35, 945).

[52] San Atanasio: *Apol. contr. Arian.*, 35 (*P. G.*, 25, 308); San Gregorio Nacianceno: *Poem. Mor.*, 8, 194 et 10, 130–132 (*P. G.*, 37, 662 y 690); San Gregorio Niseno: *Orat. Catech. Magna*, 40 (*P. G.*, 45, 105); San Juan Crisóstomo: *In Matth.*, hom. 13, 5 (*P. G.*, 57, 215–218).

[53] Cfr. San Cirilo de Jerusalén: *Catech.*, 15, 25 (*P. G.*, 33, 905).

[54] Cfr. S. Atanasio, *De Incarn. Verbi*, 56 (*P. G.*, 25, 196); *Cont. Arian.*, n, 43 (*P. G.*, 26, 240); San Gregorio Nacianceno: *Poem. Moral.*, (*P. G.*, 28, 340–370); etc.

[55] San Basilio: *In Ps.*, 38, 8 (*P. G.*, 29, 372); San Juan Crisóstomo: *In Matth.*, hom. 79, 1–2 (*P. G.*, 58, 717–720); *In 2 Cor.*, hom. 10, 3 (*P. G.*, 61, 471); San Cirilo de Alejandría: *In Zach.*, 105 (*P. G.*, 72, 248–249); etc.

14.2. TRADICIÓN

timonios indirectos, como la afirmación de imposición de sanciones inmediatamente después de la muerte, lo que supone un modo de determinación de culpabilidad. También hay afirmaciones directas de un juicio particular; sobre todo ciertas explicaciones de la intervención de ángeles y demonios para ponderar la suerte inmediata de las almas de los difuntos, con modos gráficos y variados de explicar esa intervención de los espíritus puros buenos y malos;[56] pero también con la declaración del juicio de las almas realizado por Dios, utilizando variados modos de referirse al mismo, pero siempre diferente del Juicio Universal en la Parusía.[57]

- La patrística latina: fue afectada por el espíritu de Orígenes, pero de un modo mucho más débil que en la griega. La escatología latina conservó los rasgos más simples y más primitivos, cerca de los textos bíblicos, lo que le da un carácter más positivo y más conservador, y muchas veces más seguro teológicamente. Sobresale, como en otros campos, la labor de San Agustín, cuya influencia llegará a toda la posteridad.

El pensamiento de San Agustín supuso un aporte fundamental a la escatología, a pesar de que no fue el campo principal que desarrolló. Su posición es intermedia entre las concepciones del milenarismo popular y las sutilezas de Orígenes. En particular la teología del Juicio final, logra con San Agustín, una determinación casi definitiva.

---

[56]Cfr. San Atanasio: *Vita S. Antonii*, 66 (*P. G.*, 26, 937); San Basilio: *In Ps.* 7, 2 (*P. G.*, 29, 232); San Cirilo de Alejandría: *Hom.*, 14 (*P. G.*, 77, 1073–1076).

[57]Cfr. San Gregorio Nacianceno: *Orat.* 16, 8 (*P. G.*, 35, 944, cfr. 1783); San Juan Crisóstomo: *In Philip.*, hom. 3, 3–4 (*P. G.*, 62, 202–203); etc.

El santo de Hipona hace una detallada exposición del Juicio Final utilizando los textos del Antiguo y del Nuevo Testamento.[58] Es una verdad de fe.[59] Es manifestación de la providencia y de la justicia divinas, que siempre retribuye, aunque no lo haga en este mundo. El Juicio General se confía a Cristo, enmarcado en su venida gloriosa, y donde el alegorismo de Orígenes se sigue compensado con el realismo tradicional.[60] No se hará en el reino milenario, sino en la Parusía.[61] Acudirán al Juicio todos los pueblos, todos los hombres buenos y malos, sin exclusión de ninguno, en contra de la opinión de algunos Padres que excluían del Juicio a los pecadores y santos extremos.[62] El único criterio a tener en cuenta en el Juicio serán las obras efectivas de cada uno y no las eventuales, aplicando aquí su doctrina sobre la predestinación y la gracia.[63] Con respecto a la suerte de las almas antes del Juicio Universal, San Agustín afirma que, según hayan sido sus acciones, reciben ya el premio o el castigo, incompletos, pero reales.[64]

- San Juan Damasceno, al final de la época patrística, es ejemplo de síntesis de toda la doctrina patrística anterior. Por ejemplo: "Resucitaremos pues... y compareceremos an-

---

[58] San Agustín: *De Civ. Dei*, 20 (*P. L.*, 41, 659–703).

[59] San Agustín: *Epist.*, 237, 4 (*P. L.*, 33, 1028); *In Ps. 73*, 25 (*P. L.*, 26, 944–945); *De cat. Rudibus*, 24, 45 (*P. L.*, 40, 341–342); etc.

[60] San Agustín: *De Civ. Dei*, 20, 5, 4 (*P. L.*, 41, 664).

[61] San Agustín: *De octo Dulcitii quæst.*, 3, 1–2 (*P. L.*, 40, 159).

[62] San Agustín: *De Civ. Dei*, 20, 21, 3 (*P. L.*, t. 41, 692–693); *Epist.*, 193, 11 (*P. L.*, 33, 873).

[63] San Agustín: *Epist.*, 217, 5, 16 (*P. L.*, 33, 984–985); cf. *De anima*, 1, 12–15 (*P. L.*, 44, 482–483); *De Prædest. Sanct.*, 12–14, 24–29 (*P. L.*, 44, 977–981); etc.

[64] San Agustín: *In Joa.*, 49, 10 (*P. L.*, 35, 1751–1752); *In Ps.* 6, 6 (*P. L.*, 36, 93); *De Cura pro Mortuis*, 12, 15 (*P. L.*, 40, 603).

te el tremendo tribunal de Cristo, y tanto el diablo y los demonios como el anticristo, así como también los impíos, serán entregados al fuego eterno; me refiero a un fuego que no consta de materia igual que el de la tierra, sino que Dios sólo conoce su constitución. Los que obraron el bien, brillarán commo el sol con los ángeles en la vida eterna, con nuestro Señor Jesucristo para verlo siempre y ser vistos y para disfrutar con una alegría indefectible, alabándolo con el Padre y el Espíritu Santo por los siglos de los siglos".[65]

14.3 Magisterio y herejías

Es una verdad de fe divina y católica el que Jesucristo "vendrá a juzgar a los vivos y a los muertos".

1.- Esta misma dicción que se encuentra en los grandes credos de la Iglesia: Tradición Apostólica, en sus diferentes versiones,[66] Confesión de Fe de Cesarea,[67] Credo Bautismal de Antioquía,[68] Credo de Macario,[69] Confesiones de Fe de las Colecciones Orientales de Cánones,[70] Símbolo *Quicumque*,[71] Símbolo de Nicea,[72] Símbolo Niceno–Constantinopolitano,[73] *Statuta Ecclesiæ Antiqua*,[74] Confesión de Fe

---

[65] San Juan Damasceno: *De Fide Orth.* 4, 37 (*P. G.*, 94, 1228).
[66] *D. S.*, 10–30.
[67] *D. S.*, 40.
[68] *D. S.*, 50.
[69] *D. S.*, 55.
[70] *D. S.*, 60–64.
[71] *D. S.*, 76.
[72] *D. S.*, 125.
[73] *D. S.*, 150.
[74] *D. S.*, 325.

del Papa Vigilio,[75] *Fides Pelagii*,[76] Confesión de Fe del IV Concilio de Toledo,[77] Confesión de Fe del VI Concilio de Toledo,[78] Confesión de Fe del XI Concilio de Toledo,[79] Confesión de Fe de León IX al Patriarca Pedro de Antioquía,[80] Confesión de Fe Prescrita a los Valdenses,[81] Confesión de Fe del IV Concilio de Letran,[82] Confesión de Fe de Miguel Paleólogo,[83] Decreto de la Justificación del Concilio de Trento,[84] *Lumen Gentium*.[85] Basten como ejemplos, dos. El primero, por su antigüedad, la confesión de Fe de la *Traditio Apostolica*:

"Credis in Christum Iesum...venturus iudicari vivos et mortuos?"[86]

Y, por su claridad, el Símbolo del Concilio XI de Toledo:

"Illic ad dexteram Patris sedens, exspectatur in finem sæculorum iudex omnium vivorum et mortuorum. Inde cum sanctis omnibus (Angelis et hominibus) ve-

"Sentado allí a la diestra del Padre, es esperado para el fin de los siglos como juez de vivos y muertos. De allí vendrá con los santos ángeles, y los hombres,

---

[75] *D. S.*, 414.
[76] *D. S.*, 443.
[77] *D. S.*, 485.
[78] *D. S.*, 492.
[79] *D. S.*, 540.
[80] *D. S.*, 681.
[81] *D. S.*, 791.
[82] *D. S.*, 801.
[83] *D. S.*, 852. 859.
[84] *D. S.*, 1549.
[85] *D. S.*, 4168.
[86] *D. S.*, 10.

14.3. MAGISTERIO Y HEREJÍAS

niet ad faciendum iudicium, reddere unicuique mercedis propriæ debitum, prout quisque gesserit incorpore positus sive bonum, sive malum (cf 2 Cor 5:10)".[87]

para celebrar el juicio y dar a cada uno la propia paga debida, según se hubiere portado, o bien o mal [2 Cor. 5:10], puesto en su cuerpo".

2.– También aparece la dicción "los hombres darán cuenta de sus propios actos". Es el caso del Símbolo Quicumque,[88] de la Confesión de Fe de Miguel Paleólogo,[89] de la Bula *Benedictus Deus*[90] o de la Constitución *Lumen Gentium*.[91] Véase el texto dogmático de la *Benedictus Deus*:

"Diffinimus insuper... et quod nihilominus in die iudicii omnes homines 'ante tribunal Christi' cum suis corporibus comparebunt, reddituri de factis propriis rationem, 'ut referat unusquisque propria corporis, prout gessit, sive bonum sive malum' (2 Cor 5:10)".[92]

"Definimos además... y que no obstante en el día del juicio todos los hombres comparecerán con sus cuerpos 'ante el tribunal de Cristo', para dar cuenta de sus propios actos, 'a fin de que cada uno reciba lo propio de su cuerpo, tal como se portó, bien o mal' [2 Cor 5:10]."

3.– También el Magisterio se ha pronunciado sobre el día del juicio, que no es conocido ni por los ángeles ni por los hombres. Cristo solo

---

[87] *D. S.*, 540.
[88] *D. S.*, 76.
[89] *D. S.*, 859.
[90] *D. S.*, 1002.
[91] *D. S.*, 4168.
[92] *D. S.*, 1002.

lo conoce a causa de su divinidad: Carta *Sicut Aqua*, de San Gregorio Magno al Patriarca Eulogio de Alejandría sobre la ciencia de Cristo,[93] Respuesta de la Comisión Bíblica Pontificia de 18 de junio 1915.[94]

"Unde et Pater solus dicitur scire, quia consubstantialis et Filius ex eius natura, qua est super angelos, habet ut hoc sciat, quod angeli ignorant. Unde et hoc intelligi subtilius potest, quia incarnatus Unigenitus factusque pro nobis homo perfectus in natura quidem humanitatis novit diem et horam iudicii, sed tamen hunc non ex natura humanitatis novit. Quod ergo in ipsa novit, non ex ipsa novit, quia Deus homo factus diem et horam iudicii per deitatis suæ potentiam novit... Itaque scientiam, quam ex humanitatis natura non habuit, ex qua cum angelis creatura fuit, hanc se cum angelis, qui creaturæ sunt, habere denegavit. Diem ergo et horam iudicii scit Deus et ho-

"De ahí que se diga que sólo el Padre lo sabe, porque el Hijo consustancial con El, por su naturaleza que es superior a los ángeles, tiene el saber lo que los ángeles ignoran. De ahí que se puede dar un sentido más sutil al pasaje; es decir, que el Unigénito encarnado y hecho por nosotros hombre perfecto, ciertamente en la naturaleza humana sabe el día y la hora del juicio; sin embargo, no lo sabe por la naturaleza humana. Así, pues, lo que en ella sabe, no lo sabe por ella, porque Dios hecho hombre, el día y hora del juicio lo sabe por el poder de su divinidad... Así, pues, la ciencia que no tuvo por la naturaleza de la humanidad, por la que fue criatura como los ángeles, ésta negó tenerla como no la tienen los ángeles que son criaturas. En conclusión, el día y la hora del juicio la saben Dios

---

[93] *D. S.*, 474–476.
[94] *D. S.*, 3629.

mo; sed ideo, quia Deus est homo".⁹⁵   y el hombre; pero por la razón de que el hombre es Dios".

También los musulmanes aguardan el Juicio Final: Declaración *Nostra Aetate*.⁹⁶

14.4 Cuestiones teológicas

14.4.1 Sobrenaturalidad y razones de conveniencia

El Juicio Universal es una verdad de fe que conocemos por Revelación. De hecho es tan abrumadora la cantidad de testimonios de la misma, que San Agustín sostenía que solamente el que desconociera las Escrituras podría negar tal creencia: "Nullus igitur vel negat vel dubitat per Iesum Christum tale quale in istis sacris litteris prænuntiatur futurum esse novissimum judicium, nisi qui eisdem litteris nescio qua incredibili animositate seu cœcitate non credit, quæ iam veritatem suam orbi demonstravere terrarum".⁹⁷ Las argumentaciones en contra de tipo racionalista y crítico, no se sostienen.⁹⁸

Pero una vez conocida la verdad del Juicio Universal, se pueden encontrar razones de su conveniencia que manifiestan la armonía del conjunto de nuestra fe. Se pueden proponer desde tres perspectivas diferentes:

A.– Desde el punto de vista de Dios. En el Juicio Final quedan claros a los ojos de todos los seres racionales tres atributos divinos:

---

⁹⁵*D. S.*, 475.

⁹⁶*D. S.*, 4197.

⁹⁷*De Civ. Dei*, 20, 30, 5 (*P. L.*, t. 26, 708). Suarez sostenía la misma idea (*De Mysteriis Vitæ Christi*, disp. 53, sect. 1, n. 2, pág. 1010).

⁹⁸Cfr. J. Rivière: *Jugement...*, págs. 1812–1814.

Infinita Sabiduría, Infinita Justicia y Providencia amorosa. Debido a la debilidad de nuestra mente y de nuestra fe, no siempre las apreciamos en esta vida. Pero el Juicio quedarán manifiestas a todas las creaturas.

Santo Tomás de Aquino se detiene en la consideración de la infinita justicia y providencia en el Juicio final, que quedan satisfechas por un doble motivo: porque se llega finalmente a la perfección primera querida por Dios cuando creó el universo; y porque se realiza en plenitud su obra de gobierno, que no puede quedar sin verdadera y justa retribución para los gobernados:

"Distinguitur autem duplex Dei operatio. Una qua res primitus in esse producit, instituens naturam, et distinguens ea quæ ad completionem ipsius pertinent: a quo quidem opere Deus dicitur quievisse Genes. 1. Alia eius operatio est qua operatur in gubernatione creaturarum, de qua Joan. 5, 17: pater meus usque modo operatur, et ego operor; ita etiam duplex judicium distinguitur, ordine tamen converso. Unum quod respondet operi gubernationis, quæ sine judicio esse non potest: per quod quidem judicium unusquisque singulariter pro suis operibus judicatur

"Se distinguen en Dios dos operaciones. Una por la que produce el ser de las cosas primitivas, y se establecen las distinciones que contribuyen a su perfección: de la cual se dice en Gen 1, que Dios descansó. La otra operación es por la que gobierna a las creaturas; y de esto está escrito en Jn 5:17, 'mi Padre trabaja hasta ahora y yo también trabajo'. Por eso distinguimos en Él un doble juicio, pero en orden inverso. Uno corresponde a la obra del Gobierno, que no puede quedar sin juicio: y por este juicio cada uno es juzgado individualmente de acuerdo a sus obras, no solo como adecuadas a sí mismo, sino también como adecuadas

14.4. CUESTIONES TEOLÓGICAS

non solum secundum quod sibi competit, sed secundum quod competit gubernationi universi; unde differtur unius præmiatio pro utilitate aliorum, ut dicitur Hebr. 11, et poenæ unius ad profectum alterius cedunt; unde necesse est ut sit aliquod judicium universale correspondens ex adverso primæ rerum productioni in esse, ut videlicet sicut tunc omnia processerunt immediate a Deo, ita tunc ultima completio mundo detur, unoquoque accipiente finaliter quod ei debetur secundum seipsum; unde in illo judicio apparebit manifeste divina justitia quantum ad omnia quæ nunc ex hoc occultantur quod interdum de uno disponitur ad utilitatem aliorum aliter quam manifesta opera exigere videantur; unde etiam et tunc erit universalis separatio bonorum a malis, quia ulterius non erit locus ut mali per bonos vel boni per malos proficiant; propter quem profectum interim commixti inveniuntur boni malis, quoadusque

al Gobierno del universo. Y por eso (para este segundo fin), la recompensa de alguno se retrasa por el bien de otros (Heb 9:39 y 40); y las penas de uno conducen al beneficio de otro. En consecuencia (por este último motivo), es necesario que haya otro juicio general correspondiente con la primera formación de las cosas en el ser, para que, así como las cosas procedieron inmediatamente de Dios, así al final el mundo reciba su última perfección, mediante la recepción por parte de cada uno de lo que le es debido personalmente. Por lo tanto, en este juicio la Divina Justicia se hará manifiesta a todas las cosas, que ahora permanecen ocultas, porque a veces algunas personas se benefician de otras de manera distinta a lo que parecieran requerir sus obras. Por la misma razón habrá una separación general de buenos e impíos, porque no habrá ninguna razón más para que el bueno se beneficie del malo, ni el malo del bueno: razón por la cual el bueno está mezclado con el malo, durante el es-

status hujus vitæ per divinam providentiam gubernatur".[99] tado de vida gobernado por la divina Providencia."

El *Catecismo Romano* explica también esta razón de conveniencia:

"Es claro que, en todas las circunstancias prósperas o adversas de la vida, nada sucede, ni a los buenos ni a los malos, que no haya sido dispuesto por la infinita sabiduría y justicia divinas. Convenía, pues, no sólo determinar penas para los malos y premios para los buenos en la otra vida, sino también decretarlos en juicio público y universal para que todos los conocieran y todos alabaran la justicia y providencia de Dios, y cesara así aquella queja injusta con la que se lamentaban aun los varones más santos — hombres al fin— cuando contemplaban la riqueza y prosperidad de los impíos: 'Estaban ya deslizándose mis pies, casi me había extraviado. Porque miré con envidia a los impíos, viendo la prosperidad de los malos'.[100] Y más adelante: 'Ésos, impíos son. Y, con todo, a mansalva amontonan grandes riquezas. En vano, pues, he conservado limpio mi corazón y he lavado mis manos en la inocencia'.[101] Éste era el lamento ordinario de muchos justos.

Se imponía, por consiguiente, un juicio universal para que nadie pudiera decir que Dios, paseándose por las alturas del cielo, no se preocupaba de las cosas de la tierra.

---

[99] Santo Tomás de Aquino: *In Sent.*, IV, dist. 47, q. 1, a. 1, q^a. 1, co. Cfr. *Summ. Theol.*, III^a, q. 59, a. 5; *Cont. Gent.*, 4 , cap. 96; *Quodl.* 10, q. 1, a. 2; *Compend. Theol.*, cap. 242; *In Matth.*, cap. 25.
[100] Sal 73: 2–3.
[101] Sal 73: 12–14.

14.4. CUESTIONES TEOLÓGICAS

El Símbolo de la fe cristiana recuerda explícitamente este dogma para que, si alguno duda de la justicia o providencia de Dios, fortalezca su fe con tan saludable doctrina".[102]

B.- *Desde el punto de vista de Cristo.* Es justa recompensa y reconocimiento para su naturaleza humana, de su Filiación divina natural, de su condición de único Redentor y de su realidad como verdadero Rey de cielos y tierra. Sobre el particular, se profundiza en el apartado dedicado a Jesucristo como Juez, esto es, como el autor del Juicio Final.

Por otro lado, parece muy justo que se reivindique la figura y la obra de Cristo ante todos los hombres, premiando a los que le creyeron y siguieron, y castigando a los que lo rechazaron en su tiempo y a lo largo de la Historia (cfr. Cristo signo de contradicción y piedra de escándalo, 1 Pe 2:8; Lc 2:34). Cristo dejó en manos de su Padre la reivindicación de su propia obra (Jn 8: 50.54) lo que se cumple esplendorosamente en el Juicio. Al final, "todos sus enemigos serán puestos bajo sus pies" (1 Cor 15:25).

El *Catecismo Romano* también insiste en este punto de vista:

"Como era muy justo también que aquel hombre condenado por la más inicua de las sentencias humanas fuera contemplado por todos en su sede de Juez. Por eso San Pedro, después de haber expuesto en casa de Cornelio los principales puntos de la religión cristiana y haber enseñado que Cristo fue crucificado y muerto por los judíos y que resucitó al tercer día, añade: Y nos ordenó predicar al

---

[102] *Catecismo Romano*, cap. 7, IV, 118.

pueblo y atestiguar que por Dios ha sido instituido Juez de vivos y muertos (Hech 10:42)".[103]

C.– Desde el punto de vista de los hombres. Queda clara la bondad y maldad de cada ser humano, así como la justa retribución para cada uno.

El *Catecismo Romano* se extiende en la explicación de esta razón de conveniencia:

> "Sucede con frecuencia que, muertos los padres, sobreviven los hijos y nietos, imitadores de sus vicios y virtudes; y muertos los maestros, sobreviven los discípulos, entusiastas y ejecutores de sus ejemplos, palabras y acciones. Esto necesariamente ha de concurrir a aumentar el premio o la pena de los muertos. Y como esta influencia para el bien o para el mal ha de propagarse de unos a otros hasta el fin del mundo, lógico y justo será que de todas estas enseñanzas y obras, buenas o malas, se haga un proceso y balance completo. Y esto no podría realizarse sin un juicio universal.
>
> Sucede también con frecuencia que el buen nombre de los justos es conculcado, mientras los impíos gozan de buena reputación. La justicia divina exige que aquéllos recuperen delante de todos, en un juicio público, la buena fama que injustamente les fue arrebatada.
>
> Todos los hombres, tanto los buenos como los malos, utilizaron en su obrar el cuerpo como instrumento. Justo es que también el cuerpo participe de cierta responsabilidad sobre las obras buenas y malas y que reciba, juntamente

---

[103] *Catecismo Romano*, cap. 7, IV, 120.

14.4. CUESTIONES TEOLÓGICAS

con el alma, el merecido premio o castigo. Y esto tampoco hubiera podido hacerse sin la resurrección final de los cuerpos y sin el consiguiente juicio universal...

Por último, el pensamiento del juicio universal estimulará a los buenos y atemorizará a los malos, para que, ante la perspectiva del juicio final de la justicia divina, los unos no desfallezcan y los otros se aparten del mal por temor al castigo".[104]

Ante la objeción de que para ello basta el juicio particular, Santo Tomás hace ver la conveniencia de la existencia de un juicio universal después del particular, sobre la base de que es imposible dar un juicio definitivo sobre una cosa mudable antes de su consumación. Y la vida del hombre, a pesar de que su existencia acabe con la muerte y reciba su premio y castigo por el juicio particular, sin embargo subsiste en forma relativa de varios modos: en la memoria de los hombres, que puede ser equivocada; en los hijos, que a veces no siguen la condición de bondad o maldad de los padres; en el efecto de sus obras, como la infidelidad o el engaño, o la fe y las buenas obras, que perviven al hombre; en cuanto a su cuerpo que queda en la tierra y puede sufrir diferentes suertes; y, finalmente, en cuanto al objeto de sus afectos con relación a los bienes temporales que sobreviven al hombre. Y sobre todo esto, dice el Santo:

"Omnia autem hæc subduntur existimationi divini iudicii. Et ideo de his omnibus perfectum et manifestum iudicium haberi non potest quandiu huius	"Pero todas esas cosas están sometidas a la apreciación del juicio divino. De ellas no se puede formar un juicio perfecto y claro mientras dura el curso del

---

[104] *Catecismo Romano*, cap. 7, IV, 118.

temporis cursus durat. Et propter hoc oportet esse finale iudicium in novissimo die, in quo perfecte id quod ad unumquemque hominem pertinet quocumque modo, perfecte et manifeste diiudicetur".[105]	tiempo presente. Y, debido a esto, es necesario que haya un juicio final en el último día en el que se juzgue perfecta y claramente sobre cada uno de los hombres y de cuanto le atañe de cualquier modo".

14.4.2 Cristo Juez

Según la doctrina cristiana, el autor principal del Juicio final será Jesucristo, con una cierta participación de los ángeles y de los hombres.

El papel principal de Jesucristo

El juzgar a las naciones y a todos los pueblos era un acto mesiánico en el Antiguo Testamento, como ya se vio. Y sigue siéndolo en el Nuevo. Y así en Jn 5: 26–27, Cristo dice que, "como el Padre tiene vida en sí mismo, así ha dado al Hijo tener vida en sí mismo. Y le dio la potestad de juzgar, ya que es el Hijo del Hombre".

La exaltación de Jesucristo llegará a su plenitud en la Parusía, con su Segunda Venida en gloria a la tierra, como juez de vivos y muertos. En el símbolo *Quicumque* se ve cómo éste aspecto del misterio de Cristo está unido al de los otros misterios salvadores:

> "...Christus. Qui passus est *pro salute nostra*, descendit (discendit) ad inferos, tertia die resurrexit (surrexit) a

---

[105]Santo Tomás de Aquino: *Summ. Theol.*, III^a, q. 59, a. 5, co. Cfr. *In Sent.*, IV, dist. 47, q. 1, a. 1, q^a 1; *In Mt.* 25; *Contr. Gentes*, 4, cap. 96; *Quodl.*, 10 q. 1, a. 2; *Compend, Theol.* c. 242.

mortuis, ascendit ad cælos, sedet (sedit) ad dexteram Patris, inde venturus est iudicare vivos et mortuos. Ad cuius adventum omnes homines resurgere habent (in) corporibus suis, et reddituri sunt de factis propriis rationem; et qui bona egerunt, ibunt in vitam æternam, qui vero mala, in ignem æternum".[106]

Es un poder concedido a Cristo como hombre, un poder delegado de Dios; porque el juzgar a todos es propio de Dios, como dice Santo Tomas: "La autoridad suprema de juzgar reside en Dios".[107] Pero Dios ha querido delegar esta función en los hombres, y de un modo solemne y definitivo en su Hijo muy Amado:

"...hominibus tamen committitur a Deo iudiciaria potestas respectu eorum qui eorum iurisdictioni subiiciuntur. Unde dicitur Deut. I, quod iustum est iudicate, et postea subditur, quia Dei est iudicium, cuius scilicet auctoritate vos iudicatis. Dictum est autem supra quod Christus, etiam in natura humana, est caput totius Ecclesiæ, et quod sub pedibus eius Deus omnia subiecit. Unde et ad eum pertinet, etiam secundum naturam

"...el propio Dios confiere a los hombres el poder judicial respecto a aquellos que están sometidos a su jurisdicción. Por lo cual se dice en Dt 1: 'Juzgad lo que es justo'; y después se añade (v. 17): 'Porque de Dios es el juicio'; lo cual quiere decir: Con su autoridad juzgáis vosotros. Ya se dijo antes (q. 8, a. 1 y 4; q. 20, a. 1, ad 3) que Cristo, también en su naturaleza humana, es la cabeza de toda la Iglesia, y que Dios ha puesto todas las cosas bajo sus pies (cf. Sal 8:8). En consecuencia, también le pertene-

---

[106] *D. S.*, 76.
[107] Santo Tomás de Aquino: *Summ. Theol.*, III\u1d43, q. 59, a. 2, co.

humanam, habere iudiciariam potestatem".[108]

ce, aun en cuanto hombre, tener el poder judicial".

Santo Tomás de Aquino da tres razones por las que conviene el poder judicial a Cristo como hombre: por su unión y afinidad con los hombres, por virtud de la Redención que efectuó sobre las almas y los cuerpos de los hombres, y para que todos los hombres —buenos o malos— pudieran ver a su Juez:

"Competit autem Christo hoc modo secundum humanam naturam iudiciaria potestas, propter tria. Primo quidem, propter convenientiam et affinitatem ipsius ad homines. Sicut enim Deus per causas medias, tanquam propinquiores effectibus, operatur; ita iudicat per hominem Christum homines, ut sit suavius iudicium hominibus. Unde apostolus dicit, Heb. IV, non habemus pontificem qui non possit compati infirmitatibus nostris, tentatum per omnia per similitudinem, absque peccato. Adeamus ergo cum fiducia ad

"De este modo, el poder judicial compete a Cristo por tres motivos: Primero, por su unión y afinidad con los hombres. Así como Dios obra por las causas intermedias como más próximas a los efectos, así también juzga a los hombres por medio de Cristo hombre, con el fin de que el juicio sea más llevadero a los hombres. De donde dice el Apóstol en Heb 4: 15–16: 'No tenemos un Pontífice que no pueda compadecerse de nuestras flaqueras; antes fue tentado en todo a semejanza nuestra, excepto en el pecado. Acerquémonos, pues, confiadamente al trono de su gracia'. Segundo, porque en el juicio

---

[108]Santo Tomás de Aquino: *Summ. Theol.*, III\ua, q. 59, a. 2. Cfr. *In Sent.*, IV, dist. 48, q. 1, a.1; *In Mt.*, 25; *Contr. Gent.*, 4, cap. 96; *Compend, Theol.*, c. 24; *Quodl.* 10, q. 1, a.2; *In Io.*, 5, lect. 4 et 5; *Expos. super Symb.* a. 1.

14.4. CUESTIONES TEOLÓGICAS

thronum gratiæ eius. Secundo, quia in finali iudicio, ut Augustinus dicit, super Ioan., erit resurrectio corporum mortuorum, quæ suscitat Deus per filium hominis, sicut per eundem Christum suscitat animas inquantum est filius Dei. Tertio quia, ut Augustinus dicit, in libro de verbis domini, rectum erat ut iudicandi viderent iudicem. Iudicandi autem erant boni et mali. Restabat ut in iudicio forma servi et bonis et malis ostenderetur, forma Dei solis bonis servaretur".[109]

final, como dice Agustín, In Ioann., tendrá lugar la resurrección de los cuerpos muertos, que Dios resucita por medio del Hijo del hombre, lo mismo que resucita las almas por el propio Cristo en cuanto que es el Hijo de Dios. Tercero, porque, como escribe Agustín, en el libro De verbis Domini, era justo que viesen al juez los que iban a ser juzgados. Y los que iban a ser juzgados eran los buenos y los malos. Quedaba que en el juicio se manifestase a los buenos y a los malos la forma de siervo, reservándose la forma de Dios sólo para los buenos".

Es una realidad que está en estrecha relación con el status de Cristo como Cabeza de la Iglesia y Rey del universo.[110] Santo Tomás de Aquino explicará que el poder judicial le compete a Cristo por varias razones: por su dignidad de Persona divina, por su dignidad de Cabeza del Cuerpo Místico y por la plenitud de gracia habitual. Con todo, también le corresponde por sus méritos, pues quiso la justicia

---

[109] Santo Tomás de Aquino: *Summ. Theol.*, III\u1d43, q. 59, a. 2.

[110] Santo Tomás recuerda que el poder judicial es común a toda la Trinidad, pero se atribuye por cierta apropiación al Hijo, que es la "sabiduría engendrada" y es la Verdad que procede del Padre; y la verdad es la que forma el juicio justo (Santo Tomás de Aquino: *Summ. Theol.*, III\u1d43, q. 59, a. 1, co; cfr. *In Sent.*, IV, dist. 47, q. 1, a. 2, q. 3; dist. 48, q. 1, a. 1, ad 4; *In Io.*, 5, lect. 4; *Expos. super Symb.*, a. 7). Cfr. Juan A. Jorge: *Cristología*, cit., vol. III, págs. 210–217.

de Dios que fuese juez el que luchó y venció por la justicia de Dios y el que injustamente fue juzgado:

"...iudiciaria potestas homini Christo competit et propter divinam personam, et propter capitis dignitatem, et propter plenitudinem gratiæ habitualis, et tamen etiam ex merito eam obtinuit, ut scilicet, secundum Dei iustitiam, iudex esset qui pro Dei iustitia pugnavit et vicit, et iniuste iudicatus est. Unde ipse dicit, Apoc. III, ego vici, et sedi in throno patris mei. In throno autem intelligitur iudiciaria potestas, secundum illud Psalmi, sedet super thronum, et iudicat iustitiam".[111]

"...el poder judicial le compete a Cristo hombre tanto por su persona divina cuanto por la dignidad de cabeza, y por la plenitud de su gracia habitual; y, no obstante, lo obtuvo también por mérito, de modo que, conforme a la justicia de Dios, fuera juez el que luchó y venció por la justicia de Dios, y el que injustamente fue juzgado. Por eso dice El mismo, en Ap 3,21: 'Yo vencí y me senté en el trono de mi Padre'. Por trono se entiende el poder judicial, conforme a aquellas palabras del Sal 9:5, 'Se sienta en su trono, y administra la justicia'".

El Espíritu Santo como "Gran Acusador"

Hay un texto de San Juan que ha sido interpretado en varias claves, y donde se otorga al Espíritu Santo un papel como "Acusador judicial", como fiscal, en el juicio contra el mundo:

---

[111] Santo Tomás de Aquino: *Summ. Theol.*, III\ua, q. 59, a. 3, co. Cfr. *In Sent.*, IV, dist. 47, q. 1, a. 2, q. 2 ad 4; dist. 48, q. 1, a. 1; *Compend. Theol.*, cap. 241.

14.4. CUESTIONES TEOLÓGICAS

> "Y cuando venga el Paráclito, acusará al mundo de pecado, de justicia y de juicio. De pecado, porque no creen en mí; de justicia, porque me voy al Padre y ya no me veréis; de juicio, porque el príncipe de este mundo ya está juzgado".[112]

Muchas veces se entiende este pasaje como cumplido con la venida del Espíritu Santo sobre los Apóstoles y la Iglesia en Pentecostés, y su labor como alma de la Iglesia durante el tiempo que resta hasta la Parusía. Sin embargo su alcance es mayor, pues se le puede otorgar un papel especial en el Juicio Final, aunque sea como atribución de una de las cualidades divinas común a las tres divinas Personas.

En efecto, tal vez por el papel indudable que corresponde a Cristo como Juez en el Juicio Universal, la teología clásica no ha reparado en el papel que señala la Sagrada Escritura al Espíritu Santo como "Gran Acusador", o por utilizar un término más técnico, como "fiscal".

A. Gálvez, sin embargo, ha señalado ese papel, lo que tiene alcances pneumatológicos y escatológicos importantes. En efecto, parece muy adecuado reivindicar ese papel al Espíritu dentro de lo que representa su acción en la Historia de la Salvación.

Recordando y presuponiendo toda la teología trinitaria (y en particular, los temas de las propiedades y nociones de cada una de las divinas Personas, así como la atribución de algunos rasgos comunes específicamente a alguna de ellas), hay que subrayar que el Espíritu, es *Espíritu de Santidad*, a la que están llamados todos los seres humanos y que es criterio para el juicio y la justa retribución final. El papel de "acusador" otorgado al Espíritu Santo, parece muy lógico y en línea con este pensamiento.

---

[112] Jn 16: 8–11.

Además, el Espíritu Santo es el *Espíritu de la Verdad completa* que ha de revelarse sin posibilidad de ocultamiento o mentira en el Juicio Final.

Y, finalmente, el Espíritu Santo es el *Espíritu del Amor de Dios*, que es criterio último de santidad, y, según San Juan de la Cruz, la realidad definitiva por la que seremos juzgados: "A la caída de la tarde de nuestra vida, seremos juzgados del amor". También en este sentido, es congruente y lógico el papel del Espíritu Santo como "Gran Acusador" de los individuos y de las Sociedades.

A. Gálvez inicia sus consideraciones con las razones por las que al Espíritu de Dios se le otorga el titulo de "Gran Acusador", título y función asignados por el mismo Jesucristo, sobre la base de su realidad como "Espíritu de la Verdad Completa" que descubrirá todas las injusticias y falsedades y vicios de los impíos; injusticias, mentiras y vicios, que al no tener derecho alguno a existir, recibirán su justa condena en el Juicio final:

> "El Espíritu sigue colmando la existencia cristiana de misterios y de paradojas. He aquí que el *Óptimo Consolador*, el *Dulce Huésped del Alma* y el *Dulce Refrigerio*, como lo llama la Liturgia, es también *El Gran Acusador*, según un título que responde a las funciones que le asigna el mismo Jesucristo.
>
> En Dios todo procede con lógica infinita. Aquí no podía ser de otro modo, puesto que el Espíritu es *El Espíritu de la Verdad*. La Verdad acaba siempre por imponerse sobre la mentira *por exigencia de la misma naturaleza de las cosas*. La mentira no es sino una aberrante falsedad disfrazada de verdad, cosa que se ve obligada a hacer puesto que sin las apariencias de la verdad ni siquiera puede existir; hasta ese punto ha de humillarse y rendir subordinación a la

14.4. CUESTIONES TEOLÓGICAS

verdad. A su vez, el vicio no es sino otra aberración pero disfrazada de bien, ya que no tiene otro camino para ser aceptado por el ser humano.

Pero como mentiras que son ambos, *carecen de razón alguna para existir*. Si de hecho siguen existiendo, las exigencias de la Justicia harán realidad el momento en el que tal existencia *habrá de someterse a la mera condición de perpetua maldición y de eterna condenación*".[113]

La necesidad del Juicio se hace perentoria y muy conveniente. Su dilación, no es sino obra de la Justicia y de la Misericordia divinas:

"De ahí la necesidad del Juicio. Como epílogo de la existencia terrena de todo hombre y también de todas las sociedades por él creadas y que han existido a lo largo de la Historia. Que la actuación final de *El Gran Acusador* y la aplicación de la Justicia se hagan esperar no quiere decir que no vayan a producirse, y además es cosa que forma parte del Plan Divino en la Historia de la Salvación. Ya decía San Pedro en su Segunda Carta que *habrá unos cielos nuevos y una tierra nueva, los cuales esperamos según su promesa, y en los que habita la justicia*.[114] La demora no es sino otra aplicación de la Misericordia de Dios —siempre unida a su Justicia— a fin de agotar todas las oportunidades: a los elegidos, para mayor aumento de su gloria; a los inicuos, para mayor intensidad de sus tormentos eternos".[115]

---

[113] A. Gálvez: *Sermones...*, cit., págs. 118–119.
[114] 2 Pe 3:13.
[115] A. Gálvez: *Sermones...*, cit., pág. 119.

Y es, como Espíritu de Amor, como el Espíritu Santo ejerce su papel en las tres formas que indica Jesucristo en el Evangelio de San Juan: "de pecado, de justicia y de juicio". Tres realidades que se explican desde la teoría del Amor de A. Gálvez. El rechazo del amor de Dios es la causa de la Condenación, y la respuesta verdadera y total a ese Amor es la causa última de la Bienaventuranza:

> "Por lo tanto el Espíritu acusará al mundo de pecado porque no creyó en Jesucristo, y será castigado con no volver a verlo jamás. Una sentencia acerca de la cual no se suele reflexionar suficientemente, pues quedar privado de la posesión y del gozo del amor de Jesucristo *por toda la eternidad* es un castigo cuya gravedad ninguna mente creada sería capaz de imaginar. En cuanto al Príncipe de este Mundo su sentencia ya está dictada: desplegará todo su poder durante un tiempo que será breve, comparado sobre todo con la eternidad en la que lo más terrible de la Justicia divina caerá sobre Él.

> Ahora bien, tal como aseguran las mismas palabras de Jesucristo, tales acusaciones y el Juicio se ejercerán *con respecto al Mundo*, que es quien ha rechazado a Jesucristo: *Si el mundo os odia, sabed que a mí me odió antes que a vosotros.*[116] Mientras que será diferente la situación de los elegidos y el Juicio con el que Jesucristo los recibirá.

> Decía San Juan de la Cruz que *a la caída de la tarde de nuestra vida seremos juzgados del amor*. Lo cual quiere decir, con respecto a los discípulos, que será aquilatado su amor. El que profesaron siempre a Jesucristo, a cuya Persona ansiaron ver y cuya Vida desearon poseer para hacerla suya. Pues el amor no es juzgado, sino solamente

---

[116] Jn 15:18.

14.4. CUESTIONES TEOLÓGICAS

sopesado, como corresponde al final de una justa o torneo en la que los dos contendientes —Dios y la criatura— han puesto a prueba su amor:

> *Me ha llevado a la sala del festín*
> *y la bandera que ha alzado contra mí*
> *es bandera de amor.*[117]

Si contra los frutos producidos por el Espíritu en los discípulos que amaron a Jesucristo *no hay ley* (Ga 5:23), mucho menos podrá haber para ellos un Juicio.

El final del viaje de prueba del discípulo de Jesucristo, a través de todos las vicisitudes de las que está sembrado el *Valle de Lágrimas,* no es el momento de encontrarse con un juez, sino con el Amigo —*Ya no os llamo siervos*—[118] y con el Amado del alma".[119]

Papel auxiliar de los ángeles y de los santos

Algunos textos de la Sagrada Escritura otorgan a los ángeles y a los hombres un papel activo en el Juicio Universal.

En efecto, con relación a los Apóstoles, Cristo mismo dice: "cuando el Hijo del Hombre se siente en su trono de gloria, vosotros, los que me habéis seguido, también os sentaréis sobre doce tronos para juzgar a las doce tribus de Israel". Y San Pablo habla de que los santos juzgarán al mundo y a los ángeles: "¿No sabéis que los santos van a juzgar al mundo? Y si por vosotros va a ser juzgado el mundo, ¿no sois capaces de juzgar causas menores? ¿No sabéis que juzgaremos a los ángeles?"

---

[117] Ca 2:4.
[118] Jn 15:15.
[119] A. Gálvez: *Sermones...,* cit., págs. 119–120

(1 Cor 6: 2-3). Por otro lado, también parecen tener los ángeles un papel en el Juicio: "Cuando venga el Hijo del Hombre en su gloria y acompañado de todos los ángeles, se sentará entonces en el trono de su gloria, y serán reunidas ante él todas las gentes; y separará a los unos de los otros, como el pastor separa las ovejas de los cabritos" (Mt 25: 31-32).

Según el Aquinate,[120] hay que entender estos textos, teniendo en cuenta los diferentes modos en que se puede interpretar la palabra "juzgar":

1. *Comparativamente o "causaliter"*, en cuanto su vida honesta servirá de condenación a los réprobos. Cfr. Mt 12:41, "Los hombres de Nínive se levantarán contra esta generación en el Juicio y la condenarán: porque se convirtieron ante la predicación de Jonás, y daos cuenta de que aquí hay algo más que Jonás".

2. *Interpretativamente*, en cuanto que estando presentes en el Juicio de Cristo, lo aprueban públicamente. Cfr. Sab 3:8, "las almas de los justos...juzgarán a las naciones y dominarán sobre los pueblos, y su Señor reinará por los siglos".[121]

3. *Por similitud*, es decir haciendo una función similar a la del juez, se sientan en un lugar eminente y actúan como asesores. Cfr. Mt 19:28, "Jesús les dijo: En verdad os digo que vosotros, los que me habéis seguido, en la regeneración, cuando el Hijo del hombre se siente sobre el trono de su gloria, os sentaréis también vosotros sobre doce tronos para juzgar a las doce tribus de Israel".[122]

---

[120]Cfr. Santo Tomás de Aquino: *Compend. Theol.*, cap. 245; *In Psalm.* 49; *I ad Cor.*, cap. 6. lect. 1; *In Sent.*, IV, dist. 47, q. 1, a. 2, sol. 1; *Supplem.*, q. 89, a. 1, co.

[121]Cfr. 1 Cor 6:2.

[122]Cfr. Lc 22:30.

14.4. CUESTIONES TEOLÓGICAS

4. *Formalmente*, en cuanto que manifestarán a otros abiertamente la sentencia de Cristo que ellos conocen. Cfr. Ap 20:12, "Vi a los muertos, grandes y pequeños, que estaban delante del trono; y fueron abiertos los libros, y fue abierto otro libro, que es el libro de la vida. Fueron juzgados los muertos, según sus obras, según las obras que estaban escritas en los libros".

En cuanto a los ángeles, Santo Tomás les asigna el papel de testigos, más que de asesores que es el propio de los Apóstoles. La razón es que siendo Jesucristo juez en su humanidad, sus asesores deben tener la misma naturaleza.[123]

14.4.3 Circunstancias generales del Juicio

A veces se ha caído en la tentación, tanto en los primeros siglos del cristianismo como en épocas posteriores, y no solo por parte de artistas o predicadores, de mostrar un escenario del Juicio muy colorido y detallado (reunión en el Valle de Josafat, aparición de Cristo en un carro entre las nubes precedido de la cruz y escoltado por innumerables ángeles revestidos de cuerpos brillantes para la ocasión, tronos elevados y visibles desde lejos para el Juez y sus asesores, etc.). Conviene recordar el sentido común del Aquinate: " qualiter illud iudicium sit futurum, et quomodo homines ad iudicium conveniant, non potest multum per certitudinem sciri."[124] Basten, por tanto, tan solo algunos datos que aparecen en la Biblia, y que han de ser interpretados convenientemente conforme a las reglas de la auténtica hermenéutica.

---

[123]Santo Tomás de Aquino: *In Sent.*, IV, dist. 47, q. 1, a. 2, sol. 2; *Supplem.*, q. 89, a. 3.

[124]Santo Tomás de Aquino: *In Sent.*, IV, dist. 48, q. 1, a. 4, sol. 4; *Supplem.*, q. 48, a. 4.

- *Signos precursores*: Los signos de la Parusía, cuyo contenido y sentido ya se estudiaron.

- *Momento histórico*: También se trató de este tema (cfr. Mc 13:32, Mt 24:43; 1 Te 5:2). En resumen, tanto el Aquinate como San Agustín afirmaban: "Non potest determinari quantum tempus sit futurum, nec de mense, nec de anno, nec de centum nec de mille annis".[125]

- *Hora y día del Juicio*: es imposible de saber, pero algunos autores especulaban con las ideas de Mt 25:6 (en mitad de la noche) o en la madrugada cuando resucitó Cristo.

- *Lugar del Juicio*: Como se mencionaba, algunos Santos Padres y teólogos antiguos lo ubicaban en el Valle de Josafat, en razón de Jl, 3: 2. 12–15 interpretándolo literalmente. Pero, aparte de que el verdadero sentido literal de los textos citados no parece aludir al juicio final de la humanidad, hay que tener en cuenta que la palabra hebrea significa 'Dios juzga', con lo cual puede muy bien emplearse este vocablo para designar 'el valle del juicio', sea el que fuere, sin ninguna significación geográfica precisa. Fue mucho más tarde, cuando se aplicó el nombre del "valle de Josafat" al barranco del torrente Cedrón que separa Jerusalén del Monte de los Olivos.[126]

---

[125]Santo Tomás de Aquino: *In Sent*, dist. 47, q. 1, a. 1, sol. 3, ad 2um; *Supplem.*, q. 88, a. 3, ad 2m. San Agustín: *Epist.*, 197, 2–3 (*P. L.*, 33, 899–900); *Epist.*, 199, 6–11 (*P. L.*, 910–918).

[126]F. Vigouroux: I*osaphat (vallée de)*, en DB 3,2, 1651ss.; F. Spadafora: *Testimoni di Geova*, Rovigo 1951, 58–62.

14.4. CUESTIONES TEOLÓGICAS 971

Otros autores antiguos citaban el Monte de los Olivos por Hech 1:11.[127]

- *Persona del Juez*: Cristo, en su naturaleza humana revestido con todos los atributos de su gloria. Es la tesis que sostienen los Santos Padres y gran parte de los teólogos medievales siguiendo la Revelación.[128] Los detalles (trono, nubes, etc.) deben de ser entendidos como modo de manifestar la gloria y el poder de Jesucristo.

- *Comparecencia del género humano*: La Revelación habla de la reunión de todo el género humano para el Juicio Final (Mt 25:32), la permanencia de los réprobos sobre la tierra y la elevación de los bienaventurados al aire con Cristo (1 Tes 4:17), o la separación a derecha e izquierda (Mt 25: 31ss). Todo ha de ser interpretado conforme a las reglas de la correcta hermenéutica bíblica.

- *Procedimiento en el Juicio*. Se han hecho toda clase de elucubraciones y descripciones a lo largo de la Historia de la teología.[129] Recordemos, nuevamente, el sentido común de Santo Tomás: "Quid circa hanc quæstionem sit verum pro certo definiri non potest; tamen probabilius æstimatur quod totum illud judicium et quoad discussionem, et quoad accusationem malorum et commendationem bonorum, et quoad sententiam de utrisque,

---

[127]Cfr. "Probabiliter potest colligi ex Scripturis quod circa locum montis Oliveti descendet, sicut et inde ascendit". *In Sent.*, IV, dist. 48, q. 1, a. 4; *Supplem.*, q. 88, a. 4.

[128]Santo Tomás de Aquino: *In Sent.*, IV, dist. 48, q. 1, a. 1–2.

[129]Cfr. los detalles de esa historia interpretativa en J. Rivière: *Jugement*, cit., cols. 1821–1822.

mentaliter perficielur".[130] Ya Orígenes y San Agustín habían expuesto que el Juicio divino no consistiría en otra cosa que una iluminación retributiva de la conciencia.

- *Objeto del juicio ¿De qué serán juzgados?* La materia sobre la que versará el juicio es toda la vida moral, y en concreto:
    - Los pensamientos. Cfr. 1 Cor 4:5, "Por tanto, no juzguéis nada antes de tiempo, hasta que venga el Señor: Él iluminará lo oculto de las tinieblas y pondrá de manifiesto las intenciones de los corazones; entonces cada uno recibirá de parte de Dios la alabanza debida".
    - Las palabras. Cfr. Mt 12:36, "Os digo que de toda palabra vana que hablen los hombres darán cuenta en el día del Juicio".
    - Las acciones. Cfr. Ro 2: 5–11, "Tú, sin embargo, con tu dureza y con tu corazón que no se quiere arrepentir, atesoras contra ti mismo ira para el día de la ira y de la revelación del justo juicio de Dios, el cual retribuirá a cada uno según sus obras: la vida eterna para quienes, mediante la perseverancia en el buen obrar, buscan gloria, honor e incorrupción; la ira y la indignación, en cambio, para quienes, con contumacia, no sólo se rebelan contra la verdad, sino que obedecen a la injusticia. Tribulación y angustia para todo hombre que obra el mal, primero para el judío y luego para el griego. Gloria, en cambio, honor y paz a todo el que obra el bien, primero para el judío, luego para el griego; porque delante de Dios no hay acepción de personas".

---

[130]Santo Tomás de Aquino: *In Sent.*, IV, dist. 47, q. 1, a. 1, sol. 2; *Supplem.*, q. 88, a. 2.

14.4. CUESTIONES TEOLÓGICAS

- Y las omisiones. Cfr. San 4:17, "Por tanto, el que sabe hacer el bien y no lo hace, comete pecado".

- *El modo de la sentencia.* La descripción que hace Jesucristo en la parábola del Juicio Final (Mt 25: 31–46) es una imagen. Los teólogos tienden a afirmar que se hará por una locución intelectual directamente a la conciencia de los hombres:

  > "No es posible llegar a ninguna conclusión cierta sobre la verdad de esta cuestión. Sin embargo, la opinión más probable es la de que todo este juicio, tanto en relación con la indagación, o con la acusación de los malvados, y la aprobación de los buenos, así como con la sentencia o ambos, ocurrirá de un modo mental. Porque si las acciones de cada individuo hubieran de ser relatadas por medio de palabras pronunciadas por la boca, esto requeriría una cantidad de tiempo inconcebible. Por eso Agustín dice que si nosotros suponemos que el libro, de cuyas páginas todos serán juzgados, según Apoc. 20, son de un libro material, ¿quién sería capaz de concebir su tamaño y su longitud? ¿o la cantidad de tiempo requerida para la lectura de tal libro que contiene la vida entera de cada individuo? Ni se requiere menos tiempo para contar con palabras salidas de la boca los hechos de cada individuo que de leerlos si estuvieran escritos en un libro material. Por lo tanto, probablemente deberíamos entender que los detalles que aparecen en Mt

25, se llevarán a cabo no por palabras salidas de la boca, sino mentalmente".[131]

Se distingue entre la sentencia individual y la colectiva. La primera sería por tal alocución intelectual personalizada; la segunda, por la fórmula evangélica de Mt 25: 31ss proclamada por el Juez, esto es Jesucristo.

14.4.4 ¿Quiénes serán juzgados?

Los textos bíblicos hablan de la presencia de todos los hombres:

- Mt 25:32, "Y serán reunidas ante él todas las gentes; y separará a los unos de los otros, como el pastor separa las ovejas de los cabritos".

- Ro 14: 10–12, "Todos compareceremos ante el tribunal de Dios. Porque está escrito: 'Vivo yo, dice el Señor, ante mí se doblará toda rodilla, y toda lengua confesará a Dios'. Así pues, cada uno de nosotros dará cuenta de sí mismo a Dios".

---

[131]"Quid circa hanc quæstionem sit verum, pro certo definiri non potest. Tamen probabilius æstimatur quod totum illud iudicium, et quoad discussionem, et quoad accusationem malorum et commendationem bonorum, et quoad sententiam de utrisque, mentaliter perficietur. Si enim vocaliter singulorum facta narrarentur, inæstimabilis magnitudo temporis ad hoc exigeretur. Sicut etiam Augustinus dicit, XX de Civ. Dei: Quod si liber, ex cuius scriptura omnes iudicabuntur, ut dicitur Apoc. xx, carnaliter cogitetur, quis eius magnitudinem aut longitudinem valeat æstimare? Aut quanto tempore legi poterit liber in quo scriptæ sunt universæ vitæ universorum? Non autem minus tempus requiritur ad narrandum ore tenus singulorum facta quam ad legendum, si essent in libro materiali scripta. Unde probabile est quod illa quæ dicuntur Matth. xxv, non vocaliter, sed mentaliter intelligenda sunt esse perficienda". Cfr. *Supplem.*, q. 88, a 2. Cfr. Santo Tomás de Aquino: *Compend. Theol.*, cap. 244; *Resp. ad XLII artic.*, art. 27; *In Matth.*, cap. 19; *I ad Cor.*, cap. vi, lect. 1.

14.4. CUESTIONES TEOLÓGICAS

- 2 Cor 5:10, "Porque todos debemos comparecer ante el tribunal de Cristo, para que cada uno reciba conforme a lo bueno o malo que hizo durante su vida mortal".

La razón es que la universalidad de la Redención, exige la universalidad del Juicio:

"Potestas iudiciaria Christo homini collata est in præmium humilitatis quam in passione exhibuit. Ipse autem sua passione sanguinem pro omnibus fudit quantum ad sufficientiam, licet non in omnibus effectum habuit, propter impedimentum in aliquibus inventum. Et ideo congruum est ut omnes homines in iudicio congregentur ad videndum eius exaltationem in humana natura, secundum quam constitutus est iudex a Deo vivorum et mortuorum".[132]

"El poder judicial fue concedido a Cristo hombre en recompensa por la humildad que manifestó durante su Pasión. Ahora bien, en su Pasión, Él derramó su sangre por todos (en cuanto a la suficiencia para salvarlos), aunque debido a los obstáculos que algunos ponen, no tuvo efecto en todos. Por tanto, es congruente que en el juicio se junten todos los hombres para que vean su exaltación en su naturaleza humana, con relación a la cual, Él fue constituido por Dios como juez de vivos y muertos".

Pero hay que distinguir entre *juicio de discusión* y *juicio de retribución*.

---

[132] *Supplem.*, 89, a. 5, co. Cfr. Santo Tomás de Aquino: *In Sent.*, IV, dist. 43, a. 1, q^a 2, ad 1; *Compend. Theol.*, cap. 243; *In Psalm.*, 1; *In Matth.*, cap. 25; *II ad Cor.*, cap. 5, lect. 2.

"Ad iudicium duo pertinent: scilicet discussio meritorum; et retributio præmiorum. Quantum ergo ad receptionem præmiorum, omnes iudicabuntur, etiam boni: in eo quod unusquisque recipiet ex divina sententia præmium merito respondens. Sed discussio meritorum non fit nisi ubi est quædam meritorum commixtio bonorum cum malis. Illi autem qui ædificant supra fundamentum fidei aurum et argentum et lapides pretiosos, divinis servitiis totaliter insistentes, qui nullam admixtionem notabilem alicuius mali meriti habent, in eis discussio meritorum locum non habet: sicut illi qui, rebus mundi penitus abiectis, sollicite cogitant solum quæ Dei sunt. Et ideo salvabuntur, sed non iudicabuntur. Illi vero qui ædificant super fundamentum fidei ligna, foenum, stipulam, qui adhuc scilicet amant secularia et terrenis negotiis implicantur, ita tamen quod nihil Christo præ-

"El juicio comporta dos cosas, a saber, la discusión de los méritos y el pago de las recompensas. Con relación al pago de las recompensas, todos serán juzgados, incluso los buenos, porque la sentencia divina señalará a cada uno la recompensa correspondiente a su mérito. Pero no hay discusión sobre los méritos sino en donde los méritos buenos y malos están mezclados. Ahora bien, aquellos que construyeron sobre cimientos de la fe, oro, plata y piedras preciosas (1 Cor 3:12), habiéndose dedicado completamente al servicio divino, y quienes no tienen mezcla notable de mérito malo, no están sujetos a la discusión de sus méritos. Tales son aquellos que han renunciado enteramente a las cosas de este mundo y solo se han interesado solícitamente a las cosas que son de Dios: por lo tanto, ellos serán salvados, pero no juzgados. Otros, sin embargo, construyeron sobre cimientos de fe, madera, paja y heno, y de hecho, aman las cosas del mundo y se ocupan de los problemas mundanos, aunque sin

14.4. CUESTIONES TEOLÓGICAS

ponant, sed studeant peccata eleemosynis expiare, habent quidem commixtionem bonorum meritorum cum malis, et ideo discussio meritorum in eis locum habet. Unde tales, quantum ad hoc, et iudicabuntur, et tamen salvabuntur."[133]

preferir nada antes que a Cristo, e intentan redimir sus pecados con limosnas; estos tienen una mezcla de méritos buenos y malos. Por lo tanto, éstos están sujetos a discernimiento de sus méritos, y serán juzgados por este motivo, aunque se salvarán".

En consecuencia, el *juicio de discusión* sirve para discernir el bien o el mal que cada ser humano hizo. Por lo tanto afecta a:

- Los bautizados que hayan cometido algún pecado, pero murieron en gracia, para discernir el grado de su bienaventuranza.

- Los bautizados muertos en pecado mortal, para discernir el grado en que han de ser castigados.[134]

Si se aplica esta teoría a los paganos, hay que distinguir los que se pueden salvar perteneciendo a las "fronteras invisibles" de la Iglesia, de los que son culpables de condenación por haber rechazado a Dios. Sufren por tanto juicio de discusión también:

- Los paganos muertos en gracia de Dios por un acto heroico de amor a Dios supletorio del bautismo y la confesión, para determinar el grado de bienaventuranza.

---

[133] *Supplem.*, q. 89, a. 6. Cfr. Santo Tomás de Aquino: *Compend. Theol.*, cap. 248; *In Psalm.*, 1; *In Matth.*, cap. 25; *II ad Cor.*, cap. 5, lect. 11; *Ad Heb.*, cap. 10, lect. 3.
[134] *Supplem.*, q. 89, a. 7.

- Los paganos muertos en pecado mortal, para determinar el grado de condenación.[135]

Una vez realizado el "juicio de discusión", sufrirán el "juicio de retribución" por el que recibirán los premios o castigos correspondientes a su estado.

Con todo, algunos hombres comparecerán, solo para el "juicio de retribución" positivo, para recibir el premio merecido: es el caso de la Santísima Virgen, tal vez San José y los niños bautizados y muertos antes del uso de la razón.[136]

Con respecto a los niños muertos sin bautizar y sin uso de razón suficiente para hacer un acto heroico de amor a Dios (supuesto de el Limbo), hay un debate. Santo Tomás se inclina por afirmar su presencia en el Juicio, no para ser juzgados, pero solo para apreciar que se hallan justamente ubicados en el estado de Limbo, sin sufrir, pero privados de la visión beatífica.[137]

Problema diferente es el del juicio sobre los ángeles, buenos y malos. Todos estarán presentes en el Juicio como dice la Sagrada Escritura:

---

[135]Santo Tomás considera que solo éstos, los condenados infieles, están sujetos al juicio de discusión; no es posible, según el Aquinate, este tipo de juicio para un posible infiel que pudiera salvarse, porque no tienen salvación; como a los infieles les falta el fundamento de la fe, sin la cual todos los actos subsiguientes están privados de la perfección de una buena intención, en ellos no hay mezcla de obras y méritos buenos o malos que puedan ser objeto de discusión. "Sed infideles condemnabuntur ut hostes, qui consueverunt apud homines absque meritorum audientia exterminari". Cfr. *Supplem.*, 89, a.7. Cfr. Santo Tomás de Aquino: *In Sent.*, IV, dist. 43, a. 1, q^a 2, ad 1; *Compend. Theol.*, cap. 243; *In Psalm.*, 1; *In Matth.*, cap. 25; *II ad Cor.*, cap. 5, lect. 11; *Ad Heb.*, cap. 10, lect. 3.

[136]*Supplem.*, q. 89, a. 5, ad 3.

[137]*Supplem.*, q. 89, a. 5, ad 3. "etiam pueri ante perfectam ætatem decedentes in iudicio comparebunt: non autem ut iudicentur, sed ut videant gloriam iudicis".

14.4. CUESTIONES TEOLÓGICAS

- Mt 8:29, "Y en esto, se pusieron a gritar diciendo: -¿Qué tenemos que ver contigo, Hijo de Dios? ¿Has venido aquí antes de tiempo para atormentarnos?"

- 1 Cor 6:3, "¿No sabéis que juzgaremos a los ángeles? Pues cuánto más las cosas ordinarias de la vida".

- 2 Pe 2:4, "En efecto: Dios no perdonó a los ángeles que pecaron, sino que al arrojarles en el infierno los entregó a las cavernas tenebrosas, donde están guardados para el juicio".

- Jds 6, "Y que a los ángeles que no guardaron su dignidad, sino que abandonaron su propia morada, los tiene guardados en tinieblas con cadenas eternas para el juicio del gran día".

- Mt 25:31, "Cuando venga el Hijo del Hombre en su gloria y acompañado de todos los ángeles, se sentará entonces en el trono de su gloria".

La presencia es pues efectiva. Pero el modo de ser juzgados o si lo serán en ese momento es discutido. Santo Tomás se inclina por afirmar que serán sometidos a un "juicio de retribución indirecto", es decir, para medir los méritos procurados por los ángeles en los hombres buenos o malos, y donde los ángeles buenos tendrán un gozo mayor por la salvación de aquéllos a los que ayudaron para hacer el bien, y donde los demonios recibirán mayor tortura por la condenación de aquéllos a los que indujeron al pecado. No serán juzgados de los méritos propios y directos, lo que ocurrió al inicio del mundo, cuando se produjo el pecado de los ángeles malos y su condena al infierno. Por eso, el Juicio, en el fondo, solo trata de los hombres, pues a los ángeles les afecta en la medida que les afecta a los seres humanos sobre los que influyeron.[138]

---

[138] *Supplem.*, q. 89, a. 8.

Capítulo 15

El fin del mundo

En el capítulo dedicado al Reino de Dios entre el "ya" y el "todavía no", se estudiaba la naturaleza verdadera del Reino predicado y traído por Jesucristo, con una realización en doble fase; siendo la fase última y definitiva, la que llegará con la escatología definitiva del final de los tiempos.[1] También se ha considerado la posición errónea de los que afirman que no hay otro reino que esperar sino sólo el de este mundo en que vivimos,[2] así como la polémica entre encarnacionistas y escatologístas, que versa sobre el modo de preparar y acelerar la llegada definitiva del Reino de Dios por medio de nuestras obras en el eón actual.[3] También se estudia en el Tratado de creación que el mundo no es eterno y que tendrá un final.

El objetivo del presente capítulo es determinar, en concreto, la suerte del mundo creado por Dios cuando llegue el final de los tiempos.

---

[1] Cfr. *supra*, cap. 5.
[2] Cfr. *supra*, cap. 1.1 y 1.3.
[3] Cfr. *supra*, cap. 12.5.4.

¿Se aniquilará o permanecerá como ahora? ¿Se transformará de alguna manera?[4]

No hay declaraciones solemnes en torno al tema, y los textos bíblicos pueden ser interpretados de variados modos, aunque sí hay Magisterio ordinario y un modo de interpretar los datos por el común de la doctrina. Nos encontramos pues con temas que merecen la calificación de doctrina católica; y su censura, es la de error en doctrina católica.[5]

15.1 El mundo material tendrá su fin en el último día

Cuando examinemos los textos bíblicos, se ha de tener en cuenta que el término "mundo" no hace referencia a todo el universo, sino al que está al alcance del género humano.

La teología no dice nada sobre las causas filosóficas o físicas del fin del mundo, sino que solo puede centrarse en los datos de la Revelación y el Magisterio.

15.1.1 Sagrada Escritura

En el Antiguo Testamento se anuncia que el mundo material tiene un fin y que perecerá. Se utiliza con frecuencia un lenguaje escato-

---

[4]E. Mangenot: *Fin du Monde*, en DTC, vol. V, cols. 2504–2552; J. Ibáñez – F. Mendoza: *Dios Consumador*..., cit., págs. 399–405; L. Lercher: *Institutiones*..., cit., págs. 548–554; A. Tanquerey: *Synopsis*..., cit., págs. 829–831; J. A. Sayés: *Más Allá*..., cit., págs. 175–179; Escatología, cit., 158–161; L. Ott: *Manual*..., cit., págs. 723–725; J. L. Sánchez de Alva – J. Molinero: *El Más*..., cit., págs. 53–56; A. Fernández: *Teología*..., cit., págs. 714–723.

[5]J. Ibáñez – F. Mendoza: *Dios Consumador*..., cit., pág. 399 y 402, así califican las proposiciones: "El mundo material tendrá fin en el último día"; y, "el mundo material no será aniquilado, sino transformado en el último día". L. Ott: *Manual*..., cit., págs. 723 y 724, las califican de "sentencia cierta".

15.1. FIN DEL MUNDO MATERIAL

lógico, lo que obliga a leerlo con los criterios propios de este género literario:

- Sal 102: 26–27, "En tiempos antiguos fundaste la tierra, y obra de tus manos son los cielos; pero éstos perecerán y tú permanecerás, mientras todos se gastan como un vestido. Los mudas como un vestido, y se cambian".

- Is 34:4, "La milicia de los cielos se disuelve, se enrollan los cielos como se enrolla un libro, y todo su ejército caerá como caen las hojas de la vid, como caen las hojas de la higuera".

- Is 51:6, "Alzad vuestros ojos al cielo y mirad abajo hacia la tierra. Porque se disiparán los cielos como humo, y se consumirá como un vestido la tierra, y morirán como las moscas sus habitantes, pero mi salvación durará por la eternidad, y mi justicia no tendrá fin".

- Is 65:17, "Porque he aquí que voy a crear unos cielos nuevos y una tierra nueva, y ya no se recordará lo pasado ni vendrá más a la mente".

- Is 66:22, "Porque así como los cielos nuevos y la tierra nueva que yo voy a crear subsistirán ante mí, dice Yahveh, así subsistirá vuestra progenie y vuestro nombre".

La enseñanza del Nuevo Testamento se asienta sobre la del Antiguo. Y así Jesucristo anuncia la destrucción del mundo actual, prediciendo grandes catástrofes cósmicas, cuyo sentido ya se ha estudiado con las señales de la Parusía:[6]

- Mt 24:29, "Inmediatamente después de la tribulación de aquellos días, 'el sol se oscurecerá y la luna no dará su resplandor, y

---

[6]Cfr. *supra*, cap. 12.5.2.

las estrellas caerán' del cielo y las potestades de los cielos'' se conmoverán".

- Mt 24:35, "El cielo y la tierra pasarán, pero mis palabras no pasarán".[7]

- Mt 28:20, "...enseñándoles a guardar todo cuanto os he mandado. Y sabed que yo estoy con vosotros todos los días hasta el fin del mundo".

Por su parte, el resto de los escritos neotestamentarios, repiten la misma idea:

- 1 Cor 7:31, "...y los que disfrutan de este mundo, como si no disfrutasen. Porque la apariencia de este mundo pasa".

- 1 Cor 15:24, "Después llegará el fin, cuando entregue el Reino a Dios Padre, cuando haya aniquilado todo principado, toda potestad y poder".

- 1 Pe 4:7, "El final de todas las cosas está cerca. Sed, por eso, sensatos y sobrios para poder rezar".

- 2 Pe 3: 7–11, "A su vez, los cielos y la tierra de ahora, por la misma palabra, están reservados para el fuego y guardados para el día del Juicio y de la perdición de los impíos... Pero como un ladrón llegará el día del Señor. Entonces los cielos se desharán con estrépito, los elementos se disolverán abrasados, y lo mismo la tierra con lo que hay en ella. Si todas estas cosas se van a destruir de ese modo, ¡cuánto más debéis llevar vosotros una conducta santa y piadosa!".

---

[7]Cfr. Lc 21:33.

15.1. FIN DEL MUNDO MATERIAL

- Ap 20:11, "Vi un gran trono blanco y al que estaba sentado en él. Ante su presencia huyeron la tierra y el cielo, y no dejaron ningún rastro".

- Ap 21:1, "Vi un cielo nuevo y una tierra nueva, pues el primer cielo y la primera tierra desaparecieron, y el mar ya no existe".

Tanto L. Ott como J. Ibáñez – F. Mendoza están de acuerdo en afirmar que, dentro de los límites y con la prudencia necesaria para ser delicados con la Revelación, hay que saber distinguir el contenido de la fe, de las imágenes que lo comunican y del lenguaje propio de la Sagrada Escritura. Es indiscutible una cosa: la desaparición del mundo material tal y como lo conocemos, al menos del que afecta al hombre de un modo inmediato. Los otros detalles referentes al modo cómo se producirá, tal vez, puedan ser entendidos como figuras literarias. Por ejemplo, se suele hablar de la desaparición bajo el poder del fuego (cfr. 2 Pe 3: 7.10.12) o lluvias de estrellas y conmoción del firmamento. No es posible saber por la ciencia o por la revelación el modo concreto como ocurrirán estas realidades físicas. Algunas ideas se encuentran también en cosmovisiones paganas.[8]

15.1.2 La Tradición

Ya desde los inicios de la patrística se encuentran testimonios sobre la fe en la ruina del mundo actual. Se pueden ver como ejemplos:

- Epístola de San Bernabé: el Hijo después de juzgar a los impíos, "transformará, el sol, la luna y las estrellas".[9]

---

[8] J. Ibáñez – F. Mendoza: *Dios Consumador...*, cit., págs. 400–401; L. Ott: *Manual...*, cit., pág. 724.

[9] *Epístola de San Bernabé*, 15:5.

- Tertuliano, escribe sobre el incendio del universo que "consumirá el mundo, que ya se ha hecho viejo, y todas sus creaturas".[10]

- San Agustín, anota que el mundo actual no quedará destruido por completo, sino transformado: "pasará la figura, no la naturaleza".[11]

15.1.3 Magisterio

Esta verdad es del Magisterio ordinario. Fue negada por algunas sectas antiguas, como los gnósticos, maniqueos u origenistas, que sostenían la total aniquilación del mundo material. Desde el extremo contrario, se cree que el mundo, en un ciclo eterno, perecerá para volver a surgir de nuevo (estoicos).

15.2 El mundo material no será aniquilado, sino transformado en el último día

Al tiempo que la sana doctrina afirma que perecerá el mundo material actual, se niega que sea aniquilado, o se produzca un exterminio total, sino que a la destrucción del mundo material conocido le seguirá una transformación o renovación especial.

La consumación y renovación del mundo significará el final de la obra de Cristo, el cumplimiento total de su misión, pues con ella se produce la derrota de todos los enemigos de Dios, y Jesucristo entregará el Reino a su Padre (1 Cor 15:14), sin dejar de tener su poder soberano y su dignidad regia, que se fundamentan sobre la unión hipostática.

---

[10]Tertuliano: *De Spect.*, 30.
[11]San Agustín: *De Civ. Dei*, 20, 14.

15.2. EL MUNDO MATERIAL SERÁ TRANSFORMADO

Se iniciará el Reino perfecto de Dios, reino que es el fin último de la creación y el sentido supremo de toda la historia humana.

15.2.1 Sagrada Escritura.

En el Antiguo Testamento se profetiza la llegada de unos cielos nuevos y una tierra nueva en el Reino mesiánico:

- Is 65:17, "Porque he aquí que voy a crear unos cielos nuevos y una tierra nueva, y ya no se recordará lo pasado ni vendrá más a la mente".

- Is 66:22, "Porque así como los cielos nuevos y la tierra nueva que yo voy a crear subsistirán ante mí, dice Yahveh, así subsistirá vuestra progenie y vuestro nombre".

Jesucristo, al referirse al fin del mundo, habla de la "regeneración" del mismo, esto es de su renovación: "Jesús les respondió: —En verdad os digo que en la regeneración, cuando el Hijo del Hombre se siente en su trono de gloria, vosotros, los que me habéis seguido, también os sentaréis sobre doce tronos para juzgar a las doce tribus de Israel" (Mt 19:28).

San Pablo pone en relación la situación creada por el pecado del hombre con la contaminación del mundo, el cual espera la redención y el ser libertado de la servidumbre de la corrupción para participar de la libertad gloriosa de los hijos de Dios:

> "Porque estoy convencido de que los padecimientos del tiempo presente no son comparables con la gloria futura que se va a manifestar en nosotros. En efecto, la espera ansiosa de la creación anhela la manifestación de los hijos de Dios. Porque la creación se ve sujeta a la vanidad, no

por su voluntad, sino por quien la sometió, con la esperanza de que también la misma creación será liberada de la esclavitud de la corrupción para participar de la libertad gloriosa de los hijos de Dios. Pues sabemos que la creación entera gime y sufre con dolores de parto hasta el momento presente. Y no sólo ella, sino que nosotros, que poseemos ya los primeros frutos del Espíritu, también gemimos en nuestro interior aguardando la adopción de hijos, la redención de nuestro cuerpo" (Ro 8: 18–23).

Por su parte, San Pedro retoma la idea de "los cielos nuevos y la tierra nueva donde habitará la justicia:

"Nosotros, según su promesa, esperamos unos cielos nuevos y una tierra nueva, en los que habita la justicia" (2 Pe 3:13).

En los Hechos se habla de la "restauración de todas las cosas" (Hech 3:21).

Finalmente en el Apocalipsis se habla del nuevo cielo y la nueva tierra, en la forma de la Jerusalén bajada del cielo y del Tabernáculo de Dios con los hombres, con la promesa de "He aquí que hago nuevas todas las cosas":

"Vi un cielo nuevo y una tierra nueva, pues el primer cielo y la primera tierra desaparecieron, y el mar ya no existe. Vi también la ciudad santa, la nueva Jerusalén, que bajaba del cielo de parte de Dios, ataviada como una novia que se engalana para su esposo. Y oí una fuerte voz procedente del trono que decía: —'Ésta es la morada de Dios con los hombres: Habitará con ellos y ellos serán su pueblo', y Dios, habitando realmente en medio de ellos,

15.2. EL MUNDO MATERIAL SERÁ TRANSFORMADO

será su Dios... El que estaba sentado en el trono dijo: —'Mira, hago nuevas todas las cosas'. Y añadió: —'Escribe: Estas palabras son fidedignas y veraces'... —'Ven, te mostraré a la novia, la esposa del Cordero'. Me llevó en espíritu a un monte de gran altura y me mostró la ciudad santa, Jerusalén, que bajaba del cielo de parte de Dios, reflejando la gloria de Dios: su luz era semejante a una piedra preciosísima, como la piedra de jaspe, transparente como el cristal. Tenía una muralla de gran altura con doce puertas, y sobre las puertas doce ángeles y unos nombres escritos que son los de las doce tribus de los hijos de Israel. Tres puertas al oriente, etc." (Ap 21: 1–3.5.10ss).

15.2.2 Santos Padres

La renovación del mundo creado al final de los tiempos es una verdad que encontramos en las fuentes antiguas del cristianismo de dos maneras: por un lado, afirmando la existencia de un proceso de purificación del mundo actual llevado a cabo por el fuego, semejante al que antes, en el mundo del Antiguo Testamento, se realizó por medio del agua del Diluvio; y, por otro, sosteniendo la subsiguiente renovación de todas las cosas creadas. Los acentos sobre uno y otro punto dependen de cada autor. Al inicio de la época patrística, los Santos Padres, tienden a centrarse en el fuego purificador, distinguiendo la doctrina cristiana de las ideas de algunas religiones paganas y de las estoicas; a veces, la renovación del mundo se vincula al reino milenario. Pronto, se establecen los grandes principios del recto entendimiento de la renovación del mundo creado.[12] Se pueden señalar como ejemplos de esa doctrina en particular a:

---

[12]Cfr. para los detalles de cada Santo Padre, E. Mangenot: *Fin du Monde*, cit., cols. 2517–2529.

- El Pastor de Hermas. En la primera de las visiones, relata las palabras de la mujer que desciende del cielo, según las cuales, el Creador del cielo y de la tierra, transformaría el cielo, las montañas, las colinas, los mares, y suavizaría todas las cosas para sus elegidos.[13]

- Tertuliano. El mundo antiguo perecerá bajo el fuego de juicio y castigo que limpiará todo lo relacionado con el pecado, y el mundo será renovado donde no habrá mal, la inocencia será restablecida, los animales salvages pastarán con los domésticos, etc.[14]

- San Gregorio Nacianceno. Sostuvo que los cambios futuros anunciados para el cielo y la tierra, anunciarán la ilustre renovación de todas las cosas, que ocurrirá con el segundo advenimiento de Cristo.[15]

- San Cirilo de Jerusalén. "Se llevará a cabo la consumación de este mundo para que surja otro más hermoso... El Señor removerá los cielos, no para producir su exterminio, sino para volverlos más bellos".[16]

- San Juan Crisóstomo. Cuando la Sagrada Escritura dice que la tierra ha sido sujeta a la vanidad, significa que se ha hecho corruptible por causa del hombre pecador. La tierra ha sido maldita. Pero le espera un futuro mejor, porque así como el cuerpo del hombre será incorruptible al final de los tiempos, la

---

[13] *Pastor de Hermas*, III, 2, 3.

[14] Tertuliano: *De Baptismo*, 8 (*P. L.*, 1, 1209); *De Spect.*, 30 (*P. L.*, 1, 660); *Adv. Hermog.*, 11 (*P. L.*, 2, 207).

[15] San Gregorio Nacianceno: *Orat.*, 21, n. 25 (*P. G.*, 35, 1109).

[16] San Cirilo de Jerusalén: *Cathech.*, 15, 3 (*P. G.*, 33, 873ss.).

15.2. EL MUNDO MATERIAL SERÁ TRANSFORMADO

tierra participará de esa incorrupción y seguirá la belleza que tendrán los cuerpos resucitados.[17]

- San Jerónimo. "No dijo Pedro que veremos otros cielos y otra tierra, sino a los viejos y antiguos mejorados".[18]

- San Agustín. "La conflagración de los elementos corruptibles hará desaparecer, como he dicho, las cualidades propias de nuestros cuerpos corruptibles. La sustancia, en cambio, gozará de las cualidades conformes con los cuerpos inmortales en virtud de este maravilloso trueque, es decir, que el mundo renovado estará en armonía con los cuerpos de los hombres, igualmente renovados".[19]

- Etc.

15.2.3 Magisterio

Es una verdad de doctrina católica la renovación del mundo material, sostenida por la Tradición de la Iglesia, la sana teología y el Magisterio ordinario de la Iglesia, basándose en los datos de la Sagrada Escritura.

El *Catecismo de la Iglesia Católica* es un buen resumen del magisterio ordinario:

"VI. La esperanza de los cielos nuevos y de la tierra nueva

"Al fin de los tiempos el Reino de Dios llegará a su plenitud. Después del Juicio final, los justos reinarán para

---

[17]San Juan Crisóstomo: *In Epist. ad Rom*, 14, 5 (*P. G.*, 60, 530); cfr. *In Matth. Hom.*, 77, 1 (*P. G.*, 58, 762).

[18]San Jerónimo: *In Isaiam*, 18, 65 (*P. L.*, 24, 644ss.).

[19]San Agustín: *De Civ. Dei*, 20, 16 (*P. L.*, 41, 681).

siempre con Cristo, glorificados en cuerpo y alma, y el mismo universo será renovado:

> La Iglesia... 'sólo llegará a su perfección en la gloria del cielo... cuando llegue el tiempo de la restauración universal y cuando, con la humanidad, también el universo entero, que está íntimamente unido al hombre y que alcanza su meta a través del hombre, quede perfectamente renovado en Cristo'.[20]"[21]

"La sagrada Escritura llama 'cielos nuevos y tierra nueva' a esta renovación misteriosa que trasformará la humanidad y el mundo (2 Pe 3:13; cf. Ap 21:1). Esta será la realización definitiva del designio de Dios de 'hacer que todo tenga a Cristo por Cabeza, lo que está en los cielos y lo que está en la tierra' (Ef 1:10)".[22]

"En este 'universo nuevo' (Ap 21:5), la Jerusalén celestial, Dios tendrá su morada entre los hombres. 'Y enjugará toda lágrima de sus ojos, y no habrá ya muerte ni habrá llanto, ni gritos ni fatigas, porque el mundo viejo ha pasado" (Ap 21:4; cf. 21:27)".[23]

"Para el hombre esta consumación será la realización final de la unidad del género humano, querida por Dios desde la creación y de la que la Iglesia peregrina era "como

---

[20] *Lumen Gentium*, 48.
[21] *Catecismo de la Iglesia Católica*, nº 1042.
[22] *Catecismo de la Iglesia Católica*, nº 1043.
[23] *Catecismo de la Iglesia Católica*, nº 1044.

15.2. EL MUNDO MATERIAL SERÁ TRANSFORMADO

el sacramento".[24] Los que estén unidos a Cristo formarán la comunidad de los rescatados, la Ciudad Santa de Dios (Ap 21:2), "la Esposa del Cordero" (Ap 21:9). Ya no será herida por el pecado, las manchas (cf. Ap 21:27), el amor propio, que destruyen o hieren la comunidad terrena de los hombres. La visión beatífica, en la que Dios se manifestará de modo inagotable a los elegidos, será la fuente inmensa de felicidad, de paz y de comunión mutua".[25]

"En cuanto al cosmos, la Revelación afirma la profunda comunidad de destino del mundo material y del hombre:

> "Pues la ansiosa espera de la creación desea vivamente la revelación de los hijos de Dios... en la esperanza de ser liberada de la servidumbre de la corrupción... Pues sabemos que la creación entera gime hasta el presente y sufre dolores de parto. Y no sólo ella; también nosotros, que poseemos las primicias del Espíritu, nosotros mismos gemimos en nuestro interior... anhelando el rescate de nuestro cuerpo" (Ro 8: 19–23).[26]

"Así pues, el universo visible también está destinado a ser transformado, "a fin de que el mundo mismo restaurado a su primitivo estado, ya sin ningún obstáculo esté al servicio de los justos", participando en su glorificación en Jesucristo resucitado.[27]"[28]

---

[24] *Lumen Gentium*, 1.
[25] *Catecismo de la Iglesia Católica*, nº 1045.
[26] *Catecismo de la Iglesia Católica*, nº 1046.
[27] San Ireneo de Lyon: *Adversus Hœreses* 5, 32, 1.
[28] *Catecismo de la Iglesia Católica*, nº 1047.

"Ignoramos el momento de la consumación de la tierra y de la humanidad, y no sabemos cómo se transformará el universo. Ciertamente, la figura de este mundo, deformada por el pecado, pasa, pero se nos enseña que Dios ha preparado una nueva morada y una nueva tierra en la que habita la justicia y cuya bienaventuranza llenará y superará todos los deseos de paz que se levantan en los corazones de los hombres.[29]"[30]

"No obstante, la espera de una tierra nueva no debe debilitar, sino más bien avivar la preocupación de cultivar esta tierra, donde crece aquel cuerpo de la nueva familia humana, que puede ofrecer ya un cierto esbozo del siglo nuevo. Por ello, aunque hay que distinguir cuidadosamente el progreso terreno del crecimiento del Reino de Cristo, sin embargo, el primero, en la medida en que puede contribuir a ordenar mejor la sociedad humana, interesa mucho al Reino de Dios.[31]"[32]

"Todos estos frutos buenos de nuestra naturaleza y de nuestra diligencia, tras haberlos propagado por la tierra en el Espíritu del Señor y según su mandato, los encontraremos después de nuevo, limpios de toda mancha, iluminados y transfigurados cuando Cristo entregue al Padre el reino eterno y universal".[33] Dios será entonces "todo en todos" (1 Cor 15:22), en la vida eterna:

---

[29] *Gaudium et Spes*, 39.
[30] *Catecismo de la Iglesia Católica*, nº 1048.
[31] *Gaudium et Spes*, 39.
[32] *Catecismo de la Iglesia Católica*, nº 1049.
[33] *Gaudium et Spes*, 39. Cfr. *Lumen Gentium* 2.

"La vida subsistente y verdadera es el Padre que, por el Hijo y en el Espíritu Santo, derrama sobre todos sin excepción los dones celestiales. Gracias a su misericordia, nosotros también, hombres, hemos recibido la promesa indefectible de la vida eterna.[34]"[35]

15.2.4 Razonamientos teológicos

Es importante subrayar que los detalles de la renovación del mundo, como muchos detalles de otros temas de la escatología, los tenemos que enfrentar con mucha prudencia, pues no han sido revelados "in extenso" y solo de Dios son conocidos. Precisamente, al tratar de la renovación del mundo después del fin de los tiempos, Santo Tomás, recuerda, una vez más, este modo de proceder:

"Et ideo præcipue quantum ad claritatem corpora cælestia meliorabuntur. Quantitas autem et modus meliorationis illi soli cognita est qui erit meliorationis Auctor".[36]

"Y así los cuerpos celestiales serán mejorados, en especial con respecto a su claridad. Sin embargo, la cantidad y el modo como se producirá esa mejora, es solo conocido de Aquél que será el autor de la misma".

Hay que mantener también que el mundo renovado recibirá mayor influencia de la bondad divina que lo que ocurre en la vida presente,

---

[34]San Cirilo de Jerusalén: *Catecheses Illuminandorum*, 18, 29.
[35]*Catecismo de la Iglesia Católica*, nº 1050.
[36]*Supplem.*, q. 91, a. 3, co. Cfr. *Resp. ad XLII artic.*, a. 36 ; *Resp. ad XXXVI artic.*, art. 27; Santo Tomás de Aquino: *Ad Heb.*, cap. xii, lect. 5.

pero no hasta el punto de cambiar sus especies, sino tan solo para añadirle una cierta perfección de gloria:

"Et ideo oportebit ut etiam alia corpora maiorem influentiam a divina bonitate suscipiant: non tamen speciem variantem, sed addentem cuiusdam gloriæ perfectionem. Et hæc erit mundi innovatio".[37]

"Por lo tanto, convendrá que esos otros cuerpos reciban una mayor influencia de la bondad divina: pero por supuesto sin variar su especie, sino añadiendo alguna perfección de gloria. Y esta será la renovación del mundo".

Santo Tomás da varias razones para sostener la renovación del mundo creado al final de los tiempos. Por un lado, la revelación bíblica que así lo sostiene (Is 65:17; Ap 21:1); por otro lado, el sitio donde more alguien debe de ser adecuado al modo de ser del inquilino, es decir del hombre resucitado, y como éste será renovado, así también lo ha de ser el mundo futuro donde viva; además, el hombre ama el universo del cual es como un "minor mundus", y desea su bien, deseo que se satisface con su renovación en el más allá; finalmente, el hombre necesitará del mundo creado para conocer a Dios en sus efectos corporales (no en su propia esencia divina, que conoce inmediatamente), donde encontrará manifestaciones de la majestad divina, y en particular y en primer lugar, la humanidad de Cristo, y luego los cuerpos de los bienaventurados y las otras cosas materiales.

Así en el *sed contra* de la q. 91, a 1 del *Suplemento* a la *Suma Teológica* se dice:

---

[37] *Supplem.* q. 91, a. 1, co. Cfr. q. 74, art. 1; Santo Tomás de Aquino: *Cont. Gent.*, IV, cap. 97; *Compend. Theol.*, cap. 159.

15.2. EL MUNDO MATERIAL SERÁ TRANSFORMADO

"...quod habetur Isaiæ LXV: Ecce, ego creo novos cælos et terram novam, et non erunt in memoria priora. Et Apoc. XXI: Vidi cælum novum et terram novam : primum enim cælum et prima terra abiit. Præterea, habitatio debet habitatori congruere. Sed mundus factus est ut sit habitatio hominis. Sed homo innovabitur. Ergo et mundus innovabitur. Præterea, omne animal diligit sibi simile (Eccli. XIII): ex quo patet quod similitudo est ratio amoris. Sed homo habet aliquam similitudinem cum universo: unde minor mundus dicitur. Ergo homo universum diligit naturaliter. Ergo et eius bonum concupiscit. Et ita, ut satisfiat hominis desiderio, debet etiam universum meliorari".[38]

"...lo que se tiene en Is 65: 'He aquí que yo creo unos cielos nuevos y una tierra nueva, y no se recordarán las cosas anteriores'. Y en el Ap 21: 'Vi un cielo nuevo y una tierra nueva, el primer cielo y la primera tierra habían pasado'. Además, la habitación debe ser congruente con el que la habita; pero el mundo fue creado para ser la morada del hombre: es así que el hombre se renueva, luego el mundo también será renovado. Además, cada animal ama lo semejante (Eco 13:19); por lo que es evidente que la semejanza es la razón del amor; como el hombre tiene una cierta semejanza con el universo, por lo que es llamado 'un pequeño universo', el hombre naturalmente ama todo el universo y en consecuencia desea su bien; y para que este deseo del hombre sea satisfecho, el universo debe ser también mejorado".

El cuerpo del artículo de la misma cuestión, se dedica a desarrollar la cuarta razón de conveniencia, que es congruente con el modo que Santo Tomás tiene de concebir la esencia de la beatitudo celestial, basada en la conocimiento saciativo de la Verdad:

---

[38] *Supplem.*, q. 91, a. 1, co.

"Respondeo dicendum quod omnia corporalia propter hominem facta esse creduntur: unde et omnia dicuntur ei subiecta. Serviunt autem homini dupliciter: uno modo, ad sustentationem corporalis vitæ; alio modo, ad profectum cognitionis divinæ, inquantum homo per ea quæ facta sunt invisibilia Dei conspicit, ut dicitur Rom. I. Primo ergo ministerio creaturarum homo glorificatus nullo modo indigebit: cum eius corpus omnino incorruptibile sit futurum, divina virtute id faciente per animam, quam immediate glorificat. Secundo etiam ministerio non indigebit homo quantum ad cognitionem intellectivam: quia tali cognitione Deum sancti videbunt immediate per essentiam. Sed ad hanc visionem essentiæ oculus carnis attingere non poterit. Et ideo, ut ei etiam solatium sibi congruens de visione divinitatis præbeatur, inspiciet divinitatem in suis effectibus

"Respondo que nosotros creemos que todas las cosas corporales han sido hechas para beneficio del hombre, por lo que todas las cosas están determinadas a estar sujetas a él. Ahora bien, las cosas sirven al hombre de dos maneras: primero, como sustento de su vida corporal; y en segundo lugar, como ayuda para conocer a Dios, en la medida que el hombre ve las cosas invisibles de Dios por medio de las cosas que Él hizo (Ro 1:20). Por tanto, el hombre glorificado no necesitará en absoluto a las creaturas para que le presten el primero de esos servicios, puesto que su cuerpo será incorruptible por completo, realidad que el poder divino operará a través del alma a la que glorificará inmediatamente. Por otro lado, el hombre no necesitará el segundo de los servicios con relación al conocimiento intelectivo, puesto que por este conocimiento verá a Dios inmediatamente en su esencia. No obstante, el ojo carnal no podrá tener ese modo de visión de la esencia divina; y, para que pueda ser confortado en la visión divina,

15.2. EL MUNDO MATERIAL SERÁ TRANSFORMADO

corporalibus, in quibus manifesta indicia divinæ maiestatis apparebunt: et præcipue in carne Christi, et post hoc in corporibus beatorum, et deinceps in omnibus aliis corporibus. Et ideo oportebit ut etiam alia corpora maiorem influentiam a divina bonitate suscipiant...: Et hæc erit mundi innovatio. Unde simul mundus innovabitur et homo glorificabitur".[39]

él verá la divinidad en sus efectos corporales, donde aparecerán pruebas manifiestas de la majestad divina, especialmente en la carne de Cristo, y de un modo secundario, en los cuerpos de los bienaventurados y en todos los otros cuerpos. Por lo tanto, esos cuerpos tendrán que recibir una mayor influencia de la bondad divina que ahora... Y así será la renovación del mundo, donde al mismo tiempo el mundo será renovado y el hombre glorificado".

Santo Tomás trata de otros temas que se discutían en la escolástica y les va dando la solución que está más conforme con las ideas centrales de su teología y de su filosofía del ser. No es aquí el momento de desarrollarlos, bastando tan solo un resumen para completar la visión del Aquinate.[40]

Santo Tomás dedica una particular atención al tema de la purificación por el fuego del mundo creado, antes de la Parusía, el Juicio final y la renovación del mundo. Es un tema que tiene su origen en las declaraciones de la Sagrada Escritura y que mereció la atención de los Santos Padres desde el principio.[41] Había sido objeto de discusión también entre la escolástica anterior. El Aquinate trata del tema del fuego que precederá al Juicio para purificar al mundo en su *Comen-*

---

[39] *Supplem.*, q. 91, a. 1, co.

[40] Cfr. E. Mangenot: *Fin du Monde*, cit., cols. 2541–2542.

[41] Cfr. E. Mangenot: *Fin du Monde*, cit., cols. 2517–2529.

tario a las Sentencias.⁴² Todos las cosas que han sido hechas para el hombre, deberán al fin de los tiempos, ser dispuestas de acuerdo al estado glorioso del hombre. Y así como los hombres, antes de llegar a la gloria deben ser purificados por el fuego de toda imperfección causada por el pecado y de toda falta que haya en sus naturalezas que no puedan coexistir con el estado de gloria, así también los elementos corpóreos de la creación —que no tienen en sí mismos la infección del pecado, pero sí tienen alguna clase de imperfección por los pecados cometidos en ellos por los hombres—, han de ser purificados también como se purifica un lugar antes de dedicarlo a una acción sagrada. Así como el mundo antiguo se purificó por el agua (Diluvio), el mundo actual se purificará por el fuego (se excluyen de este proceso purificador, tanto los cielos superiores, como la esfera de fuego —según la cosmologia de la época—, el paraíso terrenal donde el hombre pecador no ha vivido, y el infierno donde se reunirán todas las impurezas). Este fuego encenderá y quemará los cuerpos de los buenos y de los malos al mismo tiempo que purificará la faz del mundo. Le seguirá la resurrección gloriosa de los buenos y se reunirá a los malos, resucitados para la condenación, en el infierno.

Ya hemos mencionado que tal renovación del mundo corresponde a la bienaventuranza e incorruptibilidad del hombre.⁴³ Por consiguiente, el movimiento de los cuerpos celestes, causa de la generación y de la corrupción, cesará.⁴⁴ Pero sus substancias permanecerán junto con sus elementos, salvo los que sean corruptibles. Los cuerpos mixtos no permanecerán como partes principales del mundo, sino secundarias

---

⁴²Santo Tomás de Aquino: *In Sent.*, IV, dist. 47, q. unic., a. 4; *Contra Gent.*, IV, cap. 97.

⁴³Santo Tomás de Aquino: *In Sent.*, IV, dist. 48, q. 2, a 2; *Supplem.*, q. 91, a. 1.

⁴⁴Santo Tomás de Aquino: *In Sent.*, IV, dist. 48, q. 2, a 1, ad 2 y ad 3; *Contra Gent.*, IV, cap. 97; *Supplem.*, q. 91, a 2.

15.2. EL MUNDO MATERIAL SERÁ TRANSFORMADO

para ornato y utilidad de las otras partes principales.[45] Los cuerpos celestes serán mejorados para mostrar a los hombres de un modo mejor la realidad de Dios, aunque la cantidad y el modo de esta mejora solo la conoce Dios. Por comunicación con los cuerpos celestes que se volverán más brillantes, los elementos también recibirán una cierta claridad, aunque desigual en unos u otros dependiendo de su modo propio de ser: se dice que la tierra será transparente en su superficie como el vidrio, el agua como el cristal, el aire como el cielo, el fuego como las luminarias del cielo.[46] Los animales, las plantas y los cuerpos mixtos que no tienen relación alguna con la incorruptibilidad, no existirán ya en el mundo renovado.[47]

---

[45]Santo Tomás de Aquino: *In Sent.*, IV, dist. 48, q. 2, a. 2, ad 5; *Contra Gent.*, IV, cap. 97; *Supplem.*, q. 91, a. 3.

[46]Santo Tomás de Aquino: *In Sent.*, IV, dist. 48, q. 2, a. 2, ad 4; *Supplem.* q. 91, a 4.

[47]Santo Tomás de Aquino: *Contra Gent.*, IV, cap. 97; *Supplem.*, q. 91, a. 5.

Bibliografía

Bibliografía

[1] J. Alfaro. «Cristo Glorioso, Revelador del Padre». En: *Gregorianum* 39 (1958), págs. 222-270.

[2] E. B. Allo. *Première Épitre aux Corinthiens*. Paris: J. Gabalda, 1934.

[3] E. B. Allo. *Saint Jean, l'Apocalypse*. Paris: J. Gabalda, 1933.

[4] J. J. Alviar. *Escatología*. Pamplona: Eunsa, 2012.

[5] J. J. Alviar. *Escatología. Balance y perspectivas*. Madrid: Ediciones Cristiandad, 2001.

[6] E. Amann. «Lucifer de Cagliardi». En: *DTC*. Vol. IX. Paris: Les éditions Letouzey et Ané, 1899–1937, págs. 1039-1040.

[7] E. Anderson. *The Human Body in the Philosophy of St. Thomas Aquinas*. Washington: Catholic University of America Press, 1953.

[8] G. Aranda. «Dimensión Escatológica de la Tierra». En: *Scripta Theologica* 32 (2000), págs. 543-563.

[9] J. Aranguren. *El Lugar del Hombre en el Universo. "Anima Forma Corporis" en el Pensamiento de Santo Tomás de Aquino*. Pamplona: Eunsa, 1997.

[10] A. M. Artola Arbiza. «Parusía I. Sagrada Escritura». En: *GER*. Vol. XVII. Madrid: Rialp, 1979, págs. 871-875.

[11] K. Baker. *Sacrae Theologiae Summa IIB. On God the Creator and Santifier. On Sins (Trad. de la obra de Sagües) publicada en BAC 1955*. USA: Keep the Faith, 2014.

[12] H. U. von Balthasar. *Tratado sobre el Infierno*. Valencia: Guada Litografía S.L., 1999.

[13] J. Barbosa Pinto. *Santo Agostinho e a Imortalidade da Alma. Originalidade da sua Prova*. Braga: Faculdade de Filosofia Ed., 1955.

[14] G. Bardy. «Les Pères de l'Église en Face des Problèmes Posés par l'Enfer». En: *L'Enfer, Paris: Foi Vivante* (1950), págs. 145-239.

[15] G. Bardy. «Millénarisme». En: *DTC*. Vol. X. Paris: Les éditions Letouzey et Ané, 1899–1937, págs. 1760-1763.

[16] G. Bardy. «Origène». En: *DTC*. Vol. XI. Paris: Les éditions Letouzey et Ané, 1899–1937, págs. 1489-1565.

[17] P. Bernard. «Ciel». En: *DTC*. Vol. II. Paris: Les éditions Letouzey et Ané, 1899–1937, págs. 2474-2511.

[18] P. Beskow. *Rex Gloriae. The Kingship of Christ in the Early Church*. Estocolmo: Almquist y Wiksell, 1962.

[19] D. Bourmaud. *Cien Años de Modernismo*. Buenos Aires: Fundación San Pio X, 2006.

[20] A. Breitung. «De Conceptione Christi Domini Inquisitio Physiologica–Theologica». En: *Gregorianum* 3 (1924), págs. 351-368, 391-432.

[21] H. Bremond. *La conception catholique de l'enfer*. Paris: Librairie Bloud et Barral, 1900.

[22] L. Bukowski. «La réincarnation selon les Péres de l'Église». En: *Gregorianum* 9 (1928), 65 ss.

[23] P. Th. Camelot. *Les Pères Latins en "La Résurrection de la Chair"*. Paris: Éditions du Cerf, 1962.

[24] J. Capmany Casamitjana. «Cielo. Teología Sistemática». En: *GER*. Vol. V. Madrid: Rialp, 1979, págs. 586-593.

[25] J. Capmany Casamitjana. «Infierno. III. Teología». En: *GER*. Vol. XII. Madrid: Rialp, 1979, págs. 705-711.

[26] A. Caponnetto. *"No lo Conozco". Del Iscarismo a la Apostasía*. Buenos Aires: Detente, 2017.

[27] C. Cardona. *Metafísica de la Opción Intelectual*. Madrid: Rialp, 1973.

[28] C. Cardona. *Metafísica del Bien y del Mal*. Pamplona: Eunsa, 1987.

[29] C. Cardona. *Olvido y Memoria del Ser*. Pamplona: Eunsa, 1997.

[30] J. Carmignac. «Les Dangers de l'Escatologie». En: *New Testament Studies* 17 (1970–1971), págs. 365-390.

[31] J. M. Casciaro. «La Encarnación del Verbo y la Corporeidad Humana (Apuntes exegéticos para una Teología del Cuerpo Humano y del Sexo)». En: *Scripta Theologica* 18 (1986/3), págs. 751-770.

[32] L. Castellani. *El Apokalypsis de San Juan*. Buenos Aires: Vortice, 2005.

[33] V. Cavalla. «Il Tempo della Parusia nel Pensiero di S. Paolo». En: *Scuola cattolica* 65 (1937), págs. 463-480.

[34] L. Cerfaux. «Le Titre "Kyrios" et la Dignité Royale de Jésus». En: *Sciences Philosophiques et Théologiques* 11 (1922), págs. 40-71.

[35] J. Chaine. «Parousie». En: *DTC*. Vol. XI. Paris: Les éditions Letouzey et Ané, 1899–1937, págs. 2043-2054.

[36] A. Chollet. «Animation». En: *DTC*. Vol. I. Paris: Les éditions Letouzey et Ané, 1899–1937, págs. 1308-1310.

[37] A. Chollet. «Averroisme». En: *DTC*. Vol. I. Paris: Les éditions Letouzey et Ané, 1899–1937, págs. 2629-2635.

[38] R. de la Cierva. *Las Puertas del Infierno. Historia de la Iglesia Jamás Contada*. Toledo: Fenix, 1995.

[39] S. Cipriani. «Insegna 1 Cor 3: 10–15 la Dottrina del Purgatorio?» En: *Rivista Biblica* 7 (1959), págs. 25-43.

[40] A. Cocco. «Il Problema dell'Immortalità dell'Anima nella Summa Theologiae di S. Tommaso d'Aquino». En: *Rivista di Filosofia Neo-Scolastica* 38 (1946), 298 ss.

[41] T. Colani. *Iesus–Christ et les Croyances Messianiques de son Temps*. Estrasburgo: Treuttel et Wurtz, 1864.

[42] A. Colunga. «La Realeza de Cristo». En: *La Ciencia Tomista* 38 (1928), págs. 1-19.

[43] J. Coppens. «L'Anthropologie Biblique». En: *De Homine. Studia Hodiernae Anthropologiae. Acta VII Congressus Thomistici Internationalis, vol. 1,* Vol 1, Romae (1970), págs. 7-21.

[44] H. Cornélis. *Doctrine des Pères en "La Résurrection de la Chair"*. Paris: Éditions du Cerf, 1962.

[45] M. Cuervo. «El Deseo Natural de Ver a Dios y la Apologética Inmanentista». En: *Ciencia Tomista* 37 (1928), págs. 310-340.

[46] M. Cuervo. «El Deseo Natural de Ver a Dios y la Apologética Inmanentista». En: *Ciencia Tomista* 39 (1929), págs. 332-349.

[47] M. Cuervo. «El Deseo Natural de Ver a Dios y la Apologética Inmanentista». En: *Ciencia Tomista* 45 (1932), págs. 289-317.

[48] M. E. Dahl. *The Resurrection of the Body. A Study of I Corinthians 15*. Londres: SCM Press, 1962.

[49] E. Dhanis J. Visser y H. J. Fortmann. *Las Correcciones al Catecismo Holandés*. Madrid: BAC, 1969.

[50] A. Diez Macho. *La Resurrección de Cristo y del Hombre en la Biblia*. Madrid: Fe católica, 1977.

[51] A. Dondeyne. «Spiritualitas Ratione Demonstratur». En: *Collationes Brugenses* 31 (1931), págs. 366-372.

[52] W. Drum. «S. Paul and the Parousia». En: *Ecles. Rew* (1914), págs. 616-621.

[53] J. Dupont. *Sym christoi. L'umon avec le Christ Suivant S. Paul. 1. Avec le Christ dans la vie Future*. París–Lovaina: Editions de I'Abbaye de Saint–Andre. Desclee, 1952.

[54] A. Durand. «Les Retributions de la Vie Future dans l'Ancient Testament». En: *Etudes* 83 (1900), págs. 22-48.

[55] T. H. C van Eijk. *La Résurrestion des Morts chez les Pères Apostoliques*. Paris: Beauchesne, 1974.

[56] R. Engel. *John Paul II and the 'Theology of the Body' – A Study in Modernism*. Pensilvania: New Engel Publishing, 2011.

[57] A. Escallada Tijero. «Comentarios al Tratado de la Esperanza». En: *Santo Tomás de Aquino. Suma de Teología, III. Parte II–II (a)* Madrid, BAC (1990), págs. 149-200.

[58] L. I. Eslick. «The Thomistic Doctrine of the Unity of Creation». En: *The New Scholasticism* 13 (1939), págs. 49-70.

[59] C. Fabro. *El viraje antropológico de Karl Rahner*. Buenos Aires: Ediciones CIAFIC, 1981.

[60] C. Fabro. *La Svolta Antropologica di Karl Rahner*. Milán: Rusconi, 1974.

[61] A. Faccenda. *Esistenza e Natura della Regalità di Cristo.* Asti, 1939.

[62] D. Fahey. *The Kingship of Christ According to the Principies of S. Thomas.* Dublín: London: Browne y Nolan Ltd., 1931.

[63] A. Fernández. *¿Hacia dónde Camina Occidente?* Madrid: BAC, 2012.

[64] A. Fernández. *La Escatología del siglo II.* Burgos: Publicaciones de la Facultad de Teologia del Norte de España, Sede de Burgos, 1979.

[65] A. Fernández. *Teología Dogmática, vol. II.* Madrid: BAC, 2012.

[66] A. Feuillet. «Comparaison entre Mt 24 et Io 5,1–11». En: *The Background ol the N. T. and its Eschatology* (1956), págs. 261-280.

[67] A. Feuillet. «Essai d'interprétation du chap. XI de l'Apoc.» En: *New Testament Studies* 4 (1958), págs. 183-200.

[68] A. Feuillet. «L'Avènement du Fils de L'Homme». En: *Revue Biblique Internationale* 15 (1906), 382–411 et 561-574.

[69] A. Feuillet. «Le Discours Eschatologique sur la Ruine du Temple». En: *Revue Biblique* 55 (1948), págs. 481-502.

[70] A. Feuillet. «Le Discours Eschatologique sur la Ruine du Temple». En: *Revue Biblique* 56 (1949), págs. 340-364.

[71] A. Feuillet. «Le Discours Eschatologique sur la Ruine du Temple». En: *Revue Biblique* 57 (1950), págs. 62-91, 180-211.

[72] A. Feuillet. «Le Mystére Pascal et Id Résurrection des Chrétiens d'aprés les Epítres Pauliniennes». En: *Nouvelle Rev. Théologique* 79 (1957), págs. 337-354.

[73]   A. Feuillet. «Le Sens du Mot Parousie dans I'Ev. de Mt.» En: *The Background of the N. T. and its Eschatology*. Cambridge, 1956, págs. 261-280.

[74]   A. Feuillet. «Le Triomphe Eschatologique de Iésus d'aprés Quelques Textes Isoles des Ev.» En: *Nouvelle Revue Théologique* 71 (1949), 701–722 y 806-822.

[75]   A. Feuillet. «Le Venue du Régne de Dieu et du Fils de l'homme (Lc 17,20–18,3)». En: *Recherches de Sciences Religieuses* (1948), págs. 544-564.

[76]   A. Feuillet. «Regne de Dieu». En: *Dictionnaire Bible. Supplément* 54 (1981), págs. 2-165.

[77]   A. Fierro. «Las Controversias sobre la Resurrección en los Siglos III–V». En: *Revista Española de Teología* 28 (1968), págs. 3-21.

[78]   E. Forment. *Ser y Persona*. Barcelona: PPU, 1983.

[79]   A. Gálvez. *Apéndice a las Notas sobre la Espiritualidad de la Sociedad de Jesucristo Sacerdote*. Murcia: memorándum, 2009.

[80]   A. Gálvez. *Cantos del Final del Camino*. New Jersey: Shoreless Lake Press, 2016.

[81]   A. Gálvez. *Comentarios al Cantar de los Cantares*. Vol. I. New Jersey: Shoreless Lake Press, 1994.

[82]   A. Gálvez. *Comentarios al Cantar de los Cantares*. Vol. II. New Jersey: Shoreless Lake Press, 2000.

[83]   A. Gálvez. *Disputationes Sobre el Amor Divino–Humano*. Murcia: Memorandum, 2009.

[84]   A. Gálvez. *El Amigo Inoportuno*. New Jersey: Shoreless Lake Press, 1995.

[85] A. Gálvez. *El Invierno Eclesial*. New Jersey: Shoreless Lake Press, 2011.

[86] A. Gálvez. *El Misterio de la Oración*. New Jersey: Shoreless Lake Press, 2014.

[87] A. Gálvez. *Esperando a Don Quijote*. New Jersey: Shoreless Lake Press, 2007.

[88] A. Gálvez. *Florilegio*. New Jersey: Shoreless Lake Press, 2013.

[89] A. Gálvez. *Homilías*. New Jersey: Shoreless Lake Press, 2008.

[90] A. Gálvez. *Los Cantos Perdidos, 3a. edición*. New Jersey: Shoreless Lake Press, 2013.

[91] A. Gálvez. *Mística y Poesía*. New Jersey: Shoreless Lake Press, 2018.

[92] A. Gálvez. *Sermones para un Mundo en Ocaso*. New Jersey: Shoreless Lake Press, 2016.

[93] A. Gálvez. *Siete Cartas a Siete Obispos, Vol 1*. New Jersey: Shoreless Lake Press, 2009.

[94] A. Gálvez. *Sociedad de Jesucristo Sacerdote. Notas y Espiritualidad*. New Jersey (USA): Shoreless Lake Press, 2012.

[95] A. Gálvez. *The Importunate Friend*. New Jersey: Shoreless Lake Press, 1998.

[96] R. García de Haro. *Historia Teológica del Modernismo*. Pamplona: Eunsa, 1972.

[97] R. Garrigou–Lagrange. *Life Everlasting and the Immensity of the Soul*. San Bernardino: Christ the King Library, 2015.

[98] A. Gaudel. «Limbes». En: *DTC*. Vol. IX. Paris: Les éditions Letouzey et Ané, 1899–1937, págs. 760-772.

[99] A. Gelin. «Millénarisme». En: *Dictionnaire de la Bible*. Vol. V suppl. Paris: Les éditions Letouzey et Ané, 1899–1937, págs. 1289-1294.

[100] G. Ghiberti. «Aggiornamento della Bibliografía». En: *Rivista Biblica Italiana* 23 (1975), págs. 424-440.

[101] G. Ghiberti. *Resurrexit. Actes du Symposium International Sur la Résurrection de Jésus*. Roma: Libreria Editrice Vaticana, 1974.

[102] É. Gilson. *El Espíritu de la Filosofía Medieval*. Madrid: Rialp, 1981.

[103] É. Gilson. *El Tomismo. Introducción a la Filosofía de Santo Tomás de Aquino*. Navarra: Eunsa, 2002.

[104] É. Gilson. *Introduction a l'étude de Saint Agustin*. Paris: Vrin, 1982.

[105] J. M. y J. I. Murillo Gimenez Amaya. «El Problema Mente–Cerebro en la Neurociencia Contemporánea. Una Aproximación a un Estudio Interdisciplinar». En: *Scripta Theologica* 39 (2007), págs. 607-634.

[106] P. Godet. «Günther, Antoine». En: *DTC*. Vol. VI. Paris: Les éditions Letouzey et Ané, 1899–1937, págs. 1992-1993.

[107] R. Graber. *Athanasius and the Church of our Time*. Inglaterra: Van Duren Contract Publications, 1974.

[108] J. Guillén Torralba. «Cielo. Religiones no Cristianas». En: *GER*. Vol. V. Madrid: Rialp, 1979, págs. 582-584.

[109] J. Guillén Torrealba. «Infierno II. Sagrada Escritura». En: *GER*. Vol. XII. Madrid: Rialp, 1979, págs. 703-705.

[110] J. Guillén Torrealba. «Infierno. Religiones no Cristianas». En: *GER*. Vol. XII. Madrid: Rialp, 1979, págs. 701-703.

[111] O. Habert. «Matéralisme et Monisme». En: *DTC*. Vol. X. Paris: Les éditions Letouzey et Ané, 1899–1937, págs. 282-334.

[112] G. Habra. «The Sources of the Doctrine of Gregory of Palamas on the Divines Energies». En: *Eastern Churches Quarterly* 12 (1957–1958), págs. 244-252, 294-303.

[113] B. M. Hagebaert. «L'Époque du Second Avènement du Christ». En: *Revue Biblique* 3 (1894), págs. 71-92.

[114] R. Hedde. «Métempsycose». En: *DTC*. Vol. X. Paris: Les éditions Letouzey et Ané, 1899–1937, págs. 1574-1595.

[115] N. Hillgarth. «El 'Prognosticon Futuri Saeculi' de San Julián de Toledo». En: *Analecta Sacra Tarraconensia* 30 (1957), págs. 5-61.

[116] F. Holtz. «La Valeur Sotériologique de la Résurrection du Christ selon Saint Thomas». En: *Ephemerides Theologicae Lovanienses* 29 (1953), págs. 609-645.

[117] J. Hontheim. «Hell». En: *The Catholic Encyclopedia*. Vol. VII. New York: The Encyclopedia Press, 1910, 207 ss.

[118] É. Hugon. «De l'État des Ames Séparées». En: *Revue Thomiste* 14 (1906), págs. 48-68, 529-546.

[119] É. Hugon. «De l'État des Ames Séparées». En: *Revue Thomiste* (1909), págs. 590-596.

[120] J. Ibáñez y F. Mendoza. *Dios Consumador: Escatología*. Madrid: Palabra, 1992.

[121] J. Ibáñez y F. Mendoza. *Dios Creador y Enaltecedor*. Madrid: Palabra, 1984.

[122] J. Ibáñez y F. Mendoza. «La Praxis Penitencial y su Presupuestos Teológicos en los Historiadores Griegos de la Época Constantiniana». En: *XXX Semana Española de Teología* (1970), págs. 197-221.

[123] J. L. Illanes Maestre. «Parusía II. Teología Dogmática». En: *GER*. Vol. XVII. Madrid: Rialp, 1979, págs. 875-877.

[124] C. Izquierdo. «Cómo se ha entendido el "modernismo teológico." Discusión historiográfica». En: *Anales de Historia de la Iglesia* 16 (2007), págs. 35-75.

[125] A. Janssens. «De Valore Soteriologico Resurrectionis Christi». En: *Ephemerides Theologicæ Lovanienses* 9 (1932), págs. 225-233.

[126] A. Janssens. «La Signification Sotériologique de la Parousie et du Jugement Dernier». En: *Divus Thomas (Piac.)* 36 (1933), págs. 25-38.

[127] Juan A. Jorge. *Apuntes de Patrología*. Santiago de Chile: Shoreless Lake Press, 2016.

[128] Juan A. Jorge. *Cristología. 3 vols*. Santiago de Chile: Shoreless Lake Press, 2016.

[129] Juan A. Jorge. *Dios Uno y Trino*. Santiago de Chile: Shoreless Lake Press, 2010.

[130] Juan A. Jorge. *Escatología*. Santiago de Chile: Shoreless Lake Press, 2018.

[131] Juan A. Jorge. «La compatibilidad entre los tres modos de la ciencia humana de Jesucristo». En: *III Congreso Internacional de Filosofía Tomista, Santiago de Chile, Ril Editores* (2018), págs. 347-381.

[132] Juan A. Jorge. «Lección inaugural del Curso. Año 1998». En: *Seminario de San Bernardo. Chile*. Pro manuscrito (1998).

[133] Juan A. Jorge. *Tratado de Creación y Elevación*. Santiago de Chile: Shoreless Lake Press, 2017.

[134] Ch. Journet. *Le Purgatoire*. Lieja: La pensée catholique, 1932.

[135] M. Jugie. *Le Purgatoire et les Moyens de l'éviter*. París: P. Lethielleux, 1940.

[136] M. Jugie. «Palamas, Grégoire». En: *DTC*. Vol. XI. Paris: Les éditions Letouzey et Ané, 1899–1937, págs. 1735-1776.

[137] M. Jugie. «Palamite, Controversie». En: *DTC*. Vol. XI. Paris: Les éditions Letouzey et Ané, 1899–1937, págs. 1777-1818.

[138] J. F. X. Kanassas. «Esse as the Target of Judgement in Rahner and Aquinas». En: *The Thomist* 51 (1987), págs. 222-245.

[139] F. Köning. *Cristo y las Religiones de la Tierra*. Madrid: BAC, 1968.

[140] M. J. Lagrange. «L'Avéneinent du Fils de L'homme». En: *Revue Biblique* 3 (1906), 382–441 y 561-574.

[141] J. Laporta. *La Destinée de la Nature Humaine selon Thomas d'Aquin*. Paris: Libraire Philosophique, 1965.

[142] H. Leclercq. «Résurrection de la Chair». En: *Dictionnaire d'Archéologie Chrétienne et de Liturgie*. Vol. XIV. Paris: Letouzey et Ané, 1907, págs. 2393-2398.

[143] J. Leclercq. *L'Idée de la Royauté du Christ au Moyen Age*. Paris: les Editions du Cerf, 1959.

[144] A. Lehaut. *L'Éternité des Peines de l'Enfer dans Saint Augustin*. Paris: G. Beauchesne, 1912.

[145] H. Lennerz. *De Novissimis*. Romae: Pontificia Universitas Gregoriana, 1950.

[146] P. Leone. *Family under Attack*. USA: CreateSpace Independent Publishing Platform, 2014.

[147] L. Lercher. *Institutiones Theologíae Dogmaticae, vol. IV-2*. Oeniponte: Typis et Sumptibus Feliciani Rauch, 1949.

[148] J. C. Linehan. *The Rational Nature of Man with Particular Reference to the Effects of Immortality on Intelligence According to St. Thomas*. Washington: The Catholic University of America, 1937.

[149] A. Llano. *En Busca de la Trascendencia*. Barcelona: Ariel, 2007.

[150] A. Lobato. *El Pensamiento de Santo Tomás de Aquino para el Hombre de Hoy: El Hombre en Cuerpo y Alma*. Valencia: Edicep, 1994.

[151] F. Locatelli. «Alcune Note sull Dimostrazione dell'Immortalità dell'Anima in S. Tommaso». En: *Rivista di Filosofia Neo-Scolastica* 53 (1941), págs. 413-428.

[152] S. Long. «Obediental Potency, Human Knowledge and the Natural Desire to Know». En: *International Philosophical Quarterly* 37 (1997), págs. 45-64.

[153] N. López Martínez. *El Más Allá de los Niños*. Burgos: Aldecoa, 1955.

[154] H. de Lubac. *El Drama del Humanismo Ateo*. Madrid: Epesa, 1967.

[155] W. Lutoslawski. *Preesistenza e reincarnazione*. Turín: Fratelli Bocca, Editori, 1931.

[156] D. Lys. *La chair dans l'Ancient Testament. "Bâsâr"*. Paris: Éditions Universitaires, 1967.

[157] D. Lys. *Néphès. Histoire de l'âme dans la Révélation d'Israël au sein des Religions Proche-orientales*. Paris: Presses Universitaires de France, 1959.

[158] D. Lys. *Rûah. Le Soufle dan L'Ancient Testament. Enquête Anthropologique à travers l'histoire Théologique d'Israël*. Paris: Presses Universitaires de France, 1962.

[159] L. Maccone. *Storia documentata della cremazione presso i popoli antichi e moderni, con speciale rilerimento all'igiene*. Bérgamo: Istituto Italiano d'Arti Grafiche edizione, 1931.

[160] A. Malachi Martin. *The Jesuits*. New York: Touchstone, 1988.

[161] E. Mangenot. «Fin du Monde». En: *DTC*. Vol. V. Paris: Les éditions Letouzey et Ané, 1899–1937, págs. 2504-2552.

[162] H. I. Marrou. «La Résurrection des Morts et les Apologistes des Premiers Siècles». En: *Lumière et Vie* 3 (1952), págs. 83-92.

[163] J. Martínez Porcell. *Metafísica de la Persona*. Barcelona: PPU, 1992.

[164] L. F. Mateo–Seco. «Obediencial (potencia)». En: *Conceptos Básicos para el Estudio de la Teología*. Madrid: Cristiandad, 2010, págs. 361-362.

[165] L. F. Mateo–Seco. «Purgatorio». En: *GER*. Vol. XIX. Madrid: Rialp, 1979, págs. 507-511.

[166] J. A. Medina Estévez. *Satanás y su Obra*. Santiago de Chile: Cuaderno Humanitas 22, 2010.

[167] F. Mendoza Ruiz. «Orígenes y origenismo». En: *GER*. Vol. XVII. Madrid: Rialp, 1979, 453 ss.

[168] A. Michel. «Feu de l'Enfer». En: *DTC*. Vol. V. Paris: Les éditions Letouzey et Ané, 1899–1937, págs. 2199-2212.

[169]   A. Michel. «Forme du Corps Humain». En: *DTC*. Vol. VI. Paris: Les éditions Letouzey et Ané, 1899–1937, págs. 546-588.

[170]   A. Michel. «Intuitive». En: *DTC*. Vol. VII. Paris: Les éditions Letouzey et Ané, 1899–1937, págs. 2351-2394.

[171]   A. Michel. *Los Misterios del Más Allá*. San Sebastián: ed. Dinor, 1954.

[172]   A. Michel. «Mort». En: *DTC*. Vol. X. Paris: Les éditions Letouzey et Ané, 1899–1937, págs. 2489-2500.

[173]   A. Michel. «Purgatoire». En: *DTC*. Vol. XIII. Paris: Les éditions Letouzey et Ané, 1899–1937, págs. 1163-1326.

[174]   A. Michel. «Traducianisme». En: *DTC*. Vol. XV. Paris: Les éditions Letouzey et Ané, 1899–1937, págs. 1350-1364.

[175]   C. Mielgo. «Milenarismo». En: *GER*. Vol. XV. Madrid: Rialp, 1979, 819ss.

[176]   A. Millán Puelles. *El Valor de la Libertad*. Madrid: Rialp, 1995.

[177]   J. A. Montes Varas. *Desde la Teología de la Liberación a la Teología Eco-feminista. Una Revolución Enquistada en la Iglesia*. Santiago de Chile: Acción Familia, 2011.

[178]   J. Morales. *El Misterio de la Creación*. Pamplona: Eunsa, 1994.

[179]   D. Muñoz León. «Cielo. Sagrada Escritura». En: *GER*. Vol. V. Madrid: Rialp, 1979, págs. 584-586.

[180]   L. Murillo. «La Parusía en el Apóstol San Pablo». En: *Estudios Bíblicos* 1 (1929), págs. 264-282.

[181]   L. Murillo. «La Parusía en el Apóstol San Pablo». En: *Estudios Bíblicos* 2 (1930), págs. 264-282.

[182]   E. Nácar. «Rey y Sacerdote». En: *Estudios Bíblicos* 5 (1946), págs. 281-290.

[183] J. Ntedika. *L'evocation de l'au–delà dans la Prière pour les Morts. Études de patristique et de liturgie latines, IVe-VIIIe s.* Lovaina, Paris: Éditions Nauwelaerts, 1971.

[184] F. Ocáriz - L. F. Mateo–Seco - J. A. Riestra. *El Misterio de Jesucristo.* Pamplona: Eunsa, 2004.

[185] F. Ocáriz. *Estudio de la Resurrección de Cristo en cuanto Causa de la Resurrección de los Hombres, según la Doctrina de Santo Tomás de Aquino, en AA.VV. "Cristo, Hijo de Dios y Redentor del hombre".* Pamplona: Eunsa, 1982.

[186] M. Ollers. «San Pablo y la segunda venida del Señor». En: *Cultura Bíblica* 2 (1945), págs. 75-77.

[187] J. Orlandis. «La Escatología intermedia en el 'Prognosticon Futuri Saeculi' de San Julián de Toledo». En: *C. Izquierdo: "Escatología y Vida Cristiana".* Pamplona: Eunsa, 2002, págs. 419-424.

[188] L. Ott. *Manual de Teología Dogmática.* Barcelona: Herder, 2009.

[189] P. Palazzini – G. De Ninno. «Cremazione». En: *Enciclopedia Cattolica.* Vol. IV. Ciudad del Vaticano: Ente per l'Enciclopedia Cattolica e per il libro cattolico, 1950, Ciudad del Vaticano.

[190] J. Parisot. «Aphraate». En: *DTC.* Vol. I. Paris: Les éditions Letouzey et Ané, 1899–1937, págs. 1457-1463.

[191] A. C. Peguis. *St. Thomas and the Problem of the Soul in the Thirteenth Century.* Toronto: Pontifical Institute of Mediaeval Studies, 1934.

[192] G. M. Perella. «La Dottrina dell'Oltretomba nel Vecchio Testamento». En: *Divus Thomas (Piacenza)* 37 (1935), págs. 196-204.

[193] J. Pieper. *El Ocio y la Vida intelectual*. Madrid: Rialp, 1962.

[194] A. Piolanti. *De Novissimis et Sanctorum Communione*. Torino: Marietti, 1960.

[195] A. Piolanti. *Dio-Uomo*. Roma: Libreria Editrice Vaticana, 1964.

[196] A. Piolanti. «Infierno». En: *Enciclopedia Cattolica*. Vol. VI. Ciudad del Vaticano: Ente per l'Enciclopedia Cattolica e per il libro cattolico, 1951, págs. 1941-1951.

[197] A. Piolanti. «Millénarismo». En: *Enciclopedia Cattolica*. Vol. VIII. Ciudad del Vaticano: Ente per l'Enciclopedia Cattolica e per il libro cattolico, 1951, págs. 1008-1011.

[198] E. Portalié. «Augustin, Saint». En: *DTC*. Vol. I. Paris: Les éditions Letouzey et Ané, 1899–1937, págs. 2268-2472.

[199] De La Potterie. «Jésus Roi d'aprés Ioh. 19:13». En: *Bíblica* 41 (1960), págs. 217-247.

[200] C. Pozo. *El Credo del Pueblo de Dios*. Madrid: BAC, 1968.

[201] C. Pozo. «La Doctrina Escatológica del 'Prognosticon Futuri Saeculi' de San Julián de Toledo». En: *Estudios Eclesiásticos* 45 (1970), págs. 173-201.

[202] C. Pozo. *La Preparazione della Parusia*. Roma: A. Marranzini: Correnti Teologiche Postconciliari, págs. 389–412, 1974.

[203] C. Pozo. *La Venida del Señor en Gloria*. Valencia: Edicep, 1993.

[204] C. Pozo. *Teología del Más Allá*. Madrid: BAC, 1992.

[205] F. Prat. *La Théologie de Saint Paul, 2 vols.* Paris: G. Beauchesne, 1912.

[206] C. Pujol. «El Problema del Bautismo de los Fetos Abortivos Informes». En: *Revista Española de Derecho Canónico* 1-3 (1946), págs. 697-720.

[207] C. Pujol. «El Problema del Bautismo de los Fetos Abortivos Informes». En: *Revista Española de Derecho Canónico* 2-1 (1947), págs. 53-75.

[208] J. Quasten. *Patrología. 3 vols.* Madrid: B.A.C., 1995.

[209] S. Ramírez. *Teología Nueva y Teología.* Madrid: Ateneo, 1958.

[210] D. Ramos–Lisson. *Patrología.* Pamplona: Eunsa, 2005.

[211] M. Richard. «Enfer». En: *DTC.* Vol. V. Paris: Les éditions Letouzey et Ané, 1899–1937, págs. 28-120.

[212] J. Rico Pavés. *Escatología Cristiana. Para Comprender qué Hay tras la Muerte.* Murcia: Univ. San Antonio, 2002.

[213] B. Rigaux. «Parusia». En: *Enc. Bibl.* Vol. V. Paris, págs. 891-895.

[214] E. Righi–Lambertini. *De Vetita Cadaverum Crematione.* Venegono Inferiore: La Scuola Cattolica, 1948.

[215] J. Rivière. «Jugement (Particulier et Général)». En: *DTC.* Vol. VIII. Paris: Les éditions Letouzey et Ané, 1899–1937, págs. 1721-1828.

[216] J. Rivière. «Metempsícosis». En: *GER.* Vol. XV. Madrid: Rialp, 1979, págs. 655-658.

[217] J. M. Rodriguez Arias. *El más Antiguo y Discutido Argumento para Probar la Incorporeidad del Alma Humana.* Santander: Las Caldas de Besaya, 1952.

[218] P. Rodríguez. «Realeza de Cristo». En: *GER*. Vol. XIX. Madrid: Rialp, 1979, págs. 714-716.

[219] A. Romeo. «Parusia». En: *Enciclopedia Cattolica*. Vol. IX. Ciudad del Vaticano: Ente per l'Enciclopedia Cattolica e per il libro cattolico, 1951, págs. 875-882.

[220] H. Rondet. «L'Enfer et la Conscience Moderne. Peut–on être damné pour un seul péché mortel?» En: *Problèmes pour la réflexion chrétienne* Paris (1945), págs. 99-124.

[221] H. Rondet. «Les Peines de l'Enfer». En: *Nouvelle Revue Théologique* 67 (1940), págs. 397-427.

[222] P. de Rosa. «Rahner's Concept of 'Vorgriff': an Examination of its Philosophical Background and Development». Tesis doct. Oxford: Oxford University, 1988.

[223] V. Rovighi. «La Controversia sulla Pluralitá delle Forme nel Secolo XIII». En: *Rivista di Filosofia Neo–scolastica* 44 (1952), págs. 246-253.

[224] A. Royo Marín. *Teología de la Salvación*. Madrid: BAC, 1959.

[225] F. Ruiz Cerezo. *El Estatuto Ontológico de la Persona después de la Muerte*. Santiago de Chile: tesis doctoral, pro manuscrito, 2002.

[226] F. Ruiz Cerezo. «Santo Tomás de Aquino versus A. Gálvez: Existencia de un Problema». En: *Sociedad Tomista Argentina* XXXVI Semana Tomista (Congreso Internacional. Intérpretes del Pensamiento de Santo Tomás).

[227] A. Sáenz. *El Apocalipsis según Leonardo Castellani*. Pamplona: Fundación Gratis Date, 2005.

[228] J. Sagüés. *Sacrae Theologiae Summa II. De Deo Creante et Elevante. De Peccatis*. Madrid: BAC, 1955.

[229] J. Sagüés. *Sacrae Theologiae Summa IV. De Novissimis seu de Deo Consummatore*. Madrid: BAC, 1962.

[230] J. Sagüés. *Summa of Sacred Theology IVB. On the Holy Orders and Matrimony. On the Last Things*. U.S.A.: Keep the Faith, 2016.

[231] J. L. Sánchez de Alba y J. Molinero. *El Más Allá*. Madrid: Rialp, 2000.

[232] J. Sancho Bielsa. «Limbo». En: *GER*. Vol. XIV. Madrid: Rialp, 1979, págs. 383-384.

[233] J. Sanguineti. *Filosofía de la Mente. Un Enfoque Ontológico y Antropológico*. Madrid: Palabra, 2007.

[234] J. A. Sayés. «¿Cómo Hablar del Infierno? Diálogo con H. U. von Balthasar». En: *Revista Agustiniana* 53 (2002), págs. 141-171.

[235] J. A. Sayés. *Cristología Fundamental*. Madrid: Centro de Estudios de Teología Espiritual, 1985.

[236] J. A. Sayés. *El Demonio, ¿Realidad o Mito?* Madrid: San Pablo, 1997.

[237] J. A. Sayés. *Escatología*. Madrid: Palabra, 2006.

[238] J. A. Sayés. *La esencia del cristianismo: diálogo con K. Rahner y H.U. von Balthasar*. Madrid: Cristiandad, 2005.

[239] J. A. Sayés. *La Gracia de Cristo*. Madrid: BAC, 1993.

[240] J. A. Sayés. *La Resurrección de Jesús y la Historia. Problemática Actual*. Burgos: Facultad del Norte de España, 1983.

[241] J. A. Sayés. *Más Allá de la Muerte*. Madrid: San Pablo, 1996.

[242] J. A. Sayés. *Pecado original y redención de Cristo*. Madrid: Edapor, 1988.

[243] J. A. Sayés. *Señor y Cristo*. Pamplona: Eunsa, 1995.

[244] José A. Sayés. «El problema del sobrenatural; Sintesis Historica y su Incidencia en las Teologias de la Secularizaciôn y de la Liberación». En: *Burgense* 31 (1990), págs. 309-388.

[245] F. A. Schalk. «Pantheisme». En: *DTC*. Vol. XI. Paris: Les éditions Letouzey et Ané, 1899–1937, págs. 1855-1874.

[246] J. M. Scheeben. *Naturaleza y Gracia*. Barcelona: Herder, 1969.

[247] M. Schmaus. *Teología Dogmática. vol. VII, Los Novísimos*. Bruges: Rialp, 1961.

[248] R. Schnackenburg. *Reino y Reinado de Dios*. Madrid: Ed. Fax, 1967.

[249] I. Solano y J. A. Aldama. *Sacrae Theologiae Summa III. De Verbo Incarnato. De B. Maria Virgine*. Madrid: BAC, 1955.

[250] I. Solano y J. A. Aldama. *Sacrae Theologiae Summa IIIA. On the Incarnate Word. On the Blessed Virgin Mary*. U.S.A.: Keep the Faith, 2014.

[251] F. Soria Heredia. «Tratado del Hombre Introducción a las cuestiones 75 a 102». En: *Suma de Teología*. Vol. I. Madrid: BAC, 2001, págs. 665-671.

[252] J. L. Soria Saiz. «Cremación». En: *GER*. Vol. VI. Madrid: Rialp, 1979, págs. 699-670.

[253] S. Souilhé. *De Platonis Doctrina Circa Anima*. Romae: TexDocum. ser. Philos., 1938.

[254] F. Spadafora. *Gesú e la fine di Gerusalemme*. Rovigo: Istituto Padano di Arte Grafiche, 1950.

[255] R. Spiazzi. «Reincarnazione». En: *Enciclopedia Cattolica*. Vol. X. Ciudad del Vaticano: Ente per l'Enciclopedia Cattolica e per il libro cattolico, 1953, págs. 677-682.

[256] C. Spicq. «La révélation de l'enfer dans la Sainte Écriture». En: *AA.VV., "L'enfer"*. Paris: Les Éditions de la Revue des Jeunes, 1950, págs. 89-143.

[257] E. Stephanou. «Le Coéxistence Initiale du Corps et de l'Âme d'après Saint Grégoire de Nysse et Saint Maxime l'Homologète». En: *Echos d'Orient* 21 (1932), págs. 304-315.

[258] A. Tanquerey. *Synopsis Theologiae Dogmaticae, vol. III*. Parisiis, Tornacy, Romae: Desclée, 1938.

[259] E. Tavares. *La Reencarnación*. Madrid: BAC, 1986.

[260] P. Tedeschini. *Dissertatio Historica de Sententia Scholasticorum circa Essentiam Corpoream*. Roma: Ex Typographia Polyglotta S. C. de Propaganda Fide, 1878.

[261] P. Toner. «Limbo». En: *The Catholic Encyclopedia*. Vol. IX. New York: Robert Appleton Company, 1910.

[262] M. Ubeda (con la colaboración de A. González y Soria). «Tratado del hombre, en Sto. Tomás de Aquino». En: *Suma Teológica*. Vol. III. Madrid: BAC, 1959.

[263] A. Úbeda Purkiss. *Introducciones al Tratado del Hombre, en "Suma Teológica de Santo Tomás de Aquino. Tomo III. Tratado del Hombre"*. Madrid: BAC, 2011.

[264] T. Urdanoz. «Introducciones al Tratado sobre la Fe y Tratado sobre la Esperanza». En: *Suma Teológica de Santo Tomás de Aquino", tomo VII* Madrid, BAC (2014), págs. 475-639.

[265] A. Vaccari. «De Inmortalitate Animae in Veteri Testamento». En: *Verbum Domini* 1 (1921), págs. 258-263, 304-309.

[266] E. Valton. «Crémation». En: *DTC*. Vol. III. Paris: Les éditions Letouzey et Ané, 1899-1937, págs. 2310-2323.

[267] Varios. *Dictionnaire de Théologie Catholique, 30 vols.* Paris: en DVD, ed. Les éditions Letouzey et Ané, 2006, 1899-1937.

[268] Varios. *Gran Enciclopedia Rialp, (GER), 24 vols.* Madrid: Rialp, 1979.

[269] Varios. *La Venue du Messie. Messianisme et Eschatologie.* Bruges: Desclée de Brouwer, 1962.

[270] Varios. *Suma Teológica de Santo Tomas de Aquino, tomo XVI, Supl. q. 69-99. "De los Novísimos".* Madrid: BAC, 1955.

[271] Varios. *The Catholic Encyclopedia, 15 vols.* New York: Robert Appleton Company; online Edition Copyright © 1999 by Kevin Knight, 1907-1912.

[272] B. Vawter. «And he shall Come Again with Glory, Paul and Christian Apocalyptic». En: *Stud. Paul. Congress. Int. Cath., Roma, I, 1961* (1963), págs. 143-150.

[273] B. de Vergille. «L'Attente des Saints d'après Saint Bernard». En: *Nouvelle Revue de Théologie* 70 (1948), págs. 225-244.

[274] J. Vicente y J. Choza. *Filosofía del Hombre.* Madrid: Rialp, 1991.

[275] C. J. de Vogel. *A los Católicos de Holanda, a Todos.* Navarra: Eunsa, 1975.

[276] J. A. Widow. *La Libertad y sus Servidumbres.* Santiago de Chile: RIL editores, 2014.

[277] R. M. Wiltgen. *El Rin desemboca en el Tiber. Historia del Concilio Vaticano II.* Madrid: Criterio Libros, 1999.

[278] I. H. Wright. *The Order of the Universe in the Theology of St. Thomas.* Roma: P. Università Gregoriana, 1957.

[279] R. Zavalloni. «La Métaphysique du Composé Humain dans la Pensée Scolastique Préthomiste». En: *Revue Philosophique de Louvain* Troisième série, Tome 48, N°17 (1950), págs. 10-12.

[280] R. Zavalloni. «La Métaphysique du Composé Humain dans la Pensée Scolastique Pretomiste». En: *Revue Philosophique de Louvain* 48 (1950), págs. 5-36.

Índice General

Índice general

I LA ESCATOLOGÍA EN EL MOMENTO ACTUAL 1

1 La escatología como ciencia 3
  1.1 La escatología, un problema universal 3
  1.2 Denominación e historia del tratado 13
  1.3 El lugar de la escatología en la teología 18
  1.4 Problemas actuales 20
  1.5 Exigencias de una escatología renovada 37
  1.6 Estructura del tratado 40

II PRESUPUESTOS TEOLÓGICOS PARA EL TRATADO 43

2 La Resurrección de Jesucristo 45
  2.1 Introducción 45
  2.2 Algunos datos previos 49
      2.2.1 Sagrada Escritura 49
      2.2.2 Magisterio 57
      2.2.3 Razonamiento teológico 59
  2.3 Hecho histórico y meta–histórico 65
  2.4 Significado salvífico 76

		2.4.1	Introducción	76
		2.4.2	San Pablo	77
	2.5	Causa de la nuestra		79
		2.5.1	Con respecto a la resurrección de los cuerpos	83
		2.5.2	Con respecto a la "resurrección" de las almas	87
		2.5.3	Causa de la liberación de la creación entera. .	91
3	**La naturaleza del ser humano**			**93**
	3.1	Unidad somática y espiritual		95
		3.1.1	Unidad psico–somática del ser humano	95
	3.2	Valor del cuerpo humano		98
		3.2.1	Dos extremos peligrosos	98
		3.2.2	Naturaleza del cuerpo humano	104
		3.2.3	El cuerpo en la doctrina tomista	107
		3.2.4	El cuerpo humano según A. Gálvez	112
	3.3	El alma humana unida al cuerpo		126
		3.3.1	Introducción	126
		3.3.2	No se identifica con lo somático	127
		3.3.3	Existe un alma para cada individuo	130
		3.3.4	El alma humana es forma del cuerpo	146
	3.4	Origen del alma		160
		3.4.1	Cada alma humana es *creada inmediatamente por Dios de la nada*	161
		3.4.2	El alma humana es creada por Dios *cuando es infundida en el cuerpo*	172
4	**Alma separada del cuerpo**			**187**
	4.1	El alma humana no perece. Es inmortal		187
		4.1.1	Errores	193
		4.1.2	Definición	194

		4.1.3	El alma humana es inmortal por naturaleza de hecho y de derecho	195
	4.2	\multicolumn{2}{l}{La subsistencia del alma sin el cuerpo . . . .}	203
	4.3	\multicolumn{2}{l}{El alma separada del cuerpo ¿es persona? . . . . . .}	203
		4.3.1	Doctrina tomista	203
		4.3.2	Tesis de A. Gálvez y F. Ruiz	204
		4.3.3	Conclusión	222

5 El ya y el todavía no del Reino — 223

	5.1	Cristo y el Reino	223
	5.2	El Reino de Dios predicado por Cristo	230
		5.2.1 Reino espiritual de salvación	231
		5.2.2 Reino universal	234
		5.2.3 Reino en doble fase	235
	5.3	La esperanza cristiana	248
		5.3.1 La esperanza vivida en la espera del Reino de Dios	248
		5.3.2 La esperanza en el Aquinate	249
		5.3.3 A. Gálvez y la esperanza	257
	5.4	Interpretación de A. Gálvez	272

III ESCATOLOGÍA INDIVIDUAL — 279

6 Escatología intermedia — 281

	6.1	Hecho: inmortalidad y resurrección	282
		6.1.1 El problema	282
		6.1.2 Historia del problema	284
		6.1.3 Datos bíblicos	287
		6.1.4 Magisterio	301
		6.1.5 Consideraciones teológicas	306

	6.1.6	Entendimiento equilibrado	308
	6.1.7	A. Gálvez y la escatología de doble fase	311
6.2	Sentido: retribución plena		320
	6.2.1	Introducción	320
	6.2.2	Historia del problema	324
	6.2.3	Revelación neotestamentaria	329
	6.2.4	Tradición	332
	6.2.5	Magisterio	334
	6.2.6	Razonamiento teológico	337
6.3	Juicio particular		341

7 La muerte — 347

7.1	Introducción		347
	7.1.1	Sentidos de la muerte	347
	7.1.2	Rechazo natural del hombre a la muerte	348
	7.1.3	Tres dogmas sobre la muerte	350
7.2	Cristo y la muerte		351
7.3	Origen de la muerte		354
	7.3.1	Sagrada Escritura	358
	7.3.2	Santos Padres	359
	7.3.3	Magisterio de la Iglesia	360
	7.3.4	Reflexiones teológicas	363
7.4	Universalidad de la muerte		367
7.5	Fin de la peregrinación y del mérito		375
	7.5.1	Sagrada Escritura	376
	7.5.2	Tradición	378
	7.5.3	Magisterio	379
	7.5.4	Errores	380
	7.5.5	Razonamiento teológico	383
	7.5.6	Sobre el peligro de la impenitencia final	386
	7.5.7	El error de la reencarnación	393

ÍNDICE GENERAL 1035

		7.5.8	La teoría de la decisión final	405
	7.6	Sacramentos y la muerte cristiana		409
		7.6.1	Muerte aparente y muerte real	409
		7.6.2	Atención corporal y espiritual al moribundo	412
		7.6.3	Inhumación y cremación de cadáveres	413
	7.7	A. Gálvez: teología de la muerte		416
		7.7.1	La muerte antes y sin Jesucristo	416
		7.7.2	La muerte con y en Jesucristo	422
		7.7.3	La muerte "mística"	434
8	**El Cielo**			**449**
	8.1	Sagrada Escritura		452
		8.1.1	El Antiguo Testamento y el concepto de "vida"	452
		8.1.2	El Nuevo Testamento y la existencia de la "vida eterna"	455
		8.1.3	Características de la vida eterna en el Nuevo Testamento	457
	8.2	Santos Padres		461
		8.2.1	Eternidad e intimidad con Dios	461
		8.2.2	Visión de Dios y errores	462
		8.2.3	Amor de Dios	463
		8.2.4	El Gozo de Dios	464
	8.3	Magisterio		464
		8.3.1	Documentos	464
		8.3.2	Errores sobre el Cielo	466
	8.4	Reflexiones teológicas		470
		8.4.1	Existencia del Cielo y la razón natural. Gratuidad y potencia obediencial	470
		8.4.2	La felicidad objetiva del Cielo: Dios, como objeto de la bienaventuranza	481

8.4.3	La felicidad esencial subjetiva o formal: visión, amor, posesión y gozo celestiales. La *esencia de la beatitudo* del bienaventurado	484
8.4.4	Conocimiento de Dios en el Cielo. Objeto primario y secundario. El "lumen gloriæ"	495
8.4.5	Visión y fijación de los bienaventurados. La libertad y la impecabilidad del bienaventurado	504
8.4.6	Eternidad del Cielo. Eviternidad de los bienaventurados	512
8.4.7	Sentido cristológico del Cielo. El papel de la Humanidad de Jesús	522
8.4.8	Vida eterna como deificación	534
8.4.9	Incomprehensibilidad y grados de la visión de Dios	536
8.4.10	Éxtasis y temporalidad en el Cielo. Felicidad esencial y accidental	541
8.4.11	Estado y lugar vs. "existir en la memoria de Dios"	559

9 El Purgatorio — 575

- 9.1 Introducción 576
- 9.2 Fundamentos bíblicos 579
  - 9.2.1 Antiguo Testamento 579
  - 9.2.2 Nuevo Testamento 581
- 9.3 El Purgatorio en los Santos Padres 584
- 9.4 Magisterio de la Iglesia 589
  - 9.4.1 Declaraciones magisteriales 589
  - 9.4.2 Errores sobre el Purgatorio 604
- 9.5 Razonamientos teológicos 607
  - 9.5.1 Su existencia: verdad de fe y argumentos de conveniencia 607

ÍNDICE GENERAL

    9.5.2 Relación entre justificación y Purgatorio ... 609
    9.5.3 El perdón de los pecados veniales 613
    9.5.4 La purificación por amor. Sentido contrario de las penas purgatorias y las del Infierno 616
    9.5.5 El "fuego" del Purgatorio 616
    9.5.6 El valor de los actos de las almas del Purgatorio: la satispasión 620
    9.5.7 Intensidad, desigualdad y término de las penas purgatorias 621
    9.5.8 Confirmación en gracia y certeza de su salvación 631
    9.5.9 La relación entre la Iglesia peregrinante y la purgante 632

10 El limbo   **639**
  10.1 El limbo de los niños 643
    10.1.1 Término 643
    10.1.2 Historia del problema 644
    10.1.3 Magisterio 652
    10.1.4 Calificación teológica 658
    10.1.5 Teorías que intentan buscar otros medios de salvación 659
    10.1.6 Valoración 660
  10.2 Una nueva explicación 662
    10.2.1 El documento 662
    10.2.2 Polémica 670

11 El Infierno   **679**
  11.1 Introducción: una realidad "incómoda" 680
  11.2 La Sagrada Escritura 688
    11.2.1 El Antiguo Testamento 689
    11.2.2 Nuevo Testamento 695

11.3 Los Santos Padres 702
11.4 Magisterio y errores 719
    11.4.1 Errores 719
    11.4.2 Magisterio 725
11.5 Cuestiones teológicas 730
    11.5.1 La realidad del Infierno y los atributos divinos 730
    11.5.2 Realidad existencial 738
    11.5.3 Estado o lugar 741
    11.5.4 Eternidad y endurecimiento de los condenados 743
    11.5.5 La condición de los condenados 750
    11.5.6 La pena de daño del Infierno 753
    11.5.7 El "fuego" del Infierno 761
    11.5.8 Desigualdad de las penas 763
    11.5.9 Una crítica de fondo de A. Gálvez a las "teologías de la bondad" 766

IV ESCATOLOGÍA COLECTIVA O FINAL   783

12 La Parusía   787
12.1 Introducción 787
12.2 Sagrada Escritura 788
    12.2.1 Preparación Veterotestamentaria 789
    12.2.2 Parusía en el Nuevo Testamento 790
12.3 Santos Padres 796
12.4 Magisterio 799
12.5 Reflexiones teológicas 800
    12.5.1 Momento de la Parusía. Expresiones de proximidad 800
    12.5.2 Los signos de la Parusía 806
    12.5.3 Parusía como objeto de esperanza 824

ÍNDICE GENERAL

    12.5.4 Controversia entre *escatologistas* y *encarnacionistas* 831

13 La Resurrección de los muertos   853
13.1 Sagrada Escritura 855
    13.1.1 Antiguo Testamento 856
    13.1.2 Resurrección en el Nuevo Testamento 861
13.2 Santos Padres 867
13.3 Magisterio 875
    13.3.1 Herejías y errores 875
    13.3.2 Magisterio 878
13.4 Cuestiones teológicas 880
    13.4.1 Sobrenaturalidad del misterio 880
    13.4.2 El problema de la resurrección "natural" ... 889
    13.4.3 Identidad del cuerpo resucitado con el del presente eón 890
    13.4.4 Cualidades del cuerpo resucitado 899
    13.4.5 Resurrección de los réprobos 915
    13.4.6 Aumento de felicidad 918
    13.4.7 Milenarismo, milenismo o quilianismo 919
    13.4.8 Resurrección vs. reencarnación 925

14 Juicio final universal   927
14.1 Sagrada Escritura 928
14.2 Tradición 934
14.3 Magisterio y herejías 947
14.4 Cuestiones teológicas 951
    14.4.1 Sobrenaturalidad y razones de conveniencia . 951
    14.4.2 Cristo Juez 958
    14.4.3 Circunstancias generales del Juicio 969
    14.4.4 ¿Quiénes serán juzgados? 974

15 El fin del mundo — 981

- 15.1 Fin del mundo material — 982
  - 15.1.1 Sagrada Escritura — 982
  - 15.1.2 La Tradición — 985
  - 15.1.3 Magisterio — 986
- 15.2 El mundo material será transformado — 986
  - 15.2.1 Sagrada Escritura — 987
  - 15.2.2 Santos Padres — 989
  - 15.2.3 Magisterio — 991
  - 15.2.4 Razonamientos teológicos — 995

Bibliografía — 1003

Índice General — 1005

www.ingramcontent.com/pod-product-compliance
Lightning Source LLC
Chambersburg PA
CBHW031352160426
42811CB00092B/104